宁波通史

民国卷

傅璇琮 主编

王慕民 沈松平 王万盈 著

宁波出版社

图书在版编目(CIP)数据

宁波通史.民国卷/傅璇琮主编；王慕民，沈松平，
王万盈著.—宁波：宁波出版社，2009.8
ISBN 978-7-80743-403-0

Ⅰ.宁… Ⅱ.①傅… ②王… ③沈… ④王… Ⅲ.宁波市—
地方史—民国 Ⅳ.K295.53

中国版本图书馆CIP数据核字（2009）第112887号

责任编辑　吴　波　陈　静

本书为宁波市重大文化研究工程项目成果

▲ 1912年1月7日，参加庆祝民国成立大会的宁波军政分府领导人和中外人士。

▲ 1925年6月5日，宁波各界两万多民众举行集会游行，声援五卅运动。

▲ 国民革命时期宁绍台农民协会旗帜

◀ 1916年8月23日孙中山视察宁波时留影

▲ 1916年8月22日,孙中山先生应邀莅甬,图为孙中山先生与省立四中师生合影。

合格证

如发现印、装质量问题，请连同本证退还我公司更换，谢谢！

浙江新华数码印务有限公司 检验 3

杭州下沙经济技术开发区文汇北路369号

电话:0571－85155604 邮编:310018

宁波通史·民国卷

◀ 1934年，修葺天一阁工程开工现场。

◀ 1934年，鄞县重修天一阁委员会成立，全体委员及范氏族人登楼检书时合影。

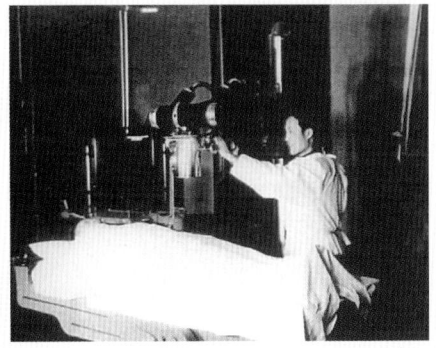

▲ 1919年，华美医院已经使用X光机为病人检查身体。

▲ 甬江女中最早可追溯到中国最早的女校崇德女校，1923年，崇德女校中学部与圣模女校中学部合并而成为甬江女中。图为甬江女中《甬江声》社刊的女学生合影。

▲ 20世纪40年代的宁波江厦街

▲ 1936年时的灵桥远景

▲ 20世纪30年代填河筑路前的天封塔

▲ 1934年建成的宁穿公路七孔大桥

▲ 20世纪40年代中期宁波永耀电力公司发电厂全景

▲ 1927年7月1日,宁波正式设市。大规模的城市建设拉开帷幕。图为正在撤除的老城墙。

▲ 20世纪30年代初拓宽江北外滩马路时的情景

▲ 各地群众自发掀起抗日救亡运动。图为"慈溪二六市镇救亡工作队"在街头演出《放下你的鞭子》。

▲ 抗战时期宣传抗日救亡的木刻画

▲ 1938年5月19日,中国空军两架飞机在宁波栎社机场加油,即将飞往日本本土散发反侵略战争的传单。

▲ 1945年8月12日,新四军浙东游击纵队发出通牒,限令浙东地区的一切敌伪军立即缴械投降。

▲ 1940年4月,宁波中学十多名师生携带慰问金和慰问信徒步前线慰劳抗战将士。图为师生们的合影。

▲ 1945年2月,新四军浙东游击纵队领导谭启龙、何克希、张文碧、刘亨云等与美军飞行员托勒特合影。

▲ 1939年5月,中共宁波地区第一次党代会在奉化江口竺杨家中召开。图为竺杨家旧址。

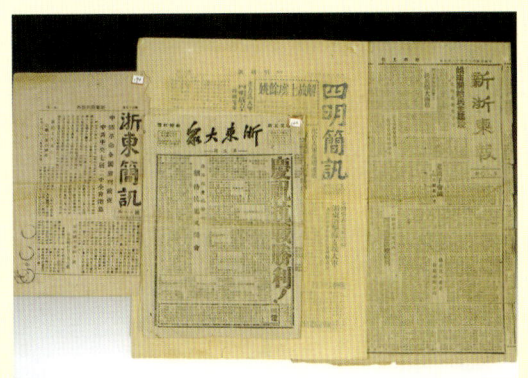
▲ 浙东敌后抗日根据地出版的报刊

▲ 1949年5月解放军解放宁波经过灵桥时的情景

▲ 1949年5月起,退踞舟山等地的国民党空军不断派遣飞机来宁波轰炸扫射。图为遭受大轰炸的江厦街。

目　录

导　论 …………………………………………………………………… （1）

第一章　民国时期的宁波政治与军事 …………………………………… （1）

　第一节　民国初期的宁波政局 ………………………………………… （2）

　　一、宁波军政分府的成立 …………………………………………… （2）

　　二、民国前期宁波的政治建制和驻军 …………………………… （12）

　　三、北洋军阀的统治和下层民众的反抗斗争 …………………… （26）

　　四、宁波地方政治势力反对北洋军阀的斗争 …………………… （38）

　　五、孙中山的宁波之行 …………………………………………… （50）

　第二节　五四运动与国民革命时期的宁波政局 …………………… （55）

　　一、五四运动在宁波 ……………………………………………… （55）

　　二、中共宁波地方组织的建立 …………………………………… （75）

　　三、国民革命在宁波的兴起和孙传芳统治的垮台 ……………… （83）

　第三节　南京国民政府统治前期的宁波政局 ……………………… （101）

　　一、南京国民政府在宁波统治的建立 …………………………… （101）

　　二、"白水权"等涉外利权的收回 ………………………………… （122）

　　三、中国共产党领导的革命斗争与中共宁波地方组织的暂时中断

　　　　………………………………………………………………… （133）

　　四、抗日救亡运动的兴起和国民政府政策的局部调整

　　　　………………………………………………………………… （144）

　第四节　抗战时期的宁波政局 ……………………………………… （150）

　　一、七七事变和抗日民族统一战线在宁波的初步形成 ………… （151）

二、宁波军民的抗日斗争 …………………………………（162）
　　三、沦陷时期宁波地方政府的政治与军事 ………………（174）
　　四、日军在宁波的残暴统治 ………………………………（185）
　　五、浙东敌后抗日根据地的创建 …………………………（194）
　　六、宁波抗战的胜利 ………………………………………（212）
第五节　国民政府统治后期的宁波政局 ………………………（215）
　　一、战后初期的宁波政局 …………………………………（216）
　　二、国民政府在宁波统治的重建 …………………………（224）
　　三、中共浙东游击根据地的恢复发展 ……………………（232）
　　四、国民政府在宁波统治的覆灭 …………………………（239）

第二章　民国时期的宁波经济 ……………………………（246）

第一节　农业和渔盐业 …………………………………………（247）
　　一、土地占有状况 …………………………………………（248）
　　二、水利 ……………………………………………………（255）
　　三、种植业 …………………………………………………（260）
　　四、渔业和盐业 ……………………………………………（269）
　　五、农业经济的基本状况与特点 …………………………（274）
第二节　工业 ……………………………………………………（279）
　　一、主要工业 ………………………………………………（279）
　　二、传统手工业 ……………………………………………（298）
　　三、工业的基本状况与特点 ………………………………（303）
第三节　商业和金融业 …………………………………………（306）
　　一、商业 ……………………………………………………（307）
　　二、金融业 …………………………………………………（319）
第四节　港口经济与交通建设 …………………………………（331）
　　一、航运业的发展 …………………………………………（332）
　　二、码头航道状况的改善 …………………………………（340）
　　三、港口的兴衰 ……………………………………………（342）
　　四、陆上交通运输的发展 …………………………………（347）

第五节　赋税与财政 …… (354)
　　一、赋税 …… (354)
　　二、财政 …… (358)
　　三、浙东敌后抗日根据地的赋税制度 …… (360)
第六节　宁波帮的发展变迁 …… (367)
　　一、宁波帮在江浙资本集团中的地位 …… (367)
　　二、宁波帮在家乡的投资和建设 …… (369)
　　三、宁波帮的变迁 …… (374)

第三章　民国时期的宁波市政建设 …… (377)

第一节　民国时期的宁波人口 …… (378)
　　一、人口的分布与迁徙 …… (379)
　　二、人口的结构与变化 …… (383)
第二节　城市的改造 …… (388)
　　一、1925年《宁波市工程计划书》及实施 …… (388)
　　二、1932年《鄞县建设五年计划》及实施 …… (391)
　　三、民国时期宁波城市建设的得失 …… (394)
第三节　市政公用事业的发展 …… (398)
　　一、路桥建设 …… (398)
　　二、城市公共交通 …… (402)
　　三、邮电通讯 …… (405)
　　四、自来水的供给 …… (412)
　　五、电力供应 …… (414)
　　六、园林名胜 …… (418)
　　七、环境卫生 …… (419)

第四章　民国时期的宁波文化 …… (425)

第一节　教育 …… (426)
　　一、教育基本状况 …… (426)
　　二、名校 …… (430)

三、著名教育家 …………………………………………（432）
第二节　史学 …………………………………………………（442）
　　一、《四明丛书》和民国《鄞县通志》的编纂 ………（442）
　　二、著名史学家 …………………………………………（448）
第三节　文学与艺术 …………………………………………（454）
　　一、文学 …………………………………………………（455）
　　二、艺术 …………………………………………………（457）
　　三、著名文学家、艺术家 ………………………………（463）
第四节　藏书与新闻出版 ……………………………………（469）
　　一、藏书楼和图书馆 ……………………………………（469）
　　二、报刊 …………………………………………………（472）
　　三、书店、书社 …………………………………………（474）
　　四、通讯社与广播电台 …………………………………（476）
第五节　医疗卫生 ……………………………………………（480）
　　一、医院、诊所 …………………………………………（481）
　　二、药铺、药房 …………………………………………（483）

第五章　民国时期的宁波社会生活与风俗 ……………（486）

第一节　生活时尚 ……………………………………………（487）
　　一、衣、食、住、行 ……………………………………（487）
　　二、娱乐与休闲 …………………………………………（494）
　　三、城乡社会问题 ………………………………………（497）
第二节　礼仪习俗 ……………………………………………（504）
　　一、婚俗 …………………………………………………（504）
　　二、丧葬 …………………………………………………（507）
　　三、寿庆 …………………………………………………（510）
第三节　岁时节令 ……………………………………………（511）
　　一、庙祀 …………………………………………………（511）
　　二、赛会 …………………………………………………（513）
第四节　宗教信仰 ……………………………………………（517）

一、佛教 …………………………………………………（518）
　　二、道教 …………………………………………………（522）
　　三、回教 …………………………………………………（524）
　　四、基督教 ………………………………………………（527）
　　五、天主教 ………………………………………………（535）
　第五节　社会救济 ……………………………………………（538）
　　一、义庄、义田、义学 …………………………………（542）
　　二、育婴所、恤孤院 ……………………………………（543）
　　三、施医、助葬 …………………………………………（544）

主要参考文献 ………………………………………………（547）

后　记 ………………………………………………………（552）

导 论

从1912年中华民国建立到1949年9月南京国民政府覆灭，整个民国时期历时38年，大体可分为北洋军阀统治和国民党统治两个大的阶段。民国时期的历史虽然不长，但在中国历史发展过程中却占有十分重要的地位。在这一时期中，宁波和全国一样，逐步尝试由半殖民地半封建社会形态向近代化社会形态转型、过渡。这种转型与过渡是在内部制度障碍、外部列强压迫侵略和中华民族的利益尊严受到严重损害的背景下缓慢进行的，同时也是在宁波人民反帝反封建的英勇斗争推动下艰难地向前发展的。这一社会演变过程反映了近代以来不可抗拒的历史潮流和进步趋势。

一

就政治层面而论，1911年11月5日，宁波军政分府在辛亥革命的大潮中宣告成立，从而开启了宁波民主政治的历史之门。虽然宁波军政分府历时不足7月，政治改革也只是刚刚起步，而且不少兴革的举措很快被北洋军阀政府所否定，但它毕竟揭开了宁波共和历史的新篇章。

从1912年1月中华民国成立到1927年2月北洋军阀政府在宁波统治终结这16年中，宁波政治的演变以1917年1月皖系军阀杨善德带兵入浙为标志分为两个时期。前期为"浙人治浙"时期，后期是北洋军阀直接统治时期。

1912年3月袁世凯就任临时大总统时，南方各省尚未在其直接掌握之中。就浙江省内而言，以1912年8月朱瑞接任都督为标志，进入了军人当政时期。在宁波，浙籍军人对地方政治的影响也不断增强，民主政治日渐萎缩，但以三权分立作为基本框架的民主政体仍勉强得以维持。所以当"二次革命"爆发后，宁波驻军领袖和地方长官仍追随以孙中山为代表的资产阶级革命派，宣布宁波独立，掀起省内仅有的一次反袁独立斗争。此次斗争失败后，袁世凯公然践踏民主政治，并不断强化对浙江等南方各省的控制。浙督朱瑞也不断向袁世凯靠拢，政治态度日趋保守，但同时也尽力保全浙江地方利益，使"浙人治浙"得以维持。浙军实力派人物周凤岐掌握宁波军政大权后，施政方针与省督朱瑞基本一致。1919年2月，宁属各县议会、参议会和自治联合会均被解散，宁波在民国之初建立的民主共和政治蜕变为浙籍军人擅政。

1917年1月，杨善德趁浙军内讧之机率兵入浙接任督军。从此北洋军阀开始直接统治浙江，"浙人治浙"的局面遂告结束。1919年8月卢永祥接任浙江督军后，情形大致相似，但卢更注意借重"民意"来稳定自己的统治，从而在浙江掀起了一股"自治"浪潮。到1922年4月，宁属各县全部选举产生新一届县议会和参议会。但与1912年成立的县议会相比，其议事的权力和范围大为缩减。1924年9月，直系军阀孙传芳通过江浙战争击败卢永祥，受任督理浙江军务善后事宜。10月反对直系军队入甬的"甲子独立"失败后，宁波政局便进入直系军阀统治阶段。

在北洋军阀统治时期，宁波地方实力派和各界民众开展过一系列斗争，反映了宁波人民反对北洋军阀专制统治的正义要求，具有一定的历史进步性，但其所诉诸的"护法"、"自治"已难以作为团结广大民众的斗争旗帜，也不可能完成民主革命的任务。随着这一时期宁波民族资本主义经济的较快发展，工人阶级、民族资产阶级、城市小资产阶级和新知识分子不断成长壮大，这就为宁波社会的变革注入了新的积极因素。

1919年五四运动发生后,宁波民众迅速行动起来举行罢工、罢课、罢市。这场运动有力打击了以日本为代表的帝国主义政治经济势力,成为1919年后宁波民族资本主义经济继续较快发展的重要因素,并大大提高了宁波各阶层民众的觉悟,激发了他们的民族意识和爱国热情,工人阶级则开始以独立的姿态登上政治舞台。

宁波的新文化运动与上海、杭州相比虽然相对滞后,但随着马列主义的传播和工人运动的日渐活跃,1924年5月和1925年二三月间,中国社会主义青年团宁波地方团和中国共产党宁波支部相继成立。从此,宁波民主革命的面貌焕然一新。在共产党人的帮助下,组建起了宁波地区的国民党组织和国民革命统一战线。经过五卅运动的洗礼,宁波的国民革命也迎来了高潮,工农运动以前所未有的广度和深度蓬勃发展。

1927年2月北伐军进入宁波,标志着国民党在宁波统治的建立和宁波民国后期的开始。这一时期又可分为国民政府统治前期、八年抗战时期和国民政府统治后期三个阶段。

1927年3月1日,宁波人民团体联合会决议成立宁波临时市政府。这个政府是以国共合作为基础的革命统一战线的政权。蒋介石为严密掌控自己的老家宁波,特选派黄埔同学会骨干、曾任北伐东路军第一路指挥和第一军第一师师长的王俊为宁台温防守司令。在蒋介石的支持下,王俊于3月20日率先在宁波发动反革命政变,将国民革命淹没在血泊之中。

4月,南京国民政府成立。宁属各县县长均被更换和重新任命。7月1日,正式成立以罗惠侨为市长的宁波市政府。与北洋军阀政府相比,南京国民政府对宁波的统治更加严密。通过对县政、市政的改革,乡镇保甲制的推行,行政督察专员公署的设置,国民党县区各级党部的改组整顿,县议会和自治组织的废弃,在宁波确立了以党监政、一党专制独裁的政治体制,同时将政治统治向农村基层延伸。

在国民政府的严密统治下,宁波革命运动的空间大为压缩,再加上左倾思想的影响,共产党人虽然在国民政府前期组织发动了一系列武装暴动,进行了英勇斗争,但成效不大,从1932年4月起,中共宁波地方组织也暂告中断。

1931年"九一八"事变发生后,民族危机不断加深。宁波地区的抗日救亡运动在地方当局的压制下艰难曲折地向前发展,国民政府也不得不对抗日军事作了若干准备。

在八年的抗日战争期间,宁属地区的各种政治力量进行了新的整合。在日军的进逼之下,国民政府被迫走上了抗战之路,尤其在战争初期出现了全民族团结一致的抗战局面。1937年10月,中共浙东临时特别委员会在鄞东观音庄成立,中断了5年多的中共宁波地方组织得以恢复发展。作为东南海防前线,国民革命军在1940年7月的第一次镇海保卫战中奋勇抵抗,击退了日军,从而在浙江抗战史上写下了光荣一页。

1941年4月,第二次镇海保卫战失利。宁波沦陷以后,宁属地区出现了国民党流迁政权、中共领导的敌后抗日民主政权和日伪政权并存的复杂政治局面。

浙江第六行政督察专员公署和宁波大多数县的政府机构都先后撤往嵊县、新昌、宁海等地,并以四明山、天台山为依托建立游击区。国民政府宁波地方政权虽然坚持进行抗战,但进取心不强,尤其是1942年冬后多次对中共领导的抗日武装发动大规模军事进攻,致使浙东抗战出现严重危机。

中共领导的浙东敌后抗日根据地虽然开辟较迟,但在浙东各界民众的积极支持下发展很快。到1945年8月抗战胜利,仅用了4年时间就发展成全国19个解放区之一,从而为浙江和全国的抗战作出了重要贡献。浙东抗日民主政权是按"三三制"原则建立的抗日民族统一战线的政权。它不仅是浙东抗战的坚强堡垒,也是新民主主义政权建设的可贵尝试。

日军长时期的狂轰滥炸和灭绝人性的细菌战,对宁波人民犯下了罄竹难书的罪行。1941年侵据宁波后又拼凑成立日伪政权,实施极其残暴的殖民统治。宁波人民所经历的这一场浩劫应成为子孙后代不能忘却的历史警示。

八年抗战,宁波人民承受了重大牺牲,但民族民主意识也空前高涨,共产党在宁波社会生活中所占的地位和比重也大为提升,这些因素为日后民主革命的胜利奠定了基础。

1945年8月抗战胜利后,国民政府宁波地方当局力图恢复战前的统治秩序,政治上更加腐败,军事上悍然发动内战,多次对中共领导的四明山根据地进行"围剿"。这种倒行逆施的做法,悖离了人民在抗战胜利后要求休养生息的愿望,使自己日益失去人心。

根据中共中央在重庆谈判中提出的让步,新四军浙东游击纵队从1945年9月底开始渡海北撤,实行战略转移。留下坚持斗争的人员在人民群众的支持下,成功实现了从隐蔽坚持到发展游击战争的战略转变,重新建立发展了浙东游击根据地。

1949年4月,在解放军百万雄师横渡长江的形势下,中共四明工委组织领导宁波各界群众保护工厂、学校和市政设施,准备应变,迎接解放。浙东解放军则发动对国民党军的进攻,解放了梁弄、丰惠、绍兴等城镇,迎接解放大军南下。5月22日,浙东解放军在姚南筜竹岭与第三野战军主力部队胜利会师。5月25日,解放宁波。1950年5月19日占领整个舟山群岛,至此,宁波属县遂告全部解放。宁波历史由此进入了新的发展阶段。

二

在经济方面,民国时期的宁波经济经历了由分散的小农业与家庭手工业相结合的封建自然经济向近代资本主义商品经济艰难而又缓慢的过渡和发展。在发展资本主义经济这一点上,北洋政府、南京国民政府同民初南京临时政府在政策上是基本一致的,再加上抵制洋货,提倡国货运动持续不断的开展,这就使宁波发展民族资本主义经济的环境远胜于晚清。但另一方面,北洋政府和南京国民政府所依赖的封建、买办势力又顽固阻碍民族资本主义的发展,尤其是农村土地制度和生产关系的变革难以实施,外加日本帝国主义的入侵,使得宁波民族资本主义经济的发展步履艰难。

以工商业而论,中华民国建立后,宁波和全国各地一样出现了一个民族资本主义经济百年难逢的发展机遇,这个黄金时期的顶峰是1919年前后。1922年华盛顿会议后,宁波的民族工商业虽然受到挤压,但总体上仍处于平稳发展之中,直到1931年后开始遇到比较严重的困难,1936年后虽有起色,但很快就被日本全面侵华战争所打断,战后又因国民政府的内战政策,宁波的民族工商业始终未能重新走上发展之路。

在工业方面,自1912年至1921年10年间,宁波城区新建近代工厂24家。到1921年,整个宁波地区已有近代工厂企业50多家,1932年则发展到158家,从而成为全省近代企业最为集中的地区。作为支柱产业的纺织业,1916年通久源纱厂便拥有纱锭1.7万多枚,织机226台,资本90多万;1919年和丰纱厂的资本也从开办时的60万元猛增到180万元,雇用工人达到2500名。食品工业也是民国时期宁波最具影响力的产业。建于1922年的鄞县乾大机器面粉厂是浙江创立最早的面粉企业,1931年建立的立丰面粉厂则是浙江当时规模最大的面粉制造企业。鄞县泰康、傅泰记两家碾米厂于1912年在全省首先采用机器碾米,其后宁波的碾米企业便如雨后春笋般地开设起来,到1932年,鄞县、余姚、慈溪、奉化4县就有碾米厂115家,占全省碾米厂总数的25%。从1918年鄞县凤岙笋厂创办,1920年如生笋厂建立,到1928年宁波地区已发展有罐头厂20家,年需鲜笋原料1000多万斤;1931年后受国内经济萧条和日军侵略上海的影响,到1933年递减为16家,产量仅及1928年的3/5。

宁波机器工业主要集中在纺织、织染、面粉、榨油、碾米、翻砂、造船、玻璃制造、电力、电灯、自来水、罐头、火柴、烟草等15个行业。这15个行业在1933年共有工厂103家，投资总额261.97万元，雇有工人5527人。以行业性质来看，绝大多数为轻工业，造船、翻砂、机器制造等重工业，不仅数量少，投资规模也都很小。

商业的情况同工业大致相似。1919年宁波城区约有各类商店1000多家，1932年发展到2951家。整个宁属地区的商铺总数在1931年已达5599家，资金约1420余万元。1935年遭遇金融风潮后，宁波商业普遍衰退，各业都收缩经营范围，其中棉布业批发业务大大萎缩，棉布月销量由原先旺盛时的18万匹锐减到9万匹，药品行业几乎全部搁浅，倒闭了2/3。1937年上海"八一三"事变后，沿海重要港口大多相继沦陷。这时，抗战所需的各种重要物资多通过宁波输往后方，因此宁波的商业出现了短暂繁荣，但这种畸形繁荣很快因日军侵占宁波而打断。战后，宁波的商业一度得以复苏，但在汹涌而入的美货和因内战引发的恶性通货膨胀的双重压迫下，终难正常发展。

宁波的金融业中，钱庄在民国建立以后继续得到发展，30年代初达到225家，拥有资本428万元，分别占全省的35.6%和45%，均居全省首位。此后则走向下坡，1934年减至93户，1935年受金融风潮打击又倒闭40家，到抗战胜利时仅剩20余家。与此相对应，银行业则不断发展，至30年代初，已有中国银行、交通银行、通商银行、实业银行、垦业银行等13家银行在宁波地区设立分行或办事处，其实力开始时较钱庄为弱，但1935年后便超过钱庄。

在港口经济与交通建设方面，民国时期宁波的航运业发展较快。1931年来往宁波的海轮数量增至1800艘，沿海客运航线也陆续增至20余条。内河运输日趋发达，其中甬江航运最为繁忙。以码头、航道建设而论，到1936年已建有24个轮船码头、30个泊位和100多个道头、埠头，同时增添改造了导航设施。1941年日军侵占宁波后，大肆破坏，以致到抗战胜利时整个港口已找不到一座完整的码头和仓库，战后的恢复也十分缓慢。陆上交通的主要成就之一是沪杭甬铁路的开通。公路交通方面则修建了鄞镇慈路、鄞奉路等重要省道公路和一系列县级公路。此外，还先后兴建了段塘水上机场、镇海南泓机场和鄞县栎社机场。

由旅居上海和全国各大城市的甬籍金融工商业企业家所组成的宁波帮在民国初年步入鼎盛时期，并成功实现从传统商帮向近代工商企业家的群体性转型。宁波帮不仅在上海金融、纺织、航运各业居于支配地位，还长期控制上海总商会、上海银行业公会、上海钱业公会等众多行业组织，从而成为推动中国社会经济形态向近代化发展的一支重要力量。南京国民政府建立后，宁波帮受到国家垄断资本的挤压。日本侵华战争爆发后，宁波帮经营的企业更是损失惨重。战后，许多宁波帮企业家因政治经济动荡而开始向港澳台、欧美、日本和东南亚等地转移。

宁波帮素有热爱家乡、造福桑梓的传统。他们时时关注家乡的经济建设和社会发展，不仅带头在宁波投资设厂、捐款赈济、办学，而且在官民矛盾冲突时也多能仗义执言，因而成为维持宁波社会稳定、推动宁波经济文化发展的一支重要力量。

民国时期宁波的农业因农业试验场和技术推广机构的建立、优良品种的引进、耕作方法的改进和化肥的使用，有了程度不同的进步，主要表现为水稻、棉花产量的提高，商品化趋势的加强，但这种发展既不平衡也不稳定。另一方面，无地、失地农民日趋增多，1933年半自耕农、佃农和雇农已占全部农户的80%以上，地权集中的现象明显较省内其他地区为高。再加上政府不仅拒绝土地制度的变革，连曾经许诺的二五减租也未能真正实施，以致造成大量农民的破产。以渔盐业而论，民国时期宁波的淡水养殖虽不及湖州、嘉兴等地，但海洋捕捞却相当发达，年渔产总额在千万元以上，1937年日本侵华战争爆发后趋向衰落。盐业的盐场数虽有减少，但生产还算景气，1933年宁波地区原盐产量仍占两浙总产量的50%以上。

民国时期宁波地区的赋税不断加重。不但逐年新增印花、验契、烟酒牌照、屠宰、牙帖、当帖等各种税目,田赋、盐课也大幅提升。通过增收各种附捐,看似稳定的地丁至1923年即已比正额提高1倍以上,抵补金至1916年也增加了1/3。南京国民政府建立后,各种赋税有增无减。这也是造成民众破产和生活困难的重要原因之一。抗战期间在浙东抗日民主根据地内,废除了国民政府的苛捐杂税,建立起根据财产多寡由全体人民公平负担的合理的赋税征缴制度。

三

随着经济、政治的变动,民国时期宁波的思想文化、社会生活、风俗习惯和城市建设也相应经历了由封闭到开放、传统到现代的嬗变,有了长足的进步。

以城市建设而言,宁波开埠以后未能如设有租界的上海、广州一样,率先引入西方的市政制度和管理办法,迟至1920年宁波市政筹备处成立,才标志着宁波近代市政建设的起步,1927年宁波市的设立则开启了大规模城市建设的帷幕。其第一阶段是以宁波市政筹备处实施1925年制订的《宁波市工程计划书》为依据,采纳了其中有关城市道路干线、跨江桥梁、市政设施等多项规划,拆城、筑路、填河、修磡,整理沟渠,兴建菜场、码头、公园、公共图书馆,以及整理路灯、车辆,试凿自流井等公用事业也次第举行。从1931年宁波撤市并入鄞县,到1937年抗战爆发为第二阶段。其间于1932年7月制订了《鄞县建设五年计划》,并经省政府核准实施。5年间先后拓展了城市东西、南北干线与支线,修建了江北外滩马路、环城马路及宁波人引为自豪的钢质灵桥。电报、电话、邮政和自来水、电灯等近代公用事业也获得迅速发展,如永耀电力公司1936年装机容量9664千瓦,当年发电767.7万千瓦时,用户达到9000多户、灯头10万盏,供电范围从城区扩大到镇海、慈溪。1937年抗日战争发生后,由于日机狂轰滥炸及日军侵据后的破坏,宁波城区变得疮痍满目,破败不堪。直至1949年解放,鄞县县长陈宝麟建设宁波大口岸的构想始终未能实现。

以文化而言,随着开埠以后西学大规模东渐,宁波受到西方文化和上海"海派文化"的影响越来越大,早于相邻地区办起了新式学校和报馆、书房、图书馆、通讯社、广播电台等新的文化样式。

在教育方面,民国的建立为宁波教育的近代化注入了新的动力,旧有的学堂一律改称学校,中小学校废止读经,增设自然科学、社会科学和与西方先进技术及职业教育有关的课程,初等小学实行男女同校等等。1912年,宁波城区就创办了私立效实中学、宁波公立中等工业学校和宁属县立女子师范学校等3所中等学校。以后各类新式公、私学校和平民义务学校就如雨后春笋般地涌现出来。1923年著名教育家经亨颐出任省立第四中学校长后,推行一系列改革,为宁波教育注入了新的活力。1927年,北伐军进驻宁波后,废除教会办学特权,收回了基督教会所办的学校。1935年,鄞县在校小学生达到5.1万人,列省内首位。教育的发展促进了宁波国民素质的提高。随着传统儒学被以传授西学为主的近代教育所取代,宁波涌现出陈训正、蒋梦麟、张雪门、杨贤江、林汉达等一批国内著名的教育家。

在史学领域,宁波史学家发扬浙东学派遗风,继往开来,涌现出张寿镛、陈汉章、陈训正、马衡等一批享誉海内外的经史学家,编纂出版了《四明丛书》、民国《鄞县通志》等一批颇具声望的大型地方性文献丛书和志书。在文学艺术领域,随着新文化运动的发展,新的文化团体和文艺刊物不断涌现。如文学研究会宁波分会在朱自清、夏丏尊、丰子恺等人的参与下,创办多种刊物,推动了"白马湖"诗文创作流派的形成。与此同时,产生了柔石、殷夫、王任叔、王鲁彦、应修人、朱镜我、邵荃麟、楼适夷、唐弢、苏青等一批闻名全国的新文学运动先驱和著名作家。他们积极参加以上海为中心的左翼文化运动,参与筹建中国左翼作家联盟,由此反映出宁波在中国新文学史上的独特地位。沙孟海、潘天寿则成为名重一时的书画大师。甬剧、越剧经改革创新焕发了青春,同时还引入了话剧等西方戏剧形式。此外,萱荫楼、抹云楼、伏跗室等一批私人藏书楼相继建立。公共图书馆薛楼于1921年创设,1927年宁波市成立后改称市立图书馆。新闻出版、通讯社、广播电台也有较快发展。据不完全统计,从1910年到1949年解放,宁波先后共创办综合性报刊328种、专业性报刊72种,《时事公报》和《四明日报》是其中影响最大的两家综合性报纸。医药卫生事业也有长足进步。随着西医的传播,民国年间宁波地区形成了中西医并存的局面。其中,西医发展较快,中医则因政府歧视而遭遇曲折。但民间治病,尤其是广大农村,仍以中医为主;在宁波城区,则中、西医平分秋色。

在经济、政治急剧变动的影响下,民国时期宁波的社会生活和风俗民情也发生了深刻变化。比如在行为方式和服饰打扮上,禁止男子蓄辫、妇女缠足,鞠躬握手代替了下跪磕头,西装短服逐渐取代了长衫马褂,这就使日常生活更加符合现代社会的节奏和要求。在婚俗方面,依父母之命、媒妁之言而定的旧式婚姻虽然仍占主导地位,但五四运动后开明人士开始倡导自由恋爱和西式文明结婚。1936年,鄞县政府曾颁布新生活集团结婚规则,城区和集镇偶有尝试,但农村仍从俗如旧。在丧葬方面,1927年宁波市政府成立后,颁布公墓规程,倡导墓葬改革。民国后期更有地方开明人士提倡火葬,移风易俗。在宗教信仰方面,佛教的影响仍居首位,而且因八指佗、太虚、谛闲、圆瑛等前来住持而使阿育王、天童、雪窦、观宗诸寺备受国内外佛教界的关注和推崇。在外来宗教中,基督教新教后来居上,影响日渐超过天主教。与此同时,洋房、西餐、电影之类的传入,游园、体育健身的出现,人力车、自行车和汽车、火车乃至飞机的使用,使生活更加便捷和色彩斑斓。但另一方面,迷信、赌博、吸毒、嫖娼和纳妾、典妻之类的封建陋习依然存在。

第一章
民国时期的宁波政治与军事

- 民国初期的宁波政局
- 五四运动与国民革命时期的宁波政局
- 南京国民政府统治前期的宁波政局
- 抗战时期的宁波政局
- 国民政府统治后期的宁波政局

1911年辛亥革命的狂飙摧毁了清王朝的封建专制统治,宁波历史由此进入中华民国时期。在北洋军阀统治时期,宁波地方政治表面上虽仍维持着军政分府时期所创建的民主共和架构,实际施行的却依然是清末半殖民地半封建的统治。南京国民政府统治时期,宁波地方确立了国民党一党专政的专制独裁体制,民主政治进一步遭到摧残。与此同时,随着新的阶级力量的成长,中共宁波地方组织团结广大民众为争取真正的民主自由进行了艰苦卓绝的斗争,这为1949年人民民主专政的建立奠定了广泛的社会基础。

第一节　民国初期的宁波政局

1911年11月宁波军政分府的建立揭开了宁波民主共和历史的新篇章。随着北洋军阀统治的不断深入,宁波地方政权的性质逐渐蜕化。其间,宁波地方势力以"护法"、"自治"为旗帜,开展过一系列反对北洋军阀的斗争。这些斗争无一例外地失败了,它表明民族资产阶级已不可能完成民主革命的任务。

一、宁波军政分府的成立

(一)宁波军政分府的建立

1911年10月10日,武昌起义的炮声震天撼地,全国各地纷起响应。11月3日,上海起义,6日沪军都督府成立;11月4日午夜,杭州起义,5日浙江军政府成立。在同盟会人士的组织领导下,11月5日,中国东部沿海的重要商埠宁波也宣告光复,并成立军政分府。

宁波军政分府的主要组成人员如下:①

都督	刘洵
副都督	常荣清
参谋长	马志勋
参谋部长	赵家艺
民政部长	江畲经
执法部长	范贤方
财政部长	陈训正(陈辞,张传保继)
总务部长	魏炯(魏辞,张世杓继)
外交兼交通部长	卢成章

为发展革命形势,军政分府在成立当日就作出决议,命令新军向绍兴进发,"助攻省城",巡防营士兵"收复台温各郡县",民团负责"守卫本城",同时迅即光复所属各县。②

11月6日,誓师大会即在小校场举行,新军、防营和民团、商团均派员列队到场,"军容之盛,二百余年来所未睹也。道旁观者数万人,呼民国万岁,声彻天地"③。后因收到省城光复之电,部队才未出发,但军政分府立即派遣李镜第赴镇海、周骏彦赴奉化、张晋赴定海策动光复,而慈溪同盟会员胡良箴、钱保杭在6日晚即已收缴县印。11月11日,原宁波府所属鄞县、镇海、慈溪、奉化、象山、定海六邑和余姚、宁海全部宣告光复,并随之建立军政支部等临时政权机构。由此,宁波历史揭开了新的一页。

宁波军政分府的9名主要成员中,刘洵、马志勋为新军协统、标

---

① (民国)《鄞县通志·文献志·辛亥宁波光复记略》,宁波出版社2006年版。
② (民国)《鄞县通志·文献志·辛亥宁波光复记略》
③ 范贤方《宁波光复记》,宁波市政协文史委编《宁波文史资料》(内),第15辑,第203页。

1911年11月6日上午,宁波军政分府召开宁波光复军民庆祝誓师大会。图为军队、民团、商团、学生在小校场参加庆祝誓师大会场景。(选自哲夫主编《宁波旧影》,宁波出版社2004年版)

统,常荣清为巡防营统领,江奋经系原宁波知府,他们在光复前都已同情或倾向革命。其余赵家艺、陈训正、卢成章、范贤方、魏炯5人则都是同盟会员和革命党人,宁波光复和施政的主导权也都掌握在他们手中。

(二)宁波军政分府的施政举措

宁波军政分府在建立之后的半年多时间里,主要做了下述几方面工作:

1. 稳定社会秩序,巩固革命政权

宁波军政分府一成立就发布军律5条,并张贴安民告示,列举三条禁令:(1)聚众违抗军政分府命令,为首者处死;(2)杀人者处死;(3)用暴力抢夺他人财物者处死。① 同时,执法部实行司法改革,创设民事、刑事两个地方法庭,分别由徐家光、周骏声担任庭长。为声张新

---

① 魏炯《回忆宁波的光复》,《宁波文史资料》(内),第11辑,第43页。

政府权威,维持社会稳定,执法部决定当众宣判、处决 5 名罪犯。在一百多名民团武装的警戒下,观刑者人山人海。

为光复江南重镇南京,推动革命向前发展,宁波军政分府组织动员驻军参加北伐,并在民间招募北伐义勇军,结果连基督教会所办的三一书院也有学生弃学从军。① 作为江浙联军的组成部分,宁波北伐军参加了攻宁诸役,为奠定东南半壁江山作出了贡献。

为庆祝中华民国成立和孙中山就任临时大总统,从 1912 年 1 月 1 日晚开始,宁波军政分府组织了连续四天的盛大庆典。1 日当晚,"军政分府内搭架彩楼,施放焰火,一时彩灯辉煌,军乐齐奏,观者踊跃欢腾"。2 日晚 7 时,军政分府内大开演说会,总务部长张世圴、外交兼交通部副部长袁礼敦和《四明日报》经理王东园等分别以民国前途之可庆、剪辫改历之原因利益等为题,发表演讲。3 日晚 6 时后,"城厢内外、江东江北,商学各团体及临时组织各团体,亦提灯齐集,依序出发。有以纸扎异样彩灯者,有以柏圈制为纪念塔者,灯月双辉,迷离五色。街巷店铺亦各张灯结彩,同伸庆祝。沿途观者填街塞巷,莫不欢声如雷"。直到 4 日正午,"始进城散会,可谓极庆祝之盛举矣"②。1 月 7 日上午 9 时整,军政分府又组织上万军民,并邀请外国友人,齐集小校场,庆祝中华民国成立。通过这些声势浩大的庆祝活动,广泛地向民众宣传了民主共和思想。

宁波光复后,由于军政分府施政得当,社会稳定,民众生产生活正常有序。浙海关外籍官员甘福履评价道:"在巨大政治波澜中,重大事件迭出,然宁波这一'宁静之水波'却名副其实平静。"③麦乐义主教也承认,宁波"秩序井然而宁静"。他们敏锐地"感到宁波的新纪元已经诞生了"④。

---

① 徐台扬《三一书院学生斗争记略》,《宁波文史资料》(内),第 11 辑,第 67 页。
② 《宁波举行大庆典》,《申报》,1912 年 1 月 6 日。
③ 徐蔚葳《近代浙江通商口岸经济社会概况》,第 71 页,浙江人民出版社 2002 年版。
④ 《卢成章先生讲话》,《G·W·牧作霖牧师见闻录》,《宁波光复纪念》,商务印书馆 1912 年版。

1912年1月13日至15日,接连三夜,宁波各界群众举行盛大提灯会。图为庆祝大会场景。(选自哲夫主编《宁波旧影》,宁波出版社2004年版)

2. 妥善处理涉外事宜,收回治外法权

宁波军政分府成立当天,即决议用湖北民军的"铁血十八星旗"取代清朝的黄龙旗,并派外交人员与受外籍人员控制的浙海关交涉,"嘱其改易"①。在将大清银行宁波分行改为中华银行后,宁波军政分府外交部长卢成章衔命面告浙海关税务司,今后进出口关税统由中华银行收储。但该税务司以进出口货物无处完税为由,径自决定仍由浙海关"暂为代收",并照会军政分府。军政分府于11月8日义正词严地复照税务司柯必达:"自本日起,所有华洋进出口货物,应即由中华银行收税。"②警务方面,清末宁波江北岸巡警局控制在洋人手中,就连洋行买办及其雇用人员也享有领事裁判权。军政分府成立后,便派人接管江北巡警局,并易名为宁波警察分局。除外籍人员仍享有领事裁判权

---

① 《军政分府之决议》,《国风日报》,1911年11月7日,转引自《宁波文史资料》(内),第11辑,第153页。
② 《刘都督复税务司照会》,《申报》,1911年11月9日。

外,其他所有洋行雇用人员若发生事端,均由分局按中国法律秉公处理。

为稳定光复后的社会秩序,不让列强有干涉的借口,军政分府妥善做好安抚外国官员和侨民的工作。光复当日下午4时,刚从英国留学归来的卢成章即主动拜会英国领事,介绍辛亥革命的原由和有关情况。① 军政分府成立后又立即发布军律,严禁伤害外人、损毁教堂及洋人住所,并郑重昭告:"保护居留或旅行在本地区的外国朋友的生命和财产,是自己的职责。"② 为了加强与外籍人员的沟通了解,宁波军政分府还特地举办新年招待会,邀请英国领事、浙海关税务司、传教士、商人、医生等数十名外国人士与会。大多数在甬外籍人员都对宁波革命表示同情和理解,认为光复后的宁波使他们"感到安全和舒心"③。

3. 克服财政困难,为经济发展创造良好环境

浙江军政府成立后,宣布废除厘卡,并豁免全省田赋一年,地方财源因此一时断绝。而宁波作为浙东军事重镇,绍、台、温驻军隶属宁波统辖,饷银也归宁波拨发,因此军政费用十分吃紧。宁波军政分府建立后采取了一系列措施,首先是接管大清银行宁波分行,改组为中华银行,任命赵家艺为行长。其二,劝导富商大户募捐,共募得11.8万元。其三,标卖官营产业,得价银10万元。其四,为使省拨军用券能在市上流通,经与浙海关税务司磋商,允许以该券纳缴关税,条件是由中华银行先垫拨现金1万元,作为军票兑换之保证,以后定期结算补拨。其五,节约分府机关自身开支。在分府存在的半年多里,总共开支机关行政费用7637元,其中除机关人员薪金外,还包括保安会移交开支、民团枪支修理费、袖章旗帜制作费、告示和宣传品印刷费等各项费用。④

---

① 《宁波光复记》,《申报》,1911年11月8日。
② 《卢成章先生的讲话》,《宁波光复纪念》,商务印书馆1912年版。
③ 《宁波大庆纪实》,《宁波光复纪念》,商务印书馆1912年版。
④ 顾生霖《辛亥革命宁波光复概述》,《宁波文史资料》(内),第11辑,第14页。

宁波军政分府严格执行"蠲免全浙钱粮厘金一足年"的政策,坚持以统税,即只征一次落地税来取代清朝的厘金和各种苛捐杂税,与民休息。同时,军政分府还积极支持鼓励兴办实业。如光复之初,军政分府即帮助经营困难的和丰电灯公司"维持三个月"。1912年3月10日,卢成章代表军政分府出席和丰纺织公司与和丰电灯公司的股东会,决议再由政府出资帮助电灯公司运转经营两个月,并责成费绍冠负责整顿。① 这不仅帮助和丰电灯公司渡过"款绌闭歇"的难关,也是对和丰纱厂复工生产的有力支持。同月,军政分府民政部长、鄞县知事江畲经也提议划拨码头捐积款用于东钱湖的疏浚,以利50万亩农田的灌溉。②

在军政分府的领导下,宁波经济不但没有因光复受到影响,而且出现了良好的发展势头。据浙海关统计资料记载,从3月初起,宁波"商务渐见发达之象",全年贸易额达2230.2万两,土货出口比上年增加100余万两,增幅达14%。"早稻收成咸歌丰稔","棉花收成可称十足"。7月,华商建昌轮投入宁波至温州、兴化、泉州的航行。8月,浙江银行在宁波江北开设分行。9月,历史悠久的通久源纱厂在停产一年后复工,11月起更是"兼夜开工"。上年因棉花歉收而被迫停产的和丰纱厂也于1912年3月间恢复生产,并且"日夜兴工",生意甚利。③ 另一家倒闭的纬成布局改名复成布厂,"继续生产"④。此外,王文震于1912年3月间向宁波军政分府申请成立普庆商轮股份有限公司;美孚煤油公司驻甬经理孙人甫则向军政分府提交报告,要求在江北上白沙兴建煤油池。⑤ 手工业也日渐兴盛。如鄞县在1912年春夏之交的几个月中,妇女们日夜忙于编织草帽,一人一日可得工钱数百

---

① 《宁波和丰两公司股东会纪事》,《申报》,1912年3月14日。费绍冠,宁波商务总会副会长,曾任宁波军政分府财政部副部长。
② 《甬江近事记》,《申报》,1912年3月21日。
③ 徐蔚葳《近代浙江通商口岸经济社会概况》,第335~337页,浙江人民出版社2002年版。
④ 张谟远等《宁波布厂业发展史》,《宁波文史资料》(内),第3辑,第91页。
⑤ 《申报》,1912年3月10日、4月3日。

文,以致废寝忘食。"汽笛一声烟焰紫,凌空飞去犹长虹"①,杭甬铁路宁波终点段也在1913年底顺利宣告通车。

4. 移风易俗,倡导文明生活

宁波光复后,军政分府发动了一场剪辫、放足、禁烟运动。其中声势最大、进行得最为彻底的是剪辫。为了表示与满清统治的决绝,军政分府一成立就下令男子剪辫,规定政府官员、民团团员和士兵、学生须带头在3日内剪去,市民限一月内剪除。对于遗老遗少和思想保守的乡民,民政、执法两部又会衔抄贴数百张布告,明令宽限期为农历1912年底(公历1913年2月17日),逾期"凡不服从命令者,剥夺其公民权及诉讼权"②。城中各门均有警察手执剪刀,见到出入人流中有尚未剪辫者,当场强行剪去。同时,又广设剪辫会,善为劝导,并鼓励开设理发店,为剪辫者理发饰容。宁波城中还组织学生在闹市区分发、张贴传单,宣讲剪辫好处。

对于吸食鸦片和女子缠足的恶俗,军政分府认为断难容忍,并采取了广为劝谕、严定禁绝期限等许多措施,以致吸食者纷纷避往上海,但总的说来,收效远不如剪辫。

与此同时,军政分府坚决贯彻南京临时政府颁布的解放"堕民"政令,其中余姚一地就有"数以千计的堕民,挣脱了几百年来受歧视受欺凌的桎梏,享受平等权利"。宁属各地的堕民,由此"渐得与常人相同入学就业"③。此外,还禁止刑讯,销毁刑具,改革死刑执行方式,将封建朝代的斩、绞改为枪决,连旅居宁波的外侨也肯定:"在行使司法的方式方面,治理方法远较清代更加人道化。"④

5月,甬北文明进化剧团在宁波倡演现代文明戏,演员除聘自上

---

① (民国)《鄞县通志·文献志·故实·陈炳翰洁庵诗文稿》,宁波出版社2006年版。
② 顾生霖《辛亥宁波光复概述》,《宁波文史资料》(内),第11辑,第12页。
③ 王祖德等《宁属各邑之光复》,《宁波文史资料》(内),第11辑,第24页;陈训慈等《热心兴办宁波地方教育的陈屺怀》,《浙江文史集粹》第5卷,第182页,浙江人民出版社1996年版。
④ 徐蔚葳《近代浙江通商口岸经济社会概况》,第75页,浙江人民出版社2002年版。

海外,多由各校青年学生充任。"悲欢离合状俗情,布景工雅电灯明;及至兴高采烈处,满场但闻喝彩声。"①由此可见,这种文明新戏受到了民众的普遍欢迎。

5. 兴办新式学校

宁波光复后,新学勃兴。1912年1月,军政分府筹拨六邑公款,在江北泗洲塘创办宁波公立中等工业学校,开了宁波职业教育的先声。该校先后开设机械、土木、水利和汽车道路等专业,本科修业3年,预科1年,本科所用课本除国文之外,其余均采用英文原版教材。校中还设有实习工厂,除课堂教学外,学生每周还须参加4个下午的劳动实习。该校为地方建设培养了不少工程技术人才,而且还招收艺徒班,培养贫寒子弟。同时,军政分府还将原法政学堂改名为四明专门学校,除原有的法政科外,新设商科、银行科,以培养社会急需的应用人才。②

在政府的倡导下,曾被推为分府财政部长的陈训正等于1912年3月创建私立效实中学,该校因教学质量高而声誉鹊起。同年,宁属六邑人士还在月湖竹洲创办宁属县立女子师范学校,为发展女子初等教育培养师资。

6. 建设民主政治

宁波军政分府在成立文告中庄严宣告,中国要建成一个"共和大国",这个国家的根本政治制度就是"三权鼎立"③。外交兼交通部长卢成章更代表军政分府明确宣示,中国正在经历"一个伟大的变革",因此要"竭尽热情与力量,抓住千载难逢的机会,去挣脱旧的桎梏,为自由和美好的政府而斗争",并由此"攀登文明国家的高度"④。

---

① (民国)《鄞县通志·文献志·故实·陈炳翰洁庵诗文稿》,宁波出版社2006年版。
② (民国)《鄞县通志·政教志》;陈训慈等《热心兴办宁波地方教育的陈屺怀》,《浙江文史集粹》第5卷,第182页,浙江人民出版社1996年版;胡审严《清末民初宁波的职业教育》,《宁波文史资料》(内),第8辑。
③ 《刘都督宣告宁波军政分府成立文》,《宁波文史资料》(内),第11辑,第151~152页。
④ 《卢成章先生的讲话》,《宁波光复纪念》,商务印书馆1912年版。原文系英文。

11月26日,宁波军政分府召集商、学各界,开会投票选举临时省议会议员4人。投票结果,张传保得17票,余名铨得15票,范贤方、章述洺各得9票。① 相比大多数地区不开各界代表会议,并以推举代替投票选举,"宁波之情形应属相当难能可贵了"②。其间,又选举成立了由城区和所属各县代表组成的宁波参议会,地方城、镇、乡自治会也相继建立。如慈溪县城议事会于12月29日投票选举,议员名额为城中2名、北乡7名、西乡6名、南乡5名、东乡5名,候选人资格须经调查认定。③ 1912年春,在城乡自治会次第成立的基础上,鄞县、慈溪、奉化、余姚等县又相继选举县议员,成立县议会和县参议会。县议会设正副议长各一名,负有监督知事行政和处置自治事项之权。县参议会的职责为辅助知事行政并执行县自治事项,议长由知事兼任。④ 宁波地方议会的设立虽未能真正成为民主政治的有力支柱,不久又为袁世凯解散,但它毕竟开启了宁波民主政治的历史大门。

在体察普通乡民和约束官员自身等重大问题上,宁波军政分府也开了与前清时代迥然不同的新风。1912年4月下旬,慈溪乡民因对禁烟和统捐等政策不满,因而在赛会中发生了捣毁县署、焚烧官员住宅的骚动。军政分府认为,"农民愤激而来,徒手奋呼,虽有棍徒煽动,必无为乱歹意",因而顶住某些乡绅要求"严剿"的压力,严令军队不许伤人,甚至有"伤一人则杀一兵之说"⑤。对于政府官员的待遇,则采用低薪制。如在军政分府机关财政开支清册中,最高的文牍科长月薪40元,以下16至12元不等,比政府勤杂人员和普通士兵略高。⑥

---

① 《民立报》,1911年12月3日。12月10日临时省议会正式成立,张传保改为赵家艺。
② 李国祁《辛亥革命后浙江民主政治的推行及转变》,《民国史论集》,第38~39页,台北南天书局公司1990年版。
③ 《民立报》,1911年12月22日。
④ (民国)《鄞县通志·政教志·自治》,宁波出版社2006年版。
⑤ 《慈溪迎会大风潮》,《甬东潮音录》,《申报》,1912年5月1日、5月2日。
⑥ 《军政分府账目清册》,现存宁波天一阁博物馆。

(三)宁波军政分府的结束

宁波军政分府是一个临时性的过渡政权。光复不久,所属各县行政首脑即根据省军政府命令,统称民事长。民国建立后又改民事长为知事。同时,地方行政区划也改为省县二级。各县下设民政、财政、教育三科,所设职官除知事外,尚有参事、科长、科员、书记、椽史等属。如鄞县知事和参事则由宁波军政分府的正副民政部长江畲经和章述洨担任。1912年2月,因刘洵回籍而代行分府都督职权的副都督常荣清,即致电省军政府,请求取消分府都督名义。2月22日,军政分府召集六邑士绅、商学各界代表和旅沪甬人虞洽卿、朱葆三、李征五、李薇庄等开会集议变更分府组织等有关事宜。会议一致推举常荣清为军政分府长,并议改分府前设之财政、外交二部为二科,仍由张传保、卢成章分任科长,同时决定设立由所属各县代表组成的六邑联合会,协调有关财政、教育、实业等事宜。① 在此前后,赵家艺、陈训正、范贤方、卢成章等军政分府的中坚人物,也相继离甬,各奔前程。

5月31日,历时近7个月的宁波军政分府遂告完成自己的使命。所有公产公款及一切未了事务,概由以李镜第为会长的六邑公会接管并办理善后事宜。由于宁波军政分府存在时间短暂,再加上自身局限,如奉化、定海光复后政权一度为前清官僚把持,因而未能有更大作为,但它毕竟在宁波近代史上留下了光辉的印记。

二、民国前期宁波的政治建制和驻军

(一)民国前期宁波行政区划的变动

自公元738年(唐开元二十六年)始置明州,到1381年(明洪武十四年)改设宁波府,直至1911年(清宣统三年)清亡废置,宁波地域的行政区划相当稳定,就如张其昀所言:"鄞县、慈溪、奉化、象山、定海、

---

① 《宁波六邑士绅大会议》,《申报》,1912年2月25日。

镇海六县隶属于同一个政区几及千二百年之久。"①1911年11月宁波军政分府建立后,其所辖地域与原宁波府一致,只是根据省军政府"各府厅州县一律改称为县"的通令,定海直隶厅改称定海县。1912年初,又析象山县所属南田等8岛,新置南田县,这样,宁属6县一度变为7县,但实际行政区域未变。

1912年5月,宁波军政分府结束后,所属各县直隶于省。宁属7县作为一个统一的政区虽然暂不存在,但长期以来所形成的密切的经济联系和相同的文化心理,使得宁波这一历史形成的特定区域概念依然存在。比如,1912年2月成立的宁属六邑公会,仍发挥着联系六邑的重要的纽带作用。公会是由宁波六邑士绅、各军政机关代表和旅沪巨商虞洽卿、朱葆三等开会提议,并知会各县知事派代表会商议决而成立的,具体由原宁波府属鄞、慈、镇、奉、象、定6县各派代表一人共同组成。其职责为协调处置六邑财政、教育、实业等有关事务,管理宁波军政分府所有公产公款,办理分府一切未尽事务及善后事宜。② 宁波六邑公会具有雄厚的经济实力和很高的政治权威,因而弥补了府一级行政机构裁撤后的某些缺失。

1914年5月,北京政府以清时宁绍台道政区设置会稽道,道尹公署仍驻鄞县城区。会稽道的设置增强了宁波地域内部及其与绍兴、台州地域间的联系与往来。1927年3月,历时13年的会稽道奉国民党浙江临时政务委员会之令撤销。

综上所述,在民国前期15年间,宁波沿袭清时府一级行政区划的时间不长,大多数时间内,宁属各县和绍属、台属各县一起被归并到会稽道的行政区划中,并无独立设置的行政区域。此时的宁波,指的主要是一个经济、人文区域。再者,民国前期宁波地域的范围十分稳定,即清时宁波府所辖的鄞县、慈溪、镇海、定海、奉化、象山6县,外加从

---

① 张其昀《论宁波建设省会之希望》,《史地学报》1925年第3卷第7期。
② 《宁波六邑士绅大会议》,《申报》,1912年2月25日;林端辅《宁波光复亲历记》,《宁波文史资料》(内),第11辑。

象山析出的南田县。此时,宁波地域扩大至余姚、宁海的趋势,也已显出端倪。无论是清末的宁绍台道和巡防营统领,还是民国前期的会稽道和宁台镇守使,其首脑机关均驻宁波,绍属的余姚和台属的宁海不仅都在管辖范围之内,而且与宁波地域相接,往来密切。比如,余姚、宁海两县的辛亥光复均与宁波有关。1911年11月8日,宁波民军敢死队由胡兴率领赶至余姚,余姚随之光复,时间比绍兴光复还早了2天。同样,宁波光复的消息传到杭州后,时任浙江军政府参谋的童保暄即派华巨熔等6人经宁波赴宁海,使宁海于11月10日宣告光复。① 鉴于慈溪、镇海的北部地区和余姚东北一带,"行政地理甚不方便",1911年11月下旬,当地士绅曾向宁波军政分府要求在3县北部,即俗称的三北地区另设军政支部,"以资统治",结果为都督刘洵核准,并"分别照会移行"②。

(二)省县二级制的试行和会稽道的设置

辛亥光复之初,浙江地方行政采用省、府、县三级制。以1911年11月5日宁波军政分府建立为先导,至11月25日处州军政分府成立,浙属11府相继建立府一级新生政权。面对既成事实,省军政府于12月初颁布《浙江地方官制之规定》,通令省以下建立府、县两级行政体制,即于"各府设军政分府,置军政分府长一人,各县设民事长一人"③。据此,宁波军政分府于1912年1月底取消都督名义,2月下旬公推原副都督常荣清为军政分府长。④ 初时,宁属各县新设政权及其首长的称谓互不统一,如镇海、定海、奉化称军政支部,分别由张载阳、乐骏、袁玉瑄为支部长;象山也称军政支部,但以周传义为民政长;慈

---

① 王祖德等《宁属各县之光复》,《宁波文史资料》(内),第11辑。
② 《慈镇姚三邑另立支部》,《申报》,1911年11月27日。
③ 《浙江地方官制之规定》,《申报》,1911年12月6日。
④ 《宁波取消副都督》,《申报》,1912年2月1日;《宁波六邑士绅大会议》,《申报》,1912年2月25日。

溪以杨敏曾为民政部长；余姚、宁海则分别以傅燮和为民政部长、花春廷为民事长。① 省军政府并颁发地方官制后，各县军政支部相继取消，政府首长大多改称民事长。原未单独设置县级政权的鄞县也由军政分府民政部长江耷经兼任民事长，主持县政。

鉴于某些地区出现地方主义的倾向，为集中统一全省军政，并推进县镇乡地方自治，浙江省临时议会于1911年12月底通过《浙江省地方官制》议案。该议决案共分3章24条，其要点是改省、府、县三级行政体制为省县二级制，规定"全省地方设县，以原有区域为准，旧府厅州一律称县"；县设知事、参事等职官，知事管辖全县事务并直接受省军政府民政司长的指挥监督，参事佐助知事总理县政，并在知事有事时代理其职。县政府下设民政、财政、教育三科，各科长承知事之命管理本科事务。此外，知事对于县议会及县参议会应行议决事项负有发其议案的责任。② 根据上述官制案，宁波所属各县的民事长、民政长从1912年1月起，相继改称知事。其中鄞县由江耷经和宁波军政分府民政部副部长章述洨分任知事、参事，8月江耷经去职后由章述洨代理知事。1912年5月31日，随着宁波军政分府宣告结束，其所属各县正式开始施行省县二级行政制度，直至1914年5月道的设置，历时2年之久。

省、县二级行政体制试行的绩效不佳，主要原因是省区过广，辖县过多，省对县难以监督管理。如直隶一省，辖县130多个；浙江面积在全国各省中较小，但属县也有75个之多。于是，1914年5月，北京政府决定在省县之间增设道一级行政机构。浙江依清时杭嘉湖、宁绍台、金衢严、温处4巡道的管辖区域，分别设置钱塘、会稽、金华、瓯海4道。会稽道又称浙东道，领有宁绍台3府的20个县，其中宁属7县为鄞县、慈溪、奉化、镇海、定海、象山、南田，绍兴7县为绍兴、萧山、诸暨、新昌、嵊县、余姚、上虞，台州6县为临海、黄岩、天台、仙居、温岭、宁海。

---

① 王祖德等《宁属各邑之光复》，《宁波文史资料》（内），第11辑。
② 《浙省地方官制议决案》，《申报》，1912年1月2日。

会稽道道尹行政公署驻鄞县城区。公署设内务、财政、教育、实业4科,各科设科长1人,科员甚少。公署属员由道尹委任,职掌员额由省巡按使核定,再报送内务部分等注册,道尹对省行政长官负责。会稽道首任道尹梁建章,梁在清末曾任浙江咨议局筹备处总参议。作为省县之间中间一级的行政机构,会稽道在名义上虽拥有管理所辖各县行政事务的权力,但其实际职权则是监督权远远大于行政管理权,就其行政权力上而言,远不如县为重要。

道的设置标志着省县二级行政体制的废止和三级行政体制的确立。虽然中间的道很难称得上是独立完整的一级行政机构,但这种三级行政制度却长期维持下来。民国中后期南京政府设立的行政督察区,实际上就是道一级建置的继续和发展。

(三)议会的建立

宁波地方自治组织和议会的设置,始自清末预备仿行宪政。当城、镇、乡和府、厅、州、县地方自治章程相继颁布后,宁属各县在地方行政长官的主导下,各种自治组织和议会纷纷建立。如慈溪1906年由陈谦夫发起,在三七市药王庙成立西乡公益社,在此基础上又于清末1911年建立金川乡自治会。[①] 象山也于1906年由知县黄羨钦主持创办自治,"名曰保安公所,置社董、村董、区董、总董"[②]。鄞县从1909年起,分县境为1城18乡,各乡设乡董1人、乡佐1人,城亦如是,城乡议会遂相继成立。所议处的事务范围为学务卫生、道路工程、农工商务、慈善公益、保存古迹及向由绅商办理事项。可见,清末设立的宁波地方议会只是一种自上而下由官方和士绅控制的议事机构,设置的目的是为了缓和阶级矛盾,回避社会革命,因而与实际民权的伸长和政治制度的变革,关系不大。

---

① 董季劭《陈谦夫先生创办慈西公益社及金川公会纪略》,选自《陈谦夫先生纪念册》,1947年印行。
② 陈汉章等(民国)《象山县志》卷一〇《地治考》,民国16年铅印本。

1911年11月辛亥光复后，浙江军政府一经成立便设置参议会，作为临时议事机关。宁波军政分府则在分府和所属各县推选的基础上，于11月16日公举赵家艺为参议部长、余镜清为副部长，励延豫、陈滋镐、林端甫、李镜弟、冯贞群、陈训正等为参议员，组成参议部。① 参议部作为军政分府的议事机关，享有很大权力；其成员中府属各县至少有1名代表，因而具有比较广泛的代表性和很高的权威。但它毕竟不是独立的议事机构，而只是军政分府内一个集军事、行政、立法为一体的委员制合议机关，所以尚不能看做是民意和立法机构。

民国建立后，浙江省临时议会在修订清末地方自治章程的基础上，相继制定了《浙江省县自治章程议决案》等一系列法规，由军政府颁布施行。这些法规进一步明确了县乡议会的责权，它规定了城镇、乡议会、董事会和乡董执掌所辖区域的自治职权，其中由城镇乡议会负责议决自治范围内应行兴革事项、自治规约、经费筹措使用等问题，城镇董事会和乡董负责落实议会所议决事项。县议会、参议会和县知事共同执掌本县自治职权，其中县议会负责议决自治事宜，参议会辅助县知事执行政务和县自治事项，县知事执掌县政和自治事务。城镇乡议会、县议会都由选民直接选举产生，城镇董事会、乡董、县参议会由相应的议会议员互选产生。② 县议员人数依该县人口规模而定，人口20万以下者以20名为额，20万以上者每增加人口2万得增设议员1名，但至多以60名为限。

在上述法规颁布后，宁属各县地方议会相继成立。1912年农历四月，鄞县在城镇乡自治会次第成立的基础上，选出议员42名，农历五月成立新的县议会，设正副议长各1名。县参议会也同时成立，有参议员8人，以县知事江畬经为议长。③ 1911年11月，镇海经由各乡推

---

① 赵志勤《宁波辛亥光复纪实》，《宁波文史资料》（内），第1辑；林端夫《宁波光复亲历记》，《宁波文史资料》（内），第11辑。
② 金普森等《浙江通史》，第11卷，第15页，浙江人民出版社2005年版。
③ （民国）《鄞县通志·政教志戊编·自治》，宁波出版社2006年版。

选成立民议会,1912年又正式成立县议会,共选出议员18人,以朱燕为议长,同时又成立县参议会。① 定海、象山、南田、慈溪和余姚、宁海等县也都在1912年成立县议会、县参议会。农村各乡也以清末自治组织为基础,纷纷实施自治,推选议长、乡董。

民初宁属各县所建立的议会,其权限基本上仍以自治范畴为限,由于行政长官的地位过于强势,因此离真正的立法监督机关和议会政治还有很大距离,但它毕竟是有史以来第一次通过普选产生的民意机构,因而标志着宁属地方政权开始进入以三权分立为标志的民主政治的发展轨道。

1913年,袁世凯在镇压"二次革命"后,肆意践踏民主,于11月下令停止县议会活动。宁属各县议会和参议会遂因经费停发而陷于停顿。次年2月,继国会和省议会被强令解散后,宁属各县议会和参议会也被收缴印鉴、卷宗,正式勒令解散,并改组为县乡二级自治委员会或自治办公处,由县知事委派委员管理,议会民主遭受重创。

1916年6月,袁世凯病死,帝制闹剧结束。继任总统黎元洪宣布遵守《临时约法》,恢复国会。于是,各地要求恢复省、县、乡各级议会和自治组织的呼声骤然高涨。8月13日,定海县即成立县议会筹备事务所,并发布通告说:"逆首谋叛,各级议会非法摧残,地方无监督行政之机关,人民有昏黑无告之苦。今幸元凶获谴,日月重光,国会、省会依法召集。县议会为间接国家宪政之基础,又为直接国民言论之代表,与共和政治尤有关系,是宜同速规复,以慰民望。"② 省议会和省长吕公望也都向中央政府竭力争取,但北京政府却设法拖延,致使浙江县议会未能重新恢复。在宁属地区,虽未能恢复县乡议会和自治组织,但在某些乡镇都成立了一些代行原自治会职能的组织,如慈溪金川乡在1916年成立的金川公会。③

---

① 董祖羲(民国)《镇海县新志备稿·表·选举》,民国20年铅印本。
② 《定海县议会之筹备》,《申报》,1916年8月14日。
③ 董季劭《陈谦夫先生创办慈西公益社及金川公会纪略》,选自《陈谦夫先生纪念册》,1947印行。

延至1921年,国会议决通过《县自治法》。10月,地方行政会议又议决通过《县自治法施行细则》,同时还颁布《县议会议员选举规则》,允许成立县议会和县参事会。《县自治法》等文件规定:县议会应选议员数额按各乡镇人口比例下达,由该乡镇直接选举产生。县参事会参事由县议员选举半数,其余半数由县知事委任,但均须以具有县议会当选资格者为限;县参事会会长由县知事兼任。县议会设正副议长各1名,由议员以无记名投票法互选。县议会每年举行通常会1次,由县知事召集。县议会为议事机关,县参事会为执行机关,县议会议决事项应送交参事会执行。县参事会对于县议会之议决案有权提交复议,县议会仍执前议时,得呈请监督官署核准。县议会、县参事会之职权主要为议处教育、交通、水利、土木、劝业、慈善、卫生、财政预决算及遵照其他法律属于县自治范围内之事项。

根据上述法规,到1922年4月,宁属各县已全部选举成立县议会和县参事会。从当选的县议员的身份背景来看,多为城乡绅商和中小学教员。各县议会第一次常会所讨论的议案,也大多限于清洁道路、整顿善堂、掩埋暴露、取缔强丐、禁止学生抽烟、整顿公立医院、兴办教育水利、提倡养蚕种桑之类,内容细微琐碎,并无涉及减轻租息、平均地权等有关民生的根本问题和监督吏治、革新政治等关乎民权的重大问题。如鄞县县议会第一次常会历时2个月,开会35次,共通过24项议决案,具体内容为:县议会议长副议长互选规则、县议会议事规则、规划各种教育案、创办巡回文库案、整顿三善堂案、改造第一公立医院案、提倡林业案、契税附加捐案、征收电杆使用费案、请发元年民政司通令禁止迎神赛会意见书、筹备积谷案、筹补贫民习艺所经费案等。① 在这24项议决案中,除去有关议会、参事会自身运作的7项,实际只剩17项,观览其标题,即可知宁属各县议会议政的大致内容。

与民初1912年的县议会比较,1922年宁属各县议会的建立看似

---

① 《县议会常会议案一览》,《时事公报》,1922年6月24日。

更加符合法律程序，运作也更加规范，但议事立法的范围和权力却大为缩减。其根本原因在于两者成立的法律依据不同，所以1922年成立的县议会不仅缺乏应兴应革的权限，而且严格受到地方行政长官的控制。如会稽道尹依法兼任自治监督，所属各县议会应将议决案呈报监督官署备案，经过复议的议决案也得呈请监督官署核准。此外，省长可以训令的形式，任意解释自治法，剥夺县议会权力。如浙江省长沈金鉴即以此种方式规定县议会不能直接具呈省长，必须由县知事转呈；规定县议会只能对仅占县税两成的公益费予以议决，不能过问警察费、教育费和准备金的使用。这就使县议会只能受制于县知事，而且被剥夺了对县财政预决算的审议权。

时人评论县议会时指出："此次自治为中央非法命令所颁布，是非驴非马之自治"，"名虽为民治，实为君主之变相"[1]。鄞县县议会议员江韵琴更在县议会成立会上直言："今日为县议会成立，鄙人又为议员，但想起县自治法，较前大不相同。现在之县自治法，简言之，可谓官自治法，亦可谓讨饭自治法。且此次县自治法，又为非法国会宣布，今日遽然成立，实为毫无意识，既然成立，聊胜于无。"[2]为了与行政当局抗争，1922年7月26日，会稽道属各县议会联合会在鄞县议会会场召开成立大会。联合会的宗旨为："以民意为法"，"厚固自治势力"，"反抗非法之部令、省令"[3]。

在县以下的城镇乡，市民公会和公民社一类的自治组织也相继成立。以1922年7月30日鄞县市民公会建立为先导，鄞南、江东、江北、江厦、东南、东北、西南、西北、西郊，以及慈溪、镇海、奉化等县，都相继成立公会和公民社之类的组织。[4] 这些组织以促进地方自治、维

---

[1] 《会稽道属县会联合会成立志》，《时事公报》，1922年7月27日。
[2] 《鄞县县议会成立纪》，《时事公报》，1922年4月13日。
[3] 《会稽道属县会联合会成立志》，《时事公报》，1922年7月27日。
[4] 《市民公会明日成立》，《时事公报》，1922年7月29日；《奉北公会成立会纪》，《时事公报》，1925年10月9日；《大咸区公民社之促进声》，《时事公报》，1926年5月3日。

护民众利益为宗旨,活动范围涉及市政、卫生、教育、慈善、调解、治安乃至对外交涉等诸多方面,代行了原乡镇自治会的职责。

1922年这届县议会和县参事会成立后,活动时断时续。县议会议员依法选举产生,任期3年,但后来始终未见换届改选。如鄞县议会至1927年初只剩议员19人,缺额9名。县参事会情况稍好,如鄞县于1924年、1926年曾两度改选。1927年北伐军入甬以后,宁属各县县议会、参事会和城镇乡公会之类的自治组织,均被废止取缔。

(四)司法独立的尝试

清末施行新政,筹备立宪,遂于1911年1月(宣统二年十二月)在府城设立宁波府地方审判厅暨检察厅、鄞县初级审判厅暨检察厅。地方审判厅设厅长1人,下置民事、刑事二庭,民庭庭长由厅长兼任,其属下有推事、典簿、主簿、录事之类。地方检察厅设检察长1人,负责全厅事务,兼办侦查案件,属下有检察官、典簿、主簿、录事等员。初级审判厅由监督推事负责,初级检察厅由监督检察官负责,其属员与所履行职责与地方厅相同。虽然审检合署,且属试行,但司法终究从行政中分离出来。

辛亥革命后成立的宁波军政分府执法部(选自哲夫主编《宁波旧影》,宁波出版社2004年版)

1911年11月宁波军政分府建立后，取消鄞县初级审判厅暨检察厅，以分府执法部行使地方审判厅暨检察厅职权，内置裁判、执行两科。执法部长先由地方推举范贤方担任，后由省军政府加委。执行科长由部长兼任，裁判科长另行委充。属员有书记官长、书记官等，办理文牍、庶务、会计、记录事务。①

与此同时，省临时议会和省军政府陆续制定颁布了《浙江省约法》和《浙江省法院编制法》、《浙江省审判暂行章程》、《浙江省辩护士法》等司法法规。这些法规规定，法院独立掌理民事、刑事诉讼案件，法官审判不受上级官厅干涉；检察厅负责实行搜查处分、提起公诉，并对法院"独立行使其职务"。同时还确立司法检证原则和律师辩护制度，规定"凡审理案件非有确实证凭不得定案"，"凡案犯审理无确证者得下无罪或免诉之判决"，刑事诉讼被告人有权获得辩护。② 这些有关司法独立、三权互相制约的设计和举措，反映了革命派长期追求的理想，具有历史进步意义。

根据全浙法院组织大纲，确定浙江省司法实行三级三审制，并相应成立省、地方、县三级法院和检事厅。1912年4月，任命前广西审判厅厅长陈宏道为省法院院长，宁波军政分府执法部长范贤方为省检事厅厅长。同月，又在宁波独立设置浙江第四地方法院暨检察厅、鄞县县法院暨检察厅，任命方浏生为地方法院院长、杨悌为地方检察厅厅长。地县两级法院和检察厅的辖地为旧宁波府属地和鄞县所辖地域，其内部组织与1911年1月时略同。同时任命王黼裳、周国铨为地方法院刑庭推事，王邦彦、钱江为民庭推事，任家驹、郑如璋为地方检察厅检事。③ 不久，鄞县辩护士会也告成立，此为浙江最早的律师组织之一。

所谓三级三审制，即在各县设立法院，审理第一审民事、刑事诉讼案件；在旧府属地设立地方法院，审理不服第一审判决而上诉的民事、

---

① （民国）《鄞县通志·政教志·司法》，宁波出版社2006年版。
② 《检证规则议决案》，《浙江军政府公报》，民国元年2月1日。
③ 《全浙法院组织大纲》，《申报》，1912年4月21日。

刑事案件；在省会设立省法院，审理第二审抗诉的民事、刑事案件。以宁属各县而言，除鄞县以外，镇海在1912年也曾一度设立初级审判厅，但到1913年10月即改为县公署审检所，设帮审员具体负责审判事务。① 其他各县在民国建立之初，都仍由县知事掌握审判权，但下设承审员专事案件审理，对知事负责，这就是所谓的承审员制。1913年4月，慈溪、余姚等县始在县公署增设审检所，以帮审员负责案件审理，向知事负责。此后，审检所时裁时设，几经反复。由于民国初年政局动荡，司法机构本身变动频繁，极不稳定，再加上县级法院未能普遍设立，造成民众在实际生活中仍按旧习诉诸县知事审理案件，这就使三级三审制和司法独立流于空言，难以落到实处。

奉司法部电令，浙江司法筹备处于1913年7月1日起将宁属地、县两级法院暨检察厅改为鄞县地方审判厅暨检察厅、鄞县初级审判厅暨检察厅。7月底，倒向袁世凯的浙江都督朱瑞为阻遏"二次革命"，特设宁波军政执法处，接管地、县两级审判厅暨检察厅的职权，两个月后才恢复前述两个机构的正常司法活动。同年11月，裁撤鄞县初级审判厅暨检察厅，将鄞县地方审判厅暨检察厅改组为浙江鄞县地方初级审判合厅暨检察合厅，管辖鄞县一审案件和原属二审案件。1914年1月，改检事为检察官，典簿为书记官长，录事为书记官，取消主簿名目。2月，奉司法部电令，裁撤绍兴、临海两处审检厅，绍、台两属的第二审民刑诉讼案，概归鄞地厅受理。4月，又电令裁撤永嘉地方审检厅，温、处两属第二审民刑各案也归鄞地厅受理。至此，全省仅存杭州、鄞县两地厅，绍兴、台州、温州、处州所属二审案件概归鄞地厅受理。5月，奉部令取消地、初合厅名义，从7月起复改为浙江鄞县地方审判厅暨检察厅。②

1916年浙江反袁独立后，督军吕公望为体现共和法制之精神，下令各县成立审检所，代行县法院成立以前的审判检察权。9月前后，

---

① 董祖义(民国)《镇海县新志备稿·沿革制·官制》，民国20年铅印本。
② (民国)《鄞县通志·政教志·司法》，宁波出版社2006年版。

慈溪、镇海、余姚等县的审检所重新恢复，行使职权。1917年1月段祺瑞亲信齐耀珊出任浙江省长后，以节约司法经费和审检所枉法为由，强令裁撤全省各县审检所。于是，恢复不过半年的宁属各县审检所均被强迫解散。

综观民国前期宁波司法变革的历程，确实取得了不少进步，就连在甬居住的西方人士也承认："在行使司法的方式方面，治理方法远较清代更加人道化。肉刑已少见，细小案件罚款可以代替监禁。"①但从根本上来看，由于北洋军阀的专制独裁，不消说司法独立，就是连形式上的司法分立，也远远未能做到。

（五）民国前期宁波的驻军与防务

作为浙江东部的门户和海防重地，宁波历来是全国的军事重镇。辛亥光复之际，宁波驻有以刘洵为协统的新军第四十二协和以常荣清为统领的陆师巡防营，其中四十二协所辖八十三标、八十四标驻于鄞县、镇海等地，巡防营则分驻宁波乃至浙东各地。在战略要地的镇海，驻军名目更是繁多，计有以张载阳为标统的新军四十二协八十四标2个营，以冯英华为统领的外海水师和以刘继泉为统领的各炮台驻军。②不久，驻甬新军四十二协所辖八十三标、八十四标一部被编入援宁支队参加北伐作战。其余各种编制的军队全部纳入省防军系统，并受宁波军政分府都督节制。

1912年3月，为安置援宁北伐凯旋的浙军，省军政府经临时议会同意，重新划分全浙军队的防区。朱瑞的第一镇分驻杭州、嘉兴、湖州，周承菼的第二镇以宁波、台州、温州为防区，其中"以一协驻宁郡及镇海两防地，以第七、第八两标分驻台、温两府"③。不久，改行新军制，

---

① 徐蔚葳《近代浙江通商口岸经济社会概况》，第75页，浙江人民出版社2002年版。
② 董祖义（民国）《镇海县新志备稿·辛亥改革记略·沿革志》；石鸣皋《张载阳的一生》，《浙江文史集粹》第2卷，第270页，浙江人民出版社1996年版。
③ 《全浙军队之分配》，《申报》，1912年3月14日。

镇、协、标改称师、旅、团,长官也由统制、协统、标统改称师、旅、团长,浙军第一镇、第二镇则改称为第六师、第二十五师。6月前后,浙军二十五师的顾乃斌旅进驻宁波,周承菼将师部也驻于鄞县城区。① 10月,朱瑞接任浙江都督后,顾乃斌旅被改编为浙军独立第四十九旅,旅司令部仍设在鄞县城区,旅长也继续由顾乃斌担任,驻甬二十五师司令部则被撤销。四十九旅下辖2个团,共4000余人,其中九十七团驻城区、镇海,九十八团驻余姚、绍兴。其时,巡防营也被改编为警备队,仍由常荣清统领,所辖9个营分驻宁波和余姚、上虞各地。

朱瑞督浙以后,主导浙江政治的浙籍军人纷争不已,北洋军阀势力日渐侵入,浙江政局由此动荡不安。在此政治背景下,宁波驻军的调整变动十分频繁。

1913年10月,四十九旅旅长顾乃斌因响应"二次革命",策动宁波独立,被北京政府撤职查办,其所遗旅长之职由周凤岐接任。1916年4月,独立四十九旅等宁波驻军积极参加反对袁世凯称帝的"护国运动"。5月,四十九旅旅长周凤岐出任独立后的浙江都督署参谋长,所遗旅长一职由韩少梅执掌。不久,独立四十九旅改称浙军第二师第三旅,所辖二团相应改为第五、第六团,驻地不变。1916年10月,台州镇守使改称宁台镇守使,仍由顾乃斌充任,翌年7月镇守使署自海门(今椒江)移驻宁波,②下设参谋、军需、军法、书记等处。

1917年11月,在蒋尊簋等人的活动下,第三旅旅长叶焕华、宁台镇守使顾乃斌等宣布宁波独立,反对皖系的浙江督军杨善德。第三旅旅部改为浙军司令部,以蒋尊簋为总司令。数日后,独立军为童保暄的浙军第一师击败。第三旅遂恢复番号,旅长叶焕华被免职查究,由盛开弟继任。浙军第一师由此进入宁波,旋于1918年4月乘船赴厦门集中。其时,皖系的陆军第十师第十九旅也进驻宁波,所辖三十七团、三十八团分驻城区和镇海。1919年6月,师长潘国纲率浙军第一

---

① 《宁波兵团交哄》,《申报》,1912年7月23日。
② 《申报》,1917年7月9日。

师自福建回驻宁波,师部和第一旅驻鄞县城区,第二旅驻余姚、慈溪。同年11月,陆军第十师第十九旅移驻嘉兴、湖州。

1924年10月,江浙战争行将结束之际,王文庆等运动浙军第一师和宁台镇守使在甬组织浙江自治委员会,并宣布宁波独立。因驻军内部意见不一,独立自治失败,刚就任浙江督理的直系军阀孙传芳命周凤岐率浙军第二师一部赴宁波抚降,王桂林的宁台镇守使一职也由孙的嫡系孟昭月接任。1925年2月,浙军第一师师部和第一旅调离宁波,3月陆军第十师混成旅第一团进驻鄞县城区和镇海,团长韩光裕兼任沿海警备司令。1926年3月,韩光裕团调驻南京,防区由浙军第二师第六团接替,团长段承泽兼任宁台警备司令。12月,第六团调离宁波。

1927年1月,旅长段承泽率浙军第二师第三旅进驻宁波。该旅辖第五、第六团及机枪队、迫击炮队,共4000余人,分驻鄞县城区和镇海、奉化、象山。2月,段承泽见大势已去,率第三旅至定海转赴上海。至此,宁波遂无北京政府的驻军。

三、北洋军阀的统治和下层民众的反抗斗争

(一)北京政府对宁波统治的不断深入和宁波地方政权的逐步蜕化

从1912年1月中华民国建立到1927年2月北伐军占领宁波,这16年间宁波政局的演变,可以1917年1月皖系军阀杨善德带兵入浙为标志分为前后两个时期。前期为"浙人治浙"时期,其特征是北方以袁世凯为代表的北洋军阀势力不断渗入宁波,影响日趋加大,宁波地方政权的性质随之由民主共和逐渐向地方军人擅权和专制独裁蜕变。后期为北洋军阀直接统治时期,此时宁波地方政权已完全改变性质,成为北洋军阀割据下的地方专制独裁政权。如果再进一步细化,那么前期以1913年7月宁波"癸丑独立"为界,后期以1924年10月宁波"甲子独立"失败,直系军阀孙传芳入据宁波为界,又可分为四个阶段。

在1912年1月至1913年7月这第一阶段中,虽然宁波军政分府于1912年5月宣告结束,但辛亥革命的影响尚未消退,南方各省政权大多还掌握在革命党人手中,北方的袁世凯则刚当上临时总统,立足未稳,还未能立即将南方各省纳入自己的直接掌控之中。以省内情况而言,1912年8月自朱瑞接任都督起,浙省进入军人主政时期,民主政治日渐萎缩,但以三权分立作为框架的民主政体仍勉强得以维持。宁波政治局势的发展也大致如此。赵家艺、范贤方、卢成章、陈训正等著名革命党人在军政分府结束前后,便相继离开宁波,这就使宁波地方政权中革命党人的影响大为减弱。1912年6月,随着浙军顾乃斌旅入驻宁波,浙籍军人对宁波地方政治的影响力大为增强。尽管如此,但自宁波军政分府结束到1913年7月"癸丑独立",接掌鄞县县政的仍是革命党人和赞成革命的军政分府成员。如江畬经曾任军政分府的民政部长,章述浟是民政部副部长。1912年8月接替章述浟出任鄞县知事的沈祖绵系国民党员。作为军人的顾乃斌,早年也曾是同盟会员,杭州辛亥光复时又是重要领导人之一。在江、章、沈主持政务期间,比较注重发展经济,兴办教育,关心民间疾苦,对地方议会和自治组织也比较尊重,大体仍维持着民主政治。所以当"二次革命"爆发后,顾乃斌、沈祖绵便和革命党人一起,追随以孙中山为代表的资产阶级革命派,宣布宁波独立。

以1913年7月反袁独立失败为起点,到1917年1月皖系军阀杨善德入浙主政,为宁波政局演变的第二阶段。此时袁世凯挟镇压"二次革命"之余威,公然践踏民主政治,恢复专制独裁,同时对浙江等南方各省的控制不断强化。浙督朱瑞在同中央的关系上不断向袁世凯靠拢示好,对袁的政策多表示拥护,政治态度日趋保守。与此同时,也设法尽可能保全浙江的地方利益,从而使"浙人治浙"勉强得以维持。在宁波地方,反袁独立失败后,倾向革命党人的顾乃斌、沈祖绵分别受到撤职和解省审讯的惩处,接任浙军独立四十九旅旅长的周凤岐便成为宁波地方最高军政长官。周凤岐早年虽也曾为光复会会员,此时却早已成为浙江地方实力派,一切以个人和派系的利益为指归。在此次瓦解宁波反袁独立过程中,他先受朱瑞派遣,充当说客和密探,以后又奉命查办此案。周凤岐掌控宁波政局后,施政方针与省督朱瑞保持一致。1918年11月,停发宁属各县县议会、参议会和自治机构职员的薪费;翌年2月,又正式解散各属县的县议会、参议会和自治联合会,收回"所有钤记、卷宗"①。至此,三权分立的民主政治体制便被摧毁,宁波在民国之初建立的民主共和政治由此也蜕变为浙籍军人专政。

从1917年1月皖系军阀杨善德带兵入浙主政,到1924年10月宁波独立失败,为宁波政局演变的第三阶段。以全国形势而言,自袁世凯帝制失败病死后,北洋军阀便进入派系割据时期,局势更加混乱。浙江省内由于浙军各派系相互争权夺利,1917年1月终于导致督军吕公望去职,于是北洋军阀乘虚而入,皖系的杨善德立即率北洋军入浙接任督军。由此,"浙人治浙"的局面便告结束,浙江落入皖系军阀的直接统治。同年11月,宁波反对杨善德的"丁巳独立"失败后,宁波的军政长官遭到清洗,驻甬浙军第三旅旅长叶焕华、宁台镇守使顾乃斌、会稽道尹刘邦骥及以下主要官员全部被解除职务。杨善德除任命皖系重要将领何丰林出任宁台镇守使外,又调派北洋军第十九旅进驻宁波,将宁波牢牢控制在自己手中。1919年8月,杨善德病死后由卢永祥接任浙江督军。1924年9月,直系孙传芳通过江浙战争打败皖系卢永祥,督理浙江军务善后事宜。10月,宁波反对孙军入境的独立也告失败。由此,宁波政局便进入直系军阀直接统治阶段,直至1927年2月北伐军进入宁波。

(二)北洋军阀在宁波的专制统治与经济盘剥

1912年3月袁世凯就任临时大总统后,力图将全国重新拉回专制独裁之中。1913年7月,已经附袁的浙江都督朱瑞为防止浙省响应

---

① 《宁波等11属解散自治联合会》,《申报》,1914年2月14日。

"二次革命",颁布戒严令 8 条,严格规定:夜间 11 点后,不准通行街市,违者逮捕;凡私有之枪炮弹药及其他危险物品,均应及时呈缴,隐藏不报者查出即分别惩办;新闻杂志及图书告白等,有妨害时机者,即时封闭,抗者逮捕;集会结社于时机有妨害者,即时解散,违者逮捕;不得私通有碍治安之邮信电报,违者逮捕;凡入境之轮船、火车及各项舟车并省垣各城门,均实行搜查,违者逮捕;凡拟入境之各界人民及各种团体,认为有妨安宁秩序者,即行分别禁拒,违者逮捕;无论昼夜,不准燃放爆竹,违者惩办。① 同时任命驻甬军事长官顾乃斌为宁波戒严司令官,在戒严司令部下特设军政执法处,并颁发军政执法处章程 17 条,规定司法机关一律停权,另行组织临时审判机关,凡电报、邮局、电话各处和报刊新闻均派员严格检查。②"戒严令下人心危",整个宁波地区立即陷入白色恐怖之中。所以,1912 年岁末时,宁波知识分子还在兴高采烈地欢呼"河山新造气象雄,万事俱在曙光中",可是到了 1913 年年末,却变得忧心重重地感叹"民国成立已二年,蒿目时局百忧煎"③。皖系军阀直接控制浙江后,督军杨善德为镇压革命党人,于 1917 年 7 月中旬再次宣布全省戒严。杨善德颁布戒严条例 9 条,划全省为 11 个警备区,宁属戒严司令官为驻甬浙军第 3 旅旅长叶焕华。7 月 27 日,严密巡防的宁波警方在江北轮船码头捕获由沪来甬活动的革命党人裘金龙;同时又破获由革命党人毛小昌在城内二十条桥开设的机关起兴柴行。31 日,即将裘、毛两人押解省城,由"杨督军饬发军法课讯办"④。8 月 18 日,宁波《四明日报》在时评中批评当局戒严为失当之举,戒严司令部即于 21 日晚勒令其停刊。后经地方人士斡旋,才给予停刊 7 日的处分,并警告:"嗣后对于本省戒严施行事宜,务须

---

① 《独立声中之浙省态度》,《申报》,1913 年 7 月 21 日。
② 《特设军政执法处》,《申报》,1913 年 7 月 30 日。
③ (民国)《鄞县通志·文献志·故实》,宁波出版社 2006 年版。
④ 《甬东捕获党人》,《申报》,1917 年 7 月 31 日。

慎重记载,毋得妄加评议,淆乱听闻,而干重咎。"①

浙江军政当局不仅在政局动荡时以戒严为名,剥夺民众的民主权利,而且还经常组织大规模"清乡",防范地方"内乱"。1913年4月,宁波奉令组织第一次清乡。省军事厅明确规定,凡在清乡中发现"与内乱罪有关系者,又或啸聚多人,持械抢劫,扰害地方,或聚众拒捕,致伤人命",即"可以军法从事"②。1914年10月,全省又组织第二次清乡,并制定清乡章程30余条。浙东地区在宁波设立清乡局,负责宁、绍两属的清乡事宜。直至北洋军阀统治后期,清乡仍在继续。1924年3月,宁台镇守使根据督办、省长联合指令,拟订"大规模清乡办法",并召集各县知事来甬开会。4月,宁波警察厅长和鄞县知事即制定清乡细则10条,详细规定:清乡时间以3个月为期;清乡事务为搜集军械,侦查行李,取缔妨碍治安各事,编查户口;调拨驻甬陆军编为3个游缉队,与就地警察及保卫团互通声气,专事游缉;所有轮船、火车各埠,及旅馆、歇店、茶寮、酒肆以及寺院、庵馆,均由就地警察或保卫团、侦探随时侦查。③据此,各县乡纷纷筹款组建保安队,并开会筹划联防。如慈溪决定招募保安队20棚,每棚设什长1名、队兵9名、伙夫1名,"分驻四乡,扼要防守,籍资震慑"④。镇海灵岩乡则召集各村保卫团董开会,组织联防事务所,拟定联防办法。⑤

浙东盐场,历来是政府重点监控对象。1914年,曾在宁波设置余岱场务所,总管余姚、岱山二场场务。各场由省派缉私营驻守,其中余姚场设两浙巡缉第一分局,下辖派出所10个。1915年5月,两浙盐运使姚仲勋特派陈书璣去余姚整顿场产,并"电部调淮兵一营、马队若干,往余姚驻扎,以资震慑"⑥。1916年,根据陈书璣的整顿方案,建立

---

① 《四明报停版原因》,《申报》,1917年8月24日。
② 《军事厅研究匪盗界限》,《申报》,1913年4月2日。
③ 《举办清乡之办法》,《申报》,1924年4月17日。
④ 《招募保安队函请交议》,《申报》,1924年5月2日。
⑤ 《实行联防制》,《申报》,1924年5月17日。
⑥ 《整顿余姚场产》,《申报》,1915年5月17日。

余姚场盐务公署,下设7个场务所、5个盐警事务所,缉私营、队、班满布全场。盐务公署内设置公堂,可出票传人,出签拘人;接受传讯的盐民"必须下跪叩头"①。1918年7月又设立宁属各场办事处,以加强管理和控制。余姚盐场的驻场盐警,也由1923年的115名,增加到1926年时的238名。② 在重要渔区,也驻有重兵防守。如象山石浦,除陆上警备队外,还驻有外海水上警备队。岱山每当春夏鱼汛来临时,定海知事便将县署移驻该地,亲去"弹压渔汛"③。

在经济方面,袁世凯上台后即通令各省"将旧税速速恢复,新税一一进行",除属于中央的各种国家税之外,各省还可自行筹划,征收各种名目的地方税。国家税既"不容稍有短绌",地方税更漫无限制。④ 在浙江,从朱瑞到杨善德督浙期间,全省新增税目有13种之多。⑤ 如宁属象山县,民国初年仅统税一类就增加了6种新税,即1913年新增的印花税,1914年新增的验契税、烟酒牌照税,1915年奉令开办的屠宰税(猪每头收大洋3角,1917年增为4角),1916年施行的牙帖税及当帖税等。⑥ 宁属其他各县情况大致相似。

民国时期,田赋是农村中最大的税项,其中主要由正税,亦即地丁和漕南抵补金组成。北洋军阀统治浙江时期,地丁看似十分稳定,几乎没有增加,但是通过增收各种附捐,实际增加幅度很大。仅以象山为例,便可窥见一斑。1912年5月,地丁按原定银两折征银元,每两征收银元1.5元,外加粮捐0.3元,共计1.8元,再加特捐0.83元、征收费0.162元,总数为2.792元。1913年至1924年间每银两又陆续加征县议会附加税0.2元、编查户口经费0.2元、自治附捐0.1元、巡缉

---

① 王幼章《余姚盐务史略》,《浙江文史集粹》第3卷,浙江人民出版社1996年版。
② (民国)《鄞县通志·政教志·榷税》,宁波出版社2006年版;《余姚市志》,第241页,浙江人民出版社1993年版。
③ 《定海知事赴岱弹压渔汛》,《申报》,1924年5月21日。
④ 李侃等《中国近代史》,第435页,中华书局1985年版。
⑤ 徐和雍等《浙江近代史》,第287页,浙江人民出版社1984年版。
⑥ 陈汉章等(民国)《象山县志》卷一一《赋税考》,民国16年铅印本。

队费0.3元。由是,地丁银"每两增至三元一角九分二厘,视正额一元五角之数几倍之矣"①。由漕粮、南米改征的抵补金,1912年、1913年以米1067石为额,每石折征正税3元,外加征收费每石0.15元、附加税每石1元,共计每石4.15元。1914年财政部下令每石改征正税5元,另征附加税0.5元、征收费0.1元,共计5.6元,其中正税增加幅度高达66.7%。由于各地反对呼声强烈,1916年财政部被迫同意每石仍征3元,但另加1元作为省税,实际仍比1913年时提高1元。此外,附属于田赋的还有滞纳罚金之类,真可谓名目繁多。凡地方的大宗开支,大多附在地丁中带征。

盐税是北京政府的又一项重要收入来源,1914年便决定大幅度提高盐税税率。10月,余姚等地的灶商请求两浙盐运使暂缓加征第二次税款。结果被盐运使斥为"饰词希图延宕",并严令"遵章照缴,毋稍观望,自取咎戾"②。增加盐税的结果势必导致廒商提高售价。当年,宁波盐引公所每担食盐的售价,便从1912年的1.9元,跃增到2.9元。③ 由此,负担便被转加到广大民众身上。翌年4月,财政部又令两浙盐商认捐报效银120万两,折算成银元为180万元之巨。浙江廒商闻之,一致表示强烈抗议,并提出解决问题的5个条件,主要为:"(一)查前清商输成案,最多数为甲午普捐,然仅30万而止,现奉摊派至180万元之巨,实属骇人听闻,唯有首请大加核减,总以酌量商力能及为断;(二)历来办理捐输,实含转嫁性质,不过第一批由商设法承垫,本届仍请援照旧例,准其酌加售价。"④结果,北京政府虽将120万两改为120万元,但拒绝展期,限令"6月11日前一次解足"。经此劫难,"虽著名畅销引岸,亦非三五年不能自拔矣"⑤。1918年宁属盐务稽核支

---

① 陈汉章等(民国)《象山县志》卷一一《赋税考》,民国16年铅印本。
② 《实行加征盐税》,《申报》,1914年10月12日。
③ (民国)《鄞县通志·食货志·渔盐·盐业》,宁波出版社2006年版。
④ 《盐商报效改两为元》,《申报》,1915年5月1日。
⑤ 《限期严伤盐商报效》,《申报》,1915年5月24日;《盐商报效案行将解决》,《申报》,1915年5月26日。

所成立后,进一步扩大和增强了监征的范围与力度,故1918年"收数竟能倍于去年"①。此外,浙江省政府也经常以举办地方事业为由,任意征收盐税附加。1924年为筹措西湖博览会开办费,即令盐斤加价3厘,约可年收50万元。② 同年江浙战争结束后,筹办军事善后又需巨款,于是孙传芳决定,将浙省应解中央的盐税,"暂行全数留用,以济眉急"③。

比较分散的是名目繁多的苛捐杂税,此处仅列举一二。比如1914年后全省"军事巡警诸费,骤加巨万,即如司法经费,亦自30万骤增至百余万"④。至1918年,仅警费一项,全省即须地方承担100万元。⑤以宁波地方而论,对于经常加征灾捐和保安队开办费之类,闾邑士绅均感"疲于应募"⑥。1918年3月,宁波警察厅以城内人力车每月每辆仅纳车捐1元,"殊与警捐前途大有关碍",下令每辆每月加征1元。⑦1924年10月,宁台镇守使和会稽道尹以维持地方安宁为名,致函邀集各业董、绅富,"劝募捐款,购办缺额枪械"⑧。由此可见,地方当局只要认为需要,便可以任何名目加征各种苛捐杂税。

发行债券,是北京中央政府和浙省政府经常采用的又一种募集资金、搜括民财的方法。1914年9月,北京政府发行国内公债,浙江认派40万元,以上中下3等分摊至各县,其中鄞县等上等县派洋1万元,奉化等二等县派洋5千元,南田等下等县派洋3千元。⑨ 省内公债如1924年2月发行第3次定期债券,其中慈溪派购定额3万元。该县花

---

① 徐蔚葳《近代浙江通商口岸经济社会概况》,第358页,浙江人民出版社2002年版。
② 《浙省军事善后谈》,《申报》,1924年10月13日。
③ 《浙省军事善后之筹款》,《申报》,1924年10月28日。
④ 《武林近闻》,《申报》,1915年2月22日。
⑤ 《申报》,1918年3月4日。
⑥ 《宁波快信》,《申报》,1914年9月20日。
⑦ 《倍加车捐之警厅令》,《申报》,1918年3月6日。
⑧ 《申报》,1924年8月4日。
⑨ 《公债办理近状》,《申报》,1914年9月19日。

了九牛二虎之力,结果尚差0.5万左右。① 想不到半年后竟又发行第4期省内公债,当慈溪知事邀请绅商来署开会筹议时,到会者均有难色,表示难于认购。② 慈溪经济尚属中上,由此可以想见,奉化、象山、宁海、南田等县当更为困难。

此外尚须提及的是民国初年新增的验契税。此税涉及面很广,城乡广大民众都深受其累。为加大征收力度,省财政厅于1914年特设督催验契委员,要求各县按月报告进度,虽地方遭受灾荒也不许延缓。8月下旬,象山知事张鹏霄被迫向督催验契委员彭鞠僧报告:"敝邑滨临海隅,山多田少,地脊民贫。加以鄙人无德,旱魃为虐,禾苗之现象枯槁不堪,秋后之收成恐失所望。时难年荒,倍形焦灼。"但仍表示会布告民众,"限期迫促",以冀日有起色。定海知事魏大名也函告彭鞠僧:"现在天旱水涸,甘禾枯槁。当此饥馑荐臻之秋,对于税课征粮大有窒碍。加以外洋战事,金融恐慌,小民粒食维艰,情甚堪悯。除酌量督促,并遵照来示,挈衔叙稿布告。"③正是在如此督催之下,1914年这一税项的年终决算竟达102.09万元,较之1913年高出近一倍半。④

再者,作为财赋大省,浙江1914年解缴中央协款300万元,1915年又增至306万元。贪得无厌的北京政府见浙江财政宽裕,竟令1916年解缴542万元,后经屈映光恳求,才减为342万元。⑤ 这是对浙江民众的无耻榨取。

总之,在北洋军阀统治时期,浙江民众的赋税负担逐年加重。浙江军政府当政的1912年,全省预算连国税在内,仅为1600万元,到1915年除国税之外,竟高达2200多万元。连此时主持浙江财政的张寿镛也不得不承认:"地方负担几乎加倍。"⑥

---

① 《慈溪认购省债之实数》,《申报》,1924年3月1日。
② 《宁波快信》,《申报》,1924年9月20日。
③ 《荒歉中之督促验契》,《申报》,1914年8月31日。
④ 俞信芳《张寿镛先生传》,第45页,北京图书馆出版社2003年版。
⑤ 《中央协款之为难》,《申报》,1915年11月24日。
⑥ 俞信芳《张寿镛先生传》,第47页。

(三) 下层民众的困顿与抗争

在北京政府的统治下,宁波农村土地兼并加剧,广大农民和手工业者纷纷破产;城市工人劳动环境恶劣,实际工资下降。再加上物价不断上涨,城乡广大民众的生活普遍处于艰难困苦之中。据浙海关统计,1920年和1921年两年中,宁波生活费用普遍上涨,其中大米售价每石(140斤)涨到10元,而在1911年则是8.5元;木柴每担从0.9元涨到1.25元,猪肉每斤从0.23元升至0.29元,鱼每斤从0.12元涨到0.2元。棉布料比1912年高了三到四成,而丝绸价格几乎涨了一倍。① 另据民国《鄞县通志》统计,宁波盐业公司每担食盐的销售价1912年为1.9元,1914年涨到2.9元,1918年和1926年又分别上涨到3.2元和4.6元。② 计算下来,上述7种重要商品10年中平均涨幅为51.7%,而同期各行业工人的工资大约提高15%。③ 对此,浙海关外籍官员的评价是"万物昂贵","令人不安",影响及于"各个阶层"。④ 再加上政局动荡,物价波动幅度更大。比如1924年8月江浙战争爆发前夕,宁波米市受战谣影响,"亦步申市飞涨,(每石)跟提四五角"⑤。为了生存,下层民众时常起来反抗,同当局发生冲突。

1913年5月,余姚郎霞佃农周生元等聚众5000人,涌入县城请愿,争取永佃权,后经佃农、业主达成协议,勒石于八堡庙。⑥

1915年3月27日,鄞县西乡洪港岸农民因宰剥死牛、出售牛肉,与前来干涉的警察发生冲突,结果该农民身受重伤,卧地不起。于是村民鸣锣聚众,扛抬伤者前往黄古林警察分署抗议。附近民众也蜂拥沓至,齐声相援,任意捣毁署中什物,以泄平日积郁心中的愤懑。后经

---

① 徐蔚葳《近代浙江通商口岸经济社会概况》,第79页,浙江人民出版社2002年版。
② (民国)《鄞县通志·食货志·渔盐·盐业》,宁波出版社2006年版。
③ 徐蔚葳《近代浙江通商口岸经济社会概况》,第79页。
④ 徐蔚葳《近代浙江通商口岸经济社会概况》,第351、79页。
⑤ 《战谣中米市飞涨》,《申报》,1924年9月1日。
⑥ 俞福海《宁波市志》,第73页,中华书局1995年版。

当地商民设法劝解,多数巡警得以脱逃,"唯有一二名略受微伤"①。1920年6月,由于上年歉收,米价昂贵,镇海饥民相属于道。灵岩、泰邱等乡饥民结群闹荒,簇拥米店求施。7月8日,又有数千东诸乡饥民,拥至虞洽卿家"吃大户",延至12日方始退出。②

1922年6月4日,余姚兰塘乡数千农民反对清丈沙灶地和升科征粮,清丈局卫队竟开枪打死4人,打伤多人。知事陈赞唐赶往现场勘验,结果被乡民殴伤逃回。③ 地处僻远的象山,1923年6月,南堡黄民黄万聚众起事,夜袭岳头民团。后缴枪未遂,反遭警备队围击,黄万喋血而死。1925年8月,南田桃源、蓬莱两乡农民各数百人,聚围县议会,要求平粜积谷。④

作为浙江的重要产盐区,宁属盐民数量众多,仅余姚一场即有10万之众。盐民的生活、生产条件差,劳动强度大,受剥削压迫最甚。他们中不少是外来移民,随新盐田的开辟不断迁入,团结性较强,而生产、居住又十分集中,所以反抗斗争最易发生也最为激烈。加上他们手中也握有少量原盐,盐商收购价格极低,因而在利益上与私贩有某种一致,容易和盐贩及广大求购平价食盐的农民站在一起,共同反对盐警和征管机构。

1915年4月23日,镇海三山、昆亭一带因私贩拒捕而引发一场大规模的乡民抗税风潮。当日,抗税乡民殴毙2名盐警后,"旋又鸣锣聚众,高揭五山头字样白旗,附和者数达五千余人"。他们接连捣毁下洋东西、昆亭、仑江、霞浦、梅山、柴桥、三山等地的8处盐栈,举火焚烧办盐司事张铃荷等人的4所住宅,又在梅山击毙2名盐警,并将柴桥警察分所捣毁一空。24日下午,知事洪锡范督率城区巡警,乘"永定号"兵轮驶往弹压。洪锡范到达后召邀地方士绅出面劝谕解散。不料乡

---

① 《鄞县又有民警冲突》,《申报》,1915年4月2日。
② 陈兵《镇海县志》,第13页,中国大百科全书出版社1994年版。
③ 俞福海《宁波市志》,第75页,中华书局1995年版。
④ 王庆祥《象山县志》,第17~18页,浙江人民出版社1988年版。

民"愈聚愈众,扬旗呐喊,四面包围"。此时警备队管带乐俊奎也从定海率队赶来镇压。因乐"即系包办盐务之人",故乡民"对之恶感颇深,咸有欲得甘心之势"①。"虽经军队格毙数人,余众仍未稍却。26日大雨如注,兀立雨中相持不散,并且愈聚愈众,喊声若雷。"此时,宁波的2排陆军和外海水警厅的"超武舰"也赶来增援。洪锡范乘势会同当地绅耆,亲赴劝导,谕以利害,时达3小时之久,乡民方始逐渐散归。② 在此次长达4天的抗税斗争中,被军警枪杀的乡民和盐贩有六七人之多,军警死伤人数也大致相当,故可谓是北洋军阀统治时期宁波地区一次规模最大、程度最为激烈的群众反抗斗争。

同年11月底,岱山盐场在上年发生哄署殴警事件后,再次爆发大规模抗税事件。当月24日,该场青黑山地方盐贩、盐民同前来缉捕的盐警发生冲突。盐民被盐警开枪打死1人后,奋力夺取枪械,并穷追不舍,后因知事率全体盐警赶来增援,方始退却。25日,愤愤不平的盐贩、盐民抬着被害者尸体到五属公廨索赔抗议。此时正在岱山视察场务的两浙盐运使胡思义闻讯后,立即电请巡按使屈映光转令营、县防护,同时经饬定海知县派兵弹压,事情才得平息。③

慈溪、余姚交界处的双河,驻有盐警20多名,以防堵姚北盐贩进入。1916年3月27日,盐警出巡到观海卫相近地方围缉盐贩时,遭到大批盐民的反击。盐贩和盐民焚毁巡船,并赶到双河捣毁盐警驻所,击毙哨官。28日晨,慈溪知事夏仁溥率兵前往双河缉拿肇事者时,盐贩和盐民则早已星散。④

在城镇,工人的组织和觉悟程度也在不断提高,1919年五四运动前,已有以经济为目的的罢工发生。

民国前期宁波广大下层民众的反抗斗争,反映了社会矛盾的不断

---

① 《镇海莠民闹事纪闻》,《申报》,1915年4月29日。
② 《续志镇海拒捕风潮》,《申报》,1915年5月3日。
③ 《岱枭拒捕之详报》,《申报》,1915年11月25、26日。
④ 《申报》,1916年4月1日。

激化。这些斗争虽然不同程度地冲击了北洋军阀的统治,但仍停留在自发、分散的经济斗争阶段,因而很难取得成功,并求得自身的解放。

四、宁波地方政治势力反对北洋军阀的斗争

(一)响应"二次革命"的"癸丑独立"

1913年3月20日,国民党代理理事长宋教仁在上海火车站遇刺。案情披露袁世凯是幕后真凶后,全国舆论哗然。7月12日,李烈钧在江西湖口宣布独立,举兵讨袁,"二次革命"由此发端。至7月25日,浙江四周的江苏、安徽、上海、福建和广东、湖南等都相继宣布独立,讨伐袁世凯。

以都督朱瑞为首的浙江军政当局力主以维持秩序、顾全地方为第一义,概不与闻外省战事。朱瑞表面态度暧昧不明,暗中却与袁世凯互通声气。7月20日,朱瑞通电全国,宣布浙江中立自保,并电令地方各军政长官:"如有乘机煽惑,侵害吾浙者,不问来自何处,一律视为公敌。"①在军事上,朱瑞调动军队向上海方面警戒,同时暗中筹划派军队赴上海协助袁军。可见朱瑞的中立是假,拥袁是真。所谓中立,只是为了麻痹和缓和革命党人的反袁情绪。

就在浙江政局十分微妙之际,传来了宁波独立之声。出面主持宁波独立的是驻甬浙江陆军独立第四十九旅旅长顾乃斌和鄞县知事沈祖绵。顾乃斌,浙江武备学堂出身,早年参加同盟会,杭州辛亥光复时曾率所部主攻抚署,与南京陆师派的朱瑞存在着派系矛盾。沈祖绵,国民党人,早年曾参加光复会。7月18日,朱瑞派曾任其参谋长的周凤岐至宁波,密令顾乃斌亲率两营兵力乘宁绍轮赴上海,协助袁世凯的亲信郑汝成防守制造局。这个计划的实施不仅会使顾乃斌背上拥袁恶名,而且四十九旅也将落入此时依附于朱的周凤岐手中。顾乃斌

---

① 《独立声中之浙省态度》,《申报》,1913年7月21日。

当然不能答应,于是先和知事沈祖绵、警备队统领常荣清密商,随后又分别与镇海要塞司令张伯岐、外海水上警察厅厅长王燮阳等商议。众人都一致同意宁波反袁独立。其时,王金发部下的四五百会党人士也赶到宁波,准备策动浙东起义。他们早已与顾乃斌取得联系,表示宁波如自行独立,他们便撤离宁波赴上海参战,否则,将自行揭举义旗,宣布宁波独立。王金发部众的举措对宁波军政当局造成很大压力,地方绅商闻讯更是惶恐不安,焦虑万分。

7月19日一早,鄞县议会议长冯丙然(子藩)、商会会长费绍冠(冕卿)即造访顾乃斌、沈祖绵,询问时局。顾乃斌表示要同浙督朱瑞决裂,在甬反袁独立,并告知"现在革命党人云集宁波,如我们不独立,他们将取而代之"。冯、费两人听后,最初的反应是"瞠目相视,默不作声",然后又对"独立"多有顾虑,最后为"保境安民",也就"默许"独立了。① 10时许,沈祖绵随冯、费两人出席正在召集的地方各团体负责人紧急会议。会上,受革命党人鼓动的激进分子明确支持宁波独立,而主张持重者则忧心忡忡。于是,冯、费两人先召集几位头面人物入内室密谈,统一思想,然后返回会场,由费绍冠报告,"大意是本地治安,可保无虞。惟各地党人,聚集此地,想在宁波举义旗。目下情形,非宣布独立,一无办法"②。费的意见为大多数与会者接受,宁波独立遂成定局。

浙江司法筹备处处长、宁波籍著名革命党人范贤方也恰在19日晨乘沪甬轮由上海来到宁波。③ 范贤方返回后也立即开展活动,并与顾乃斌、沈祖绵等商定于次日宣布宁波独立。④ 20日晨,由顾乃斌、沈祖绵、张伯岐、王燮阳等军政长官会衔,正式发布宁波独立文告,并在

---

① 沈飏民《宁波癸丑独立记》,《浙江文史集粹》第1卷,浙江人民出版社1996年版。
② 沈飏民《宁波癸丑独立记》,《浙江文史集粹》第1卷。
③ 《宁波宣布独立之余音》,《申报》,1913年11月18日。
④ (民国)《鄞县通志·文献志·民国建立以来革命诸役始末纪》,宁波出版社2006年版。

市镇要道张贴。文告宣称:"鉴于地方治安,自出示之日起,即行独立。"①宣布独立后,宁波军政当局立即采取一系列措施,以稳定局面。军事方面,20日下午即派警备队第二营营长杨紫庭率所部赴上虞百官,在曹娥江东岸布防。独立旅也相应调整部署,以防朱瑞派兵进攻。财经方面,在商界支持下,迅速筹得军饷12万元。为稳定商市,防止物价波动,经与商会商议,规定银元市价每元折银七钱三分,不准任意涨落;大额贸易由钱庄一律按照规定折算过账办法,暂定以两月为期。对外联络方面,与上海陈其美领导的讨袁军互通声气,相互策应。②

范贤方则尤为激进。在鄞县参议会林斗南等支持下,范贤方依辛亥光复时组织军政分府之例,在参议会上提出设立宁波独立分所。他一面与宁波各县知名人士联名"致电陈其美,以冀联络",一面又同沈祖绵联名发布通电,"劝告绍台各属独立"③,甚至还"主张大张旗鼓,率兵进攻杭州",后因遭顾乃斌等拒绝而未果。④

宁波独立后所面临的形势十分严峻。周边独立省区局势发展不明,且时有败讯传来。省内除宁波外并无其他地区跟进,而朱瑞一面于7月20日派徐乐尧率骑兵团进抵绍兴,震慑宁波,一面仍与顾乃斌等保持联系,以留有余地。宁波独立阵营内部以顾乃斌为首的稳健派与以范贤方为代表的激进派也存在着矛盾和分歧。激进派主张彻底与朱瑞撕破脸皮,运动浙东各属独立,甚至想将宁波改建为省会。⑤ 这些主张与稳健派的设想大相径庭,其结果势必导致宁波经济、社会的严重动荡,因而也不可能得到地方绅商的赞同。

在上述背景下,顾乃斌等稳健派自独立后始终首鼠两端,朱瑞的信使周凤岐也不断往返甬杭之间,维持着双方的联系。7月22日,周

---

① 沈飐民《宁波癸丑独立记》,《浙江文史集粹》第1卷,浙江人民出版社1996年版。
② 沈飐民《宁波癸丑独立记》,《浙江文史集粹》第1卷。
③ 《宁波宣布独立之余音》,《申报》,1913年11月18日。
④ 沈飐民《宁波癸丑独立记》,《浙江文史集粹》第1卷。
⑤ 裘孟涵《王金发其人其事》,《浙江文史集粹》第2卷,浙江人民出版社1996年版。

凤岐再次从杭州来甬传达朱瑞亲笔密令,谓"宁波此次举动,情出无奈,为本都督所深悉。兹派员前往宣慰,万望勿动干戈,致两浙糜烂"①。同日,顾乃斌和常荣清分别致电朱瑞,作为回应。顾电表示:"此间军队实未开往他处,地方亦平靖,请勿信谣传。"常电则云:"赣事发生,风云变幻。甬地水陆交通,匪徒希图扰乱。防营责在靖内,唯有随机因应,竭力维持。设有事变,即当随时请示办理。"②次日,顾乃斌再次致电朱瑞,谓"都督所主张,甬上军民同声赞颂。诸事无不一致进行,以酬钧意。乃斌向蒙相见以诚,乞万勿轻信谣传,是所至祷"③。这几则电报初看似乎不解,其实正好反映了顾乃斌等人瞻前顾后的矛盾心理和朱瑞同宁波地方实力派之间的微妙关系。除迷惑朱瑞,滞缓其军事行动,此举还含有为独立失败预作张本之意。

同时,朱瑞还挽请旅居上海的族叔朱福铣和前浙江都督汤寿潜出来调停。朱、汤乃委托与顾乃斌、沈祖绵均有交情的绍兴人金汤侯前往宁波斡旋。7月23日,金汤侯自沪抵甬,与顾、沈和范贤方等晤谈,并转达宁波旅沪人士的意见。8月上旬,金汤侯再次来到宁波,建议借反对三门湾租押一事致电朱瑞,以此表示承认朱瑞浙江都督的地位和宁波不再独立。此时形势对宁波更为不利,赣、宁、沪等地的讨袁军一再失利。范贤方见局势难以挽回也离甬出走。在此情况下,经顾乃斌、沈祖绵和费绍冠、冯丙然等绅商领袖商议,决定采纳金汤侯的建议,于8月8日上午致电朱瑞。下午,朱瑞便回电接纳,由此宁波独立遂告取消。10月,顾乃斌被袁世凯革职,四十九旅旅长由周凤岐接任。沈祖绵被褫职解省审讯,后以"永不叙用,交地方官严加管束"而开释。范贤方则被下令通缉。

在宁波反袁独立营垒中,以范贤方为代表的革命党人是真正的独立派,但缺乏社会基础。顾乃斌、沈祖绵等处于主导地位的军政官员

---

① 沈瓞民《宁波癸丑独立记》,《浙江文史集粹》第1卷,浙江人民出版社1996年版。
② 《宁波并未独立》,《申报》,1913年7月27日。
③ 《朱都督通告宁波并未独立电》,《越铎日报》,1913年7月28日。

骑墙于独立与中立之间。他们在革命党人的推动下虽然作出了独立举动,但始终处在犹豫动摇之中。费绍冠等地方绅商对独立本不感兴趣,关心的只是维持地方秩序,避免战祸殃及宁波。他们是被形势所逼而勉强认同独立之举。这就使宁波独立有别于其他省区,即不仅没有明确宣布讨袁,而且近乎秘密进行,所以"知之者甚鲜"①。但从"二次革命"的全局来看,宁波独立毕竟是浙江全省的唯一之举。它牵制了朱瑞的兵力,阻滞其出兵上海,推动了"二次革命"形势向前发展。对此,应予以正面的评价。

(二)反对袁世凯帝制的宁波"丙辰独立"

1915年12月25日,正当袁世凯复辟帝制似乎十分顺利,行将完满告成之际,蔡锷在云南揭橥"护国"大旗,中国政治局势风云突变。至翌年4月6日,云南、贵州、广西、广东先后宣告独立。袁世凯见势不妙,被迫于3月22日宣布取消帝制,但仍厚颜无耻地不愿放弃大总统职位。

浙江督军朱瑞自"二次革命"后,在政治上不断向袁世凯靠拢。云南宣布反袁独立后的第四天,朱瑞仍致电各省军政长官合力敦请袁世凯早登帝位,可谓是各省督军中支持袁氏称帝最为卖力者之一。更为甚者,朱瑞还电请袁世凯派兵入浙,以防止浙军内部异动。此举遭到浙江绅商和地方实力派的一致反对,并造成朱瑞和属下将领的严重分裂。浙军内部逐渐形成一股反对袁世凯和朱瑞的力量,其核心人物为属于武备派的驻甬独立四十九旅旅长周凤岐、浙江警察厅厅长夏超和属于保定派的浙军第二旅旅长童保暄。与此同时,"党人之健者又四出运动"②。宁波和浙江籍革命党人范贤方、陈时夏、魏炯、王文庆、莫永贞等也在上海密谋策划倒朱反袁,并进入浙江与周、夏、童等建立联

---

① (民国)《鄞县通志·文献志·民国建立以来革命诸役始末纪》,宁波出版社2006年版。
② 《续纪宁波独立详情》,《申报》,1916年4月16日。

系,两股力量联为一体。①

1916年4月初,袁世凯准备将驻防上海的北洋军第十师开往浙江,镇压浙江的反袁运动。此事便成为引燃宁波和浙江独立的导火索。宁波民众对于袁世凯上台后践踏民主、出卖利权的种种倒行逆施,早已义愤填膺,只是苦于时机未到。如《申报》所言:"宁波各界人士自政府违背约法、帝制自为后,早怀义愤。及滇军首倡反对,驻宁军界暨就地士绅均有响应之意,惟苦部署未就,且未悉省中一般,大力者之意旨只得沉机以待。"②及北洋军调驻浙江的消息传来,各界人士莫不怒火中烧。4月10日,虞洽卿等旅沪宁波同乡会人士即致电浙江将军朱瑞、巡按使屈映光,强烈抗议北军移浙,并严正要求"设法阻止"③。周凤岐和夏超"认为倒朱之时机已至,就联络保定派吕公望、童保暄、王桂林等,连日密议驱逐陆师派朱瑞等的办法"④,并商定朱瑞下台后的各项人事安排。在大约10日召开的军事会议上,"驻甬四十九旅旅长周恭先君首先发言,谓吾浙设有变动,吾辈军人当服从都督命令,合座鼓掌赞成。唯朱将军之参谋长金某尚以不称将军而称都督为问,无人答应,散会后见机不妙,即行溜走,不知去向。集议之各军官遂各回原驻地妥为布置,预备独立矣"⑤。

周凤岐从杭州返回宁波后,即于11日召集会稽道尹梁建章和宁波警察厅长周琮、外海水上警察厅长王萼等各军警首长,妥筹独立进行的具体办法。最终一致商定,先由周、梁等17名军政长官联名致电朱瑞、屈映光,拒绝承认袁世凯的总统地位,并提出3项条件,逼朱瑞立即作出选择,否则即与之断绝关系,自行宣布独立。同时决定,电报于12日上午7时拍发,限朱瑞、屈映光于24小时内作答。在军事方

---

① (民国)《鄞县通志·文献志·民国建立以来革命诸役始末纪》,宁波出版社2006年版。
② 《宁波宣告独立纪详》,《申报》,1916年4月15日。
③ 《申报》,1916年4月12日。
④ 李净通《军阀统治时期的浙江政局》,《浙江文史集粹》第1卷,浙江人民出版社1996年版。
⑤ 《续纪宁波独立详情》,《申报》,1916年4月16日。周恭先即周凤岐,恭先为其号。金某即金华林,为朱瑞亲信。

面,也立即作出相应部署。12日一早,周凤岐亲自驱车去上虞协同警备队统带洪士俊在曹娥江一线布置防务。

就在《致省军巡两署电》拍出3个小时后,即收到由童保暄、夏超、王桂林签署的杭州军署电,通报杭州已于12日晨独立,并请宁波一致进行。原来就在周凤岐离杭返甬后,浙军第二旅旅长童保暄于11日夜率兵围攻将军署,朱瑞仓皇出逃,于是12日晨浙江即告独立。《致省军巡两署电》虽发表于省城独立之后,但对台、温地区形势的发展,仍发挥了积极作用。如根据约定,台州镇守使张载阳收到该电后,当即采取行动,并电告周凤岐说:"台属亦于本日宣告独立,与尊处一致进行,并电温州火速宣布。"①

周凤岐在上虞得到杭州独立消息后,遂于12日当夜专车赶回宁波,并"立即邀集军、警、政、商、学各界领袖,到旅司令部集议,决定次日会衔道尹出示宣布独立"②。4月13日,由周凤岐、梁建章、王莩、周琮4人联名,正式发布《宁波独立文告》。文告全文为:

照得袁前总统世凯,叛逆民国,僭窃帝位,虽经滇、黔、桂、粤各省倡议声讨,仍复自称总统,不肯退位,威信已失,万难临众。若再旷日持久,兵连祸结,外侮内讧,大局何堪设想?本旅司令部等,既为民国职官,以拥护共和为天职,际此时局危殆,岂容再事观望,特于本日联合全省宣布独立,与中央断绝关系。所有中外商民及地方秩序,由本旅司令部等分派军警,严密防范,担负完全责任。凡我父老兄弟苦衷、政府苛政,四载于兹,此次再造民国,重见天日。吾宁波得以鸡犬不惊,不至滇川、湘等省之惨剧,实为莫大幸福。尔等务宜各安生业,慎勿无端自扰。如有不法匪徒乘机造谣生事,扰害治安,本旅司令部等即以军法从事,决不宽贷。

---

① 《宁波宣告独立纪详》,《申报》,1916年4月15日。
② 《续纪宁波独立详情》,《申报》,1916年4月16日。

其各禀遵,特此宣布。①

宁波独立后,地方军政当局为稳定局势,采取了一系列措施,收到了较好效果。如命令军队"严守纪律,毋改常度";规定警察要全体保持戒备,"添加岗位,并向各处梭巡,以资防卫";要求各机关也须"照常办事",不得懈怠。② 为开通民意渠道,绅、商、学各界推选盛薪传、陈季衡、范贤方、费绍冠、余芷律、徐庸笙等6人担任官厅咨询代表。在经济方面,为稳定金融,由宁波总商会通告各界,"凡中国、交通两银行之兑换券,一律通用"③。当交通银行因挤兑潮而不得不停止提款,金融恐慌即将发生之际,宁波商会迅即同中国银行宁波支行订立协议,"担保浙江省的纸币全额兑现"④,从而使中国银行宁波支行维持正常运转,金融风潮得以平息。由于举措得当,宁波在独立后"人心欢快,秩序井然,市面金融活动如常"⑤。

5月初,浙江政局又起风波,这主要是由屈映光的两面派行径引发的。屈为人八面玲珑,毫无政治操守可言。屈映光在浙江独立后虽被推为都督,但在文告中却仍自称巡按使,而且密电袁世凯,声称在"强迫"之下自己仍"誓死"拒绝出任都督,最后迫不得已才"以巡按使名义兼浙军总司令",以此求得袁世凯的谅解。电报公布后,浙江各界纷纷通电指责。宁波的周凤岐也要求屈表明态度,并通电说:"屈氏在浙四载,惟知竭民脂膏,以固一己荣宠。旋复俯首称臣,首先劝进。祸害民国,厥罪甚深。"⑥不久,周凤岐和吕公望赶到杭州,与夏超、童保暄等商议倒屈。5月5日,屈映光被迫辞职,吕公望被举为都督兼省长。

---

① 《宁波宣告独立纪详》,《申报》,1916年4月15日。
② 《宁波宣告独立纪详》,《申报》,1916年4月15日;《续纪宁波独立详情》,《申报》,1916年4月16日。
③ 《宁波宣告独立纪详》,《申报》,1916年4月15日。
④ 徐蔚葳《浙海关十年报告》(1912—1921年),《近代浙江通商口岸经济社会概况》,第72页,浙江人民出版社2002年版。
⑤ 《宁波宣告独立纪详》,《申报》,1916年4月15日。
⑥ 陶菊隐《北洋军阀统治时期史话》,第2册,第200页,三联书店1978年版。

是为浙江第二次独立。

吕公望就任后即成立浙江护国军政府,改编浙军为护国军。周凤岐调任督署参谋长,宁波革命党人陈时夏、范贤方分别出任省府秘书长和高等审判厅厅长,驻甬独立四十九旅则改编为浙江护国军第三师。①

浙江独立有力冲击了北洋军阀的统治,其对江苏、上海两地影响尤大。4月12日,坐镇南京的直系首领冯国璋获悉浙江独立警报后,立即在督署召开紧急军事会议。当晚,北京总参谋部也拍来一系列军密要电,指示冯军"防浙办法"。上海因"壤地相接,以致人心惶惶,大有不可终日之感"②。宁波独立和宁波籍著名人士的活动,对浙江和东南局势的发展也起了至关重要的作用。所以,向有是役发动虽在沪、杭"而吾鄞人之力不少"③的说法。其缺憾是宁波的独立完全由军、警两界主导,"就地士绅均处被动地位"④。

(三)反对张勋复辟和"丁巳自立"

1917年1月,属于皖系的北洋军阀杨善德带兵入浙,出任浙江都督,由此打破了民初以来"浙人治浙"的局面。其时,宁台镇守使顾乃斌和驻甬浙军第三旅旅长叶焕华等浙籍军人,虽然早年都曾参加过同盟会,但此时革命意气已经消尽。他们同北洋军阀的矛盾主要已非民主共和与专制独裁之争,而是权力、利益和派系之争。

7月1日,张勋在北京拥戴废帝溥仪复辟。消息传来,宁波军政当局也与省督杨善德采取同一立场。5日,自台州海门赶来的宁台镇守使顾乃斌就同驻甬第三旅旅长叶焕华、会稽道尹刘邦骥等8人,联名致电都督杨善德、省长齐耀珊。电文谓:"复辟逆谋,宁地先有所闻,军

---

① 项雄霄《辛亥革命在浙江》,《浙江辛亥革命回忆录》,浙江人民出版社1981年版。
② 《南京快讯》,《申报》,1916年4月15日;《决定中立中之上海》,《申报》,1916年4月15日。
③ (民国)《鄞县通志·文献志·民国建立以来革命诸役始末纪》,宁波出版社2006年版。
④ 《宁波独立之经过》,《申报》,1916年4月19日。

民愤激异常。自奉电表示反对,遵即分别示谕,人心稍安。惟张勋等逆状已著,罪在必诛。望克日誓师,以申大义,国家幸甚,地方幸甚。"①当得知省中正在编组北伐混成支队的消息后,宁波军界亦异常踊跃。第三旅旅长叶焕华于5日即致电第二师师长张载阳,请求率部同效前驱。镇海炮台总台官张伯岐也向杨善德表示:张逆叛国,薄海同仇,浙省出师声讨,大义凛然。本职部属,愿效前驱。后因北伐混成支队已经编就,支队长也已确定,因此未准叶焕华所请。

与此同时,顾乃斌、叶焕华等对于革命党人的活动也严格防范,并加强侦缉力度,破获了多起党人活动案。② 宁波戒严司令部甚至任意查封报刊,控制舆论。7月4日,孙中山乘应瑞舰亲自到宁波舟山,访晤顾乃斌,劝其以舟山为基地,与中华革命党一起树起"讨逆"旗帜。结果顾氏不敢发动,孙中山只得扫兴返沪。③

然而,杨善德入浙后的所作所为,却逐步激化了他同浙江军人实力派之间的矛盾。他处处以北京政府的利益为归依,大大损害了浙江的地方利益。人事上他摈弃吕公望时期所用的浙籍人士,大量安插引用亲朋故旧。军事上陆续调动大批北洋军入浙,同时又尽量压缩浙军编制,裁撤第一混成旅,从而使浙籍军人难于自安。这就是宁波"丁巳自立"的基本原因。

1917年秋,前浙江都督蒋尊簋在上海同旅沪浙人密谋,决定以"护法"和"浙人治浙"为旗帜,策划宁波、浙江独立。蒋先派奉化籍革命党人周日暄来宁波联络同志,同时又写信派专人送到日本,催促周凤岐速回宁波共谋大事。周日暄抵甬后住入同学魏炯家,并邀赵家荪、冯良翰等集议其事。

11月25日,蒋尊簋亲自从上海来到宁波,立即与时任驻甬第三旅旅长的旧部属叶焕华及第五团团长刘炳枢商议,"谋以驻甬军队脱离

---

① 《顾乃斌等复杨、齐电》,《申报》,1917年7月6日。
② 《甬东捕获党人》,《申报》,1917年7月31日。
③ 金普森等《浙江通史》第11卷,第76页,浙江人民出版社2005年版。

省中管辖,号召全省"。商定方针后,就由叶焕华出面,"邀集宁台镇守使顾乃斌、宁波警察厅厅长周琮、外海水上警察厅长王尊、会稽道尹刘邦骥、商会会长费绍冠、会董徐方来、王贤瑞及家苏、炯等数十人,会议于旅司令部"。会议由蒋尊簋担任主席,叶焕华代为说明宗旨,即要达到"浙人治浙"的目的,须以独立自治为手段,推翻杨善德,参加全国护法,并谓:"浙西各属均已接洽就绪,此地一经发动即可响应。"①会后,即改第三旅旅部为浙军司令部,推举蒋尊簋为总司令,并于26日清晨4时宣布宁波"自主"。27日,蒋尊簋以浙军总司令的名义致电冯国璋、孙中山:

> 法纲屡坏,国难迭兴。人民拥护共和,以约法为命,不幸浙督杨善德附和倪嗣冲独立,推翻约法,相率叛国,全浙军民痛心疾首,半载于兹矣。兵寇有分,邪正不并,治乱大节岂可姑容。尊簋受父老付托,爰于本月26日,集师浙东,宣告自主,与违法叛国之杨善德脱离关系,誓必荡除叛逆,兴复约法,还我国会,厉行自治。成败祸福,当与国人共之。谨闻。②

宣布独立后,即派军队监守电讯邮电部门,占据车站。为筹集军饷,公推高尔登、周日暄、冯良翰到中国银行调查公款,以备应用。26日,周凤岐自日本返抵宁波后,即被任命为前敌司令,并与第五团团长刘炳枢督率军队,乘汽车至曹娥江东布防。根据约定,温州警备司令戴竺天也通电响应,宣布温州"自主"。

杭州方面,杨善德为防止局势进一步恶化,命浙军第一师师长童保暄率军镇压宁波独立,同时又派北洋军第四师随后跟进,监督童部。早在宣布独立之前,叶焕华等就曾致函童保暄,促其劝杨善德辞职。独立后蒋尊簋又遣童门生林某至曹娥军营,劝童共同反对杨善德和北

---

① (民国)《鄞县通志·文献志·民国建立以来革命诸役始末纪》,宁波出版社2006年版。
② 《宁波自主之通电》,《申报》,1917年11月30日。

京政府。① 但童保暄在依违间却选择了依附杨善德,下令枪毙林某。11月28日,童保暄渡江炮击周凤岐部,独立军终因兵力过于单薄而告失败。

在参与独立的宁波军政人员中,警察厅长周琮和外海水上警察厅长王萼在举事之初便已"阴持两端"。他们一面封锁消息,暗中通知《四明日报》不得刊登有关独立的报道;一面秘密向杨善德表白,自己系出于无奈,被迫附和。听到周凤岐兵败消息后,周琮为开脱自己,并向杨善德邀功,竟将警察调集于湖西,并约王萼以水警相助,准备乘叶焕华部增援前线,宁波城内防务空虚之时,攻打蒋尊簋的浙军司令部。赵家荪等地方人士担心宁波将因此而"全城糜烂",于是冒险去湖西警厅竭力说服周琮。当日深夜,周凤岐、刘炳枢所部从前方退到宁波江北岸后,得知周琮等人反叛,极为愤怒,架起大炮,准备轰击湖西警察厅。商会会长费绍冠等闻讯后,立即前去调解,再三请求周凤岐以全城数十万生灵为重,并答应从四明银行提银8万元,作为士兵的遣散费。其后,蒋尊簋、周凤岐、叶焕华、刘炳枢等都逃往上海租界②。不久,蒋尊簋就去广州孙中山处担任大本营参谋次长。

12月1日,童保暄率军进据宁波,然后又分兵进击温州,迫使戴竺天取消"自主"。至此,这场以宁波为中心的"浙人治浙,独立反杨"运动,昙花一现,终告失败。为彻底打击革命党人和浙江地方势力,杨善德第一次下令通缉蒋尊簋、周凤岐、叶焕华、刘炳枢、徐乐尧、高尔登、周日暄等9人,第二次又下令通缉魏炯、冯良翰、赵家荪等9人,顾乃斌、刘邦骥和暗中附杨的周琮、王萼也被相继免职,以至于参加宁波独立会议的文武官员,无一人留用。③

1917年11月的宁波反杨独立运动是全国性护法运动的重要组成

---

① 《童保暄枪毙门人续志》,《申报》,1917年12月10日。
② (民国)《鄞县通志·文献志·民国建立以来革命诸役始末纪》,宁波出版社2006年版;毛翼虎《北洋军阀统治时期宁波两次独立》,《宁波文史资料》第3辑。
③ (民国)《鄞县通志·文献志·民国建立以来革命诸役始末纪》

部分。其后,省内的温州和湖北的荆州、襄阳,以及河南的汝州,都相继揭出"自主"的旗帜。虽然宁波的丁巳独立缺乏广泛的群众基础,"护法"、"自治"也难以作为斗争的旗帜,但它所提出的"不认杨善德督浙",以"自主"、"自治"促成"浙人治浙","迅速恢复国会,与粤川南军取同一态度"的诉求①,则反映了宁波和浙江人民反对北洋军阀专制统治的正义要求,因而具有一定的历史进步性。

五、孙中山的宁波之行

(一)孙中山在宁波的考察活动

1916年5月初,正当护国运动迅猛发展之际,孙中山由日本回到上海,不久即发表"规复约法",重造民国的宣言。8日,接替朱瑞、屈映光担任浙江督军的吕公望拥护共和,邀请孙中山莅浙视察,于是就有孙中山的杭州、绍兴、宁波之行。

8月22日晨,孙中山偕胡汉民、邓家彦、朱卓文、周佩箴、陈去病等从绍兴乘曹甬铁路火车来甬。11时抵站时,鄞县知事祝绍箕及警务所长率官绅商学各界代表热烈欢迎,然后即邀至呦呦旅馆午宴。下午2时,宁波各界在省立四中礼堂召开欢迎会,到会者数百人。欢迎会由知事祝绍箕主持。当祝绍箕引导孙中山入席后,与会者即以鞠躬敬礼向孙中山表示欢迎。其后,由各界代表王东园致欢迎辞。辞毕,即由祝知事请孙中山发表演说。孙中山精彩的演讲不时被掌声打断,演讲结束时会场内更"一时鼓声为雷"。随后,胡汉民也应邀演讲,大致谓:"孙先生演说可谓理想的宁波,或以先生言论为一种理想,实为大误。凡事实必由理想之事实,惟吾人往往不能从理想而见诸施行,所以理想常不能现诸事实。今若将先生所言诸端细为研究,以甬人材力,吾知必能达到目的。"②会毕,孙中山与各界代表合影留念。当晚,孙中山

---

① 《民党中人之通讯》,《申报》,1917年11月28日。
② 《孙中山先生视察宁波》,《申报》,1916年8月25日。

1916年8月22日下午,孙中山先生在省立四中宁波各界欢迎会上发表演说后与宁波各界人士合影。(选自哲夫主编《宁波旧影》,宁波出版社2004年版)

即宿于第四中学。

23日晨8时,孙中山的亲密同志,曾任同盟会宁波支部会长的赵家艺和祝绍箕、王东园等陪同孙中山到月湖竹洲的县立女子师范学校参观并小憩。然后,往东来到位于城隍庙旁的天封塔。始建于唐初的天封塔,位于三江之畔,民国时仍为宁波城内的最高建筑。孙中山登塔远眺宁波市景及四明形胜。凭眺完毕,遂至薛福成建于道署西侧的后乐园,由各界代表公宴孙中山及其一行。午后又乘舆出城,至江北工业学校及公立工厂考察。孙中山对该学校、工厂培养工业技术人才和解决民生困难的做法,极为赞赏。在江北岸考察途中,孙中山又在鸿仪照相馆拍摄六寸全身单人照一帧,作为留念。其时孙中山"身著白色美国式学生装,手持司的克,头戴金丝草帽,足履黑色圆头皮鞋"[1],安详庄重,光彩照人。因自16日起,孙中山连日冒暑考察杭州、

---

[1] 何国涛《孙中山先生莅甬纪事》,《宁波文史资料》(内),第1辑,第19页。

绍兴、宁波,行程十分紧张,故至江北活动结束,微感身体不适,于是便结束在宁波的行程。23日傍晚,孙中山一行登上由海军司令部派来的"建康号"军舰,出港考察象山港和舟山群岛,"以判断该处有无建筑军港的条件"①。

25日,孙中山一行顺道到普陀山游览。下午登岸后,先到普济寺小憩,然后便乘舆游览佛顶山。当登临天灯台时,孙中山在斜阳中突然看到海市蜃楼。只见慧济寺(又称观音堂)前,"恍矗立一丽伟牌楼,仙葩组锦,宝幢舞风,而奇僧数十,窥其状,似乎来迎客者。殊讶其仪观之盛,备举之极。转行近益了然,见中有一大圆轮盘旋极速,莫识其成以何质,运以何力。方感期间,忽杳然无迹,则已过其处矣"②。进入慧济寺后,孙中山便询问同游者,但均言未见到此种奇景,于是咸称奇不已。回到普济寺晚餐后,孙中山与方丈了余谈起所见瑞象,遂应其所请,命随行的陈去病撰写《游普陀山志奇》,以作纪念。陈去病为南社三君子之一,有文采,时任浙江省民政厅秘书。他受命代孙中山撰成志奇一文,孙则在文末钤上印章。

(二)孙中山在宁波的演讲

8月22日孙中山在宁波的讲演,内容丰富,十分精彩。首先,孙中山满怀系念浙江为辛亥光复所创非凡功绩的深厚感情,正确分析了当时全国的政治局势,号召民众依靠自己的力量,起来维护民主共和。

他说,国人对于时局常有两种不同的见解,一种为乐观主义,"以为将来永无竞争,永无危险,共和可以终保";另一种为悲观主义,"以为共和前途非常危险,不可终日"。但他本人的见解是:"吾国共和政体之能否巩固,全视乎吾民之努力,而不取决于政府与官吏。"如果民众能人人负责,爱护共和,则国体自固,共和之目的无不可达,反之,则

---

① 广东省哲社研究所历史研究室等编《孙中山年谱》,第197页,中华书局1980年版。又注,孙中山在宁波城内活动的记述,主要依据《申报》1918年8月25日报道。
② 徐静波《孙中山〈游普陀山志奇〉》,《孙中山与浙江》,第160页,浙江人民出版社1986年版。

无论政府官吏如何贤良,真正共和必不能实现。"是知共和国之民,应将希望寄托于自己,自尊、自爱、自强,徒寄希望于政府官吏,无益也。"

其二,孙中山热情洋溢地称赞宁波所取得的成就,希望宁波在实行地方自治方面能成为浙江全省的模范。囿于当时的政治局势,孙中山将地方自治作为制约北洋军阀、真正实施民主共和的重要举措。

他认为,以浙江的地位、条件、资格和民众的觉悟程度,"均适宜于共和",而宁波的情形,"则又为浙江省之冠"。他说宁波开埠虽在广东之后,但风气之开通不在广东之下。"且凡吾国各埠,莫不有甬人事业,即欧洲各国,亦多甬商足迹,其能力与影响之大,固可首屈一指也。"如今,他"最希望于宁波者,在实行地方自治"。因为在他看来,政治与社会是一体两面,互有关系,欲求社会进步,"必须实行地方自治"。这犹如造屋,必先固其基础,"而地方自治即是社会之基础"。

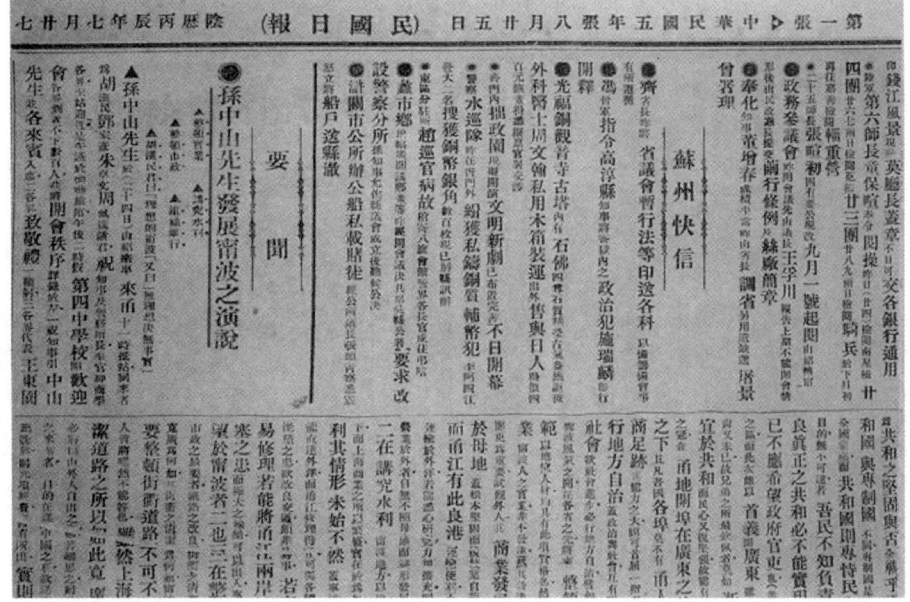

1916年8月25日上海《民国日报》刊登孙中山先生在宁波的演说。(选自哲夫主编《宁波旧影》,宁波出版社2004年版)

其三，孙中山分析了宁波自身所具有的区位与人才优势，着重就宁波经济、社会的发展，提出四点希望和建议。

第一，振兴实业。孙中山表示："宁波人实业非不发达，然其发达者多在外埠。鄙见发展实业，内地应为优先。试观外人，其商业发展于外地者，莫不先谋母地之发展，盖根本固而后枝叶自茂也。宁波人对工商业之经营，经验丰富，而甬江有此良港，运输便利，不独可运销于国内沿海各埠，且可直接运输于外洋，若能悉心研究，努力经营，加以扩充，则母地实业既日臻发达，而甬人经营于外者，自无不随母地之发展而益形发展矣。"

第二，讲究水利，发展海运。孙中山认为：宁波地方以地位而论，其商业之繁盛原不在上海之下，而后来上海商业所以超过宁波，实在于其为外海之总汇。"宁波若能悉心讲求水利，发展海运，其情形未尝不可追踪上海。"宁波的区位比杭州、汉口优越，后者水运不能直达外洋，而甬江港口如能加以整理修建，"可与各国直接通商"。再说上海的港口已有淤积之患，欲加改进，颇非易事，而在宁波、镇海口岸修理扩建则较为容易，不仅可"永无淤积之患，而吨位极大之轮船亦可以出入，则宁波之商务自无不发达矣"。

第三，整顿市政。孙中山认为："市政之最要者，道路之改良、街衢之整洁也。"宁波可以仿照上海公共租界而行，关键在于经费的筹措。办法为：第一步先规定土地抽税的税率，然后实行土地报价，按价收税，这就使土地所有人所报的地价"不至有过高过低之弊"；第二步再通过发行地方公债，收土地为地方公有，这样办理公共事业、改良市政便能所向无阻。"市政改良，人民乐趋，商业自会繁荣，地价亦将随之逐年增高，税额之收入亦随之加增，收入何患不巨？"

第四，组建商业银行。孙中山提出，宁波的当务之急是联络各省巨商，共筹资金，组织一极大之商业银行。"资金充足，信用自著，庶几乎吾国有钱之人不至于再将巨大款项存入外人所办之银行，而吾国之经济自有活动之余地，不特宁波人欲谋创办实业更加容易，即全国之金融亦得收良好之效果矣。"

最后,孙中山殷切希望宁波通过积极经营,奋发自强,"成为吾国之第二上海"①。

孙中山的演讲以民生主义为重心,全面阐述了三民主义思想,其中对宁波的地方自治和如何兴办实业、建设港口、整顿市政、发展金融、繁荣商业等问题,提出了一系列精辟见解。它对于宁波此后的经济、社会发展,产生了广泛而深刻的影响。

第二节　五四运动与国民革命时期的宁波政局

民国建立以后,宁波的民族资本主义经济获得了较快发展,新的阶级力量不断成长壮大。经过五四运动的洗礼,马克思主义开始在宁波广泛传播,并与工人运动发生联系。青年团和共产党宁波地方组织建立后,宁波民主革命的面貌焕然一新。在共产党人的帮助下,国民党宁波地方组织和国民革命统一战线先后组建形成。经过波澜壮阔的五卅运动,宁波的工农运动迅猛发展,国民革命形成高潮。1927年2月北伐军进占宁波,宣告北洋军阀在宁波统治的终结。

一、五四运动在宁波

(一)民族资本主义经济的发展和新兴社会力量的成长

宁波是中国近代"五口通商"城市之一,较早受到欧风美雨的浸淫。一些得风气之先的宁波人从19世纪80年代起,便开始学习引进西方工业生产模式,陆续开办近代工厂。以1887年严信厚创办通久

---

① 《孙中山在宁波的演说》,《孙中山在浙江》,第9~12页,浙江人民出版社1986年版。

源轧花厂为起点,到1911年清朝覆亡,宁波城区先后兴办了22家工厂。① 1912年1月中华民国建立后,宁波和全国一样出现了一个民族资本主义经济百年难逢的发展机遇。造成这个机遇的因素,就国内而言,首先是南京临时政府和浙江军政府采取了一系列发展经济的措施,其后北京政府和浙江地方当局为开辟财源,加强统治,也制定了不少有利于工商经济发展的政策法规。其二是民族意识的增强,兴办实业思想的发展,已有企业的示范,以及抵制洋货、提倡国货运动的开展。这些因素为宁波民族资本主义经济营造了一个远较晚清为好的发展环境。其外部因素是第一次世界大战爆发后,欧美资本主义列强相继卷入战争,暂时放松了对中国的商品和资本输出,从而为宁波民族资本主义经济造成了较大发展空间。据不完全统计,在1912年至1921年的10年间,宁波城区又新办工厂24家。② 这样,到1919年五四运动前夕,宁波城区的近代商办工厂企业应在40家以上,再加上其他各县创办的10多家民营企业和杭甬铁路所设白沙机车厂、镇海县政府所办平民习艺所等,总数当在50家以上。③ 企业门类涉及纺织、针织、丝绸、电力、印刷、机修、制造、火柴、制皂、制伞、玻璃、食品加工等各种行业。

除了数量的增加和门类的拓展,这一时期宁波工业的快速发展还

---

① 据李政所撰《解放前宁波市的民族工业》(刊于《宁波文史资料》第1辑),从1900年到1912年宁波先后创办18家工厂,其中厚丰布厂创办于1924年,明华玻璃厂创办于1918年,傅泰记米厂创办于1912年,应该除去,再加上1900年创建的钧和印刷厂、1905年创建的振华布厂,那么1900年到1911年所办工厂应为17家。其前1887年至1899年至少开办了5家,为1887年的通久源轧花厂、1889年的慈溪仁乾火柴厂、1895年的永源丝厂、1897年的宁波电灯厂、广兴祥铁厂,参见《宁波市志》12~17页。至于兴办不久即倒闭的通久源面粉厂、棉籽油厂等则不予计算。
② 李政所撰《解放前宁波市的民族工业》记述,1914年至1921年宁波新设工厂21家,加上其错记为上期的明华玻璃厂、傅泰记米厂和漏记的泰康米厂,应为24家。
③ 宁波城区以外创办的民营企业有:1912年鄞县莫枝的复成染织厂、1913年镇海的公益织布厂、1914年镇海的三北轮埠公司、1915年镇海的龙山发电厂、1916年镇海的镇益织布厂、1917年镇海的华明电灯公司、1919年春镇海的兴记织布厂、1917年余姚的余耀电灯公司、1915年象山的永定垦筑公司、1916年象山石浦的祥丰轧米厂、1916年的宁海轮船局、1917年的永川轮船公司等。

表现在企业经营的兴盛、利润回报的丰厚和生产规模的急剧扩大。如通久源棉纺厂与和丰纱厂这两家宁波近代最大的棉纺织企业在1911年都曾停产,1912年才重新开工,后因"欧战爆发引来转机",业务"颇为兴隆","生意亦佳"①。其中和丰纱厂1919年纯利超过125万元,资本也从初创时的60万元增加到1916年的90万元和1919年的180万元。② 正大火柴厂"停产3年之后于1913年复兴",1915年"盈利万余元"。1915年重组后的永耀电灯公司资本100万,"安装新电机并且营业一直兴隆不衰"③。1915年通泉源自来水厂的创办资本为10万元,1917年民醒金刚砂布公司的创办资本达到6万元,④1914年三北轮埠公司的资本额更高达20万元。

随着近代工业的发展,宁波产业工人的数量也逐年增多。1844年宁波开埠后产生的第一批工人是海员、船舶修理工和码头搬运工。据统计,1919年时,"在外国轮船上工作的宁波籍海员就达4万名以上"⑤。到"五四"前夕的1918年,浙江全省工人总数为75930人(不包括航运、搬运、市政、邮电等行业的工人)。⑥ 宁波和杭州是当时全省近代产业的两个中心,宁波一些规模较大的工厂已集聚相当数量的工人。比如雇用工人300名以上的就有公益织布厂、镇益织布厂、翔熊席厂等一批企业,而和丰纱厂1919年所雇工人已多达2500名。⑦ 据

---

① 徐蔚葳《浙海关十年报告》(1912—1921年)、《民国4年宁波口华洋贸易情形论略》,《近代浙江通商口岸经济社会概况》,第76、345页,浙江人民出版社2002年版。
② 徐蔚葳《浙海关十年报告》(1912—1921年)、《民国8年宁波口华洋贸易情形论略》,《近代浙江通商口岸经济社会概况》,第76、358页。
③ 徐蔚葳《浙海关十年报告》(1912—1921年),《近代浙江通商口岸经济社会概况》,第77页。
④ 徐蔚葳《浙海关十年报告》(1912—1921年),《近代浙江通商口岸经济社会概况》,第77页;金普森等《浙江通史》第11卷,第99页,浙江人民出版社2005年版。
⑤ 浙江省总工会编《浙江工人运动史》,第10页,浙江人民出版社1988年版。
⑥ 浙江省工会志编纂委员会编《浙江省工会志》,第94页,中华书局1997年版。
⑦ 《民国9年宁波口华洋贸易情形论略》,《近代浙江通商口岸经济社会概况》,第363页。

估测推算,1918年宁波产业工人人数应在1万人左右。① 再加上手工业工人和店员,已形成一支强大的社会力量。

但是,宁波早期工人的劳动条件很差,生活贫困。资本家"还无任何必须遵守的工厂法的困扰"②。纱厂工人一天工作12小时,日夜轮流两班倒,就连吃饭也只能是一面照看机器,一面偷闲吃上几口。纺织企业还对工人实施有辱人格的搜身制度。如和丰纱厂厂主不惜花费几百银元,特地建造两条弯弯曲曲的抄身弄堂。"弄堂旁设有木笼,凡'犯规'者,均被押在笼中示众"。此外,使用童工也相当普遍。除纺织企业之外,宁波码头工人中竟然也有八九岁的童工,人称"孙子班"。当他们扛着重包,颤颤悠悠登上踏板时,"旁人见了莫不咋舌惊叹"③。在19世纪20年代初,浙江工人的生活状况按收入大致可分为三类:甲类为月收

和丰纱厂大门旁的工头和接受检查的女工(选自哲夫主编《宁波旧影》,宁波出版社2004年版)

---

① 李政在《解放前宁波市的民族工业》(刊于《宁波文史资料》第1辑)中最早提出,1921年宁波城区共有39家近代工厂企业,拥有工人5000多人。《中共宁波党史》第1卷(第7页,中共党史出版社2001年版)认为,不包括海员、码头工人,1918年宁波有工人5000余人。乐承耀在《宁波近代史纲》(第306页,宁波出版社1999年版)中估算,1918年宁波产业工人约为2.5万人,其依据是当时浙江全省工人数为75930。显然此数包含了大量非近代企业的工人,以此推算容易偏高。而5000多人的统计和估算则明显偏低。前文已述,当时宁波近代企业应在50家以上,再加上铁路、水运和码头工人等,总数在1万左右还是比较可靠的。
② 徐蔚葳《浙海关十年报告》(1912—1921年),《近代浙江通商口岸经济社会概况》,第76页,浙江人民出版社2002年版。
③ 浙江省总工会编《浙江工人运动史》,第19、25、23页,浙江人民出版社1988年版。

入20元以上者,多为技术工人,"其所余尚足以赡养家室"。乙类为每月收入在10至20元之间,"若以所余赡养家室,已有拮据之势,其妇孺辈尚须另觅工作辅助"。丙类为每月收入10元以下者,其收入"仅足敷一身之费用,若有家室者,其妇女非另觅工作不能维持生活"。在这三类工人中,"甲类工人不过百分之五,乙类工人不过百分之二十,丙类居最大多数,有百分之七十以上"①。宁波情况也大致如此。比如杭甬铁路工人的年平均工资1913年为111.96元,1918年为114.66元,5年间仅提高2%②,远远跟不上物价的上涨。镇海公益、镇益两家织布厂以所织多寡计算工资,女工大抵每日能织阔2尺、长2丈的布一匹,可得工资1角2分;女童若能一日摇纱百锭,则得工资5分。③和丰纱厂不供膳食,男女工日平均工资分别为4角、2角5分,工人年人均收入约为78元,而每个工人年平均创造的利润却高达828元,工人收入仅占所创造价值的9.4%④。连浙海关的外籍官员也看到,和丰纱厂能够获得高额利润,重要原因之一,即在于劳动力的"廉价"。

随着产业工人队伍的壮大,宁波工人的阶级意识和政治觉悟逐渐提高。1912年1月,上海发起成立中华民国工党。稍后,宁波也成立了工党分部。工党的目的虽在于调和日渐尖锐的劳资矛盾,算不上是真正的工人组织,但它毕竟主张以"振兴工艺,挽回利权,尊重人格"为宗旨,打出了"改良工人之知识,强健工人之身体,宽裕工人之生计,增高工人之地位"的旗帜。⑤ 沪杭甬铁路工人也在辛亥革命后成立"两路员工同人会"、"两路员工协进会"等组织。1915年在反对日本帝国主义向北京政府提出"二十一条"时,杭甬铁路工人一齐奋起,"一面

---

① 《浙江省钱江流域劳工状况调查录》,《中外经济周刊》第199期,转引自徐蔚葳《浙江工人运动史》第22~23页,浙江人民出版社2002年版。
② 浙江省总工会编《浙江工人运动史》,第21页,浙江人民出版社1988年版。
③ 徐蔚葳《近代浙江通商口岸经济社会概况》,第364页,浙江人民出版社2002年版。
④ 宁波市民建、工商联史料组《宁波和丰纱厂的创建与演变》,宁波市政协文史委编《宁波文史资料》(内),第3辑,第83页。
⑤ 《时报》,1919年3月9日。

响应对袁世凯的声讨,一面严厉执行对日货的拒购拒运"①。1918年,为反对厂方不人道的管制压迫,和丰纱厂工人首先起来展开反对日本"拿摩温"(工头)的斗争。② 手工业工人的经济斗争也由分散发展到同盟罢工。1918年春,镇海灵岩、泰邱两乡锡箔业工人因物价上涨,"生活艰难",要求每叠在原来52文的基础上再增加大洋6分。当要求遭到业主拒绝后,工人们便愤然组织起来,发动"同盟罢工"③。

表1—1　1919、1920年间和丰纱厂工人日工资表④

(单位:元)

工人类别	每日最低工价	每日最高工价
熟练工(如领班)		
男	0.35	0.60
女	0.30	0.50
普通工		
男	0.30	0.50
女	0.20	0.30
男童(约15岁)	0.20	0.30
女童(约15岁)	0.10	0.20
小男孩(约10岁)	0.10	0.20
小女孩(约10岁)	0.07	0.10

在民族资本主义发展过程中,宁波的民族资产阶级同工人阶级一

---

① 浙江省总工会编《浙江工人运动史》,第33、32页,浙江人民出版社1988年版。
② 金普森等《浙江通史》第11卷,第138页,浙江人民出版社2005年版。
③ 《砑箔业同盟罢工》,《申报》,1918年3月6日。
④ 转引自徐蔚葳《近代浙江通商口岸经济社会概况》,第76、363页,浙江人民出版社2002年版。

样,也在民国初年获得较快发展。在工业发展的推动下,宁波城区人口快速增加,商业兴盛。民国初年,宁波城区人口已超过30万,在12万多有薪被雇者中,从事商业的有7.2万多人。① 到1919年"五四"前夕,除50余家近代工交企业和36家钱庄之外,宁波城区已有各类商店1000多家。② 据《宁波市志》记载,其中有药行64家、棉布业商铺70余家、百货业70余家、木行37家、鱼行约30家、糖行若干家,居间批发的北货行30多家、桂圆行10余家、南北茶食铺约90家。③ 为维护自身的经济、政治利益,辛亥革命后原宁波商务总会改组为宁波商会,并相继成立19个行业公所和行业会馆。宁属各县也纷纷建立或改组县商会,并在柴桥、周巷、马渚等重要集镇成立商团或分会。1919年,宁波总商会会员已发展到632名。④

随着人数的增加和力量壮大,宁波资产阶级的阶级意识也在不断增强。他们要求为自己的工厂、商店营造良好的发展环境,加大自己在政治经济上的发言权。尽管宁波资产阶级在政治上比较保守,求稳怕乱,同北洋军阀政府和不同列强国家间的关系也相当复杂,但一般多能参与提倡国货、反抗北洋军阀和列强压迫的斗争。比如政治上,宁波资产阶级曾追随孙中山,投身"二次革命",并先后参加反对袁世凯帝制、张勋复辟和北洋军阀杨善德督浙等一系列斗争。经济上,1915年参加救国储金和抵制日货运动,其产生的明显效果,就是宁波

---

① 周时奋《鄞县志》,第744~745页,中华书局1996年版。
② 据《鄞县志》所记,1932年宁波城区有各类店铺2951家(第745页);《宁波市志》则记,1931年宁波城区商业总户数5599家(第1432页),其源出自李政的《解放前宁波市商业概况》(《宁波文史资料》第2辑),但李政记的是整个宁波地区的商店数。36家钱庄引自《浙江近代通商口岸经济社会概况》第354页。
③ 俞福海《宁波市志》,第1432页,中华书局1995年版。这些数字并不可靠,在此引用只是想描述当时商铺的概貌。市志资料主要来源于李政的《解放前宁波市商业概况》,但李文说的是1911年到1927年,甚至1933年间的店铺数,所以市志将其说成是民国初的店铺数,不妥,而且将"糖行四五家"误记为45家。
④ 周时奋《鄞县志》,第1035页。

日货进口"颇形锐减"。①

同样,在经济发展和对外交往扩大的基础上,以学生、教师为主体的知识分子阶层也在迅速成长。从20世纪初开始,宁波学子赴日本、欧美留学之风渐兴,尤其是到相邻的日本求学,以至民国初期宁波司法界的从业人员和法政学堂、中学堂教员,很多是日本留学生。清末实施科举和教育改革后,新式学堂如雨后春笋般地冒出。1909年,宁属各县(缺镇海县)就有小学堂教员862人,中学堂和专门、实业、师范学堂教员59人。② 1912年一年中,宁波城区即新建甲种商业学校等4所中等学校,招收学生462名,即将建成的定海公学也可招收学生400名。③ 1918年宁波城区已有13所中等学校,学生2000余人。④ 到1923年,仅鄞县一县就有中学8所、中学生1140名、中学教职员148名、专门和实业学校教职员82名,小学321所、小学生20072名、小学教员877名。⑤ 这些学校虽然还开设某些旧学和基督教神学课程,但其主体课程已是数学、物理、英语、史地、白话国文之类。

以中小学师生为主体,再加上毕业后进入文化部门工作的青年学子,便构成一个人数庞大、不同于旧时代读书人的新知识分子群体。这些新知识分子经受过资产阶级民主思想的启蒙,具有强烈的爱国精神和反对封建专制、追求民主自由的愿望。他们关心国家大事,对政治十分敏感,因而总是担当民主爱国运动的先锋。比如1915年5月,为反对签订"二十一条",宁波学界掀起广泛抵制日货的宣传运动。6月14日,连慈东乡间骆驼桥的敬修小学也召开国耻大会,提倡救国储金。⑥ 1918年5月北京政府与日本秘密订立"共同防敌军事协定",省

---

① 徐蔚葳《近代浙江通商口岸经济社会概况》,第342页,浙江人民出版社2002年版。
② 本书编辑委员会编《宁波教育志》,第305页,浙江教育出版社1996年版。
③ 徐蔚葳《近代浙江通商口岸经济社会概况》,第78页;本书编辑委员会编《宁波教育志》,第150页。
④ 毛翼虎《五四运动在宁波》,《五四运动回忆录》,第764页,中国社会科学出版社1979年版。
⑤ 周时奋《鄞县志》,第2203页,中华书局1996年版。
⑥ 《敬修小学开储金会》,《申报》,1915年6月23日。

立四中和效实中学等校闻讯后立即组织"学生团",起而发动拒日爱国宣传。①

民国建立以后民族资本主义的发展和新社会力量的成长,为五四运动后中国民主革命的转轨,提供了阶级和思想的准备。

(二)宁波的五四运动

1919年春,巴黎和会上中国外交失败。"青岛噩耗传来,甬中各界不胜愤激,学界尤甚。"②5月7日,京沪两地学生反帝爱国斗争的消息传到宁波,全城学生义愤填膺,奋起响应。他们严正表示:"国者我之国,国与我固有密切之关系,而莫之能离焉,国亡斯我亡矣。"③同时立即相互联络,准备上街游行示威,并筹组爱国团体。9日,钟灵学校全体师生率先手执旗帜,上书"五月九日"、"勿忘国耻"等字样,高唱国耻歌,沿街游行。10日下午,效实中学、省立四中、甲种工业学校、甲种商业学校、浸会中学、崇信中学、三一中学、斐迪中学和佛教孤儿院等校学生共四五百人,手执白旗,上街至道尹、知事各公署游行示威,以为次日召集国民大会之先声。④当日,效实中学成立"学生自助会",省立四中组建"殖群社"。他们发出宣言和通电,声援北京学生的爱国行动。⑤

为争取全市民众响应,钟灵学校校长金臻庠等与市商会、教育会商议发起国民大会。然而,正当开会启事付印时,商会会长费冕卿突然知照《四明日报》广告部,"谓此事未经董事会通过,从缓发起"。金臻庠等遂另行联络同志,定于5月11日下午1时在江北岸新民鼓舞台召开大会。但宁波官厅又施加压力,并派警员到各发起人处竭力劝

---

① 毛翼虎《五四运动在宁波》,《五四运动回忆录》,第764页,中国社会科学出版社1979年版。
② 《学生联合会成立》,《申报》,1918年5月24日。
③ 金普森等《浙江通史》第11卷,第187页,浙江人民出版社2005年版。
④ 《国民大会之中止》,《申报》,1919年5月14日。
⑤ 中共宁波市委党史研究室《中共宁波党史大事记》(内),第1页。

阻。发起者们初坚不允,后被迫商定不开大会,但立即致电巴黎和会专使和北京政府,同时紧急登报申明原委。不料11日午后1时许,虽然天下大雨,但"各界来鼓舞台者极众,内有小学生数群,未带雨具,踯躅泥泞,状至可悯。自1时至4时,络绎不绝,或鹄立门首,或徘徊道上,亦有定欲开会者"。中国银行还在前一天创作国歌一首,缮印5000份,准备在开会时分发。后经警署竭力抚慰,"始大骂官厅之无良而散"①。国民大会虽然夭折,但爱国师生并未屈服。

为团结起来加强斗争,由效实、四中两校发起,经各校学生同意,决定成立"宁波中等以上学生联合会"(后改称"宁波学生联合会")。5月19日,在后乐园召开学联成立大会,到会的有宁波13所中等以上学校的学生3000多人。会议通过学联章程,决定以"群策群力,扬民气以救国"和"联络感情,交换智识"为宗旨,近期则通力从事宣传演讲和抵制日货两事。同时,由各校推举21名代表组成领导机构,其中有效实的袁敦襄、四中的张其昀、女师的丁菊贞等,总代表为效实的袁敦襄。②

宁波学联成立后的一项重要工作是组织宣传队,以各种方式上街宣传演讲,向市民讲述巴黎和会外交失败的严重后果和北京、上海等地民众的爱国斗争。一些宁波籍北京学生回甬后,更以亲身经历讲述北京学生反帝斗争的情形,听者无不为之动容。宁波女子师范学生还串门走户,向家庭妇女宣讲青岛事件真相,痛述亡国奴的苦难。同时,还组织学生到城郊和镇海等地宣讲演出。学生们自编自演,形式多样,有双簧、哑剧、独角戏、活报剧等,内容有表现爱国题材的《痛打卖国贼》、《东洋乌龟爬不动》之类,也有反抗封建礼教,揭露社会黑暗的,如《父与子》、《夫妻之争》等,演唱的曲调有民间流传的孟姜女调、四季调、马灯调等。③ 其中有一首爱国歌曲的歌词为:"同胞同胞,匈奴

---

① 《国民大会之中止》,《申报》,1919年5月14日。
② 《学生联合会成立》,《申报》,1918年5月24日。
③ 冯永之《五四运动在宁波的发展及其特点》,《宁波师院学报》,1989年第2期。

未死，雄心不可消。杀贼杀贼，灭此朝食，枕戈听斗刁。青岛浑春，齐鲁八闽，门户尽萧条。我身何有？我家何托？试看士气骁！"①这些宣传深入宁波城乡，直面广大民众，收到了很好的效果。

除城区和鄞县以外，宁波地区其他各县的爱国师生也纷纷起来响应。镇海、奉化、慈溪、象山、余姚各县城关和庵东、浒山、坎墩、柴桥、东管等乡镇师生，也相继上街游行演讲。如镇海韧初小学全体师生于5月29日手执纸旗，上书"勿忘国耻"、"还我青岛"等字样，"游行于街市，痛告乡人，并组织学生演说团，劝告戚属邻里，勿买日货，听者俱为动容"②。余姚保德一乡，即有八九所学校师生上街集会游行。这就使宁波的五四运动有了比较广泛的群众基础。

从5月19日起，北京、上海、杭州等地学生相继举行罢课。杭州救国会和上海学联于5月18日和29日先后派代表来宁波联络，要求联合起来一致行动，对抗反动政府。上海代表吴经熊还提出，应将目光由解决"枝叶问题"转向解决"根本问题"，即推究"政府所以敢与日本订结种种不合法之条约，与日人之所以敢打破公理蔑视我国，欧会之所以不为我国援助，以及国家所以屡呈险象之故"③。5月底，张其昀代表宁波学联赴上海参加全国学联成立大会。大会强调全国学联的宗旨为：内除国贼，外抗强权，以新思想建设新中华。5月31日，在宁波学联的领导下，各校学生实行总罢课。罢课宣言严正申明："国危矣！学生等不忍数万方里土地人民之见奴于异族，极力图救，死且不避，何有于操劳，何有于辍学？故北京学生首先罢课，沪杭各处继其后尘。然所要求各件，仍无完满答复，而复摧残公论。学生等不忍坐视，自五月三十一日起，一律罢课，以待政府完满之答复。"④

宁波学联成立后的第二项重要工作是抵制日货。与宁波学联共

---

① 《五四运动在浙江》，第4页，浙江人民出版社1979年版。
② 《乡村小学救国热》，《申报》，1919年5月30日。
③ 《学界欢迎会纪事》，《沪学界代表来甬》，《申报》，1919年5月26、30日。
④ 《宁波学生罢课宣言》，《申报》，1919年6月6日。

同领导抵制日货运动的是救国十人团。鉴于5月11日国民大会流产,金臻庠等便开始考虑"集合同志,组织一种团体,专事露天演讲及撰发传单"①。与宁波学联成立同时,仿效北京、上海等地的做法,由《四明日报》记者、小学教员及和丰纱厂职工组成的宁波第一个"救国十人团"也告成立。十人团发展极快,几天后就发展到70多个团。于是,由金臻庠等发起,5月25日在江北岸第三小学开会成立"宁波救国十人团联合会"②。团员王吟雪在会上演讲时慷慨激昂,当场咬破手指,血书"誓死抗日"4个大字,千余听众无不为之动容。会议选出正副会长和秘书长,金臻庠被选为会长。到6月初,十人团就发展到126个团、1260人。③ 为推动商界抵制日货,效实、四中等11所中等学校和商会组织于5月底还发起成立"宁波商学联合会",以互相协调,一致行动。④

  宁波是中国东南的重要商埠,进口的日本货物数量众多,充斥商肆,抵制日货的斗争也就更为激烈。宁波学联和救国十人团联合会除了用"激烈演说或广张揭贴"向群众广泛宣传,以"唤起国人爱国及停销日货之心"外,还组织人员到码头、车站、商店、鱼行查抄日货。尤其是中等学校学生,每天凌晨空腹步行到江北码头,检查沪甬商轮和内海商船有无夹带日货。有时得到线索,半夜三更起床,趁月光赶到码头,甚至直接出海搜查。学生还分队至各店铺"要求出立不买卖日货之据",同时又"明查暗访"⑤,先后查获新章、余懋、大丰昶等商店的大批日货,予以焚毁。据报纸报道,五四期间宁波焚烧日货达7次之多。在宁波抵制日货运动中影响较大的有下列事件:

  "新章"血案 新章洋布店经常销售日货,救国十人团和学联得知

---

① 《国民大会中止》,《申报》,1919年5月14日。
② 《救国团联合大会先声》,《申报》,1919年5月26日。
③ 毛翼虎《五四运动在宁波》,《五四运动回忆录》,第765、766页,中国社会科学出版社1979年版。
④ 《商学联合预备会》,《申报》,1919年6月1日。
⑤ 徐蔚葳《近代浙江通商口岸经济社会概况》,第356页,浙江人民出版社2002年版。

其委托英商太古轮船公司偷运日本棉纱来甬后,便于5月27日包围"新章"货房,搜出大批日货,运至江北岸草马路焚毁。同时,还将"新章"店主朱如松戴高帽游街示众,"观者填巷塞途,有万人上下"①。是为宁波第一次焚毁日货,惩处奸商。事后,朱如松表面上认错,保证不再经销日货,暗中却继续我行我素,并雇用流氓打手,准备用武力对付学生。救国十人团和学联得到举报后,出动四五百名学生前往该店稽查,不意遭到伏击,受伤10多人,重伤3人。于是学生冒雨前往道署请愿,并向宁波地方审判厅起诉,全国学联和救国十人团也来电声援。在社会舆论压力下,审判厅以伤害罪判处朱如松徒刑4个月,赔偿受伤学生医药费,并封存所有日货。

"大丰昶"事件 大丰昶洋广货店店主张德化是四中学生、市学联负责人张传畴的族叔。张传畴不仅拒绝其叔庇护关照的要求,而且连夜组织大批学生前往"大丰昶"查出大批日货,并于次日运到江北草马路焚毁。事后,张德化恼羞成怒,申明取消原以张传畴"承继"大丰昶的约言。

"余懋"事件 "余懋"是一家规模较大的纸店,店主陈声源唯利是图,专卖日货。学联在多次警告无效后,组织人员前去检查,结果查出大批日本纸张。陈声源见状,纠集流氓手持凶器,抢回被查抄货物。检查队员奋不顾身,又从流氓手中将货物夺回,数名学生因此受伤。陈声源的行径激起在场群众的愤怒,于是便被捉来,戴上高帽,游街示众。沿途观众莫不痛恨,高声大呼"打倒奸商",有的甚至"直唾其面"。②

"台鹿"案 宁波宝生药行从台湾运来入药鹿7头,因当时台湾为日本强占的殖民地,故也被视为日货抵制。船泊镇海口外后,宁波学联和十人团联合会派人雇小舟驶往截获,并请镇海县署严办。结果,中介人章春桂被判拘役25天,台鹿1头被沉江,1头被击毙,其余责令

---

① 《五四运动在浙江》,第11页,浙江人民出版社1979年版。
② 毛翼虎《五四运动在宁波》,《五四运动回忆录》,第767页,中国社会科学出版社1979年版。

宝生药行退货。

宁波抵制日货运动发动面广,搞得有声有色,而且持续时间长,从1919年5月到1921年4月,历时整整2年。1920年当上海抵制日货运动已告结束时,宁波"其势仍未消减,皆由学生侦视严厉。若辈时常游行大街,见有日货出售,即取而毁之","较之别处更见雷厉风行"①。宁波的抵货运动取得很大成效,对地方民族经济发展产生了积极影响。

工人是宁波五四运动的中坚力量。五四运动爆发不久,宁波工人就积极投入斗争。宁波无日资企业,参加罢工的主要是海员和铁路、码头工人。5月15日,宁波码头扛帮工人首先发动罢工,拒绝为日本煤船富士丸号卸运煤炭,迫使该船"将原载开往他埠"②。这是五四运动发生后全国最早的罢工之一,为此北京中等以上学校学生联合会特致函宁波工人:"近闻工界同胞亦投袂奋起,同伸敌忾。宁波工人之代日商运煤者,今已坚决表示不为再运,……热忱爱国,海内同钦。深望始终坚持,毅力进行,中国前途实利赖之。"③

6月5日,为营救北京被捕学生,杭甬铁路工人同上海工人相呼应,"一律停业,与学界一致行动"。6月7日,杭甬铁路总机厂宣布罢工,虽然执事洋员一再劝谕上工,但"各工匠坚心国事,率不允从,相率离站,不肯开车"④。6月9日,行驶沪甬航线的"新北京"号、"新宁绍"号、"江天"号等轮船的水手、伙夫同上海海员一道,举行罢工。6月10日,沪杭甬铁路全体行车人员一律加入罢工行列,沪杭甬水陆交通遂告断绝。与此同时,和丰纱厂、正大火柴厂和一些洋行的中国员工、汽车司机,也相继起来参加罢工。⑤ 工人的罢工斗争对北洋军阀政

---

① 徐蔚葳《近代浙江通商口岸经济社会概况》,第360页,浙江人民出版社2002年版。
② 徐蔚葳《近代浙江通商口岸经济社会概况》,第356页。
③ 《晨报》,1919年5月23日。
④ 浙江省总工会编《浙江工人运动史》,第38、39页,浙江人民出版社1988年版。
⑤ 中共宁波市委党史研究室《中共宁波党史》,第1卷,第19页,中共党史出版社2001年版。

府造成强大的政治经济压力。

在工界和学界的有力推动下,宁波总商会也于5月17日开会讨论抵制日货问题,与会各业商人共计200余人。经过争论,终于达成共识,认为"外交失败,祸患日迫,亟宜提倡国货,籍谋抵制"。糖业代表余子权当场表示:"除洋布及各种洋货外,唯洋糖为进口大宗之一。现查糖业中向某洋行预定之货,尚未运到者约计10余万元,正拟设法解约,嗣后不再定货,以示决心。"洋布业代表也表示:"本业关系甚巨,已经同业决议,准明日于洋货公所集商妥善办法,再行报告。"最后经绝大多数与会同人赞成,总商会作出决议:"此事既由本会提倡,更应由各业自行设法劝勉,期达实行抵制之目的。"①

6月3日北京政府大肆逮捕爱国学生的消息传来后,宁波各界群情激愤。5日,又得到上海罢市的讯息,宁波学界即与商界联络,要求宁波也立即罢市。当宁波商会还在犹豫时,5日晚间接到旅沪同乡会电报,告以沪埠已经罢市,希望宁波"速一致进行",于是"众意乃决"。6日午后1时半,各校学生和商界中人1000余人到江北岸新民鼓舞台前集合,然后手执旗帜,出发示威游行。当游行队伍经过城厢内外时,"各店铺不待劝告,遂争先纷纷闭门,无一踌躇观望者,可见人心之一致"。警厅虽派警佐分头劝谕开业,但"各商店均以事属公议,多未听之"。商会主要负责人在罢市已经实行后,也立即召开紧急会议,致电北京政府,要求迅速释放被捕学生。②

6月7日,会稽道尹和驻军团长会衔发布通告,申令本埠大小商店"务即照常开市",并命各属员到各街、各商铺劝谕开市。江北岸因罢市最早,有部分商店听劝开门,但有的开后即又关闭,以应付当局。全城大多数商铺仍坚持罢市,"至午后查东门街一带迄大池头止,及小江桥等处,各大商店均仍坚闭,城内大有丰、大有恒二广货店则紧闭前门,从后面出入"。不少商铺明确回答劝谕者说:"商业自由,吾商界为

---

① 《总商会开会结果》,《申报》,1919年5月21日。
② 《宁波罢市志》,《申报》,1919年6月9日。

爱国起见,情愿牺牲私利,毋劳军警前来干涉。"美利华钟表店则在门前贴有韵语说:"本号营业自由,军警不必干涉。伙友不愿上柜,商民愿受损失。"江北新甡号、元大亨也贴有告白说:"奉店主谕,休息数天。营业自由,军警不得干涉。"等等。7日下午2时,救国十人团联合会在新民鼓舞台召开大会,讨论坚持罢市的办法,与会者4000多人,其中多为商界人士。宁波总商会正副会长费冕卿、陈兰生因对罢市态度比较消极,备受学界攻击,官厅也责其干预不力,于是在7日晚间召开的紧急董事会上被迫提出辞职。

6月8日,"城内自东门迄鼓楼前,大商铺一律闭门,较前日更坚。灵桥门、江东、江北一带亦然。下午3时后,西门外商店自石桥头起迄航船埠头止,亦均闭门。"钱业公所本来议定,从8日起先停止上海汇划收解业务,本埠仍照常过账。到8日晚间,各钱庄职员召开紧急会议,大多数人主张"完全停止"所有业务。数十家报关行也决定自9日起,"凡各埠进口、出口货物,一律停止报关"。同日,宁波各界又在府学明伦堂召开声势浩大的国民救国大会。宁波罢市在继续向前发展。[①] 宁波的罢市从6月6日起到6月12日结束,历时整整7天,因而和上海一样,同为江浙沪地区罢市时间最长的城市。这次罢市反映了宁波广大店主、店员和各界民众的觉悟,也对宁波社会产生了广泛而深刻的影响。

(三)五四运动对宁波的影响

五四运动是中国近现代历史上的一个标志性事件。它有力地打击了以日本为代表的帝国主义政治经济势力,大大提高了国内各阶层民众的思想政治觉悟,激发了他们的民族意识和爱国热情,使他们经受了一次前所未有的政治斗争实践,尤其是工人阶级开始以独立的身份登上政治舞台,逐渐由自在走向自为,在经济方面则促进了民族资

[①] 《各地罢市消息·宁波》,《申报》,1919年6月11日。

本主义的发展。五四运动考验和锻炼了宁波的工人、学生、知识分子和商民,成为1919年后宁波民族经济继续较快发展的重要因素。

历时两年的抵制日货和提倡国货运动的一个明显结果,就是洋货进口的数量锐减,这就为宁波民族工商业的发展提供了较大空间。海关统计数据表明,1919年宁波口岸洋货进口减少50余万两。其中日本的漂白和原色两种市布、粗斜纹布、粗布、手帕、棉纱、煤、自来火、白糖、海带、干鱼及纽扣、颜料、料珠、被褥、钟等,所受影响最大。这些日本商品从1919年5月至1920年4月两年中,绝无从宁波进口。1920年,宁波的洋货进口数量在上年的基础上,继续下降,如本色市布从199467匹锐减至164910匹,美国粗布由14020匹跌至10047匹,锡由54232担减至29089担,铅由11429担减至3150担,洋糖由196723担减到180302担。以最大宗的棉纺织品而言,1921年由宁波口岸进口的外国制造的本色棉布(平布、阔幅平布及斜纹布)进口量,已从1912年的427400匹下降到258800匹。①

就在日货完全从宁波海关贸易统计中消失的时候,本国制造的货物获得了很大发展。如宁波棉纱便乘势而起,及时填补洋纱的缺货,不仅满足本地企业的纺织需求,而且获得了出口的"巨大增长"。1912年至1921年10年间,宁波棉纱年平均出口量由10年前的20048担,激增至62074担。其中和丰纱厂1919年至1921年3年中棉纱出口分别达到61876担、71268担和64011担,与此相应还分别创下120余万元、100余万元和70万元的高额利润,以至生产兴盛,日夜开工。②

大力提倡国货也促进了宁波民族工商业的发展。比如美球针织厂1919年夏秋更新设备,新生产拉毛绒袜、罗宋帽等,销路极好。十人团团员王冰生于1919年开设粹成国货阳伞公司,以抵制外货,其产品1921年获第二次国货展览会优良奖。宁波甲种工业学校附设宁波工厂生产的8马力煤油机和水泵分获1920年省实业厅特等奖、一等

---

① 徐蔚葳《近代浙江通商口岸经济社会概况》,第356、361、72页,浙江人民出版社2002年版。
② 徐蔚葳《近代浙江通商口岸经济社会概况》,第73、361、366、358、363页。

奖。汇昌铁工厂也开始仿制马力较大的柴油机,从而在宁波机械工业史上写下新的一页。五四运动发生后,金臻庠为鼓励和引导民众使用国货,更在宁波东门开办国货商场。①

在政治和思想文化方面,最显著的变化是进步社团的涌现和宣传新思想报刊的风行。经过五四运动的洗礼,以知识青年为主体,先后组建了效实中学学生自助会、小学联合会、师范毕业同学会、群学社、春风学社、剡社、象山正社、四明夏期讲习会、日月文学社等一大批进步社团,其中影响较大的有"宁波伙友联合会"和"雪花社"等。伙友联合会是宁波进步知识分子组织动员店员群众于1920年冬成立的,次年春改名为"宁波工商友谊会",拥有会员1000余人。该会向社会募捐,集资开办义务学校和图书馆,订有《唯物史观浅说》、《苏维埃研究》、《平民周刊》、《新青年》、《劳动界》、《伙友》等多种书刊,向会员宣传介绍包括马列主义在内的各种新思想、新文化。② 1921年6月,原宁波省立第四师范学校学生谢传茂、潘念之等7人组织成立"雪花社"。该社订有社章、社约等规约细则,采用读书、通信、出版刊物等各种方式学习研讨新文化、新思想,主张加强自身修养和社会改造,并积极在青年学生和小学教员中发展社员。③ 不久,该社就转向马克思主义,其主要成员则成为宁波最早的一批社会主义青年团团员和中国共产党党员。

为向宁波广大民众宣传民主救国的思想,"宁波学联"、"宁波救国十人团联合会"及前述社团等相继创办《宁波学生联合会周刊》、《时事公报》、《救国》、《良心》、《民意》、《救国要览》、《自助周刊》、《天鸣》、《火花》、《宁波工厂周刊》、《明日》、《春风周报》、《宁波新报》、

---

① 范学文《美球针织厂》,《宁波文史资料》(内),第6辑,第71页;俞福海《宁波市志》,第1090、954页,中华书局1995年版;李政《解放前宁波市的民族工业》,《宁波文史资料》(内),第1辑,第100页;毛翼虎《五四运动在宁波》,《五四运动回忆录》,第770页,中国社会科学出版社1979年版。
② 中共宁波市委党史研究室《中共宁波党史大事记》(内),第3、4页。
③ 中共宁波市委党史研究室《中共宁波党史大事记》(内),第3、4页。

《宁波杂志》《月湖之光》《新奉化》《新宁波》《姚江周报》等一大批进步报刊。鉴于宁波没有一份政治倾向比较进步的大型日报,救国十人团联合会代表会议认为,救国之道多端,宣传最为重要,而宣传利器莫为办报,于是决定创办一份报纸。① 经过集资筹备,1920年6月1日,《时事公报》正式创刊,十人团联合会负责人金臻庠和乌一蝶分任社长、主笔。该报以爱国反帝为宗旨,"编得好,大受欢迎",发行量也很快达到日销3000份,超过《四明日报》1倍以上。② 连原先保守的《四明日报》在"五四"潮流的冲激下,一度也变成排日运动的喉舌,"每天的评论不必说,第二张本埠新闻,有时几乎被爱国运动记载占去了一大半,除了鼓吹抗日、攻击奸商以外,还时时发表着一般性的攻击旧社会的文章"③。

宁波民众政治觉悟的提高还表现在对国事的关注和参与上。五四运动的风潮刚刚平息,7月25日北京政府遂以济南市民捣毁亲日的《昌言报》为由,宣布济南戒严。济南镇守使马良立即采用镇压手段,逮捕请愿学生16人,8月5日更枪杀回民外交后援会会长马云亭等3名爱国人士,是为震动全国的"鲁案"。9月12日,宁波救国十人团联合会、小学联合会等团体开会商定在鼓舞台召开全市各界联合请愿大会。13日下午各团体1000余人参加大会,公推乌一蝶起草宁波8团体致北京政府抗议电,同时决定各团体分别选派代表2人,赴沪与上海、江苏等地代表会齐,赴京请愿。④ 为"救国家于水火",11月10日宁波派代表赴上海出席全国各界联合会成立大会。24日,由十人团联合会和学联等发起组织的宁波各界联合会也告成立,"是日城内、江北岸各处商铺莫不悬旗庆贺"⑤。11月16日,"鲁案"尚未了结,日本暴

---

① 庄禹梅《宁波报刊史略》,《宁波文史资料》(内),第14辑,第12页。
② 徐蔚葳《近代浙江通商口岸经济社会概况》,第79页,浙江人民出版社2002年版。
③ 乌一蝶《〈四明日报〉始末》,《宁波文史资料》(内),第14辑,第35页。
④ 《各界请愿联合会开会》,《申报》,1919年9月17日。
⑤ 《各界联合会成立》,《申报》,1919年11月27日。

徒又在福州寻衅,酿成"福州惨案"。消息传来,全国再次掀起反帝爱国浪潮。为声援福建人民的斗争,宁波各界于11月28日召开国民大会,致电北京政府外交部,强烈要求严正交涉"闽案"。会后,学生绕城举行示威游行。宁波同乡会也通告旅沪同乡,誓必"坚持不懈,以达救国之目的"①。

1923年山东临城劫车案和平解决后,各国驻京使团于7月10日向北京政府提交16国通牒,要求以特别编制并受辖于外国军官的中国路警守护铁路。消息传到宁波后,各界民众群起抗议,连素来持重的总商会也致电北京政府,严正申明:"铁路系国家命脉,一旦受制于人,即系国脉断绝,非特政治上无发展之希望,即国际间亦有莫大之耻辱。是路亡,不啻国亡也。祸在眉睫,杞忧曷已。为此迫叩钧院部鉴核,如果使团提议,务祈据理力争,严词拒绝。"②同年10月,直系军阀曹锟以贿选就任"大总统"后,全国群起申讨,宁属国会议员张申之、陈季衡、沈任夫、胡叔田、余燧星等在贿选前即愤而离京南下,以示抵制,其中沈任夫更偕病中老母乘机南归。为此,宁波旅沪同乡会特地召开隆重的欢迎大会,以示敬意。③ 在宁波,地处偏僻的象山正社也召开紧急会议,通电谴责:"大逆曹锟,猪仔议员;买卖总统,败坏纲纪。本社同人,誓死反对;务望国人,毅力协攻。"④

随着新文化运动的深入发展,宁波妇女的平等思想和参政要求也日渐强烈。1920年12月,曾青云就在宁波《时事公报》著文,指出:"当着现在这新思潮发达的时代,妇女解放的声浪,一天高似一天,但它无论怎么提倡,总得不着一个结果",只有通过参与自治运动,才有可能"解决她们切身的问题——解放问题、参政问题,以及男女平权问

---

① 《申报》,1919年12月13日。
② 《甬总商会电请争路权》,《申报》,1923年7月13日。
③ 《甬同乡会欢迎宁属守正议员》,《申报》,1923年10月17日。
④ 《象山正社之国事主张》,《申报》,1923年10月17日。

题"①。1922年8月、9月,《时事公报》又在问题讨论专栏发表《女子解放问题之管见》、《婚姻的真义》、《女子教育底改造》、《自由离婚之我见》等一批文章,热烈开展妇女问题的讨论。② 1923年11月,慈溪妇女界郑兰如等98人为争女子参政权,特致电省议会和各报馆,据理陈说:"浙省自治,系全民自治,女子居其大半,岂可删除?"因而强烈要求在制定省自治法时,务宜明白规定女子的应有权利,否则女界誓不承认。③

工人阶级队伍的迅速成长和马克思主义传播的日益扩大,也是五四运动对宁波所产生的积极影响之一。正是这诸多影响和变化,为宁波历史向新民主主义方向发展,为中共宁波地方组织的建立,提供了物质和思想、干部条件。

二、中共宁波地方组织的建立

(一)马克思主义的传播和工人运动的发展

在新文化运动和俄国十月革命的影响下,宁波青年知识分子在五四运动后面对汹涌澎湃的新思想、新思潮,开始思考如何以其来拯救和改造中国。他们中的先进分子则逐步接触并接受马克思主义,并试图以此来改造中国社会。

1920年春,宁波学联为启发工人、农民和普通市民的觉悟,倡导平民教育,并组织发动各中等以上学校学生筹办平民义务学校。至6月上旬,已有10所平民学校开学。同年12月,鄞县东乡小学教员竺清旦等青年知识分子在《时事公报》研究专栏发表《改造乡村教育的捷径》、《乡村教育之根本着想》、《我的乡村教育观》等一组文章,主张知识分子应"极力接近社会",将平民教育从城市扩展到广大农村,普及

---

① 《自治运动中的妇女问题》,《时事公报》,1920年12月5日。
② 《时事公报》,1922年8月19日,9月1、2、11、16日。
③ 《女界电争参政权》,《申报》,1923年11月26日。

人数众多的农民教育。具体的途径和方法是调查研究农村现状,联络农民感情,在乡村小学附设夜校,教授认字、尺牍、珠算、簿记,以此帮助农民从"守旧麻醉性"的束缚中解放出来。① 1921年春,由店员组成的"宁波工商友谊会"不仅兴办平民义务学校,还开设图书馆,购置上海共产党组织主办的通俗工人刊物《劳动界》和《唯物史观浅说》等马克思主义书籍。

1922年八九月间,雪花社社员谢传茂、潘念之等在《时事公报》副刊"问题讨论"专栏上,连续发表《马克司(思)主义是什么?》、《告青年团诸君》、《现社会不安之原因》等多篇文章,研究讨论和宣传介绍马克思主义的基本原理。其中《马克司(思)主义是什么?》系统介绍了马克思的剩余价值学说、资本集中说、资本主义崩溃论、阶级斗争论和唯物史观。文章认为:马克思主义的创立是历史发展的客观规律,"社会主义的导源"是"社会贫富不均",从柏拉图的理想国到孔子的大同社会,都是着眼于道德的空想,直到马克思出来,"社会主义始由空想的变为科学的";马克思主义之所以正确,在于其透彻分析了资本主义私人占有制不可克服的内在矛盾及其必然崩溃的结局;马克思主义的精髓在于它的唯物史观和阶级斗争学说。文章正确指出,马克思的唯物史观就是:"一切社会上、政治上各种现象底变迁,都以物质上、经济上的条件为动因,经济问题若不解决,一切政治、宗教、道德、伦理各种问题,便也无法解决。……所以要救济现代的经济恐慌,免除现代的国际竞争,解除现代无产阶级的精神上、物质上各种痛苦,非根本上改造经济组织,由资本主义改到社会主义不可。这便是马克司(思)的唯物史观,亦称经济史观。"文章最后的"结论"是:"阶级斗争的结果,依马克司(思)的预言,一定是劳动者得胜的,劳动者既斗胜了资本家,便可跳上政治的舞台,用政治的优越权,夺取资本家所握的资本——土

---

① 俞文元《我的乡村教育观》、卢少川《乡村教育之根本着想》、《改造乡村教育的捷径》,《时事公报》,1920年12月12、19、26日。

地——机器等归诸国有,这就是马克司(思)所主张的劳动者专政。"①《现社会不安之原因》从历史唯物主义基本原理出发,指出:"唯物史观告诉我说,现社会不安的原因,完全是社会经济制度(即生产和分配的方法)发生了自然的危机,要想救济现社会的不安,非根本的改造经济制度不可。"该文的结论说:"应该晓得救济现社会之不安的根本方法,在于经济革命。全世界如此,中国也是如此。所以现在中国人闹的什么制宪,什么废督裁兵,什么联省自治,什么维持名教纲常,什么正风俗以消乱萌,都是说梦。"② 9 月,雪花社部分社员又发起成立"社会主义读书会",购读外文版马列原著,"以期对于社会主义作精深之研究,兼以引起翻译与讨论"③。

其后,马克思主义在宁波地区各县也有了初步传播。在奉化,1924 年春,已在北京华北大学加入中共的卓恺泽与裘古怀通信,并寄送《向导》、《政治生活》等书刊,向家乡进步青年传播马克思主义。在余姚,1924 年中共党员杨贤江与楼适夷等在沪组织"余姚青年协社",向家乡青年宣传马克思主义和进步思想。在象山,1925 年 1 月,在上海大学加入中共的贺威圣利用寒假返乡,组织"乐群学会",开展新思想、新文化和马列主义的宣传。④

五四运动以后,马克思主义的初步传播为中共宁波地方组织的创建,奠定了思想基础。而宁波工人运动的不断发展和马克思主义与工人运动的逐步结合,则为中共宁波地方组织的建立,创造了最基本的条件。

五四运动后宁波工人运动日渐活跃,其标志是工人的觉悟不断提高,他们积极参加政治活动,频繁发动经济、政治罢工。1920 年 5 月 9 日,宁波学生和知识界在小教场举行"五九"国耻纪念大会,民醒砂皮

---

① 全谬《马克司主义是什么?》,《时事公报》,1922 年 8 月 27、28、29 日。
② 全谬《现社会不安之原因》,《时事公报》,1922 年 9 月 5、8 日。
③ 中共宁波市委党史研究室《中共宁波党史大事记》(内),第 5 页。
④ 中共宁波市委党史研究室《中共宁波党史》,第 1 卷,第 24 页,中共党史出版社 2001 年版。

厂等厂的工人也停工参加了大会。1921年5月1日,由宁波中等工业学校、宁波工厂等单位发起,举行劳工纪念大会。不少工人冲破警厅禁令,自动停工休息,前来参加大会。会上通过演讲和分发传单,介绍了五一国际劳动节的由来和工人斗争的光荣历史,会后还举行庆祝游行。这是宁波工人和各界民众首次举行国际劳动节纪念活动。此后,纪念五一劳动节便成为宁波工人的惯例。1922年5月1日,由宁波工商友谊会、宁波工业学校及各工厂等发起,纺织、印刷、机械等各行业工人和店员、学生1000余人,高举"劳工神圣"和"八小时工作"等旗帜,在鼓舞台举行纪念大会。会上《劳动歌》和"劳工神圣"的口号此起彼伏。① 3日,《时事公报》还刊出《劳工纪念增刊》,发表《宁波劳工状况之调查》、《宁地车夫、轿夫之生活状况》、《五一纪念之略历》、《工人解放的我见》等一组文章。②

1920年6月,宁波木作工人为增加工资发动罢工,并开会议决向县署请愿,结果业主同意每工工钱加至3角8分,工人罢工取得胜利。③ 7月,又有杭甬铁路工人罢工。1921年8月至11月,宁波织绸、米业、金银、染色、制烟等行业工人为增加工资,相继举行罢工,结果均获得胜利。④

1922年1月全国第一次工人运动高潮掀起后,宁波工人的罢工斗争大多带有鲜明的政治色彩。2月香港海员大罢工期间,港英当局派员到上海、宁波以高薪招聘海员,企图以此破坏罢工。宁波和宁波籍海员工人响应中国劳动组合书记部的号召,坚决拒绝应聘,有力地援助了香港海员的罢工斗争。3月下旬,因上海中国轮船公司拒绝履行加薪协议,其所属宁波招商局和三北公司的二三十艘轮船工人便仿效香港海员,立即宣布罢工。在中国劳动组合书记部上海分部和香港海

---

① 《五一纪念大会志盛》,《时事公报》,1922年5月3日。
② 《劳动纪念增刊》,《时事公报》,1922年5月3日。
③ 《木作工人工潮解决》,《申报》,1920年6月21日。
④ 中共宁波市委党史研究室《中共宁波党史大事记》(内),第4页。

员总会的指导下,罢工坚持了3周,最后资方被迫答应履行加薪协议。同年8月22日,宁波永兴洋行职工为反对法国大班安孟共虐待工人并任意延长工作时间而举行罢工。经过一星期斗争,双方达成每日工作9小时、每月休假3天的协议。复工不久,洋行便违背协议,逐渐延长工时。于是工人酝酿再次罢工,洋行闻讯被迫履行协议。同年9月起,上海金银业资本家为破坏工人罢工,将工件寄到宁波加工。宁波金银业工人为支援上海同行罢工,决定从10月20日起实行抵制,并捐款援助上海工人;同时要求取消"官夜作",增加工资和实行9小时工作制。在此前后,宁波华泰织绸厂、美球袜厂和余姚竹木业、铁锅业等工人,为改善生活,增加薪水,也相继开展罢工斗争。①

1923年,北洋军阀吴佩孚镇压京汉铁路罢工工人的"二七"惨案发生后,宁波工人运动和全国一样,暂时转入低潮。而打破这一沉寂局面的是1924年夏天的余姚盐民大罢工。该年5月,余姚庵东盐场公署和秤放总局以杜绝走私为名,奉令改变收缴办法,规定废除盐商廒仓,另建公仓,并将原定5至10日缴盐一次改为每日缴盐入仓,否则即以收藏私盐论处。这一决定大大加重了盐民的劳动负担,因而激起广大盐工的强烈反对。7月中旬,全场七区盐民在庵东万嵩庵召开代表会议,一致决议:反对公仓每日缴盐苛政;交还晒牌,以示罢工;发动盐民游行示威。7月23日凌晨,万余盐民在庵东街头集结。他们以围裙为旗,肩扛晒牌、铁扎,手执纸旗,涌向盐场公署和秤放总局请愿。奉令前来弹压的盐警竟悍然向盐民开枪,当场打死5人,打伤不计其数。盐场当局的血腥镇压激起广大盐民和社会各界的公愤。整个盐场立即举行总罢工,宁波、余姚等地的报界、商界也联名呼吁,表示声援,连北京《晨报》也报道了惨案真相。在强大的舆论压力下,上海盐务稽核分所和驻沪九廒总办经过调查,不得不承认苛政害民,并与盐民达成5项协议:一,设立公仓,每日缴盐一案暂时停办;二、死难盐民

---

① 浙江省总工会编《浙江工人运动史》,第55、56页,浙江人民出版社1988年版;中共宁波市委党史研究室《中共宁波党史》,第1卷,第26页,中共党史出版社2001年版。

每人发放抚恤金 600 银元;三、革除秤放局职员出入坐轿、请饭等恶习;四、撤职惩办欺压盐民的秤放局职员;五、嗣后如再发现秤放局职员刁难索需,准由盐民告发,按情处理。

余姚盐民的这次斗争是当时浙江规模最大的一次罢工。它不仅是浙江工人运动复兴的起点,也是全国工运从"二七"惨案后"由低潮复兴的朕兆之一"①,从而预示着宁波国民革命的高潮即将到来。

(二)中共宁波支部和宁波地方执行委员会的建立

与京、沪、杭等中心城市相比,宁波新文化运动的发展和马克思主义的传播相对滞后,因此建立共产党和青年团组织的时间与上海、杭州相比也晚了数年。

1923 年下半年,原宁波崇信中学学生,时任中国社会主义青年团中央候补委员、团上海地方执行委员会委员长的张秋人受团中央委派,数次来宁波考察开展团的工作。他多次同一直保持联系的诸暨同乡周天僇、汪维恒和原崇信中学同学赵济猛等晤谈,通过赵济猛又结识了雪花社社员谢传茂、潘念之等人。1924 年 3 至 5 月,张秋人以团中央名义,先后介绍周天僇、赵济猛、许汉城、谢传茂、干书稼、潘念之等 6 人入团。② 5 月下旬,曾任社会主义青年团书记的俞秀松受团中央委派,来宁波巡视团的工作。5 月 31 日,他召集周天僇等 6 名团员开会,决定成立中国社会主义青年团宁波地方团,推选赵济猛、谢传茂、潘念之 3 人为执行委员,并分任秘书、宣传和组织工作。

根据成立大会的部署和俞秀松的指示,青年团宁波地方组织成立后主要开展了以下几项工作。第一,积极发展新团员,扩大团的组织。经过一个多月的工作,到 1924 年 7 月初,团员数量就增加到 20 多名。

---

① 邓中夏《中国职工运动简史》,第 124 页,人民出版社 1965 年版。
② 周天僇自 1921 年起为宁波四明中学、中等工业学校教员,后曾任中共宁波支部创建时的书记,1932 年在上海被捕脱党。谢传茂原为宁波省立第四师范学生,曾任团宁波地委书记、国民党宁波临时市党部总干事,1927 年在汉口变节。

7月13日,张秋人由沪来甬召开团员大会,成立青年团宁波地方执行委员会,以赵济猛为秘书(后改称书记),下辖省立四中、甬江女中、四明中学3个支部,到年底又新建白沙铁路机务处、四明日报馆2个支部。团组织的迅速发展为中共宁波地方组织的创建作了人员和组织的准备。第二,成立学会,创办刊物,宣传马克思主义和革命思想。1924年10月,甬江女中学生、团员徐诚美等5人加入该校学生组织"劳动研究会",进行阶级奋斗的思想宣传。不久,四明日报馆支部在该报副刊开辟"劳动研究专号"。1925年1月10日,省立四中学生、团员沃醒华、华岗、陈洪等发起成立"社

1925年3月24日,社会主义青年团宁波地委主办的机关刊物《火曜》创刊(中共宁波市委党史研究室提供)。

会科学研究会"。该会以改造社会为宗旨,组织社员阅读马克思、列宁著作,调查本地社会状况,并出版《社会科学的研究》,宣传马列主义。同年3月,团地委创办《火曜》周刊作为自己的机关刊物。该刊旗帜鲜明地宣传马克思主义和国民革命,评论国内外政治事件。7月28日,竺兰芳在《火曜》第12期上发表《介绍研究马克思主义的书籍——一个最低限度的书目》,指导青年学习研究马克思主义。第三,深入工厂企业,开展工人运动。在团宁波地委的组织领导下,团员应香木、王以德等于1925年2月发起成立以铁路机务工人为主体的宁波机器工人协会,这是在中共影响下成立的宁波第一个工会组织。第四,反对帝国主义文化侵略。团地委于1924年底组建"反基督教大同盟",广泛开展"非基督教运动",有力地冲击了浙东教会势力。第五,积极参与国民革命运动。青年团的这些活动有力地推动了宁波共产党地方组

织的建立和发展。

1924年下半年,根据中共中央、团中央6月14日联合发布的通告精神和宁波革命斗争的需要,在团宁波地委建立的基础上,张秋人介绍超龄团员周天僇等加入中国共产党。周天僇、汪维恒为自己和杨眉山、许汉城在上海办理了入党手续。这是宁波地区最早的一批共产党员。1925年二三月间,中共上海地方执行委员会根据"四大"关于在全国建立和加强党的组织的决定精神,在鄞县城区建立中共宁波支部。支部由周天僇、许汉城、杨眉山、谢传茂、石德濂等5名党员组成,周天僇为书记。从此,宁波革命斗争有了坚强的领导核心,革命面貌焕然一新。

中共宁波地方组织在领导革命斗争过程中,迅速发展壮大。1925年9月下旬,城区党员发展到21人,下辖启明女中、省立四中和曹甬段铁路3个支部,其中9月成立的曹甬段铁路支部是宁波最早组建的产业工人支部。12月,相继建立和丰纱厂支部和江东支部,连同鄞县乡村和镇海、象山党的通信员,共有党员60多人。在此基础上,1926年1月,中共上海区委委派曾任中央候补委员的徐梅坤来甬组建中共宁波地方执行委员会。1月17日,中共宁波地方第一次大会在启明女中召开。会议选举产生了中共宁波地方执行委员会,以华林为书记兼组织委员,杨眉山、卓兰芳、竺清旦、陈逸僧分任宣传、工运、农运和妇运委员。其后,进一步加快组建城乡基层组织的步伐。同年4至6月,先后在城区建立宁波书店支部、锡箔工人支部、铁匠支部、甲种商校支部、华泰织绸厂支部、华经织绸厂支部等8个党支部。五六月间,在宁属各县和广大农村,相继成立象山支部、奉化松岙支部、余姚坎墩镇支部、鄞县沙村支部和鄞溪支部。至此,宁波地委共辖有支部15个,党员147人。到1927年4月初,中共宁波地委所领导的组织,除宁属鄞县、镇海、慈溪、定海、奉化、象山、南田7县外,还包括宁海、温岭、余姚、上虞、新昌、嵊县等台属、绍属诸县,计有部委1个、支部40

余个,党员1200余人,其中工人、农民各占30%以上。① 中共宁波地方组织的建立,为宁波国民革命运动的发展,提供了坚强的政治和组织保障。

三、国民革命在宁波的兴起和孙传芳统治的垮台

(一)宁波甲子独立和直系军阀孙传芳入据宁波

1919年8月,同属皖系的卢永祥接替病逝的杨善德,兼署浙江督军。为抗拒直系压迫而谋自保,卢永祥对外同孙中山和张作霖结盟,对内迎合自治潮流,也比较顾及浙江的地方利益,因而同浙江地方实力派的关系比较和谐,浙江政局相对平稳。1924年9月,江浙战争爆发。直系军阀孙传芳从福建攻入浙江,势如破竹,20日即被北京政府总统曹锟任命为督理浙江军务善后事宜。宁波的反直系自治独立,便在这种局势下发生。

9月3日江浙战争正式爆发,14日在宁波的国民党和学生联合会发起召开国民大会,一致主张电告海内同胞,共起讨伐直系首领曹锟,重建民国。② 9月中旬浙军第一师师长潘国纲所部在仙霞岭一线为孙传芳击败,潘遂率余部经龙游退回绍兴、宁波。9月25日,潘国纲将司令部由余姚五夫迁到宁波城内。此时,浙江大部已为孙传芳占领。

潘国纲部不甘心坐听孙传芳收编,故仍坚持原有反孙立场,"拒绝客军入境",并图再与孙传芳一战,但实力不够,内部意见也不一致,所以举棋不定。以蒋尊簋、吕公望、屈映光为代表的地方自治派,昔日都是浙江政坛的风云人物,内部构成十分复杂,既有与孙中山比较接近的蒋尊簋和革命党人王文庆,也有曾经附袁的屈映光。他们最不愿见到直系军阀入据浙江,图谋占据浙东宁、绍、台地区,自组政府,进而实现浙江全省自治。他们的弱点是没有自己的军队,只能利用昔日的声

---

① 中共宁波市委党史研究室《中共宁波党史》,第1卷,第57、58、71页,中共党史出版社2001年版。
② 《宁波快信》,《申报》,1924年9月17日。

望和影响力,运动潘国纲部参加宁波独立。① 宁波绅商的基本态度是"以保全地方治安为唯一宗旨,此外概不与闻"②。为保全地方,安抚驻军,当潘国纲部进驻宁波后,宁波总商会迅即为其筹集军饷 14 万元;10 月 15 日宁波自治军成立后,总商会同鄞县公署又马上筹集饷银 4.5 万元,所余 5.5 万也承诺继续设法筹措。③ 对于独立自治,则态度冷漠。他们大多主张和平稳定,"深愿政治问题早日解决",以避免宁波拖入战争旋涡。④

9 月下旬潘国纲部进入宁波后,其政治态度便成为宁波时局的焦点,有关宁波独立的传言也纷至沓来。由于第一师高级军官的态度比较消极,蒋尊簋等经积极沟通运动,终于在 10 月 8 日宣布宁波独立,组建浙江自治委员会。自治委员会以"浙人治浙"为宗旨,推举蒋尊簋为委员长,并致电浙属 11 府各推委员 1 名来甬共襄大计。先后来甬的委员计为杭州顾乃斌、嘉兴诸辅成、湖州周佩箴、宁波李征五、绍兴蒋尊簋、台州屈映光、金华吕公望、衢州毛云鹏、严州邵瑞彭、温州殷汝骊、处州杜持。⑤ 9 日,懦弱无能的潘国纲突然宣布辞职,推举第二旅旅长伍文渊接任浙军第一师师长。伍文渊并不赞成宁波独立自治。他于 9 日当天就通电接任师长之职,并通告"对于所驻宁绍各防地安宁秩序,自当完全负责维持",同时派专人持密函向杭州孙传芳报告。面对事变,自治委员会中坚人物蒋尊簋、吕公望、屈映光等于 9 日上午在镇守使署召开会议,最终无果而散,于是下午皆"离甬赴沪"⑥。

10 月 13 日晚,接近潘国纲的第一旅旅长郝国玺率所部和王文庆

---

① 《浙军在宁波宣布独立》,《申报》,1924 年 9 月 26 日;《宁波独立说之又一报告》,《申报》,1924 年 9 月 27 日。
② 《宁波同乡会电甬当局维持治安》,《申报》,1924 年 9 月 26 日。
③ 《甬埠恐慌之现状》,《申报》,1924 年 10 月 1 日;《甬埠宣布自治后状况》,《申报》,1924 年 10 月 18 日。
④ 《甬事又有变化》,《申报》,1924 年 10 月 23 日。
⑤ (民国)《鄞县通志·文献志·民国建立以来革命诸役始末纪》,宁波出版社 2006 年版。
⑥ 《伍文渊就职后之甬埠状况》,《申报》,1924 年 10 月 13 日。

指挥的自治军,一起围攻第一师师部。伍文渊负伤逃至王桂林的镇守使署请求保护。于是14日便宣布成立浙江自治军政府,由蒋尊簋、屈映光为军政府正副总裁,王桂林为军政厅长、王文庆为民政厅长,吕公望、伍文渊为自治军正副总司令,郝国玺、王萼为前敌正副总指挥。第一师第一、二、三、四团改称自治军第一、二、三、四队。宁波警察厅厅长刘凤蔚也于14日由自治军勒令缴械卸职。同时,发布自治军第一号通告和自治政府成立通电,号召全省民众急图自卫,驱逐客军,抓住这千载一时的机会,扶植自治。①

然而,时局很快又发生变化。先是前敌总指挥郝国玺通电宣布辞职。10月17日晚,伍文渊余部起兵反叛,因对独立消极而辞职的第一旅团长姚琮,也接到杭州方面要求扣押吕公望、王桂林等人的电令。吕、王等得讯,趁夜奔至江北岸天主堂避匿,18日下午即乘轮船赴沪,其他领导人也各自走散。② 10月18日,孙传芳即命浙军第二师师长周凤岐率部赴宁波抚降。接着又任命嫡系将领孟昭月为宁台镇守使,原日本陆军士官学校的同学陈仪为浙军第一师师长。由此,宁波便落入直系军阀孙传芳的统治。

(二)统一战线的建立和国民革命运动在宁波的开展

1919年10月,中华革命党在上海改组为中国国民党。1922年8月,孙中山在经历陈炯明叛变后,欢迎中共党员和青年团员加入国民党,进行国共"党内合作",并改组国民党。1923年6月,中共"三大"决定全体共产党员和青年团员以个人名义加入国民党,建立各民主阶级的统一战线。三届一中全会还要求本党同志帮助国民党"创设"地方组织。当时宁波虽然尚无国民党的组织,但因统治浙江的卢永祥与孙中山建有联盟关系,所以国民党在浙江能够进行公开活动。据此,俞秀松受中共组织委派,于1923年下半年来宁波活动,并与时任省立

---

① 《甬事变化纪详》,《申报》,1924年10月17日。
② 《甬事完全结束》,《申报》,1924年10月22日。

四中校长的老同盟会员经亨颐商议在浙江和宁波筹建国民党组织的问题。① 1924年3月30日,国民党浙江临时省党部在杭州成立,经亨颐当选为执行委员,并受命筹建宁属地区的国民党组织。4月,宁波的青年团员即以个人名义率先加入国民党,接着又相继介绍张葆灵、张申之、杨守实等地方进步人士和青年学生参加国民党,帮助经亨颐筹建国民党组织。5月下旬,共产党员俞秀松又以国民党浙江临时省党部执行委员的身份来甬考察国民党党务,商议建立国民党宁波市党部的有关事宜,"拟定"青年团员周天僇、谢传茂、干翔青为市党部执行委员。② 6月15日,国民党浙江临时省党部执委会常务委员宣中华(中共党员)受省党部委派至甬。当日宁波国民党党员大会就在后乐园召开,国民党上海执行部宣传部秘书恽代英(中共党员)到会演讲。会议宣布国民党宁波临时市党部成立,推选张葆灵、杨守实、周天僇、谢传茂、干翔青等为执行委员,张葆灵为常务委员,谢传茂为总干事,负责实际工作,并设机关于后乐园。③ 其后,又相继建立城内、江东、江北3个区分部。国民党宁波临时市党部的建立,标志着宁波的国共合作和国民革命联合战线正式形成。

随着联合战线的逐步建立,国民革命运动犹如燎原之火,在宁波大地燃烧起来。1924年1月,苏俄领袖、世界无产阶级革命导师列宁逝世。5月4日,列宁追悼大会在四中礼堂举行,500多名学生和教工参加了会议。会场主席台正中悬挂列宁遗像,两旁是校总务主任张葆灵撰写的对联:"全人类救主"、"新世纪元勋"④。会议由经亨颐主持,师生代表在会上发表演讲,歌颂列宁的思想、功绩,宣传联俄的重要意

---

① 潘念之《一战时期党的活动》、《对党在大革命时期斗争几个问题的解答》,1959年10月20日、1962年2月6日,存中共宁波党史研究室。
② 俞秀松1924年6月6日给团中央执行委员会的报告,转引自王湘诚《第一次国共合作时期的宁波国民党组织》,《宁波文史资料》(内),第3辑,第11页。
③ 裘古怀日记,1924年6月15日,存中共宁波党史研究室;《民国13年四明大事记》,《时事公报》,1925年6月1日。
④ 董启俊《经亨颐与浙江省立第四中学》,《宁波文史资料》(内),第1辑,第80页。

义。5月初,周天僇、谢传茂等根据青年团组织的指示,创办《宁波评论》,宣传国民革命和孙中山重新解释的三民主义。

1924年10月直系军阀孙传芳控制宁波、浙江后,实施较卢永祥更为严密的统治,但为安抚人心,对抗奉张势力南下,不久也赞成地方自治,并与国民党控制的广东进行联络往来。因此宁波国民党组织虽然一度转入秘密状态,但国民革命运动仍在继续向前发展。

1924年冬,为反对列强的文化侵略,宁波广泛开展了"非基督教运动"。12月,《四明日报》刊出"非基督教专号",揭露批判基督教是列强侵略中国的急先锋。在上海大学象山籍学生、共产党员贺威圣等人的帮助下,12月25日圣诞节,在明伦堂召开了宁波非基督教大同盟成立大会,恽代英到会发表演讲。会后,四明中学、甬江女中等教会学校和其他中小学学生四五百人举行示威游行,当队伍行至英国领事馆前时,群众高呼"打倒英帝国主义"等口号。

为配合孙中山号召的国民会议和废除不平等条约运动,国民党宁波临时市党部联合各民众团体,于1925年1月2日在江北岸新民鼓舞台召开大会,组织成立宁波国民会议促成会。会议由经亨颐主持,30多个民众团体的500多名代表参加了大会。大会分别致电孙中山、段祺瑞,反对帝国主义和军阀分赃的善后会议,要求召开国民会议,结束军阀统治。会议选举经亨颐、周天僇、谢传茂、李琯卿等9人为委员,忻汰僧、汪子望等6人为候补委员。从1月上旬至2月下旬,镇海、象山、奉化等县也相继成立国民会议促成会。

1925年3月12日,正当国民会议和废除不平等条约运动在全国蓬勃开展之际,孙中山不幸在京病逝。宁波许多团体和单位从3月中旬起便相继举行悼念活动。3月15日,四中600多名师生举行追悼大会。① 3月31日,《火曜》周刊发表《追悼中山先生》、《中山不死》等文章,号召民众"赶快集合在国民革命旗帜之下,团结成伟大的集体,来

---

① 《孙中山氏逝世之追悼声》,《申报》,1925年3月18日。

继承中山先生未竟的革命工作",同时要求国民党员与冯自由等"极恶劣的分子"划清界限,"极力介绍新同志加入我们的队伍,增厚我们的力量,补偿这个极大的损失"①。4月1日,象山各界举行孙中山追悼大会,"宣传革命的三民主义",20多个团体的四五百人参加了会议。②4月21日,《火曜》又出版《追悼中山先生特刊》,登载贺威圣等所著《追悼孙中山先生并勗同志》、《孙中山先生四十年革命历史所给我们的教训》等7篇文章和孙中山的《遗嘱》。

4月24日,宁波各界群众三四千人在小教场隆重举行悼念孙中山大会。会场布置庄严肃穆,高高筑起的主席台"台中悬有中山遗像,左右两旁均筑平台,台中挂有各官厅、各机关、各学校对联数十副。"上午9时,"由司仪金梦麟宣告开幕,次鸣炮,次佛教、四明二孤儿院奏哀乐,次主席王思成宣开会辞"。然后由陈孟旌宣读《遗嘱》,全体静默3分钟。接着由李珺卿报告行状,陈器伯宣读祭文,许晋卿宣读诔词,全体唱哀悼歌。其后,全国学生总会代表贺威圣、干翔青和宁波各界代表先后发表演说。最后全场高呼"打倒军阀"、"取消不平等条约"、"努力国民革命"、"中山主义万岁"等口号。③ 大会结束后又组织游行,"沿途由各校演讲员分头演讲"。各商店、机关于当日亦多悬旗以表哀悼。通过追悼活动,向宁波广大民众宣传了孙中山的三民主义和国民革命,收到了很好的效果。比如,大会散发的几种主要传单,都用言简意赅、明白易懂的文字写成。如传单一为《孙先生三句要紧话》;传单二为:"工人们、农人们、伙计们:我们常是压在人家的脚底下,我们从来不曾见过天日。孙中山先生是知道我们的苦痛,叫我们起来革命,反对那些带兵人,因为他们收税、买枪、养兵,都是弄死我们的。我们要做人,一定先要把他们赶走。来,我们大家起来革命,反对带兵人

---

① 小风《中山不死》、崔小立《追悼孙中山先生》,《火曜》第2号,1925年3月31日。
② 冰生《象山青年活动最近的新气象》,《火曜》第6号,1925年4月28日。
③ 《追悼孙中山大会志盛》,《时事公报》,1925年4月24日。

(像段祺瑞那些人),反对带兵人占据着政府。"①

随着统一战线的扩大和国民革命的开展,尤其在五卅运动期间,宁波国民党组织得到迅速发展。1925年6月前后,原城内、江东、江北3个区分部相继扩展为区党部,党员发展到100余人,共产党员和青年团员在各区分部执行委员会中占有很大比重。如6月27日成立江东区党部,亦称第二区党部,共有国民党员约40人,选举执行委员5名,其中潘念之、竺清旦、张天一3人为中共党员和青年团员。同日下午,西南区党部也告成立,王晓峰、赵士俊等被选为执行委员,李宪仲被选为书记,其中赵、李二人为中共党员,②奉化县国民党临时党部也在6月间成立。在此基础上,国民党宁波临时市党部于6月28日召开党员大会,正式成立国民党宁波市党部,选举石德濂、周天僇、蒋本菁、张葆灵、陈器伯等7人为执行委员,石德濂为常务委员,其中石、周、蒋3人为中共党员。③

1925年四五月间,宁波出现了以《四明日报》主编李琯卿为代表的"新国家主义派"。他们组织"爱国青年社",创办《爱国青年》,打着"民族"、"爱国"的旗号,反苏反共,反对国共合作和国民革命,破坏"五卅"反帝斗争,分裂宁波学联。如李琯卿就在《爱国青年》第3期上发表《国家主义与共产主义》一文,宣扬"打倒帝国主义是幻想,离事实太远";"千万不可再与英、日两国外去牵动第三国"等谬论。在团中央领导张秋人等人的指导下,《火曜》从6月30日的第8期到8月19日的第15期,连续发表《谢传茂给李琯卿的信》、《李琯卿的新国家主义》、《国家主义者的真面目》、《国家是否超越一切》等20多篇批判国家主义的文章。竺清旦则在《时事公报》发表《读李琯卿〈国家主义与共产主义〉以后》。连恽代英也在《中国青年》撰写《与李琯卿君论新国家主义》一文助战。这些文章科学地论证了国家的阶级性,揭

---

① 《追悼孙中山大会续记》,《时事公报》,1925年4月25日。
② 《国民党第二区党部成立纪》、《国民党区党部相继成立》,《时事公报》,1925年6月28、29日。
③ 王湘诚《第一次国共合作时期的宁波国民党组织》,《宁波文史资料》(内),第3辑,第13页。

露了国家主义所谓"爱国"的虚伪性,指出宁波一些提倡国家主义的人"依附资本家,为帝国主义者出力,认仇为父,视友作敌,内而遮蔽国民视线,外而为敌人张旗鼓",规劝他们改正错误,回到民众中来。宁波学联也调整策略,团结受国家主义影响的学生。通过这场斗争,揭露了国家主义的本质,争取了一部分受蒙蔽的青年学生,从而使国家主义在宁波的影响日渐缩小。

　　孙中山去世后,国民党内部在国共合作问题上的矛盾日趋激化。宁波的共产党人和国民党左派团结一致,坚决开展同国民党右派的斗争。1925年7月5日,沈定一和戴季陶密谋在萧山衙前召开国民党浙江临时执行委员会扩大会议,企图宣传"戴季陶主义",反对国共合作。国民党宁波市党部和奉化县临时党部委派俞弁群、赵济猛出席会议,旗帜鲜明地站在以宣中华为首的共产党人和国民党左派一边。俞弁群在会上"发言驳斥,据理力争"①,因而遭到沈定一的无理制止。经过激烈斗争,打击了右派的气焰,挫败了他们在选举国民党"二大"代表时企图排斥共产党员的阴谋。为摆脱国民党右派对临时省党部的控制,同年12月15日,宣中华在海宁县硖石镇东山主持召开各市县党部联席会议。宁波市党部常务委员陈国咏出席了此次会议。会议通电全国,声讨西山会议派,并决定成立"浙江省各市县党部联席会议",代行被右派把持的省临时党部的职权。陈国咏返甬后即于12月20日主持召开市党部党员代表大会,决议通电反对以林森、邹鲁等为首的西山会议派破坏国共合作的倒行逆施。② 为同沈定一擅自成立省党部的非法行为进行坚决斗争,经国民党中央批准,国民党浙江省第一次代表大会于1926年3月6日在杭州召开。宁波代表潘念之、陈国咏、王安卿、邬凤英、倪慧英、杨守实、李庸卿等7人参加了大会,其中前2人为中共党员,王、邬、倪3人为青年团员。大会宣告正式成立

---

① 江天一《第一次国共合作时期国民党浙江省党部的活动》,《浙江文史集粹》第1卷,第141页,浙江人民出版社1996年版。
② 《纪国民党之代表大会》,《申报》,1925年12月23日。

国民党浙江省党部,宣中华、潘念之、丁济美当选为常务委员,宁波的张葆灵、杨守实分别当选为监察委员和候补监察委员。会后,中共上海区委指定潘念之为省党部中共党团书记,调省工作。

随着国民革命的迅猛发展,宁波国民党组织在共产党人的帮助下不断扩大。1926年4月中旬,宁波城区国民党员的总数为300多人。到当年年底,宁波城区即已"成立4个区党部、32个区分部,党员500余人"[1]。奉化、慈溪、镇海3县也已建立县党部,定海成立了县党部筹备处,余姚县党部则于1927年元旦成立。在上述市、区、县党部的常务委员中,绝大多数是跨党的中共党员,因而领导权牢牢掌握在左派手中。[2]

(三)声援"五卅"案和工农群众运动的蓬勃发展

1925年5月30日,上海发生英国巡捕开枪屠杀中国工人、学生的五卅惨案。31日,宁波《时事公报》等新闻媒体报道了这一消息。各界民众闻讯后"群情愤激"。6月1日,国民党宁波临时市党部、宁波学联和救国十人团联合会召开紧急会议,决定发起召开宁波各人民团体紧急联席会议。2日下午,联席会议在后乐园举行,工农商学等20余个团体和学校的100多名代表参加了会议。会议决定成立宁波外交后援会,选举周天僇、潘念之、汪子望、金臻庠、王思诚、李瑄卿等11人为执行委员,并通电北京政府,提出惩办凶手、取消领事裁判权、取消外人纳税会议、不承认印刷附加律等10项要求。[3]

从6月3日起,全城各中等以上学校开始罢课,并组织上百个宣传队奔赴城乡各地。如地处江北的四明中学,共将全体学生分为12队,"以8队赴慈溪、庄桥、洪塘、高桥、东乡等处,其余4队则在江北区一带演讲"。学生们手执旗帜,演讲此次西捕枪杀华人惨状,劝告城厢

---

[1] 杨眉山《党务报告》,1927年1月1日,存宁波市委党史研究室。
[2] 王湘诚《第一次国共合作时期的宁波国民党组织》,《宁波文史资料》(内)第3辑,第17、18页。
[3] 《宁波外交后援会成立》《宁波去电》,《时事公报》,1925年6月3日。

各商号休业罢市,以冀唤醒民众,"各商号经理及伙友,亦均表示赞同"。4日下午,总商会也开会"一致表决通过",通告各工厂、商店,于次日"休业一天"①。

1927年,宁波各界召开五卅惨案两周年纪念会,会后举行示威游行。图为宁波女学生游行队伍。(中共宁波市委党史研究室提供)

6月5日晨,宁波全城实行"三罢",并举行集会和游行示威。上午7时许,各界2万多群众"齐集小校场"。各校学生多手执小旗,上书"经济绝交"、"凶手抵命"、"收回租界"、"国民奋起"、"坚持到底"等字样,所分发的传单"多至五六十种"。上海学生会代表和周天僇、干翔青等发表了演讲。慎昌钱庄的周游翔当场咬破手指,血书"救亡"二字,"观众大为感动"。8时半,游行队伍依预定次序,鱼贯而出,"越二时余,始行走完,绵延五六里"。队伍先行至交涉署请愿,然后直出

---

① 《各商号今日一致休业》《昨日总商会之各业会议》,《时事公报》,1925年6月5日。

东门,沿糖行街、新江桥、外滩、洋关弄,直至英国领事馆。邮政工人王鲲带头跃上领署铁栅栏,带领群众高呼口号。振泰布店工人则用柏油在领署墙上刷写标语。有几名热心者还出资定购馒头 8000 个,上面盖有"热心爱国"四字,分赠各界游行人士。① 商铺门外"多用粉笔大书休业志哀,及种种激语"②。其中明华银行门首贴有通告说:"上海英租界南京路发生西捕枪杀学生案,经沪商界一体罢市,藉为声援。吾甬商界,敌忾同仇,未能缄默,爰于今日休业一天,以志哀悼。"③为援助"沪上罢工工人",从当日起,宁波各界还积极投入募捐活动。到 7 月 31 日为止,全城共捐大洋 4 万元、小洋 9.1 万角、铜元 272.2 万文,折合大米 65.6 万斤。④

除宁波城区外,镇海、奉化、象山、余姚和鄞东、柴桥等处也相继成立外交后援会。从 6 月 4 日起到 6 月 11 日,镇海、慈溪、象山、余姚、奉化、定海各县均先后举行反帝集会和示威游行。比如,余姚城内 4 日即有春晖中学学生上街演讲,5 日、6 日该校学生又深入到郑巷、周巷活动。与此同时,宁波学联也派代表至姚宣传、募捐。7 日,余姚女子高小学生也组织演讲团,并携传单赴城郊乡村宣传,"乡民之围而听者,不下数百人,均甚为激昂"⑤。可见,五卅反帝运动已迅速发展到宁波城乡广大区域。

继而,在青年团宁波地委和市学联的领导下,教会学校的学生开展了反对帝国主义文化侵略的斗争。6 月 9 日,斐迪学校全体学生首先离校。其后,甬江女中、崇德女校和华美医院护士学校的学生也相继宣布离校。在外交后援会的主持下,从 6 月 11 日起,又发起与英、日经济绝交和不合作运动。大批学生、店员到车站、码头、海关检查

---

① 《全埠市民大游行纪详》,《时事公报》,1925 年 6 月 6 日;《浙江工人运动史》,第 70 页,浙江人民出版社 1988 年版。
② 《昨日之商界休业一致》,《时事公报》,1925 年 6 月 6 日。
③ 《各商号今日一致休业》,《时事公报》,1925 年 6 月 5 日。
④ 中共宁波市委党史研究室《中共宁波党史大事记》(内),第 16 页。
⑤ 《余姚各界对沪案之表示》,《时事公报》,1925 年 6 月 8 日。

英、日货物，搬运工人拒绝为英货、日货搬运装卸，在英、日商号供职的中国员工纷纷罢工、辞职。各行业则都订立自律公约，如裁缝不做英、日出产的衣料，黄包车夫不拉英、日籍人，饭馆、食品店不卖食物给英、日人。连为英侨家庭帮佣的女工也都纷纷离职。6月22日，宁波海关日籍职员垣花惠帝因车资纠纷，无理殴伤黄包车夫魏阿来，并用刀砍伤前来劝阻的市民赵子霞。愤怒的群众冲入海关，将垣花"宅内器物纷掷江边焚烧"[①]。宁波外交后援会于22日事发当晚召开紧急会议，提出"惩凶、赔偿、道歉、担保以后不再有同样事故发生"等4项最低限度条件，要求交涉署"向日本领事严重交涉"，并"转请外交部提出正式抗议"。27日，英商太古公司的"镇江"轮由越南开到宁波。该轮50多名海员"对于沪上惨案甚为愤激，复以学生竭力宣传"，于是决定"全体罢工"。宁波学联特在四中召开欢迎大会，支持海员的爱国行动。[②] 俞佐庭等鉴于"五卅案发生后，抵制极烈，然因无专售国货场所，故买者屡受店伙之欺"，于是"特发起设立第一国货商场"[③]。

五卅运动对宁波的影响无论是深度还是广度，都远远超过了五四运动。通过这场波澜壮阔的反帝爱国运动，大大提高了宁波民众的思想觉悟，促进了工农群众运动的蓬勃发展，从而标志着国民革命高潮的到来。

在五卅运动的推动下，从6月下旬开始，中共宁波支部和团地委指派卓兰芳、汪子望、赵士俊等，以和丰纱厂、白沙铁路机务处、邮政局、正大火柴厂等为重点，开办平民夜校，联络工人积极分子，帮助筹建工会。6月25日，接受党团影响的宁波学联专门成立"促成工会委员会"。委员会在致函上海总工会询问组织工会的相关程序后，发动各校学生分别与码头、机械、船业、印刷等行业工人联系，调查他们的生活状况，与他们结交朋友，在其中培养骨干，以促成工会的建立。九

---

① 《昨晚日人行凶激怒群众之真相》，《时事公报》，1925年6月23日。
② 《欢迎海员罢工大会纪略》，《时事公报》，1925年6月28日。
③ 《筹设国货商场》，《申报》，1925年9月6日。

十月间,孙传芳通过广东鲍罗廷等与苏俄发生联系,并就苏俄提供军援和孙放松对工人运动限制达成一致意见。① 这也为宁波工运发展造成了有利条件。10月,在卓兰芳的组织领导下,宁波最大的企业和丰纱厂成立工会。次年2月,余姚盐场挑夫工会成立。5月,宁波店员友谊会成立,并出版会刊,设立俱乐部,2个月后会员就发展到四五百人。此外,奉化、慈溪、镇海、象山等地在"五卅"后也都建立了工会组织。②

1926年,宁波工人斗争出现了不断高涨的局面。工人们有组织地参加了纪念孙中山和"五一"、"五卅"大会。5到7月间,宁波工人掀起了一场要求加薪、反对压迫的风潮。5月25日,宁波华泰、华经、涌昌成等丝绸厂工人举行罢工,要求增加工资。5月30日,宁波城内50余家药业店员举行全行业罢工和示威游行,要求提高工薪。在这两次罢工胜利的鼓舞下,加薪风潮继续扩大。从6月起,宁波木作、花炮、印刷、理发、香业、麻袋、镇海渡船、金银、米业、成衣,余姚中药,慈溪船匠等行业的工人相继罢工,要求增加工资,改善待遇,并取得了不同程度的胜利。③ 其中罢工规模最大、斗争最为激烈的是和丰纱厂的"六月工潮"。

6月20日,和丰纱厂细纱车间童工卢纪毛因上厕所偶断纱头,遭监工殴打并罚款5角。女工方阿秀等出面主持正义,并同厂方进行交涉,要求保证不再打骂和任意处罚工人。结果方阿秀等4名女工代表却被工厂开除,全车间工人闻讯立即举行罢工。厂方招来警察镇压,捕去4名女工代表,开除30余名罢工工人。次日,200多名工人赴警察厅请愿。国民党宁波市党部发表声援宣言,宁波公团联合会和学联

---

① 1925年10月22日俄共中央政治局决定:"拨给孙传芳德国型子弹100万发,条件是在他管辖的地区工人运动合法化,运送子弹严格保守秘密"。《俄共(布)中央政治局会议第84号记录》,《联共(布)、共产国际与中国国民革命运动(1920—1925年)》,第725页,北京图书馆出版社1997年版。

② 《浙江工人运动史》,第75页,浙江人民出版社1988年版。

③ 中共宁波市委党史研究室《中共宁波党史大事记》(内),第28、31页。

也派出代表与厂方交涉。最后,因从细纱车间发起的罢工未能得到其他车间工人的响应,组织工作也不够充分,所以除被捕工人获释外,罢工未能取得胜利。其后,中共宁波地委总结经验教训,深入工厂做了大量思想教育工作,从而提高了工人的政治觉悟,为开展新的斗争奠定了基础。

在领导工人运动的同时,中共宁波支部也十分重视对农民的组织领导。1925年春,鄞东7乡自治联合会和各公团为江东肥料公司垄断肥源,坑害农民,多次要求警察厅限期取消该公司。6月30日,受中共宁波支部派遣的竺清旦和鄞东农民首领周荣平率领6000多农民进城"游行示威"。农民手执写有"打倒帝国主义"、"取消不平等条约"等字样的小旗,向宁波警察厅请愿。在毫无结果的情况下,愤怒的农民群起焚毁肥料公司办事处和贮冀所。不久,迫使警厅下令取消肥料公司。这是中共领导的浙东地区最早的农民运动,连上海《申报》也称:"偌大之农民运动,实为宁波之创闻。"①其后,竺清旦立即在鄞县东乡领导农民组建农会。7月8日、10日,五魁村和邱隘农民相继成立青山庙农会和柽木庙农会。这是中共领导的宁波地区最早的农会。

1926年,宁波农民运动获得较快发展。3月上旬,在中共党员沙文求的领导下,鄞县沙村农民协会成立。与此同时,山岩岭、湾头农民协会也相继成立。于是,中共宁波地委农委书记竺清旦于3月15日在城区后乐园主持召集沙村、山岩岭、青山庙、柽木庙农会代表开会,商议组建鄞县农民协会事宜。六七月间,卓兰芳在自己家乡建立奉化松岙村农会,会员很快发展到2000多人。②9月,在中共马家路支部的领导下,建立了姚北柯东乡农会。中共宁波地方组织对农民运动重要性的认识也不断提高。4月,宁波地委在工作计划书中指出:宁波是"农民运动之重要区域","宁波五十万农民是上海五十万产业工人

---

① 《农民反对肥料公司大游行》,《申报》,1925年7月2日。
② 中共浙江省委党史研究室等《耿耿忠心铮铮铁骨》,《卓兰芳纪念文集》,第5页,中共党史出版社2000年11月版。

之同盟军"①。为培养领导农民运动的骨干,5月中旬宁波地委选派竺清旦、金绍勖赴广州参加由毛泽东主持的第六期农民运动讲习所学习。9月,金绍勖毕业后被派到鄞县大咸乡领导农民运动。竺清旦返甬后则成为宁波农民运动的著名领袖,被誉为浙东"农运大王"。

在建立农会的同时,农民运动也逐步开展起来。宁波早期有组织的农民运动主要集中在鄞县和奉化的东部地区。1926年3月,奉化松岙农民同强占公有海涂的地主、劣绅展开斗争,并取得胜利。与此同时,沙文求领导的鄞县沙村农会先后发起反对塘头街米商不设零售和强征农民酒税的斗争。斗争的胜利使"农会的声威大震,远近农村的农民纷纷要求参加农会"②。9月,余姚柯东乡农会也发动农民开展减租斗争。同月13日,还发生慈北农民闹荒暴动,2000多受灾农民到道士宫警察分所报荒,结果与警察发生冲突。愤怒的农民缴下警察枪械,烧毁警署房屋,还拥到豪绅地主家"吃大户"。中共宁波地委农委闻讯即派组织部主任王嘉谟赶去指导,但因时机错失,斗争遂告失败。对此,毛泽东曾著文予以总结:"这次暴动失败的原因,在群众完全没有组织,又没有指导,所以成了原始的暴动而至于失败。"③

除工农运动之外,这一时期宁波学生运动的焦点之一是"拥经"风潮。经亨颐是著名的民主主义教育家和国民党左派重要人物,1923年8月来宁波担任省立四中校长。经亨颐主张兼容并包,聘请了夏丏尊、朱自清等一批主张新文化的著名学者来校任教,并经常邀请陈望道、沈雁冰、杨贤江、恽代英等文化界名流来校讲演。在他的倡导下,四中很快成为宁波新文化运动和民主革命的坚强堡垒,培养了裘古怀、华岗、吴亮平、李宪仲、沃醒华、干翔青、陈洪、吴德元、金绍勖、周闪耀、虞一鸣、沙文威、竺杨等一大批青年革命志士。于是,宁波守旧的地方士绅就将经亨颐和四中视为洪水猛兽。1925年8月,五卅运动高

---

① 中共宁波市委党史研究室《中共宁波党史大事记》(内),第26页。
② 陈修良《陈修良文集》,第336页,上海社科院出版社1999年版。
③ 润之《江浙农民的痛苦及其反抗运动》,《向导》1926年第179期。

潮刚刚过去,他们就向浙省当局控告经"宣传赤化",并攻击其"放纵学生"、"纪律松弛",在五卅运动中"首先主张罢课",致使"全埠学潮不可收拾"①。浙江当局决定以派经赴日考察为由,解除其四中校长之职。于是,四中学生便掀起"拥经"风潮。他们编印《甬江枪声》,批驳"驱经"者的种种诬蔑,一再发表宣言,坚称"经子渊先生是我们理想的校长","除经先生为我们的校长以外,无论什么人,我们誓必拒绝!"②9月上旬,学生还推选4名代表赴杭,向教育厅长计宗型面陈意见,坚决要求经亨颐留任。9月13日,浙江督办孙传芳亲自下令:"所有该校教职学生中不良分子,应饬严密查察,分别斥除,切实整顿,勿稍宽纵。"③学生毫不退让,纷纷罢课、离校,致使学校无形停闭。当年冬,学运骨干裘古怀、虞一鸣等则投笔从戎,赴广州黄埔军校第4期学习,毕业后参加了国民革命军和北伐战争。

(四)北伐军光复宁波和北洋军阀统治的终结

1926年6月5日,国民党中央决定迅行出师北伐,广州国民政府也于同日任命蒋介石为国民革命军总司令,北伐战争正式发动。随着北伐战争迅速向湖北推进,以江西为势力范围的孙传芳与广东方面的微妙关系遂告破裂。8月初,宁台警备司令段承泽便以《甬江潮》"有宣传赤化及鼓动工潮嫌疑",将该刊主编蒋本菁、印刷张介人逮捕至司令部讯问。④ 7日,孙传芳下令封闭浙江国民党党部,缉捕国民党员。宁波再度陷于白色恐怖之中。

当北伐军歼灭吴佩孚主力后将军事重心移到江西,而江西战局又对孙传芳日趋不利,五省联军后方发生动摇之际,浙江省长夏超在国

---

① 董启俊《经亨颐与浙江省立第四中学》,《宁波文史资料》(内),第1辑,第85页。
② 《浙江省立第四中学全校学生郑重宣言》、《第三次宣言》,《甬江枪声》第1、2期,1925年8月26日、9月3日。
③ 《四中校长改委范均之》,《时事公报》,1925年9月14日。
④ 《甬江潮案解决》,《申报》,1926年8月9日。

民党的运动下突然于10月15日宣布独立,归附广州国民政府,驻守宁波的保安队同时反正,宁波和浙江政局为之剧变。18日,国民党宁波市党部开始公开活动。21日,中共宁波地委以国民党市党部名义,在小校场召开有3000多名代表参加的大会,宣告宁波总工会成立,王鲲为总工会会长。同日,和丰纱厂工会重新成立。接着,邮务、机织、铁匠、宁波工厂、铁路等工会也相继成立。22日,国民党宁波市党部召集各公团举行联席会议,决定声援夏超独立,并发表倒孙、抗奉,谋求浙江和平安定的主张。但是,当日晚间,夏超独立失败。月底,孙传芳所辖段承泽部重占宁波,国民党宁波市党部、宁波总工会及各行业工会随之转入半隐蔽状态。

11月8日,北伐军攻占南昌,孙传芳主力被歼,孙本人也于7日乘军舰逃回南京。此后,北伐军便将军事重心转移到长江下游的江浙沪地区。在此种情势下,12月11日,浙军第三师师长周凤岐在衢州发表通电,宣布归附北伐军,并出任国民革命军第二十六军军长。同月下旬,驻守绍兴的陈仪浙军第一师也宣布独立反孙,所部被改编为国民革命军第十九军。孙传芳之段承泽部闻风逃离宁波,镇海水上警察厅和炮台驻军也宣布反正起义。宁波的国民党党部和工农学生团体遂又开始公开活动。

12月22日下午,由竺清旦主持,在后乐园召开鄞县农民协会成立大会,国民党市党部、教育会、青年会、律师公会和铁路、和丰、机织、印刷诸工会代表到会祝贺,门首有军乐队迎送,周荣平、竺清旦、金绍勤、包贞可等13人当选为执行委员。[①] 30日国民党宁波市党部组织前敌宣传队,由市总工会会长王鲲带领,赴绍兴等地慰问十九军官兵,并协助组建军政治部。1927年元旦,市党部召开庆祝北伐胜利大会,省党部常务委员宣中华到会作了政治报告。同日,在中共奉化党组织的发动下,数千农民进城配合市民、学生逐走奉化县知事沈秉诚。1月3

---

① 《农民协会成立会纪》,《申报》,1926年12月26日。

日,姚北水巡队队长费德昭率部响应北伐,宣布起义。由于宁波已由十九军掌控,1月4日国民党浙江省党部遂迁至宁波公开办公,常务委员宣中华、潘念之等来甬主持工作。与此同时,根据国民党中央决定而成立的浙江省临时政治会议为准备接收浙省政权,在上海决议先于宁波设立临时省政府,并派人赴甬筹备。随后,临时政治会议代理主席蔡元培与诸辅成、陈其采等由沪赴甬,与先期到甬的委员宣中华等会合。1月8日,浙江省临时政治会议各委员在宁波公开就职,宣布成立临时省政府。同时召开省政务员会第一次会议,委员由蒋尊簋、潘念之、蔡元培、沈钧儒、马叙伦、诸辅成、庄崧甫、魏炯等组成。

然而,孙传芳不甘心就此失败。他试图在北伐大军入浙之前先消灭由浙军反正改编的国民革命军第二十六军和十九军。在浙东方面,令从福建退来的周荫人部自温州北上,孟昭月部从杭州南下,以形成对十九军的合围。据此,北伐军东路军前敌总指挥任命十九军的余宪文为宁台方面前敌指挥,率所部进袭北进宁海的周荫人部。从1月9日起,双方以争夺宁海县城为中心展开激战。因军力相差悬殊,加上又背腹受敌,十九军遭受重创,败退台州、新昌之间,宁海遂为周荫人部占领。1月14日,孙传芳之段承泽部乘势再度进占宁波。①

但是,这只是孙传芳的回光返照。1月底,在白崇禧的指挥下,北伐军东路军在龙游击败孙军主力,然后相继进占兰溪、金华、富阳。2月17日,孙军主力孟昭月部退出杭州。次日,杭州即为北伐军第二军第一师占领。段承泽见前方连遭败绩,知大势已去,不能终守,遂于2月12日"由甬退定海,转航入沪"。17日,刚入甬填防的孙部康子斌团也仓皇溃退,鄞县知事李恭简、宁波警察厅长刘墨林等随之弃职逃离。2月19日傍晚,国民革命军浙江省防军一部由海道抵甬。21日、22日,国民革命军第十九军、十七军相继从海门(今椒江)开进宁波。由此,北洋军阀在宁波的统治宣告终结,宁波政治揭开了新的一页。

---

① (民国)《鄞县通志·文献志·民国建立以后革命诸役始末纪》,宁波出版社2006年版。

第三节　南京国民政府统治前期的宁波政局

　　1927年国民党右派在宁波发动"四九"政变,不久,南京国民政府建立,遂在宁波实施一党专制的独裁统治。再加上政治中心东迁和蒋介石个人因素,南京国民政府进一步强化了对宁波的统治。共产党宁波地方组织为坚持进行资产阶级民主革命进行了英勇斗争,结果因"左"倾错误的干扰和国民党的镇压而遭到严重挫折。1931年"九一八"事变发生后,面对不断加深的民族危机和抗日救亡的强大压力,宁波地方当局开始在抗日军事上作了若干准备。

一、南京国民政府在宁波统治的建立

(一)宁波临时市政府的筹建和"四九"政变

　　孙传芳的统治一垮台,国民党宁波市党部和宁波总工会立即重新开始公开活动。最先进行的两项工作是欢迎、犒劳北伐军和组建新的革命政权。

　　2月19日傍晚,市党部、总工会、总商会代表和各界、各公团2000多人前往江北岸码头欢迎北伐军进抵宁波。其热烈程度就如新闻报道所言,"万人空巷欢迎国民军"①。27日下午,国民党市党部、十七军政治部和总工会、总商会、教育会、学联、农会等100多个团体约10万军民在小校场召开联欢大会。会场门首高搭牌楼一座,计高五级,满缀五色彩绸。台上正中悬挂孙中山遗像,上缀"天下为公"四个大字,供以鲜花四种。台之四周,遍悬青天白日及青天白日满地红大小旗,临风招展,颇具威严。② 十七军军长曹万顺、十九军代表、两军政治部

---

① 《万人空巷欢迎国民军》,《时事公报》,1927年2月20日。
② 《十万人参加之军民联欢大会》,《时事公报》,1927年3月1日。

代表和省党部代表赵济孟、市党部代表竺清旦、人民团体联合会代表杨眉山、总工会代表王安卿及农会、学联代表等,先后在会上讲话。会场高呼革命、反帝口号,气氛十分热烈。会后又举行盛大游行,庆贺宁波光复。宁属各县也相应举行了庆祝活动。

在旧政权突然瘫痪后,2月18日,国民党宁波市党部全体委员和总商会、商民协会、教育会、工会、农会、学联、妇联等20多个公团代表在道尹公署召开联席会议,公推王丹泉为宁波警察厅代厅长,张申之为鄞县知事,张到任前暂由金梦麟代理。① 同日,在中共余姚马家路支部策动下,费德昭率民众武装袭击浒山警察所,收缴全部武器。次日,费德昭打出"浙东人民自卫军"旗帜,进驻余姚县城。在2月27日召开的军民联欢大会上,人民团体联合会代表杨眉山公开号召:"民众为何要革命?是要将一切权利握在我们民众的手里。"②

3月1日,宁波人民团体联合会决定成立宁波临时市政府,推选张申之、杨眉山、王鲲、竺清旦、庄禹梅、俞佐庭、范纯观等7人为市政筹备委员。3月2日,市政筹备委员会在县议会召开第一次会议,讨论制定了《宁波临时市政府组织法》,公推张申之为市政委员会主席,俞佐庭、王丹泉、汪仲干、王思成、赵百年分别为财政局长、公安局长、教育局长、工程局长和秘书长,决定市政府设于道尹公署,临时地点为前警察厅长林映清住宅,推王鲲起草临时市政府宣言。《宁波临时市政府组织法》共有10条,主要内容为:宁波临时市政府在国民党浙江省执行委员会和宁波市执行委员会的指导监督之下,受宁波全体民众之委托,管理全市政务,担负革命工作,直至正式市政府产生;市政府职权由人民团体联合会选出之市政委员7人,组织市政委员会行使之;市政委员会为全市最高立法并执行机关;市政委员会互推1人为主席,即为宁波市市长;市政委员会下设财政、公安、工程、教育4个委员会,4个委员会下各设相应之局,局长受该委员会之节制,直接对市政委

---

① 《各公团联席会议纪》,《时事公报》,1927年2月19日。
② 《十万人参加之军民联欢大会》,《时事公报》,1927年3月1日。

员会负责。①《宁波临时市政府宣言》发表于3月5日的《时事公报》。宣言指出:"宁波临时市政府是革命的政府,换言之,即为民众谋利益的政府。我们愿为宁波民众于今开始用不妥协的精神,革命的手段,扫荡一切污秽,开始新的建设。"

由此可见,宁波临时市政府是国民革命的产物,是以国共合作为基础的革命统一战线性质的政权,是根本不同于北洋军阀的新型民主共和政权。然而,宁波临时市政府并未得到省方正式承认。直至3月下旬,浙江省政务委员会才作出决议,委任张申之、杨眉山、王鲲、竺清旦、庄禹梅、俞佐庭、范纯观7人和新增之刘采亮、陈祥辉共计9人为宁波市政筹备委员。② 在国民党右派的阻挠下,宁波临时市政府未能完整行使其职权,宁波市政府也未能在4月正式成立。③

宁波光复以后,工农运动以前所未有的态势,获得了迅猛发展。《时事公报》连续以"势如潮涌之各工会"和"春笋怒茁之工商团体"为通栏标题,不断报道各业工会成立和活动情况。从2月19日北伐军进入宁波到4月9日王俊发动政变,宁波城区共建立工会组织100多个,会员达到8万余人。④ 3月底,宁波总工会武装纠察队成立,同时还积极筹建宁波工人纠察总队,以统一指挥全市各工会的工人纠察队。此外,慈溪、镇海、象山、定海、余姚等县也相继成立县总工会及许多行业工会和基层工会。农民运动也不断高涨。2月,宁绍台农民协会办事处在宁波成立,竺清旦任主任,卓兰芳任指导员,领导宁绍地区8个分区的农运工作。从2月下旬起,除鄞县已成立之外,慈溪、镇海、象山、南田、余姚、奉化、定海等县农(盐)民协会先后成立。许多地方还建立了农民自卫军。到4月上旬,中共宁波地委所领导的各县农会

---

① 《临时市政府组织就绪》,《时事公报》,1927年3月3日。
② 《市行政人员之委定》,《时事公报》,1927年3月22日。
③ 经筹备,临时市政府定于4月10日举行宁波市政府成立大会,但王俊已于9日发动政变(见《庆祝市政府成立延期》、《各团体纷纷送匾额》,《时事公报》,1927年4月10日)。
④ 中共宁波市委党史研究室《中共宁波党史》第1卷,第77页,中共党史出版社2001年版。

会员已达到10万人。①

为维护自身应有权利,广大工农群众以各种方式同资本家和地主豪绅开展斗争。比如,2月27日,宁波总工会向宁波最高当局、十七军军长曹万顺提出16条要求,主要内容为:工人有集会、结社、言论、出版、罢工之自由;承认工会有代表工人之权;规定每月20元为最低工资;每日工作不超过10个小时;雇主开除工人须得工会同意;男女工人同工同酬;女工应享受50天产假,工资照发;不得雇用10岁以下的童工等。农民协会提出的13条要求,主要内容为:减少租额百分之二十五;无主土地归耕者所有;取缔地主一切额外剥削;废除苛捐杂税;废除盐廒制和盐场制;严禁高利贷;惩办土豪劣绅;将六邑公会的财产用于农民补习教育;农民有集会、结社、出版、言论、抗租之自由。② 曹万顺对上述大多数要求做出"允许照办"的承诺。在此种形势和氛围下,宁波地区的工农运动风起云涌。这种千年未有的变局,从根本上动摇了半殖民地半封建社会的根基。

然而,就在国民革命深入发展之际,统一战线内部的矛盾日趋尖锐。国民党右派制造各种事端,力图打击共产党人和左派势力,革命危机日渐逼近。为控制宁波和浙江,蒋介石于3月8日任命其亲信、黄埔同学会骨干王俊为宁台温防守司令,执掌宁波军政大权。王俊为广东人,曾任北伐东路军第一路指挥和第一军第一师师长。3月18日,王俊突然下令调离先由民选、后经市行政委员会任命的公安局长王丹泉,改由自己的亲信、防守司令部军法处长吴万钧充任。此举遭到宁波总工会、鄞县农民协会和宁波学生联合会的强烈反对。三公团于当日即分别致电浙江省政务委员会,抗议王俊"蔑视民意",要求"收回成命"③。总工会还发表宣言,提出"一切权力归人民","反对军人专政",号召人民起来抵制王俊的专横独断。在民众的强大压力之

---

① 中共宁波市委党史研究室《中共宁波党史》第1卷,第80页,中共党史出版社2001年版。
② 《各界之要求》,《时事公报》,1927年3月1日。
③ 《公安局长突然改委》,《时事公报》,1927年3月19日。

下,21日吴万钧被迫辞职。22日,根据宁波市政委员会的意见,市公安局召开职员大会,组织临时委员会,推举督察长许汉城、政治部主任江少怀等7人为执行委员,许汉城为委员会主席,代理局长职务。①

撤换公安局长事件尚未平息,3月20日,王俊又唆使制造焚毁宁波总工会的严重事件。早在到任之初,王俊就试图通过收买工人领袖以控制宁波总工会。此计不成后又大力扶植临海帮流氓头子、时任国民党江北区分部书记的工贼李伯平,在工人中煽动帮派地域观念,另立工会组织。他们控制了航船业、码头业工会,另立店员工会,经常挑起矛盾,制造事端,削弱打击总工会。3月20日下午,宁波商民协会在江北岸青年会礼堂召开成立大会。当会议进行到来宾讲话时,已分裂出去的店员总工会头目施永勤冒充市总工会代表登台演讲,痛骂商人反动,甚至将商人比于畜类,由此引起会场骚乱。一些商人将施揪下台来责问殴打,并推出会场游街示众。李伯平等和预先雇来的流氓、游民乘机混进商民队伍,高呼"打倒总工会"、"烧总工会去",并将施拥向江北岸新马路的宁波总工会。此时,一批为右派工会控制的航船工人也正在总工会前闹事,现场秩序更为混乱。在流氓头子的指挥下,少数暴徒纵火焚毁总工会会所。随后,一批暴徒又拥到三湾弄宁波店员总工会,捣毁财物器具,并准备举火焚烧。此时,宁波总工会千余名纠察队员及时赶到,予以制止,并当场捕获纵火暴徒6人。② 是为宁波"三二〇事件"。

3月21日上午,按照总工会的命令,全市工人实行同盟总罢工,100多个工会组织、人民团体的成员和学校师生共约6万人在小校场集会声讨国民党右派,并将纵火暴徒押到台前示众。次日,鄞县农民协会组织数千农民进城游行示威,并召开慰问工友大会。24日,宁波总工会发表告市民书,号召"革命的工农商学各界一致团结起来,同心

---

① 《市公安局职员会纪》,《时事公报》,1927年3月23日。许汉城、江少怀均为中共党员。
② 庄禹梅《宁波"清党"刑审亲历记》,《浙江文史集粹》第1卷,第116、167页,浙江人民出版社1996年版;《浙江工人运动史》,第111页,浙江人民出版社1988年版。

协力来肃清一切反动势力"①。同时,于22日成立由张申之、忻汰僧、金梦麟、王鲲、陈国咏、江少怀等组成的人民裁判委员会,对肇事犯进行公开审判。② 4月3日,市公安局在工人纠察队配合下,逮捕焚毁总工会的幕后参与者、劣绅张天锡,并查封其财产。

1927年3月21日,宁波各界数万民众集会游行,抗议国民党右派的暴行。
(中共宁波市委党史研究室提供)

正当共产党人和国民党左派同以王俊为代表的国民党右派的斗争日趋激化之际,蒋介石从4月2日起在上海召开反共会议,密谋以武力"清党"。王俊在宁波也磨刀霍霍。为谋划发动反革命事变,他在宁波"迭开军事会议,并赴沪面谒蒋总司令请示办法",结果得到蒋介石"非以实力革除反革命分子,不足以维安宁"的指示。③ 4月9日,王俊不待蒋介石在上海动手,"决计"先在宁波发动反革命政变。

4月9日下午,王俊以当日宁波《民国日报》刊登《王俊十大罪状》和《蒋介石欲效军阀故智耶?》两篇文章为由,传讯拘捕报社社长、国民党市党部执行委员庄禹梅。接着,当国民党宁波市党部代表杨眉山,

---

① 《宁波总工会告宁波市民》,抄件,存中共宁波市委党史研究室。
② 《人民裁判委员会开会》、《焚毁总工会案已判决》,《时事公报》,1927年3月23日、4月3日。
③ 《宣布戒严之原因》,《时事公报》,1927年4月10日。

总工会代表王鲲,临时市政府代表张申之、俞佐庭,农会代表王家琪,学联代表汪孝达等前往防守司令部要求释放庄禹梅时,王俊又乘机扣押时为中共宁波地委委员的杨眉山、王鲲。同时,宣布全市戒严,并查封总工会、农民协会、国民党市党部和宁波民国日报社。当晚,宁波全市交通断绝,军警密布,严缉共产党人和革命群众。王俊则公开扬言:"非于最短期内肃清反革命分子,决不回头。故除主要分子业已扣留外,现正密查其他重要人物,将以雷厉风行之手段,缉拿净尽。无论如何牺牲,亦所不惜。"①同日,蒋介石从南京电复王俊,同意委任吴万钧为宁波市公安局长,②以加强镇压。

10日上午,中共宁波地委发动工人、学生和各界群众到小校场集会,声讨右派政变。当宁波铁路和各工厂工人及纠察队手持刀枪木棍,"高喊打倒王俊及反对蒋介石等口号",试图进入会场时,遭到预伏军警的袭击,当场被打死1人、打伤3人。③面对国民党右派的血腥镇压,当日邮务、铁路、航运和各主要工厂工人举行总罢工,学生全体罢课,"东门街起至鼓楼前一带商店均闭门歇业"④。宁波全城一时瘫痪。

在此同时,王俊于10日改组原由左派控制的国民党宁波市党部,另由右派李庸倩、虞志飞、包文等7人组成临时执行委员会。下午,王俊又宣布将市总工会改组为工人同盟委员会,并组织审判委员会,处置被捕人员。⑤ 11日,王俊操纵的市党部通令国民党员重新登记,并另行组织国民党各区分部,开除共产党员赵济猛、杨眉山、王鲲、竺清旦、江少怀、许汉城、陈国咏、王安卿、柴水香、冯咏雪以及国民党左派庄禹梅、忻汰僧等42人的国民党党籍。13日,又以各大同盟代表大会

---

① 《将严缉反革命分子》,《时事公报》,1927年4月10日。
② 《蒋总司令电委公安局长》,《时事公报》,1927年4月11日。
③ 《昨日小教场纷扰情形》,《时事公报》,1927年4月11日。
④ 《昨日之罢工者》,《时事公报》,1927年4月11日。
⑤ 《市党部已着手改组》、《昨日午后之市民大会》,《时事公报》,1927年4月11日。

名义,推举吴万钧、虞志飞、李伯平、包贞可、马冠军、郑韫三、袁端甫、陈南琴、俞佐庭、张申之、金臻庠等11人为宁波临时市政府执行委员,吴万钧则被互推为主席委员。因不屑与这个"市政府"为伍,金臻庠、陈南琴立即登报请辞"市政委员",张申之也公开致函各大同盟代表大会提出质疑。①

就在王俊举起屠刀之后,4月11日国民党右派在杭州发动政变,4月12日蒋介石在上海发动反革命政变。19日,南京国民党中央下令通缉陈独秀、毛泽东、周恩来等197名共产党员和跨党分子,宁波的杨眉山、江少怀、王鲲、许汉城、赵济猛、陈国咏、王安卿也名列其中。于是,王俊更加有恃无恐,于5月16日成立"宁波清党调查委员会",大肆缉捕共产党员和其他革命分子。一个月内,宁属地区就有王任叔、汪孝铭、陈良义、蒋益谦、庄公间、邱廷芳等近100人被捕。6月22日晨,"清党"特派员杨虎、陈群受蒋介石派遣,专程由沪来甬刑讯屠杀共产党人和其他革命志士。当日下午,著名共产党人杨眉山、王鲲在被毒刑拷打后斩首。此后两天内,又有胡焦琴、甘汉光、陈良义、吴德元等4名共产党员被枪杀。29日,汪孝铭、庄禹梅等18名共产党员、国民党左派和工农团体负责人被判处半年至10年徒刑。接着,杨虎、陈群又派员到奉化、余姚等地继续"清党"。从4月9日政变开始到6月22日"清党"屠杀为止,宁波地区先后被捕的革命人士多达300余人。②

除敌我力量对比悬殊之外,从主观方面来看,宁波国民革命失败的原因主要是作为指导者的中国共产党还不够成熟,尤其是后期犯了右倾错误。年轻的中共宁波地方组织更是经验不足,所领导的工农运

---

① 《金臻庠函辞市政府委员》、《张申之致函各界人民代表大会》、《陈南琴辞市政委员》、《市政府会知各局长》,《时事公报》,1927年4月14、16、23日。6月中旬,吴万钧即因腐败枉法被逮捕法办。虞志飞、李伯平和李庸倩、包文也被指控"同为吴万钧走狗,朋比为奸,市民侧目",从而被解除职务或查办。
② 周闪耀《国民党反动派在宁波"清党"史实》,《宁波文史资料》(内),第1辑,第46页。

动不够深入,某些要求提得过高,而且又未能建立坚强的革命武装,并缺乏应有的警惕,以致当危机来临之时,未能有效应对。

(二)宁波市的设置和市政府的建立

1920年,宁波地方人士根据地方自治的规定,呈请当局立案,成立宁波市政筹备处,其性质为自治团体,而非行政机关,成立后的主要工作是拆除城墙、填塞河渠、修筑东西干道等。1927年3月,虽然成立了宁波临时市政府筹备委员会,唯其时省局尚未大定,县市界域、职权并未划清,四九政变后国民党当局更不予承认。4月,南京国民政府成立后,为减少行政层次,强化统治,决定废除道尹行政公署,改省、道、县三级行政体制为省县二级制。5月,国民党浙江政治分会根据南京国民政府"在政治上、经济上有特殊情形者可酌设市"的规定,呈请南京国民党中央政治会议批准,在全省设立杭州、宁波两市,由省直辖。

1927年6月,国民党浙江政治分会颁发《宁波市暂行条例(草案)》,决定市政府行政机构由一处五局组成,同时由中央荐任罗惠侨为宁波市长。罗惠侨(1888—1972年),字东里,鄞县人,1909年以首批庚款留美生进入麻省理工学院,1915年获得博士学位后回国,先后在北京大学和教育行政部门任职。① 6月下旬,浙江省政务委员会委任樊际昌、周才芳为秘书处秘书,林绍楷、蒋鼎文、杨贻诚、王程之、俞佐庭分别为工务、公安、教育、卫生、财政各局局长。② 7月1日,宁波市政府正式成立。7月初,罗惠侨聘请徐镛笙、赵家荪、励德人、袁端甫、孙义慈、陈蓉馆、孙表卿、孙莘墅、严康懋、陈南琴、林宾逸、董维杨等15人为宁波市参事。③ 9月,经修订,正式颁布《宁波市暂行条例》,计7章27条。其中第2章第3条规定:"本市行政区域包括鄞县城厢

---

① 袁元龙《朴实谦恂 情系家园——我所知道的罗惠侨先生》,《宁波文史资料》(内),第10辑,第82页。
② 《市政厅局长之核准》,《时事公报》,1927年6月26日。
③ 《罗市长聘请市参事》,《时事公报》,1927年7月4日。

及江北之全部,北沿姚江,东北至慈镇桥,迤延至甬江北岸孔浦,甬江南岸由余邑迄东至镇东桥,东南至白鹤桥,南至段塘市,西至望春桥。"第5章市参事会规定:"本市政府设参事员9人至15人,组织市参事会;参事的职权为建议本市应行兴革事宜,讨论市长交议事件,讨论市政府之咨询事件,讨论市民请愿案咨送市政府办理;参事为名誉职,由市长聘任,任期1年;参事的聘任资格为对于市政有相当智识经验者,素行公正、熟悉本市社会情况及经济现状者,办理本市社会事业素著成效者;市参事会主席由该会于会议时临时推及之。"由此可见,参事会只是一个咨询顾问机构,而非立法监督机构。1928年7月,宁波市参事会根据省令废止。第4章行政组织规定,在机构设置上取消秘书处,设工务、公安两局和总务、财务、教育、卫生、工商5科。①

1928年10月,根据国民党中央颁布的市组织法,再次修订宁波市组织章程,并经浙江省政府批准施行。至此,宁波市政府机构设置遂告定型。其组织系统为:秘书处秘书周才芳,财政局局长徐瑞章,工务局局长林绍楷,公安局局长毛懋卿,土地登记处处长曹文奎,参事会参事赵家荪等15人。②

1927年年末,开始土地登记与丈量,宁波市行政区划才最终确定。其四至为:江东由甬江南岸的余隘起,迤东至西洞桥,东南经白鹤桥至奉化江边的道士堰;南郊南至启文桥,西南至侍郎桥;西郊西至望春桥,西北至新渡;江北至倪家堰、李碶渡,迤东经大通桥、孔浦桥至甬江北岸孔浦道头。全市面积为45.6平方公里。据1928年调查统计,全市共有3.4603万户、21.2397万人。③

宁波市政府的建立有利于宁波城市的建设发展和市民精神的培育。市政府在市政工程建设、市政管理和收回江河沿岸码头管理权等方面也有所建树。1930年2月,罗惠侨因受排挤辞职,宁波市长由朱

---

① 《宁波市暂行条例》,《宁波市政月刊》创刊号,1927年9月30日。
② 罗惠侨《我当宁波市市长旧事》,《宁波文史资料》(内),第3辑,第47、48页。
③ 罗惠侨《我当宁波市市长旧事》,《宁波文史资料》(内),第3辑,第47、48页。

家骅所信任的省民政厅秘书杨子毅接任。后因市财政短绌,极难支撑,加上部分士绅因政治经济利益受损也主张废市,于是至1931年1月,省政府第368次会议议决撤销宁波市,仍并入鄞县行政范围。①

(三)国民政府统治的强化

与北洋军阀政府相比,南京国民政府对宁波的统治更加严密。首先是整顿县政,设置行政督察专员公署,并将政治统治向农村基层深化扎根。

1927年2月国民革命军进入宁波后,便将原县公署改组为县政府,原县知事改称县长,同时相继任命所属各县县长,接管政权。4月南京国民政府建立后,国民党浙江政治分会即更换先前在国民革命背景下任用的县长,宁属各县大多任命了新的县长。县政府下一般设有公安局和总务、财政、教育、民治、建设等科。根据国民政府1928年9月颁布的《县组织法》,鄞县、余姚等财力较强的县于1929年夏先后制定《县政府暂行组织大纲》,对县政机构进行改组。两县均建立公安、财政、教育、建设4局,其外,余姚又设立总务、民政2科,鄞县则设立秘书处,下辖第一、第二2科,分掌总务、民政之职。② 其余各县均设公安、教育2局和民政、财政、建设、总务4科。1935年夏,为整理行政,改革县政运作方式,以建立统一的新县政体系,宁属各县以兰溪、江宁为实验样板,将原公安、教育和财政、建设等局裁撤,统一设立民政、财政、公安、教育、建设5科,同时又设秘书室,掌理总务,并增设清丈处、自治巡回协助员办事室等机构。至此,县政机构的设置渐趋稳定统一。随着机构增设,编制不断扩大。如镇海县政府1930年在编人员仅为32人,其中县长、秘书、承审员各1人,第一、二、三科科长各1人,科员7人,事务员5人,书记5人,司法书记2人,房警征收员1人,验契杂税处办事员2人,检验吏、政务警长各1人,警目2人。到1936

---

① 陈宝麟《弁言》,《鄞县县政统计特刊》第2集,第1页,1932年1月版。
② 《鄞县县政府暂行组织大纲》虽规定设立建设局,但改组之初仍为建设科,1930年始改为建设局。

年,县政府在编人员已扩大至228人,6年间增加了6倍。① 民国元年奉化全县警察只有20名,到1939年1月也扩充至161人。②

在进行县政改革的同时,国民政府对市县以下的基层行政也实施了改革。1928年五六月间,浙江省政府先后颁布《浙江省街村制条例》和《浙江省街村制施行程序》,决定在市县以下推行街村制,即以城镇和乡村的街、村作为推行政治和筹办自治的最基层行政组织。根据条例规定,凡市县内市集区域均为街,村落区域均为村。市、县分别以400~800户和300~500户为一街,设街长、街副各1人;村以原有村落为单位,若原有村落过小,可邻近组织联合村,每村设村长、村副各1人;街村内住民以10户为邻、5邻为间,每邻、间分设邻长1人、间长1人。街村的职能为清查户口、登记人事、整理土地、修筑桥路堤岸、疏浚水道,以及教育、保卫、消防、济贫救灾、促进农工商业、改善风俗等14方面事项。邻长由本邻住民集会选举,间长及街村长副由本间、街、村之邻长集会选举,并各报市县政府备案。街村设委员会,由街村长副及间长为委员组织之,其职权为监督街村行政并决定有关重要事宜。③ 浙江省政府将实施街村制看做"事关党国要政",要求宁波市、县政府"迅即依照程序积极筹办,统限自令到之日起,4个月内将境内街村一律组织成立具报"。宁波市长罗惠侨也将此视为"内政建设首图",并于8月25日特发布市政府第200号布告。④

然而,当街村制正在筹办之际,浙江省政府又作出变动,将其改为村里制,主要是将街改为里。1929年1月,宁波市共设立88里、6村,并选出了村里长副和间邻长。5月,鄞县全县共设立51里、88村、224联合村,下辖间2673个、邻12336个。⑤ 那些村里间邻长甫经当选便

---

① 陈兵《镇海县志》,第204、205页,中国大百科全书出版社1994年版。
② 奉化县政府(民国)《奉化新志·保卫》,民国28年彩印本。
③ 《浙江省街村制条例》,《宁波市政月刊》第1卷第12号。
④ 《宁波市政府布告第200号》,《宁波市政月刊》第1卷第12号。
⑤ 《宁波市村里长副、间邻长姓名履历表》,《宁波市政月刊》第2卷第5号;(民国)《鄞县通志·政教志戊编·民国18年村里制及20年区制》,宁波出版社2006年版。

纷纷请辞,以致市政府批评他们"藉词推宕,阻窒进行",并议决"如无特别事故,不得遽请辞职"①。1930年初,省政府又令市、县下设区。2月,宁波市乃划为6区,鄞县划为5区,4月委任区长并成立区公所。1931年1月宁波市撤销后,其所属之区、里、村并入鄞县。②

1931年,浙江省政府根据中央所颁乡镇自治法,将村、里改为乡、镇。乡镇制与村里制区别不大。其规定在县地方以百户以上之村庄为乡,百户以上之街市为镇,并将村里制下的10户为邻、5邻为间改为5户为邻,5邻为间。③ 宁属各县据此厘定村里经界,并予缩编。1932年全省完成改制,如鄞县共编有10区、117镇、230乡、6713间、33261邻,镇海编有7区、22镇、166乡、3260间、16248邻。④ 1934年7月,省政府下令整理乡镇区划,废间邻,编保甲,以十户为甲,设甲长1人,十甲为保,设保长1人,10月又令裁撤区公所,实行县、乡(镇)二级制。经裁并整理,1935年夏,鄞县共设28镇、60乡,奉化设6镇、46乡,镇海设97个乡镇,慈溪设42个乡镇。⑤ 区公所撤销后,改设自治巡回协助员,后又先后改为保甲编组委员和自治巡回督导员。至此,宁波地区县以下农村行政组织的设置已基本完备,并趋于稳定。

在撤销道一级行政设置后,为加强省对县一级行政的领导,防范中共的军事活动,1932年8月浙江省政府将全省划为7个行政督察区,分设行政督察专员办事处作为省的派出机构。10月,浙江第7特区行政督察专员办事处成立,赵次胜为专员,管辖鄞县、慈溪、镇海、奉化、象山、南田、定海、上虞、余姚、嵊县、新昌、宁海等12个县,治所在

---

① 《村里间邻长不得轻遽告辞布告》,《宁波市政月刊》第2卷第6号。
② (民国)《鄞县通志·政教志戊编·民国18年村里制及20年区制》,宁波出版社2006年版。
③ 干人俊(民国)《慈溪县新志稿》卷11,《自治》,慈溪县志办公室1987年铅印本。
④ (民国)《鄞县通志·政教志戊编·民国20年改编乡镇制》;陈兵《镇海县志》,第46页,中国大百科全书出版社1994年版。
⑤ (民国)《鄞县通志·政教志戊编·民国24年整理乡镇制》;奉化县政府(民国)《奉化新志·民政》;陈兵《镇海县志》,第16页,中国大百科全书出版社1994年版;徐长源《慈溪县志》,第690页,浙江人民出版社1992年版。

鄞县。12月,奉省民政厅令,改第7特区为第5特区,称办事处为公署,所辖少宁海1县。1935年8月,又改称浙江省第6区行政督察专员公署。公署设有保安处和4个科,保安处长(司令)由专员兼任。[①]专员公署并非是一级政府,其职权主要是监督、统筹辖区各县的行政,统管区内各县联防事宜,制定单行规程,处分县长及其僚属的失职违法行为。行政督察区和行政督察专员公署的设立加强了中央和省对县一级的统治,有利于政令的推行,但同时也增加了行政层次,降低了行政效率。

其二,在整顿县政的同时,组建市、县地方国民党各级党部,推行党化教育,以加强思想控制,实行以党监政。

1927年6月,在南京国民党中央的领导下,浙江省成立国民党省党部改组委员会和清党委员会,并向所属各市县派遣清党特派员和清党委员。7月中旬,由王俊、罗惠侨、孙义慈、励乃骥、姜伯喈等人组成的宁波市党部改组委员会成立,由此开始清理组织,举行党员登记。[②]与此同时,宁属各县在清党委员的指导下,也相继改组县党部,实施清党登记。在鄞县,省党部于7月派项学儒为清党委员,并成立县党部筹备委员会,8月改为县党部改组委员会。[③] 10月底,宁波市党部改组委员会结束,另成立临时执行委员会,以胡时俊、罗惠侨等为委员,胡时俊为常务委员,下设组织、宣传二部和秘书处、民众运动委员会。[④] 11月省清党委员会结束后,以宁波为特别市区,距省垣较远,为慎重清党起见,省党部又派徐柏园、何秉达为省党部临时执行委员会驻甬清党办事处正副主任,继续办理甬地清党事宜。[⑤] 1928年4月,随着蒋介石重新上台,浙江国民党党务落入 CC 系的控制。7月,省党部派赵

---

① (民国)《鄞县通志·政教志乙编·现制行政·浙江第5特区行政督察专员署》,宁波出版社2006年版。
② 罗惠侨《我当宁波市市长旧事》,《宁波文史资料》(内),第3辑,第61页。
③ 周时奋《鄞县志》,第1019、1020页,中华书局1996年版。
④ 《市党部第一次执委会纪》,《时事公报》,1927年10月30日。
⑤ 《省党部将设驻甬清党办事处》,《时事公报》,1927年11月29日。

见微、左洵等为党务指导委员,建立宁波市党部党务指导委员会,由吴望伋为常务委员。① 此后,宁属各县相继建立国民党县党部、区党部和区分部。

经过将近两年的反复清党和不断改组,1929年3月,宁波市党部并入鄞县县党部,并召开代表大会,选举成立国民党鄞县县党部第一届执行委员会和监察委员会,分别以赵见微和刘圭瓒为常务委员,下设6个区党部、11个区分部、2个直属区分部,共有党员231人。② 宁属其他各县也先后在1928年冬、1929年春召开代表大会,成立县党部第一届执委会和监委会。至此,宁波地区国民党组织已形成比较完整的体系,并开始稳定下来。

根据以党治国的基本方针,国民党在处理党政关系上在中央是以党统政,在地方是以党监政,由地方政府主控地方政治。但这种党政之间的制衡势必导致对权力的争夺。以宁波地方而言,国民党党部除掌管党务和意识形态外,力图插手行政事务,从而导致同政府部门的尖锐矛盾和冲突。如1927年7月,鄞县建设委员会即由该县县长、建设科长和县党部代表1人"合组之"③。原由政府部门掌控的邮政检查,也由党部派员参加检查。1927年12月19日,《四明日报》所刊小品文《革命与拼命》因对党部稍有冒犯,宁波市第一区区党部即报请市党部临时执行委员会转函市政府"勒令停刊查办"。而市政府认为,该报主稿员王玄冰既已撤职,对于报馆本身问题似可予以曲谅,"自不妨宽其既往,以策未来"④。

鉴于党政两大系统职责"侵越紊乱",以致经常"惹起纠纷",浙江省政府要求国民党浙江省党部中央特派员令行省党部临时执行委员会,转令各县党部严格执行中央政治会议有关县党部与县政府关系之

---

① 俞福海《宁波市志》,第1940页,中华书局1995年版。
② (民国)《鄞县通志·政教志丑编·党部团体》,宁波出版社2006年版。
③ 《建设委员会之组织》,《申报》,1927年7月14日。
④ 《复市党部为〈四明日报〉呈请免予查封由》,《宁波市政月刊》第1卷,第6号。

规定。宁波市政府于1928年2月1日转发了这一规定,即县党部对于县政府有监督之权及建议之责,但不得强制县政府执行。如县党部不满意县政府之措施,应提出意见于省党部,由省党部转咨省政府处理;如县政府对于县党部之措施有不满意时,亦应提交省政府转咨省党部处理,各不得直接行动。浙江省政府还着重指出:"各地党部果能遵照此项规定办理,自能明了党部与政府之责职与系统之区分,而不致有直接干涉地方行政、司法之举动。"[①]宁波市长罗惠侨为搞好关系,不得已拉拢市党部委员赵见微为市政府科员,以资联络,但冲突仍然难以避免。

为在地方建立以党监政的政治体制,确保训政的实施,国民党在1927年2月北伐军进入宁波后,便废弃县议会、县参事会和市民公会之类的自治组织。当年7月,浙江省政府通令各县县长,取消各县自治委员,另行成立管理公款公产委员会。[②] 鄞县县政府遵令取消各区自治委员,并经省政府批准于9月成立由蔡和锵、赵家荪等7人组成的县管理公款公产委员会。[③] 11月,国民党宁波市第三区区党部获知西郊公会将开会商议冬防,便以其"系在军阀时代设立"[④],后又未经区党部备案,所以不允许其开会并勒令解散。1929年3月,著名的慈溪金川公会也被该县国民党以"未经党部备案,目为非法团体",并亟请县政府"下令解散"。[⑤] 连1927年7月成立的宁波市参事会也于次年7月遵省令解散。

为控制思想,稳定统治,国民党和国民政府竭力推行党化教育。1927年5月,国民党浙江省党部制定并颁发《党化教育大纲》,指令各县县党部督促各校切实遵循。该大纲共分15条,主要内容为:各校应

---

① 《令公安局为党部与政府有不满意时不得直接行动再有未经中央审定标语不得张贴由》,《宁波市政月刊》第1卷,第7号。
② 《取消各县自治委员》,《时事公报》,1927年7月11日。
③ 《鄞县公产委员已核准》,《申报》,1927年9月17日。
④ 《西郊公会集会解散》,《时事公报》,1927年11月28日。
⑤ 选自《陈谦夫先生纪念册》,1947年印行。

加授三民主义;各高级学校对于党义及党的政策应列为特别科目,专门研究;审查各校教科书,以不违背党义为原则;各校应购置多量关于党义之书籍;各校应于每星期一举行总理纪念周,并作政治及党务报告;各校每月至少须举行关于党义之讲演二次;各校应酌量设立国民党的区分部;学校之童子军应一律改为党童军;各校国文教员对于学生作文命题应注重党义;各校对于党化教育的实施情况,应每月报告省党部青年部一次。① 据此,宁波市县政府和党部制订计划,培训教员,组织党化教育讨论会,通令各级学校选拔"忠实的国民党员"担任党化教育教师,并将党义课程列入日课表。1927 年 11 月,宁波市政府转发省政府通令,指出党化教育"关系党国至深且巨",为切实施行党化教育,各中学"所聘教师尤须以忠实党员为限","如有曲解党义及敷衍塞责等情,得由所辖党部随时报告教育当局,严密制止,以崇党义,而固党基"②。1929 年 3 月,宁波市政府再次指出,"党义教育之实施应先注意于各级小学,而党义教师之于小学尤关重大",为此指令市立第一小学等 17 校每校至少须聘鉴定合格之党义教师 1 人。③ 1928 年冬,组织成立宁波市、鄞县各级学校党义教师检定委员会,办理市县小学党义教师及训育主任鉴定事宜,中学党义教师则由省检定委员会鉴定。此外,还在中学以下各学校设立童子军,并颁发《童子军登记条例》④。同时,宁波地方教育当局还鼓吹公立学校教员有加入国民党之义务,规定公立中小学校长就职须宣誓效忠国民党,誓文为:"余敬以至诚服从三民主义,实施党教育,勤慎职务,廉洁自守,如违背誓言,愿受本党最严厉之处罚,敬誓。"⑤1928 年 2 月,市政府还发布指令,指出"国民革命时代一切重心俱属于党",市党部机关报《民国日报》"司宣

---

① 《颁发党化教育大纲》,《时事公报》,1927 年 5 月 14 日。
② 《令市立各中学对于党化教育所聘教员应须忠实党员由》,《宁波市政月刊》第 1 卷,第 4 号。
③ 《令市立第一小学等 17 校为每校至少须聘检定合格之党义教师 1 人由》,《宁波市政月刊》第 2 卷,第 6 号。
④ 罗惠侨《我当宁波市市长旧事》,《宁波文史资料》(内),第 3 辑,第 58 页。
⑤ 《市立各校长就职》,《时事公报》,1927 年 8 月 10 日。

传之喉舌,导民众于正轨,是以无论任何机关及一般民众,皆应订阅"①。

其三是增设军事机构,加强军事力量。1927年2月,国民革命军浙江省防军和十九军、十七军一部先后入驻宁波。3月,北伐东路军总指挥部在宁波设立宁台温防守司令部,以原东路军第一路指挥王俊为司令,统辖宁台温3属的警备队、炮台、水陆警察和驻防部队。不久,十九军、十七军相继调离。6月,宁台温防守司令部改为浙东警备司令部,以王俊和蒋鼎文分任正副司令,下辖补充第五、六、七、八团。

1928年3月,在宁波成立宁、绍、台、温4属剿匪指挥部,由浙江水警局局长王文翰兼任指挥,统辖4属市县警察、外海水警和保安第四、五、六团。1930年冬,江浙皖3省剿匪指挥部均奉令裁撤,宁、绍、台、温4属剿匪指挥部因"成立历史较早,与他省指挥部情形不同"②,故特予保留,直至1932年1月才被撤销。

以地方武装而言,各县都设有地方保卫团。如余姚在1927年至1930年间共成立各类保卫团20个。鄞县原有的巡防队于1927年改编为宁波市公安局巡察队,1928年5月又另行组建新的县保卫团。③1928年10月后,根据省政府所颁《保卫团组织暂行条例》,各县保卫团经改组渐由分散趋于统一。1930年春后,各县相继建立县保卫团总团,由县长兼任总团长。如鄞县经党政军警法各部门一再商议,于1932年1月1日正式成立鄞县保卫团,总团之下分设10个区团。1933年后又相继抽编县区基干队、常备队和后备队、商民训练队等。④保卫团的职责主要是负责地方治安,训练后备壮丁。在县之上,1933年11月经国民政府军事委员会核准,在甬成立浙江省第二区保安分

---

① 《令市图书馆及各学校为准〈民国日报〉请转令订购由》,《宁波市政月刊》第1卷,第7号。
② 《四属剿匪指挥部继续存在》,《申报》,1930年12月29日。
③ (民国)《鄞县通志·政教志乙编·防务·鄞县保卫团》,宁波出版社2006年版;《顾县长筹措保卫团经费》,《申报》,1928年5月17日。
④ (民国)《鄞县通志·政教志乙编·防务·鄞县保卫团》

处,次年1月又奉令改为浙江省保安处第二分处,管辖旧宁绍台3属20县。保安分处处长由第7区行政区督察专员赵次胜兼任。①

综上所述,可见南京国民政府在宁波的统治已经深入城乡基层,无论从思想、政治还是军事来看,都远比前朝前代强化严密。

(四)甬籍人士在南京国民政府中的地位与影响

蒋介石(1887—1975年),宁波奉化溪口人,南京国民政府的主要组建者。蒋介石在政治上重乡党,早从20世纪20年代初起,就从奉化招罗了一批亲朋故旧去广东谋求发展。如1921年、1922年,其兄蒋介卿和挚友俞飞鹏相继出任广东英德县长和福建松溪县长。1923年招陈焯任孙中山大元帅府参谋。1924年1月蒋介石受命筹建、主持黄埔军校后,又先后任用俞飞鹏为筹备委员会委员、校军需部副主任,故旧周骏彦为校军需部主任,陈焯为军事教官兼教导第二团团附,早年老师毛思诚为少校秘书兼校史编纂委员会委员。同时,招收奉化故旧之子俞济时、陈式正、周天健和原籍镇海的胡宗南等进入黄埔军校第一期学习。其后,又先后委任周骏彦为东征军经理处处长,陈焯为长洲要塞司令部参谋长,孙星环为第一军参谋处副处长,吴嵎为海军局给养科科长和中山舰舰长。北伐开始后,在所组建的国民革命军总司令部中,先后任命陈焯担任参谋处长,俞飞鹏担任兵站总监,毛思诚任办公厅上校文书科长,俞济时任警卫第二营中校营长,王任叔也曾被任为机要科代理科长。

1927年4月,蒋介石在组建南京国民政府时,即得到以虞洽卿为代表的宁波旅沪商绅的支持。其后,虞洽卿等便进入南京政府的财经决策机关。当时宁波《时事公报》也敏感地看出甬籍人士在中国政坛的崛起,7月25日该报所刊载的《奉人最近升官录》即言:"奉化人士最近得蒋总司令委任者,查志于下:高等顾问王正廷、中央军事政治学

---

① (民国)《鄞县通志·政教志乙编·防务·浙江省保安处第二分处》,宁波出版社2006年版。

校筹备委员会委员吴嵋、参谋处长陈焯、军医处医务科上校科长陈宗棠,又中校科员孙序裳,又少校科员严传果,又中尉书记徐崑,军务处上尉股员陈贡三、军需处粮股科上尉书记员吴家旐、补充五团中校团附张纪云、警备一师二团一营长周天健、补充五团一营长陈图南,又二营长郑坡,警备一师二团一连长竺培基,又五连长方懋伸,又六连长沈开樾,又八连长张孟豪。"其中周天健、郑坡、竺培基日后分别被提升为皖南师管区中将司令、驻滇缅边防军中将总司令和侍从室少将副侍卫长。

南京国民政府建立后,蒋介石大量延揽宁波籍人士进入党政军高层,从而在国民党政权内形成了一股以宁波地域为纽带的特殊势力。

为确保后方基地的稳固,蒋介石首先在浙江省和宁波市地方政权中刻意安插自己所信任的宁波籍人士。1927年,北伐军进入浙江后,蒋介石即任命周骏彦为两浙盐务使。4月南京国民政府一经成立,便决定在浙江建立省政务委员会和政治会议分会。在17名省政务委员中就有奉化的蒋介石、慈溪的陈屺怀和余姚的蒋梦麟,其中蒋介石、蒋梦麟还兼任军事厅长和教育厅长;在政治分会中则有蒋介石、蒋梦麟和奉化的庄崧甫。① 在宁波,1927年8月由诸暨的蒋鼎文出任浙东警备司令兼宁波市公安局长。不久,蒋鼎文外调后,蒋介石又授意省政府委派其妻舅、奉化的毛懋卿继任宁波市公安局长。1930年委派奉化的孙星环担任镇海要塞司令。1932年划分行政督察区后,又先后任命奉化的赵次胜和俞济民担任宁波地区的行政督察专员,并兼任保安司令。

在国民党中央和国民政府中,更有一大批宁波籍人士为蒋介石所罗致而出任高级领导职务。如奉化的王正廷,1928年6月出任南京国民政府外交部长,1936年8月担任驻美大使,其间兼任国民政府委员、中央政治会议和国民党中央执行委员会委员。俞飞鹏,1928年担任军

---

① 《省务委员会正式成立》、《浙江设中央政治会议分会》,《时事公报》,1927年4月22日。

政部军需署长,1937年2月递补为国民党中央执行委员,3月出任交通部长,抗战爆发后又兼任军委会后勤部长,1947年被授予上将军衔。蒋梦麟,1928年出任教育部部长和中央政治会议委员,1930年底被任命为北京大学校长,抗战结束后又出任中国农村联合复兴委员会主任委员。董显光,鄞县人,蒋介石就读奉化龙津学堂时的英文老师,1935年冬被任命为军事委员会上海办事处主任,1937年10月就任大本营第五部副部长,次年1月转任国民党中央宣传部副部长,主持抗日对外宣传工作。翁文灏,鄞县人,1932年受蒋介石赏识而弃文从政,出任国防设计委员会秘书长,1935年被延揽为行政院秘书长,抗战爆发后就任经济部部长,并兼资源委员会主任委员和工矿调整处处长,1945年4月当选为国民党中央执行委员,战后出任行政院院长。陈布雷,慈溪人,1927年曾任国民党中央党部秘书长,1930年后相继出任教育部常务次长、国民党中央宣传部副部长、军委会侍从室第二处主任、国民党中央政治会议副秘书长,战时任国防最高委员会代理秘书长。张寿镛,鄞县人,由虞洽卿向蒋介石推荐,1927年5月出任江苏省财政厅长,10月兼任财政部次长。

在军事方面,陈焯1928年出任二十六军军长、军事委员会委员,1933年调任首都警察厅厅长,1936年晋中将待遇。胡宗南,1936年任第一军中将军长,抗战时期升至第一战区司令长官。俞济时,1931年任警卫第二师师长,1933年任浙江省保安处长,1936年被授予中将军衔,1937年升任七十四军军长,1942年调任蒋介石侍卫长,1944年任第三十六集团军总司令,1948年晋上将待遇。毛邦初,奉化人,1937年任航空委员会空军总指挥部副总指挥,后相继任航空委员会副主任、空军副总司令,并被授予中将军衔。徐培根,象山人,南京国民政府建立后曾先后任参谋本部第二处处长、军政部航空署署长。

上述名单不过是冰山的一角。二十几年内宁波有数以百计的人员进入南京国民政府的高层,这在历史上是罕见的。正是这种盘根错节的人际网络,使宁波和南京国民政府之间形成了一种特殊关系。比如,1927年5月,国民党奉化第八区党部竟提议"将奉化县改为中正县,为蒋总司令留永久纪念"①。8月13日,蒋介石在上海宣布下野,次日返回故里。20日,虞洽卿即往奉化对蒋进行挽留。② 22日,国民党宁波市党部改组委员会也特地作出决议,致电劝慰。③ 1928年2月,宁波旅沪同乡会一致公决,敦请蒋介石为名誉总队长,并致函表示:"想先生为党国前途计,为同乡福利计,当荷俯允所请。会见登高一呼,万山响应,而福国利民之鸿献,又将小试牛刀于乡邑。他日天下澄清,把酒共话桑麻,快何如之。本会同人,亦与有荣焉。"④宁波地方绅商通过多种渠道,还拥有一种特殊权利,即可向国民政府和蒋介石本人直接上书,陈说地方政务民情。这就使宁波地方政府和乡绅之间形成了一种微妙的制约和权力平衡。如1930年2月,新任宁波市长杨子毅上任伊始,就特地赴沪遍谒甬绅,"详述治甬意见,并咨询一切"⑤。

二、"白水权"等涉外利权的收回

(一)民族独立思想的继续发展和部分涉外利权的收回

波澜壮阔的国民革命大大提高了宁波人民的思想政治觉悟,其重要表征之一就是民族精神的高扬。正是在这一精神的推动下,南京国民政府建立之初,宁波人民的民族自主独立思想仍在继续发展,部分对外利权也由此得以收回。

首先是江北工程局的接收。江北工程局始创于前清光绪年间,由宁绍台道委任浙海关税务司管理,其下设华董10人、西董6人,组成

---

① 《奉化县改为中正县》,《时事公报》,1927年5月25日。
② 金普森《虞洽卿研究》,第306页,宁波出版社1997年版。
③ 《市党部改组委员会纪》,《时事公报》,1927年8月25日。
④ 《甬同乡会请蒋总司令为名誉总队长》,《申报》,1928年2月20日。
⑤ 《甬新市长遍谒甬绅》,《申报》,1930年2月20日。

董事会,执掌局务,但实际应事权"尽在西人掌握"。五卅运动兴起后,宁波地方人士力图收回,华董也相率辞职退出董事会,但因地方当局未能积极介入,于是造成"西人仍自把持"①。1927年5月,宁波临时市政府始咨照交涉员公署,并令市工务局与交涉署会商收回办法。6月15日,浙海关税务司威勒鼎将江北工程局的"一切文件案卷",移交市工务局长王玉川接收,但原由工程局征收的江北沿岸货物装卸的码头捐,则商定由浙海关代征。② 王玉川为王俊堂弟,宁波市政府成立后,仍"意存把持",屡次托病推诿,拒绝移交,直至8月11日,始由市工务局正式接收,并改称"江北工程办事处",委派曹文奎为主任,但开支、用人、行政"均照旧章办理"③。

1927年5月下旬,宁波抗英急进会成立,选举陈荇荪、乐俊文为正副主席。该会主要任务为:用各种宣传方法,务使民众了解抗英真谛,唤起民众抗英精神;厉行对英经济绝交,如抵制英货进口,撤销各类英货广告,要求各商号和钱业不买卖英货,不以英轮运载货物,不收英钞。④ 8月7日,宁波抗英急进会开会改称"提倡国货委员会",推定商会、学联、记者协会等公众团体和政府、党部为委员单位,由总商会等负责召集。⑤ 11月下旬,市内举办了一届规模宏大的国货展览会,受到城乡人民的热烈欢迎,售出的货物数量十分可观。为"鼓励人民振兴工艺",1929年11月宁波再次举办国货展览会,历时3个星期,"每日参观士女络绎不绝,为数以千万计,诚一时之盛举也"⑥。

1927年5月,宁波抗英急进会便提出收回沪甬线航运权,抵制参与该线航运的英商太古轮船公司。由于华商轮运公司的加入和沪甬

---

① 《筹备接收工程局》,《时事公报》,1927年5月28日。
② 《江北工程局昨日实行接收》,《时事公报》,1927年6月16日;徐蔚葳《近代浙江通商口岸经济社会概况》,第388页,浙江人民出版社2002年版。
③ 《工务局接收江北工程处》,《宁波市政月刊》第1卷,第4号。
④ 《抗英急进会成立会纪》、《抗英急进会消息汇志》,《时事公报》,1927年5月24、28日。
⑤ 《提倡国货委员会定期开会》,《申报》,1927年8月8日。
⑥ 徐蔚葳《近代浙江通商口岸经济社会概况》,第388、393、394页。

民众拒绝搭乘,致使太古公司的"新北京"轮"搭客寥若晨星,货物亦稀少异常"①。9月12日,宁波收回航权运动急进会为抵制"新北京"轮重驶沪甬航线,召开有20多个团体参加的代表大会,决定采取一系列措施,如致函沪甬报关公所,拒绝报装该轮货物;致函市总工会转令码头工会,不起卸该轮货物;登报通告各装货商号知照,断绝与该轮的货运业务。当日,"新北京"轮驶入宁波港后,收回航权运动急进会即派人分发传单,劝告乘客下次勿乘该轮,同时扣留提单,并劝说各商号将原货退回上海。后经各商号要求,并保证以后决不再装,急进会才同意此次"准予起卸,以示体恤"②。经受沉重打击后,太古公司于1929年12月被迫同经营沪甬航线的另3家华商轮船公司协商,同意该线货脚公摊,共分80份,其中虞洽卿经营的三北轮埠公司投入此线航运的"宁兴"轮获得20.5份,居于第2位。③

1928年5月3日济南惨案发生后,举国共愤,宁波民众也立即发起抗日运动。学生首先上街宣传,并往各商铺检查日货,惩罚奸商。宁波各中等学校还组织成立市学生联合反日运动委员会。17日反日运动委员会开会,作出三项决议:第一,宣传问题,各校每日轮流式组织宣传演讲,并组织化装队,每星期六下午及星期日分赴城厢内外及各乡镇表演。第二,抵制日货问题,各校组织检查队,赶速编制日货商标一览表,以备应用;要求党部及行政机关允许学联会会员检查用货是否认真。第三,军事之准备,各中等学校组织军事训练班,聘请军队人员或谙于军事知识者担任教员,加以严格训练;各中等学校须组织学生军1团,每星期会操1次,由军事教官负责训练,其枪械半由行政机关拨给,半自筹备。④ 侨居宁波的外籍人士大都认为,日军的暴行是引发宁波民众"抵制日货之主因",并评价"此间反日之组织既甚严

---

① 《新北京轮往返并无其人》,《时事公报》,1927年6月28日。
② 《各界积极抵制新北京轮》、《收回航权运动会继续工作》,《申报》,1927年9月16、17日。
③ 冯筱才《虞洽卿与中国近代轮运业》,金普森《虞洽卿研究》,第237页,宁波出版社1997年版。
④ 《反日委员会议决案》,《申报》,1928年5月17日。

密,而势力又复与时俱进,结果则日货除煤外均遭拒绝"。① 如10月25日,反日运动委员会检查人员即从抵埠的"新宁绍"轮中查获日本沙门鱼8大件。转运途中突被货主广润行经理抢走4件,民强中学数十名学生和警察闻讯后立即赶来相援,结果货主自知理亏,同意鱼货罚没充公,并缴纳3倍罚金。② 宁波市政府并不积极支持民众的爱国运动,于是出面召集抵制日货的民众和棉布、百货等各业代表共同协商,一面劝谕民众不要操之过急,不要销毁已经购存的日货,一面规定允许出售现存日货,但不准再进新货,并决定对"新宁绍轮"罚款10万元了事。③

收回利权运动还波及基督教会。因外国传教士把持教权,干涉中国内政,故常激起中国教徒的抗争。1927年五六月间,江东张斌桥一座英人所设的教堂,因主教郭氏驱逐该堂拥有国民党籍的教友10余人,于是该堂基督徒沈天一等纷纷退出外国传教士控制的教会,并组织由17人组成的委员会,收回该堂自办,实行教权自主。④

为加强对国际贸易税的征收,设在宁波的浙海关于1861年5月设置税务司一职,聘英国人费士来(C. H. Fitz–Roy)担任。此后,税务司一职长期由外国人把持。以航政管理而言,1918年制定的《海关理船章程》规定,宁波口岸水面之权,凡指示停泊处所及港界,建筑水面码头及安置趸船等,均属浙海关理船厅,地方政府素不过问。及至1927年宁波市政府成立,港务亦列入市政主管范围。1931年11月,上海航政局宁波航政办事处在镇海成立,始收回由浙海关控制的船舶船员管理、引水员考核和海事处理等权力。1933年10月,浙海关税务司一职首次由华人卢寿汶担任,由此结束了长期以来外国人出任浙海

---

① 徐蔚葳《近代浙江通商口岸经济社会概况》,第389页,浙江人民出版社2002年版。
② 《反日会查获大批萨门鱼》,《申报》,1928年10月26日。
③ 罗惠侨《我当宁波市市长旧事》,《宁波文史资料》(内),第3辑,第60页。
④ 《基督教徒退出英国教会》,《时事公报》,1927年6月4日。

关税务司的历史。①

(二)教育权的收回

作为五口通商城市之一,宁波也是基督教会活动频繁的地区。办学,便是教会活动的重要内容之一。经过国民革命的冲击,教会学校的生存基础发生动摇。北伐军进入宁波时,基督教会在市内所办中学尚有5所,即美国浸礼会主办的甬江女子中学、美国浸礼会和长老会合办的四明中学、英国圣道公会所办的斐迪中学、英国圣公会主办的三一中学和法国天主教会所办的毓才中学。斐迪中学因学生流失,无法维持,于4月被迫停办。三一中学校长以国民党宁波市党部规定条件与教会办学宗旨不合为由,而于3月5日宣告停办。毓才中学为避免与当局发生摩擦,也宣布停办。

1927年春浙江省政府成立后,在所颁行政大纲中规定:"对于收回教育权一条,已通令各属,凡本省内属于外人所办学校限9月1日以前,一律无条件收回。"②5月,宁波四中便发起收回教育权运动,指出教会办学含有文化侵略的性质,国人应提高觉悟予以铲除。当月下旬,宁波收回教育权委员会作为抗英急进会的下属组织也告成立,其提出的任务是:收回外人对学校的管理权,改订课程设置,审查教职员(有否教会化、洋奴化),筹划经费,接办停闭之教会学校。③ 其间,经国民党宁波市党部准许,民强中学于5月初迁入斐迪校舍予以接收。英国方面对此表示强烈不满,并由领事馆向中国政府提出抗议。于是,宁波各界大同盟和国民党鄞县县党部联名致函交涉员,指出民强中学并未侵占英人私物,而斐迪的校舍建筑"几乎全由华人出资",要

---

① (民国)《鄞县通志·政教志乙编·浙海关监督公署》,《鄞县通志·政教志辛编·航政·附港务航政概况》,宁波出版社2006年版;《宁波港监志》,第6页,人民交通出版社1997年版。
② 罗惠侨《我当宁波市市长旧事》,《宁波文史资料》(内),第3辑,第56、57页。
③ 《收回教育权筹备会纪》《组织收回教育权委员会》,《时事公报》,1927年5月24、28日。

求交涉署主持公道,并表示"宁波全市民众愿作后盾"①。

宁波市政府成立后,于7月初制定《收回外人所办教育事业办法》,规定"外人所办学校应由外国国籍之原创办人移交给中华民国国籍个人或团体接收办理,外人不得为校董",后又改为"但有特殊情形者,得酌量充任,唯中国籍董事名额须占多数,不得以外国人为董事长及主席"。同时又规定"校内不得举行宗教仪式,课程内不得将教义列入必修课"②,并通令市内各教会学校在8月底前向市教育局登记。与此同时,由地方人士发起的宁波收回教育权急进会也告成立。

20世纪30年代初,甬江女中高中三年级部分学生与校长沈贻芗(后排左一)合影。(选自哲夫主编《宁波旧影》,宁波出版社2004年版)

宁波收回教育权急进会成立后,经呈请市政府准许,于7月7日接收甬江女子中学的教育权。学校教职员遂组织董事会,由鲍哲庆任董事长,其中外籍董事3人,占董事总数的1/4,沈贻芗为校长,校产由

---

① 《对斐迪请主持公道》,《时事公报》,1927年5月21日。
② 罗惠侨《我当宁波市市长旧事》,《宁波文史资料》(内),第3辑,第56、57页。

董事会租借。至同年秋,浸礼会才将学校全部移交给国人办理,市政府所保管的校舍亦于12月全部发还,于是"课程编制悉遵部颁标准"①。三一中学于1928年6月由英国圣公会将校务移交给浙江中华圣公会接办,并聘请夏松寿为校长。斐迪中学于1929年5月由该校毕业生徐学传重新开办,商准圣道公会租用全部校舍校具。四明中学则在五卅运动后即改由华人樊正康担任校长,以后又相继由王实铭、徐询刍等主持校务。②

在收回教育权的过程中,尽管宁波市政府畏首缩尾,处事十分谨慎,但英美教会及其领事仍一再干扰阻挠。英国领事在1927年5月反对民强中学迁入斐迪后,7月又致函浙海关监督兼宁波交涉员,要求迅即照册清点,归还仁德、三一两校校具和斐迪的教学仪器。③ 美国领事也故意将教育权与产权混为一谈,横生枝节。为此,国立第三中山大学严正驳斥了美国领事的险恶用心,指出:"浙省所决定办法,尽欲从外人或教会手中将教育本国子弟之权收回之,至于学校之校舍、校具等,仍为外人或教会所有,而付之以相当之租值,此与美国财产权有何违背?唯为宁波甬江女子中学之收回,外人对于校舍竟索取年租至2万元之巨,则又失事之平耳。"④

上述教会学校的教育权虽被收回,但西方教会的影响仍然存在。如新组织的董事会中,大多数董事都系教会中人;经济上还都接受教会的津贴,校舍校具多系向教会租借;课程设置上将教义课改头换面地变为"宗教哲学"或"宗教理论";宗教信仰上仍不同程度地宣传基督教教义,教徒在师生中仍保持较高比例。随着先后被政府批准立

---

① (民国)《鄞县通志·政教志庚编·学校教育·中学》,宁波出版社2006年版;本书编辑委员会编《宁波市教育志》,第500页,浙江教育出版社1996年版;《接收甬江女校之不合》,《时事公报》,1927年8月29日。
② 马孟宗《外国人在宁波办学简介》,《宁波文史资料》(内)第3辑,第160页;(民国)《鄞县通志·政教志庚编·学校教育·中学》。
③ 《英领事催索校具仪器》,《时事公报》,1927年7月8日。
④ 本书编辑委员会编《宁波教育志》,第497、498页。

案,这些学校中的教会影响逐渐减弱,课程编制也悉遵教育部所颁的标准和规制。

(三)"白水权"的收回

根据中英《南京条约》宁波被强辟为通商口岸后,英、法等欧美列强就在江北岸外滩一带开设领事馆,修筑住宅、教堂,形成了所谓的"外人居留地"。其中修筑于1872年的法国天主教堂更违背相关条约的规定,非法购置土地,侵占自新江桥堍至宁绍码头一带的水岸线和水面,出租给人修筑码头、停靠船舶,攫取非法利益。这就是江北法国天主教堂所称的"白水权",其实质是宁波港水岸线的管理主权。

1927年7月下旬,宁波地方人士王斌孙、陈行荪等致函宁波市政府,主张收回"白水权"。函云:

> 敬启者:河川本属国有,白水权(即码头权)讵能据为私产?吾甬恶习相沿,所谓子母相生,不过就涨涂而言,亦不能连及白水。况民国以来,官产处成立,子母相生之例,已经明文废止,更何有于白水权?查甬江一带,白水权现尚为私有,尤以江北岸为甚。数一丈之地,每年能赁为轮船码头者,岁至数百金。其授权所自,难能稽考,大半仍袭子母相生之例,而占得其白水权。亦有少数在官产处投买丈涂,因而建筑码头,坐收其利。又查江北岸为通商码头,其白水权为外人占有者(如天主堂及太古洋行等),也属不少。现在贵政府成立,对于此种白水权,无间华洋,亟宜一律收归,以保国家之权利。应该分别调查,如有筑有码头者,宜偿其建筑之费用,如曾在官产处投买者,宜偿其标买时之原价。将沿江之白水权,统归贵政府管理,即以其收入之租金,为江北岸建设马路、市场,一可收回国家之权利,二可兴办地方之事业,一举两得,无逾于此。谨呈管见,仰贵政府鉴核,

俯准施行。无任企盼,即颂公绥。①

在地方人士的推动下,宁波市政府开始制订章程,拟定收验契约的办法和日期,决心将江北岸一带私自出租的岸线一律收回。9月7日,市政府将所拟整理岸线方案呈报省政府鉴核。当宁波交涉员遵照省令分行各国领事后,立即遭到英、法领事的反对和抗议。驻甬英国领事首先函称:"此项章程不得公使团核议,由本国驻京钦使训令到署,本领事断不能承认宁波市政府径自占据英商民得有之产业。"②法国驻沪总领事则转来江北天主堂送交的光绪二十五年宁绍台道照会的影印件,声称该堂所获白水权早经宁绍台道批准,并以在所购沿江土地的原契上书有"江心为界"、"潮落为界"等字样,作为占据沿江岸线和水面的证据和理由。

所谓宁绍台道的照会,指的是1899年江北工程局为在江北岸修筑沿江公路,浙海关税务司穆麟德将与法国天主堂主教赵保禄协商的结果照会宁绍台道后,宁绍台道的复照。在穆氏的照会中,赵保禄声称:"沿河各地以白水为界,均归堂内管业。兹愿将沿河一带基地,让出二英丈,拨助工程局开作公路,以维善举。惟所让二英丈之公路驳岸以外沿河之地,仍应照旧以白水为界,归堂内执管,不得被别人侵占利益。"穆麟德则表示:"赵主教让地开路,似此急公好义,颇堪嘉尚。所称公路驳岸以外之沿河利益照旧归堂内自主,尚在人情物理之中,似宜照准。"宁绍台道在复照中只是原文照录穆氏照会中赵、穆二人的意见,然后绕过白水权问题,程式化地表示:"查江桥塊一带地方,内有天主堂之产,工程局原拟于该处开通公路,筑造驳岸,以便行旅。既经贵税务司商之赵主教,允为拨让,本道自应照准。"③由此可见,宁绍台

---

① 《函请收归甬江白水权》,《时事公报》,1927年7月29日。
② 《呈省政府为英法领事表示抗议收回白水权由》(1928年1月3日),《宁波市政月刊》,第1卷第6号。
③ (民国)《鄞县通志·工程志丙编·通路·附录·前宁绍台道照复关税务司原文》,宁波出版社2006年版。

道在照会中并未同意天主堂拥有白水权,他所表示的"照准"和海关税务司德人穆麟德所希望的"照准",内涵并不相同。

宁波民众闻讯极为愤慨,《时事公报》于12月20日即刊发由乌一碟撰写的时评《洋大人口中的例》,讥刺、抨击赵保禄和英、法领事说:洋大人"究竟是文明人,最讲道理,所以无论如何,总像煞有介事的给你一个理由,不然五口通商的起因、宁波的外侨,难道是我们'阿拉''卑礼厚币'去请他光临的么? 文明人的唾涎,便是野蛮人的法律,还要很麻烦的举出什么理由来堵你的嘴么? 总而言之,做了奴隶,便只好安心认命,俯首帖耳,子子孙孙、千世万代的

在甬江沿岸马路上行走的外国人和宁波市民。围墙内是教堂、洋房等西式建筑,甬江边为停泊船舶的码头。(选自哲夫主编《宁波旧影》,宁波出版社2004年版)

做下去,倘有什么非分的念头,便是大逆不道"。宁波市政府也据理相争,从国际法和通商条约等相关规定驳斥英、法领事和赵保禄的虚妄无理,严正指出:"对于赵主教所请之二英丈公路驳岸以外沿河之地,仍应以白水权为界一节,前宁绍台道照会并未照准,照会尚在,可以复按。现在国民政府成立,废止不平等条约为外交政策之大纲。不平等条约尚须废止,则本无条约根据之任意侵占自更应据理收归。""英法领事对于收回白水权所提抗议,本政府绝对不能承认。"[①]其后,宁波市

---

① 《呈省政府为英法领事表示抗议收回白水权由》(1928年1月3日),《宁波市政月刊》,第1卷第6号。

政府根据外交部指令,修订了《宁波市暂行租用江河沿岸码头章程》,并于1928年3月17日呈报省政府和外交部核示。此后,始终未得省、部回复,宁波市政府认为自己责任已尽,亦未再行催促,于是不了了之。

1931年宁波市并入鄞县后,鄞县县政府在民众的一再要求下,又继续交涉此事。当年12月,便决定借款改筑外滩马路,驳宽江岸;同时通知使用岸线各轮船公司,填报岸线使用长度、系向何人承租、每年租金数额等等。根据上述调查资料,当即通知岸线出租人、承租人,限在12月底之前,解除原有租约,嗣后如需租用,一律向县政府承租。接着,一面召集各轮船公司开会,商定停付租金、移转押租等各项办法;一面参照前市府办法,制定《鄞县水岸线租借暂行规则》,上报省政府建设厅核准,并于1932年1月公布施行。该规则明确规定:"沿江及官河两岸水岸线依法属于公有,自本规则公布之日起,凡以前所定之岸线租借办法及契约概行废止;凡在本县境内沿江及官河两岸建筑码头,使用水岸线时,均须向县政府租用。"①

江北天主堂得知此事后,即来函声明否认,并由法国驻沪总领事向中国政府提出抗议,要求制止鄞县政府收回白水权之举措。鄞县县政府接到省令后从6个方面陈述理由,有力批驳了天主堂提出的前宁绍台道承认说、潮落为界江心为界说、子母相生说、百姓习惯说,并呈送省政府转报外交部。不久,外交部复函省政府说:"沿河地亩之所有人并无水岸线之权利,上海市政府收回沿浦岸线一案可比照办理。"省政府据此照会法国驻沪总领事,但该领事与江北天主堂仍"斤斤声辩",抗拒收回。于是,省政府又将全案咨请外交部交涉办理,鄞县县政府也"迭催迅赐交涉解决"。直至1933年8月,才接到省政府指令,转告外交部"已照催法使转饬遵照"。② 至此,经过长达6年的努力,被外人侵占60余年的"白水权"终于被收归国有。

---

① (民国)《鄞县通志·工程志丙编·通路·鄞县水岸线租借暂行规定》,宁波出版社2006年版。
② (民国)《鄞县通志·工程志丙编·通路·鄞县政府宣布收回白水权之根据及经过》

三、中国共产党领导的革命斗争与中共宁波地方组织的暂时中断

(一)国民党的政治高压

南京国民政府在宁波的统治建立以后,其施政重心之一就是镇压革命活动,铲除政治异己。宁波地方政府重建后一再下令缉捕共产党员和工农积极分子,以致到1927年9月底,宁波地区中共党员人数从4月的1200多人锐减到240余人,团员从400多人减少到100余人。[①]在宁波城区,仅11月1个月中,国民党宁波市党部会同军警便侦查破坏中共秘密机关5处,拘捕共产党员和嫌疑者30余人。当月24日又成立"宁波审查反动分子临时委员会",以市党部委员吴时俊、鄞县党部委员周心万、补充团团附冯圣清为常务委员。[②]

1928年12月,宁波市政府又以中小学为重点,转发国民政府于当年3月和12月制定的《暂行反革命治罪法》与《共产党人自首法》,督促各中小学校长严格执行。[③]《暂行反革命治罪法》规定:"意图颠覆中国国民党及国民政府或破坏三民主义而起暴动者","首魁死罪,执行重要事务者死刑或无期徒刑,附和随行者二等至四等有期徒刑";"宣传与三民主义不相容之主义及不利国民革命之主张者,处二等至四等有期徒刑";"凡以反革命为目的组织团体或集会者,其执行重要事务者处二等至四等有期徒刑并解散其团体或集会,止加入团体或集会处五等有期徒刑或拘役。"《共产党人自首法》则规定,共产党人如主动自首、检举他人可获免刑、减刑,免刑之共产党人可交保或移送反省院,已在服刑的如行状善良、悛悔有据,可准予保释。据此,国民党可以任意给人定罪,广大宁波民众遂被投于白色恐怖之中。

---

① 中共宁波市委党史研究室《中共宁波党史》第1卷,第96页,中共党史出版社2001年版。
② 《会衔呈省党部、省政府为破获反动分子由》,《时政月刊》,第1卷,第4号。
③ 《令市内中小各学校为颁发共产党人员自首法》,《宁波市政月刊》,第2卷,第3号。

1928年1月,宁波市政府根据蒋介石的讲话精神和省政府、省党部的指令,以北伐为借口,严令"暂时停止一切民众运动","不得再有散发传单、张贴标语、聚众开会、结队游行等举动","如敢仍有前项举动,即属反动行为,一经发觉,定行从重惩办,决不宽贷"①,企图以此切断共产党与民众的联系,摧毁共产党的基础。为严格管制民众,预防共产党人活动,同年5月,宁波市公安局还仿照封建时代的保甲连坐法,制定《清匪章程》,按旧有警察区域,将全市划为7区,区下分设坊、里、闾、互等基层组织,互长、闾长的责职为:清查户口,稽查匪类,查诘来历不明、形迹可疑之人,报告闾互以外之人来往旅宿事项、防卫事项。若"家有窝藏盗匪、共党同互不举发者,无论知情不知情,同互连坐,按窝匪例分别情节治罪"②。

与此同时,为防范共产党人活动,1927年8月28日浙江省戒严司令周凤岐宣布浙江沿海戒严,委任外海水警局长来伟良兼任宁台戒严司令,镇海要塞司令张伯岐兼任宁属戒严司令,受宁台戒严司令节制。张伯岐上任后于9月中旬将浙江戒严条例布告宁属各地,其主要内容为:禁止有妨害军事工作与有反革命情形之集会、结社、言论、新闻、杂志、图画、标语、告白等;禁止聚众骚扰,直接间接妨碍军事;稽查私有枪炮、弹药、兵器、火具及危险物品;检阅邮信电报;车站旅馆得派军人检查之;必要时得进入家宅及建筑物、船舶中施行检查;检查出入船舶及其他物品,或停止海港之交通等。③ 是年入冬后,又宣布从11月24日起,全市"特别戒严"④。次年3月,又在宁波设立"宁绍台温四属剿匪指挥部",其后因区位的重要,直至1932年方始撤销。其间,国民党多次调集兵力,镇压宁波地区的工农武装暴动。如1928年春,奉化多次发生农民武装暴动,鄞县也被波及。宁波市政府在人心惶惶之际,

---

① 《宁波市政府第14号布告》,《市政月刊》,第1卷,第6号。
② 《宁波市公安局清匪章程》,《市政月刊》,第1卷,第9号。
③ 《令委宁台属戒严司令》、《张司令戒严之严密》,《时事公报》,1927年9月7日、15日。
④ 《宁波市防止反动分子会议》,《时事公报》,1927年11月24日。

于4月18日急电省政府,请求"加派重兵来甬痛剿"①。浙江省防军司令蒋伯诚接报后,赶到宁波,与四属剿匪总指挥王文翰商议对策,布置防务。②

在思想文化方面,宁波地方政府和党部严格执行《浙江各报馆各通讯社立案条例》,控制舆论、媒体,加强对邮政、报刊的检查,严令各学校、书店和图书馆严厉查禁进步书刊。如屡由检查员从邮局等处查获没收的书刊就有《江南晚报》、《革命周报》、《再造旬刊》、《民众日报》、《无产青年》、《建国周刊》、《思想月刊》、《创造月刊》、《布尔什维克》、《战线》、《洪荒》、《语丝》、《幻洲》、《戈壁》、《醒狮》、《新俄短篇小说集》、《阶级斗争必然性》、《社会主义发展史纲》、《列宁主义概论》等。其中既有中共的机关刊物,社联、左联和创造社、太阳社等进步社团的刊物,也有国民党内非主流派和国家主义派等右翼团体所办的杂志,由此可见,国民党对思想文化的钳制已达到前所未有的程度。

为推行一党专制独裁,除共产党外,国民党还将政治倾向偏右的青年党等党派团体,视为异端,严禁其活动。宁波自1926年始有青年党组织爱国青年社,社长为《时事公报》协理陈荇荪,1927年改称国家主义青年团,1929年又改为中国青年党宁波支部。国民党宁波市党部不仅查禁青年党的重要刊物《醒狮》,而且严密监视其党员的活动。1928年1月,国民党宁波第4区党部检举青年党骨干陈荇荪、史严山"敢在本党领导之下宣传国家主义,潜蓄异志,暗中活动",因此请求予以"严办"。市党部据此作出决议,"不准该二人参加民众团体,并不得在教育界及言论机关担任职务",同时责令《时事公报》和毓秀女校迅予解除两人职务,③致使宁波青年党被迫转入地下活动,转移到奉化乡间秘密训练党员。

---

① 《电省政府请派兵来甬痛剿共匪由》,《时政月刊》,第1卷,第9号。
② 《蒋司令昨已离甬》,《申报》,1928年4月27日。
③ 《令〈时事公报〉为史严山、陈杏荪宣传反革命主义应即解职由》,《宁波市政月刊》,第1卷,第6号。

(二)中共宁波地方组织的恢复和工农运动的开展

1927年"四九"反革命政变后,中共宁波地方组织机构遭到严重破坏,党的工作被迫转入秘密状态。7月,中共浙江省委将宁波地委改组为宁波市委,调派原上海吴淞部委书记俞伯良任书记。新市委确定的工作方针为:联络隐蔽的同志,恢复巩固党的组织,发展革命力量;恢复工农组织,反对国民党控制的工会、农会;深入城乡各地,加强宣传教育,揭露国民党反动派的罪行,鼓舞革命斗志。[①] 据此,宁波市委选派干部,深入城区、市郊和各县城乡,进行党组织的恢复发展工作。经过艰苦扎实的工作,到同年8月,宁波城区党的组织大部分恢复活动,并且在产业工人比较集中的江北地区成立中共江北区委。截至9月,市委已领导建立起宁波江北、象山2个区委,慈溪、镇海、余姚、定海4个独立支部,共辖有党的支部28个、党员240余人,连同直属省委的奉化、宁海临时县委,宁波地区8县共有党员300多人。[②]

同年9月,俞伯良调离岗位,浙江省委决定将宁波市委改为宁波县委,由沈本厚担任书记。10月,根据省委指示,宁波县委召开党员代表会议,正式选举县委领导成员,鲍浙潮当选书记。宁波县委成立后,研究确定自己的主要任务是:继续巩固发展党的各级组织,加强对工农运动的领导,向群众进行反对国民党统治的宣传教育,开展日常的经济斗争,在斗争中健全工农群众组织。到11月上旬,已先后建立奉化、宁海、慈溪3个县委或临时县委,其中奉化、慈溪2个县就各有党员100多人。与此同时,宁波地区的共青团组织也有所恢复。到当年10月,改组后的团宁波市委辖有下属支部26个、团员200余人。[③]

党、团组织的重建,为组织发动工农群众,广泛开展经济、政治和军事斗争提供了坚强的组织保证。打入国民党控制的党政机关和群

[①] 中共宁波市委党史研究室《中共宁波党史大事记》(内),第56页。
[②] 中共宁波市委党史研究室《中共宁波党史大事记》(内),第57、58、59页。
[③] 中共宁波市委党史研究室《中共宁波党史》第1卷,第99、100、101页,中共党史出版社2001年版。

众团体,以合法身份作掩护,开展合法的经济斗争,是中共宁波地方组织的一项重要工作内容。例如在工运方面,1927年10月下旬宁波县委调派丁安洋秘密打入国民党控制的宁波总工会,以该会整理委员会委员的身份,将和丰、美球、华亚等厂作为开展经济斗争的重点。在农运方面,奉化临时县委书记董子兴以国民党奉化县党部常务委员的身份,与长寿区农民协会常务委员郑苗一起发动当地农民开展减租斗争。1927年7月下旬,奉化县千余农民手持器械进城请愿,要求县政府实行二五减租。奉化县政府虽允诺减租,但实际仍未落实。于是董子兴在国民党奉化县党部开会讨论二五减租时,以县党部农工部长的身份,发言指出二五减租系由国民党中央明令颁布,从而力排众议,争取到多数与会者的支持,使长寿区的二五减租得以实行。11月10日,金溪区3000多农民仿效长寿区的做法,进城向县政府请愿,迫使奉化县政府同意该区实行二五减租。在鄞县,宁波县委决定先从农运基础较好的鄞南地区入手,派遣王中以农民协会秘书的身份开展工作。王中等运用国民党曾经许诺的二五减租口号,组织当地农民举行声势浩大的游行示威,迫使当局实行减租。在余姚,梁弄镇和周边雅贤等数乡农民在中共余姚独立支部的组织发动下,于12月间入城游行请愿,要求当局实行二五减租。斗争取得胜利后,500多农民当场加入了农民协会。①

为反抗国民党制造白色恐怖,1927年10月,中共宁波县委按照省委指示,成立以王中为书记的军事委员会。军委会秘密购置武器,组建"狙杀队",并对国民党宁波市党部执行委员、特务头子吴时俊实施狙杀。此举虽未成功,但也震慑了反动当局,打击了其嚣张气焰。此外,宁波党团组织还经常在城区大街小巷张贴革命标语,并向国民党军政机关、工商团体和工厂、商店寄发宣传资料,揭露国民党的倒行逆施,扩大共产党的影响。共青团组织还发动团员和青年学生开展争民

---

① 中共宁波市委党史研究室《中共宁波党史》,第1卷,第102、103、104页,中共党史出版社2001年版。

主、反独裁的斗争。如民强中学团支部团结引导学生反对校方任意搜查学生行李、滥收费用、干涉成立学生组织等错误做法,坚持与校方进行说理斗争,并于11月初将斗争发展成学潮。

(三)中共领导的浙东武装暴动

1927年8月7日,中共中央在汉口召开紧急会议,确定了土地革命和武装反抗国民党反动派的总方针,并把发动农民举行秋收起义作为当时党的最主要任务。根据八七会议和1930年6月中央政治局会议的精神,宁波地区举行了多次武装暴动。

1. **浙东暴动计划的流产**。1927年10月18日,中共浙江省委按照中央特派员王若飞传达的八七会议精神,决定在全省组织农民武装暴动,并将浙东自姚北、上虞、新嵊、宁波、象山港以至台温,作为全省暴动的三条路线之一。宁波县委根据省委的意见,决定暴动首先在农运基础较好的鄞南石桥村发动,并成立鄞南暴动委员会。10月底,省暴动指挥中心"浙东工农革命委员会"制订《浙东暴动计划》,预定11月28日以象山港、上虞为中心举行暴动,然后相机扩大到温州。11月初,省委常委、暴动总负责人王嘉谟亲自来甬部署《浙东暴动计划》,决定除鄞南之外,增设鄞东、鄞西、慈溪洪塘、骆驼桥(今属宁波市江北区和镇海区)、奉化忠义区、余姚北乡等暴动点,委派卓兰芳、潘小梅、周鼎等为各暴动点负责人。正当暴动准备工作紧锣密鼓进行之际,省委机关在11月上旬遭到国民党破坏,《浙东暴动计划》、各地通讯联络地址和部分支部的党员名册均被搜走。从11月中旬起,奉化的党团组织和宁波、慈溪两个县委先后遭到破坏,大批人员被捕或遭到通缉。11月12日,暴动总指挥王嘉谟也在温州被捕,18日即遭杀害。于此,浙东暴动计划便告流产。

2. **奉化暴动**。1927年12月上旬,浙江省委因无法在杭州立足,遂将机关暂迁宁波,省委书记夏曦等也随同来甬。此前中共临时中央政治局于11月在上海召开扩大会议,错误地认为当时的革命形势仍在继续高涨,因而反对退却,要求继续进攻,并命令少数党员和群众去组织毫无胜利希望的城市武装暴动。至此,八七会议以来一直滋长着的急躁冒进情绪终于酿成"左"倾盲动主义,并在中央领导机关占据主导地位,及至翌年4月后方告基本结束。迁甬后的浙江省委根据中央11月会议关于实行全国武装暴动的总策略,制订《浙江目前工农武装暴动计划大纲》,将浙东暴动的中心选在宁波和慈溪、余姚、奉化、宁海等县。12月12日,省委决定首先在奉化忠义区组织暴动,然后向奉化县城或宁波发展。为加强对暴动的领导,又决定成立奉化区委,由沙文汉任书记,并指派卓兰芳以省委特派员的身份指挥此次暴动。

在卓兰芳、沙文汉的直接领导下,经过紧张的组织发动,奉化松岙、杨村、裘村、桐照、栖凤、湖头渡、翔鹤潭和鄞东大咸乡的部分村庄都组建了农民暴动武装,至12月底,有武器的农军已发展到300多人。就在暴动准备工作紧张进行之际,翌年1月4日深夜,宁波的国民党军队根据举报突然包围鄞东罗浦村,搜捕农会武装人员。浙江省委担心奉化区委遭此打击而产生动摇,特派省委委员沈本厚和王中前去协助、督促。9日晚,卓兰芳等主持召开奉化区委会议,讨论决定暴动的行动大纲。10日上午,即将最后行动计划下发给各党支部。10日晚,卓兰芳又在松岙召开农军干部和该村党员会议,对暴动作最后部署。因到会人员仅有半数,而且情绪低落,气氛沉闷,多数人不相信暴动能取得成功,于是决定次日先在松岙附近湖头渡等几个村庄发动,然后汇集到松岙举行暴动。11日下午,区委同各地农军的联系中断,而且敌我力量悬殊,因此决定停止暴动。但农军负责人卓崇德则仍按原计划于11日下午在湖头渡单独起事,打响了暴动第一枪。晚10时,卓崇德率领32名农军到达松岙。听到卓兰芳传达停止暴动、解散农军的决定后,卓崇德想不通,拒绝执行,于是即和部分松岙农军一起折返湖头渡,前去罗浦发动群众。然而在罗浦又遭国民党军包围袭击,卓崇德率领农军突围,14日终于在强敌压迫下分散隐蔽,奉化暴动终告失败。

3. **宁海亭旁暴动**。1928年3月,浙江省委先后作出《浙江党部目前政治任务决议案》和《关于台属六县工作决议案》,决定在农民革命情绪比较高涨的浙南、浙西地区,应于短期内通过农民的游击战争和乡村暴动,达到割据的前途。5月,宁海亭旁区(今属三门县)农会发动农民开展抗租、平粜斗争,中共浙南特派员管容德根据省委指示,决定迅速将经济斗争转变为武装斗争。5月20日,管容德和宁海县委常委包定等召开暴动预备会议,确定暴动总纲领和行动计划,设立亭旁红军指挥部,推举包定为总指挥。24日,宁海县委决定正式成立亭旁区革命委员会和红军指挥部,委派包定担任革命委员会主席兼红军总指挥,革命委员会下设军事、总务、财政、运输、交通等5个部。25日晚,亭旁220名武装农民集中编队,珠岙、梅林、桥头胡等地也集合武装农民2000余人,准备策应亭旁暴动。26日拂晓,暴动部队占据亭旁镇。宁海县委在群众大会上庄严宣布亭旁区革命委员会成立,一面标有镰刀斧头的大红旗也在国民党亭旁区分部门前升起,浙江全省第一个苏维埃政权遂告诞生。这次暴动震动全省,浙江省当局迅速调集省防军进攻亭旁。从5月27日开始,暴动红军先后撤离亭旁,其间虽有顽强抵抗,但终因力量单薄而告失败。

4. **浙东工农红军第一师的组建和姚北暴动**。1930年6月,中共中央政治局开会通过《新的革命高潮与一省或几省的首先胜利》的决议,使得以冒险主义为特征的"左"倾错误再次主导中共最高决策机构。不久,李立三等制订以武汉为中心的全国总暴动和集中红军进攻中心城市的计划,并将党、团、工会的各级领导机关合并为准备武装起义的各级行动委员会。7月14日,中共江苏省委改组为江苏省总行动委员会,领导江浙沪等地的暴动工作。其后,江苏省总行委即派史济勋到余姚,同余姚县委和原余姚县纠察队队长费德昭取得联系,准备在姚北组织武装暴动。7月下旬,江苏省总行委又派罗希三等携带经费和枪支弹药来余姚坎墩(今属慈溪市)与费德昭等会合,成立"军事行动委员会",并以原县纠察队部分力量为基础,迅速组建一支由共产党领导的武装力量。8月初,江苏省总行委派代表到坎墩,将这支暴动队伍命名为"浙东工农红军第一师",任命费德昭为师长,史济勋为党代表。全师下辖3个营,计100余人,有长短枪40多支。红一师成立后频频袭击余姚、慈溪、鄞县等地的地主武装和乡镇警察所,取得了不俗战果,威震三北。省政府闻讯急调省保安团前来"围剿"。红一师英勇抵抗,坚持月余。11月,"军事行动委员会"在枪支弹药和后勤供应十分困难的情况下,决定放弃姚北暴动计划,疏散队伍,主要领导人也相继避居上海。①

上述武装暴动相继失败的原因,除浙东为蒋介石老家,国民党统治力量强大以外,主要是当时中国共产党在指导思想上不承认革命趋于低潮的事实,坚持城市中心论,并且不顾条件,盲目轻率地组织武装暴动,试图以此迅速取得全国胜利。这些暴动虽然都很快遭到失败,但毕竟冲击了国民党的统治,扩大了共产党的影响。

除中共领导的武装暴动以外,基层民众自发的武力抗暴斗争也此起彼伏。比如1927年10月上旬,姚北农民自行揭竿暴动。②翌年4月中旬,奉化莼湖农民在奉化暴动的影响下,自发举行武装暴动,进袭莼湖镇,击溃省防军1个连,"宁绍台温四属剿匪指挥部"调集省防军3个营前去镇压,暴动方告失败。③ 10月,余姚周巷佃农聚众捣毁清丈办事处,后遭当局镇压,首事者病死狱中。1930年2月,余姚历山南田村千余村民在卢成庙暴动,反对国民党县党部组建由其控制的该区农会。起事民众"各持刀棍"冲入会场,将国民党党旗及各项文卷"悉付一炬",县党部常务委员谢显曾等仓皇逃脱后,飞请县城驻军"前往弹压"。④ 1935年7月,该县六塘、庵东一带农民反对勒缴"丈溢地价",聚众捣毁驻天元的清理沙田办事处。翌年7月13日,因岱山盐务机

---

① 有关4次暴动的内容,可参见《中共宁波党史大事记》和《中共宁波党史》第1卷。
② 《姚北农民又起暴动》,《时事公报》,1927年10月9日。
③ 中共宁波市委党史研究室《中共宁波地方史简介》,《历史的回溯》,第16、17页,1991年印行。
④ 《历山乡村民暴动》、《历山乡村民暴动续闻》,《申报》,1930年3月1日、2日。

关的种种苛政和税警的擅作福威,激成盐民、渔民暴动。3000多暴动民众抢夺武器,包围、攻占税警队队部和岱山秤放总局,打死秤放局局长、司秤员、收税员和警士等9人。浙江第5行政督察区保安司令赵次胜率部从宁波渡海驰往镇压,暴动方被平息。①

(四)中共宁波地方组织的暂时中断

宁波是国民党统治比较严密的地区。当时中共宁波地方组织在思想政治上又受到中央"左"倾错误的影响,不能完全从宁波当地的实际出发来制定自己的方针政策,对创建农村革命根据地的重要性和中国民主革命的长期性、复杂性认识不足,对资产阶级的两面性和统治营垒内部的矛盾缺乏正确的估计和有效的对策,尤其是在中日民族矛盾上升后未能及时克服关门主义倾向,组建广泛的抗日民族统一战线,从中壮大自己的力量,因而尽管广大共产党员进行了英勇奋斗,但仍未能在群众中扎根发展。

从1927年11月到1932年4月,中共宁波市(县)委机关先后6次遭到国民党严重破坏,4次恢复重建;期间共有6名市(县)委书记被捕,其中3人牺牲。

1927年11月中旬至12月下旬,奉化、宁波、慈溪等3个县委先后遭到破坏,奉化县委书记董子兴、慈溪县委书记严士英和宁波县委的樊仲甫、柴水香等相继被捕。12月25日,根据浙江省委指示,宁波县委召开党员代表大会,选举组成以杨裕发为书记的新的宁波县委。次年2月,宁波县委书记杨裕发又遭逮捕。至此,宁属地区被捕人员达80余人,樊仲甫、潘小梅等党员骨干先后被杀害。1928年3至4月,宁波县委机关也遭破坏,县委常委鲍浙潮、周鼎相继被捕,书记俞伯良去上海暂避,县委中止活动。9月,浙江省委根据中共"六大"精神,委派"六大"代表章松寿来甬筹建宁波县委,并以章为县委书记。

---

① 《甬同乡为岱山盐潮电请慎重处置》、《财部电复甬同乡等调查岱山事变真相》,《申报》,1936年8月4日、27日。

1929年1月,宁波县委书记章松寿赴杭州出席省委扩大会议,结果于15日在杭州被捕。18日省委即派潘静如来甬接任县委书记,但29日潘静如又遭逮捕。4月,中共中央在上海召开浙江工作会议,决定暂时取消省委建制,组建宁波、杭州等6个中心县(市)委,由中央直接领导,中央则派巡视员作具体指导。会议期间,中央决定成立宁波市委,由林去病任书记。会议结束后,林去病即经杭州来甬。5月22日,林去病在市委的一个联络点被捕,建立不久的宁波市委又遭破坏,林去病则于1932年4月被害牺牲。1929年8月,在中央巡视员卓兰芳的领导下,通过恢复基层党组织,中共中央决定成立中共宁波特别支部,任命徐英为书记。不久,因邮政稽查部门查获中共中央给宁波特支的来信,地方当局发现宁波特支机关并派密探跟踪1个多月。当年12月17日,宁波特支书记徐英首先在特支机关被捕,一批重要文件被搜走,致使特支执行委员沙天波、王嘉祺等也相继被捕,成立不过4个月的宁波特支又遭破坏。次年8月,徐英在杭州陆军监狱就义。

　　1930年3月,中共中央委派徐敏畅以书记身份来甬重建宁波市委。经过艰苦扎实的工作,宁波城区和鄞南、奉化等地党的组织都有所恢复。到1931年4月底,宁波地区又有党员60余人。1932年3月,徐敏畅调离宁波,中共中央另派杨仁梓接任市委书记。3月23日,杨仁梓寄给中央的密信被宁波邮政稽查员查获。杨闻讯后惊恐万状,竟于4月24日向宁波公安局投函自首,并供出宁属各县党的组织、党员姓名地址和工作单位,致使宁波市委及其下属组织被破坏殆尽。此后直至1937年9月,在长达5年半时间里,宁波地区共产党的组织始终没有得到恢复,这就使中共宁波地方组织在"九一八"事变后民族矛盾急剧上升的形势下,丧失了团结群众组织广泛的抗日民族统一战线和壮大自身,推动革命发展的大好时机。①

---

① 有关中共宁波地方组织的变更,可参见《中共宁波党史大事记》、《中共宁波党史》第1卷。

四、抗日救亡运动的兴起和国民政府政策的局部调整

(一)宁波地区抗日救亡运动的兴起

1931年9月18日夜,日军突然向驻扎在沈阳北大营的东北军发动进攻,它标志着日本以武力公开侵占中国的开始。宁波各阶层人民同全国人民一样,闻讯莫不义愤填膺,立即掀起抗日救亡的浪潮。9月22日,宁波旅沪同乡会迅即召开紧急会议,决议通电南京、北平、广州3地,恳切要求各方"速息内争,共御外侮"①。在宁波城区,省立四中、效实中学、甬江女中等校学生相继成立抗日救国会,在校内和鄞县、镇海城乡开展演讲、演剧等宣传活动。9月底,宁波城区各中等学校召开抗日救国联合代表会,一致通过10项决议,如从30日起全体停课4天,以扩大影响;厉行军事训练,通知各校正式成立青年义勇军、童子义勇军和女子救护队;联合农工商兵各界,永不购买日货;筹募救国基金;电请中央将全国抗日救国会改为讨日救国会;组织化装演讲团,以资宣传;致电中央请缨抗日,并要求拨给本县学生义勇军枪械;通电全国正式对日宣战等。② 在抗日救国会采取行动的同时,鄞县各界反日援侨委员会也召开会议,决定10月4日在县立体育场当众焚毁日货,"以示对日经济绝交之决心"③。在募捐活动中,甬江女中学生通过举办游艺会,将募得的资金购置棉花、布匹,并亲手缝制被服,捐赠东北义勇军。

在鄞奉地区,中共宁波市委书记徐敏畅于9月下旬在鄞南石桥小学召开支部会议,决定以学校为阵地,发动附近各校教师和群众,广泛开展救亡宣传和劝募工作。很快,抗日宣传活动就从鄞县南乡发展到横溪,从奉化县城发展到西坞一带。在镇海大碶,由未接上组织关系

---

① 《宁波同乡会议案》,《申报》,1931年9月23日。
② 《各地抗日之激昂》,《申报》,1931年10月2日。
③ 《定期焚毁日货》,《申报》,1931年10月1日。

的共产党员郑慰田等发起组织抗日后援会,并利用10月10日庆祝双十节的机会,在大碶新庙召开有2000余人参加的群众大会,声讨日军侵略罪行,高呼"停止内战,一致抗日,收复失地"等口号,并要求撤换压制抗日宣传的大碶公安分局局长。会后当场查封销售日货的可大昌绸布庄,并举行抗日示威游行。在余姚,也迅即成立反日援侨委员会,发表《告全县父老书》,并通电全国,要求对日宣战。

12月3日,当得悉马占山部因粮尽援绝退出黑龙江后,宁波各界民众即在青年会召开大会,决定从4日起,在该会大礼堂举办募捐大会3天3夜,并请上海梅花歌舞团、宁波京剧社义演。各界闻讯以募款援马,"购券者甚为踊跃"①。翌年1月初,宁波斐迪初级中学陈德生等5名不足15岁的学生,因见报载锦州失守,日军将攻击山海关的消息后,即生"投笔从军"之念,并向校方说明志愿。因年幼未得学校准许后,5人殊为愤懑,即于7日"秘密出走,同往从军"②。

1932年1月28日,日军将战火烧到上海,十九路军在蔡廷锴、蒋光鼐的率领下奋起抵抗。宁波各阶层民众闻讯后急切要求政府对日宣战。1月31日,鄞县反日会发出急电,要求国民政府同日本"断然绝交,毅然宣战,檄调劲旅,增援驱寇"。2月1日,时事公报社发出募饷通告,指出"十九路军之胜败关系上海之存亡,而上海之存亡实关系全国之安危",呼吁宁波民众"缩衣节食,踊跃输将,救国保种"。各界民众立即响应,一天之内就捐麻袋2万只,由火车运往上海,以应前线修筑工事之急需。2月21日,《时事公报》登载前方急需干粮咸光饼后,各界民众便争先恐后地购买,连商店学徒、挑夫摊贩和在校学生也不甘落后,致使各饼店只得彻夜赶制。次日,全市即收到咸光饼30万只,分装160袋。至2月26日,累计运出693袋。在募集款项方面,截至3月24日,全市共捐银洋1.0613万元、角币0.5741万角、铜钱4.06万文。此外,还募集到大量食品、衣被和各种生活用品,从而有力地支

---

① 《民众举行援马募捐大会》,《申报》,1931年12月4日。
② 《五小学生投笔从军》,《申报》,1932年1月11日。

援了十九路军的淞沪抗战。① 浙海关税务司威立师在向海关总署的报告中也说:"本埠人民对于日本侵夺东北及攻击上海之举,无不愤激异常,乃群起抵制仇货以示抗拒。日货进口遂大受打击,如棉布、糖品、鱼介及海产品无不锐减,抵货坚强可见一斑。"②

1932年5月上海停战协定签订后,国民党即在全国实施"攘外必先安内"的反动国策。宁波的抗日救亡运动在政治高压之下虽然暂时转入低潮,但广大群众对于抗日救亡的诉求却从未停止。如1932年10月,宁波邮务工人和甬曹铁路工人为支援抗日,纷纷节衣缩食,将月薪的百分之一捐助东北义勇军,为时达半年之久。11月,余姚虞宦街一名向以贩卖纸烟糊口的小商,"见报载东北义勇军在冰天雪地忠勇卫国,大为感动",便将10余年积蓄所置的房屋、田产"悉数变卖",得现洋1500元,以500元留作经营小本,其余1000元通过宁波援义储金会,匿名"悉助东北义勇军"③。此种感人之事,不胜枚举。

1935年华北事变发生后,民族危机更加深重。12月9日,北平学生冲破国民党的政治高压,决然发动"一二·九"运动。消息传来,宁波学生奋起响应。12月中旬,宁波中学、宁波高级工业学校等校学生自治会即发出声援通电。23日,宁波中学、效实中学、高级工校、商业学校、甬江女中等8校3000多名学生,冲破当局阻挠,举行罢课和声势浩大的示威游行。从该日上午10时起,汇集在公共体育场的学生组成游行队伍,沿北大路、东门街、南门环城路、新江桥、江北岸等举行游行示威,沿途高呼"誓死反对华北自治"、"打倒日本帝国主义"、"收复失地"等口号。下午2时,游行队伍折返体育场,请来鄞县县长陈宝麟,要求政府抗日救国。宁属各县学生也群起响应。26日,慈溪县立初级中学学生自治会即以快邮致函宁波学生组织,对宁波学生唤醒民

---

① 中共宁波市委党史研究室《中共宁波党史》第1卷,第144、145页,中共党史出版社2001年版。
② 徐蔚葳《近代浙江通商口岸经济社会概况》,第396页,浙江人民出版社2002年版。
③ 《爱国商人变产助义军》,《申报》,1932年11月16日。

众之举动"深表赞同",决心"抱'最后一课'之精神,作为国牺牲之准备"①。

在"一二·九"运动的推动下,宁波一度沉寂的抗日救亡运动重新高涨起来。各界爱国青年纷纷组织读书会和救亡团体,撰写救亡文章,散发抗日传单,进行救亡宣传和军事训练等活动。1936年1月,上海妇女抗日救国会会员戚铁生、华萼从上海来宁波教书后,也积极参与宁波学生的抗日宣传活动。同年春,《时事公报》开辟《芥末新闻》专栏,摘编刊登日军暴行和抗日救亡之类的消息。镇海蔚斗小学教员乐培文、张起达、王洁等编印救亡刊物《镇海呼声》,抨击国民党的不抵抗政策,呼吁抗日救国。镇海觉渡小学、进化小学教师郑芳华、戚铭渠等组织当地8个小学的六七百名师生举行抗日游行和各种宣传活动。同年夏,从上海回甬度假的大学生姚常新联络城区范雨峰、谢相箴、邬家箴、陆平等10多名青年店员、小学教师和中学生,成立"今日读书会",通过组织阅读进步书刊,举办时事讲座,开办暑期补习学校和成立歌咏队、"时代剧社"等活动,以各种形式向各界群众宣传抗日救亡。②

1936年10月,为团结宁波各界爱国群众,扩大抗日救亡力量,"今日读书会"联合"江东读书会"等,发起组建宁波各界抗日救国联合会。参加宁波救国会的有中小学、钱庄业、电灯公司、和丰纱厂和机关等各界代表,推选范雨峰、邬家箴等为理事,范雨峰为理事长。宁波救国会认为,国民党的内战政策违背民意,共产党提出的建立抗日民族统一战线的主张符合中华民族的利益,是大势所趋,民心所向。此后,宁波的抗日运动继续向前发展。同年11月,宁波城区和宁属各县掀起"援绥"(支援绥远,绥远时为关外一省)抗战运动,工商学妇等各界民众或捐1日所得,或节衣缩食,募集资金,支援前线。次年5月,上海基督教青年会派遣刘良模、王莘耕等来甬,组织歌咏会,教唱抗日

---

① 中共宁波市委党史研究室《中共宁波党史》第1卷,第147、148页,中共党史出版社2001年版。
② 邬家箴、范雨峰等《宁波各界抗日救国会始末》,《宁波文史资料》(内),第13辑。

歌曲,吸引了城区广大青年,增强了抗日救亡的气氛。①

然而,宁波地方当局却顽固坚持"攘外必先安内"的方针,力图压制抗日救亡运动的发展。1936年二三月间和6月下旬,国民党鄞县、镇海县党部相继逮捕戚铁生、华萼和乐培文、郑芳华等15名抗日积极分子,解到杭州、南京关押。同年12月,宁波地方当局又先后拘捕宁波救国会理事和骨干范雨峰、谢相箴、陆平等12人。1937年1月,《商情日报》主编庄禹梅和社长、编辑等4人因反对上述捕人事件也遭逮捕,报社则被查封。3月,范雨峰、庄禹梅等5人以危害民国罪被判处5年徒刑。其后,又赶走刘良模,拘留王莘耕。但是,宁波地方当局的倒行逆施并不能阻止抗日救亡运动向前发展。正是这不断高涨的抗日救亡活动有力地推动了抗日民族统一战线的形成。

(二)政府对于抗日军事的若干准备

1931年"九一八"事变发生后,国民政府虽然仍将国内政治重心集中在对付以共产党为首的反对势力上,坚持以"攘外必先安内"作为基本国策,但在日军步步紧逼、民族危机不断加深的情势下,也不得不作某些政策的调整,尤其在军事上开始考虑应对全面战争的爆发。

1931年10月9日,宁波公安局召开警务会议,局长毛懋卿强调指出:"现暴日强占东省,屠杀同胞,国亡无日,非武力不足以抗日救国"。由此决定除加紧对所属警长实施军事教育,"所有各职员应同受军事训练,以为预备",并相应制定训练的组织章程和实施细则。② 宁属各县奉省政府之令,先后组建保卫团。一般县设总团,由县长兼任总团长,各区设分团,其职责为保障地方安全,训练壮丁和后备兵员。不久又奉令抽编县区基干队和常备队,并组编商民训练队等。为加强浙东防务,便于统一指挥各部,1932年6月,中央军事委员会委员长蒋介石下令在宁波设立防守司令部,"掌管防区内一切战备及警戒事宜,其区

---

① 邬家箴、范雨峰等《宁波各界抗日救国会始末》,《宁波文史资料》(内),第13辑。
② 《公安局将实施军事训练》,《申报》,1931年10月10日。毛懋卿为蒋介石发妻之兄。

域为镇海要塞地带、外海水警局警区及宁波附近地区"①。

1935年又开始研究加强宁波的空防和海防。鄞县县长陈宝麟强调:"宁波为通商口岸,地处沿海,一旦对外有事,极易受敌空军袭击。吾们居于斯、食于斯,对于防空问题应如何设法研究,准备一切,以期应付。"②他主张首先应从市内建筑和消防两个方面入手。10月,即设防空监视哨于宁波城内鼓楼。1937年2月则成立由行政督察专员任会长的宁波防空协会。7月,又在城内成立鄞县防护团,由县长任团长,分3个区团、9个分团,并设消防、警报、灯火管制、交通管制、救护、警备等8个队。在加强空防的同时,鉴于沿海渔业资源遭到日本渔轮侵夺,1935年5月,第5区行政督察专员赵次胜倡议建立宁波渔业警察局,既保护了渔民,又加强了海防。③

随着局势日趋严峻,1936年还开始对普通民众实施军事训练。如3月21日,鄞县对全县童子军举行第3次总检阅,1500多名童军参加受检。④ 7月,余姚举办全县小学教职员集训班,实施军事训练,并开设"中日甲午战争"等专题讲座。为加强防务,同年3月浙江省政府主席黄绍竑亲至宁波视察防守司令部、保安司令部、公安局、渔业警察局和镇海要塞等军警机构。⑤

在沿海防御方面,开始以日本为假想敌,制订防御计划,构筑防御工事和相关设施。1934年,德国军事顾问佛采尔为国防部拟订《中国中部防御计划》,认为对宁波方面的攻击,"其目标在占领重要富庶之商埠及该处沪杭甬铁路,由南方攻占杭州"。故防御要点在于编练水雷部队,以利用海岸复杂地形封锁海口。在兵力配置上,海岸警备置海防旅1个,北与上海的1个师、乍浦的1个旅相呼应,宁波海岸则配

---

① 《宁波将设防守司令部》,《申报》,1932年6月12日。
② (民国)《鄞县通志·政教志乙编·防务·附陈宝麟宁波防空上的两个重要问题》,宁波出版社2006年版。
③ (民国)《鄞县通志·政教志乙编·警务·渔业警察局》。
④ 《全县童军总检阅》,《申报》,1936年3月23日。
⑤ 《黄绍竑莅甬》,《申报》,1936年3月22日。

备大口径榴弹炮8门、加农炮10门、高射炮44门。与此同时,为加强浙东沿海防务,1934年6月宁波防守司令又兼任乍浦、澉浦防守司令,军政部则将独立炮兵第4团由嘉兴移驻乍浦,也归宁波防守司令部节制。① 1935年10月,陈德法所辖第十集团军独立第三十七旅也由厦门调防宁波,抗战爆发后该旅即被改编为第十集团军第一九四师,参加了镇海保卫战。

1936年,国民政府参谋本部又制订《宁波区海防设备实施计划》。该计划预想日军在浙东沿海登陆,进而占领杭州,威胁南京,指出自姚北至象山百余公里海岸线中,最危险区在甬江两岸及长跳嘴、老鼠山一带,次要区在穿山岭至沿亭湾一带,再次要区在伏龙山至蟹浦一带。据此,全区应设守备兵力3个步兵团、1个炮兵团,并在"前述三地区沿海各要点构筑永久工事",并开通公路,架设电话线,"以使敌难以上陆为要旨"。工程设施分两期完成。②

依照上述计划,宁波沿海一带以镇海口为重点,开始着力整顿和加强军备,并大规模修建钢筋水泥碉堡、掩体和公路、通讯设施。如镇海要塞炮台到1936年已配备500公斤的水雷12枚、300公斤的水雷59枚、漂雷8枚、地雷120枚,每门大炮配有炮弹200发,此外又修筑从五乡碶到长跳嘴的军用公路,衔接宁穿公路,形成快捷交通运输网络。③

上述举措,增强了宁波的反侵略能力,有利于日后的抗日作战。

第四节　抗战时期的宁波政局

1937年7月抗日战争爆发后,宁波的各种政治力量进行了新的整

---

① (民国)《鄞县通志·政教志乙编·防务·宁波防守司令部沿革》,宁波出版社2006年版。
② 《中国中部防御计划》《宁波区海防设备实施计划》,转引自周时奋《鄞县志》,第1228页,中华书局1996年版。
③ 陈兵《镇海县志》,第265页,中国大百科全书出版社1994年版。

合。以中共浙东临时特委成立作为标志,宁波地区的中共组织开始恢复发展,并逐渐成为抗日救亡的中坚力量。1940年7月,国民政府军也在第一次镇海保卫战中奋勇击退了入侵日军。翌年4月宁波沦陷后,宁波地区出现了国民党流迁政权、中共创建的浙东敌后抗日民主政权和日伪政权三者并存的复杂政治局面。经过战争磨炼,宁波人民的民族民主思想空前高涨,共产党的社会影响也日益扩大。

一、七七事变和抗日民族统一战线在宁波的初步形成

(一)日本全面侵华战争的爆发和宁波地区抗日救亡运动的勃兴

1937年7月7日,日军悍然发动卢沟桥事变,中华民族历时8年的抗日战争由此开始。宁波民众"猝聆消息,共表愤慨,奔走相告,空气紧张,其一种痛痒相关之情绪,不啻视国事视家事也"。《时事公报》也立即刊发社评,严正指出:日本"侵略之野心,已经完全暴露","惟望朝野一致,对此事有进一步之认识而变以前应付之态度","决不撤退在我国土内任何地之驻军,敌如来犯,迎头痛击"①。

8月13日,日军又扩大战争,将战火蔓延到上海。与上海血脉相连,且仅一水之隔的宁波也立即变为东海前线。14日,《时事公报》发表社论疾呼:"一·二八"时期"这种共赴国难的精神和态度,是中华民族的复兴的征象,是中华民族不亡的主要力量……目前的中国,唯有抵抗,才是出路;当这个关头,只有国家,是高于一切"②。同日,国民政府也发表《自卫抗战声明书》,指出:中国之领土主权,已横受日本之侵略,"中国决不放弃领土之任何部分,遇有侵略,惟有实行天赋之自卫权以应之"③。同时又发布命令:"兹以外侮紧迫,京沪、沪杭两铁路

---

① 《卢沟桥事件又告突变》,《时事公报》,1937年7月11日。
② 《上海的炮声响了——我们要恢复"一·二八"时期的精神》,《时事公报》,1937年8月14日。
③ 《对现在中日局势我政府发表声明》,《时事公报》,1937年8月15日。

沿线各县,及鄞县、镇海等处,着自即日起,宣告戒严。"①当日下午5时30分,即有9架日机侵入奉化、宁海、象山领空侦察,为此,宁波防守司令部于14日晚10时宣布宁波城区戒严。② 24日,日机首次向栎社机场投弹轰炸,27日开始向作为浙东门户的镇海城区轰炸。③

面对日本的侵略,宁波各阶层民众迅速行动起来,广泛开展抗日救亡宣传,为前方将士募钱输物,救护前线受伤官兵,组建抗敌后援会等救亡团体,甚至奔赴延安、临汾等地参军入伍。

创办于1938年5月的宁海儿童救亡歌剧团到西店梅岭一带演出之后合影。(选自宁波市新四军研究会等编《宁波抗战八年》,宁波出版社2006年版)

在宁波城区,卢琼英等联络原宁波各界救国会成员和其他爱国青年,组织"宁波职业青年业余宣传队",在城区街道和近郊开展演讲、歌咏、演剧等各种抗日宣传活动。8月中旬,又组建为"第四十二宣传

---

① 《国府命令京沪杭鄞即日戒严》,《申报》,1937年8月14日。
② 《宁海奉化象山均有敌机过境》、《甬埠昨晚临时戒严》,《时事公报》,1937年8月15日。
③ 《敌机飞浙境侦察》,《申报》,1937年8月28日。

队",深入工厂、农村,演出《放下你的鞭子》、《打回老家去》等救亡戏剧,演唱《义勇军进行曲》、《大刀进行曲》等抗日歌曲。在慈溪东乡,晋群小学校长严式轮发动师生和当地知识青年成立"慈东青年抗日救亡宣传队",在慈东各乡镇巡回演出。在镇海城关和小港、横河、大碶、前绪、柴桥,当地的爱国师生和从上海回乡的失学失业青年,纷纷组建"抗日救亡工作团"、"抗日救亡宣传队"、"战时服务团"等组织,进行演讲、演剧、抵制日货和救护伤员等救亡活动。在奉化,就读于杭州省立师范学校的胡华于9月间在大桥组织"醒民剧社",到全县各地甚至宁海境内演出《朝鲜亡国恨》等短剧,演唱《热血》等歌曲,并编印救亡刊物《醒民》,深受民众欢迎。①

　　为在物质上援助前方将士,宁波教育会、青年会、律师公会、学校、教会、新闻机构等单位团体纷纷以各种方式开展劝募活动。《时事公报》在七七事变后即刊登代收二十九军将士慰劳金启事,指出二十九军忠勇卫国,坚守阵地,"其为国牺牲之精神,实足使我后方同胞感激涕零","所望各界同胞踊跃输将,为我抗敌将士后盾"②。无论是老人还是幼童,都纷纷解囊,就连生活窘迫的广大下层民众,也积极应募。一桩桩感人的事迹,层出不穷。比如7月19日,有一对7岁和6岁的兄弟,在家人陪同下前往劝募处,分别捐出2角6分和2角5分。工作人员问他们为何要捐,这对小兄弟昂然回答:"我们不愿做亡国奴!"并寄语前线壮士奋勇杀敌。③ 又有一位叫周美玉的市民,遵照母亲遗命,为申有国而后有家的大义,停止举办奠礼,"将新收礼品折合为一百元,连同本宅置办奠菜用费一百元,一并移充慰劳抗敌前线将士"④。

---

① 中共宁波市委党史研究室《中共宁波党史》第1卷,第155~157页,中共党史出版社2001年版;邬家箴等《宁波各界抗日救国会始末》、毛元仁《镇海人民爱国救亡活动纪略》,《宁波文史资料》(内),第13辑,第5、9、12页;施正《情系延河水——记胡华和张岱》,《宁波文史资料》(内),第16辑,第272页。卢琼英、严式轮均为失去组织关系的共产党员。
② 《本报代收二十九军将士慰劳金启事》,《时事公报》,1937年7月17日。
③ 《二十九军忠勇抗敌后方民众热诚慰劳》,《时事公报》,1937年7月19日。
④ 《谢唁并将奠礼筵资移助抗敌将士启事》,《时事公报》,1937年8月13日。

鄞县纪氏族人,也停办宗祠七月半羹饭,"折费移助于抗敌之用"。①仅据《时事公报》一个劝募点统计,截至8月14日,就共募得慰劳金11189.298元。②

随着淞沪抗战日趋激烈和日机对宁波轰炸不断加剧,为承担从上海来甬中转的负伤官兵和敌机轰宁波城乡的救护工作,鄞县红十字分会于8月下旬紧急组建救护队,众多青年男女在无任何报酬的情况下踊跃报名参加,并出生入死,夜以继日地忘我工作。在敌机对栎社机场和宁波城乡的历次轰炸中,宁波红十字会救护队均在空袭声中奔赴现场抢救。每当收到上海发船的电报,红十字会立即组织安排接待事宜,救护队员则做好一切准备,按时到江边轮埠迎候。路旁群众也都会主动前来扛抬担架,人力车夫则不要车资自愿义务拉车。华美、中心等医院的医生和护理人员也尽全力出动,救死扶伤。七塔寺、青年会和民光、甬江影剧院等公共场所都临时被辟为接待站。从上海经宁波中转的伤员,先后不少于10批,每批人数少则数十,多至一二百。因宁波地处海防前线,伤员不宜久留,一般都须转送南昌、永康等地的后方医院。无论是用火车还是汽车、民船转送,救护队均派员护送,直至目的地有了交代,才整队返回宁波。③

面对侵略战争的日渐扩大,一批批宁波爱国青年毅然以身许国,或奔赴抗日圣地延安,或赶往前线加入八路军、新四军,直接参加对日作战。其中,以"第四十二宣传队"为主,即有30多人于9月间分批北上。第一批由谢相箴、范雪峰等发起,约同王莘耕、厉全起、沈鞠如、陆平等,各自瞒着家人,于9月4日从宁波出发,至余姚马家路村集合,组成"宁波战时流动宣传队",然后乘船渡过曹娥江,经杭州、苏州、南京,循津浦路、陇海路西进。他们以歌咏、演剧、绘画等各种形式向沿

---

① 《各界民众敌忾同仇踊跃输将慰劳前方将士》,《时事公报》,1937年8月13日。
② 《本报代收前敌将士慰劳金逐日报告》,《时事公报》,1937年8月15日。
③ 戴庆琦《宁波红十字会救护队》,宁波市政协文史委《宁波文史资料》(内),第13辑,第184~186页。

途民众进行抗日救亡宣传,收到了很好效果。10月,王莘耕等一行15人进抵西安,与稍后出发但已先期到达的卢琼英姐妹会合。后经三原八路军办事处介绍,抵达延安,分别进入抗日军政大学和陕北公学学习。第三批邬家箴等10余人也在9日出发,12月到达延安。从当年11月至1938年间,又有鄞县、慈溪、镇海、余姚、奉化、象山等县的30多名爱国青年或奔赴延安,或经武汉八路军办事处介绍去山西临汾八路军学兵队学习,有的则就近参加了新四军。①

(二)"中共浙东临时特别委员会"的建立

七七事变爆发时,宁属地区虽因1932年遭国民党全面破坏,中共地方组织暂不存在,但一些失去组织关系的党员仍在积极主动地组织参与抗日救亡活动。特别是隐蔽在鄞东观音庄一带的鲍浙潮、竺扬、周鼎、陈秋谷等积极团结进步青年,举办民众时事讲座,组织"生活剧团"和救亡组织"生活团"。随着活动范围的逐渐扩大和民众抗日情绪的不断高涨,鲍浙潮等日益感到党的组织和党的领导的重要。

其时,适逢原中共上海中央局宣传部长朱镜我获释后来鄞南家乡养病,鲍浙潮等闻讯后立即赶往金峨乡请求帮助指导。此时朱镜我已由南京中共代表团恢复党籍,并受命恢复浙江党的组织②,于是在9月下旬即来鸣凤乡观音庄(今属云龙镇)调研考察。他认为,同志们目前正在进行的工作的方向与方法都是正确的,但"抗日战争已肯定是长期的,我们工作发展范围将愈来愈大,工作任务也必然愈来愈重,可是这里还没有党组织,等于我们还没有灵魂,这是不行的"。进而又指出,失去组织关系的党员"在此国难临头,理应负起一个党员的职责,

---

① 林形如(即范雪峰)《宁波战时流动宣传队北上记》,《宁波文史资料》(内),第16辑,第249~260页;中共宁波市委党史研究室《中共宁波党史大事记》(内),第87页,1991年印行。
② 张信达《去浙江开辟工作的情况》,《抗战初期的八路军驻南京办事处》,南京大学出版社1987年版。

不应坐等",并且提议"先成立一个临时组织,来替党担当工作"。① 经过慎重讨论研究,与会同志一致赞成这一提议,决定由朱镜我、鲍浙潮、竺扬、周鼎、陈秋谷等5人组织成立过渡性的临时组织——"中共宁波临时特别支部",推举朱镜我为书记。自此,宁波的抗日救亡运动和党组织的恢复发展,就有了秘密的领导核心。

"中共宁波临时特别支部"是在特殊条件下建立的过渡性组织,能否生存发展并在救亡运动中发挥作用,关键在于能否及时取得中央和上级党组织的领导。为此,"临支"甫经成立,朱镜我即抱病前去上海,并顺利通过八路军驻沪办事处负责人、朱在创造社和中央文委工作时的挚友潘汉年,正式接上了与上级党组织的关系。上级党组织肯定了宁波临时特别支部的工作,同意恢复"临支"成员的党籍,同时为适应斗争需要,决定撤销宁波临时特别支部,另行成立"中共浙东临时特别委员会",以原临时支部的5个成员为委员,朱镜我为书记。10月上旬,朱镜我返回宁波,浙东临时特委便在鄞东观音庄正式成立。不久,朱镜我奉南京中央代表团指示赴杭州主持筹建党的全省性领导机构。11月上旬,"中共浙江省临时工作委员会"在杭州成立,由此浙东临时特委便同省临工委建立了隶属关系。

省临工委成立后,朱镜我仍回宁波主持浙东临时特委工作,并将特委机关由观音庄迁到宁波南门外船埠巷,以方便开展工作。当时国共两党的第二次合作虽已建立,但宁波的形势依然相当严峻,政治活动仍受到国民党党部的监视与限制。根据这种微妙局势和党中央关于国统区党的工作的基本方针,朱镜我及时提出:"要从开展群众运动中去壮大党的组织,要从壮大党的力量中去扩大党在群众中的阵地。""在两党统战局面已经形成以后,我们对国民党的反动性,虽仍须警惕,但在不超越我党救国十大纲领范围内,对群众工作,应尽量争取合法化、公开化,不应再保持'完全隐蔽'的消极方式。"② 浙东临时特委

---

① 鲍浙潮《抗日战争时期宁波党的重建》,《宁波党史资料》(内),1984年第2期。
② 鲍浙潮《抗日战争时期宁波党的重建》,《宁波党史资料》(内),1984年第2期。

决定以此作为自己的工作方针。这个方针切合宁波实际,尤其是解除了长期白色恐怖对党员造成的思想禁锢,为迅速打开工作局面指明了正确方向。

根据所确定的工作方针,浙东临时特委首先从进一步开展群众性抗日救亡活动入手,积极扩大党的群众基础和外围组织。在继续办好生活剧团,加强救亡宣传的同时,又派遣党员参加合法抗日团体,广泛团结各界群众,编辑出版《迅雷》等救亡刊物,翻印中央领导同志和八路军将领的有关论著,及时组织时事报告会、座谈会,尽力以各种形式扩大宣传范围,提高宣传效果。此外,还与地方当局商议组织民众抗日游击武装"飞鹰团",举办训练班,并出版团刊《野战》。

与此同时,浙东临时特委一面审查恢复竺一平、卓子英、庄禹梅、邬仁扬等10余人的党籍,一面培养发展秦加林、詹步行、陈冠商等一批进步青年入党。到1937年底,在鄞县和奉化等地建立了党的支部,拥有党员20多人。翌年4月,恢复建立了鄞东、鄞南2个区委和宁波城区、奉化、镇海、宁海等地的9个支部,党员达到130余人,宁属地区党的重建工作取得重大进展。① 5月,根据临时省委的指示,成立以顾玉良为书记的宁绍特委,辖区为宁绍两属及宁海等14个县,浙东临时特委即行撤销。在浙东临时特委领导之下,宁波地区共产党组织的恢复重建和如火如荼开展起来的抗日救亡活动,为日后浙东敌后抗日根据地的创建和宁波民主革命的胜利,奠定了坚实的政治基础、群众基础和共产党的组织基础。

(三)抗日民族统一战线在宁波的初步形成

日本全面侵华战争爆发后,中共代表周恩来于7月15日将《中国共产党为公布国共合作宣言》送交国民党。直到淞沪会战进入关键时刻,国民政府面临生存危机的9月22日,国民党中央通讯社才发表中

---

① 中共宁波市委党史研究室《中共宁波党史大事记》(内),第89、91页,1991年印行。

共递交的两党合作宣言。次日,蒋介石就此发表讲话,表示应"集中整个民族之力量,自卫自助,以抵抗暴敌,挽救危亡",从而在实际上承认了中国共产党的合法地位,标志着第二次国共合作的实现和抗日民族统一战线的正式形成。在浙江,中共闽浙边临时省委于5月上旬就与国民党闽浙皖赣四省边区主任刘建绪进行谈判,因国民党坚持"北和南剿"的方针,致使谈判破裂。8月24日,双方在温州举行第二次谈判,9月下旬终于在杭州达成协议。其间,国民党方面还提议,红军改编后即开至宁波、乍浦一线,参加对日作战。10月,粟裕等领导的闽浙边红军挺进师也与国民党达成协议,并被改编为"国民革命军闽浙边抗日游击总队"①。至此,国共第二次合作在浙江得以实现。在上述背景之下,国民党统治极为严密的宁属地区,情况也开始发生变化。

七七事变发生后,宁波最具影响力的报刊《时事公报》便发表社评,呼吁"朝野一致","以举国之力量"与敌周旋。② 7月中旬,在基督教青年会举办的民众慰劳二十九军大会上,当主持人宣布开会后,即有一位罗姓女士登台高声疾呼:"中国已经到了非生即死的最后关头,全国应该一致起来争取生存!"③鄞县律师公会因国难深重,更致电司法部,要求立即释放在押政治犯。支持这一动议的民众也公开表示:"政治犯则大抵皆是有意识、有相当的事理判断力的人。在这个时候,他们当知道共赴国难的重要。""对这一些人的力量,我们也相信其对于这非常时期的社会国家能有相当利益。所希望的是司法部能当机立决,不稍犹豫。"④在民众的强大压力之下,浙江省高等法院于8月14日发出训令,要求省高等法院鄞县第三分院和鄞县地方法院准予取保开释所有政治犯。⑤ 9月25日平型关大捷的消息传来后,宁波《时

---

① 龙跃等《闽浙边红军历次与国民党四省边区主任刘建绪谈判的经过》,《浙江党史通讯资料》,1983年第8期。
② 《卢沟桥事件又告冲突》,《时事公报》,1937年7月11日。
③ 《记青年会民众歌咏团慰劳29军歌咏募捐大会》,《时事公报》,1937年7月23日。
④ 揆一《"释囚"我见》,《时事公报》,1937年8月15日。
⑤ 《鄞高地两院准保释已未决各犯》,《时事公报》,1937年8月15日。

事公报》便以显著位置予以报道,并用醒目的标题刊登上海各界抗敌后援会致八路军总指挥朱德的贺电:"捷报传来,举国振奋。尚希乘机长驱,灭此朝食。"①

1937年7月17日,为支持前方抗战,地处象山港边的鄞东咸祥各界民众即发起成立抗敌后援会,次日又致电二十九军军长暨全体抗日将士。"八一三"事变的消息传到宁波后,鄞县地方当局也于14日组织成立鄞县抗敌后援会,推举王文翰、张申之、金臻庠、俞佐宸等15人执行委员,并于当日致电上海市长俞鸿钧转前敌将士:

> 溯自卢变爆发,日侵日深,威胁察绥,喋血平津。近因华北不逞,乃转而谋我淞沪,战舰云集,胡骑横行,轰炸杀戮,惨绝人寰。幸赖我前敌将士,本"一·二八"抗战精神,抱大无畏牺牲精神,迎头痛击,誓死周旋,大义彪炳,争辉日月。惟大战序幕既开,敌寇势焰方张,尚祈益矢忠贞,继续奋斗,不惜头颅,不吝热血,歼彼丑虏,保我国土。本会率领全县民众,誓为后盾。谨电勉慰,诸希垂察。②

鄞县抗敌后援会虽由地方当局组织,但其中也包容了各文化机关、民众团体和相当一批爱国士绅以及共产党人。随着战争的不断深入扩大,这些共产党人与爱国人士的活动空间和影响力也随之扩大。比如担任该会"第四十二宣传队"队长的卢琼英便是失去组织关系的中共党员,而庄禹梅则是在恢复党籍后由中共浙东临时特委派遣进入该会担任执行委员。从这个角度来看,鄞县抗敌后援会带有抗日民族统一战线的某些性质。

同年11月,根据淞沪会战期间日机日舰不断侵扰镇海、宁波的严峻军事形势和省临工委关于"加强统一战线,组织群众,准备武装抗日"的指示,中共浙东临时特委指派鲍浙潮出面同鄞县县长陈宝麟商谈组建民众抗日游击武装。结果商定成立带有抗日武装性质的飞鹰

---

① 《沪抗敌后援会电贺八路军告捷》,《时事公报》,1937年9月29日。
② 《鄞县抗敌后援会慰勉淞沪华北抗敌将士》,《时事公报》,1937年8月15日。

团,由陈宝麟任团长,鲍浙潮任副团长,竺扬任联络股长,朱镜我、庄禹梅任政治教官,并于月底在洞桥天王寺举办"民众抗日游击干部训练班"(又称飞鹰团训练班)。飞鹰团虽然由鄞县县长任团长,并由县政府社训总队督导员担任军事教官,但陈宝麟热心抗日救国,又不过问具体事务,所以实际领导权掌握在中共浙东临时特委手中。特委充分利用这一合法组织,以自己掌握的"生活团"为基础,吸收鄞县、奉化一带失去组织关系的党员和爱国青年80余人前来受训。训练班除设置军事课程外,还宣讲中共《抗日救国十大纲领》和社会科学知识,并要求学员返回各乡镇后广泛组织抗日游击武装,保卫家乡。

1937年12月,原属桂系的黄绍竑接替CC系的朱家骅出任浙江省政府主席。次年2月,黄绍竑在共产党人的推动帮助下,以组织动员全省人民团结抗战为宗旨,制定颁布《浙江省战时政治纲领》,同时又下令全省各县组建战时政治工作队。各县政工队的主体是爱国青年学生,一般多由县长兼任队长,但核心人物往往是中共党员,其基本任务为:"后方县队的工作,以动员民众抗战为重心,前方县队及省队,则以深入敌区,展开对敌斗争为最高之要求。"①在宁波地区,余姚于3月首先成立县政工队,镇海、慈溪、鄞县、奉化、宁海各县也相继成立。这些县的中共党组织派遣党员和进步青年参加政工队,其中不少还成为领导骨干,这就使政工队在实际上成为抗战爆发后宁波抗日民族统一战线的一种重要组织形式,并在推动宁波团结抗战中发挥了积极作用。其中最有代表性的是余姚县政工队。该县政工队队长由要求抗日的县长林泽担任,承担实际工作的副队长则由国民革命时期的共产党员郭静唐担任,5月中共宁绍特委又派鲍浙潮前来就任副干事长,而县队下属6个区队的正副队长也大多由共产党员担任。余姚县政工队规模最大时拥有90多名队员,其中有60多人被先后发展为共产党员。在中共的实际领导下,该县政工队高举抗日民族统一战线的旗

---

① 黄绍竑《黄绍竑回忆录》,第416页,广西人民出版社1991年版。

帜,以各种形式广泛深入地发动和组织群众。由其所组织的青年救亡宣传室后被改组为拥有40多个支团、2万多名成员的战时社会服务队。同年夏季,政工队又和进步人士共同努力,促成余姚抗日自卫总队的成立。①

1940年秋,余姚县政工队全体队员在余姚龙泉山上合影。(选自宁波市新四军研究会等编《宁波抗战八年》,宁波出版社2006年版)

此外,在宁波地方当局控制的其他民众团体和党政宣传机关中,也多有共产党人在积极从事抗日救亡工作。1938年2月《浙江省战时政治纲领》颁布后,鄞县当局即将抗敌后援会改组为抗日自卫委员会,并组建其他救亡团体。中共宁波地方组织相继派遣党员和进步分子参加"抗日自卫委员会"、"战时文化事业推进会"、"救亡宣传队"、"流动施教团"等官方组建的救亡团体开展工作。如庄禹梅担任了抗日自卫会和文化推进会委员。傅志评、孔令嘉等受命考入宁波城防司

---

① 陆学斌等《抗战初期的余姚政工队》,《宁波文史资料》(内),第13辑,第16~19页。

令部宣传队和鄞县县政府宣传队。在国民党一九四师宣传队、鄞县县党部郭青白宣传队和鄞县妇女会宣传队中,也有一些共产党员在忘我工作。① 他们和这些团体中的其他爱国者一起运用各种方式,宣传组织群众,推动着宁波地区抗日救亡运动的蓬勃发展。

需要指出的是,在国民党控制十分严密的宁波地区,抗战爆发后共产党组织仍未能公开活动,国共两党之间的合作只能以间接的方式进行。这就使宁波地区的抗日民族统一战线及其活动方式与中央层面很不相同,从而显得很不完善和极不稳定。

二、宁波军民的抗日斗争

宁波地处上海东南和杭州湾南岸,是东南沿海的战略屏障。淞沪会战爆发后,第三战区便成立浙东守备区,负责防守浙东沿海,并与杭州湾北岸守备区互为犄角,宁波由此成为淞沪会战的南翼军事节点。在上海、杭州相继陷落后,第三战区又决定由第十集团军总司令刘建绪负责防守钱塘江南岸和浙江东部、南部沿海,宁波战略地位更形重要。

(一)日机对宁波的狂轰滥炸

自从1937年8月24日敌机首次轰炸宁波栎社机场,8月27日开始轰炸镇海城区,11月12日第一次轰炸宁波城区,直至1941年4月20日宁波沦陷这3年半中,据宁波市及镇海、鄞县、慈溪、余姚、奉化、象山、宁海7县所存档案资料不完全统计,日机空袭宁波地区达735架次,投弹2124枚,炸死平民1265人,炸伤1365人,炸毁学校、商店、民房等建筑14595间。其中鄞县城乡(含宁波城区)先后被炸230次,敌机出动520架次,投弹360枚,炸毁房屋3800余间,财产损失达410

---

① 中共宁波市委党史研究室《中共宁波党史》第1卷,第168~169页,中共党史出版社2001年版。

亿法币。① 其中重点是宁波城区,被炸达135次。

日机空袭宁波城区的主要目标是北火车站、东西交通要冲的灵桥,以及人口稠密地段。其中以1937年11月12日,1938年2月1日,1939年4月28日、5月1日,以及1940年9月3日、9日、11日这7次轰炸最为惨烈。在这7次轰炸中,日机共出动52架次,投弹148枚,毁房2000余间,炸死平民293人,炸伤600余人,城区主要街道和商业繁华地带均遭到空袭。炸弹所落之处,一片断垣残壁,罹难者尸横街衢,惨不忍睹,城区民众遭到旷古未有的厄难。② 现择要记述于下:

1937年11月12日,日机首次轰炸宁波市区,主要目标为江北火车站。从中午12点半日机窜入市区上空开始投弹,到下午3点50分警报解除,反复轰炸达3个多小时。因宁波当时无防空设施,城防部队也未配备高射炮,因此日机肆无忌惮地高空投弹滥炸,低空机枪扫射,造成损失也更为惨烈。其中平民罹难56人,受伤70多人,炸毁并延烧房屋300余间,损失财产25万多元。1938年2月1日下午,日军出动6架飞机,仍以江北岸火车站为重点,先后投弹14枚,车站所有房屋、月台全被炸毁,连同附近单位、民居,被毁房屋100余间,炸死2人,炸伤10余人。③

1939年4月28日上午9时50分,7架日机以灵桥为中心,对繁盛的商业区域实施狂轰滥炸。首先中弹的是滨江路(即半边街)尚未收市的鱼市场,正聚在一起营业的秤手、鱼贩、摊担、船夫霎时中弹倒卧在血泊之中,人们纷纷跳入寄泊江畔的帆船以图躲避,但日机丧心病狂地追踪轰炸,多艘帆船被炸得四分五裂,折桅断帆,惨死的民众尸体漂流,血染江水。此后,灵桥东西两堍附近的后塘路、百丈路、宫前街、灵桥路、濠河街、望江街、演武街等均遭到猛烈轰炸。被投中燃烧弹的

---

① 顾生霖《不能忘却的纪念——日寇在宁波的暴行综述》,手稿,存宁波新四军研究会。
② 蔡益人《日机在宁波市区七次大轰炸》,《宁波文史资料》(内),第12辑,第9~18页。
③ 蔡益人《日机在宁波市区七次大轰炸》,《宁波文史资料》(内),第12辑,第9~12页。

被日军飞机轰炸后的宁波开明街（选自宁波市新四军研究会等编《宁波抗战八年》，宁波出版社2006年版）

街道又恰值东南风甚猛，风助火势，大火延烧达10小时之久，繁华的街区变成断垣残壁和一片瓦砾。重要企业冷藏公司的第五层被焚毁，汽管爆裂，连建成不久的灵桥也被炸出大洞。此次轰炸共炸死135人，炸伤374人，炸毁房屋638间、渔船8艘，成为抗战期间日机历次轰炸中宁波城区遭受损失最为惨重的一次。更为甚者，从4月28日到5月14日的半个月中，日机连续8次轰炸宁波市区，共炸死177人，炸伤555人，毁损房屋1500余间，财产损失达3000万元以上。昔日繁华的城市变得满目疮痍，宁波市民遭受了一场前所未有的浩劫。①

1940年9月3日，日机集中轰炸城西南闹市和居民集聚处，前后投弹35枚，炸死市民55人，炸伤100余人，毁房近300间。江厦街、灵桥路、滨江路和章耆巷、紫微巷、陶家巷、陈家巷、谢家巷、欢喜巷、镇明

---

① 《宁波八次被炸记》，《宁波大观》，第47～51页，1940年印行。

路、广济街、迎凤街、毛衙街、仓基街、五台巷及望春桥、华美医院后江等地,均遭轰炸,其中镇明路281号的三升茶园即被炸死茶客7名。9月9日,敌机又空袭投弹25枚,落弹遍及濠河街和江东、江北一带,共炸死市民32人,炸伤60余人。其中躲避在濠河街一木棚下的居民全被炸死炸伤,在炸死的9人当中有3岁的幼童,但见尸体横陈,断肢残骸,血肉模糊,不忍卒睹。9月11日凌晨4点50分,日机再次窜入市区上空,向尚在睡眠中的市民连续投弹21枚,炸伤31人,毁屋218间。此次轰炸所造成的物资损失较前尤为巨大,仅方怡和南货店和楼茂记酱园店两家店铺,即损失50余万元。①

在宁波市区以外,遭受日机轰炸比较严重的是镇海、象山和奉化。如镇海从1937年8月27日首次被炸到1941年4月19日沦陷为止,空袭日机达315架次,投弹1052枚,炸毁房屋3780间,炸死无辜平民156人,炸伤153人。② 据1944年不完全统计,象山境内被日机轰炸22次,毁屋2270余间,死57人,伤89人,另被日舰击沉、烧毁渔船64艘,渔民、商人遇难56人。从1939年7月5日起,日机空袭奉化20余次,出动飞机66架次,投弹222枚,毁屋400余间,炸死炸伤百余人。其中被炸最严重的是溪口,先后计13次。在1939年12月12日的空袭中,日机投弹丰镐房,蒋经国生母毛福梅等18人罹难。③

(二)第一次镇海保卫战

1937年12月杭州陷落后,浙江在军事上便以钱塘江为界,形成敌我东西对峙的局面。其中浙东宁波自1938年10月广州沦陷后战略地位更显重要。在沿海重要港口中只有宁波尚未陷于敌手,通过这条国际物资补给线,汽油、柴油、药品、机械配件等重要战略物资源源不断地输入内地。

---

① 蔡益人《日机在宁波市区七次大轰炸》,《宁波文史资料》(内),第12辑。
② 顾生霖《不能忘却的纪念——日寇在宁波的暴行综述》,手稿,存宁波新四军研究会。
③ 戴士清《日机日舰在宁波各地的肆虐》,《宁波文史资料》(内),第12辑,第20~21页。

为保卫镇海要塞,防止日军在宁波沿海登陆,当地驻军在龙山至白峰各沿海要口增建防御工事,在海塘内侧修筑步兵立射掩体和战壕。1937年12月31日,宁波防守司令部更奉令将总吨位3640吨的"新江天"轮凿沉于镇海甬江口,并在该处海底打造一道梅花桩,各桩用铁链连锁,作为第一道防线。1939年再次将总吨位2800吨的"太平"轮等18艘大小船只装上石子,自沉于招宝山外小金鸡山一带,作为第二道防线。1940年7月,又将1500吨级的"凯司登"号和"海登"号沉于拗氆江转弯处,作为第三道水下防线。① 为从精神上打击日本侵略者,1938年5月国民政府统帅部决定首次派飞机远征日本,空军司令部则将宁波栎社机场作为远征空袭的起飞基地。5月19日下午5时,由徐焕升、佟彦博分驾两架装满传单的重型轰炸机自汉口飞抵栎社机场。当夜11点48分,两架飞机从宁波出发直飞日本九州。20日凌晨2点45分飞达日本上空,开始在长崎、福冈、久留米、佐贺等地撒下大批反战传单,成为世界航空作战史上著名的"纸片轰炸"。②

为实施对华封锁,并占据宁波,切断浙赣交通线,1939年6月23日,日军以1400余人的兵力在舟山本岛的沈家门、道头、盐仓等处登陆,攻陷定海。定海县长苏本善率县政府和县国民兵团经大榭岛撤驻镇海柴桥。8月6日,日军又进犯象山石浦铜瓦门,守军盐务税警队奋起抗击,毙伤日军100余名,取得浙东沿海抗战史上的首次胜利。1940年1月22日,日军偷渡钱塘江,占领萧山县城,由此结束敌我隔江对峙的局面,浙东形势岌岌可危。3月1日,日军登陆定海六横岛,6月2日又进犯镇海大榭岛和穿山,但均被我守军击退。这一系列行动预示日军进攻宁波大战在即。

其时,防守宁波的主力为守备一九四师。该师下辖3个团,共有兵力4000余人,师长为黄埔一期毕业的陈德法少将。其中从镇海要

---

① 曾史《镇海关沉船封港》,《宁波文史资料》(内),第9辑,第156~157页。
② 叶安宝《振奋人心的壮举——1938年我空军远征日本》,《宁波文史资料》(内),第13辑,第105~106页;吕宗恕《徐焕升:"轰炸"日本本土第一人》,《宁波新闻周刊》,2005年7月26日。

塞北岸至南虹机场、澥浦、龙山、古窑浦一线由一一二五团防守；从象山港横山起，经梅山岛、大榭岛、柴桥、三山及镇海要塞南岸，由一一二七团守卫；一一二六团为全师预备队，驻于汶溪、洪塘一带；防守镇海要塞区的是宁波城防司令部守备团的2个营和要塞总队所辖2个中队。防守海岸线长达160华里，兵力单薄，装备落后。①

1940年7月，日军大本营决定攻占镇海要塞，并以萍乡月浊为总指挥。② 日军调集30余艘军舰、40余艘汽艇、30多架飞机和3000多名日军于7月16日进犯镇海，竟日发炮500余发，投弹80余枚。

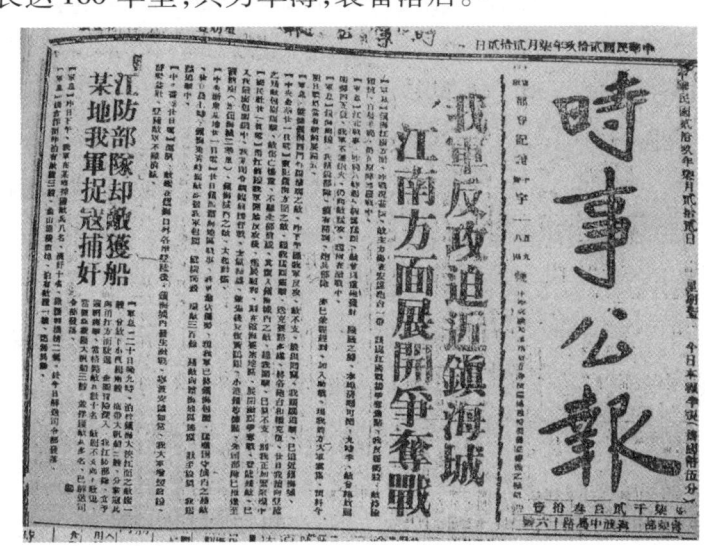

当时媒体对镇海口战况的报道（选自宁波市新四军研究会等编《宁波抗战八年》，宁波出版社2006年版）

17日凌晨，日海军陆战队约500人在日舰猛烈炮击镇海要塞的掩护下，乘装甲汽艇在甬江南岸的老鼠山偷袭登陆。然后一路自清凉山经蒋家、沙头、钳口门到港口，从背后袭击要塞守军；一路从青峙、李隘到小港，抢占金鸡山、戚家山制高点。同时，另一股日军在甬江北岸的

---

① 关于防区划分，因系动态，故有不同说法，甚至连一九四师所辖之团的番号也说法不一。经查阅多种文献，现采用下述几种：谢景山《我所知道的国民党194师》，《宁波文史资料》（内），第3辑；任根德《镇海口两次抗日作战纪实》，《宁波文史资料》（内），第13辑；陈兵《镇海县志》，第252～253页。
② 沈宏康《日军两次进攻镇海口之战略企图及浙东沦陷后的敌后抗战》，手稿，存宁波新四军研究会。

后海塘、大道头一带登陆,直扑县城。中国守军奋起抵抗,守卫狮山的连附陈友芬和守卫青峙岭的八连连长、五连连附都相继阵亡,青峙岭、沙蟹岭、小港、江南道头、招宝山和宏远、镇远炮台先后失守,下午5时镇海县城也被敌军攻占。

一九四师驻各地守军和抗日自卫团等部都奉令开往前线增援,终于在17日将登陆日军堵截在小港、江南和镇海县城一隅之内,将战局稳定下来。驻守上虞的十六师也奉命于17日下午出发前来增援,据此陈德法决定采取固守待援,而后反击的战法。20日晚8点30分左右,十六师四十八团团长罗鹏瀛率部首先赶达衙前馒头山柯家,接替一一二六团戚家山、陈山、衙前阵地。此时,控制戚家山制高点便成战局的重点,敌我双方为此展开激烈争夺。

21日拂晓,日舰向戚家山猛烈炮击,日机也反复轰炸。8时许,七八百名日军向戚家山四十八团二营阵地发动猛攻。战场上杀声震天,敌我多次白刃肉搏,战斗极为惨烈。战至上午,四十八团四连已伤亡过半,代连长叶自强阵亡;六连连长和3名排长均负重伤,全连只剩9名士兵,仍坚守阵地一角。作为预备队的一营一连旋即向立足未稳的敌军肉搏冲杀,并将其逼退。激战中一连连长唐义章和排长姜鼎文阵亡,另有2名排长重伤,士兵伤亡70余名。不久,日军又增援三四百人,在飞机和重迫击炮的掩护下,再次猛攻。戚家山阵地大部失守,一连虽仅剩4名士兵但仍坚守阵地。关键时刻罗团长命第一营营长率二、三两连和机枪连冲入日军阵地,用刺刀肉搏再次将敌军打退。下午3时,四十八团和赶来增援的一一二六团第三营又一次向日军发起攻击。四十八团三连连长曾连保在激战中牺牲,一一二六团连长刘钧奋勇当先,3次负伤不下火线。下午5点30分,日军终因伤亡惨重而动摇败退。①

在我军的有力打击下,日军终于不支。21日晚8时,日军在军舰

---

① 任根德《镇海口两次抗日作战纪实》,《宁波文史资料》(内),第13辑,第69~72页。

发炮掩护下,开始从甬江两岸的江南道头和后海塘一带登舰撤退。我军随即对敌发起最后攻击,并于22日凌晨收复镇海县城和要塞区。

在这场历时6天的镇海保卫战中,国民政府军取得了击毙日军近400人、击伤约600人的战绩,但中国军队也付出了阵亡600人、负伤580人的沉重代价。它在浙江的抗战史上谱写了光辉的一页,因而被时人誉之为"浙东本年来最光辉之战果"和"浙东的台儿庄大捷"。

(三)日军对宁波的细菌战

第一次镇海之战失败后,恼羞成怒的日本侵略军为进行报复,并配合再次进攻,罔顾国际公法,居然丧心病狂地对宁波实施细菌战,犯下了不可饶恕的罪行。

1940年10月27日上午7时,1架日本军用单翼机由慈溪观海卫一带窜入宁波城区上空,撒下传单,上书"重庆正在闹饥荒,而日本人则丰衣足食,有余粮来接济你们"等语。下午2时20分,又有一架日机入侵城区,在市中心开明街和中山东路一带撒下大批麦粒、粟米和面粉,该区上空顿时生成一片淡黄色云雾,瓦屋顶上则发出"沙拉拉"的响声。日机过后,当地居民即发现跳蚤骤增,血红的颜色,与本地种类相异。事隔2天,就有人染疫发病。30日,开明街口滋泉豆浆店店主赖福生夫妇首先暴死。接着,隔壁王顺兴大饼店、胡元兴骨牌店和中山东路的元泰酒店、久和祥烟纸店、宝昌祥服装店都相继死人。至11月3日,已死亡16人。次日又死7人,1天后再死20人。一时间呼天抢地的哭号声此起彼伏,丧服裹身者满眼皆是,开明街一带陷于一片恐怖之中。

10月31日,华美医院院长丁立成医师首先从东后街136号患者王仁林的淋巴穿刺液染色涂片镜检中,找到典型的鼠疫杆菌。鄞县县立中心医院院长张方庆医师在对患者的诊治中也得出了相同结论。11月3日,丁立成又将疑似患者俞元德的血液和淋巴穿刺液注入豚鼠作动物试验,结果2只豚鼠均于12小时内死亡。取其腹股沟淋巴结液作细菌培养和涂片镜检,又找到鼠疫杆菌。标本送省卫生处复查后,确诊为鼠疫杆菌。

在各界人士的敦促下,鄞县县政府于11月3日成立扑灭鼠疫临时办事处,开始对疫区进行杀菌消毒,并于当晚派出120余名警察封锁疫区,范围为中山东路以南、开明巷以北、开明街以东、北太平巷以西,约500平方米,禁止居民出入。5日,又刊登县政府第291号布告,通告发生鼠疫,并已封锁疫区。6日,成立县防疫处,设立临时隔离病院,按患者病情轻重分别收入甲、乙、丙3部。8日,又在疫区四周动工修建隔离墙,墙顶加弧形白铁皮压顶,以防鼠窜越。同时又堵塞阴沟,掘毁排水瓦筒,以绝鼠类地下通道,并在隔离墙外挖掘3尺宽、4尺深的隔离沟。7日,通过检查户口的办法,开始搜索追寻外逃者予以隔离、治疗,以防止疫情扩散。从9日起,为居民进行疫苗预防注射,逐渐由疫区向四周扩大,共计注射23343人次。

国民政府和浙省当局闻讯十分震惊。11月5日,省卫生处科长王毓榛即随正在方岩参加省政府会议的鄞县县长俞济民赶到宁波。10日,中央防疫十七队队长叶树棠率员赶到。省卫生处处长陈万里也受省政府主席黄绍竑派遣,赶来督办。19日,军政部第四防疫分队也派专业人员前来协助。到11月下旬,疫情虽已基本控制,但为根绝病源,决定焚毁疫区。29日晚7时,将疫区分为11处同时点火,霎时火光映天,115家住户的137间房屋付之一炬,开明街一带繁华的街区变成5000平方米的废墟。

在这场历时30多天的鼠疫中,染病死亡109人;全家死绝的12户,计45人;死人最多的为宝昌祥服装店,15人中死了14个。感染者的死亡过程极为痛苦,往往脸红似醉汉,两眼充血发红,两手乱抓头发,头向墙壁乱撞,胡言乱语,狂叫一阵后终于昏厥,随即去世。在隔离医院甲部,到处是垂死挣扎的病人,有的双眼凸出死去,有的屈躯吼叫而亡,有的母亲刚亡孩子旋死。这是日本军国主义对宁波人民欠下的一笔永远难以偿清的血债。①

战后收集的大量证据与国内外学者的研究清楚证明,宁波这场鼠疫的策划者是日本七三一细菌部队的石井四郎中将,所投鼠疫跳蚤则由设于哈尔滨市郊平房镇的细菌战研究中心培育繁殖。"大规模的细菌实战试验实际上是在1940年10月从攻击无辜居民开始的。石井从平房派出一列重兵看押的火车,目的地是上海有钱人的度假胜地杭州。火车上装载了70公斤伤寒菌、50公斤霍乱病毒和5公斤鼠疫跳蚤。细菌战的攻击目标是杭州以南一个居民区宁波。"②1949年12月,在伯力的远东军事法庭上,七三一部队生产部长川岛清少将、训练部长西俊英中佐、第四部细菌生产课长柄泽十三夫少佐等相关人员,也都明白无误地供认了这一事实。③

(四)"四一九"战役与宁波的沦陷

为进一步封锁闽浙沿海,切断中国的军事补给钱,夺取宁波、温州等处所贮藏物资和重要资源,进一步巩固对京沪杭的控制,从而实施其南进策略,1941年2月26日,日军大本营命令:"中国派遣军总司令官应对浙江省以北的中国沿海,华南方面军司令官应对福建省以南的沿海,自现在起应分别以一部兵力,随时进行以封锁为目的的作战。"④3月下旬,日军大本营又指示中国派遣军可使用驻上海吴淞的第五师团,实施浙江沿海的登陆作战。4月14日,驻沪日军第十三军司令官泽田茂奉令设指挥所于杭州,抽调第二十二师团、十五师团、独立混成

---

① 以上有关细菌战记述,主要采于:黄可泰等《惨绝人寰的细菌战》,《宁波文史资料》(内),第12辑;黄可泰等《宁波鼠疫史实》,中国文联出版社1999年出版;俞福海《宁波市志·专记·日军投掷鼠疫杆菌史实》,中华书局1995年版。同时参考:《宁波的鼠疫惨祸》,《宁波文史资料》(内),第2辑;张远铿《侵华日军在浙江进行细菌战的罪行》,《浙江文史集粹》第1卷等。
② Spence,The Search for Modern China,276~277。转引自[美]谢尔顿·H·哈里斯《死亡工厂》,第133页,上海人民出版社2000年版。
③ 郭成周等《侵华日军细菌战纪实》,第328~332页,北京燕山出版社1997年版。
④ 贾兴权《血色年轮——中国抗战八年风云纪实》,第411~412页,中国广播电视出版社1999年版。

第十一旅团及伪军一部共3万人,作为西线主力,准备从杭州方面向诸暨、绍兴进攻。东线以从上海吴淞南下的第五师团、海军横须贺第四特别陆战队和伪军一部,分4路进攻镇海、石浦、海门、瑞安等地,其中以镇海为重点。东西夹击,是为宁绍战役。

浙东象曹守备区以一九四师师长陈德法为指挥官,受驻新昌第十集团军副总司令俞济时节制。该区的中国守军有一九四师、暂编三十四师和宁波防守司令部守备团、宁波警察总队,承担着自象山港至镇海龙山长达80公里的防线,防守正面大,兵力少,处处暴露薄弱点,而且各师仅有之迫击炮亦都奉调桐庐集训。其具体部署为:一九四师2个团防守镇海口南岸,1个团守卫奉化、象山;三十四师防守镇海口以北地区;守备团分别布防于镇海和象山港;警察总队担任宁波城区和城郊的防务。

4月16日宁绍战役首先自西线打响,17日绍兴陷落,三十四师大部于18日奉令调往上虞百官参加西线作战。于是镇海防线左侧暴露,兵力更感不足,只能由一九四师延伸右翼。正当正面防务交接未竟之际,东线镇海之战即告爆发。①

4月19日凌晨1时许,在大津和郎少将的指挥下,日军第五师团第九旅团的6个大队和海军陆战队及伪军一部,附大小兵舰30余艘及汽艇百余艘,在军舰炮击和飞机轰炸的掩护下,向镇海口两侧发起猛烈进攻,并实施多点分股登陆。在镇海口江北一线,登陆招宝山的日军遭到守军三十四师一团一营的猛烈反击,守军伤亡惨重,二连连长蔡文烈、一营营长戚威良先后阵亡。另一股日军约千余人在俞范双跟塘和石塘头间登陆,一团三营九连在滩头奋勇阻击,结果大部阵亡。其后,登陆日军分2路直扑贵泗妙胜寺,三营剩余官兵英勇抵抗,终因敌我兵力悬殊,营长颜怀信及部下官兵大部阵亡。另一股日军则直扑镇海县城,守军一团三营九连顽强抵抗,伤亡殆尽。上午9点40分,

---

① 俞济时《四一九宁波战役述感》,《时事公报》,1946年4月19日。

县城陷落。在镇海口江南一线,700余名日军于拂晓时分在小港北面的黄瓦跟登陆,然后与登陆金鸡山的日军合合,继续西犯。在日舰日机狂轰滥炸和日军猛攻之下,守军一九四师五八一团伤亡极大,其中担负竺山头阻击的刁君岳连在后援无继的情况下拼死抵抗,全连壮烈殉国。

在镇海要塞正面,日军炮艇于上午10时突破镇海口封锁线,溯甬江西犯。其中有2股先后在甬江北岸的王家洋、清水浦登岸,直扑宁波江北岸的下白沙、孔浦;另一股3000余人于下午3时在甬江南岸的梅墟上岸,突破一九四师的防线,进犯宁波江东,与江北方面的日军形成钳状夹攻态势。①

20日,我军以一九四师一部、宁波警察总队和前来增援的暂编三二师第一团,在宁波城区和沿江岸线布防。拂晓时,20余架日机轰炸城区,致使守军通讯中断。同时,日军向江北岸发起攻击,并以10多艘汽艇向甬江上游开进。下午1时江北岸陷落,2时江东弃守。日军兵临城下,从城区北门对岸强渡姚江,并绕至西门夹击宁波城厢。守军稍作抵抗后即行撤退。下午5时,日军第九旅团四十联队的2000余人占领城厢,宁波遂告沦陷。②

20日夜,一九四师撤至奉化江口和鄞江桥一线,宁波警察总队退至鄞江桥、凤岙一带。21日,三十四师第一团撤到溪口,原驻防象山港的宁波防守司令部守备团也奉令调到奉化。

日军主力在攻下宁波城厢下后沿鄞奉公路继续向奉化推进,守军败退后抵抗乏力,继续向西南方向撤退。22日晚,溪口被敌攻占。23日,慈溪、奉化、余姚3县县城也先后沦陷。③ 宁波地区的抗日战争由此进入新的发展阶段。

---

① 章文朗《镇海一页血,魂魄五十年》、任根德《镇海口两次抗日作战纪实》,《宁波文史资料》(内),第13辑;俞福海《宁波市志》,第2036~2037页,中华书局1995年版。
② 《第十集团军浙东及浙西各线战役之作战经过及检讨(宁象区)》,存宁波市档案馆。
③ 《第十集团军浙东及浙西各线战役之作战经过及检讨(宁象区)》,存宁波市档案馆。

三、沦陷时期宁波地方政府的政治与军事

(一)军政机关的撤迁和游击区的开辟

随着镇海、宁波失陷,驻甬地方军政机关纷纷撤迁到鄞西以大皎为中心的四明山区。隶属于鄞县第七区的大皎一带,毗连慈奉余上(虞),与各县脉息相关。当时云集在这一带的机关有宁波防守司令部、浙江省第六行政督察专员公署兼保安司令部、宁波警察局、浙江省高等法院第三分院和鄞县、镇海、慈溪、定海、余姚等县政府。这众多的机关人员及其家属和纷至沓来、系统不一的军队的后勤给养、物资补给、人员调用乃至电讯联络,均由鄞县为主承担。作为鄞县县长的俞济民,同时兼任宁波警察局长、宁波城防指挥官等职,手中还握有宁波警察总队这一支武装力量,而鄞县县政府则仍保留着各局处和运粮队、工程队、救护队、宣传队、通讯队等比较完整的机构,因此地位尤显重要。

4月20日,第六区专员兼任保安司令徐箴便同俞济民商议成立"六区警备指挥部",以集中统一指挥。决定由俞济民任指挥官、六区保安司令部参谋主任于滋霖任参谋长,将六区保安大队划归俞济民指挥,并统一节制调度所辖各县自卫队。警备指挥部将所有兵力编成两个纵队,以宁警第一、第二大队及6个分局警士编为第一纵队,派赖云章为纵队长,驻防鄞江桥;以六区保安大队、鄞卫大队和乡镇团干编为第二纵队,派杜菁为纵队长,驻防凤岙市。指挥部设在大皎,下设参谋、副官、经理、政训、军法、军需、医务、工务8处,及机要室,直属守卫队、谍报队、救护队、通讯队等。① 如通讯队内又分有线电、无线电两队,其中无线电通讯队设有7座电台,分设大皎、细岭、周公宅、唐田、拔茅、方岩、嵊县城关等处。② 各部文职人员也都编入各处,因而机构

---

① 王兴藻《大皎溃败记》、倪维熊《跟随国民党鄞县县政府逃难》,《宁波文史资料》(内),第12辑。第181、174页。
② 王之祥《抗战时期宁波电信技术人员训练所》,《宁波文史资料》(内),第22辑,第21、22页。

臃肿庞大。21日,即在大皎召开指挥部成立大会。5天后,驻新昌大佛寺的象曹守备区司令兼暂九军军长冯圣法派桂章龄、慎钱选等来大皎组织"四明山游击区司令部",指定以宁波防守司令部副司令桂章龄为司令,俞济民、苏本善、翁光辉为副司令,慎钱选为参谋长,增添苏本善的"浙保总队"、翁光辉的"三战区挺进纵队"充实建制,并以暂编三十六师、三十七师为后备力量,划归节制。其中挺进纵队驻守梁弄,浙保总队驻防后隆。"六区警备指挥部"并入办公,原有组织保持不变,仅参谋长于滋霖调回六区保安司令部。由此,游击区范围扩大,拥有兵力超过1万人。①

"四明山游击区司令部"建立后所确定的基本方针为"固守四明山,适机进取,收复失地"②。5月10日,浙江省政府主席黄绍竑也致电鄞县县长俞济民并转余姚、上虞、新昌、镇海、奉化、慈溪、象山、宁海等8县县长,强调"敌强占点线,广大地区均在我控制中",要求9县县长自应"力图规复"③。据此,沦陷各县都发布安民告示,整编散卒,安抚流亡,同时调整县政和区乡镇保甲机构,尤其以半沦陷区和沦陷区为重点,开展对敌斗争。

5月30日,因误判驻甬日军准备撤退的假情报,放松戒备,大皎遭日军合围。游击司令部等机关机构臃肿,行动迟缓而损失惨重,六区专员公署和鄞县、镇海、慈溪、余姚4个县政府均被冲破。事后,章桂龄引咎辞职,改由陈天侨接替。俞济民则率宁波警察总队和鄞县国民兵团自卫总队开往新昌大市聚整训。8月,在大市聚举办干部训练班,从各大队挑选120人参加集训。④为总结四明山失守的经验教训和浙东沦陷区县政工作得失,省政府主席黄绍竑在嵊县独秀山召集有六、三两区专员、县长和随县政府流亡士绅参加的临时行政会议。黄

---

① 王兴藻《大皎溃败记》、倪维熊《跟随国民党鄞县县政府逃难》,《宁波文史资料》(内),第12辑。
② 王兴藻《大皎溃败记》,《宁波文史资料》(内),第12辑,第181页。
③ 《黄绍竑电》,卷宗号旧1—1—198,藏于宁波市档案馆。
④ 三门县志编纂委员会《三门县志》,第18页,浙江人民出版社1992年版。

绍竑着重指出,四明山失守的主要原因是由于缺乏游击经验,不应将如此众多的军政机关和人员、物资集结在一个地区,从而成为吸引敌军进攻的目标。会后,黄绍竑对于各县提出的困难尽力设法解决,并补充了一批武器,从而提高了与会者坚持开展游击战的信心。①

1942年1月,第六行政督察区警备指挥部改组为宁奉游击指挥部,仍以俞济民为指挥,驻于宁海龙宫。3月,所部改编为2个总队、4个支队,共3000余人。其后,浙保第六大队、财政部税警第二总团十团二营也进驻宁海。1942年内,迁至宁海的还有鄞县、镇海、慈溪、奉化、定海等县的县政机构,宁海一时成了宁波沦陷后方的政治、军事重心。

沦陷各县初期工作的重点是对于半沦陷区的争夺。如鄞县县政府将全县88个乡镇划分为沦陷区、半沦陷区和后方未沦陷区3类。在以地处四明山的第七区为主体的未沦陷区内,各乡镇仍维持原有组织,此为向敌占区进击的后方基地。在半沦陷的第六、八、九、十4区,除责成原有乡镇公所、各该警察所长、保甲督导员确实掌握民众外,积极推动地方爱国人士组织共济会,以团结民众、协助推行县政和破坏敌伪组织、组织抢运物资,同时视军事情势,酌设县政府办事处,派高级职员前往主持开展工作。此种办事处实为县政府在半沦陷区的派出机构,根据所颁暂行规程,一般下设民政、财政、公安、教育4股,办事处主任对于内外人事拥有先行任命之权。1941年5月27日,即委任鄞县警察局长戚静之为第八、九、十区办事处主任。6月28日,又在第六区暨第七区之外5乡地区组织行政办事处,委派郭青白为主任。②1941年秋,余姚县政府也从嵊县东部的晋溪返回地处四明山中心的余姚黄家庄,恢复梁弄区署,增设姚北行署,调整大岚山乡公所,并重建西通上虞,东连鄞县,乃至第七战区司令部驻地上饶的有线通讯网

---

① 蔡竹屏《流亡在四明山上》,《宁波文史资料》(内),第12辑,第201~202页。
② 《俞济民致黄绍竑函》、《俞济民致六区专员电》、《鄞县县政府对戚静之的委任》、《鄞县县政府组织办事处暂行规程》、《郭青白报告》,卷宗号旧1—1—198,藏于宁波市档案馆。

络。① 同年7月,迁驻宁海的镇海县政府则派助理秘书汪立本潜回镇海龙山,组建县政府江北办事处和警察大队。1942年5月,再次重建江北办事处,置主任、副主任、指导员各1人,下设龙山、庄市两区。在镇海江南地区,由定海县长苏本善领导的定海国民兵团也在沦陷后坚持活动于柴桥、郭巨和瞻岐、杨岙山区。在慈溪北部地区,除县国民兵团外,还组建了庄桥区特务队,活动范围逐渐扩大到慈溪其他区域。1941年7月,苏本善兼任象山县县长和三(门)象(山)地区指挥官后,率部进入该区开展游击战争。1942年象山县城陷落后,为与已沦陷的上南区各乡镇建立联系,特组建上南区区署,并加强对象东、象西、下南各区的控制。

根据沦陷后的局势,为加强对全县的领导,鄞县县政府制订了《鄞县战时施政方案》。方案分民治、民生、财政、教育、县府自身建设5章共44条。第1章民治的重点是探访查明沦陷各乡镇的基本情况,分别派员"相机宣抚慰劳"。如将各乡镇长及公职人员的政治态度分为甘心从逆、被迫附逆、虚与敌伪委蛇而与我脱离关系、双方互通声气、不肯附逆亦不为我用、不肯附逆而输诚于我、与我失却联络而尚未受敌伪诱惑等7类,并以不同政策区别对待。其中对甘心从逆者,"应派得力游击队员监视其行动,相继予以警告、威胁,俾知畏惧、悔悟而弃敌即我;有怙恶不悛或罪大恶极者,宜处以极刑,藉儆效尤"。第2章民生的重点是令各乡镇照旧征收积谷,存贮半数,听候提取,并相机以武力护运至安全地带;倘敌伪亦征收积谷,宜以武力劫取,或毁灭之,免资敌用。由政府筹设常备商店和物资调整处,以保证军需、民用物资的供给。第3章财政为通告各乡镇"勿向敌伪缴纳钱粮";乡镇所需经费"以就地筹款为原则",来源为原防护费、户捐、战时利得税、殷富捐、公款公产花息、迷信会产、积谷变价等。第4章教育为选择安全地区设立战时中学,维持小学正常开学授课,酌设短期政训处,发扬民族

---

① 蔡竹屏《流亡在四明山上》,《宁波文史资料》第12辑,第202页。

精神及固有文化,反对敌伪奴化教育或歪曲宣传。第5章县政府自身建设规定,县府迁移不宜远离县境;设办事处于县境内,作为县府与民众之联络机构,其人员及设施宜文事武备兼顾、并重;县府及办事处与各乡镇间应有组织严密之通讯网。①

经过几年斗争,宁波地方政府不仅在慈余、鄞奉和新昌、嵊县、宁海交界的四明山、天台山区建立了比较稳固的后方,而且在沦陷区也站稳了脚跟。通过同日伪政权拉锯争夺,逐渐扩大控制区域,于是出现了县政府向敌占区推进的趋势。如镇海县政府于1943年春从宁海还徙镇海江南地区。鄞县县政府也在同年11月自宁海迁回本县东南乡,但仍在黄坛设有后方通讯处。

(二)坚持抗战的举措及局限

宁波地方政府在沦陷后坚持抗战,开展了多方面的工作,如恢复整顿区、乡、镇政权以团结民众,组织游击武装狙击敌军,设立战时学校招收内迁学生,成立政工队宣传抗日救亡,组建参议会吸纳民间抗战力量,以及训练通讯人才,在敌占区设立情报机构,派便衣潜入敌占区惩处汉奸等。

1941年4月宁波沦陷后,鄞县第七区区长郭清白受命组建鄞西自卫游击大队,次年改编为宁波自卫总队第二支队。俞济民所部宁警总队和自卫总队在大市聚整训后也相继开赴宁海、奉化和鄞县东南乡游击区,其中第一支队部驻于大嵩,第二支队部驻于童家岙。到1944年,仅宁波国民兵团自卫总队就已发展为3个支队、1226名官兵,装备机枪10挺、步枪918支、手枪64支。② 其他各县的情况也大致相似。比如,1941年7月定海县长苏本善兼任象山县长后,便将定海国民兵团和象山国民兵团等改编为定象保安总队,其中驻镇海柴桥瑞岩寺一带的定海国民兵团一部即被编为保安总队第一支队。宁海国民兵团

---

① 《鄞县战时施政方案》,卷宗号旧1—1—198,藏于宁波档案馆。
② 周时奋《鄞县志》,第1215页,中华书局1996年版。

于1941年8月编为1个大队,有官兵434人,配备机枪3挺、步枪250支、手枪13支;1943年春又将县特务队400余人编为第二大队,分驻城关和长街、胡陈、亭头、西店等地。奉化于1943年1月组建县国民兵团自卫总队,次年3月编成3个大队,拥有官兵906人。① 这些抗日武装承担了支持地方政权、反对敌军清乡扫荡、搜集情报、狙击敌伪军政人员、惩治汉奸和开展游击战争等各项任务,成为支撑宁波地区持久抗战的一支重要军事力量。

为保证军需物资供应,鄞县、镇海、宁海、象山等县都建立了比较健全的征税、征粮和物资储运供给机构。如鄞县征收粮谷按上缴、留存各半的办法进行;象山除县税外对农村按亩征税,标准为每亩实征5斤。在作为后方基地的宁海,1943年3月建立战区军民合作站宁海指导分处,由县长兼任处长,其下沿交通军事补给线分设10个站,负责军队生活补给任务。所驻军政机关则建有消费合作社,按市价收购食品后再分配给各单位膳食管理组或家眷。在鄞县等地也设有类似的物资调整处和常备商店。1942年5月还曾发行胜利同盟公债,各县大都超额完成。为解决战时紧缺物资供应,在后方还兴办了一批工厂。1944年2月俞济民兼任六区行政专员后,又成立六区经济建设委员会,将所办的铁工厂、造纸厂、纺织厂、电池厂、无线电修造所等工厂企业全部冠以"宁波"二字,归入该委员会领导之下。

为保持战时无线电通讯的畅通,鄞县政府和宁警总队合办的无线电通信队从1941年7月至1944年9月,连续举办4期训练班。电训班的训练科目分学科课程、术科课程、补充课程和军事训练4类。其中学科课程设报务员须知、电学、无线电学、电码学、缩语等科目,术科课程设电报收发、译电、电台通讯、机械修造等科目,补充课程设有线电通讯、英语、代数、语文、公文程式等科目,军事训练设姿式教练、野外教范、实际射击等科目。电训班总共为部队和新昌、嵊县、慈溪、余

---

① 陈兵《镇海县志》,第254页,中国大百科全书出版社1994年版;苏其德《宁海县志》,第639页,浙江人民出版社1993年版;胡元福《奉化市志》,第635页,中华书局1994年版。

姚、镇海、奉化、临海、黄岩、宁海等县培养输送报务、机务人员约200人。①

宁波地区各县相继沦陷后,大批爱国学生冒着生命危险,不顾路途险远,艰苦跋涉,追随政府流迁到区域后方。为解决沦陷区爱国青年的教育问题,并与敌伪开展反奴化教育的斗争,各县先后创办战时临时中学。其中奉化县立初中于1941年8月经六区专员公署和奉化县政府同意,最早在敌后前哨的连山乡柏坑复校。复校后的奉化初中以毛翼虎为校长,设有初中、简师和高中补习班,不久又相继设立吴江泾、方桥、西坞和庙后周4个分部。② 宁波城内各校为避敌机轰炸,从1937年抗战爆发后即纷纷内迁。1941年宁波失陷后,甬江女子中学迁往奉化岩坑、董村。10月,鄞县县立商业职业学校、县立女子中学、乡村简易师范学校在宁海龙宫组成以汪焕章为校长的鄞县县立临时联合中学,1942年后又有甬江女子中学并入。联中本部辗转于宁海、新昌、天台各县,并在鄞县陶公山、黄古林俞家设立第一、第二分部。1941年秋,余姚县政府在大岚山前方村设立中学生补习班,以后又在赤水丹山的峙岭(今柿林)正式建立补习中学。1942年秋,经定海、象山两县教育科长和地方绅士商量,决定在宁海和平岙普福寺兴办定、象两县战时联立初中学生补习学校。这些学校的学生来自本县境内、邻近各县和宁波、上海等广大区域。据统计,设于宁海的奉化县立初中本部、鄞县联合中学和定、象联立初中等3所学校的学生,两年间就由259人增加到700多人,其中宁海籍的约200人。这些战时学校都选用文天祥的《正气歌》、岳飞的《满江红》、诸葛亮的《出师表》、史可法的《复多尔衮书》等著名爱国诗文作为补充教材,许多教师主动拒绝

---

① 王之祥《抗战时期宁波电讯技术人员训练所》,《宁波文史资料》(内),第22辑,第16、23、28、29页。
② 毛翼虎《梦幻尘影录》,第60~69页,宁波出版社1997年版。

待遇优厚的汪伪学校的聘请而来此任教。① 这种艰难的战时搬迁办学,充分反映了宁波人民可贵的爱国主义情操,不屈不挠、百折不回的奋斗精神和重视教育的人文传统。

为宣传抗日救亡,1943年将原由宁警总队政训处主办的油印内部报纸扩充为《宁波日报》,在天台发行,并专设电台1座,抄收中央社电讯和各县地方通讯。1944年该报又扩为对开报,并成立宁波日报社,自办印刷厂,从而成为浙东大型地方报。该报主编倪维熊曾在此报副刊上发表过一首题为《水调歌头·乡思》的词,其后半阕为:"明州暗,狐鼠窃,祸连绵。呻吟憔悴,不信地狱在人间。天末微芒乍透,漏尽荒鸡齐唱,起舞莫迁延。肝胆同披沥,迸作出山泉。"②这首抒发忧国怀乡之情的词作,当时曾引起不少人共鸣而相互传诵。定海、象山政工队也创办过《抗战简讯》、《战斗报》、《海啸报》等小型报刊,宣传抗日救亡,在当地产生了一定影响。1942年,象山政工队还以东汉苏武持杖不降匈奴之意组织"杖节剧团",下分戏剧、歌咏、服务3组。剧团还特地去上海招收一批青年文艺骨干,在本县和天台、新昌等地巡回演出。③

为凝聚人心,团结抗战力量,根据《浙江省各县临时参议会组织规程》,1944年宁波地区各县先后成立县临时参议会。其中鄞县参议会于10月13日在宁海冠庄成立,有议员35名。各县参议员一般由县长圈定,然后报省审核,其中绝大多数为国民党员。如奉化县参议会共有议员25名,其中国民党员、三青团员为23人,占92%。④ 此时的参议会并非权力制衡的立法监督机构,而是一种代表部分民意的咨议顾问机构,但其所提部分议案如组织复兴事业计划委员会、筹设县银

---

① 俞福海《宁波市志》,第2227页,中华书局1995年版;蔡竹屏《流亡在四明山上》,《宁波文史资料》(内),第12辑。苏本善《回溯在浙东抗战的一段历史》,《宁波文史资料》(内),第16辑;毛翼虎《梦幻尘影录》,第56、67页,宁波出版社1997年版。
② 郑正民《洁身廉隅 渴求光明》,《宁波文史资料》(内),第10辑,第77页。
③ 苏本善《回溯在浙东抗战的一段历史》,《宁波文史资料》(内),第16辑,第42页。
④ 胡元福《奉化市志》,第559页,中华书局1994年版。

行、电请国民政府缓征本年田赋和编纂县志、整顿慈善机构等,均有利于抗战和地方社会事业。1945年5月,浙东行署所颁《浙东现阶段政治指导纲要》也表示要"发扬民气,宣导民意",以"完成地方自治"①。

宁波地方政府在沦陷后虽然坚持进行抗战,但由于阶级根性的限制和片面抗战路线的影响,从而具有明显的局限,并影响到抗战目标的达成。这种局限主要表现在两个方面,一是旧政权内部的争权夺利和军队的扰民。如1941年6月,苏本善在鄞县俞济民的地盘瞻岐成立"鄞、镇、定战地工作推进委员会"后,遭到俞济民的强烈反对。俞致电省政府攻击苏"擅假名义",表示"殊难承认其存在",并威胁要以武力解决。② 7月,象山县政府又发生内讧,县党部书记长章昌琛和三象地区指挥官吴仲翰挑动县国民兵团中队长徐楠发动兵变,逮捕县长盛世馨及县府官员,抢走县府储备的财赋钱粮,掀起一场轩然大波。至于各地方部队间为争夺地盘而相互袭击更是层出不穷。名目繁多的各种武装则打着游击的旗号,"派饷筹款,运私货,绑殷富,敌进我退,敌退我扰"③,真可谓成事不足,败事有余,搞得驻地百姓怨声载道,以致出现"苏本不善,俞不济民"之类的传谣。其表现之二为同室操戈,"防制"乃至武力攻击中共领导的抗日武装。1942年11月,六区专员徐箴即密电俞济民:"查镇慈余以北地区奸军猖獗,希配合正规军,(以)各方面力量,迅予扑灭。"④次年2月,浙江省政府又以"极机密"级别致电俞济民,污蔑攻击"中共对于保卫国家民族的抗日战争,根本没有参加的诚意,他们对于抗日战争的参加,不过供其生存发展的利用而已"⑤。据现存部分档案统计,从1944年2月到7月短短5个月内,浙东行署致函各县要求严防"三北奸军"活动的机密电报,就有7

---

① 《浙东现阶段政治指导纲要》,卷宗号旧8—1—89,藏宁波市档案馆。
② 《俞济民致省府电》,卷宗号旧1—1—198,藏宁波市档案馆。
③ 蔡竹屏《流亡在四明山上》,《宁波文史资料》(内),第12辑,第192页。
④ 《饬扑灭奸军案》,卷宗号旧8—1—338,藏宁波市档案馆。
⑤ 《防止中共兵运应有之认识》,卷宗号旧8—1—332,藏宁波市档案馆。

次之多。① 在 1942 年冬和 1943 年冬,更两次对中共领导的敌后抗日武装发动大规模军事进攻,致使浙东抗战出现严重危机。

(三)对日伪的军事打击

宁波沦陷的 4 年多的时间里,国民政府正规军和地方自卫团队同日伪进行了上百次的战斗,其中规模较大的则有:

1. **大皎突围之战** 1941 年 5 月 30 日晚,驻宁波日军 1500 多人分多路围攻驻大皎之"四明山游击区司令部"和六区专员公署。经组织敢死队冲杀反击和分路突围,主要机关均突出重围,但损失惨重,"员警阵亡及查无下落者达三分之一"②。其中司令部谍报科长陈鹏华和副官季绍祥当场阵亡。受伤后被围在樟村附近山上的定海县长兼浙保总队长苏本善誓死不愿退却,并以湖南话高呼:"算得! 老子死在这里算得!"③

2. **反击日军对四明山区的六路扫荡** 1941 年 12 月,驻鄞县、奉化、慈溪、余姚、上虞等地的日伪军对四明山区发动六路扫荡。三战区挺进纵队和余姚自卫队首先在梁弄以外狮子山一线顽强阻击敌军,战斗持续了 4 天之久,致使日伪军遭受重大伤亡。敌军经增援后从正面猛攻梁弄,守军挺进纵队被迫撤退,致使地处浙东前线的几个县级政权都遭到冲击,其中慈溪县长章驹在北溪突围中不幸以身殉职。④ 省主席黄绍竑在挽词中表彰他是浙江为抗战光荣牺牲的第一个县长。

3. **丹城五次保卫战** 为攻占象山县城丹城,日军从 1941 年 11 月至 1942 年 3 月,连续 5 次进犯丹城。象山军民为保卫县城,坚持抗击,并 4 次击退敌军攻击,在宁波抗战史上写下了光辉一页。

4. **宁海攻城之战** 1945 年 6 月 29 日,日军攻陷宁海县城。7 月

---

① 见宁波市档案馆所藏档案,《防止中共兵运应有之认识》,卷宗号旧 8—1—332。
② 《俞济民致黄绍竑函》,卷宗号旧 1—1—198,藏宁波市档案馆。
③ 蔡竹屏《流亡在四明山上》,《宁波文史资料》(内),第 12 辑,第 199 页。
④ 蔡竹屏《流亡在四明山上》,《宁波文史资料》(内),第 12 辑,第 205、210 页。

初,忠义救国军温台地区指挥官郭履洲率教导总队第十、十一两营经三门向宁海进发。进抵城郊后与宁警总队和宁海县自卫队会合,共同部署攻城。8日拂晓,教总第十营和宁警总队向防守洋溪北岸的日军发起攻击,教总第十一营和县自卫队也向白峤岭日军发动进攻。结果虽未能恢复宁海县城,但它毕竟是战时政府军在宁波地区发动的第一次攻打县城之役,反映了战时敌我双方力量的变化。

除上述规模较大的战斗之外,以地方自卫团队为主,广泛开展了各种形式的游击战。以主动袭击而言,有1943年5月1日宁警五大队发动的袭击奉化大桥伪警察局之战,1944年1月1日定象保安总队二大队发起的围歼镇海新庙伪军之战,同年12月23日四明自卫队围歼奉化萧王庙伪军之战。此外还有1941年6月余姚自卫队进袭县城南门;1942年4月19日江南挺进纵队向宁波西门发起袭击,事前潜入城区的便衣也同时向开明街宪兵队和惠政巷特务机关投掷手榴弹;1944年6月24日宁警特务行动队携爆破器材再次潜入宁波城内,袭击日军宪兵队;同年5月8日定象自卫队分路袭入象山县城,捣毁伪军三十八团团部和伪县政府。以主动伏击而言,有1942年秋定象保安总队第五大队发动的镇海明堂岙伏击伪军之战,1943年5月18日郭清白部组织的鄞县李岙伏击日军之战,同年11月30日镇海独立中队和定象保安总队在镇海横河杨家桥夹击日军之战,1944年3月17日在奉化竹岸伏击日本军用车队之战,同年5月23日在甬江伏击敌"中华"轮之战。以阻击而言,有1942年1月2日宁海箬帽岭阻击战,1944年10月13日宁警三、四大队在鄞县东南乡阻击日军田青部的激战,同年11月29日奉化自卫队箭岭下抗击战,1945年7月25日奉化岩头之战。①

1941年12月7日,日军偷袭美国珍珠港,太平洋战争爆发。为打

---

① 林雨《宁波抗日战事录》,《宁波文史资料》(内),第13辑;蔡竹屏《流亡在四明山上》、应瞻光《杀人魔窟——日本宁波宪兵队》,《宁波文史资料》(内),第12辑;胡元福《奉化市志》,第645~646页,中华书局1994年版。

击日军的嚣张气焰,美国于 1942 年 1 月计划对日本本土实施大规模空袭。4 月 18 日上午 8 点前后,由空军中校杜利特尔率领的 B—52 型轰炸机队从驶至距离东京 650 海里的航空母舰"大黄蜂"号上起飞。由 16 架飞机组成的机队成功地对东京、神户、名古屋等大城市实施空袭,然后按预定计划返向刚竣工的浙江衢州机场。因气候、通讯等原因,16 架飞机的 80 名机组人员被迫弃机跳伞或迫降。其中有 4 架坠落在宁波境内的鄞县蛟龙港畔和象山附近海域。经我方军民援救保护,有 15 人安全生还,2 人溺亡,3 人在营救途中被日军掳走,其中 1 人被杀害,1 人死于日军监狱。①

其时,美军还曾试图以象山港为海军基地,计划在宁波港和金山卫两处登陆,然后攻取杭州和上海、南京。为此,1942 年五六月间,远东盟军总部派遣顾问团到驻宁海龙宫的宁奉游击区指挥部同俞济民会晤商谈,并赴象山港秘密考察。后因形势变化和条件尚不具备,该计划没有付诸实施。②

四、日军在宁波的残暴统治

(一)日伪宁波地方统治机构的建立

1941 年 4 月 20 日宁波沦陷后,在驻甬日本特务机关的策划下,于当月 26 日成立"宁波乡镇联合会",由原宁波商会会长袁端甫为会长,原红十字会会长刘镇泰、新采染坊经理郭逸民为副会长。以后在各县也相继成立维持会。次年 7 月 10 日,又成立"浙东行政公署",直隶伪国民政府行政院,下辖鄞县、慈溪、镇海、余姚、奉化、象山等 6 县,由伪浙江省政府民政厅长沈尔乔任行政长官,下设民政、财政、教育、建设、警务 5 科。原"宁波乡镇联合会"则于 7 月 28 日改称"鄞县乡镇联合

---

① 俞福海《宁波市志》,第 2049 页,中华书局 1995 年版;金翊群《抗日战争时期美机坠落鄞东经过》,《宁波文史资料》(内),第 3 辑;林雨《宁波抗日战事录》,《宁波文史资料》(内),第 13 辑。
② 王兴藻《抗日战争时期盟军曾想利用象山港》,《宁波文史资料》(内),第 3 辑,第 123~125 页。

会"。1943年4月,"浙东行政公署"改为"浙江省第一区行政督察专员公署",隶属于伪浙江省政府,原辖6县之外的定海、上虞、南田3县也划归其统治,专员仍由沈尔乔担任,下设4科1室8股。1944年8月又改称"浙江省第六区行政督察专员公署",由陶孝洁接任专员。与此相应,"鄞县乡镇联合会"于1943年3月1日改称"整理鄞县县政专员公署",至4月1日整理就绪,正式成立鄞县县政府,由宋复任县长,下设秘书室和第一科(总务)、第二科(民政)、第三科(财政建设)、第四科(教育)。在此前后,浙东沦陷各县也均由乡镇联合会改组成县政府,如余姚就由铁杆汉奸劳乃心出任县长。[①]

为镇压抗日活动以维护统治,伪政权还相继组建保安和警察武装。1942年8月,在宁波成立"浙东保安处",由虞兆祺任处长,次年4月改称"浙江保安处浙东分处",辖有1个保安总队、3个保安大队。1941年4月26日即成立伪"宁波公安局",由葛和卿任局长,1942年7月改称"鄞县警察局",由刘荫浓任局长,下辖4个警察分所和1个警察大队。此外,还在宁波设置了其他各种伪机关,如"鄞县地方法院"、"鄞县地方检察署"、"鄞县青少年团总指挥部"、"鄞县城区区公所"、"财政部浙东盐务管理局"、"财政部宁属税务处"、"中央经济局宁波经济分局"等。[②]

宁波的敌伪政权不过是日军"以华制华"的统治工具,设在城内惠政巷的日军"宁波特务机关"才是其统治浙东的最高政治权力机构。该机关在日军侵占宁波之初成立,内设政务、经济、文教、卫生、情报各科,机关长为泉铁翁大佐,情报科长为臭名昭著的大特务芝原平三郎。日军"宁波特务机关"的职权主要是搜集情报,组建和监督指导各级伪军政、经济、文化机构。与日军"宁波特务机关"互相配合的是日军"宁波宪兵队"。1941年4月宁波沦陷后,日本杭州宪兵队即派久保

---

① 《鄞县城区各级伪组织内情调查表》,卷宗号旧8—1—364,藏宁波市档案馆;《浙东行政公署成立典礼》,《申报》,1942年7月11日。
② 《鄞县城区各级伪组织内情调查表》,卷宗号旧8—1—364,藏宁波市档案馆。

田大尉随军来甬组建"宁波宪兵队"。"宁波宪兵队"设在开明街永耀电力公司内,初由村田中尉任队长,内设政务、思想、特高3班。政务班主要负责在宁波轮埠码头检查,思想班负责搜捕爱国人士,特高班的工作范围是调查抗日游击武装的动态和侦破市区谍报人员。宪兵队驻地底层建有二大一小可关押七八十人的牢房,中层为刑审室,并配有刑房一间,备有电刑、灌水等各种刑具,思想班还豢养了一群狼狗。抗日爱国人士一旦落入这个魔窟,即使幸免于难,也无不被折磨得遍体鳞伤,终身残疾。宪兵队还雇用一批汉奸充当宪佐、翻译、密探和联络员。其中被称为"四大金刚"、"八大人"之类的首恶人物更是为虎作伥,开设变相特务机关"一乐天"茶室,强占民房,抢劫财物,奸淫妇女,残杀同胞,犯下了不可饶恕的罪行。在灵桥等市内交通要冲和通往郊外的出入口都设有日军岗哨,过往行人均须出示"良民证"和鞠躬行礼。如忘带证件,忘了行礼,甚至鞠躬不到90度者,重则被扣,轻则挨打。①

此外,驻在宁波城内的日本机关还有"日军旅团司令部"、"日驻沪总领事馆驻甬办事处"、"浙东保甲指导部"、"浙东联络部"、"野战仓库"、"野战医院"、"通讯鸽队"、"海军碇泊场"和"旅甬日本人协会"等。

(二)宁波日伪军的暴行和"清乡"运动

1941年4月20日,日军第五师团第九旅团在旅团长寿其少将指挥下侵驻宁波城区。第九旅团辖有第十一、四十一两个联队,兵力7400余人,旅团部设于城区江北岸。10月,由独立混成第二十旅团侵驻接防,并渗驻镇海、奉化和鄞西、慈溪、余姚。1942年5月,二十旅团扩编为七十师团,所属第六十二旅团侵驻城区和奉化城关,旅团长山

---

① 吉人《日谍芝原平三郎》,《宁波文史资料》(内),第3辑;吕瑞棠《日本特务芝原平三郎》、应瞻光《杀人魔窟——日本宁波宪兵队》,《宁波文史资料》(内),第12辑;范学文《抗日战争时期宁波纪事》,《宁波文史资料》(内),第1辑。

崎少将兼任钱南区警备司令。1944年,抽调八十九旅团2400余人侵驻城区与奉化一线,七十旅团2000余人和海军陆战队一部侵驻鄞县乡间及镇、慈、姚一线。

为弥补兵力不足,1942年春日寇从苏南调来以谢文达为师长的伪十师。其中以"活阎王"张侠魂为团长的三十七团驻扎奉化,三十八团驻扎象山,三十九团驻扎慈溪一带。同时通过特务机关大量收编国军一九四师残部和地方自卫团为保安武装。1942年8月以伪十师参谋处长虞兆祺为处长的伪"浙东保安处"成立后,先后将原定海国民兵团何芳部、原九十四师姚华康连、上虞滕祥云部、宁波北郊一带的周志毅部改编为伪浙江保安第六、七、八、九大队,将原鄞县第八区自卫大队王坤部、慈溪国民兵团宋青云部改编为伪鄞县保安大队和慈溪保安大队。

为消灭抗日武装,维持殖民统治,日伪军对半沦陷区和后方游击区频繁发动扫荡。如1944年一年,仅宪兵队带领日军下乡扫荡就有10余次之多,所经之处无不烧杀奸掠。即使是普通平民,也毫无生命财产的保障。骇人听闻的有如1943年3月15日夜发生在宁波城内的莲桥街血案。伪鄞县乡镇联合会职员詹中民勾结伪三十七团营长项雄,因勒索不成,气急败坏,竟将住在74号和86号内的两家9口全部杀绝,就连白发老人和未满周岁的婴儿也未能幸免。案情查明后,日本宪兵队只是名义上将项雄软禁,实际上却让项改名"李白",继续充当营长。①

为加强对沦陷区的统治,并强化赋税征收和对物资的掌控,从1942年10月开始,日伪将浙江划为三大区域,相继实施清乡。其中浙东的余姚地区为第三清乡区。1943年2月,汪伪政府成立"浙东地区清乡办事处",由"浙东行政公署"长官沈尔乔兼任办事处主任,日军"宁波特务机关"副机关长田中任清乡司令,余姚著名汉奸劳乃心为特

---

① 应瞻光等《骇人听闻的莲桥街血案》、应瞻光《杀人魔窟——日本宁波宪兵队》,《宁波文史资料》(内),第12辑。

别区署长兼自卫总团团长。4月随浙东行政机构改组,"浙东清乡办事处"改为"余姚地区清乡办事处",以后又将清乡工作改由伪余姚县政府办理。该区清乡工作以庵东盐场为中心,大致区域为南起杭州湾,北至余姚县城,其中包括庵东镇和福寿、崇三、大云、曹娥4乡。清乡的具体内容如下:

首先,由伪中央税警团、伪一师、伪浙东保安武装等发动对当地抗日武装的扫荡。其二,划定并设置封锁线。封锁线分南、北两线,南线东起新浦沿,西至英生街,用毛竹编筑高2米、长43公里的篱笆;北线用燕竹编筑高2米、长32公里的米字形篱笆。在各市镇要道开设笆门,在笆门通行处共设检问所22处,配备封锁人员132名。其三,整理保甲户口,组建自卫团。对清乡区内9326户的46860人逐个进行登记,强迫拍照,制发"良民证",并突击检查户口,实施联保连坐。同时经分批抽调轮训,以特别区公署署长任区自卫总团团长,各乡镇长任队长,各保长任排长,每保抽选3班,每班11人,组成一支3000余人的自卫团武装。其四,建筑碉堡。从1942年4月中旬至5月底,强迫群众沿南封锁线修筑宽4米、长32公里的泥面公路,并在南北两线各据点间修筑总长30公里的纵向支路9条。同时在南北据点要口修建碉堡22座,驻扎日军七八十名,伪军986名,后增至2000余名。由此,数万庵东人民被限制在封锁圈内,失去自由,生无宁日。①

此外,日伪还加强对清乡区内所产之盐的管制,规定只准卖给日伪开办的"华丰"公司,并将价格由每担30元压低至15元。名谓收购,其实是穷凶极恶的掠夺。而且,民众还须无偿应征苦役,定期缴纳"清乡费"。

日伪对余姚地区的"清乡"一直延续到抗战胜利前夕,10万无辜民众也因此陷于这人间地狱长达两年半之久。

---

① 胡仲达《"清乡"区是个活地狱》,《宁波文史资料》(内),第12辑,第99、100页。

(三)日伪在宁波地区的奴化教育与宣传

为泯灭民众的反抗意识,巩固其在沦陷区的统治,日伪在浙东占领区竭力推行奴化教育和奴化宣传。首先,在各级伪政权中设立专门主管宣传的机构,并根据《大东亚青年总奋起实施纲要》及《县市委员会组织通则》等文件,在宁波城区设立所谓"中国青少年团浙江鄞县总指挥部"和"浙东兴亚文化队"之类的组织机构,竭力宣传"中日亲善"和"东亚主义"。

同时,建立和掌控报刊、广播等宣传媒体。比如宁波著名的《时事公报》在1941年沦陷后即告停刊,社长金臻庠避走上海。宁波特务机关指使伪"鄞县乡镇联合会"副会长郭逸民劫占报社、印刷厂,任命汉奸卢孟瑜为社长,贺谈庵为主编,并袭用原报名于4月底出版。金臻庠获悉后即在重庆和沪浙各报刊登启事,严正声明敌伪盗用报名,呼吁各界勿受欺骗愚弄,以免鱼目混珠,混淆视听。被窃占后的《时事公报》成为敌伪进行奴化宣传的重要口舌。其新闻报道以日本同盟社、海通社和汪伪中央通讯社的电讯为主,政情报道则以日伪统治机关交发的政令及宣传品为主要内容,着力宣传日寇所谓的"赫赫战果",兜售"大东亚共荣圈"、"中日经济提携"等骗人说教和汪伪"和平反共救国"的反动理论。其副刊也多以文艺小品之类来粉饰太平,宣扬沦陷区为"王道乐土",麻痹民众的反抗精神。① 其他沦陷各县如"余姚乡镇联合会"也在同年10月创办《余姚自治》旬刊,作为奴化宣传的阵地。

再者,日伪还利用被称为"东洋道"的邪教组织"一贯道"来进行奴化教育。如通过所谓仙佛的"训示"和点传师的讲道,将道亲遭到日伪军抢劫、强奸说成是对修道人的考验;将日寇在中国杀人放火说成是"三期末劫,大算几万年清账"的天数,一切冤缘、冤冤都必须现在了结。同时还借用儒家典籍《四书》有关"修身齐家治国平天下"的说

---

① 张蘅园《日伪时期的〈时事公报〉》,《宁波文史资料》(内),第14辑,第60页。

教,劝诫道亲在国难之际也决不要去关心国事。总之是要信徒将日本侵略中国看作是上天注定而理所当然的,千万不能反抗。①

在校学生则是日伪实施奴化教育的重点。宁波沦陷后由于公立中学都先后迁往后方,公立小学和私立学校也纷纷停办,于是敌伪政权便加紧恢复、新建中小学校和师范学校。以鄞县而言,共在占领区新设过8所中等学校,如1941年秋在城区兴办"公立浙东中学",1942年秋又在城区新办"浙东公立女子中学"和"公立浙东师范学校",并由伪"浙东行政公署"长官沈尔乔兼任这两所学校的校长。同时在城区恢复和新设9所镇中心国民学校、61所保国民学校和私立小学。在奉化、余姚县城也新办了"奉化中学"和"公立舜水中学"。日伪所规定的奴化教育目标是:"促进中日亲善,使儿童切实认识中日系同文同种之邦,用历史上字体上及读音等以证明之。采集日本名人史略、名胜古迹、风俗习惯及种种优良之点,介绍给学生,并撰拟中日亲善之故事,随时向学生讲述,使学生深印脑中,以引起其对日之同情。"②据此,敌伪在学校中设置日语课,教唱日本国歌,规定学生须出席纪念日本天皇出生的"天长节",并经常派遣汉奸和密探来学校监督查访。③

日本侵略者妄图磨灭中国民族精神和瓦解中国人民反抗意志的倒行逆施,犹如蚍蜉撼树,只能适得其反,越发激起广大民众的反抗斗争。

(四)日军对宁波的经济掠夺

日军侵占宁波的重要目的就是为了夺取宁波的财富和资源,以达成其"以战养战"、称霸亚洲乃至世界的战略目标。以其方式而言,日军主要采用的是赤裸裸直接掠夺的方式。

---

① 曾史《一贯道、同善社是日本侵略者的帮凶》,《宁波文史资料》(内),第12辑,第153页。
② 浙江省档案馆、中共浙江党史研究室《日军侵略浙江实录》,第680页,中共党史出版社1995年版。
③ 李平之《拒教日本国歌》,《宁波文史资料》(内),第13辑,第215、216页。

1941年4月日军占领宁波后,大肆掠夺物资,成批库存的面粉、棉纱与桶装铁钉全被掠走。在慈溪庄桥(现属宁波市),国民政府中央贸易委员会寄存的全部物资,加上民众的粮食、棉花、金属器皿等财物,也被日寇用30艘帆船掠往宁波。① 据日方自己统计,1942年日本在浙东掠取的重要战略物资即有原木24905根、坑木311659根、坑用原木235912根,有色金属

1941年4月20日宁波沦陷后,日军在宁波大肆搜掠面粉。(选自宁波市新四军研究会等编《宁波抗战八年》,宁波出版社2006年版)

652311斤,银币、铜币13982枚。② 以粮食而言,仅以鄞县1县为例:1941年12月日军向鄞东南各乡以低价强征稻谷340万斤;1942年又向鄞南农民低价征谷700余万斤;1943年5月仅在鄞西望春、鄞湖等乡即抢走食谷13万多斤。据伪鄞县粮食管理委员会报告,从1944年8月到1945年3月,日军从鄞县各乡镇共强征早谷280.9万斤、晚谷415.5万斤,合计696.4万斤。③ 以棉花而言,1941年9月仅从余姚周巷(现属慈溪)海莫村就掠走棉农皮棉1.5万斤。此外,1943年春耕期间日军竟从镇海万嘉桥、汉塘市一带抢走耕牛100多头,后逼迫农民以5万斤粮食赎回。奉化溪口镇则在沦陷期间被抢走大米1.5万

---

① 《宁绍战役档案史料一组》,《浙江档案》1991年第4期。
② 浙江省档案馆、中共浙江党史研究室《日军侵略浙江实录》,第521页,中共党史出版社1995年版。
③ 金礼《日伪军在农村疯狂抢粮》,《宁波文史资料》(内),第12辑,第164~166页。

石、稻谷23万斤、茶叶2000箱。① 1945年8月日寇投降后,驻象山伪军团长孟志杰尚留有所掠军粮20万斤、黄鱼鲞万余斤、柴爿20万余斤。②

氟石,俗称萤石,是用作飞机制造的重要化工原料和冶金催化剂。1941年5月18日,日军侵占氟矿资源丰富的象山茅洋后,就迫不及待地组成"象山茅洋氟矿护矿队",协助"华中矿业公司",从各地抓来劳工,开采五狮山氟矿。在日军侵占茅洋的4年中,共掠取氟石10万吨,其中有5万吨经石浦港运往日本,还有5万吨因运载矿石的"兴亚丸"被盟军飞机炸沉而未及运走。据国民党象山县党部1946年调查汉奸励乃鹏的材料记述:"在茅洋氟矿中丧生的劳工大约有2700人。"③

象山茅洋矿工在日军刺刀逼迫下采掘萤石(选自宁波市新四军研究会等编《宁波抗战八年》,宁波出版社2006年版)

至于间接掠夺,主要通过开办银行,发行"中储券",强占土地,无偿征用民工和贩卖毒品等手段来实施。

1941年4月日军侵占宁波后,便在宁波设立伪"中央储备银行宁波支行",在余姚、镇海等地设办理处,以推广"中储券"。宁波地区

---

① 徐长源《慈溪县志》,第638页,浙江人民出版社1992年版;俞福海《宁波市志》,第2041页,中华书局1995年版。
② 周义华《象山军民抗日纪实》,《宁波文史资料》(内),第13辑,第127页。
③ 顾生霖《不能忘却的纪念——日寇在宁波的暴行综述》,手稿,存宁波新四军研究会;周义华《茅洋万人坑》,《宁波文史资料》(内),第12辑,第79页。

"中储券"的发行额约为1926亿元,随着发行额的膨胀和物价上涨,日伪从中对宁波人民实施了残酷掠夺。同时,日军在宁波还设立横滨银行"出张所",代理发行日本军用券,强迫人民使用这种没有准备金和信用价值的军票,并任意使其升值。

1944年秋,为防止盟军在浙东沿海登陆,日军决定在慈溪庄桥修筑军用机场。为此共圈占土地3600亩,无偿拆迁房屋3000多间,毁坏稻田5000多亩,减收稻谷150多万斤,致使成千上万民众流离失所,遭受饥荒。同时从上海、宁波、嵊县、诸暨等处无偿征用大量民工。① 此外,在庵东清乡区也大量圈占民地,修筑封锁篱笆和公路、碉堡。

更为卑鄙的是日伪还在宁波贩毒害民。1942年秋,日伪在宁波江北岸设立"宁波地方禁烟局",名为禁烟,实则贩烟。通过办理烟民登记和成立所谓"上海宏济善堂宁波分堂",公开向城区和各县配售烟土。其中宁波城区就有公开经营烟土的店号16家、"烟民售吸所"约40家,每月销售烟土约3000两。在侵占宁波的4年多里,日伪通过售毒,仅在城区便掠走270.022亿元"中储券",其中运动费40万元、特种税180万元、烟土售价270亿元。② 日军对宁波人民敲骨吸髓的掠夺,真是罄竹难书。

五、浙东敌后抗日根据地的创建

(一)从浦东南渡到三北敌后抗日根据地的开辟

1941年4月浙东沦陷后,毛泽东、朱德、王稼祥即于4月30日代表中共中央和中央军委致电华中局和新四军,指出:"敌占宁波、奉化、温州、福州,如系久占,你们应注意组织各该地区游击战争。有地方党者,指导地方党组织之,你们派少数人帮助之;无地方党者,由你们派

---

① 戴士清《日军强修宁波庄桥机场的罪行》,《宁波文史资料》(内),第22辑,第31~33页。
② 闻师《日伪在宁波贩毒害民》,《宁波文史资料》(内),第12辑,第159页。

人组织之。""此区大有发展前途","有单独成立战略单位之必要"。①据此,新四军代军长陈毅和华中局书记刘少奇于5月16日指示江南区党委书记谭震林,"抽派军政干部"去配合宁波、余姚等地的党组织"发动游击战"②。4天后刘少奇再次具体指出,去浙东宁波、诸暨发展抗日武装,"名义不一定是新四军,但必须是独立,能自己解决经费、粮食问题,即使搞到五六百人,也有极大战略意义。"③

根据中共中央和华中局的指示,中共浦东区委在江南区党委的领导下,分批派遣由自己所掌握的基干武装,渡海去浙东敌后开展游击战争,创建根据地。5月10日,姜文光、朱人侠率淞沪五支队和原伪军50团一部共50余人率先南渡杭州湾,在姚北相公殿段头湾登陆,并取得国民革命军"宗德指挥部第三大队"番号。6月16日,浦东工委军事部长蔡群帆和林有璋率淞沪五支队2个中队共130余人也在相公殿登陆,仍沿用"淞沪游击第五支队"的番号,取名"五支四大"。9月18日,浦东工委敌军工作委员会书记朱人俊等率50团所部约400人南渡浙东,并取得"苏鲁战区淞沪游击队暂编第三纵队"的番号。至此,先后有7批部队900余人从浦东南渡浙东三北地区,④成为创建新四军浙东游击队的基础。

同年10月,根据江南区党委的指示,由吕炳奎、王仲良、蔡群帆组成中共浙东军分会,以吕炳奎为书记,统一领导三北地区的抗日武装斗争。在此前后,南渡部队和军分会同当地中共组织及宁属、绍属特派员王文祥、杨思一取得联系,建立了横的关系。而在浦东部队南渡之际,中共宁属党组织也在积极组建抗日武装。如6月,王博平在镇海组建王贺乡巡夜队,蒋子瑛在慈溪组建庄桥区战时工作大队。稍后

---

① 宁波市新四军暨华中敌后抗日根据地研究会编《浙东抗战与敌后抗日根据地史料丛书》第4卷,第4页,中共党史出版社2001年版。
② 《浙东抗战与敌后抗日根据地史料丛书》,第4卷,第5页。
③ 《浙东抗战与敌后抗日根据地史料丛书》,第4卷,第6页。
④ 习惯上将余姚、慈溪、镇海三县之姚江以北地区称为"三北"。解放后各县政区多有变动,故此后所述均以当时行政区划为准,不加注现属何市何县。

谢仁安等则在镇海组织浙东抗日青年突击队。浦东南渡部队与中共宁属组织建立关系后,便选派军事干部巩固发展地方抗日武装。

为创建浙东抗日根据地,"五支四大"在三北地区先后建立古窑浦、龙头场、海甸戎家、瀣浦、洞桥虞家、逍路头等6个办事处,"暂三纵"也在姚北建立长河市、临山等办事处。8月,还在慈北建立总办事处,统一领导各地办事处的工作。这些办事处和部队一起宣传抗日,组织武装群众,发展抗日力量,开展统战工作,征收抗日捐税,解决部队给养,部分地承担了抗日政权的职能。随着部队办事处的建立,敌后抗日游击战争的发展,军事上的不断取得胜利和统一战线工作、群众工作的蓬勃开展,中共领导的抗日武装在三北站住了脚跟,从而标志着三北抗日游击根据地的初步建立。

1942年2月,中共中央和毛泽东对新四军的战略部署又作出新的安排,其中强调指出:"关于浙东方面,即沪杭甬三角地区,我们力量素来薄弱,总指挥部应增辟这一战略基地,经过上海党在该地区创立游击根据地。"[①]5月中旬,日军发动浙赣战役。华中局和新四军军部根据由此引起的局势变化,确定进一步发展浙东敌后根据地的方针,于5月底、6月中先后决定派遣谭启龙、何克希等一大批军政干部前来浙东加强领导。浙东军分会也于6月初组织南进支队,由蔡群帆率领挺进会稽,并很快在那里站稳脚跟。

6月,谭启龙和淞沪五支队支队长连柏生、大队长张席珍等率领"五支一大"100余人从浦东渡海抵达慈北古窑浦。不久,路南特委书记顾德欢也来到三北。7月,何克希、张文碧、刘亨云、罗白桦、余龙贵、刘发清、张浪等抵达浙东。7月18日,谭启龙在慈北宓家埭主持召开浙东敌后第一次干部扩大会议。7月28日,中共浙东区委员会在宓家埭成立,由谭启龙、何克希、顾德欢、杨思一4人组成,谭任书记,何、杨、顾分任军事、组织、宣传3部部长。8月19日成立军政委员会,由

[①] 《浙东抗战与敌后抗日根据地史料丛书》,第2卷,第4页,中共党史出版社2001年版。

何克希、张文碧、刘亨云、连柏生组成,何任书记,对浙东部队实行统一领导。同月,又在慈北鸣鹤场成立"第三战区三北游击司令部",由何克希、连柏生为正副司令,谭启龙为政委,刘亨云为参谋长,张文碧为政治部主任。其后即将浙东主力部队整编为第三、四、五3个支队,由林有璋、吴建功、连柏生分任支队长。又将淞沪五支五大改编为司令部特务大队,五支四大三中队改编为海防中队,并在鸣鹤场金仙寺组建教导队。全军共有1510人,拥有轻重机枪36挺、长短枪878支,群众都亲切地称之为"三五支队"。这支部队成为巩固三北和向四明山、会稽山发展的基本力量。三北敌后抗日根据地由此标志基本形成。[1]这是创建浙东敌后抗日根据地的第一阶段。

(二)浙东敌后抗日根据地的形成发展

1942年7月浙东区党委成立后,为适应游击战争的需要,将宁属及绍属部分地区划分为三北、四明、三东、会稽4个地区,分别成立中共工作委员会。三北地区辖余姚、慈溪、镇海之姚江、甬江以北地区和上虞北部,以王仲良为工委书记,9月改称三北地委,机关先后设在逍林、洪魏等地。该区又划分为慈镇、余上两县,并分别成立中共县工委。四明地区以四明山周围鄞、奉、慈、余和上虞、嵊县、新昌7县边区为限,以王文祥为工委书记,9月也改称地委,机关先后设在鄞西建岙和姚南黄家等地。该区辖鄞奉、姚虞、嵊新3县,分别建立中共县委。三东地区为奉、鄞、镇3县之奉化江以东、甬江以南地区和定海县,以王起为工委负责人,11月改为地委,机关设在奉化尚田,下辖鄞东南、镇海、定海3县,并分设工委。至1944年4月,3个地区共有党员2173人。[2] 在主力部队的帮助下,所属各县都建立和扩大抗日地方武装,积

---

[1] 刘亨云《新四军浙东游击纵队抗日史实》,《宁波文史资料》(内),第13辑;杨福茂《浙东抗日根据地概述》,新四军和华中根据地研究会浙江分会《浙东抗战春秋》编选组《浙东抗战春秋》,浙江人民出版社1986年出版。

[2] 赵红峰《光荣的浙东》,选自许勤彪主编《宁波历史文化二十六讲》,宁波出版社2005年版。

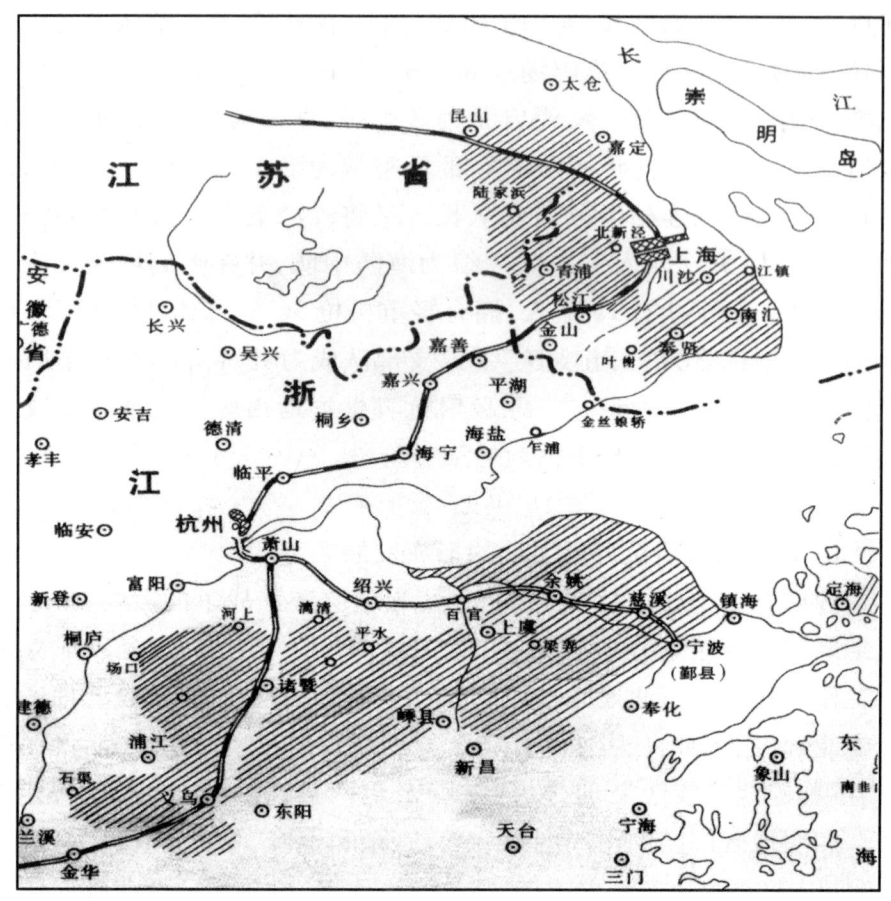

浙东敌后抗日根据地的四块地区和一个游击区示意图(选自宁波市新四军研究会等编《宁波抗战八年》,宁波出版社 2006 年版)

极开展抗日游击战争。

1942 年 9 月,浙东区党委根据华中局和新四军军部的指示,制定了"坚持三北,开辟四明,在四明山完全占领后,再控制会稽山"的工作方针。随后,谭启龙、何克希、张文碧率司政机关、四支队及教导队挺进四明山区;刘亨云率五支队坚持三北;林有璋率特务大队和新国民兵团开辟慈东、慈西地区。

10 月,日军乘三北游击司令部主力准备挺进四明山之际,集中上千兵力分3路对三北地区进行扫荡。我军经过蜀山渡、阳觉殿、竹山岙、宓家埭等一系列战斗,至11月中旬彻底粉碎了日军扫荡,锻炼了部队,巩固了三北根据地。然而此时国民政府第三十二集团军总司令李默庵为阻止三北游击司令部南进,令艾庆璋率"忠义救国军"第一支队自平湖、乍浦南渡杭州湾,步步向三北根据地进逼。浙东区党委认为,要创建浙东根据地,必须坚持巩固三北,于是决定从会稽地区调来南进支队、诸北八乡自卫大队,和三、四、五支队一起集中到三北。11月下旬,三北游击司令部率主力自四明山渡过姚江,与三北部队一起投入反顽自卫战争。经过胜山、黄家埠、小越等一系列战斗,于12月中旬取得第一次反顽自卫战争的胜利,艾庆璋最后刮掉大胡子化装逃生,三北游击司令部遂得以在浙东站稳脚跟。①

第一次反顽自卫战争的胜利使部队得到很大发展,缺乏中层干部的矛盾也更加突出。据此,华中局和新四军军部于1943年2月先后派遣黄知真、陆慕云、陈洪、邱相田、钟发宗、谢飞、江岚、丁公量、唐炎、黄源等100多名干部,分批到达浙东,加强对根据地党政军各方面的领导。2月中旬,浙东区党委在杜徐召开扩大会议,总结进入四明山以来这一段斗争的经验教训,决定今后的工作方针为:坚持浦东,巩固三北,发展四明和会稽。同时还研究了部队正规化发展问题,进行整军训练。

浙东游击司令部按照既定的工作方针,率主力再度挺进四明山。4月23日,胜利攻克被伪十师一部所侵占的姚南重镇梁弄,并成立南山总办事处。8月,浙东区党委和三北游击司令部相继进驻梁弄和横坎头,部队也发展到近3000人,由此标志着以四明山区为中心的浙东敌后抗日根据地已经初步形成,梁弄则成为根据地的指挥中心。这是创建浙东敌后抗日根据地的第二阶段。

进入第三阶段后所面临的第一个问题是国民党顽军的第二次大

---

① 谭启龙《浙东四年》,《宁波文史资料》(内),第16辑。

规模进攻。鉴于浙东根据地的迅速发展,蒋介石于1943年秋多次电令第三战区司令长官顾祝同、军令部长徐永昌等"限期剿灭"中共领导的浙东抗日武装。1943年10月1日,三十二集团军总司令李默庵、副总司令竺鸣涛在天台设立前进指挥部,同时制订《浙东清剿奸匪计划》,调集挺进第三、四、五纵队及余姚国民自卫总队第二支队、鄞奉游击指挥部第一、二支队,浙保二团,共2万余兵力,企图一举消灭中共领导的浙东抗日武装。浙东区党委和三北游击司令部坚持以抗日救国为最高民族利益,接连3次发出通电,呼吁制止内战,团结抗战。可是国民党顽固派置若罔闻,悍然于11月4日下达"务将奸军包围于四明山内歼灭之"的作战命令,①并于18日占据梁弄、横坎头,19日向五支队扼守的蜻蜓岗阵地发动猛烈进攻。中共浙东武装被迫奋起还击,击溃贺钺芳的"挺三"主力,迫使田岫山的"挺四"败退许岙。12月,顽方又调来全部新式装备的突击第一总队3000多人,总兵力达到3万人。根据这一形势,浙东区党委和司令部审时度势,于1944年2月决定由刘亨云率五支队、警卫大队和四明自卫总队坚持在四明山游击,区党委、司令部率司政机关和三支队、教导大队渡姚江转移到三北敌后。1944年6月,日军发动第二次浙赣战役,国民党在天台山受到威胁。9月,突击第一总队、浙保等撤退南下,第二次反顽自卫战遂告结束。此次反顽自卫战历时9个月,经历大小战斗91次,浙东游击纵队减员891人,故为浙东敌后抗日根据地最为困难的时期。② 在反击顽军的同时,还粉碎了日伪军的一系列扫荡和蚕食,坚持了浙东敌后的抗战。

在第二次反顽自卫战期间,根据浙东斗争的实际情况,新四军军部于1943年12月22日发出电令,将浙东抗日武装正式改编为"新四军浙东游击纵队",任命何克希为司令员,谭启龙为政治委员,刘亨云为参谋长,张文碧为政治部主任,下辖三支队、五支队、金萧支队、浦东

---

① 谭启龙《谭启龙回忆录》,第168~169页,山东人民出版社1995年版。
② 中共宁波市委党史研究室《中共宁波党史》第1卷,第241页,中共党史出版社2001年版。

支队、三北自卫总队、四明自卫总队,以及司、政、后机关和直属教导大队、警卫大队、海防大队等。1944年9月,浙东区党委在慈北洪魏召开第一届军政会议。毛泽东在给大会的来电中说:"望努力杀敌,发展武装部队,扩大解放区,改善解放区军队与人民的生活,准备配合盟军驱逐日寇。"①会后,全纵队立即投入以苦练射击、投弹、刺杀和土工作业技术为中心的冬季大练兵。

在浙东敌后抗日根据地不断巩固发展的情况下,1945年2月在梁弄成立以连柏生为主任的浙东行政公署。随之又积极改造和建立各级抗日民主政权。各级政权将动员青年参军作为自己的一项中心工作。当年6月,浙东游击纵队便由最少时的不足2000人迅速发展到7406人,拥有轻重机枪139挺,各种冲锋枪、卡宾枪、步枪、短枪3760支,成为一支英勇善战的抗日部队。②

1945年5月26日,"挺四"田岫山部第3次投敌。浙东游击纵队于5月29日发起讨田战役,6月攻克田部老巢许岙,歼敌1000余人。6月30日乘胜解放上虞县城丰惠镇。讨田战役的胜利使上虞10万人民获得解放,四明、三北、会稽三块根据地也由此联成一片。不久,浙东区党委和浙东游击纵队司令部自横坎头进驻上虞县城,此处成为浙东敌后抗日根据地后期的指挥中心。

就在讨田战役进行期间,国民党顽固派调集三十三师、浙保等共约10个团的兵力,于6月间发动第3次大规模军事进攻,首先袭击逐步向浙东新四军靠拢的"挺五"张俊升部。浙东游击纵队奋勇反击,于6月底即取得第3次反顽自卫战的胜利。张俊升由此决定率"挺五"全体官兵1000余人于7月11日宣布起义。7月13日,新四军军部决定将张俊升部编为浙东游击纵队第二旅,任命张俊升为纵队副司令兼第二旅旅长;原第三、四、五支队编为第一旅,纵队副司令员张翼翔兼第一旅旅长。

---

① 《浙东抗战与敌后抗日根据地史料丛书》第2卷,第483页,中共党史出版社,2001年版。
② 中共宁波市委党史研究室《中共宁波党史大事记》(内),第167页,1991年印行。

在中国共产党的正确领导下,经过广大将士4年艰苦奋斗和沦陷区人民的支持配合,到抗战胜利结束时,浙东抗日根据地已发展拥有三北、四明、会稽、浦东4个战略区域,并成为全国19个解放区之一。浙东根据地的创建发展为浙东乃至全国的抗战胜利作出了重要贡献。

(三)敌后抗日游击战的广泛开展

广泛开展敌后游击战争是打击敌伪,发动民众和锻炼自身,建立发展根据地的最重要手段。中共领导的武装力量从登陆浙东伊始,就将发展抗日武装,开展抗日游击战争作为自己的最重要任务,并与日伪军队进行了殊死决绝的战斗,其中著名的战斗有:

1. **相公殿伏击战** 1941年6月18日,驻庵东日军30余人出扰相公殿,刚从浦东南渡三北不久的五支四大在宗德三大的配合下,于相公殿西南的向天庵附近进行伏击,打死打伤日军各8人,迫使敌弃尸溃逃。6月25日,庵东日军30多人再次到相公殿抢掠,五支四大和宗德三大又一次伏击,打得敌人狼狈逃回庵东。相公殿两战两捷打出了我军声威,鼓舞了浙东人民的抗日斗志。

2. **横河遭遇战** 1941年10月22日,宗德三大在姚北横河与日军遭遇。宗德三大在不利地形下与敌血战1个多小时,大队长姜文光、队附姚镜人等29人英勇牺牲。

3. **梅园丘遭遇战** 1941年12月12日,暂三纵在余姚梅园丘与日军遭遇。经过两个多小时激战,迫使敌逃回五夫据点,我第三大队大队长陆阳等16人壮烈牺牲。

4. **长溪岭之战** 1941年12月中旬,五支四大在慈北长溪岭下的五峰寺遭遇从余姚出来扫荡的200多名日军袭击。经过激战,毙伤敌军20多人,并成功向西北方向转移。

5. **第一次反扫荡之战** 1942年10月初,日寇动员上千兵力分3路对三北地区进行扫荡。10月8日拂晓,300多名日伪军向驻在慈北阳觉殿的三北游击司令部和四支队发动进攻。我军迅速占领制高点,与敌激战4个小时,打垮敌7次冲锋,毙伤日伪军近百人,其中击毙日军22人。当天下午我军转移后,敌军又纠集兵力疯狂报复,纵火焚毁阳觉殿,残杀道士、道姑等12人。9日下午,五支队在龙南竹山岙伏击扫荡姚北后返回余姚的日军,毙伤敌军30余人。26日上午,五支队、特务大队等在慈北宓家埭、七三房一线,伏击从观海卫出来扫荡的伪十师1个营,结果全歼该营,俘营长以下官兵200余名,缴获轻机枪4挺及大量武器弹药。至此,粉碎了日军对三北根据地的第一次大扫荡。

6. 万岙反清乡伏击战 1943年3月29日,五支队1个中队在大队长张世万指挥下,深夜在慈北鸣鹤场以西的万岙设下埋伏。次日上午成功伏击由观城出扰的1个小队日军,歼敌30余人,缴获全部武器,还俘获1名翻译,1名日兵在逃跑途中被当地自卫队员用锄头砸死。

7. 梁弄克复之战 1943年4月23日,第三支队、特务大队和教导队对伪十师盘踞的姚南重镇梁弄发起进攻。经16小时激战,毙伤伪军40余人,俘获40余人,胜利收复梁弄。以后梁弄便成为浙东抗日根据地的指挥中心。

8. 洪桥奇袭战 1944年6月7日,三支队一、四中队在庄市区常备队的配合下,奇袭镇海城郊的伪"舟山警备司令部第四总队"队部,结果仅用4颗子弹便全俘正在开会的日伪官兵28人,其中包括上校总队长卫文达和日少佐军事顾问吉永久寿

报道了洪桥之战的《新浙东报》(选自宁波市新四军研究会等编《宁波抗战八年》,宁波出版社2006年版)

秀。

9. 东埠头之战 1944年7月31日,伪"中央税警团教导第一总队"以7个连600余人的兵力进攻慈北东埠头。第三、五支队及海防大队在洪魏、东埠头一线与敌激战14小时,毙伤伪营长以下100余人,俘获19人,缴获机枪4挺、步枪30多支,粉碎了敌伪"蚕食"三北根据地的图谋。为表彰英勇牺牲的五支队七中队队长观杰,特命名该中队为"观杰中队"。

10. 大鱼山之战 1944年8月21日,浙东游击纵队海防大队第一中队70余人登陆岱山以西的大鱼山后,25日即遭到200多名日军、300多名伪军和1艘战舰、1艘登陆艇、5条汽艇、5条机帆船及2架飞机的陆海空联合进攻。经7小时血战,我军毙伤敌100多人,其中日军30多人。最终因弹尽援绝,除26人突出重围、7人负伤躲入岩洞外,7人牺牲,35人被俘。被俘指战员遭日军集体屠杀,其中3人跳海,仅1人生还。

据统计,从1941年5月到1945年8月底,中共领导的抗日武装在浙东敌后战略区经历大小战斗643次,收复上虞、南汇两座县城,攻克据点110多个,收复国土3万余平方公里,解放同胞400万人,其中三北、四明地区200万人;毙伤日军610人,俘虏日军21人;毙伤伪军旅长以下3062人,俘虏伪军团长、支队长以下5504人。为了民族独立和人民解放,1858名干部、战士负伤,有988人牺牲。[①] 正是通过这一系列大小战斗,锻炼壮大了抗日武装,建立发展了浙东抗日根据地。

(四)浙东敌后抗日根据地的政权和经济文化建设

浙东敌后抗日根据地的政权建设以1943年12月新四军浙东游击纵队成立为界,分为两个时期。前期主要是争取利用原有区乡镇政权,建立部队办事处;后期则发展为改造乡镇保甲制,逐步建立正式的

---

① 刘亨云《新四军浙东游击纵队抗日史实》,《宁波文史资料》(内),第13辑,第145页;中共宁波市委党史研究史《中共宁波党史大事记》(内),第172页。

抗日民主政权。

1941年6月,自浦东南渡的淞沪游击五支四大组建后,为解决部队的粮饷、物资供给,并联系民众,获取情报讯息,便于7月下旬在慈北古窑浦建立第一个部队办事处,由中共余姚盐区区委书记薛诚任主任。此后"五支四大"和"暂三纵"在三北各地建立了一系列部队办事处。为加强对各地办事处的统一领导,8月下旬又在慈北建立"五支四大"总办事处,仍由薛诚任主任。这些部队办事处通过统战工作,努力争取爱国乡镇保长的共同合作,实际担负了部分地方政权的职能,成为后来抗日民主政权的雏形。

1942年7月,谭启龙在浙东敌后第一次干部扩大会议的报告中指出,应"适当的改善现有的行政机构,并逐渐的使之成为人民抗日的民主政权",尤其要认识目前尚"不能马上建立像华北华中那样的彻底的民主政权,还必须经过一个相当的过渡阶段的办法"[①]。据此,"五支四大"办事处于7月间进行改组,由金如山任主任,8月又正式设置军需(材料)、会计(财经)、民运、军事、总务5个股,开始更多地县有地方政权机构的职能。10月,随着四明山区根据地的开辟,又建立以朱之光为主任的姚南办事处,11月更扩建为姚慈办事处。在三北地区,11月将"五支四大"总办事处改组为三北游击司令部办事处,以王仲良、金如山为正副主任。此时的办事处除继续从事前述工作外,还逐步担负起开展民运,领导生产,进行减租减息,举办文化教育等各项工作,从而为进一步组建正规的抗日民主政权奠定了基础。

1943年12月,新四军浙东游击纵队成立,它表明浙东地区的共产党及其领导下的抗日武装公开打出了自己的旗号,这就在政治上势所必然地要求将半政权形式的办事处转变为完善的抗日民主政权,浙东根据地的政权建设由此进入新的发展阶段。

1944年1月15日,根据华中局的指示,在姚南茭湖村召开有各界

---

① 《浙东抗战与敌后抗日根据地史料丛书》第4卷,第30、31页,中共党史出版社2001年版。

人士参加的浙东临时代表会议,成立以连柏生为主任的浙东敌后临时行政委员会,作为浙东敌后抗日根据地的最高行政机关。会议制定颁布了《浙东敌后临时行政委员会施政纲领(草案)》。施政纲领在政权建设上规定,要逐步改造现有乡保机构,并向建立抗日民主政府的方向发展。据此,在根据地迅速建立起专区、县、区3级临时行政机构。

为进一步完善和加强抗日民主政权的建设,1945年1月21日,在余姚梁弄正蒙小学隆重召开浙东敌后各界临时代表大会。108名经选举或协商产生的各界代表出席了会议,连柏生、何克希、谭启龙分别在会上作了行政、军事、政治报告。会议选举产生了以连柏生为主任、吴山民为副主任的浙东行政委员会,决定成立浙东行政公署,并讨论通过了施政纲领。根据会议通过的《浙东敌后临时参议会章程》,还选举产生了以谭启龙为议长,郭静唐、何燮侯为副议长的浙东临时参议会。为议事方便,又选举楼适夷、杨思一等为驻会委员。

2月,浙东行政公署正式成立,由连柏生、吴山民任正副主任,下设秘书、民政、财经、文教4处,辖有四明、淞沪两个专员公署和三北、会稽两个特派员办事处。3至5月,相继成立慈溪、余姚、南山、上虞、镇海、鄞县县政府,分别由谢仁安、张光、朱之光、陈子方、戚铭渠、严式轮担任县长。县以下再分设区署和乡保行政机构。各级政权都是根据抗日民族统一战线的精神,按照"三三制"原则,经选举和协商产生。

发展生产,改善民生,保障财政收入是动员民众坚持抗战的最基本工作,其中影响最大、涉及面最为广泛的一项当属二五减租。①

谭启龙在1942年7月浙东敌后第一次干部扩大会议的报告中明确提出:"在今年秋收中"即应发动农民实行减租。"在开始一般的可以少减一点,少于'二五'或以下都可以,只要有利于团结多数人民",

---

① 广州国民政府于1926年提出"二五减租",即以一年主要农产品之全部收获量的50%为最高租额,佃农可依最高租额减去25%,但以后始终未能切实推行。抗战时期浙东敌后抗日根据地规定,不论租额高低,一律按原租额减去25%,而且减少后的租额最高不得超过土地一年正产的37.5%。

但必须注意不要超过统战政策的范围。① 1943年8月,中共三北地委进一步作出《关于今年实行"二五"减租的决定》,提出今年的任务是:"一方面在过去已经实行'二五'减租的地区开展普遍与深入的检查假减租运动";"另一方面是在过去没有实行'二五'减租的地区,以国民党浙江省政府所颁布的法令为依据,号召佃农起来进行'二五'减租"。同时在租额、佃权及相关政策方面都作了明确规定,提出要"采取调节双方利益以利抗战的方针合理地处理,佃业双方合理的要求尽可能使之满足,不应孰轻孰重"②。当年,三北根据地就有125个乡镇减了租,约占全部141个乡镇的75%。③ 在总结各地经验的基础上,1944年7月浙东敌后临时行政委员会又制定公布《处理三北地区"二五"减租及佃业关系暂行办法》,向整个浙东根据地推广。该办法共分25条,对实施"二五"减租和处理佃业关系作了具体而又明确的政策规定,如佃业双方对于"二五"减租及其他佃业关系,应本团结抗战、互助互让精神;业主应普遍实行"二五"减租,佃农应普遍实行交租;租额之议定以看花议租为主要方式,由各乡镇组织评议会评议之;计到抱实等苛重实租应一律改为议租,如有特殊情形一时不能更改者,应将原有租额减去"二五"等等。④ 通过实施"二五"减租,广大农民不但得到经济实惠,而且受到深刻的政治教育,提高了抗战的意识和热情,同时也调动了生产积极性,促进了农业生产的发展,增强了根据地的实力。另一方面也调节了业佃双方的矛盾,有利于团结爱国人士共同抗日。

第二项为组织群众发展生产。早在开辟根据地之初,中共浙东组

---

① 谭启龙《目前国内外形势与我党发展浙江敌后游击战争建立根据地的方针》,《浙东抗战与敌后抗日根据地史料丛书》第4卷,第29页,中共党史出版社2001年版。
② 《三北地委关于今年实行二五减租的决定》,《浙东抗战与敌后抗日根据地史料丛书》第4卷,第58、60页。
③ 范子芳《三北抗日根据地的'二五'减租》,《浙东抗战与敌后抗日根据地史料丛书》第4卷,第505页。
④ 《处理三北地区二五减租及佃业关系暂行办法》,《浙东抗战与敌后抗日根据地史料丛书》第4卷,第93、94页,中共党史出版社2001年版。

织就将帮助农民发展生产看做是解决人民与部队生活的主要办法。其具体举措为:成立生产自救委员会,发放种子、农贷,兴修水利,开垦荒地,组织生产互助,开展生产运动等。如在四明山区普遍成立打猎队,防止野猪危害农田;四明特派员办事处和四明专署在1945年春即分别发放农贷800万元、春耕贷款1000万元。同时也注意发展工商业,成立生产、运输、土特产等各种合作社,并兴办了印刷厂、被服厂、军械所等一批工厂。

第三项为废除国民政府的苛捐杂税,建立合理的赋税征收制度。早在1942年7月,浙东区党委就明确规定:"我们财政经济来源,不应放在打汉奸或罚款或临时捐款等等的基础上,我们应主张废除一切苛捐杂税及人民不应有的负担。一切抗日经费的来源,应由全体人民(除最贫苦者免收外)合理负担,不应放在少数人身上。"①这就奠定了按财产和收入多少征税的合理税收制度。1944年10月,四明特派员派事处所拟订的《战时进出口货物税征收暂行办法》更具体规定废除一切苛捐杂税,只开征统一的进出口货物税;货物税实行一物一税制,过境解一道税,而后在根据地内就可通行无阻。次年1月该办法由浙东临时行政委员会修订补充后,又按物资类别确定不同税率,一般生活必需品按轻税率征收,奢侈品按高税率征收,军需物资免征。② 关于田赋和公粮的征收,浙东敌后临时

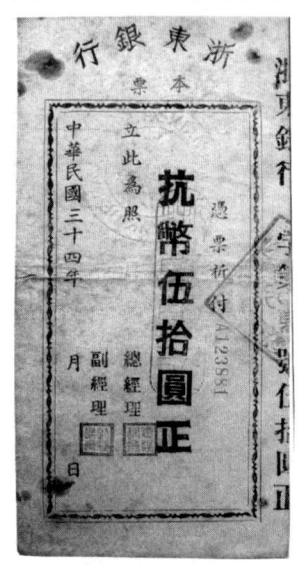

浙东地区发行的抗币(选自宁波市新四军研究会等编《宁波抗战八年》,宁波出版社2006年版)

---

① 谭启龙《目前国内外形势与我党发展浙江敌后游击战争建立根据地的方针》,《浙东抗战与敌后抗日根据地史料丛书》第4卷,第31页,中共党史出版社2001年版。
② 陆慕云《浙东抗日根据地的财经工作》,《浙东抗战与敌后抗日根据地史料丛书》第6卷,第85、86页。

行政委员会于1944年规定：田赋改征实物，与公粮合并征收；一年一度，一次征足。征额按土地性质分为4种，甲田每亩征收谷27斤，乙田每亩征收谷17斤，甲地和乙地分别亩征谷13斤、7斤。其中田赋部分由业主完全负担；公粮征收以田地为对象，自耕农独自全部负担，租佃之田由业主和佃户各半负担，租佃之地甲地由业主负担3斤半、佃户负担7斤半，乙地全部由佃户负担。①

第四项为建立银行，发行"抗币"。1945年4月1日在梁弄横坎头成立浙东银行，由吴山民任董事长兼总经理。随即又成立三北、四明分行和各地支行及办事处。浙东银行成立后于4月10日开始发行"抗币"，作为浙东行政区的本位货币。"抗币"面额有1元、5元、10元、50元4种，为便于流通，后又增发角票。按条例规定，"抗币"发行总额为200万元，1元币值接近于1市斤食米的价值，币值一直比较稳定。银行的建立和"抗币"的发行对于抵制打击伪币，稳定物价，促进经济和抗战事业的发展，都产生了积极作用。

在文化建设方面，其一是进行抗战与民主的普及教育。根据战时教育的特点，重在激发学员的民族意识，以增强抗战必胜的信心。1942年暑假，浙东区党委开始举办小学教师培训班，授课内容为抗日形势教育、社会发展史和人生观教育等。9月，为解决沦陷区青少年失学问题，慈镇县工委在镇北龙山创办凤湖初级中学。凤湖中学贯彻开门办学方针，注重抗日救国教育，经常组织学生参加社会政治活动。1944年9月，第三届浙东文教扩大会根据教育与群众结合、教育与实际联系、学与用一致的精神和战时特殊背景，确定新的教育方针为：社会教育重于学校教育、成人教育重于儿童教育、干部教育重于群众教育。据此，具体规定：所有公私学校应向"民办公助"的方向发展；学制改革方面应择用全日制、半日制、二部轮流制、旁听制等多种形式；课程改革方面应加重抗日战争和生产知识的内容，启发民主精神，培养

---

① 《三十三年公粮田赋合并征收办法》，《浙东抗战与敌后抗日根据地史料丛书》第6卷，第5～8页，中共党史出版社2001年版。

劳动观念、集体观念等。在社会教育方面,主要是利用冬季农闲,以冬学运动的方式对广大农民进行启蒙式教育,具体内容为:有关民主建设的常识课,注重本地实用农事及生产常识、破除迷信常识的自然课,注重心算、珠算、簿记、记账的算术课等等。① 在干部教育方面,1944年9月在慈南杜徐村创办由黄源任院长的浙东鲁迅学院,共培养文化教育人才500多名。

其二是提倡以普及为中心的新文艺运动,改造民间艺人,改革戏剧,建立社会教育工作队、浙东鲁迅文艺工作团、战斗剧团、政治部政工队,演出革命戏剧。1943年7月,即在四明根据地建立社会教育工作队,其任务是改革越剧"的笃戏";收集、整理、改编浙东地区的民歌、民谣等民间文艺以及"小热昏"、"犁铧文书"、"马灯调"、"小放牛"、龙灯、狮子舞等民间说唱和民间舞蹈;辅导各地俱乐部和集镇业余演唱组织。其中影响最大的是越剧改革。社教队成立后就把一个在游击区内流动演出的"草台班子"——高升舞台吸收进来,将新文艺工作者和旧艺人结合在一起,相互学习,取长补短。在题材内容上,以根据地真人真事为素材,创作了《血钟记》、《大义灭亲》、《桥头烽火》、《英烈缘》等一批优秀剧目。在表现形式上,继承并大胆突破旧的程式,如采用男女同台合演,将亢奋的绍剧高腔与委婉的越剧曲调糅合起来,用"幕间戏"的形式串联各个场次,在剧情发展中加入小调、新音乐插曲,在化妆上不搞脸谱化等等,开创了中国越剧改革的先声,取得了很好的宣传效果。此外,犁铧文书以李敏烈士的感人事迹创作了《义薄云天》,话剧、多幕剧创作了《桂林之夜》和《风波亭》、《赤胆忠心》、《荆轲刺秦王》,民间说唱创作了《反战五更调》等一大批群众喜闻乐见的优秀作品。歌曲创作方面有直接反映战斗场面的《梁弄战斗歌》、《宓家埭战斗》《保卫秋收》,有抒发英勇抗日之情的《星光照着杭州

---

① 《第三届浙东文教会决定新的文教方针》,《新浙东报》,1944年10月11日。

湾》、《四明山上升太阳》、《钢铁的纵队》、《海防大队之歌》等等。① 这场新文艺运动推动了浙东的抗日战争和根据地建设。

其三是新闻出版事业。早在1942年6月，中共浙东行动委员会就在慈北鸣鹤场建立电台，专收延安新华社的电讯，并印成《电讯稿》分送部队首长、干部参考。8月，浙东区党委宣传部在慈北洞山寺将《电讯稿》改为《时事简讯》，并成立以陈静之为社长的时事简讯社，这是浙东根据地的第一张报纸。1943年1月，又成立新华社浙东支社。8月，三北游击司令部政治部在梁弄横坎头创办以部队指战员为主要对象的《战斗报》。日本反战同盟浙东支部也办了一份日文版的《解放周报》。1944年4月13日，浙东区党委机关报《新浙东报》创刊，取代了《时事简讯》。《新浙东报》由于岩任社长，至1945年10月1日终刊共出版231期。它宣传中共中央和浙东区党委的方针、政策，报道全国和浙东的抗日战争以及世界反法西斯战争的情况，反映民众的切身要求和斗争经验，具有很大的政治影响。1945年三四月间，浙东文化界人士还成立"东南文化社"，8月又出版面向普通民众的通俗报纸《大众报》。1944年第二次反顽斗争结束后，浙东区党委宣传部决定成立浙东书局。1945年初，为纪念邹韬奋逝世，又将书店更名为浙东韬奋书店，后又在各地陆续设立分店。浙东书局和韬奋书店先后出版毛泽东的《论持久战》、《论新阶段》、《新民主主义论》、《论联合政府》，朱德的《论解放区战场》，以及《整风文献》、《政治常识》、《根据地建设》和文化教育类图书共计数十种。这对于浙东根据地的建设和对日斗争产生了良好作用。②

---

① 黄源《四明山越剧改革经验点滴》、俞观潮《四明山麓的越剧革新》、金延峰等《浙东行政公署社会教育工作队》、金延峰等《在战斗中产生的浙东抗日歌曲》，参见《浙东抗战与敌后抗日根据地史料丛书》第6卷，中共党史出版社2001年版。
② 陈静之《浙东根据地的第一张报纸——时事简讯》、钟虹等《浙东韬奋书店回忆》，宁波市新四军暨华中抗日根据地研究会《浙东敌后曙光》，当代中国出版社1996年版；杨福茂《浙东抗日根据地概述》，新四军和华中根据地研究会浙江分会《浙东抗战春秋》编选组《浙东抗战春秋》，浙江人民出版社1986年版。

六、宁波抗战的胜利

（一）中国军队的反攻作战和宁波日军的投降

从1945年春开始，美军在太平洋战场向日军发起全面进攻。日军大本营决定以本土防御作为重点，陆续从海外战场回撤军队。据此，侵华中国派遣军也相应确定要以主力固守华东、华北要地，在华东要迅速撤收福州、温州等地的军队，集中于长江三角洲地区，防止美军登陆。与宁波有关的是：在慈北庄桥修筑大型军用机场；在镇海、慈溪沿山掘筑坑道；在舟山修筑海防工事；在驻宁波日军的配合下，温州日军向北经黄岩、临海于6月26日占据宁海县城。

在此种情势下，国民政府军和中共领导的新四军浙东游击纵队积极开展局部收复作战。5月，国民政府军先后收复新昌、嵊县等地。7月，温台地区忠义救国军教导总队、宁波警察总队和宁海县自卫队共同组织宁海攻城之战。在四明山根据地，6000多军民于5月间在梁弄召开庆祝苏军攻克柏林大会。此后，新四军浙东游击纵队和各县地方武装向日伪军据点发动政治、军事攻势，6月30日收复上虞县城，不久部分兵力又进抵宁波城郊。

8月6日、8日，美国空军相继在日本广岛、长崎投掷原子弹；苏联也在8日宣布对日作战，百万苏联红军随即向盘踞中国东北的日军发起总攻，日军受到致命打击。14日，日本天皇正式宣布接受无条件投降。8月12日，新四军浙东游击纵队司令何克希奉延安总部朱德总司令电令，向驻扎在浙东解放区附近各城镇之敌军与伪军、伪政权发出通牒："所有敌军于收到本通牒后，立即停止抵抗，并即派遣代表前来本军接洽投降事宜，解除全部武装，一切军用器具，不得破坏与损毁，留驻原地，听候接收；所有伪军、伪政权于接到本通牒后，立即率部向本军反正,听候编遣。"①15 日,中共浙东区党委成立了以谭启龙为书记的"行动委员会",统一领导党政军民,以一切力量迅速收缴敌人武器,坚决消灭敢于顽抗的日伪军。16 日,三北特务营在慈溪、镇海两县千余民兵的配合下,经过 3 昼夜围攻,迫使据守慈北重镇掌起桥的 200 多名伪军缴械投降。到 8 月 20 日,先后收复大小据点 20 多个,并向各县城进逼。20 日,攻克距宁波城仅 1.5 公里的西成桥据点,何克希亲率主力部队集结西郊、南郊,三北独立营也受命进至北郊配合主力,准备向驻守宁波的日伪军发起进攻。后因敌情变化和中共中央战略方针的变动,取消了攻城计划。在 8 月中下旬的 1 个星期内,浙东游击纵队共毙伤俘敌伪营长以下官兵 600 余人,克复三北、四明地区的敌伪据点 40 余个,扩大解放区 70 多个乡镇,解放人口 60 多万。②

8 月 10 日晚 10 时,驻宁海梁皇山上的宁波电讯训练所电台和宁波日报社电台同时抄收到重庆中央社 22 时特急电称:"10 日 20 时日本广播,接受中、美、英 7 月 26 日的《波茨坦公告》,无条件投降。"训练所立即刻印捷报,由学员星夜向山上 200 多个寺院和茅棚分发。从 11 日晨 4 时起,梁皇山上漫山遍坡响起各寺院为庆祝抗战胜利而叩响的钟声。③ 驻天台后方的三十二集团军副总司令陈沛也率前进指挥部迅速向宁波挺进。9 月 13 日,在宁波江东白鹘桥举行受降仪式,日军八十九旅团、九十一旅团 8530 多名官兵缴械投降。④ 日方投降代表为九十一旅团旅团长宇野节少将指派的浙东联络部部长草野昌藏,中方受降代表为三十二集团军副总司令兼前进指挥部指挥官陈沛。

---

① 《新四军浙东游击纵队对敌伪军通牒》,《浙东抗战与敌后抗日根据地史料丛书》第 7 卷,第 7 页,中共党史出版社 2001 年版。
② 中共宁波市委党史研究室《中共宁波党史》,第 1 卷,第 273 页,中共党史出版社 2001 年版。
③ 王之祥《抗战时期宁波电信技术人员训练所》,《宁波文史资料》(内),第 22 辑,第 29 页。
④ 范学文《抗日战争时期宁波纪事》,《宁波文史资料》(内),第 1 辑,第 65 页;俞福海《宁波市志》,第 2040 页,中华书局 1995 年版。

(二)宁波军民为抗战付出的重大代价

宁波抗战的胜利来之不易,广大军民为之承受了巨大损失,付出了重大代价。由于原始资料零碎分散,缺乏系统性和完整性,所以要全面准确地估价这个问题比较困难,只能从不同的角度作一些局部的展示和分析。

根据不完全统计,战时宁波地区平民被害死亡20344人,受伤5485人,流亡数十万人。其中鄞县死亡17500人,受伤2116人,流亡43500人;余姚死亡507人;慈溪死亡108人,负伤70多人,其中炸死50多人,枪杀50多人;镇海死亡737人,伤残3034人;定海死亡900人;奉化死亡250人,伤残100人;象山死亡187人,受伤98人;宁海死亡123人,伤残77人;南田死亡32人。① 此数据中鄞县部分来自1946年政府统计,所以比较完整可靠,其余都是解放后零碎的辑录、回忆,而且余姚、定海、南田3县还缺乏受伤人数的统计数据,因而很不完整,只能粗略地反映一个概貌。军队伤亡人数,仅浙东新四军即有988名指战员牺牲,1858名指战员负伤。②

全地区公私财产具体损失缺乏统计,兹列举数项。如鄞曹、鄞嵊两条公路遭受路基路面、桥梁涵洞和电讯、渡口、站屋等损失,共计折合法币59455万元。鄞县、慈溪、镇海、奉化、象山、定海、余姚、宁海8县县道损失总值也达20900万元。此外,甬江一江仅木船就损失8890条,价值39948万元。宁波油料分库遭受油料损失也达1000万元。③ 以医药卫生机构而言,据不完全统计,有29家公私医院受到程度不同的破坏,其中房屋塌损或被日军占据,药品器械均被破坏的有鄞县中

---

① 鄞县数据见:《鄞县抗战期间被灾损失情况表》,鄞县县政府统计室1946年10月15日,《宁波文史资料》第12辑;余姚、慈溪、象山数据见三县政协文史委撰《日寇蹂躏下的余姚》、《日军侵犯慈溪纪实》、《灭绝人性 惨不忍睹》,《宁波文史资料》(内),第12辑;其余各县数据采解放后各该县新编县志,转引自袁成毅《浙江抗战损失初步研究》,第247~251页,陕西人民出版社2003年版。
② 中共宁波市委党史研究室《中共宁波党史》,第1卷,第274页,中共党史出版社2001年版。
③ 袁成毅《浙江抗战损失初步研究》,第139~143页。

心医院、鄞县卫生院、鄞县传染病医院、仁慈堂医院、普济医院、普益医院、奉化公立医院、奉化卫生院、云岭医院、长生医院、镇海同义医院、慈溪保黎医院、定海公立医院等13所,损失颇重的有余姚县立卫生院、镇海同安医院、慈溪县立卫生院、宁海县立医院、定海县立卫生院等10所,损失较轻的有6所。①

以一县所受综合损失而言,鄞县最为严重。其中农业损失39522万元,内中光是被掠稻谷1项即达88106万斤;工业(含电业)损失4338万元;商业损失6772万元;汽车业损失2625万元;金融业损失132万元;渔业损失8040万元;林业损失3796万元;畜牧业损失1807万元。加上其他各项,共计损失73587万元,受损总户数为135196户。② 这真是一场千古未有的浩劫。

艰难困苦,玉汝于成。经过历时8年的艰难抗战,宁波人民虽然承受了重大牺牲,但也经受了前所未有的锻炼,民族民主意识空前高涨。国共两党在宁波也都经受了战争检验,尤其是共产党在本地区社会政治生活中的作用和影响日益扩大。这为宁波地区日后迎接新中国的诞生,奠定了思想、政治和群众的基础。

第五节 国民政府统治后期的宁波政局

1945年8月抗战胜利后,宁波地方当局坚持实施国民政府的独裁、内战政策,力图恢复战前的专制统治,由此丧尽了人心。为争取和平建国的前途,新四军浙东游击纵队根据中共中央在重庆谈判中作出的让步,主力渡海北撤;留下坚持斗争的人员则重新恢复建立了浙东游击根据地。1949年5月25日,人民解放军主力部队在浙东解放军

---

① 袁成毅《浙江抗战损失初步研究》,第190、191页,陕西人民出版社2003年版。
② 《鄞县抗战期间公私财产损失估计》、《鄞县日军罪行调查物资损失汇总表》,鄞县县政府统计室1946年10月15日,《宁波文史资料》(内),第12辑。此处币值以1937年7月以前法币为标准。

的配合下,胜利解放宁波城区,宁波历史由此揭开了新的一页。

一、战后初期的宁波政局

(一)宁波地方政府的接收与审判汉奸

日本宣布投降后,国民政府主席蒋介石于8月11日连续发布命令,严令侵华日军不得向共产党领导的敌后武装缴械,要伪军"切实维持地方治安",同时命国军"积极推进"。据此,宁波地方当局与日、伪三方之间也形成了默契。根据浙江地方当局制订的"确保奉化溪口,争取宁波、杭州"的方针,在宁波以西以北,日第九十一旅团旅团长宇野节拒绝新四军浙东游击纵队司令何克希促其缴械的命令;在宁波地方当局势力所及的宁波以南一线,则命令日军先后于15日撤离宁海,18日撤离奉化、象山。据此,宁波地方最高长官、浙江第六行政督察区专员兼保安司令俞济民和忠义救国军温台地区指挥官郭履洲遂率部进入宁海县城,18日俞济民部又进而接收奉化县城。同时,俞济民加紧收编伪军,8月28日将谢文达的伪十师收编为宁波先遣军,宁波地区大小二三十股伪军也先后都被收编,协助国军防卫新四军。

9月上旬,俞济民率部进抵鄞县甲村,部署入城,先组织"鄞县城区区署"到宁波市内着手接收事宜。15日,俞济民率机关进城,抵达江东时先由伪保安第六大队大队长何芳设宴迎接。进城后,宁波地方当局在鼓楼前筑台召开各界群众大会,并在鼓楼上举行升旗仪式,庆祝宁波光复。三十二集团军前进指挥官陈沛和俞济民等出席了大会,会后还组织了游行。①

9月5日,国民政府决定在陆军司令部之下成立由陆军总司令何应钦任主任委员的"党政接收计划委员会",各省市也相应设立党政接收委员会。根据陆军司令部所发训令,六区行政督察专员俞济民和所

---

① 范学文《抗日战争时期宁波纪事》,《宁波文史资料》(内),第1辑,第65、66页。

属各县县长负责接收辖区内日伪一切行政、事业机构。以宁波城区而言,伪六区行政督察专员公署、伪鄞县县政府以下各种行政机关首先被接收,然后是接收日伪所办的文化、教育、金融、经济、交通、水利等各项事业,如中小学校、报刊、电台、银行和各类工厂企业等等。

  在接收过程中,国民党各级官员营私舞弊,敲诈勒索,大发横财,完全暴露了其腐朽的本质。首先是国民政府压低伪币币值,规定以1元法币兑换200元中储券的比值,限期收回伪币,而当年汪伪政权却是以二比一的比值强制沦陷区人民将法币折兑成中储券。1946年5月3日,中央银行宁波分行即销毁中储券1924.56亿元,计重19.1吨。① 这是对沦陷区各阶层民众的一次巧取豪夺。又如鄞县城区区署所组织的"肃奸队"在入城之初,即企图以肃奸之名来敲诈勒索,以致与被收编为"先遣军"的伪十师发生冲突,结果被其包围缴械。后经俞济民出面交涉,谢文达发还了枪支,并将主持其事的联络参谋葛天民"押送"赴沪。当葛上船时,却被肃奸队李文卿打死。想不到葛原是第三战区司令长官部秘密打入伪十师的情报人员,于是闹到将李文卿判刑一年半而了事。② 国民党鄞县县党部为维护其党报的垄断权益,竟指鹿为马,要将被日伪霸占的《时事公报》当做敌产接收。后因金臻庠检具当年与敌伪抗争的声明电文、启事广告等据理力争,才未能得逞。③

  其中闹得最为沸沸扬扬的是浙江高等法院宁波第三分院首席检察官季赓扬的贪污渎职案。原因宁波沦陷后棉花跌价而棉纱上涨,一些民族工商业者先后开办了一批纱厂,其中以长丰、立信、久丰、裕生等获利较大。法院掌握情况后便下令通缉裕泰棉布号老板、曾任伪鄞县南郊镇镇长的李贤钊。藏匿李贤钊的朱维官为长丰纱厂老板,时任宁波商会理事长。法院通过朱的邻居、季赓扬的同乡汤觉民向朱暗示,如李贤钊愿出巨款,可以不予起诉,结果遭朱拒绝。法院再次通过

---

① 俞福海《宁波市志》,第1620页,中华书局1995年版。
② 范学文《抗日战争时期宁波纪事》,《宁波文史资料》(内),第1辑,第65、66页。
③ 何世鸿《伸张正义的爱国报人》,《宁波文史资料》(内),第10辑,第29页。

汤觉民出面宴请朱维官等工商界头面人物和法院院长钟之翰、检察官季赓扬等。席间,季软硬兼施,谓宁波工商界多有以"物资资敌"的汉奸,要心中有数。但朱维官仍不买账。于是法院恼羞成怒,首先以经济汉奸案传讯裕生纱厂负责人应彭年,1946年8月又对长丰、立信、久丰3厂以物资资敌罪立案侦查,并予查封。朱维官等被迫屈服,同意由3纱厂出款12000万来了结此案,并先付给季赓扬9000万元,约值黄金14公斤多,尚欠3000万元待案件了结后付清。不料季突患中风,案子由曹秉吉接办。曹不明底细,于1947年12月18日判决3纱厂朱维官、毛顺庆、董叙庭等5人各有期徒刑2年6个月。朱维官等一面向最高法院上诉复审,一面向监察院浙闽监察使署、司法行政部及浙江省高级法院等控告季赓扬贪污罪,工商界人士也起而声援。结果经过侦查,于1948年3月2日对季赓扬等提起公诉,对朱维官等则免予起诉,并将3厂财产启封发还原主。5月29日,季赓扬在关押中突患脑溢血死亡,于是此案即被注销,赃款也因此而未能依法收缴。①

1945年11月23日,国民政府公布《处理汉奸案件条例》,具体规定划定汉奸的依据为:曾任伪组织的机关首长者;曾任伪组织公务员,凭借敌伪势力迫害他人者;曾任伪组织特务工作者;曾任伪组织所属专科学校校长或重要职务者;曾任伪组织所属金融、实业机关首长或重要职务者;曾在伪组织管辖范围内任报馆、通讯社、杂志社、书局、出版社社长、编辑、主笔或经理,为敌宣传者;汪伪军中上级军官等。从1945年8月下旬起,宁波地区便开始陆续逮捕政治、军警、文化、经济等各类汉奸,如奉化县伪县长杨梵清、日本宁波宪兵队大特务章光耀等。9月中旬回城后鄞县县政府和县党部成立由4人组成的肃奸委员会,各县参议会也通过了有关惩治汉奸的决议案。经过5个月的肃奸,鄞县肃奸委员会在报上分3批公布300多名多已遁散的汉奸名单。从1946年3月起,开始对被逮捕关押的汉奸进行审判,如3月13

---

① 陈谋璈《1948年宁波的两件大案》,《宁波文史资料》(内),第15辑,第49~52页。

日即判处伪宁波保安队长、汉奸赵虎臣死刑。由于国民党与许多敌伪汉奸有着扯不清道不明的复杂关系,所以根本不可能彻底惩治汉奸。那些派发汉奸帽子,企图以此生财,大捞一把的官员,更是将惩处汉奸工作搞得乌烟瘴气。

日本投降后,汉奸们惶惶如丧家之犬,有的自知罪孽深重而潜逃外地,有的则通过各种关系攀搭投靠国民党。如原日本宪兵队密探科密探孙桂芳、思想科特高李明耀等暗通关节,得到作为接收先遣队的鄞县城区区署肃奸队的谅解,答应暂不追究汉奸身份。于是,孙桂芳等在宁波状元楼大摆酒席,邀请区署和肃奸队负责人洪一飞等数十人赴宴,连日本宪兵队特高科负责人岩永林夫妇也应邀参加。经过觥筹交错,互相化敌为友。① 罪大恶极、被沦陷区民众称为"活阎王"和"小阎王"的伪十师三十七团团长张侠魂与该团一营营长许泽楣也摇身一变,分别混入国军当了军官。伪余姚县长劳乃心等一批铁杆汉奸也纷纷出逃台湾等地,逃避惩处。敌伪宁波特务组织中号称"二十六兄弟"老大、老二的章光耀、顾瑞大和孙桂芳、蔡光许、俞剑华等一度逃脱法网,直至1949年宁波解放后才被公审惩处。在日本宁波宪兵队特务中被称为"四大金刚"的大汉奸蔡邦、程明诸人,虽被捕受审,但都被重罪轻判。1946年,张侠魂在上海被捕后解押回宁波受审,却闹出一场劫狱风波。翌年3月,张和其妾甘桂凤及爪牙戴月波、周光华等买通看守,商定里应外合,武装劫狱。后因内情泄露而未遂。6月5日,宁波法院判处甘桂凤等3人有期徒刑9个月,甘因有孕而被交保假释,张侠魂则被解送杭州。在1949年杭州解放前夕,张侠魂竟被保释出狱,逃脱法律惩处。②

一些贪官污吏丑态百出,将审判汉奸当做是捞钱的良机。一般有钱的汉奸若遭民众和舆论机关检举,或被公诉机关点名,马上通过各

---

① 应瞻光等《杀人魔窟——日本宁波宪兵队》,《宁波文史资料》(内),第12辑,第140页。
② 吉人《日谍芝原平三郎》,《宁波文史资料》(内),第3辑,第142页;宗耀《"活阎王"张侠魂》,《宁波文史资料》(内),第12辑,第144、145页。

种关系以重金贿赂国民政府党政军机关的实力人物,或要求律师直接找法官论价付钱,以求解脱。掌握起诉大权的首席检察官,如孟闻道、季赓扬等都有专门指定的律师作为自己讨价还价的代理人,然后将受贿的金钱以关系轻重,按比例分配给推事和检察官。如大汉奸章光耀在看守所中仍受到特殊待遇。那些沦陷期间与章有过瓜葛的人生怕被章供出,纷纷送钱孝敬。于是,法院和看守所的官吏通过1元钱1支烟、10元钱1碗肉、40元钱1个鸦片烟泡等交易,将所得赃款按股瓜分。此时,曾受到过章迫害的律师王清正搜集各种证据,要求法院判处章死刑。殊不知章已成法院的摇钱树,一方要求速决,一方偏要延宕,以致发生正面冲突。一次正当法院开庭之际,王清正手提燃着蜡烛的灯笼,引着一批旁听者大摇大摆地拥入法庭。法官责问王白天提灯扰乱法庭,要办其貌视法庭尊严罪,王清正却毫不在乎地回答说:法庭一片黑暗,白天也只好点灯笼照明。①

(二)新四军浙东游击纵队的北撤

1945年8月10日,日本宣布投降。中共中央根据国内外局势的变化,对浙东新四军的战略部署,连续发来3次指示,并不断作出调整。

8月10日,中共中央电令新四军"一、六两师及苏南、苏中,担任夺取南京、上海之线;浙东担任沪杭甬之线","各中小城镇据点由专署、分区、县府及地方部队动员民兵就近占领之"②。鉴于当时国军远处后方,来不及接收的军事形势和内战又很难避免的政治判断,中共中央决定就近夺取沪宁,收缴武器,积极扩大武装力量和根据地的决策是十分正确的。此时浙东游击纵队的具体任务是以主要兵力集中三北,渡过钱塘江配合苏中、苏南新四军所部接收上海;另由何克希率

---

① 方中《国民党统治时期的宁波司法界》,《宁波文史资料》(内),第15辑。
② 《中央关于夺取大城市及交通要道的部署给华中局的指示》,《浙东抗战与敌后抗日根据地史料丛书》第7卷,第4页,中共党史出版社2001年版。

一部分兵力,直接挺进到宁波城下,相机进取;①同时通牒日伪军缴械投降,占领敌伪据点,尽量扩大和增强自身的武装力量。据此,何克希率四支队、警卫大队及二旅一个团,于8月12日"即赴鄞西相机占鄞城"。直至16日晚7时,仍要求部队"积极准备行动,收缴三北一带敌伪武装,相机进入宁波"②。21日,浙东新四军攻占宁波西门外的西成据点,并形成包围,准备相机攻城。

但此时局势又发生重大变化,占据沪、宁、甬的日伪军拒绝向新四军缴械投降,而国民党军则急速向前推进,浙保一团、二团甚至勾结伪军进攻江口、鄞江桥,从侧后包围新四军围攻宁波部队。同时,中共中央还得到情报:"万一中共攻打南京,日方将固守或反攻","国军正源源不断从后方开来沪宁杭地区,准备接收此地,把长江以南的新四军截住"。③ 经反复权衡,中共中央决定改变立即占领京沪的方案,于21日急电已进至南京城下的先遣支队"立即撤返江北",同时收回20日刚批准上海武装起义的成命,电示华中局:"日本投降条约即将签字,蒋介石已委任官吏,在此形势下,上海起义变为反对蒋介石,……对我们和人民是不利的。"22日,华中局电告浙东区党委,浙东部队停止向上海进发。④ 23日,中共中央政治局在延安召开扩大会议,提出以"和平、民主、团结"为新的三大口号,并决定毛泽东去重庆谈判。正是在此种形势下,中共中央决定要浙东纵队准备主力南下,与浙南武装会合,开辟闽浙赣根据地,而留少数部队坚持四明、三北和金萧的游击战争。浙东区党委在8月27日向华中局报告,放弃夺取宁波,将主力集结鄞西,迅速巩固基本区,发展新区,准备长期坚持,"非至万一,决不

---

① 谭启龙《浙东四年》,《宁波文史资料》(内),第16辑,第20页。
② 《谭启龙给汪部长等的指示信》、《关于日本投降形势下我军事行动的电示》,《浙东抗战与敌后抗日根据地史料丛书》第7卷,第6、12页,中共党史出版社2001年版。
③ 魏东等《抗战胜利之际一份紧急拍发延安的战略情报》,《税收与社会》,1995年第9期。
④ 林言凡《从日本投降到浙东新四军北撤的三个阶段》,《浙东抗战与敌后抗日根据地史料丛书》第7卷,第145页,中共党史出版社2001年版;泰栋等《沙文汉与陈修良》,第116页,宁波出版社1999年12月版。

向浙南转移"。但不久即根据中央指示,决定由何克希率领张俊升的第二旅在浙东坚持斗争;谭启龙率领区党委机关和主力第一旅南下与浙南的永乐总队会合,由张翼翔、余龙贵分任正副司令,谭启龙任政委,刘亨云任参谋长,张文碧任政治部主任。①

正当浙东游击纵队部署完毕,并派出小股部队侦察通往浙南路况时,局势又发生重大变化。根据在重庆谈判中提出的让步条件,中共中央于9月19日作出向北发展、向南防御的战略部署,命令"浙东我军即向苏南撤退"。20日,华中局即转发中央当日电令:"浙东、苏南、皖中、皖南部队北撤,越快越好";"浙东部队及地方党政立即全部撤退,只留秘密工作者及少数秘密武装"②。22日,新四军军部和华中局又致电谭启龙、何克希,就浙东部队和地方党的撤退步骤提出6点指示,并限7天内作好一切准备。

23日,浙东区党委在接到命令后,便在上虞丰惠镇召开扩大会议,就北撤事宜作出一系列决定。第一,由张翼翔、刘亨云率五支队和侦察队到三北地区会合海防大队,封锁钱塘江口,集中所有能够集中的船只,确保北撤用船。第二,留下精干的武装,带1部电台坚持浙东,并将党委制改为特派员制,由刘清扬负责四明山区,邢子陶负责白区城乡,王起负责三东地区,马青负责金萧地区。第三,所有公开人员和武装部队全部撤离浙东,前往苏北。第四,后方的印刷所、兵工厂、伤兵医院等,统归朱洪山、黄明负责,建立公开的留守处,并由何克希写信给俞济民和陈沛,要求他们保护留守处人员的安全。第五,估计国民党接收后会搞白色恐怖,为减少损失,允许党员可以参加过帮助新四军工作的群众团体名义,"自首"登记。第六,限期收回抗币,用粮食和法币兑换,以免根据地人民受到损失。第七,由区党委宣传部长顾

---

① 谭启龙《抗战胜利,全面反攻和奉命北撤》,《目前浙东顽情及作战部署》,《浙东抗战与敌后抗日根据地史料丛书》第7卷,第153、26页,中共党史出版社2001年版。
② 《中央关于撤退江南部队向北进军问题给华中局的指示》,《浙东抗战与敌后抗日根据地史料丛书》第7卷,第46页。

德欢起草《忍痛告别浙东父老兄弟姐妹书》，交由《新浙东报》发表。

从9月30日起，集结在东起慈北观海卫，西至姚北临山卫的新四军浙东游击纵队和党政机关及地方工作人员，开始分批渡海北撤。在三北沿海民众的全力支持下，在沿海各渡口共集结了300多条大小船只。浙东区党委和纵队部决定以江苏青浦（今属上海）为中途集结点，然后渡过长江进入苏北。但国民党却乘机调动兵力，企图将北撤的浙东新四军围歼在杭州湾南北两岸。9月28日，进至余姚的九十八军一部配合浙保及伪军突然袭击驻周巷的浙东游击纵队第五支队，试图封闭渡海通道，然后待援军赶到将浙东新四军部分主力围歼于杭州湾南岸。经五支队奋力反击，重创并击溃了顽军。其后，九十八军又从余姚乘火车赶向硖石、澉浦，二十五军一部也经杭县赶来，共以4个师的兵力，由九十八军军长段霖茂亲临前线指挥，企图对北渡的浙东新四军南追北堵，东西合击于杭州湾北岸，制造第二个皖南事变。在何克希司令员坚定果断的指挥下，第二路北撤部队经血战澉浦，终于胜利突出重围。①

浙东纵队和党政干部的北撤大致分为3路。9月30日，谭启龙、顾德欢等带领区党委机关人员、教导大队、警卫大队从观海卫附近的高背浦下船起航，在北岸奉贤登陆，然后渡黄浦江至青浦，此为第一路。第二路由何克希率领。先由纵队副司令张俊升率二旅于10月1日在临山大墩丘上船，次日拂晓至海宁黄湾登陆。3日，二旅政委王仲良率余上大队也在黄湾登陆，与二旅主力会合。由于国民党军正向黄湾逼进，部队遂向东转移到海盐的澉浦，并致电要何克希也改到澉浦登陆。但二旅在澉浦又遭到国民党军围攻，激战到4日傍晚始突围到嘉兴新篁。4日下午，何克希率五支队和后勤机关等从临山北渡澉浦。5日拂晓登陆后即遭九十八军的进攻，经殊死决战，方始突围，并与二旅在新篁会合。后二旅改道，直接去苏北海安集结，何克希则率

---

① 徐放《北撤前的周巷反击战》、蔡子悟等《澉浦突围战》，《浙东抗战与敌后抗日根据地史料丛书》第7卷，第160、161、177、192、193页，中共党史出版社2001年版。

所部于12日到达青浦观音堂。第三路由张翼翔、张文碧、刘亨云、杨思一等率领三支队、四支队、金萧支队北渡。10月1日,张翼翔率四支队在庵东相公殿一带起航,途中因遭台风,支队长程业棠等被风刮回相公殿。金萧支队于10月6日才赶到临山登船,次日在浦东靠近奉贤的海岸登陆,并与先期到达的张翼翔等会合。10月7日,慈溪县长谢仁安、镇海县长戚铭渠在完成有关善后事宜后,率两县党政干部和三北特务营一部,最后一批从高背浦启航北渡,途中因遇到台风,直至11日后才陆续驶达浦东。11月3日,浙东游击纵队和浙东区党委、浙东行署等党政干部15000余人,经过将近1个月的长途跋涉,终于胜利到达苏中根据地东台,完成了战略转移的任务。①

二、国民政府在宁波统治的重建

(一)国民党标榜的"还政于民"

1945年9月,第六行政督察区专员公署和鄞县政府随俞济民返回鄞县城区。12月,徐志道接替俞济民担任鄞县县长。1947年2月,第六行政督察区撤销,所辖宁海县划隶七区,其余6县并入三区,专员公署设驻余姚,专员仍由原三区专员郑小隐担任,俞济民调任山东。由是第三行政督察区辖有鄞县、慈溪、镇海、奉化、象山、定海、余姚、绍兴、诸暨、上虞、新昌、嵊县等原宁属、绍属12县。1948年4月又改为二区,为便于指挥四明山区军事,7月由85军军长吴求剑兼任专员。1949年4月,蒋经国的亲信,其任江西赣州专员时的主任秘书,时任奉化县长的周灵钧接替吴求剑出任专员。

抗战胜利以后,全国民众对于民主的诉求迅速高涨,要求结束国民党一党专政和实施宪政的呼声日趋强烈。为与中共争夺民主旗帜,根据国民党六大提出的所谓"促进宪政"、"成立县正式民意机构"的

---

① 谭启龙《抗战胜利,全面反攻和奉命北撤》、蔡子悟等《澉浦突围战》,《浙东抗战与敌后抗日根据地史料丛书》第7卷,第156、157、158、191、192页,中共党史出版社2001年版。

方针,宁波地区各县从1945年冬起,相继召开临时参议会大会,参与本县政治活动。从1946年3月开始,各县先后通过选举组建正式参议会。具体办法为将所定参议员名额分配给各区域及有关职业团体,然后采用直接选举和复选制办法,经职业团体和乡、镇民代表会议选举产生。国民党党部、地方政府和当地士绅为争夺对县参议会的控制权,互相争夺,矛盾百出。比如,奉化县党部书记长王某必欲参加正副议长的竞选,结果遭到地方士绅刘祖汉、胡次乾等强烈抵制。胡次乾专程赶到宁波,力劝颇有声望的奉化籍人士毛翼虎与其搭档参选正副议长,结果双双胜选。① 在宁海,由县党部支持的钱特飞与地方士绅屠伊新为竞选议长而钩心斗角。当屠伊新得知钱特飞非法笼络部分议员后,竟组织动员前童、梅林等地数千农民进城,包围选举会场,施加压力,结果成功当选。② 尽管在这两次争夺中县党部未占上风,但总体来看,国民党在各县参议会中仍占主导地位。比如在象山,第一届40名参议员中有国民党员31人。在余姚,第一届87名参议员中,职业团体的理干事、执委,中小学校长,律师等为22人,其余多为县党部书记长、干事及曾当过区、乡、镇长的政界人物和社会上层人士。其中余姚参议会议长为县党部书记长倪永强,鄞县参议会副议长汪焕章为县党部常务委员,奉化参议会副议长毛翼虎在当选后不久也被任命为县党部书记长,慈溪在上年11月选出的临时参议会议长周聘三也系县党部书记长。

各县参议会并非权力制衡的议政、监督和立法机构,它只是国民党控制装饰门面的所谓民意机关,其职能主要是所谓训练人民行使"四权"。除了在选举中尽量争取多占名额,争当议长,以图直接控制外,国民党还在会外通过所谓党团活动来掌控各县参议会。县参议会设有驻会议员和秘书、事务员、书记等工作人员以及县政检讨委员会等机构,活动比较频繁,所开会议有例行大会、临时大会、县政检讨会、

---

① 毛翼虎《梦幻尘影录》,第72页,宁波出版社1997年版。
② 苏其德《宁海县志》,第606页,浙江人民出版社1993年版。

驻会议员常会等几种类型,主要内容为:议决地方自治、地方规章和县长交议事项;听取审议县政府施政报告,审核财政预决算,建议县政兴革等。就所提议案来看,涉及社会、民政、教育、卫生、经济、建设等诸多方面,其中如医治战争创伤、筹建银行、复苏经济、整顿教育事业、推动慈善工作、倡议修撰县志、拨款改建新江桥、恢复杭甬铁路、训练农民提高耕种技术、禁捕青蛙、实行"二五"减租、兴修水利、平抑物价、调剂民食、救济灾民饥民、依据生活指数调整工人待遇和惩治汉奸、检举弹劾不法官吏之类的议案,虽然不同程度地有利于改善民生、稳定社会,并与地方政府形成了某种权力制衡,但大多流于空言。随着国共之间斗争的日趋激烈,国民党在内战道路上渐行渐远,各县参议会也日益沦为国民党的御用工具。

国民党在悍然发动全面内战以后,为在政治上争取主动,竟违背政协决议和全国民意,一意孤行,决定召开"国大",以标榜结束"训政","还政于民"。1947年1月1日,国民政府公布《中华民国宪法》及《宪法实施之准备程序》,3月25日又通过、公布《国民大会组织法》。11月10日、14日,国民党、青年党和民社党相继公布国大代表候选人,21日全国开始选举。12月27日,国民政府还公布立法委员候选人名单,次年1月21日开始在全国选举。

在宁波地区各县,均设立选举事务所,由民政局长任选举事务所主任,每县选举1名国大代表。起先,蒋介石侍从室电告奉化县政府,称蒋不参加国大代表竞选。县长周灵钧接到电报后即邀县党部和参议会负责人共同研究,商定照电报意思办理。消息传出后,即在奉化造成一场选战。孙鹤皋、刘祖汉等竞相发表竞选演说,请客、送礼、拉关系,甚至深入各乡村争取选票。不料蒋介石突然又要参选,并派蒋经国亲来奉化布置。孙、刘等闻讯后都表示愿意放弃竞选国大代表,但仍要参加候补国大代表的竞选。不久,周灵钧获悉陈诚在青田原籍参选国大代表有获得百分之八十以上选票的把握。为保证蒋介石的得票率高于陈诚,奉化官方竭尽全力,对选举施加影响。结果,蒋介石虽以多数票当选，但并未得到百分之八十以上的选票。为此，周灵钧等又挖空心思，劝说参选的孙、刘同意，即将选票箱开出的选票，除选蒋介石的之外，其余都先作废票处理，然后由县选举事务所负责向全国选举总事务所要求，奉化因情况特殊，准予再举行一次候补代表的选举。于是，全国各报纷纷登载蒋介石以全票当选国大代表的消息。不意全国选举总事务所不同意奉化再次选举候补代表，因此奉化的候补国大代表就独付阙如。此事激怒了孙鹤皋等人。他们谴责奉化当局的欺骗行为，要求重检选票，以次多数得票人为候补国大代表，否则便要提出选举诉讼。这桩公案最后因解放战争形势迅速发展而不了了之。

在鄞县，国民党中央拟定将该县国大代表名额让予青年党的陈荇荪，但老资格的国民党员、宁波权绅王文翰不顾国民党中央反对，决意参加正式代表的竞选，结果以票数超出陈荇荪而获胜。对此，国民党中央再三电令王文翰退让，但王顶住压力，坚持多数票当选。最终国民党中央对王也无可奈何。

选举立法委员情况相似。鄞县、镇海、慈溪、奉化、象山、定海、余姚、绍兴、萧山、上虞、新昌、嵊县、宁海、三门14县为浙江省第二选举区，可选出立法委员6名。参选过程中有的依靠钱财，有的依靠关系，有的依靠感情，五花八门，不一而足。结果，毛翼虎等6人以多数票当选，但国民党中央却电令毛退让给张肇元。张系鄞县人，美国哥伦比亚大学法学博士，立法院院长孙科的同窗好友。那些以多数票当选却被要求向中央提名者礼让的人中，大部分坚决不让，并仿照国大代表的办法，在南京发起成立"民选立法委员联谊会"，同国民党中央进行抗争。结果，因国大代表问题已闹得十分被动的国民党当局，被迫承认立法委员以多数票当选，从而使这一场风波得以平息。①

无论是成立各县参议会，还是选举国大代表、立法委员，实施所谓

---

① 毛翼虎《梦幻尘影录》，第78~84页，宁波出版社1997年版。

宪政,实际上都是国民党试图欺蒙民众、继续其一党专政的骗人之举,其结果反而暴露了国民党的反动和腐朽。

(二)国民政府在宁波统治的严重危机

为整顿加强国民党的力量,减少国民党与三青团之间的摩擦,国民党中常会于1947年7月通过《关于党团统一组织案》,10月8日,又决定国民党员、三青团员重新登记,而且规定从本月15日起,必须在一个半月内完成。11月,省党部执行委员吴望伋、三青团省支团部干事沈鼐来宁波主持宁属各县合并事务。三青团宁波分团部是俞济民受宣铁吾委托,于1939年4月成立的,其成员主要来自宁波复兴社和忠义救国会。根据合并的有关规定,三青团分团部干事会成员为县党部执委会委员,干事长为县党部副书记长;三青团分团部监委会成员为县党部监委会委员。次年3至4月,鄞县共登记党员500人左右,不到原党团员人数的十分之一。① 由此可见国民党尽失人心和组织的颓衰。

面对江河日下的政治情势,宁波地方当局不断加强对新闻机构的检查、控制。1948年2月,省政府颁布《浙江省各县市办理新闻杂志申请登记案件注意事项》,并强调要尤为关注报刊发行人的政治背景。《时事公报》因经常刊登"金圆券贬值"、"王孝和不该判处死刑"、"知识青年多人被捕"和宁波工潮之类的新闻报道,并将副刊改名为"四明山",招致当局忌恨。1948年10月24日,浙江省保安处长竺鸣涛以该报报道镇海自卫队李丹部哗变失实为由,用"造谣惑众"的罪名,将这家在宁波历时最长、影响最大、发行量最多的报纸予以查封。社长金臻庠在停刊启事中愤怒表示:"环顾社会遍地之黑暗有加,一线之光明未睹。……惟正义所在,自不能默尔而息。"②1949年2月26日,由应

---

① 俞福海《宁波市志》,第1943页,中华书局1995年版。
② 何世鸿《伸张正义的爱国报人》,《宁波文史资料》(内),第10辑,第30、34页。王孝和原籍鄞县,系中共党员,1948年4月在上海被捕,国民党以"捣乱社会治安"罪将其判处死刑,9月30日被枪杀。

斐章任社长的《宁波晨报》创刊。因 4 月 19 日社评批评时政和 20 日刊登了毛泽东、周恩来有关和谈言论的文章,21 日当局即以"一贯为共匪张目,违反戡乱条例"和"离间政府与人民感情"的罪名勒令停刊,社长应斐章和总编陈中则遭逮捕。①

1946 年 6 月国民党发动全面内战后,宁波地方当局也加强了对民众的控制和镇压。特务机构在宁波云石街宝雄寺设立军统六区情报组,由袁吉人任组长;另派特务钱慕芳为四明行动组组长,专门负责对四明山区的侦查活动。1947 年 4 月 12 日,在省调查室的指导协助下,六区情报组、四明行动组和宁波警察局联合行动,破坏中共设在宁波城内公平柴行和董家两个秘密联络站,逮捕了陈爱中等 9 名中共党员和受牵连普通群众,其中陈爱中于 11 月被杀害。② 1947 年 8 月,第一绥靖区司令部、上海淞沪警备司令部和上海市警察局联合派遣行动组来宁波,破坏了作为中共华东后勤供给站的协顺贸易行,所获物资全部被没收拍卖。③ 1948 年夏,随着军事上节节败退,浙江地方当局更疯狂地加紧对民众镇压。浙保司令部派科长吴成章到宁波召开党政联席会议,策划对中共地下人员和进步人士实行大搜捕。一时间武装警察和便衣特务三五成群,出没在宁波街头巷尾,有人失踪、有人被捕的消息不断传来,城乡人民人心惶惶。在 6 月的大搜捕中,被捕人员达数十人,以致西太平巷敬修庵二楼也被辟为临时拘留所。江东和平小学校长楼天晃夫妇、江东镇中心学校女教师陈某、新新服装公司裁缝邬阿品、四明电话公司接线生张和奋、西乡后塘中心小学校长钟士康和 4 名教师等都以"共党嫌疑"被逮捕。④ 同年 12 月 25 日又宣布整个第二行政督察区临时戒严,广大民众陷入了白色恐怖之中。

---

① 俞福海《宁波市志》,第 96 页;孙守正《在新潮社工作的回忆》,《宁波文史资料》(内),第 14 辑,第 166 页。
② 应黎晨等《军统破坏宁波地下党组织的经过》,《宁波文史资料》(内),第 15 辑,第 84、87、88 页。
③ 应瞻光《中共华东后勤供给线遭破坏经过》,《宁波文史资料》(内),第 22 辑,第 87~89 页。
④ 应黎晨等《军统破坏宁波地下党组织的经过》,《宁波文史资料》(内),第 15 辑,第 89、91、92、93 页。

与此同时,浙江和宁波地方当局想方设法,企图扑灭四明山区的中共游击武装。1946年8月,浙江地方当局在余姚召开三、六两区绥靖会议,将7县40个乡镇列为绥靖区域,并在梁弄成立绥靖指挥部,任命三区专员郑小隐为指挥官。1947年2月,浙保副司令竺鸣涛再次来余姚梁弄召开绥靖会议,发动对四明山游击区的"雪天清剿"。8月下旬,浙江省政府主席兼浙江保安司令沈鸿烈亲至三北龙山、观城等地视察,然后于30日在余姚召集三区专员和鄞县、慈溪、余姚、上虞等县县长开会。沈鸿烈在会上声称:共产党游击武装"性质同于流寇",要厉行封锁政策,断绝其食物、油盐供应,并"驱匪集中,合力歼灭";"亲匪、窠匪、通匪者必须严厉处置","通匪乡镇保甲长应从严法办"。[①] 1948年1月,浙江省政府、三区专员公署在余姚召开四明绥靖区县长会议,决定调派浙保一团进攻四明山游击区。次年1月,为有利于军事行动,又特别析出余姚、鄞县、慈溪、奉化、嵊县等6县边境的22个乡镇设为四明县,以梁弄为县治,二区保安副司令金颂新兼县长。

为支撑全面内战,国民政府和浙江地方当局在经济上绞尽脑汁向民众搜刮。1945年虽以抗战原因豁免浙江田赋1年,但通过继续维持战时田赋实征,逐年加重征收负担。如1946年浙江田赋每元征收稻谷4斗9升,1947年便增至5斗4升,1948年又蹿升至6斗9升。1948年夏收后,省政府向两浙盐务局价购余姚盐场食盐20万担,招商承包运往江西调换粮食。承包办法是食盐1斤换米1.5斤,实际上1斤食盐可换米1.8斤至2.4斤。这样,通过对余姚盐民的巧取豪夺,官商勾结发了大财。[②] 为抑制通货膨胀,1948年8月国民政府颁布《财政经济紧急处分令》,宣布实施币制改革和限价政策。宁波地方当局虽然严格普查物价,并在城内拘捕私兑银元和违反物价管理的商人20名,但这并不能从根本上解决问题。金圆券很快走上比法币更加不

[①] 《主席对四明山、三北区治匪方略之检讨》,卷宗号旧8—1—332,藏宁波市档案馆。
[②] 魏思诚《民国时期浙江的粮食管理与田赋征实》,浙江省政协文史委员会《浙江文史集粹》第三卷,第10、21、22页,浙江人民出版社1996年版。

堪的贬值之路,物价也像脱缰野马般地向上蹿升。广大民众为求生存,被迫走上反抗之路。工人罢工,学生罢课,饥民抢粮,商人思变,危机四伏。

1948年6月14日,宁波城内米价自早上起狂跳不已,一路飙升。下午4时半,地处开明街的黄兴昌米店首遭饥民哄抢。风声所播,即在城区爆发抢米风潮。经警察四处弹压,直至深夜11时始得平息。在此次风潮中,被抢米店达48家,抢走大米2500余石、蚕豆400余石、黄豆180石、稻谷6万余斤、小麦4000斤、面粉370包,踏死1人,被捕20人。其后当局召开紧急会议,决定将米价限为每升9万元,每人限购2升。①

同年4月起,工人罢工也出现高潮。4月,宁波正大火柴厂工人要求增加工资,连续2次开展罢工斗争。政府虽派军警镇压,但罢工仍坚持13天之久。与此同时,和丰纱厂、恒丰布厂也开展全厂性罢工,坚持7昼夜,取得了胜利。12月,城区各布厂100多名工人进行反迫害斗争,7名工人被当局逮捕。后经织布工人坚决斗争和各业工人声援,被捕工人获释。1949年4月20日,和丰纱厂工人为要求补发物价差额率先举行罢工,万信一厂、万信二厂、利生纱厂、长丰纱厂工人也起而响应。宁波五大纱厂联合罢工是浙江工人为迎接解放所进行的一次规模最大的斗争。②

1947年6月1日,鄞县师范学生奋起罢课请愿,响应上海、南京、杭州学生的斗争,抗议政府制造南京"五二〇"惨案,开展反饥饿、反内战、反迫害斗争。1948年秋,宁波三一中学向往进步的师生通过组织读书会,暗中流传《新民主主义论》、《论联合政府》、《联共(布)党史教程》、《列宁主义问题》等著作,并排演陈白尘的《升官图》,以揭露国民党暗无天日的统治。③

---

① 俞福海《宁波市志》,第95、96页,中华书局1995年版。
② 木子《宁波解放侧记》,《宁波文史资料》(内),第1辑,第68页。
③ 钱念文《庆祝宁波解放的前前后后》,《宁波文史资料》(内),第7辑,第42、43页。

广大工商业者对于国民党的所作所为也失去信心,深感愤懑。1948年6月,余姚浒山镇各商号联名向县政府抗议:"对漫无标准增加税额,不堪负担,万难接受。"① 相当一部分工商企业开始收缩经营规模,疏散转移资产。大多数钱庄、纱号、银楼将资本归还股东。1949年春,在人心思变的背景下,沈曼卿等工商界代表人物同中共四明工委接上关系,准备应变,迎接解放。

连声望卓著的宁波"四老",即蒋经国的舅父、曾任宁波公安局长的毛懋卿,奉化老举人孙表卿,曾任国会议员和宁波市政委员会主席的张申之,宁波同盟会支部会长赵家艺之兄赵家荪,也在1949年春连同宁波权绅、国大代表王文翰,要老律师李厚瑾执笔,共同联署写了一份报告,以快邮代电形式用双挂号寄到南京立法院,经立法委员毛翼虎代为递交中央政府,要求立即停止征兵征粮,废除田赋征实,以纾民困、孚民望,并示和谈诚意。② 由此可见国民党失尽人心,离垮台已为时不远。

三、中共浙东游击根据地的恢复发展

(一)从隐蔽坚持到开展游击战争

1945年10月新四军浙东游击纵队北撤时,四明地区留下坚持斗争的武装人员只有30余人,十几支枪。③ 10月中旬国民党军队占领梁弄后,后方医院政委黄明以留守处主任名义,于22日去宁波同三十二集团军前进指挥部指挥官陈沛谈判,并达成协议。10月31日,当第一批伤病员按商定路线由晓岭行经慈南陆埠时,突遭国民党驻军扣押,黄明闻讯前去交涉也在途中被捕。被扣伤病员所推派的6名交涉代表除1人逃脱外,其余均遭枪杀。11月3日,国民党军又包围晓岭

---

① 徐长源《慈溪县志》,第21页,浙江人民出版社1992年版。
② 毛翼虎《国民党立法院内外》,《宁波文史资料》(内),第15辑,第25页。
③ 俞福海《宁波市志》,第2071页,中华书局1995年版。

后方医院，将所有人员押去接受"感训"，其中不少人被摧残致死。

11月初，三十二集团军2个师和浙保2个团、六区保警总队2个支队及所收编伪军共2万余人，以分路包抄、齐头并进的办法，对四明山区实行大规模"清乡"。所到之处捕杀共产党干部，残杀新四军残疾军人，劫夺浙东游击纵队留下的设备物资。面对如此严峻的局势，中共四明特派员刘清扬根据浙东区党委规定的"隐蔽精干，长期埋伏，保存力量，等待时机"的总方针，提出"秘密、分散、隐蔽"的原则，强调"留得青山在，不怕没柴烧"，要求做到"无声无息"。从11月起，有56名脱产干部先后在四明山区各地隐蔽，其中刘清扬、陈布衣等17人在余姚、上虞、嵊县、奉化交界的屏风山，朱洪山等10人在余姚、鄞县、慈溪交界的孔岙村露鸡岙，朱之光等12人在姚南左溪乡陆塘岗和佩龙岗一带，陈爱中等12人在鄞西骑马坡和鄞奉交界的十八级岗，邵明、丁友灿等5人在嵊东里东山区。① 坚持斗争的干部在各地之间一度失去联系的险恶环境中，采用躲避袭击的方针，依靠当地群众，搭建草棚，分散隐蔽，并逐步建立起红色堡垒户、堡垒村，终于渡过了难关，保存了力量。

在宁波城区，三东特派员王起于1945年10月进入城内，与周明、钱铭岐等党员干部接上关系，传达浙东区党委指示，要求未暴露身份的党员继续留在城市，积蓄力量，以待时机。通过整顿组织，王起要求党员以公开职业为掩护，站稳脚跟，开展工作。当时城区共有党员20余人。② 次年2月，华中分局城工部指示成立以王起为书记的宁波工委，并在宁波城内设立秘密机关。1948年1月宁波工委改属浙东工委领导。

1946年8月，受中共四明特派员刘清扬委派的南山县特派员陈布衣辗转抵达淮安华中分局请示汇报工作。此时全面内战已经爆发，国共合作的局面不复存在，全国政治局势发生了重大变化。中共华中军

---

① 中共宁波市委党史研究室《中共宁波党史大事记》，第179页，内部印行。
② 中共宁波市委党史研究室《中共宁波党史》第1卷，第290、291页，中共党史出版社2001年版。

区司令员张鼎丞代表华中分局指示浙东和四明地区的党组织要发动群众,建立武装,重新恢复根据地。9月20日,华中分局又发出对浙东工作的指示信,指出要"在空虚的国民党后方,在游击区放手发动群众,壮大人民力量,发展群众性的武装组织,进行非法和合法的群众性斗争","浙东党不但应巩固现有的四明区域,还应十分注意扩大地区,向外发展"[①]。这表明华中分局对于浙东工作的指导方针已发生重大变化,即由隐蔽坚持转变为广泛开展游击战争。

1946年11月,因中共四明组织已与华中分局失去联系,刘清扬去上海找到原浙东区党委宣传部长、时任中共淞沪工委书记的顾德欢,由顾传达了华中分局的"九二〇"指示。11月中旬刘清扬回甬后向有关干部传达了华中分局指示,并将其概括为发动群众,建立武装,重新恢复根据地。此后,浙东工作便开始发生转变。隐蔽坚持在深山密林中的党员干部从草棚中走出来,从小村到大村,从山上到山下,着手组织武工队。12月4日晚,朱之光组织姚南武工队乘虚袭击姚北天华乡公所,一举缴获自卫队机枪1挺、步枪13支、短枪2支、子弹200余发。"天华缴枪"后,四明地区还先后进行了"大皎缴枪"、"窖湖缴枪"等游击活动。1947年2月,又粉碎了由浙江保安副司令竺鸣涛亲自指挥的"雪天清剿"。

1946年12月,中共中央批准将浙东党组织划归上海党组织领导。刘清扬赴沪与上海党组织代表林枫、顾德欢开会研究浙东工作。林枫在会上作了《关于浙东环境与任务的报告》,指出:目前四明山区的武装斗争以反"清剿"为主,斗争的基本形式是武工队活动,斗争的主要目标是把躲击的环境转变为游击的环境,为此要建立相当强的主力。翌年1月,又在上海开会,进一步研究和部署浙东工作,林枫、顾德欢和抗战时期浙东根据地3个区域的负责人刘清扬、王起等参加了会议。会议宣布成立中共浙东工作委员会,由刘清扬、马青、王起3人组

---

① 中共宁波市委党史研究室《中共宁波党史》第1卷,第301页,中共党史出版社2001年版。

成,刘清扬为书记,顾德欢作为上海党组织的代表帮助浙东工委工作。同时又成立隶属于浙东工委的四明工委,由刘清扬、陈布衣为正副书记,朱之光、陈爱中为委员。

1947年2月,中共中央上海分局根据中央《迎接中国革命的新高潮》的精神,结合浙东实际,作出《关于外县工作的决定》,明确指出当前总的工作方针是:"抓紧时机,争取速度打开局面,建立敌后第二战场的坚强堡垒";"在游击运动已经开始发动的地区要采取大刀阔斧的方式展开各项工作,并向恢复游击根据地方向努力"[1]。中共中央上海分局常驻浙东代表顾德欢随即抵达宁波,传达和贯彻落实《二月决定》。在3月召开的宁海白岭根会议上,先后成立中共台属工作委员会和三东工作委员会。4月上旬,决定恢复各县党委制,建立小型主力武装,并以浙东行署临时办事处的名义开展政治攻势和筹集经费。14日,中共中央上海分局又派林枫到宁波城区,向顾德欢传达上海分局关于大刀阔斧发展武装斗争以打开局面的指示。

5月11日,四明工委在慈南孔岙附近的"集中公馆"召开工委会议,讨论制订四明山游击区的工作方针、策略和计划,研究建立主力武装和扩军、行动步骤等具体问题。会议所决定的四明山游击区工作的总方针是:"争取时间,独立自主的、大胆的、积极的发展游击战争,恢复四明游击根据地,打通会稽,开辟台属中心根据地,建立浙东敌后第二战场的坚强堡垒,为最后配合正面战场之反攻,解放全中国而奋斗。"[2]至此,浙东的革命斗争无论是思想认识还是实际工作,都实现了从隐蔽坚持到发展游击战争和创建根据地的战略转变。

(二)主力武装组建与浙东游击根据地的重建

1947年5月,四明工委在孔岙会议期间决定组建主力武装第四中队,对外则称"三支二大第四中队",由朱晋康任大队长兼中队长,以利

---

[1] 中共宁波市委党史研究室《中共宁波党史》第1卷,第309、310页,中共党史出版社2001年版。
[2] 中共宁波市委党史研究室《中共宁波党史大事记》,第191页,内部印行。

用抗战时期"三五支队"在群众中的威望来扩大声势。15日晚,在慈南徐鲍陈村草茅台山上的福田庵召开重建四明主力武装大会,宣布建立第四中队。中队下辖2排4班,共有指战员43人,配有机枪1挺、步枪28支,是为"草茅庵建军"。7月上旬,四明工委决定将主力武装的番号定为"四明人民爱国自卫总队",以朱之光为总队长,陈布衣为政委。下旬,又以姚南武工队为基础,吸收一批青年农民入伍,在姚南七丘田村建立第五中队。由此,自卫总队便辖有第四、第五两个中队,至9月已发展到90余人,拥有2挺机枪和足额的步枪,初步建成一支拥有1个足连的主力部队。10月下旬,"四明人民爱国自卫总队"改称"浙东人民游击第三支队",以刘发清为支队长,陈布衣为政委。同年6月底,中共苏北党组织也将活动在镇海、定海一带以徐小玉为首的民变武装"除奸大队"收编为"新四军浙东第四自卫纵队",11月华中军区又将其改编为"舟山群岛游击支队"。

　　在此前后,在四明工委的领导下,各县工委也相继组建县地方武装、区武工队和不脱产的游击小组。1947年8月,慈镇县工委以武工队为基础,首先成立慈镇县大队,代号"小顽强",大队长郑侠虎。10月,余上县工委将武工队组建为余上自卫大队,代号"勇猛"。不久,姚南"胜利部队"、嵊新奉独立大队等也相继成立。主力武装和地方武装建立后不断袭击乡政府、警察所,发动群众抗丁、抗粮、抗税,反对国民党军队的"清剿"。与此同时,四明工委于1947年5月成立浙东行署四明特派员办公处和浙东行政公署临时总办事处,其后又决定所属各县搭起政权机构的架子。8月相继成立鄞慈县办事处和姚虞县办事处,分别由钱铭岐、薛驹任主任。10月,先后成立慈镇县和余上县办事处,分别由赵士炘、余先任主任。

　　1947年12月底,因浙东工委书记刘清扬被捕,中共上海分局外县工委副书记林枫来四明地区传达上海分局决定,即成立中共浙东临时工作委员会,由顾德欢、马青、王起3人组成,顾、马任正副书记。自此,四明、会稽、台属、三东等4个地区初步打通了联系,浙东党组织也从分散指导发展到集中统一领导。1948年1月8日,在林枫主持下,"浙东临委"在慈南孔岙召开扩大会议。会议确定浙东工作总的方针是独立自主地开展游击战争,创立浙东根据地,为最后配合主力部队解放浙东而斗争。同时,会议决定将三东地区改名为"东海区",并成立中共东海区工委,由詹步行为书记,要求发展公开的武装斗争。在军事上则决定建立浙东主力部队,将四明、会稽两个地区的主力武装合编为"浙东人民解放军第三支队",由刘发清为支队长,马青为政委。其中四明主力第四、五两个中队合并为1个中队,命名为"钢铁部队",下辖2排、6班,共80余人;会稽主力有指战员40余人,命名为"坚强部队"。不久,又将慈镇县地方武装1个排和姚南地方武装"胜利部队"编入坚强部队,形成1个连的建制。

同年3月,中共中央对浙东工作作出指示,即"发展基干部队必须在战斗中逐渐扩大,不要急于求成";"在游击根据地尚未扩大之前,不要太注重政权的形式";"作战要摆脱被动,争取主动歼灭敌人是对的,但也不要强求,目前主要应多游击分散敌人,以求面的发展。"①据此,中共上海分局于4月16日发出对"浙东临委"的指示,不久又决定浦东武装南渡四明,以加强浙东游击战争的力量。5月15日凌晨,淞沪工委领导的"浦东人民解放总队"和"南汇大团镇自卫队"共300人左右南渡杭州湾,当日傍晚在姚北临山十六户登陆。该部被改编为"浙东人民解放军第五支队",由储贵彬为支队长,张凡为政委,下辖第一、第三两个大队,分别被命名为"反攻部队"和"解放部队"。5月28日,第三支队和第五支队在姚南上王岗与浙保展开反"清剿"激战,毙伤浙保一部100余人,俘获30余人。此战打出了"三五支队"的声威,扩大了政治影响,但也一度造成四明地区紧张被动的局面。

上王岗战斗后,根据"浙东临委"的决定,第三支队挺进会稽,转战台属,实行跳跃式的外线出击;第五支队则和各县自卫队坚持在四明

---

① 中共宁波市委党史研究室《中共宁波党史》第1卷,第337页,中共党史出版社2001年版。

山区开展游击战争。到 1948 年下半年,四明地区已形成敌占区、游击区、基本区等 3 个斗争区域。在基本区内,逐步建立了隐蔽的游击根据地,并设置了后勤基地,建立了宣传、财政机构。通过积极发展武装斗争和群众运动,以及贯彻落实统战政策,不断扩大基本区域。到 1948 年底,四明地区已基本恢复原抗日根据地的辖区范围,并把原来的 6 个县调整为 5 个县,将 30 个区调整为 19 个区,其中 17 个区成立区署,25 个乡建立民主政权。

进入 1949 年,解放战争胜利已成定局,浙东游击根据地也随之进入新的发展时期。1 月 28 日,"浙东临委"在新昌回山召开扩大会议,决定成立"浙东人民解放军第二游击纵队",以马青为司令员、顾德欢为政委,下辖 6 个支队。二三月间,"浙东临委"指令四明主力部队来会稽会合,以求配合行动,合力扫清百官至嵊县一线的国民党军。3 月 25 日,第五支队主力抵达东阳巍山镇,先后与三支队、二支队和一支队(金萧支队)胜利会师。至此,浙东游击武装已发展到 6000 余人。[1] 到解放大军渡江时,浙东游击根据地已发展到东临东海,北到杭州湾,南连浙南游击根据地,西至浙皖边界的广大区域,人民武装发展到近万人,解放县城 10 余座。[2]

在宁波城区,1946 年 2 月中共宁波工委成立后,积极领导各阶层民众开展各种合法斗争,并在斗争中建立发展共产党组织。其中将领导开展工人运动作为主要任务,重点放在纺织企业。比如,指派党员通过织布业工会这一合法团体,先后组织发动顺丰、永安、大华、生懋、恒丰等布厂工人,多次开展以增加工资为中心内容的经济斗争,取得了不同程度的胜利。1947 年 5 月,党员胡章生当选为织布业产业工会理事长,取得了该工会的领导权。1948 年胡章生打入鄞县总工会后,相继被聘为正大火柴厂、人力车、碾米业、游艺业等工会顾问,从而利用合法身份发动、支持城区许多行业的工人运动。邮电支部书记沈天

---

[1] 中共宁波市委党史研究室《中共宁波党史》第 1 卷,第 356、371 页,中共党史出版社 2001 年版。
[2] 中共浙江省委党史研究室等《浙东游击根据地》,第 2、3 页,中共党史出版社 1996 年版。

生等2名党员也分别当选为邮政工会理事长和理事,以此维护争取职工权益,提高职工政治觉悟,组织他们开展斗争。

城区工作的重点之二是发动青年学生参加爱国民主运动。从1946年春天开始,宁波工委便指派党员在各中学组织读书会,宣传进步思想,吸收积极分子入党,团结青年学生为求生存争民主而斗争。1947年1月,甬江女中芜城读书会成员敲响校钟,号召全校同学到大礼堂集合,并准备上街示威游行,以抗议美军在北平强奸中国女学生沈崇的暴行。1948年南京"五二〇"惨案发生后,宁波工委及时领导鄞县师范学生以"提高待遇,要有饭吃"为口号,在校内举行罢课。此外,宁波工委还通过各种社会关系,团结争取文化教育界、新闻界、工商界、妇女界甚至有政府背景的爱国人士,开展反对国民党暴政的斗争。①

1949年4月5日,"浙东临委"为贯彻中共七届二中全会精神,在诸暨陈蔡召开扩大会议。会议根据胜利前夜浙东的形势,着重讨论部署了接管城市的准备工作,决定成立以王起为主任的城市工作委员会。21日,临委又作出《关于接管城市的准备工作的指示》,指出:接管城市的方针,"主要是静待与大军会师后,根据上级的通盘计划去接管","部分敌人先行撤走的城市,我们应负责进行个别的接管";为更好地接管城市,"必须将培养干部与研究政策作为我们目前工作的中心",同时要"开展城市宣传工作,使城市的各阶层人民及国民党人员了解我们的政策",保护城市不受破坏。②

四、国民政府在宁波统治的覆灭

(一)国民政府在宁波的瓦解

1949年4月21日,解放军百万雄师横渡长江,向南京和上海、杭

---

① 中共宁波市委党史研究室《中共宁波党史》,第1卷,第292、328页,中共党史出版社2001年版。
② 中共宁波市委党史研究室《中共宁波党史》,第1卷,第372页。

州推进。浙江省政府在刚从陈仪手中接任主席的周嵒主持下,采取应变对策,决定将省政府经由宁波迁往定海。同时,鉴于时任杭州市长的俞济民虽一度调任鲁东行署主任,但因长期在宁波任职,仍有一定的政治影响和相当的人事基础,于是内定由俞组建浙东行署,企图在盘踞定海后,利用俞济民的这一股力量,互相呼应,配合骚扰,以求与解放军抗衡一时。

4月30日,周嵒和省政府厅处机构迁至宁波府桥街专员公署。由于浙赣线被解放军切断,满载国民党残兵败将和物资的车辆,不断经杭甬公路开往宁波,宁波一时成为国民党军逃离大陆的转运港。为此,国民党特在宁波城区设立军警指挥部,由八十七军军长和浙东师管区司令分任正副司令。5月中旬,随着解放军向宁波逼近,省政府又经宁波迁往定海水产学校。随同迁至定海的有省政府主席周嵒、财政厅长陈宝麟、建设厅长柳际明、秘书长卢铸,民政厅长因蒋坚忍未到职而由省保安副司令王云沛兼任,教育厅长李谷季因到定海后又返回大陆而由陈宝麟兼任。二区专员公署、宁波地区各县政府和相关军政机关也纷纷撤往定海。5月23日深夜零时,接浙江绥靖副司令赵霭辉急电后,沈友梅于24日早晨带领宁波日报社30多名职员最后一批撤往定海。一时间,定海岛上机关林立,除以石觉为司令的舟山群岛防卫司令部、以周嵒兼任司令的浙江省绥靖总司令部、以郭忏为主任的东南行政长官公署定海前进指挥部外,浙江省政府、省参议会、国民党浙江省党部、浙东、浙南、浙西、浙北各行署,流亡专员公署,流亡县政府等各种机关都麇集孤岛,苟安一时。

4月30日晚,俞济民在杭州市政府召开紧急会议,下达撤往宁波的命令。5月2日,俞济民率杭州市警察局长、工商局长和一批亲信到宁波江东木行路设立浙东行署筹备处。俞济民到处招募人员,搜集枪支,企图组建"敌后游击队"以割据一方。不久,便打出浙东行署招牌,其组织机构为:主任俞济民、副主任傅伯龙、军务处长朱叔夜、总务处长张锡武、政务处长沈溥、视察室主任张孟豪;直属单位有通讯队、情报队、照护队、船舶管理队、医务队等;对外设鄞东办事处、象山办事处和浙东行署代表;所属武装有特务团、宁象地区游击指挥部、直属突击第一、二支队等1000多人。① 同时,俞济民还任命于凤圆为慈溪县长、赖云章为象山县长、王继能为三门县长。5月23日,获悉解放军逼近宁波后,行署所有人员当即逃离市区,迁至莫枝,俞济民本人则连夜渡过东钱湖逃至韩岭。26日晨,浙东行署从韩岭撤至咸祥。27日,得到解放军进攻鄞县东乡的传言后,俞济民一伙慌忙从横山码头渡江逃到象山西泽。其所辖鄞县自卫总队在副总队严纪民的带领下向解放军投诚,特务团等则被解放军歼灭。7月初,浙东行署撤迁舟山朱家尖岛,12月被国民党"浙江省政府"下令撤销。②

1949年4月23日,青年救国团第九支队在宁波宣布起义。该部于2月初刚由武汉调驻宁波集仕港一带,担任溪口外围的警戒任务。移驻宁波前,该部已经中共江汉军区策反,准备待机起义。当得知四明山区有共产党领导的游击武装时,即于4月23日中午举行起义,并进抵鄞西石岭村张贴标语,寻找游击队联络。中共鄞慈县工委书记钱铭岐得知后即往红岭村联络。28日,陈布衣等率第五支队到鄞西乌岩村举行欢迎大会,并授以"光明部队"番号。该部起义时有800余人,携来重机枪1挺、轻机枪24挺、步枪240支、卡宾枪24支和短枪35支。③

5月4日,当两浙盐务管理局宣布税警总队南逃舟山、台湾后,驻余姚盐场的税警在策反小组李自强等人的领导下,经与中共余上县工委联系,于5月6日晚举行起义,11日渡过姚江抵达梁弄。起义部队共有230余人,携来轻机枪5挺、步枪220多支。

---

① 纪光《国民党浙东行署的组建与覆亡》,《宁波文史资料》(内),第7辑,第114、115页;余森文《回忆杭州解放》,《浙江文史集粹》第1卷,第604页,浙江人民出版社1996年版。
② 王兴藻《俞济民残部的瓦解》,纪光《国民党浙东行署的组建与覆亡》,《宁波文史资料》(内),第7辑,第124、115、121页。
③ 林言凡《四明军民配合大军解放浙东》,中共宁波市委党史研究室《历史的回溯》,1991年浙江省新闻出版局准印,第275页。

1949年1月21日,蒋介石在对军事、人事作出周密部署后正式宣布引退。22日10时飞抵栎社机场,回到家乡奉化溪口。其后,他表面上徜徉于故乡山林泉石之间,实际却是将李宗仁推到前台与共产党周旋,自己却以国民党总裁的身份仍在幕后操纵党政军要事。比如,对军队、党务改革"提示中心意见","决将中央党部先行迁粤",指示北平被围中央军"分途突围,作九死一生之计",督促中央银行"将大部分金银运存台湾和厦门"。又如,指责李宗仁接受毛泽东提出的8项条件作为和谈基础"直等于投降",认为北平谈判的和平协定修正案"真是无条件的投降处分之条件",指责黄绍竑等接受转达"是诚无耻之极者之所为"。解放军渡江之后,又于4月21日邀约李宗仁、何应钦、张群、白崇禧、吴忠信、王世杰等到杭州举行会谈,商议应变对策,决定在中常会之下设立"非常委员会",作为"决策机构协助李宗仁",并声言要"彻底坚持剿共政策,不能再有和谈"。在南京、太原失守,"内外形势已临绝望边缘"的形势下,蒋经国受命于24日处理有关离开溪口的事务,并将妻儿送往台湾。25日上午,蒋介石带领蒋经国辞别蒋母墓茔,并登上飞凤山顶鸟瞰作别。本想再到丰镐房探视一次,而于心又有所不忍。下午3时拜别祖堂,驱车前往象山港。想到大好河山眼看要"几至无立锥之地",蒋氏父子不禁百感交集,黯然登上"太康"号军舰,驶往上海。① 蒋介石的离去,象征着旧时代的终结。

(二)宁波的解放

1949年4月20日,四明工委书记陈布衣在参加陈蔡临委扩大会议后返回四明,立即着手开展接管城市的各项准备工作。5月2日,浙东临委致电四明工委,指示工委委员钱铭岐应主要掌握城市工作,"策动各城市地方上层实力派组织应变会等,以维持我们入城前的秩序"。5日,四明工委在姚南大岚召开扩大会议,确定当前的工作方针和任

---

① 蒋经国《风雨中的宁静》,第137~186页,台北正中书局1978年版。

务,即建立各城市的工作机构与配备干部;处理过渡时期的混乱问题;训练干部,配合大军接管城市。为此,四明工委设立城工部,由钱铭岐任部长,各县设立城工科,配备熟悉城市情况的干部。城市工作机构除以宣传解放军总部《约法八章》为中心,使各阶层人民和国民党人员了解共产党的政策,同时做好城市调查工作,供接管人员参考。比如,普遍给各县的国民党军政要员写信,劝导其认清形势,保护城市;组织工人、学生护厂护校,并积极争取地方代表人物的支持。钱铭岐还在鄞西望春桥约见沈曼卿等宁波工商界知名人士,提出保护城市的任务。与此同时,四明工委于5月8日在姚南章雅村举办城工干部训练班,学习城市政策、工商业政策和城市纪律。再者,成立支前办事处,筹集粮食、柴草,做好解放大军的后勤供给。①

沈曼卿回城后即与金臻庠等按照钱铭岐的要求共同计议,开展了一系列工作。比如将商会作为联络点,及时向钱铭岐提供各种情报;改组商会自卫救济委员会,掌握该组织的所有财产;将原义勇警察队和救火会消防力量秘密组建为临时治安队伍,加强巡逻,维持社会秩序。②

在加强城市工作的同时,为策应解放大军南下,四明主力武装从5月初起,向盘踞在四明山外围各据点的国民党军队发起全面进攻。5月7日,胜利解放余姚梁弄,随即又进逼上虞县城丰惠镇,伏击沿杭甬线东逃的国民党军队。同日,浙东人民解放军第二游击纵队主力解放绍兴。

在南下主战场上,人民解放军第三野战军第七兵团第二十一军于5月3日解放杭州。6日中共浙江省委成立,由谭震林、谭启龙任正副书记。其后,七兵团二十二军承担了解放浙东的任务。16日,二十二军从杭州三墩出发,沿杭甬公路向浙东进军。该军六十一师则向新

---

① 林言凡《四明军民配合大军解放浙东》,中共宁波市委党史研究室《历史的回溯》,1991年浙江省新闻出版局准印,第274~278页。
② 顾祖德《恂恂儒雅 功纪解放》,《宁波文史资料》(内),第10辑,第71页。

昌、嵊县、奉化地区进击。21日凌晨,二十二军六十五师、六十六师胜利渡过曹娥江,向余姚分路进击。22日上午,浙东第五支队与六十五师一九三团在姚南笙竹岭附近的沈湾村和龙舌里村胜利会师,旋即于当晚解放余姚县城。24日上午,沿杭甬公路疾进的六十五师一九五团胜利解放慈溪县城,下午3时又进抵宁波江北岸。此时,六十六师一九七团也攻占了骆驼桥,截断敌逃往镇海口的退路。当晚22时,六十四师一九〇团从西郊进至宁波城西,一九一团则自西向南,截断鄞奉公路。宁波孤城已处于二十二军四面包围之中。

5月25日拂晓,解放军六十五师一九五团和六十四师一九〇团在市中心会师,宣告宁波胜利解放。解放军严守城市纪律,入城后"所有的部队一律在街道两旁的人行道上睡觉,战士们经过一天的追击行军,虽然十分饥渴,但却始终没有叫开一家商店的门"。坐在民众教育馆前的某连官兵,"直到十点多还没有吃早饭,因为币制规定还未公布,故入城部队一律暂不买东西。现在宁波的市民们,已把我军秋毫无犯的行动,当奇闻传遍了全市"①。25日上午,"全市9个中学的学生,扛着他们连夜赶制起来的毛主席、朱总司令两幅巨像,奏着军乐,拿着各色的欢迎旗,欢迎解放军进城"②。由于四明工委的大量工作和各阶层人民的积极配合,市内各项设施基本未遭破坏。永耀电力公司和四明电话公司的职工,坚守岗位,照常送电、通话,商店也及时开门营业,全市人民生活安定,社会秩序井然。28日,宁波市军管会成立,主任为二十二军政委丁秋生,第一副主任沙文汉(未到职),第二副主任顾德欢。29日,中共宁波地委成立,书记丁秋生,第一副书记沙文汉(未到职)、顾德欢,第二副书记陈伟达。6月4日,浙江省第二区专员公署成立,苏展、朱之光任正副专员;24日成立宁波市政府,隶属省人民政府和第二区专员公署双重领导,市长苏展。8月7日,中共宁波市委成立,由省委和地委双重领导,市委书记陈伟达,副书记苏展。

---

① 《本报讯》,《麓水报》,1949年5月29日,第586期。
② 《本报讯》,《麓水报》,1949年5月31日,第588期。

在此期间,5月25日、26日,奉化、镇海先后解放。7月初,解放军发起宁象战役,5日、8日,宁海、象山相继解放。至此,除定海以外,宁波地区陆域均告解放。翌年5月,经定海战役,于当月19日占领整个舟山群岛,宁波地区遂告全部解放。由此,宁波进入了新的历史发展阶段。

第二章

民国时期的宁波经济

- 农业和渔盐业
- 工业
- 商业和金融业
- 港口经济与交通建设
- 赋税与财政
- 宁波帮的发展变迁

进入民国时期后,宁波的农业生产依旧沿袭着原有轨迹艰难发展,土地兼并与自耕农贫困相交织,棉花种植仍是宁波地区的优势产业,渔业生产伴随着技术进步也在发展,丰富的盐业资源亦给宁波带来不小的经济收益,农业商品化趋势与清末相较更为明显。传统手工业趋于衰微,新兴大机器生产似雨后春笋一般涌现,引领着浙江机器工业发展的潮流,金融业在江浙独领风骚,极具特色的钱庄业和新兴银行业为宁波经济注入强劲活力,促进了商业和航运业的繁荣。受国内外政局变动的影响,进出口贸易畸形发展,起伏变动很大。地方财政由收支相对平衡而逐渐出现收支失衡,金融危机频频爆发。日伪占领期间,宁波财政几到崩溃边缘,而共产党领导下的浙东抗日根据地财政事业却快速发展,为浙东抗战提供了财力保障。这一时期宁波帮不仅在江浙财团中居于核心地位,并随着中国社会的转型也在发生变迁,其经营理念与经营区域不断拓展,许多宁波帮成员积极参与家乡经济建设,投资公益事业,成为民国时期宁波经济史中的一个突出亮点。

第一节　农业和渔盐业

民国时期,宁波地区由于人口增殖所导致的人地关系紧张状况继续加剧,加之土地兼并与自耕农日益贫困,导致自耕农数量进一步减少,半自耕农、佃农数量持续增加,租佃关系盛行,农业商品化趋势日趋明显,棉花种植和渔盐业继续保持发展态势,这一切构成民国时期宁波农业和渔盐业的主要内容。

一、土地占有状况

(一)土地集中的加剧

由于地处浙东的独特地理位置和人口的持续增加,历史上宁波地区的人地关系一直比较紧张。早从宋代开始,人口增长对土地的压力态势就已呈现出来,宁波"土狭人稠,日以开辟为事,凡山颠水湄,有可耕者,垒石堑土,高寻丈而延袤数百尺不以为劳"①。进入近代以后,宁波地区的人口密度又始终高居浙江前列,人地关系矛盾愈加突出。据民国时期国内贸易部实业局的调查,20 世纪 30 年代初期宁波地区(包括今天的鄞州、余姚、慈溪、奉化、镇海、定海、象山、宁海等地)总计有耕地面积 5854196 亩,②有人口 3262846 人,③人均耕地面积 1.79 亩。到 1949 年,宁波有可耕土地 4186000 亩,其中水田 3215000 亩,旱地 971000 亩,该时期人口 2520400,人均耕地 1.67 亩。民国时期浙江省每家农户平均有耕地 13 亩左右,④其中宁波地区平均约 14 亩。宁波地区农户在耕地占有上与浙江其他地区相比并无优势,但是地权集中的现象却明显较其他地区为高,佃农和雇农人数比例较高,民国时期宁波地区半自耕农、佃农和雇农所占比例已达到 80% 以上。

就民国时期整个宁波地区情况来看,据 1933 年实业部的调查,鄞县农户(自耕农、半自耕农、佃农、雇农)有 78240 户,其中自耕农占农户总数的 10%,半自耕农占农户总数的 30%,佃农占农户总数的

---

① (宋)《宝庆四明志》卷一四《奉化县志·风俗》,《宋元方志丛刊》本,中华书局 1990 年版。
② 实业部国际贸易局《中国实业志(浙江省)》乙编,第 3~4 页,1933 年实业部国际贸易局发行。此处所言耕地面积是水田、旱地、山坡、沿湖水区的总称。
③ 《中国实业志(浙江省)》甲编,第 14~15 页。
④ 《中国实业志(浙江省)》乙编,第 12 页。

60%；在慈溪，农户有45400户，其中自耕农占农户总数的15.6%，半自耕农占农户总数的15.5%，佃农占农户总数的58.4%，雇农占农户总数的10.5%；奉化农户有38000户，其中自耕农占农户总数的50%，半自耕农占农户总数的25%，佃农占农户总数的20%，雇农占农户总数的5%；镇海有农户22300户，其中自耕农占农户总数的6.2%，半自耕农占农户总数的13%，佃农占农户总数的53.8%，雇农占农户总数的27%；定海有农户3480户，其中自耕农占农户总数的8.1%，半自耕农占农户总数的28.7%，佃农占农户总数的63.2%；象山有农户12203户，其中自耕农占农户总数的17.4%，半自耕农占农户总数的14.9%，佃农占农户总数的10%，雇农占农户总数的57.7%；南田有农户3884户，其中自耕农占农户总数的20%，半自耕农占农户总数的30%，佃农占农户总数的50%；余姚有农户133265户，其中自耕农占农户总数的20%，半自耕农占农户总数的30%，佃农占农户总数的50%；宁海有农户80000户，其中自耕农占农户总数的72.5%，半自耕农占农户总数的12.5%，佃农占农户总数的15%。[①] 从上述统计数字能够看出，除奉化、宁海两地自耕农所占比例超过50%，分别达到50%和72.5%外，其余各地佃农和雇农均占很大比重，超过50%以上，这说明民国时期的宁波地区租佃关系非常盛行，失地或无地民户很多，远远超出浙江省佃农和雇农人数42.8%的平均水平，这组数据足以说明民国时期宁波农民在农业商品化过程中其土地正在逐渐丧失，地权转移的速度比以前加快。在土地产权的集中与分散过程中，土地的集中趋势在增强。许多失去土地的农民为维持生存，必须向土地所有者佃租土地，或从事雇工劳动，尤其是向地主佃租土地，这就成为推动近代宁波租佃关系发达的主要动因之一。

民国时期宁波的土地占有状况和全国其他地区一样，都是在地权集中与分散的进程中多以地权的集中为主要特征，失地农民的增多与

---

① 《中国实业志（浙江省）》乙编，第33~34页，1933年实业部国际贸易局发行。

佃户的增加持续成正比发展态势。需要指出的是,民国时期浙江的租佃关系本来就十分发达,学界研究表明,该时期浙江佃农在全部农户中所占的比例在66%以上,①浙江的佃农、半佃农合计占全部农户的比重在80%上下。② 就土地占有情况而言,据中共浙江省委农工部对4乡64村的典型调查,地主和富农占有全部土地的56.5%。③ 他们的土地,大部分是出租给佃农,以租佃方式经营的。④ 不但租佃经济的比重大,租佃制度的内容也十分丰富。以地租形态而言,既有实物租也有货币租,还有少量劳役租;定额租制与分成租制并行,预租、押租、典租、大小租、虚实租等等,花样繁多。以佃农的经营状态而言,耕种数亩田地,所得不足糊口的贫困佃农、半佃农为数众多,但也不乏租种几十亩乃至上百亩田地的一些经营性的佃富农。关于该问题,台湾学者陈淑铢所著《浙江省土地问题与二五减租》一书在这方面研究用功甚勤。据1933年全国实业调查结果显示,民国时期余姚县有农民445680人,占全部人口的69.4%,其中自耕农人数151680人,占农民人口的34.3%,半自耕农人数220000人,占农民人数的49.4%,佃农人数43000人,占农民人数的9.6%,雇农人数30000人,占农民人数的6.7%。当然这仅仅是1933年余姚地区农民成分的分布状况,不足以说明整个民国时期宁波地区农民成分的动态变化。但值得注意的是,陈淑铢在《浙江省土地问题与二五减租》一书中认为,由于浙东沿海各县大部分为产棉区域,完全无土地的民户为数应更多。陈淑铢引用浙江建设厅张明在余姚县调查所得后认为,仅在余姚一地,完全无

---

① 郭德宏《中国近现代农民土地问题研究》,第64页,青岛出版社1993年版。
② 中央农业实验所调查1931—1937年农户比例,国民政府主计处统计局编《中国租佃制度之统计分析》表1,正中书局1941年版。
③ 华东军政委员会土地改革委员会《浙江省农村调查(1949—1950)》,见陈翰笙编《解放前的中国农村》第3卷,第381页,中国展望出版社1985年版。
④ 据冯紫岗对嘉兴5112农户的调查,地主占有全部耕地的16.12%,而仅使用全部耕地的0.18%,富农占有全部耕地的19.80%,仅使用全部耕地的4.93%。《嘉兴县农村调查》,第31页,国立浙江大学及嘉兴县府1936年印行。

土地的村户,占到民户总数的52%,这与永嘉的数字完全相符合。"这一个事实是否足以说明农民在农业商品化过程中在逐渐丧失土地,因为所得材料太少,不敢武断;但永嘉、余姚两县这类表示统一趋向的情形,很值得对浙江沿海区一带农村土地分配问题做调查与研究的。"①下面是陈淑铢引用1934年张明所调查的余姚县土地分配表,兹移录如下:

表2—1 1934年余姚县土地分配情况表②

所有土地等级	农家户数(户)	所占百分比(%)
无土地者	22564	52.74
一亩以上	15055	35.19
十亩以上	4159	9.72
五十亩以上	797	1.86
一百亩以上	209	0.49
总计	42784	100

从上表可以明显看出,20世纪30年代余姚地区无地农民所占民户比例已经高达52.74%,而家有一亩到十亩耕地之间的民户不能算是完全意义上的自耕农,只能列入半自耕农甚至佃农的行列,这样计算下来,仅余姚地区的佃农人数比例就高达90%左右。余姚情况如此,鄞县等地也是如此,租佃关系在宁波地区十分普遍。

由于近代经济结构转换的加速和自耕农分化的激烈,导致土地产权状况剧烈变动,民国时期宁波自耕农、半自耕农、佃农的比率也在发生明显变化。为更好地说明问题,我们移录民国时期宁波地区各地农民成分变化表格如下:

---

① 陈淑铢《浙江省土地问题与二五减租》,第85页,"台湾国史馆"1996年版。
② 冯和法《中国农村经济资料》续编,第28页,上海黎明书局1935年版。

表2—2 民国时期宁波地区各地农民成分变化表①

地区	时间	自耕农(%)	半自耕农(%)	佃农(%)
余姚	1911	8	45	48
	1931	13	30	57
	1932	13	27	60
	1933	10	30	60
慈溪	1911	25	28	48
	1931	21	31	48
	1932	22	30	49
	1933	23	29	48
镇海	1911	13	33	53
	1931	8	28	63
	1932	8	28	63
	1933	8	28	63
鄞县	1911	30	25	45
	1931	25	25	50
	1932	25	25	50
	1933	25	25	50

从上表分析结果可以看出,余姚、慈溪、镇海、鄞县四地从1911年

---

① 《中国经济年鉴》续编,第32~34页,商务印书馆1935年版。该处所谓宁波地区包括今天的余姚市。

到1933年的20余年间,自耕农的比例在逐渐减少,半自耕农的变化不甚明显,而佃农的比例却有较大变化,佃农所占农户总数的比例呈明显上升态势。

土地占有的不均是民国时期宁波地区土地占有状况的另一明显特征。不仅在水旱田领域土地占有愈加不均,在其他类型的土地占有中亦是如此。例如,在其他类型土地占有中,沙田就是较为典型事例。

众所周知,宁波因处沿海,所以沙田较多,如沿钱塘江南岸的余姚、慈溪等地,沿海岸线的镇海、鄞县、奉化、宁海、象山等地以及孤悬于海中的定海、南田等地都有数量众多的沙田。由于沙田涨坍无常,沧桑屡变,具体的沙田数目很难精准统计。但是,沙田的所有权分配却是比较明确的。据陈淑铢在《浙江省土地问题与二五减租》一书的观点,浙江沿海区的沙田,"到民国时期,沙田所有权渐由官有转为私有地、共有地及原来官有地三种形态"[①]。私有沙田主要是地方乡绅所有,农民占很小部分;共有沙田地主要属于宗祠和公司所有,如在余姚沙田区内的宗祠沙田就有五万余亩,占全部沙田面积的7%。这类沙田属于祖先遗留之遗产,大部分租给同族成员耕种,按丁均摊,租金每亩约二元;官有沙田地为各县署所有,普遍采用招佃收租的方式,所得租额充当各项经费使用。这些沙田,属于地方豪绅者居多,地主领有沙田之数,多者万余亩,少者数百亩至数十亩不等,而拥有数千亩沙田的豪绅较为普遍。一般农民拥有沙田之数,最多不过四十亩,少者仅三四亩而已,普遍多在十亩左右[②],佃农制度的发达成为沙田区域的重要特征之一。

除沙田地外,宁波还有灶地。其所有权形态与沙田相似,其中以种植棉花为主,尤其以余姚灶地植棉为最多。此外,象山等地的灶地也多种植棉花。这些灶地也以出租为主要经营方式。

---

① 陈淑铢《浙江省土地问题与二五减租》,第104页,"台湾国史馆"1996年版。作者在此将"共有地"作"公有地",误。
② 陈淑铢《浙江省土地问题与二五减租》,第105页。

(二)租佃关系的盛行

有关民国时期宁波地区地权转移和租佃关系发展情况,台湾学者陈淑铢的相关研究给我们提供了较好思路。陈淑铢《浙江省土地问题与二五减租》一书在统计了1928年至1933年东阳八村各类村户所有田亩数增减以后认为:"浙江的各类农户中自耕农在逐渐减少,半自耕农与佃农在逐渐增加。"[1] 从上述列表我们也能看出,除慈溪地区在民国时期佃农比例基本保持稳定外,鄞县、余姚、镇海等地的佃农比列随着时间的推移都有明显增加,佃农比例的持续增高,证明租佃关系不断走向普遍。拥有广袤土地的地主和转包土地的"二地主"把越来越多集中起来的土地出租给失地农民,从中获取绝对地租和级差地租。因此,租佃关系的发达成为民国时期宁波土地占有状况的一个明显特色。

民国时期宁波土地租佃主要有直租和转租两种形式。直租就是佃户直接向地主承租土地,并向地主缴纳地租;转租是佃户向包佃人或所谓的"二地主"租种土地,直接与"二地主"发生经济关系,不一定与土地所有者有租佃关系。在这两种形式的租佃关系中,直租往往占较大比重。据《中国经济年鉴续编》(1934年)统计,镇海土地直租率高达90%,转租率只有10%。[2] 虽然转租率在鄞县土地出租中所占比例不高,但在镇海、慈溪、定海等地却常有出现。在租佃关系中,租金的支付形式也就是所谓的租佃方法颇为重要,据金陵大学农业经济系对浙江省各县各种纳租方式的调查统计,余姚以租金支付租佃金的占98%,以租谷数支付佃租金的仅占2%,而以分租制形式的则为零。这种以租金形式支付的租佃制所占比例远远高出浙江其他各地,说明宁波一带的租佃制已经较其他地区更为盛行。

民国时期宁波地区的土地租佃主要以契约或口头协议的形式订立租佃关系,但在宁属各县具体情况也有一定差别。在鄞县,"佃农租

---

[1] 陈淑铢《浙江省土地问题与二五减租》,第120页,"台湾国史馆"1996年版。
[2] 陈淑铢《浙江省土地问题与二五减租》,第263页。

种农田,大都与业主口头接洽,惟亦有订立契约,载明租额年限等,业主有大业主小业主之分,大业主即田之所有人,须缴田赋,小业主即有永佃权之人,佃农租田须向小业主接洽,大业主无权过问,大业租额每亩每年一百五十斤,小业租额每亩每年有二十斤至一百五十斤不等";在慈溪,"均系遵照本省颁布之二五减租暂行办法办理,原来租佃制度由大业主租给包佃者,由包佃者再租于佃人,相沿成习,佃人纳租分原定租额为二份,一纳于田主,一纳于包佃者";在定海,则"普遍行包租,每亩所定租额视田地之优劣";在象山,"由佃农向业主订约承租,有定期与无定期两种。缴租分租金与租谷两种,租金类多预缴,例如乙年之田租于甲年冬预缴,租谷则于收获时候缴清。现已有一部分依照本省二五减租办法缴租者";在南田,"租谷占百分之五十,租金占百分之三十,分租占百分之二十,租谷每亩租额平均约一百五十斤,租金每亩约三四元,分租业四佃六";在宁海,则是"双方订立契约"。[1]

总之,民国时期宁波地租形式多样化趋势明显,地租形式有定租、分租、议租、标租、转租、恩赐租以及包租等,[2]而且地租额明显高于浙江大部分地区。高额的地租造成农民生活的窘迫和农村阶级矛盾的激化。国民党统治时期,浙江省政府颁布了《二五减租暂行办法》,力图解决租佃矛盾突出的问题,但除抗战时期浙东抗日根据地切实实行减租减息的举措外,宁波其他地区始终都没有认真贯彻执行减租政策。

二、水利

民国时期宁波地区水利工程兴修主要体现在河道浚治、城河疏通、碶闸修建以及水库整治等方面。

---

[1] 实业部国际贸易局《中国实业志(浙江省)》乙编,第26、27页,1933年实业部国际贸易局发行。
[2] 俞福海《宁波市志》,第338页,中华书局1995年版。

（一）疏浚河道

20世纪二三十年代是近代宁波市区河道浚治的小高潮期，一些年久失治的河道得到整治，既方便了航运交通，亦使水流进一步通畅，其作用十分明显。

20世纪30年代宁波城区疏浚河道的情形（选自哲夫主编《宁波旧影》，宁波出版社2004年版）

南塘河是沟通鄞县城区与西南乡的主要通道，也与宁波西南各乡农业生产和居民生活密切相关。因年久失修，导致洪水灾害频发，民众深受其苦，因此急盼整治疏通，但鄞县政府对南塘河整治并不热心。在此情况下，当地人士范翊鋆、冯丙然等先后倡议疏浚南塘河。冯丙然派技术人员详细测量启文桥到天乐亭之间的河道淤积和损坏情况，为南塘河浚治工程做前期准备。1924年4月成立疏浚南塘河工程筹备委员会，推举张传保为工程主要负责人，制定投标章程和施工细则。

南塘河疏浚工程从1924年5月开工，1928年3月全部完工，历时近四年之久。该项工程从鄞江镇潭开始到鄞城长春门止，全长20多公里，"道路、桥梁、碶闸、堰坝亦次第修整"[1]。工程耗资16万元之

---

[1]（民国）《鄞县通志·工程志·水利工程》，宁波出版社2006年版。

巨。

南塘河疏治完工后,又因南濠河为南塘河末段,属于交通要冲,而且南濠河同样因年久失修而淤塞,于是又集资清理南濠河,在江河间开凿沟道排泄污水。这次对南濠河的疏浚,除清理河道淤泥之外,又用石块砌筑河堤,并在河边建筑凉亭。南濠河修浚工程历时两年,修治费用2.6万余元,鄞县政府未曾拨款,主要靠民众捐助。①

民国时期宁波市区除浚治南塘河、南濠河之外,还有对位处横街头至西门鄞西桥间的中塘河的浚治。1926年,由宁波当地私人捐献银元和收取沿河田亩捐总计7万元作为疏浚中塘河的资本,开始对全长13.2公里的中塘河进行疏浚。经过数年努力,中塘河不仅得到疏浚拓深,而且整砌了从集士港至望春桥两岸7公里长的石坎,1931年中塘河浚治完工。

鄞东南莫枝镇至江东白鹤桥一段的中塘河长9公里,属于鄞东南重要河道之一,1932年由私人出资整砌延芳桥河段两岸石坎2.6公里,使得这条河道也得到比较彻底的整治。

20世纪30年代是宁波河道疏浚的高潮期,除中塘河得到疏浚外,1930年还有凤岙市河道、朱桑河道、芦浦江、仲夏河道、马家堰河道、牛尾漕河道、陆家漕河道、惠明桥河道以及钱河等10余处河道得到疏浚。1931年有王家漕河道、五港下西河等10余条河道得到疏浚。1932年至1933年,又有鹤山河道、石龙漕河道以及竹家庄河道等20余处河道得到疏浚。②

抗战胜利后,宁波地区疏浚河道工程的数量虽然大为减少,但仍有部分河湖得到浚治,较为典型的浚治工程就是在1946年为改造仲夏畈,新开河道2条;1947年又继续疏浚西塘河,并修沿江旧堰闸,疏浚南塘河支流,清理它山堰积沙。与此同时,宁波境内的东钱湖也由商人捐资建立湖工局除葑清界,部分主干渠也得以疏拨。

---

① (民国)《鄞县通志·工程志·水利工程》,宁波出版社2006年版。
② 李能为《宁波大观》,第26页,1940年印行。

(二)水利的疏通

城河疏浚虽然属于市政工程的重要内容,但在宁波这样的水乡之地,大多数城河都与农业生产密切相关,因此也列入水利工程的疏浚对象。

宁波旧城区河道主要有两条,一是从大雷经过中塘河、后塘河流入西水关;一是经由大皎过鄞江桥由前塘河入南水关,最后汇集于原日湖和月湖一带。日、月二湖湖水以前曾有气喉、水喉、食喉三个排泄口,将多余湖水排泄出去,由于年代久远,气喉早已废弃,失去排水功能。气喉的废弃,更加速了日湖的湮废,到民国初年,日湖已经成为弃置的污泽。为彻底解决宁波城区污水排泄不畅问题,1933年8月鄞县政府成立由鄞县县长、宁波市公安局局长、鄞县建设科科长以及地方人士陈兰等组成的治理城河委员会,并决定自1934年7月开始对城河污水进行治理,同时准备对所有城区以及江北、江东应当疏浚的河道和填埋的水道进行整治。这是宁波市政建设和城河改造的一项巨大工程,总投资达393909元。① 不仅对宁波城河进行改造,也涉及道路、桥梁、深水井等市政工程的建设。

宁波历史上的主要湖泊有日湖、月湖、慈湖、杜湖以及东钱湖等20余处湖泊,但绝大多数已经湮废,到民国时期,所剩湖泊仅有东钱湖、月湖、慈湖、杜湖、白洋湖、上林湖和牟山湖等7处。日湖在清末就因常年湮淤而成为污泽,月湖到民国时期也已淤塞严重,对其治理少有人问津。东钱湖则是地质时期留下来的海迹湖泊,为浙江第一大淡水湖,由于其直接关乎宁波市民生活,历来浚治不绝,但因水生植物的蔓延和附近居民建筑的侵蚀,不但面积日益萎缩,而且淤塞相当严重。早在民国元年(1912年),以王世钊为首的当地士绅成立三县浚湖联合会,民国3年该联合会改组为湖工善后局,并在1916年完成了整个东钱湖的测绘工作,开始办理订界修塘以及取缔非法侵占湖地的工

---

① (民国)《鄞县通志·工程志·水利工程》,宁波出版社2006年版。此数字是对各项工程预算数字的总计。

作。1929年国民党鄞县县党部以湖工善后局办事不力、浪费公款为由,停止其工作,并以临时工程委员会取代湖工善后局,使得东钱湖的疏浚陷入瘫痪状态。1936年,又成立整理东钱湖委员会,并制定组织章程,设计初步整理规划,对沿江沿湖碶闸堰坝等进行了初步整饬,但随着抗日战争的爆发,东钱湖修治工作被迫停顿。1947年,浙江省政府核准对东钱湖进行疏浚并增设风景区,5月10日东钱湖整治工程正式开始。此次对东钱湖的整治,其第一步工程计划主要是要"疏浚梅湖及建设新型莫枝堰、大堰碶、梅湖碶、小斗门、栗木塘闸、平水堰、水阙、湖塘水阙、觉济寺前水阙、钱堰水阙等十处碶闸"[1]。而对梅湖湖底的疏浚属于治理东钱湖的首步工作,这次疏浚,在长4000米、宽55米的范围内挖深一米,共计挖泥22万立方米,花费法币7.7亿元,使东钱湖得到了初步治理。

(三)修筑堰坝、水闸

民国时期宁波地区修筑堰坝的主要目的之一就是引水灌溉。1940年奉化畸山堰筑成,畸山堰主要是用来拦截剡江径流,堰成之后,灌溉田地6000亩,成为该地主要灌溉设施。

除畸山堰之外,它山堰也是民国时期修治堰坝的重要内容之一。由于泥沙淤积,影响到它山堰的引水泄洪功能,1914年宁波乡绅张申之组织人力清理堰中淤沙,以通水道,[2]保证了它山堰正常功能的发挥。

沿江水闸对内外河水流的调节作用十分明显,民国时期宁波拟建的沿江水闸主要是姚江大闸。1932年,鄞县县长陈宝麟准备在江北泗洲塘循旧河遗址开浚新江,使姚江出口改通甬江,并筑水闸阻咸蓄淡,计划至1936年筹备完竣,但"因需费甚巨,适抗日战争爆发,迄至解放前未动工"[3]。因此,姚江大闸真正建成还是在解放以后。

---

[1] 《宁波旅沪同乡会会刊》(复刊)第14期,第20页,1947年5月刊。
[2] 俞福海《宁波市志》,第1402页,中华书局1995年版。
[3] 俞福海《宁波市志》,第1399页。

民国时期最大规模的堰坝水闸修建工程就是1947年开始的东钱湖浚治工程中的新型莫枝堰、大堰碶、梅湖碶、小斗门、栗木塘闸、平水堰、水阙、湖塘水阙、觉济寺前水阙、钱堰水阙等10处碶闸的兴建,并于1947年6月底完成。① 这次整治虽然是在以前基础上所作的进一步修葺与完善,但对于东钱湖生态环境的恢复起到了至关重要的作用。

三、种植业

宁波地区位处宁绍平原,优越的地理位置使得宁波平原地带耕地比较肥沃,水田不仅粮食产量高,而且转让价格昂贵,如在20世纪30年代,鄞县水田每亩平均价格为90元,余姚为60元,奉化为100元,慈溪为43元,镇海为70元,象山为77元,定海为167元等。在这片肥沃的土地上,水稻、麦子、豆类作物成为粮食种植的主体,棉花、甘蔗、油菜、白菜、茶、杨梅等是重要的经济作物。

浙江省属于我国七大稻作产区之一,水稻也是民国时期宁波主要粮食作物。水稻在宁波地区播种面积之广,生产之多以及需求之普遍,远远在其他农作物之上。

就水稻的种植时间与产量而言,鄞县、慈溪水稻为单季稻,种植主要集中于清明前后,9月至10月收获,鄞县水稻一般平均亩产量在4.5担(450斤)左右,慈溪水稻产量低于鄞县,一般平均亩产2.5担左右;奉化水稻种植在每年5月中旬进行,10月下旬至11月上旬收割,亩产量较高,平均可以达到5.5担;②镇海水稻种植时间一般集中于立夏时节,收获于立秋或霜降时期,平均亩产在2.8担左右;象山水稻种植在立夏时节,收获在小暑或霜降时期,平均亩产2担左右;余姚每年6月开始栽培水稻,10月收割,亩产量较高,最高达7担之多。

---

① 《宁波旅沪同乡会会刊》(复刊)第16期,第9页,1947年7月刊。
② 《奉化民国新志》载,20世纪30年代溪口的"烂田"(低湿之田)粳稻亩产量可达550~760斤,"畚田"(梯田)的亩产量也能平均达到400~500斤。

宁波地区水稻种植面积很大，1929年宁波地区共有稻田面积3490590亩，总产量约为3446028担。1933年鄞县、余姚、镇海、定海、象山、慈溪、奉化、南田、宁海等地的水稻种植总面积达2507299亩，总产量达到8929573担，平均亩产约3.56担。

稻田种植面积的多寡在一定程度上能够反映农业生产的发展水平，但由于水稻种植面积是一个动态的数字，每年情况有别，所以很难精准判定。如国民政府浙江省工商访问处调查认为1929年宁波地区共有稻田面积3490590亩，而国民政府立法院统计处的数据为4307000亩，差别甚大。根据这些调查数据和1933年水稻种植统计结果推测，民国时期宁波地区稻田面积大概在250万～300万亩。而1932年宁波地区稻谷总产量为8829573担，①平均亩产3.56担。如果以1933年宁波地区人口统计，则每人平均拥有稻谷270斤，这与实业部贸易调查局调查每人每年平均食用粮食358斤的标准尚有较大差距。即使按照每人年均358斤稻谷拥有量计算，民国时期宁波地区的稻谷产量还远远不能满足当地居民日常生活所需，缺口率达25%之多。到1949年，宁波水稻种植面积和总产量均有增加，水稻种植面积达到465.97万亩，总产量达到57.04万吨。②

麦子是浙江省第二大重要粮食作物，虽然种植面积和需求不及水稻，但作为水稻收获后的轮种粮食作物之一，在全省各地种植极为普遍，宁波地区亦不例外，各地均有大麦、小麦的种植，麦类作物是宁波地区仅次于水稻的农作物。

大麦和小麦在宁波地区的种植时间因区域不同略有差异，但主要集中于每年的11月至次年1月之间，收获时间在5月前后。亩产量均明显低于水稻，一般平均在1担（100斤）左右，最高的可达260斤。麦类作物的种植面积也远不及水稻，据国民政府立法院统计处以及实业部调查局的调查，1929年宁波地区麦子种植面积为842000亩，1933

---

① 宁海1932年稻米产量无统计数字，故在此以常年总产量1016204担估计1932年宁海稻米产量。
② 俞福海《宁波市志》，第1255页，中华书局1995年版。

年为247176亩,1933年与1929年相比较,麦类作物种植面积有大幅度下降,1933年宁波地区麦类作物总产量为583962担。根据分析,民国时期宁波地区麦类作物常年产量在436114担左右。[①] 由于种植面积少,产量低,宁波地区麦类收获物主要供本地消费。大麦的种植和消费也是如此,1932年宁波种植大麦11.73万亩,总产0.94万吨,亩产80.1公斤;1949年种植大麦21.75万亩,总产2.01万吨,平均亩产92.4公斤。

另外,在宁波地区豆类作物的种植也比较普及。它既可作蔬菜,也可充当粮食。鄞县豆类作物一般在每年三四月下种,9月收获;奉化、余姚则是在每年6月上旬种植,10月收获;镇海、定海豆类作物种植时间一般在每年立夏时节,立冬收获;象山在每年4月下种,九十月收获;南田种植豆类的时间一般则是在6月以后,霜降时节收获。豆类作物产量不高,亩产平均在100斤左右。1933年时,宁波地区豆类种植面积已达215761亩,常年总产量为1077647担,其中,1932年的总产量达到1285288担。1949年,宁波地区共种植豆类杂粮45.1万亩,总产量6.69万吨,其中以镇海、鄞县、慈溪、余姚种植豆类作物为最多,总产量也比较高。豆类的交易主要以杂粮行为中介进行购销。除镇海、余姚部分豆类有外销之外,宁波其他地区的豆类主要供当地食用。

棉花属于重要的经济作物,也是战略物资,它是民国时期宁波地区重要的外销产品之一。由于宁波相当大部分地区属于沙质土壤,适宜棉花种植,因此定海、镇海、鄞县、慈溪、余姚、象山等地成为重要的棉花产区。尤其是余姚,棉花常年种植面积在70万亩以上,几乎占整个浙江省棉花种植面积的一半。根据民国时期华商纱厂联合会、中华棉产统计会、浙江省棉业改良场的统计资料,兹将1920年以来宁波地区棉花种植面积列表于下:

---

① 以上数据根据《中国实业志(浙江省)》丁编相关统计计算而来。宁海该年水稻产量缺录,以常年产量计算。

表2—3 1920年至1949年宁波地区棉花种植面积表①

(单位:亩)

年份\地区	余姚	慈溪	镇海	鄞县	定海	象山	南田	宁海	总计
1920	444000	94100	12600	600					551300
1921	400000	90000	16000						506000
1922	300000	40000	30000						370000
1923	400000	40000	10000	1000					451000
1924									
1925									
1926	750000	210000	40000	5000					1005000
1927	750000	312300	40000	5000					1107500
1928	750000	213400	40000	5000					1008400
1929	780000	214900	25000	5300	12300	9200	5000	23000	1074700
1930	700210	170000	30230	5200	17630	4684	1920	4890	934764
1931	714580	166000	90800	5000	3420	2400	450	90000	1072650
1932	695925	217700	30200②	5000	3060③	8750	9000		969635
1933	739700	156000	70000	10000					975700
1947	459500	119400	60700	160000		5703			805900
1949									488300

① 根据《中国实业志(浙江省)》丁编第112、113页以及《宁波市志》第1259页整理而成。
② 其中镇海1929年到1932年棉花种植面积与华商纱厂联合会、中华棉产统计会数字相差较大,在此取二者平均值。
③ 其中定海1931年到1932年棉花种植面积与华商纱厂联合会、中华棉产统计会数字相差较大,在此取二者平均值。

结合浙江省棉花种植面积进行分析,不难看出,20 世纪 20 年代末到 30 年代初,宁波地区棉花种植面积几乎占到整个浙江省棉花种植面积的 50% 以上,其中 1927 年宁波地区的棉花种植面占浙江全省棉花种植面积的 63.8%,足见其棉花种植范围之广。

民国时期宁波地区不仅棉花种植范围广,而且皮棉总产量也比较高,尤其以余姚和慈溪皮棉总产量为最高。兹将 1920 至 1949 年宁波地区皮棉总产量列表如下:

表 2—4　1920 年至 1932 年宁属地区皮棉总产量表①

(单位:担)

地区 年份	余姚	慈溪	镇海	鄞县	定海	象山	南田	宁海	总计
1920	74690	15610	1860	100					92260
1921	80000	18000	2640						100640
1922	23000	2700	1700						27400
1923	126000	10000	2700	260					138960
1924									
1925									
1926	182000	15757	7500	1400					206657
1927	267000	63750	13500	2400					346650
1928	168000	39665	9000	900					217565
1929	224640	41382	5355	1100	900	589	100	1450	276516
1930	196508	36295	17650	1076	3595	989	167	839	257119
1931	180074	36603	1321	736	167	432	68	1350	220751
1932	172241	38098	4245	880	373	1680		1382	218899
1933	168600	27300	8820	1800					206500
1947	128800	33800	21600	4725		1540			190600
1949									136000

---

① 根据《中国实业志(浙江省)》丁编第 117、118 页以及《宁波市志》第 1258 页编制而成。

民国时期宁波地区由于棉花种植面积广,皮棉产量高,其商品化的比率也高,更由于宁波位处沪杭甬铁路终点和甬江口岸,水陆交通便利,外向型经济特色明显,因此自然而然成为浙江省棉花集散中心之一。宁波当地常年有花庄20余家,每年买进卖出的棉花达数十万乃至百余万担。据当时宁波海关的报告,1912年,通过宁波口岸出口的棉花就达95786担;①1916年增至149471担,1933年接近200000担,1940年则下降到38411担。② 日军占领宁波后,棉花出口贸易暂时停顿。以上数据仅仅是经由宁波海关统计输出的皮棉数,还不包括通过火车等其他交通工具运出的一部分皮棉。当然,民国时期宁波不仅仅是棉花出口基地之一,由于当地棉织业发达,每年从外地输入宁波的皮棉数量也不小。

在宁波地区的棉花种植中,余姚、慈溪、镇海所产"姚花"久负盛名,由于"姚棉"色泽洁白,纤维粗短,非常适宜于做棉胎被絮,也适宜于纺织粗纱,不论是内销还是外销,势头都比较好,这种情形一直持续到1931年,也就是说宁波地区所产棉花的市场销路在1931年前一直处于良性状态。但是到1931年后,随着国外先进纺纱技术及机器的引进,各个纱厂企业和社会大众对细纱的需求增多,而宁波地区所产棉花由于不适宜制作细纱,只能纺织8支到12支的粗纱,适应不了市场需求,从而导致棉价大跌,棉花销售受阻,棉农损失惨重。

花生也是宁波地区常见的农作物之一,主要是在象山和南田等地种植,但不论种植面积还是总产量都比较低,属于民户的副业生产。民户常在路旁田边种植花生,尚无专门种植花生的农户和土地,所产花生也主要是供佐餐之用。宁波地区的花生种植时间一般在农历三月下旬或四月,收获则是在八月到九月之间,亩产量在1担到2担之间。

杂粮作为对主要农作物以及生活的补充,对普通百姓的生活也有

---

① 徐蔚葳《近代浙江通商口岸经济社会概况》,第335页,浙江人民出版社2002年版。
② 上述数据主要参照《近代浙江通商口岸经济社会概况》相关记述内容而来。

较大影响。民国时期宁波地区杂粮作物的种植也有相当面积,杂粮作物种植主要集中在慈溪、奉化、定海、镇海、南田、象山、宁海等地,种植的杂粮主要有甘薯、马铃薯、油菜、芝麻、玉米、高粱等。尤其是定海的甘薯种植面积较大,达 95700 亩,亩产量也居全省之最,总产量达到 1914000 担。1933 年,宁波地区的甘薯种植面积为 148754 亩,产量达到 2325626 担,价值 1516300 元。油菜种植面积为 62714 亩,油菜子产量为 22774 担,总价值为 297310 元。芝麻种植面积为 656 亩,产量 133 担,产值 1057 元。玉米种植主要集中在宁海、镇海、象山、奉化等地,种植面积 4518 亩,产量 6541 担,总值 12193 元。高粱在宁波地区也有种植,但面积甚少,有 7985 亩,总产量 9880 担,产值 36260 元。

桑蚕养殖是浙江商品农业重要内容之一,但由于地理因素所限,宁波地区桑蚕养殖相对浙江其他地区而言,数量较少。据 1933 年国民政府实业部调查资料显示,宁波地区的余姚和奉化二地种桑面积为 6600 亩,养蚕户 3000 余户,产品多为自用或在本地销售。

民国时期宁波地区茶园主要集中于余姚、镇海、鄞县、慈溪、奉化、宁海等地,茶树种植面积约为 21503 亩。在鄞县,茶树种植主要集中在西乡,东乡次之,南乡最少;慈溪的茶园主要集中在陆家埠山中;奉化茶园主要在溪口、亭下等处;镇海茶园主要在第六区城湾、塔寺岱、慈岱等地;余姚茶园面积最大,主要集中于大岚山以及其他山地。余姚、慈溪、奉化、镇海四地年产绿茶 16154 担,镇海产红茶 370 担。宁波茶叶主要以销往上海为主,如 1912 年通过宁波出口的平水茶就达 114969 担,[①]1922 年宁波出口茶叶为 96501 担,1937 年为 69663 担,1939 年为 34594 担,1940 年激增为 129963 担。[②]

药材种植也是民国时期宁波地区的重要经济作物之一。象山、鄞县等地的贝母种植尤其著名。浙江省的贝母种植,起初仅限于象山,故有"象贝"之称。后来逐渐移植到鄞县等地,而象山贝母种植反倒日

---

① 徐蔚葳《近代浙江通商口岸经济社会概况》,第 336 页,浙江人民出版社 2002 年版。
② 上述数据主要参照《近代浙江通商口岸经济社会概况》相关记述内容整理而来。

渐衰微，年产仅有120担，相反，鄞县的贝母种植却日趋扩大，产量也颇为可观。据统计，民国时期鄞县贝母种植户达到5000余家，主要分布在樟村、大雷、鄞江桥等东西80里、南北30里的广大地域内，贝母种植面积有5000余亩，其中樟村就有贝母种植面积3000余亩，每年出产干贝母8000担，价值48万元。由于鄞县出产贝母数量巨大，加上便利的运输条件，所产贝母畅销香港、广东、四川、河北以及长江流域，甚至还远销国外，每年销往国外的贝母也达3000担左右。

1933年时拥有5000余名社员的鄞江桥贝母运销合作社成立一周年在它山庙开会庆祝的盛况（选自哲夫主编《宁波旧影》，宁波出版社2004年版）

为更好地促进贝母的产销，打破商人对贝母购销的压价和垄断，1933年3月1日，鄞县鄞江有限责任贝母运销合作社成立。该合作社设在鄞县樟水镇文昌阁，由该区贝母生产者（农民）组织，定期100年，主要目的为改良贝母品质，便利贝母运销，提高贝母的价格，打破商人对贝母购销的垄断。合作社社员出产的贝母，必须一律委托合作社贩卖，不得私自出售或赠送非社员，就是社员之间也绝对禁止互相买卖或赠送。贝母种子，绝对不许出卖或赠送给非社员，如果社员之间相互买卖、交换、赠送种子，也必须事先征得合作社的同意。同时，该合作社对贝母的价格、出售贝母所获资金的保管分配等也作出了具体规定。

麦冬又名冬门麦,为润肺之良药。宁波地区麦冬主要产于余姚北乡一带,在余姚第五、第六两区交界处沿湖塘一带广为种植,种植区域东至坎墩,西到长河市,东西长20余里,南北宽3~5里。在长河市至坎墩之间有村庄250多个,每村平均60户,每村平均种植麦冬的民户有6~10家,每家种麦冬土地占该户全部土地的5%。据此统计,该地区种麦冬的民户就有2000余家,种植面积达4000亩左右。事实上余姚地区麦冬种植面积远远超过4000亩的水平,如在1925年,余姚种植麦冬的农户很多,种植面积达万亩以上,麦冬产量达20000担。但自1925年以后,由于金丝草帽盛销国外,且价格较高,许多农户就放弃麦冬种植而从事草帽编织,致使麦冬种植减少,年产仅有3000担左右。到1930年,金丝草帽销路衰落,而麦冬因产量减少而价格飞涨,从1930年前的每担7~12元猛涨至1933年的60~100元,许多农户于是改种麦冬,麦冬种植面积又开始增加。

水果也是宁波地区重要的经济作物。民国时期宁波的水果品种主要有桃子、枇杷、杨梅、李子、西瓜、柿子、杏、梅子等。奉化的水蜜桃不仅产量高,而且口感极好,享誉上海、杭州等地。1912年,水蜜桃相继在奉化溪口沙堤、西坞白杜、大桥长汀等地栽培,使民国时期奉化地区新式桃园数量大幅度增加,到1933年,桃树栽培达到鼎盛,种植面积达4010亩,产桃达30000担左右,价值90000余元,其中60%销往上海、宁波等地。1941年,奉化每年产桃的总量约为1700吨,1949年为480吨。① 余姚地区桃树种植也很多,每年可产桃24090担,产值约240900元;鄞县也年产桃10000余担,产值100000元;镇海年产桃24614担,产值123070元;慈溪年产桃2500担,产值26500元。民国时期,宁波地区平均产桃约91886担,总产值约582790元。

梅子属于宁波地区重要的水果之一,民国时期,宁波平均年产梅

---

① 俞福海《宁波市志》,第1319页,中华书局1995年版。

子 35984 担,产值约 127842 元,其中以奉化和镇海的产量与种植面积为最高。

　　杨梅属于夏季水果之一,余姚、慈溪、镇海等地均有出产,其中余姚、慈溪素称"杨梅之乡"。民国时期,宁波地区平均每年出产杨梅 33866 担,总产值约 2706700 元。其中以镇海的种植面积和产量为最高,产量达 26791 担,产值 2679100 元,余姚、慈溪两地产量也不少。1933 年,余姚产杨梅、桃子 1209.5 吨,1940 年,慈溪种植杨梅 1000 亩,产量达 500 吨。到 1949 年宁波解放前夕,宁波杨梅种植面积达 10700 亩,产量 3125 吨。[①] 同时镇海的李子产量也较大,每年大约出产李子 18630 担,价值 65205 元。此外,奉化、象山、余姚等地也有李子出产。

四、渔业和盐业

(一)民国时期宁波地区的渔业

　　宁波地处东海之滨,渔业资源极其丰富,同时宁波又拥有良好的渔港,为捕鱼业的持续发展提供了良好条件。在发展海洋渔业的同时,民国时期宁波地区的淡水、咸水养殖业也得到快速发展,如在镇海等地就有一定数量的淡水鱼养殖,镇海、宁海、奉化有咸水养殖业,主要养殖蛏子,其中镇海蛏子养殖最为有名,每年产值约数万元。

　　民国时期宁波海洋渔业资源主要有大黄鱼、小黄鱼、带鱼、墨鱼、青黄鲇、马面鱼、海蜇等,品种数量很多。这些海洋渔业资源主要分布于大目洋、猫头洋、舟山岱衢洋、大戢洋、象山港、三门湾等处。淡水鱼则属于内陆水域渔业资源,据民国《鄞县通志》记载,民国时期宁波淡水鱼主要有草鱼、黑鲭、红老鼠、鲂鳊、白鱼、鲤鱼、鲫鱼、白鲢等 22 种,主要分布在姚江、奉化江、甬江流域的水网地带。

---

① 俞福海《宁波市志》,第 1318 页,中华书局 1995 年版。

宁波地区因渔业资源丰富,因此外销水产品很多,鄞县、定海、象山、南田等地每年均有大量水产品输出,水产品输出成为近代宁波对外贸易的主要内容之一,早在民国初年,宁波就被认为"在世界上渔业中心名单中排列在前"[①]。

宁波地区捕鱼业起源很早,采用外国先进技术也早于其他地区。早在1902年(清光绪二十八年),宁波地区就出现官商合办的江浙渔业公司,该公司从德国进口拖网渔轮,名曰"福海"号,以新式拖网捕鱼代替传统捕鱼方式。后江浙渔业公司又陆续购置"富浙"、"裕浙"号渔轮。江浙渔业公司地址就设立于今宁波市区的江北岸。由于率先采用新式捕鱼方法,起初江浙渔业公司拖网捕鱼效益颇佳。但由于经营不善,最终衰落。此后宁波又有源源渔轮公司,公司地址也设立在宁波江北岸,购置"铁宁"号渔轮,从事拖网渔业,后也因船只过少,效益不佳,在1932年1月该船因超载而沉没,从此宁波乃至浙江省内再无轮船拖网捕鱼之举。因此,民国时期宁波地区的捕鱼业主要还是以传统的旧式捕鱼为主。

首先是大对船渔业。大对船属于木制帆船,两艘为一对,一艘船专门负责载运粮食、饮水等物,称煨船,另一艘船则专门从事下网捕鱼等事宜,称网船。两艘船尺寸大小和载重量相同,长约42尺,宽约8.4尺,载重量两万余斤。一般吃水3尺,载重时吃水4尺。大对船又有长船、短船及春船之分。长船从上一年8月出海,次年5月回洋,捕捉的鱼类主要为冬刀鱼、春小黄鱼等;短船上一年8月出海,次年3月回洋,所捕获的鱼类与长船相同;春船当年正月出海,当年3月回洋,主要捕捉小黄鱼。这种专事海上捕鱼的大对船,捕鱼效果甚佳。每次鱼汛期间,每对大对船捕鱼收获达六七千元之多,除去捕鱼成本和其他费用,经济效益相当明显。民国时期,仅属于宁波帮的大对船就多达400余对,定海各岛也有大对船500余对。如果按照每对船每次收获六

---

① 徐蔚葳《近代浙江通商口岸经济社会概况》,第73页,浙江人民出版社2002年版。

千元计算,仅宁波地区的大对船一年的渔业收入就高达600万元左右。

宁波地区除大对船外,还有所谓大莆网船,大莆网船的船身比大对船长,主要在大潮期尤其是在端午节期间捕鱼,主要捕捉大黄鱼,其次还有黄花鱼、鲳鱼、墨鱼、鳗鱼、海蜇等。这类渔船在民国时期的宁波地区共有600艘左右。

溜网渔船船身坚固,耐大风浪,经常于每年4月至8月在外海捕鱼,这种渔船在镇海沙河头约有70艘,濑浦约有80艘,舟山群岛约有1180艘,临海和宁海约有650艘。

张网渔业主要是以小对船或大型舢板为主,用来捕捉黄鱼和海蜇。民国时期在定海各岛的张网渔船达950多艘,在南田的张网渔船有50艘,在定海的张网渔船有70艘。除此之外还有捕捉乌贼的渔业船和镇海舟山等地的串网渔业,规模也不小。

宁波的淡水养殖业在民国时期远不及湖州、嘉兴等地发达,仅为宁波地区渔业生产的一种补充。宁波地区淡水养殖业主要集中在鄞县,共有11处鱼荡,其中面积最大的鱼荡就是钱湖养鱼公司鱼荡,该鱼荡地处梅湖,面积有5400亩;其次就是邻湖学校水产部鱼荡,位于谷子湖大堰头,面积1080亩;赤荡岙鱼荡面积也达1080亩。除上述几处规模较大的鱼荡之外,还有竹洲、鸣凤、永丰、方村、石山、平湖等几处鱼荡,但面积相对较小,生产规模也不及钱湖养鱼公司等鱼荡。

除淡水养殖外,宁波的镇海、宁海、奉化、舟山等地也有咸水养殖业,主要利用涂地养殖蛏子和毛蚶。如镇海每年毛蚶的产值就有数万元。

总之,民国时期宁波地区属于浙江乃至全国的渔业中心之一,渔业生产数量巨大,仅定海、沈家门、岱山、石浦等地,"每年渔产总额在千万元以上"[1]。如果再加上宁属其他地区,每年渔产总额估计不会低于2000万元。渔业生产也给宁波沿海成千上万的居民提供了就业的机会。

---

[1] 《中国实业志(浙江省)》已编,第90页,1933年实业部国际贸易局发行。

(二)民国时期的宁波盐业

历史上浙盐与淮盐并著,这与浙江位处沿海、海盐资源极为丰富有直接关系。而在浙盐生产中,又以宁波地区产盐为最多。1932年,宁波有庵东、镇海、穿山、大嵩、玉泉、长街6个盐场。宁属各盐场的原盐产量都比较高,尤其是大嵩盐场,1924年到1934年的10多年间,产原盐约43545担,上缴财政税收31835.5元。① 到1933年,属于宁波地区的盐场主要有余姚、清泉、穿长、岱山、定海、大嵩、玉泉、长亭8处,占浙江省25处盐场的32%强,尤其是余姚盐场,产量占两浙盐产量的28%强,岱山则占两浙盐产量的将近17%,定海也占到5%多,整个宁波地区的盐产量占两浙盐产量的50%以上,产量之巨、影响之大、地位之重要可见一斑。

民国时期宁波地区原盐产量占据浙江省龙头地位的情况始终没有大的变化,常年原盐产量占全省总产量的一半以上。1927年,宁波各盐场产盐96163.65吨,其中慈溪88715吨,象山6572.25吨,宁海866.4吨;1933年,宁波地区的原盐总产量达到3037742担(15万吨多),占全省总产量的61%。1940年,慈溪、象山、宁海产盐17.7万吨;1949年,宁波各盐场产盐5.1844万吨,占全省总产量的69%。

历史上宁波地区制盐业长期采用传统的煎盐方式。所谓煎盐就是熬制食盐,又分为泥盐和灰盐两种。所谓泥盐法就是"刮泥淋卤"②,主要有刮泥和淋卤两个步骤。首先是刮泥,在产盐地潮水涨落的滩涂间,等潮水过后,滩涂经日光曝晒,盐地变白。此时,盐民就用双柄拖刀,刮起一层盐泥土,然后摊晒。咸泥晒成后,接下去的工序就是淋卤。把晒干的咸泥均匀地放入漏桶,轻轻踏实,以能渗水为宜,然后慢慢灌水淋卤。盐卤制成后,便要进行煎炼。煎炼就是将盐卤置于铁铸或竹编的盐盘中加热蒸发。随着水分的蒸发,盐卤渐渐浓厚,最后析出固体结晶,是为食盐。但由于泥盐法所用的铁盘、竹盘不能太

---

① (民国)《鄞县通志·政教志·财政》,宁波出版社2006年版。
② (民国)《鄞县通志·食货志·盐业》

大,盐产量受到一定限制,并且还消耗很多的工力和燃料,生产效率很低。灰盐制作法又叫炭灰取卤法,原理与泥盐法相近。就是在盐盘上遍涂石灰,然后盛上卤水置于灶上烧煎,"干即成盐"。但这两种煎盐方法都是效率低下之法,而且所制之盐"色黑味苦","成本甚大"[1]。因此制盐技术的改进势在必行,从1931年元月开始,宁波地区的主要制盐行业开始"废煎改晒",采用晒盐法。即将盐泥置于盐板之上,利用日光和风力蒸发成盐。晒盐法不仅出盐速度比较快,效率也较高,而且其制盐成本与煎盐法相比也大大降低。

表2—5 民国时期宁波地区主要盐场一览表[2]

名场	盐场面积（东西,单位:亩）	盐场面积（南北,单位:亩）	场署地点	备注	年产盐量（单位:担）[3]
余姚	33500	6500	余姚庵东市[4]	1917年由石堰迁庵东市	1500100
清泉	11520	17820	镇海南门外		26184
穿长	39456	29088	镇海穿山		28116
岱山			岱山桥头镇		869624
定海			定海县城内		300000
大嵩	28800	25920	鄞县大嵩		7350
玉泉	20500	60300	象山石浦镇	1918年由象山城内移住石浦	251568
长亭	50400	40200	宁海长街镇		54800

[1] （民国）《鄞县通志·食货志·盐业》,宁波出版社2006年版。
[2] 《中国实业志(浙江省)》己编,第67~68页,1933年实业部国际贸易局发行。
[3] 此产盐量根据1923年灶数估计。
[4] 此产盐量根据1923年灶数估计。

民国时期宁波地区的盐业管理机构几经变化,1913年在杭州设立两浙盐务稽核分所,以"洋员"任协理,余姚、宁波等地盐务直接置于两浙盐务稽核分所的管理之下。1937年盐运使和稽核分所撤销,成立两浙盐务管理局。1938年又成立浙区战时食盐收运处,抢运余姚等场存盐12.5万吨。1941年日军侵扰浙东,余姚等盐场相继沦陷。尤其是宁波沦陷后,汪伪政权在余姚、岱山等场设立伪"场公署",对宁波等地的盐场资源进行疯狂掠夺,仅在岱山盐场就掠夺原盐4万多吨。

值得注意的是,宁波沦陷后,共产党领导的浙东游击纵队成立了浙东盐务管理局,对浙东盐务实施有效管理,规定按照盐价的30%征税。1945年11月宁波地区盐务重新由两浙盐务管理局管理,余姚、定海、岱山、玉泉等场由两浙盐务管理局直接管理,另设两浙盐务管理局宁属分局,分局机构设在宁波,下辖穿长、大嵩、镇海3个办事处,进行相关盐务的管理。[①]

五、农业经济的基本状况与特点

宁波所处的地理环境和港口优势,有利于农业经济的发展。民国时期宁波农业经济形成了自己的特色。首先我们来看民国时期宁波农业经济的基本状况。

在传统农耕文明时代,人口多寡和耕地面积的多少直接反映着农业经济的发展水平,越是生产力水平不发达的时代,这种表征就越明显。一个地区如果人口密度大,从事农业生产者人数众多,说明该地区农业生产力水平较其他地区为高,也说明农业经济的发达。据《中国实业志(浙江省)》调查结果显示,鄞县、慈溪、奉化、镇海、定海、象山、南田、宁海以及余姚等地的人口在1928年到1933年间有较大变化。

---

① 唐仁粤《中国盐业史·地方编》,第314~315页,人民出版社1997年版。

下表能够清楚地反映出,宁波地区1933年的人口总数与1928年相较,不仅没有增加,反而减少了65784人。人口的减少虽然有各种各样的复杂原因,但从总的方面来说,人口的减少在以农业经济为主的时代就意味着从事农业生产的劳动力的减少,这至少从一个侧面说明民国时期宁波地区的传统农业生产必须调整结构。这也是当时宁波农业经济面临的基本问题之一。

表2—6　1928年至1933年宁波人口变化表①

时间 县名	1928年	1933年	增加数	减少数
鄞县	730422	741280	10858	
慈溪	309270	278132		31138
奉化	258981	222553		36428
镇海	381127	445785	64658	
定海	413978	383739		30239
象山	212902	210402		2500
南田	20491	21922	1431	
余姚	640561	637700		2861
宁海	360898	321333		39565
总人口	3328630	3262846		65784

土地是农业经济和农民赖以生存的基础,民国时期宁波地区土地面积尤其是耕地面积的多寡也反映着当时农业经济的基本状况。据《中国实业志》的记载,1933年,宁波所属土地分别有水田、旱地、山坡、湖边水区以及荒山荒地等。

---

① 《中国实业志(浙江省)》甲编,第14～15页,1933年实业部国际贸易局发行。

表2—7　1933年宁波地区土地面积表①

（单位：亩）

田别 县名	田	地	山	荡	总亩数	荒山荒地
鄞县	802097	62202	15278	3813	883390	10000
慈溪	472993	56493	313821	229	843536	
奉化	386402	96713	642202	16242	1141559	
镇海	403089	54614	66047	17412	541162	荒荡17410
定海	194471	80418	55410	79376	409675	
象山	178712	40703	10162	29886	259463	20749
南田	41600	18969	15096		75665	54185
余姚	610894	92572	190358	856	894680	47573
宁海	400332	128795	275835	104	805066	
总计	3490590	631479	1584209	147918	5854196	149917

表2—8　1933年宁波农地面积表②

（单位：亩）

类别 县名	田地 总亩数	水田亩数	平原旱地 亩数	山坡旱地 亩数	可垦未垦地 亩数
鄞县	1101862	936583	77130	88149	57071
慈溪	799185	719267	55942	23976	500
奉化	519471	436356	31168	51947	
镇海	645829	548955	51666	45208	28245
定海	379613	303690	49352	26571	
象山	385553	269887	77111	38555	5000
南田	66959	41515	18748	6696	2118

---

① 《中国实业志（浙江省）》乙编，第3～4页，1933年实业部国际贸易局发行。
② 《中国实业志（浙江省）》乙编，第8～9页。

续上表

类别\县名	田地总亩数	水田亩数	平原旱地亩数	山坡旱地亩数	可垦未垦地亩数
余姚	1375896	687948	343974	343974	49325
宁海	709928	589240	78092	42596	200
总数	5984296	4533441	783183	667672	142459

从上述两表可知，即使是民国时期实业部国际贸易局所调查的1933年宁波地区耕地面积的数额，也在数据处理上有较大失误，两个表格相关数据并不吻合，但整个宁波地区的耕地总面积在上述表格中的区别却不是十分明显，因此我们在此仍取5854196亩作为民国时期宁波地区耕地基本面积的数据。如前所述，1933年宁波地区共计有人口3262846人，人均耕地面积仅有1.79亩。如果依照农户数量平均，据《中国实业志（浙江省）》调查组调查结果显示，浙江全省平均每户农户占有耕地面积为13亩，其中鄞县有农户78240户，户均11.2亩，慈溪有农户45400户，户均18.5亩，奉化有农户38000户，户均30亩，镇海有农户22300户，户均24.2亩，定海有农户3480户，户均117亩，象山农户数为12203户，户均21.2亩，南田有农户数为3884户，户均19.4亩，余姚农户数为133265户，户均6.7亩，宁海有农户80000户，户均10亩。[①] 整个宁波地区人均占有耕地面积约14亩。宁波地区的农户在耕地占有上与浙江其他地区相较并未占优势，但是地权的集中现象却明显较其他地区为高，半自耕农、佃农和雇农所占比例高达80%以上。这说明民国时期宁波农业在逐渐商品化的同时，农业经济实质上处于不断萎缩的态势。

为解决地少人多、人地关系紧张的矛盾，宁波地区农民在努力从事家庭副业的同时，还积极引进经济作物，对现有土地进行深层次的开发，如一些农户开始广泛种植棉花、贝母等经济价值较高的作物。

[①]《中国实业志（浙江省）》乙编，第14页，1933年实业部国际贸易局发行。

天童山下一农夫驾驭着水牛正用车盘把河水引向山脚下的稻田（选自哲夫主编《宁波旧影》，宁波出版社2004年版）

此外，随着家庭副业的发展，有些农户也种植席草。而经济作物种植面积的不断扩大，造成粮食种植面积持续减少，这就使土地资源稀缺的矛盾更为突出，缺粮情况日益严峻。到1936年前后，宁波地区的粮田面积已经缩减到"宁波熟，一餐粥"①的地步。宁波各县的经济作物种植，约占全部垦殖面积的30%～50%以上，经济作物的种植已经超出土地资源合理配置的程度。② 农民另谋生路已成必然趋势。

民国时期宁波农民的收入不外乎农作物收入与副业收入两大类。据国民政府实业部国际贸易局的调查资料显示，1933年浙江省自耕农户均收入为238.2元，而户均支出至少百元以上，其中大部分用于购买食物，约占百分之七八十，衣住及杂项合计不过占百分之二三十而已。至于雇农，则处境更为凄惨，男性强壮劳动力全年打工最高收入仅为120元，入不敷出更为明显。因此，除从事基本农业生产外，副业

---

① （民国）《鄞县通志·文献志·礼俗》，宁波出版社2006年版。
② 郑绍昌《宁波港史》，第335页，人民交通出版社1989年版。

收入就成为纾解经济窘境的重要方式之一。在定海、镇海、宁海、南田等地,当地农户主要以捕鱼、编织渔网、织布等为副业,而在余姚、鄞县、慈溪、奉化等地,相当一部分农民从事纺线、织布、草帽编制以及制作草鞋、麻绳、雨伞、纸扇等,以此弥补家用之不足。

总之,民国时期宁波地区外向型经济的发展和紧张的人地关系推动了宁波农业经济的快速商品化和结构性调整,这也是这一时期宁波农业的最大突破。

第二节 工业

宁波工业在民国时期有一定程度的发展,尤其是一些新兴工业发展迅速,成为近代浙江工业的前驱。就宁波近代工业的分布密度和资本基础而言,已经跻身于浙江省乃至全国的前列,这是民国时期宁波工业的重要特点之一。传统手工业则仍主要以家庭或小作坊式经营为主,效率不高。

一、主要工业

民国成立后,宁波民族工业有很大发展。主要工业门类有纺织业、食品业、制造业以及传统手工业等,门类齐全,分布范围较广,在整个浙江工业经济中占有重要地位。纺织业是这一时期宁波地区的最重要工业部门之一,可细分为棉纺业、棉织业、缫丝业、丝织业、针织业、花边业等行业;食品业主要分为碾米业、榨油业、酿造业、制茶业、制糖业、面粉业、罐头业等行业。制造业主要是指近代制造业,当时主要有玻璃制造业、陶瓷制造业、造纸业、机械制造业等等。

表2—9 民国时期宁波主要工业行业一览表①

主要工业\地区	行业类别
鄞县	棉织业、针织业、榨油业、酿造业、棉纺业、碾米业、制茶业、罐头食品业、玻璃业、制皂业、制漆业、火柴业、铁工业、铜锡业、草织业、藤竹器业、木器业、制伞业、印刷业、电器业、制冰业、电池业、锡箔业。
慈溪	碾米业、制茶业、电器业。
镇海	棉织业（含毛巾业）、制茶业、铁工业、电器业。
余姚	棉织业（含毛巾业）、针织业、碾米业、酿造业、制茶业、罐头食品业、手工造纸业、其他铁工业、铜锡业、草织业、印刷业、电器业、电池业。
奉化	碾米业、制茶业、罐头食品业、手工造纸业、竹石雕刻业、电器业。
象山	电器业。
宁海	制茶业。
定海	其他铁工业、电器业。
南田	

（一）纺织业

宁波近代纺织业起源甚早，在清代末期，就出现了使用大机器生产的纺织企业——宁波通久源轧花厂。通久源轧花厂由慈溪人严信厚创办于1887年，是国内第一家机器轧花厂。1894年，严信厚又集资创办通久源纱厂。通久源纱厂的创建，是宁波近代企业史上的重要事件之一，它与杭州通益公纱厂、萧山通惠公纱厂并称"三通"，是当时浙江规模最大、设备最先进、在社会上最有影响的三家近代民族资本主

---

① 《中国实业志（浙江省）》庚编，第8～9页，1933年实业部国际贸易局发行。

义企业。通久源纱厂有纱锭 17048 枚,织机 226 架,资本 90 万元。1911 年,因棉花原料出现短缺,通久源纱厂停产,1912 年复工,在一段时间内颇为兴盛,但在 1917 年 3 月因火灾工厂全毁。① 1918 年,通久源纱厂用地被出售给和丰纱厂。

宁波和丰纱厂成立于清光绪三十一年(1905 年),创办人主要是戴瑞卿、顾元琛等人,厂址位于宁波江东的冰厂跟。和丰纱厂开办资本为 60 万元,设备齐全,厂内各交通要道设有小铁轨通向江边码头,锅炉、引擎等配套设备也足够 3 万枚纱锭之用。②

昔日和丰纱厂车间一角(选自哲夫主编《宁波旧影》,宁波出版社 2004 年版)

1911 年,由于宁波棉花歉收,和丰纱厂一度被迫停产。到 1912 年,和丰纱厂重新开工,当年就盈余 304038 元,1914 年盈余 106000 元,1918 年盈利 209100 元。1919 年,和丰纱厂的发展遇到良好机遇,由于国内市场洋纱大减,国产纱价格上扬,在高额利润的刺激下,和丰纱厂全年棉纱产量由 2 万多包增至 3 万包,产量的增加也带来了效益的提高,仅 1919 年这一年,和丰纱厂就获利 1405500 多元,1920 年盈利更是增至 1522940 元以上。但好景不长,从 1920 年开始,利润开始下滑。1921 年和丰纱厂盈利跌至 705000 元,1922 年盈利再跌至 409300 元,1925 年更减至 80000 元。③ 1926 年则开始出现亏损,至 1927 亏损达 35 万元。到 1929 年,和丰纱厂又开始出现盈利,并且效益颇佳,但持续时间不长。从 1931 年 4 月开始,

---

① 徐蔚葳《近代浙江通商口岸经济社会概况》,第 76 页,浙江人民出版社 2002 年版。
② 宁波市民建、工商联史料组《宁波和丰纱厂的创建与演变》,《宁波文史资料》(内),第 3 辑。
③ 宁波市民建、工商联史料组《宁波和丰纱厂的创建与演变》,《宁波文史资料》(内),第 3 辑。

因受国内外经济不景气的影响,一度出现停产现象。

从1907年到1938年的31年间,和丰纱厂共获利8071000元,除去亏损的631100元,盈亏相抵,净利为7439900元,为纱厂投资总额的12倍。① 1941年2月2日,和丰纱厂引擎车间失火,纱厂全部焚毁。抗日战争胜利后,停办了5年的和丰纱厂于1946年5月在废墟上重新开工生产。全厂纱锭为5600枚,工人530名,其中女工为410名,日产棉纱23件。但由于企业流动资金出现困难,和丰纱厂生产深陷窘境。这种状况一直持续到新中国成立。

民国时期宁波地区纺织业除纺纱之外,还有棉织业。创建于1911年的复成染织厂是鄞县境内出现较早的棉织厂之一。复成染织厂的前身纬成布局在与外货竞争中失败,于1911年倒闭。复成布厂经过改组和添置设备,共有手拉式布机100台,生产"蓝边元色哔叽",因为质量好,颇受市场特别是"五山头"一带渔民的欢迎。1937年,该厂又增添新股和厂房,装置电动布机50台,至1940年始改名为大昌布厂。宁波沦陷后,该厂为保持实力,曾改名为一新布厂。抗战胜利后,仍恢复大昌布厂牌号,其产品"大昌哔叽"驰名一时。后因该厂经理郭东明以大昌名义向外滥借棉纱,以致到宁波解放时,竟亏负棉纱234件之多,最后不得不宣告破产清理。

1912年,镇海建立了"公益织布厂",有新式人工织布机300架,雇用男女织工300余人,"公益织布厂"的产品行销镇海本地及外埠。② 1923年又有振华染织厂创建。

1924年,李德芳创办厚丰棉织厂,厂址设在西门外天灯下。厚丰棉织厂初创时仅有脚踏铁木机12台,工人20余人,主要产品为"开四米哔叽"和"绢丝呢"等,并以"高谊图"作商标。"高谊图"棉布因花色新颖颇受市场欢迎,厚丰布厂因此规模逐渐扩大。于是在北郊高塘墩又开设新厂,增加铁木布机40台。1929年,又在天灯下扩充厂基,建

---

① 宁波市民建、工商联史料组《宁波和丰纱厂的创建与演变》,《宁波文史资料》(内),第3辑。
② (民国)董祖羲《镇海县新志备稿》,第62页,民国20年铅印本。

造厂房七八十间,安装马达布机96台,并在上海三马路设办事处,自办棉纱、颜料、烧碱等原料,实行自染自织的一条龙生产。抗战期间,李德芳为保存实力,曾将厚丰停产关闭,利用库存棉纱,开了福利、集成两家小布厂;又利用库存颜料、烧碱,开了国华肥皂厂和天丽染坊。抗战胜利后,李德芳立刻把以上四厂关闭,重新恢复厚丰布厂。解放后被并入人丰布厂。

诚生布厂是民国时期宁波地区较为特殊的棉织企业之一,其特殊之处就在于创建者之一是近代宁波女企业家姚玉凤。1925年董梅荪在姚家浦开办诚生布厂,聘姚玉凤当经理。该厂开办之初,仅有手拉式木机3台,产品为"平四条"和"交布"等,销路甚广,供不应求。在姚玉凤的经营下,不到几年,手拉式木机从3台发展到32台,雇用女工达七八十名。到1932年生产规模进一步扩大,在定桥镇附近建造新厂房五六十间,铁木机也发展到86台,并设立漂染车间,自织自染,成为拥有250多名工人的大厂。诚生布厂主要产品是龙头呢、被单斜、格子布,其中以龙头呢最为有名。日产高级男女线呢、龙头格子等2000米以上,合计年产各类布料50多万米。1941年宁波沦陷后,生产日趋萎缩,每况愈下。姚玉凤忧郁成疾,于1943年病故。姚玉凤去世后,诚生布厂因乏人经营,不久宣告闭歇。

1926年,顺兴泰与顺兴两个棉织厂创办。1928年厚丰棉织厂第二厂设立。1929年9月恒丰染织布厂建立。恒丰染织布厂是民国时期宁波地区较为典型的近代棉织企业之一,创办人是宁波江东裕成棉布店经理王稼瑞。王稼瑞在宁波南门外租民房20多间,定厂名为"宁波印染厂"。开始时设备仅有马达铁木布机14台,木制整纱车1部,手工摇纱车20余部,雇工人约五六十人,设备简陋。产品有线呢、条漂布等低档棉布,但销路很好。王稼瑞看到染色布在当时甚有前途,因此增添4台旧式染缸(包括烘燥机、混筒机),从上海购进白坯布,专门印染元色洋纱之类布匹,销向宁波各地农村。由于染织业务发达,就在原有基础上扩充,于1931—1932年间组织成合伙厂,资本为

15000元。在染制元色洋纱的基础上,又逐步发展印染"士林蓝"和"海昌蓝"布,并加添印花机,印染高档花布。1932年又从日本购置印花机全套设备2部,并聘请日本印染工程师1名,负责恒丰印染业务。该厂出产的白地"色丁"花布与印花绒布,鲜艳夺目,花纹漂亮,但其坯布却是从上海进口的日本货。这种白地"色丁"花布与印花绒布,不仅畅销于本省各地,连上海等地客帮,也争相来宁波采办。从1933年开始,受世界性经济危机的影响,恒丰厂的棉布价格大跌,产品销路呆滞。1941年宁波沦陷后,恒丰染织布厂无法继续生产,只好停工。1945年抗战胜利,恒丰厂的印花机生产恢复,并增添"黑大英"和"绿大英"铁布机204台,拥有工人400余人,生产哔叽、洋纱、坯布和名牌"九恒毛蓝"。至此,恒丰厂始成为名副其实的印染织厂。[①]

此外还有位于江东箕漕街的义裕染织厂和南门下驾桥的泰生如记染织厂。这些棉织厂除厚丰、恒丰两家使用当时较先进的柴油引擎动力外,其他棉织厂开设之初尚仍使用手工木机生产。

表2—10 民国时期宁波地区主要棉织厂一览表[②]

棉织厂名	设立时间	资金(元)	工人数	机械	动力
复成染织厂	1911年	24000	85	织机62架,木机100架,轻纱机3架,摇纱机50架。	
镇海公益织布厂	1912年	30000	300	人力木机300架。	
振华染织厂	1923年	1000	94	人力机、铁木机24座。	

---

① 张谟远等《宁波布厂业发展史》,《宁波文史资料》(内),第3辑。上述复成、厚丰、诚生、恒丰四家近代染织布厂相关内容主要据此资料而来。
② 《中国实业志(浙江省)》庚编,第27页,1933年实业部国际贸易局发行。表内部分数据有调整。

续上表

棉织厂名	设立时间	资金（元）	工人数	机械	动力
厚丰布厂	1924年	22000	170	人力机40座，电力机20座，纤子车3部，筒子车3部，轻纺车2部。	柴油引擎1座，马力19匹。
顺兴泰记染织布厂	1926年	16000	110	人力机48座，摇纱车50架。	
顺兴布厂	1926年	6000	87	人力机48部摇纱车50部。	
厚丰第二厂	1928年		105	电机铁机摇纱机。	
恒丰染织布厂	1929年	14000	140	织布机40座，染布机4座，纤子车、筒子车、经纱车、烘燥机、轧光机、平光机、消毛机、丝光机、整理机、漂布机各1台。	柴油引擎1座，马力40匹，蒸汽机锅炉。
余姚县立贫民习艺所	1929年	2200	49	织布机5部。	
贫民习艺所	1932年	2500	25	毛布机7架。	

上述棉织企业属于民国时期宁波地区的几家具有代表性的企业，并非宁波棉织企业的全部。据相关研究，抗战胜利后，宁波地区棉织企业曾一度畸形发展，到1949年前曾先后有小型布厂100至140家之多[1]，其详情因资料缺失不得而知。

---

[1] 张谟远等《宁波布厂业发展史》，《宁波文史资料》（内），第3辑。

民国时期宁波棉织企业的工人主要来自就地雇用,工资高低不等,宁波、镇海棉织厂织布工人工资每月6~10元不等,摇纱工每月工资2~4元,待遇低微。

据1933年国民政府实业部国际贸易局调查结果显示,1932年宁波地区棉织厂产量约为70600匹,产值约576000元,二者分别占浙江全省产量、产值的11.6%和12.1%。

宁波地区棉织厂出产的布匹主要有雪花呢、条子布、各种平织布、斜织布、爱国布、高布等20余种,所产布匹主要在浙江本地销售,少量销往上海等地。如鄞县各织布厂所产布匹以及厚丰厂的产品主要销往江浙一带;顺兴泰和恒丰的产品销往宁波附近各县;复成厂的产品销往上海、杭州、宁绍各埠;振华、顺兴厂的产品则销往余姚、奉化、慈溪、柴桥等地;镇海生产的棉织品主要销往宁波、定海、余姚以及镇海本地。其中,鄞县的棉织品年销售额约为130万元。

宁波地区的针织业也比较发达,主要代表性企业是创办于1915年的美球丰记针织厂。美球丰记针织厂起初为家庭手工业作坊,由于生产规模不断扩大,1921年安装柴油引擎,1923年安装发电机,1926年装设锅炉,1929年添置马达,从而使该厂成为典型的近代工厂企业。但从总的方面观察,宁波地区的针织企业规模都比较小,企业数量增长缓慢。据宁波市工商业登记所载,1919年宁波仅有2家针织厂,1921至1930年间,每年开办3~5家,1928年最多,为13家。在这段时间里,针织厂开办和倒闭处于交织状态。

表2—11 鄞县针织企业状况表

企业名称	组织	资本(元)	工人数	所处地址
美球丰记针织厂	独资	4000	192	石柱桥
振新织袜厂	独资	3000	32	江北岸同兴街
美星针织厂	合股	4000	32	县东巷

续上表

企业名称	组织	资本(元)	工人数	所处地址
荣华袜厂	合股	1600	30	市心弄
明星织袜厂	独资	300	15	冲虚观前
淮阳针织厂	独资	3000	100	甘条桥
美达针织厂	独资	1500	20	江东银杏弄
三民针织厂	独资	3000	37	开明坊
天纶丝袜厂	合股	3000	60	县前萧家桥

从上表可以看出,1933年鄞县针织企业仅有9家,资本总额23400元,有工人518人。这9家针织企业占浙江省针织企业总数的5%,占全省针织企业资本总额的6.8%,职工占全省针织企业职工总数的9.6%。值得注意的是,实业部国际贸易局的这次调查尚未包括曾经开办当时已经停业的新华、公益、名华、汇罗4家针织厂,而美昌、谢发记等24家曾向市政府登记,但据业内人士称,当时多数已经停业的针织企业也没有登记造册。这也说明,在1933年前,宁波针织企业至少有27家,这点可以从另一记载中得到证实。据《近代浙江通商口岸经济社会概况》记载,在20世纪30年代前,宁波仅针织企业就有25家,"针织机计4500至5000具,年产丝、棉、毛各种衫袜,共值银400万元"。① 应该说,民国时期宁波针织企业已经具有一定规模。

宁波是浙江花边业的发源地,其技术最早由天主教徒传授。宁波市内药行街的仁慈堂是宁波花边业的最早起源地。仁慈堂曾有女工千余人,均以织造花边为业。此后织造花边技术外传,到民国初年,临近宁波的许多乡村妇女开始普遍以织造花边为生,鄞县、镇海、慈溪等地从事花边织造的女工一度达三四千人,该时期是宁波乃至浙江花边

---

① 徐蔚葳《近代浙江通商口岸经济社会概况》,第86页,浙江人民出版社2002年版。

织造业的全盛时期。但好景不长,第一次世界大战爆发后,因受战争影响,花边销路受阻,加之一战后欧美等西方国家采取贸易保护政策,提高花边进口关税,使得花边出口遭受沉重打击,花边企业纷纷倒闭,除仁慈堂尚在惨淡经营外,"宁波一带,近年来已无所谓花边业矣"[①]。

(二)面粉食品业

面粉生产是民国时期宁波地区食品业中最具影响力的行业,其起源之早,生产规模之大,在浙江省内首屈一指。

1922年,鄞县乾大机器粉厂建立,这是民国时期宁波地区首家机器生产的面粉企业,也是浙江省内创立最早的面粉企业。1927年又有恒顺面粉厂建立。1931年,立丰面粉厂在鄞县建立,该企业采用新的磨制面粉技术,资本总额高达15万元,占1933年浙江省全部面粉企业资本总额的94%,有工人41人,占全省面粉企业职工总数的68%,成为20世纪30年代浙江省最大的面粉制造企业。而当时浙江全省面粉企业仅有4个,鄞县就占有3个,分别是立丰面粉厂、恒顺面粉厂和乾大机器粉厂,三厂资本额占4个面粉企业资本额的97%,职工占87%。立丰面粉厂年产面粉80000包,恒顺年产约12000包,乾大年产面粉3000包。而面粉生产的副产品麦麸,也是很好的牲畜饲料和调味品原料。立丰年产麦麸26000包,恒顺年产约3600包,乾大年产约900包。立丰所产面粉中的二等粉专销上海、杭州等地,三等粉则销往余姚、舟山一带,主要供当地酱油业制造酱油及酱制品,所产的四等面粉销往宁波、台州、温州市场,作为一般饼店茶食铺的原料。恒顺、乾大面粉厂因所产面粉质量较低,远远低于三等面粉,所以其销路主要供应鄞县本地以及温州、台州等地,供居民食用或制作点心之用。鄞县面粉厂生产的麦麸主要销往上海,专供调味剂厂和浆分厂生产调味品和浆粉,另一部分则销往上海鹅鸭行,作为家禽饲料。同时,麦麸

---

① 《中国实业志(浙江省)》庚编,第76页,1933年实业部国际贸易局发行。

也是制造面筋的唯一原料,宁波本地也用麦麸制作面筋,定海等地的鱼荡有时也用麦麸作为养鱼的饲料。

即使民国时期宁波拥有浙江最大最多的面粉企业,但所产面粉仍不能完全满足本地所需,因此外地面粉输入量,尤其是国外面粉进口量甚巨。据统计,1910 年从宁波口进口的国外面粉仅有 4481 担,但到 1923 年则达到 96214 担,[①]1930 年宁波海关进口面粉 38375 担,1931 年进口 29533 担,1932 年进口 9823 担,价值白银 331810 两。外埠乃至国外面粉的进入,对宁波本地面粉企业造成严重冲击。

宁波是浙江省机器碾米业的起源地。1911 年,泰康、泰记两家碾米厂在鄞县创建。20 世纪 20 年代以后,鄞县、余姚两地经营碾米的企业如雨后春笋般涌现,相继开设的碾米厂达 40 余家,使这一时期成为宁波地区碾米业的鼎盛时期。据统计,在 20 世纪 30 年代前后,鄞县、余姚、慈溪、奉化等地计有碾米企业 115 家,资本总额 275250 元,有职工 814 人,碾米机 161 台,每年碾米量达 1005715 石。宁波碾米企业占整个浙江省碾米业总数的 25%,占资本额的 28%(其中鄞县就占 21%),占职工总数的 36%,碾米机占 31%,年碾米量占 38%,属于浙江省最大的碾米地区。

罐头食品业是宁波近代工业的重要组成部分。奉化、鄞县、余姚等地是竹笋的重要出产地,产笋量很大。民国以前,所产笋除本地居民自食外,其余以鲜笋或笋干运销宁波、杭州、绍兴、上海等地。1920 年,鄞县如生笋厂建立。创立之初,如生笋厂的资本为 2 万元,厂址在鄞县城西外马园,主要制造罐头清汁笋、油焖笋,并兼制罐头油焖大头菜、渣汁大头菜等,产品颇受市场欢迎。由于如生笋厂产品销路好,获利丰厚,于是 1923 年又在余姚东门外的芦蓬头开设第二家工厂。此后鄞县的顺生、恒新,余姚的胜笙,奉化的生生、天生等罐头笋厂相继开办。1926 年后,又有几家罐头厂创建,主要有余姚胜门内的利民罐

---

① 徐蔚葳《近代浙江通商口岸经济社会概况》,第 372 页,浙江人民出版社 2002 年版。

头厂,奉化下跸驻村的亚东罐头厂,奉化西的似生罐头厂,奉化溪口镇的萃园罐头厂以及如新笋厂,鄞县湖西马眼槽的民生笋厂,鄞县北门外的天台笋厂。截至1928年,宁波地区的罐头笋厂共有20家,这一时期也成为笋制罐头的黄金时代。虽然1929年和1930年因管理不善致使个别罐头笋厂倒闭,但在鄞县西门外却新建了大陆罐头笋厂,罐头生产的总量并没有减少。1931年后,由于受到国内经济困难和日军侵略上海的影响,笋制罐头销量严重受挫,鄞县的民生、天台、天一,余姚的利民、胜笙,奉化的如新等罐头厂相继歇业,而资本比较雄厚的如生、恒新等笋厂,也处于开开停停的状态。到1933年,宁波地区幸存下来的罐头厂主要有鄞县的如生、顺生、恒生、大陆、东亚、滋生、华新,余姚的如生二厂,奉化的生生、东亚、似生、三新、萃园、天生,共计15家,产量亦不如以前。此外,余姚还有名为唯一的特产制造厂,其制品的主要原料是干菜。

　　宁波地区罐头食品厂所生产的罐头主要在本地销售,但也有相当部分销往外埠。如如生、萃园两家罐头厂的产品远销南京、杭州、上海、汉口、南洋、香港、台湾等地。

　　从20世纪20年代到30年代的10年间,宁波地区主要罐头加工企业拥有固定资本和流动资本总计167600元,年总产值622376元,职工总数1758人,1932年年加工鲜笋能力达到6771000斤。从整体上看规模不大,但就其占整个浙江省罐头食品企业的比例看,地位显得十分重要。

　　榨油业是传统手工业之一,榨油企业又称为油坊。宁波地区采用机器榨油较早的是设立于鄞县扒沙巷的通利源榨油厂。该厂主要采用棉籽为原料进行榨油,也是浙江省内唯一一家以棉花籽为榨油原料的企业。通利源榨油厂为浙江省榨油业中资本最雄厚的企业,创建于清光绪三十三年,有固定资本8万元,流动资本6万元,主要动力为蒸汽引擎和柴油引擎各1台,总马力176匹,以机械方式榨制棉籽油。到1932年时,年榨棉籽油10500担,价值210万元。所产的棉花油,主要销售地为宁波,其次为上海、永嘉、绍兴、黄岩等地。

民国时期宁波地区的酿造业主要出产酒、酱油、醋等。宁波酿酒生产虽不及绍兴、杭州,但在省内也占有一定地位。民国时期,鄞县酒坊散布四乡,其中在鄞县城内的规模最大,而且资本也较为雄厚。据《中国实业志(浙江省)》一书统计,民国时期宁波共有专门酒厂15家,酱酒兼制企业19家。其中15家酒厂资本总额47000元,年产值122000元;19家酱酒兼制企业资本总额虽无具体统计数字,但年营业额也将近20万元。其中鄞县以生产黄酒最为著名,年产酒380万斤,远销四川、福建等地。30年代宁波地区年产酒总量约为1250万斤,产值百余万元。

酱油和酱制品生产也是重要产业之一。在20世纪20到30年代,宁波地区酱制品与酱油生产厂家计有80余家,像余姚的鼐和、致和酱制品厂,宁波的万和、万顺等厂,资本都在数万元以上。据《中国实业志(浙江省)》一书统计,民国时期宁波地区共有酱油生产企业10家,酱酒兼制企业19家,酱园10家,年营业额达36万余元。

茶叶生产作为宁波地区重要产业之一,在民国时期的宁波经济中居于相当地位。宁波地区每年产茶约17474担,占浙江全省茶产量的4%左右,仅余姚、镇海、奉化三地生产的茶叶年产值就达275000余元。

(三)烟草业

近代宁波烟草业主要分为卷烟与烟叶两种,卷烟业属于近代宁波的新兴产业之一,而烟叶生产则历史悠久。

1926年,浙江省第一家卷烟生产厂在鄞县韩岭建立,第二年又有中国和记卷烟厂在鄞县江北沃家弄附近成立。和记卷烟厂初始资本有5000元,每年生产卷烟700箱,仅在鄞县市场销售。1928年春,在江东镬厂跟建立了浙江第一卷烟厂,资本有6500元,年产卷烟六七百箱。1928年秋季,又有中国永安卷烟厂在江北岸浮石亭建立,该厂资本比较雄厚,产品也较多。该时期也是鄞县卷烟业的鼎盛时期,年产卷烟2500余箱,产值20万元。但好景不长,由于上海英美烟草公司不断挤压和低价倾销洋烟,使得鄞县民族卷烟企业受到沉重打击,浙江第一卷烟厂、中国和记卷烟厂以及中国永安卷烟厂相继倒闭。到1933年,宁波仅有韩岭卷烟厂一家尚存。韩岭卷烟厂此时拥有资本20000元,男工37名,设备有八马力柴油引擎、卷烟机、磨刀机、轧烟筋机等,年产卷烟数百箱,销往宁波、台州、温州等地。

(四)制造业

1914年,浙江最早的玻璃制造企业在永嘉创建,而宁波建立玻璃制造企业的时间也比较早。1918年,明华玻璃厂在鄞县江东新河头建立,规模较大,有职工80人,资本三万余元。从1921年开始,宁波地区玻璃生产逐渐加快发展,一些玻璃制造企业相继建立,其中在鄞县较为著名的就是工业至记玻璃厂,有职工66名,资本10000元。这两个玻璃厂的玻璃产品主要销往宁波、绍兴、台州、温州等地。

近代制皂业在宁波出现较早,清光绪三十三年(1907年)二月,光明烛皂厂在宁波江北外滩江心寺建立,资本为白银6万两,由于经营不善,直到民国初年仍在惨淡经营。① 此后又陆续建立5家制皂厂,到1933年,宁波地区共有制皂企业6家,占浙江全省30家制皂厂的20%。现将这6家企业的相关情况列表如下:

表2—12 宁波部分制皂企业一览表②

企业名称	资本(元)	组织	成立时间	工人数量	厂址
光明烛皂公司	15000	股份有限公司	1907年	30	江北外滩江心寺
永明氏烛皂公司	3000	独资	1922年	13	

---

① 徐蔚葳《近代浙江通商口岸经济社会概况》,第67页,浙江人民出版社2002年版。
② 《中国实业志(浙江省)》庚编,第265页,1933年实业部国际贸易局发行。

续上表

企业名称	资本（元）	组织	成立时间	工人数量	厂址
江东镇安桥泰丰烛皂厂	3000	合资	1924 年	9	江东镇安桥
大茂烛皂厂	2000	独资	1925 年	7	江东新河头
永丰烛皂厂	4400	合资	1927 年	13	江东梅花镇
全茂烛皂厂	7800	合资	1928 年	13	江东东胜街
合计	35200			85	

宁波虽然不是漆原料的主产地,但制漆业却颇为有名,宁波漆成为浙江所产漆的代称,浙江各地所产熟漆,往往先集中到宁波,再通过宁波销往外地。20世纪30年代仅在鄞县的制漆企业就有21家,资本最大的达6000元,最少的只有150元,总额为40030元。

火柴制造业在宁波地区起源甚早。1912年正大新火柴公司在宁波江北岸泗洲塘成立。1920年该厂开始采用机器生产火柴,以一台12马力的柴油引擎为动力,有排版机20台、划路机3台、拆板机12台、整理机2台、研药机1台、滚刨机3台、印刷机、切片机、切杆机各1台。该火柴厂拥有资本10万元,有工人353人,主要生产商标为"民国"、"童车"、"爱鹅"、"才桑"、"浙江"、"泰山"等的安全火柴,年产火柴约8500箱,年营业额282600元。除销往宁波、温州、台州外,还远销汉口、福州、芜湖等地。

(五)五金机器制造业

近代宁波机器制造业并不发达,其主要原因在于宁波紧邻上海,各近代企业所需机器都从上海购买,地理因素在一定程度上限制了宁波近代机器制造业的发展。但随着近代企业的建立和大机器生产的推广,机器修理行业却得到发展,清末在鄞县出现的顺记机器厂、汇昌机器厂就是较早专事机器修理的企业。民国初年,机械制造业在宁波开始逐渐兴起。

1915年3月成立的宁波甲种工科职业学校附设宁波工厂是近代宁波地区的第一家机器制造厂。宁波工厂从英国购置机床,有资本2.4万元,规模居浙江省第三位。与顺记机器厂和汇昌机器厂不同,宁波工厂并非从事机械修理,而是以生产火油机、柴油机、织绸机、车床、钳床以及其他定制机器零件为主的近代机器生产企业。此后,镇海等地也开设了规模不大的五金制造工厂,如1921年成立的新广泰冷作厂、1922年成立的振泰铜铁冷作厂等就是典型。到1933年,宁波地区共有五金机器制造企业11家,其中在鄞县有7家,在镇海有4家。见下表:

表2—13 20世纪30年代宁波五金机器制造企业一览表①

企业	厂址	成立时间	资本性质	资本(元)	职工数	产品
顺记机器厂	鄞县江北花墙弄	1901年6月	合伙	5000	75	水龙,修理
汇昌机器厂	鄞县江北傅家道头	1905年3月	合伙	4000	30	煤油、柴油引擎,汽船水龙,轮船修理
宁波工厂	鄞县江北泗洲塘	1915年3月	宁波工科职业学校附设	24000	50	火油机,柴油机,织绸机,车窗钳床,其他定制机件
新广泰冷作	镇海城外打筲街	1921年	合资	500	5	铁门,铁窗
振泰铜铁冷作厂	镇海城外长生桥	1922年	独资	600	6	铁门,铁窗
汇丰翻砂厂	鄞县江北槐花树下	1923年12月	合伙	5000	24	机器原料,生铁毛坯

---

① 《中国实业志(浙江省)》庚编,第324~325页,1933年实业部国际贸易局发行。

续上表

企业	厂址	成立时间	资本性质	资本（元）	职工数	产品
全通机器厂	鄞县江东后塘街洋行弄	1924年6月	合伙	1600	12	柴油、煤油引擎,机器修理
新昌机器厂	鄞县江东大校场	1924年	合伙	2000	5	柴油引擎修理
乾广隆	镇海城外	1925年	独资	900	6	矮车,船用铜铁小件
泰康机器厂	鄞县江北何家弄永宁码头	1926年10月	合伙	1500	8	柴油、煤油引擎,轧米机,机器修理
范顺泰	镇海城外	1926年	独资	800	7	矮车,船用铜铁小件

上述宁波地区的11家五金机器制造企业规模小,资金也少,制造各类机器所需钢铁原料每年也仅有六七百吨,而且原料几乎全部来自上海。其产品行销宁波、绍兴、温州等地,年产值约21万。

1936年,宁波城区有机械制造企业18家,工人260名,购置机床、刨床、钻床60台,年耗生铁270吨。1945年机械制造企业有28家,设备48台,职工189人。1949年新中国成立前夕,宁波有机械工厂44家,职工261人,资金21.2万元。其中城区有机械制造企业37家,职工219人,多系10人左右的小企业,主要设备有机床59台、刨床15台、钻床24台、铣床10台,资金20万元,年耗生铁约220吨,产值134万元,占当时市工业总产值的1.32%。①

宁波地处东海之滨,造船业理应发达,但值得注意的是,民国时期造船厂却很少,较早的造船厂是20世纪20年代的大丰机器造船厂和鸿大造船厂两家,1929年恒大修船厂首制铁壳汽油船。1930年,宁海

---

① 俞福海《宁波市志》,第954页,中华书局1995年版。

轮船局、顺记机器厂、远昌冷作厂、胡发记造船厂与上海项意心集资6万元,于江东冰场根开办宁波轮坞公司,建造长200英尺、宽60英尺、深12英尺的船坞一座,修理船舶,年营业额7万余元。鸿大造船厂设于冰场根,资本7000元,购置手摇绞车、扯船机等,有职工26人,建造2吨到15吨的船体,年产值2.1万元。[①] 1933年前后,鸿大造船厂成为宁波仅有的一家造船企业。1949年新中国成立前夕,宁波有私营船厂4家,小型船坞3座,主要修理200吨以下的船舶。

(六)电气业

宁波电力工业起源甚早,早在清光绪二十三年(1897年)孙衡甫即率先在宁波城区战船街办起电灯公司。1909年,顾元琛等集资8.28万银元创办和丰电灯公司。1914年4月,宁波永耀电力股份有限公司成立,主要投资人为周仰山、虞洽卿、孙衡甫等,总计资本13万银元,装机容量50千瓦,1915年2月开始发电,此后"营业一直兴隆不衰"[②]。到1936年,永耀电力股份有限公司共有股金法币252万元,有发电机组8台,总装机容量9664千瓦,用户9000余户,灯头10万盏。1945年抗战胜利后主要设备有1600千瓦、3200千瓦、3300千瓦汽轮发电机各1台以及650千瓦汽轮发电机2台,总容量6367千伏安。固定资产总值国币96930万元,最高负荷3500千瓦。1949年,永耀电力股份有限公司装机容量为8220千瓦,发电量达957.06万度,成为民国时期宁波城区工业与民用电力的主要来源。

1915年,虞洽卿在镇海龙山开办装机容量10千瓦的发电厂,随后各地先后兴办发电厂,主要有1917年在余姚城关开办的余耀电灯公司(1932年改名余姚电气股份有限公司),1918年在慈溪开办的鸿记电灯公司,1923年在象山石浦开办的明星电气股份有限公司,1924年

[①] 俞福海《宁波市志》,第968页,中华书局1995年版。《中国实业志(浙江省)》庚编记载鸿大造船厂在1933年前后有资本7000元,工人16人,年产值14000元。

[②] 徐蔚葳《近代浙江通商口岸经济社会概况》,第76页,浙江人民出版社2002年版。

在象山丹城开办的耀华电气股份有限公司,1928年在镇海柴桥开设的昭明电气公司,1926年在奉化大桥开设的永明电灯公司,1930年在奉化溪口开设的武岭电灯厂,1936年在宁海城关开设的永明电灯厂等。这些电力企业的相继举办,奠定了近代宁波电力工业的基础。

灯泡制造属于近代企业之一。民国时期,宁波地区共有灯泡制造厂18家,其中宁海5家,镇海、余姚各3家,定海、象山各2家,鄞县、慈溪、奉化各1家。

浙江全省在1933年前仅有电池厂9家,其中宁波占有6家,具体是鄞县4家,余姚2家。鄞县电池厂主要有中山电池厂、工业电池厂、大中华电池厂和四明电池厂;余姚的是国光电池厂和胜利电池厂。计有资本4550元,工人61人,生产电池118950个。鄞县生产的电池主要供应本县使用,余姚所产除本地使用外,也销往慈溪、上虞等地。

(七)自来水业

近代宁波是浙江省较早使用自来水的地区。1926年由裘天宝银楼业主出资所办的通泉源自来水公司在城区东后街建立。[1] 该水厂原定资本总额为10万元,开办之初就已经筹足47700元。水厂占地面积2亩,厂房11间,有抽水机4部,以机械引擎作为动力,雇用工人8人、职员3人。所生产的自来水,主要供应东门大街附近各商店,水费以用户人数多少计算,大约每人每日7厘,用户如不满5人者,仍以5人计算水价。通泉源自来水厂每年提供的自来水量约100万吨,价值约9600元。5年后由于深井淤塞、水源枯竭而被迫停业。此后虽有多人开凿自流井,但由于自流井深度不够,所出水的水质不符合饮用标准。1934年鄞县县政府为解决市民饮水卫生问题,在城区开凿自流井多口,县长陈宝麟还曾计划引姚江水为自来水[2],但由于种种原因而未能实施。

---

[1] 俞福海《宁波市志》,第616页,中华书局1995年版。
[2] (民国)《鄞县通志·政教志·公共卫生》,宁波出版社2006年版。

1934年9月,以和丰纱厂董事长俞佐宸为首投资建立宁波自来水股份有限公司,于1936年1月1日起向市民供水,用户221户、2500人,日出水2234吨,年供水4至6万吨,并形成一套较为完善的供水业务和经营管理体制,到1943年,因日军占领宁波,物价飞涨,自来水股份有限公司不能维持运转而倒闭。

二、传统手工业

宁波地区传统手工业久负盛名,也十分发达,主要有草编业、手工造纸业、制漆业、铜锡业、竹器木器业、制伞业等等。

宁波草编业有悠久传统,其中草席、草帽的编织更是闻名全国。草席的编织就浙江全省而言,以鄞县、余姚、永嘉的最为有名,黄岩次之。宁波的"宁席"因编织原料独特,工具简单,所需资本甚微而成为该地区重要的家庭手工业之一,编织草席的原材料也成为大宗的出口商品之一。

鄞县编织旧式草席主要集中在西乡一带,南乡为数也不少。鄞县西乡、石碶、栎社、黄古林一带更是宁波旧式草席编织户的主要集中地区。在余姚,仅有城北华明厂出产旧式花席。旧式织席从业人员,仅在鄞县就有10万人。[①] 宁波本地制作的旧式硬席以席草(又名三棱草)为原料,使用传统的直立式织造机编织。编织时二人盘坐织机前面,共同编织,一天可以编织出2~3条草席。

民国4年(1915年),开始出现新式草席编织工厂,编织技术得到改进。新式改良花席又称花席,其编织主要集中在鄞县和余姚城区。鄞县编织新式改良席的从业人员有210人,余姚有150人。新式改良花席的原料主要是席草和龙须草,软席的原料为三角草,主要品种有床席、枕席、台席、椅子坐垫、花藤椅席等。宁波地区最早出现的新式

---

① 《中国实业志(浙江省)》庚编,第355页,1933年实业部国际贸易局发行。

草席编织企业就是1919年在余姚创建的华明花席厂。华明花席厂初始资本为10000元,后又增加到50000元,装备有改良木制平机160架,以席草、龙须草为原料编织各种粗细花席。其产量之多,销售量之大,丝毫不亚于浙江永嘉中一花席厂。1921年,宁波华丰席厂建立,使得宁波草席编织地位更为突出。1922年,因对日输出大增,该年宁波出口草席达600余万条。到1925年、1927年之际,宁波又相继设立了明心、翔熊、宝星、大生、仁安等草席厂,该时期成为宁波草席编织业的鼎盛时期。

随着草编业的萎缩,宁波地区草席的销售出口量也在不断减少。1929年,宁波销往外地草席数量为2397000条,价值599250两关银,1930年出口销售草席2108000条,价值210800两关银,到1931年,宁波外销草席继续减少,为1728000条,销售数量比1930年减少38万条,价值237365两关银。虽然1931年宁波地区草席销售总产值比1931年高26565两白银,但与1929年相较,外销总产值仍然减少361885关两,销售下滑幅度极其明显。

草帽编织也是宁波旧有家庭手工业之一。民国初年,鄞县、余姚等地草帽编织所用材料主要是土产席草和黄草,品质粗劣,仅供本地农民使用,因此规模甚小。随着国外麦秆草帽编织技术的传入,尤其是在国外麦秆草帽的冲击下,宁波地区的土产草帽逐渐遭到淘汰。1921年,宁波地区开始使用国外进口的金丝草、玻璃草、麻草编织欧美式草帽。不久,宁波西乡、南乡和余姚、慈溪、宁海等地便成为著名的欧式草帽生产地区,从事草帽编织的妇女达10万余人,同时草帽开始大量出口,其中从事外洋贩销的就有3000多人,价值达1000余万元,尤其以1927年的出口量为最高。1927年浙江全省出口草帽500余万顶,价值2600万元,从业人员达33万人。同年宁波地区共生产玻璃草帽35万顶、金丝草帽162万顶、麻草草帽46万顶,总计生产草帽243万顶。1931年宁波地区编织草帽的数量较1927年有大幅下降,其中生产玻璃草帽13.1万顶、金丝草帽63.2万顶、麻草草帽25.5万

凉帽、草席是宁波的特产,黄古林一带田间多种席草,那里的女子尤擅织席编帽。草帽业已成为当时农家的大宗副业收入。(选自哲夫主编《宁波旧影》,宁波出版社 2004 年版)

顶,总计 101.8 万顶,下降幅度达 58%。

由于草帽编织工序简单,外销需求量较大,许多农户把编织草帽作为家庭经济的重要补充,因此宁波地区编织草帽的从业人员数量庞大,在 1927 年草帽生产的极盛时期分别达到 87000 户和 105690 人。在草帽销售最旺盛的时期,宁波共有草帽编织厂家 170 余家,每家资本 2000 元到 20000 元不等,资本总额达 28 万元之多。此后由于受西方国家经济发展不景气的影响,宁波地产草帽开始出现滞销,许多从事草帽编织的人员纷纷改业,专事草帽生意的商家也紧缩经营,许多草帽编织企业宣告破产,到 1933 年,鄞县仅存天隆、嘉泰等 10 家帽厂,资本总额 61000 元,年总产值 284000 元,远不及 1927 年的规模。①

铜锡制品如铜盆、水烟筒、旱烟筒、茶壶、酒壶、香炉、瓶、盘等的制

---

① 《中国实业志(浙江省)》庚编,第 360~361 页,1933 年实业部国际贸易局发行。

作是宁波地区重要的传统手工业之一,历史悠久,尤其以鄞县的铜锡制品最为著名。如鄞县东大街的老福顺店,已有百余年的历史。鄞县的铜锡制品业在全盛时期有正式店号53家,各个铜锡店的资本往往超过杭州同类店的资本。但由于受销路影响以及西方搪瓷器皿的冲击,许多铜锡制品店相继倒闭,由最多时的53家减少为38家。在这剩余的38家铜锡制品企业中,资本最大的是福慎裕记,约有资本6000元,最小的仅有资本400元。据1932年调查资料所得,民国时期鄞县38家铜锡制品企业总资本为73900元,年总产值819870元,远远超过杭州316574元的年产值,其中产值最大的就是福慎裕记,达27万元之多,此外老福顺、同泰两家的年产值也各在9万元以上,汇记、同顺泰的年产值也各有3万元。铜锡器的制作成为宁波地区重要的手工业经济行业之一。

藤器、竹器制作属于民国时期浙江省著名的手工行业之一,宁波的藤器、竹器生产仅次于杭州。据贸易部实业局调查所得,1933年鄞县有藤竹器生产行14家,资本最大者为合兴和源和两家,产值分别为10000元,14家藤竹器行年总产值约为61600元。所出产品主要为藤椅、竹篮、沙发、桌椅、竹筷等。

木器制作也是宁波的传统手工业之一,已有数百年的历史。据1933年的调查结果来看,鄞县木器制作行总计37家,资本总额111100元,有职工396人,年总产值329900元,主要产品为家庭用具如床、椅、箱、柜、桶等。其中木桶为重要产品之一,如鄞县就有制作木桶的作坊44家,从业人员225人,资本总额22650元,年产值94400元。宁波地区木器制作业的发达也带动了相关产业的发展,如专门从事木料加工的锯木业的出现就是典型一例。1931年,在木器制作业带动下,鄞县恒丰锯木厂成立,该厂有资本5800元,职工18人,年营业额20000元。

竹雕业是奉化独有的传统手工业之一,始创于清代中叶,当时仅为个人爱好,用竹子雕制书枕笔筒,作为书斋用品。清末,一些收藏家开始以重金购买竹雕,从而使奉化竹雕业开始勃兴,尤其是清末竹雕家俞啸霞的作品更是大受欢迎。1912年,俞啸霞应奉化习艺所的邀请,开始精制竹雕工艺品,其作品多次获巴拿马国际博览会以及农商部国货展览会金奖。奉化的竹雕店在最兴盛时有四家,但盛极而衰,到20世纪30年代时仅存挹素竹雕店一家,只有资本600元,工人18名。奉化的竹雕销路较广,但国内主要以销往上海为主,国外主要销往美国。所销产品均系定制,事先由买方上海永安、先施、新新三大公司持样订货,然后分批出口国外。奉化竹雕除销往美国外,在汉口、南洋、日本也有销售,但数量很少。奉化竹雕的全年营业额也不高,仅有6000元左右。

漆器制作在宁波有悠久的历史和精湛的技艺,早在唐代,宁波金漆制品已远销日本。泥金彩漆融绘画、调漆于一体,有金彩漆、描金漆、沥金漆、脱胎漆、推磨漆等5类,产品有屏、橱、椅、箱、桶、盂等,兼具日用与欣赏价值。民国年间,宁波漆器业已趋衰落。

手工造纸属于宁波地区传统手工业之一,鄞县、慈溪、奉化、镇海、定海、象山、余姚、宁海等地都有手工造纸的"槽户",其中鄞县、奉化等地制造的皮纸非常有名。

民国时期宁波地区的印刷业主要集中在鄞县,以铅印和石印为主。1932年,鄞县有均和、华陛、宁波、大华等印刷企业8家,资本总数约46500元,年营业总额达113000元。

冰是东南沿海地区渔业生产必不可少的防腐保鲜用品,以水制冰是宁波地区最为发达的行业之一,而鄞县又是宁波制冰业的中心,也是浙江制冰业的龙头。最初的制冰厂设在沿江取水便利之处,厂内挖有深窖,深约丈余,用来制造天然冰。鄞县冰厂共有天然制冰厂19家,资本总计6200元。

宁波是近代浙江制伞业的中心之一,在清代中期就有制伞企业10余家,到清末,宁波纸伞制作行业日渐兴隆。1933年有制伞企业19家,资本6500元,年营业额33430元。鄞县所出纸伞除在宁波市场销售外,部分也销往上海等地。据民国时期浙海关统计资料显示,1927至1931年间宁波地区纸伞输出量分别为68280把、15400把、26800把、16600把和20100把。

浇制铁镬是宁波传统手工业之一。1933年浙江省共有制镬厂4家,资本仅仅只有17000元,而宁波就有2家,一家是成立于清光绪三十年的鄞县仁和钟镬厂,拥有资本3000元,工人9人;另一是1921年建立的定海万润镬厂,有资本5000元,工人22人。仁和钟镬厂制作铁镬的用料主要为废旧铁器,从鄞县四周乡间收购而来;万润用来制镬的废旧铁主要从定海本地和台州一带收购,所用新铁则从上海直接购买。仁和钟镬厂主要生产钟和镬两种产品,年产值8000元,主要销往鄞县、奉化、慈溪等地。万润镬厂除浇铸铁镬80000个,产值40000元之外,还每年浇制犁头6000把,产值1000元,铁镬主要销往定海、常熟、平湖、嘉善、上海等地,犁头仅在定海本地销售。

三、工业的基本状况与特点

据统计,仅在1930年8月,宁波地区共有各种登记在册的工商企业3704家,总资本10589384元。[①] 宁波工商企业的数量之多,资金之雄厚,由此可见一斑。宁波近代工业就分布密度和资本基础而言,已经跻身浙江乃至全国的前列,这是民国时期宁波工业的重要特点之一。但民国时期宁波地区的工业仍没有超出传统手工业和大机器工业的范畴。大机器工业主要集中在纺纱、织染、面粉、榨油、碾米、玻璃制造、造船、机器、电力、自来水、罐头、火柴、电织、翻砂、烟草等15个行业。这15个行业在1933年时共有生产厂家103家,投资总额为2619700元,有工人5527人,其中以碾米业所占比例最大,共有生产厂家69家,而纱厂业的投资最大,达900000元,工人也以纱厂为最多,

---

① 《宁波市政月刊》第1~3卷。

人数共有1867人。这些以大机器为主要生产工具的行业,基本上都属于轻工业性质,而所设的造船、机器生产以及翻砂等工厂,虽然数量不少,但投资规模都很小,并依附于其他工业的修理工厂,没有独立设置。这也说明近代宁波还没有形成自己的重工业体系。

表2—14 1933年实业部调查宁波机器生产企业状况一览表①

企业名称	企业数量	资本数(元)	职工数
纱厂	1	900000	1867
染织	6	83000	912
面粉业	2	154000	78
榨油业	1	140000	119
碾米业	69	280000	591
玻璃业	2	40000	172
造船业	1	7000	18
机器	7	33100	244
电灯厂	1	747500	84
自来水	1	47700	9
罐头食品	8	102600	795
火柴厂	1	60000	353
电织厂	1	4000	213
翻砂厂	1	8800	12
烟厂	1	12000	60
总计	103	2619700	5527

宁波传统手工业主要是制漆业、糖果业、印刷业、烛皂业、铜锡业、镬厂业、砂皮业、电池业、针织业、酱油精业、磨房业、席厂业、锯木业、木器业、伞厂业等15个行业。这些行业绝大多数是用手工制作,即使有部分采用机器生产,机器生产的比重也仅占极少一部分。例如印刷业,虽然其他经济较发达城市多以电力作为动力,但在宁波,印刷行业

---

① 《中国实业志(浙江省)》丙编,第43~44页,1933年实业部国际贸易局发行。

以电为动力的还比较少,铅印、石印主要以人力手摇机为主。而针织业、锯木业在20世纪30年代仍处于手工制作的时代,在已有的32家针织业中,仅有一家使用机器制作,其余则为人力制作。据实业部调查显示,1933年宁波共有手工业企业154家,总资本额510750元,有职工1750人。其中铜锡业、针织业、木器业所占比例较大。

表2—15　20世纪30年代宁波传统企业一览表①

作业	数量	资本数(元)	职工数
制漆业	17	45700	198
糖果业	1	4000	15
印刷业	8	46500	166
烛皂业	7	37200	136
铜锡业	38	117100	117
镬厂业	1	3000	11
砂皮业	1	800	14
电池业	3	2450	55
针织业	32	119100	376
酱油精业	1	2000	6
磨房业	1	2000	8
席厂业	5	11000	229
锯木业	1	5800	8
木器业	37	111100	396
伞厂业	1	3000	15
总计	154	510750	1750

通过上述两个表格比照就可以清楚看出,在数量上手工业企业占多数,手工业与机器制造企业的比为149∶100,而在资本数量上,20世纪30年代大机器生产企业已占优势,为100∶19。

从近代宁波工商企业的发展进程可以明显看出,虽然民国时期宁

---

① 《中国实业志(浙江省)》丙编,第45页,1933年实业部国际贸易局发行。

波工业企业数量多,资本总额大,但是除去一些钱庄拥有巨额资本外,其他工商企业资本绝对数额并不大,上列表格中采用机器进行生产的企业平均资本额仅为25000余元,而手工企业的平均资本额仅约3300元,宁波地区所有工商企业的资本平均额更是少得可怜,仅仅2858元。行业庞杂,企业数量多而分散,使得资本不能有效集中,直接影响着近代宁波企业的扩大再生产。

日军占领宁波后,宁波工商界许多人物为防止日军和汉奸勒索,纷纷转移到上海租界或者内地,一些大的企业如和丰纱厂、恒丰染织厂、诚生布厂、通利源榨油厂等也缩小经营规模或者停工,宁波民族工业遭到严重打击。抗战胜利后,宁波工业虽有缓慢恢复,但远不如战前水平。如在1948年,宁波有工厂484家,但都是规模小、资金少的企业,百人以上的工厂仅有8家,职工总数仅有7639人。

第三节　商业和金融业

民国成立后,宁波因受国内外政局变动的影响,商业贸易以及金融业起伏变动颇大。在这种起伏变动之中,宁波商业形成了较为完整的网络体系,形成了以航运、金融、民信和百货营销为主的四大主干商业。[①] 由于商业门类众多,该时期宁波地区的商业组织较为发达,形成了以钱庄业、典当业、粮食业、鱼行业、药业、南北货业为中心的商业组织,同业公会发达,同业公会在规范商业行规、垄断市场经营等方面作用明显。

---

① 张守广《超越传统——宁波帮的近代化历程》,见唐力行为该书所作"序",西南师范大学出版社2000年版。

一、商业

(一)商业城镇与商业中心

早在唐宋时期宁波就已开始形成城市规模,而商埠与都市的出现又是反映商业兴旺的重要参照系之一。民国时期,浙江省被划分为杭州经济区、宁波经济区、永嘉经济区、嘉湖经济区等四个较大的经济区域。宁波经济区及象山、定海、南田在浙江经济中占有重要地位。

据国民政府实业部1933年调查统计,宁波经济区和象山、定海、南田等地共有国土面积58459平方公里,人口5148412人,拥有市镇296个,平均每县21个,远远超出杭州、永嘉、嘉湖经济区市镇的平均数量。宁波地区的鄞县、慈溪、奉化、定海、余姚等地,不仅有较为集中的商业中心,也有因经营商业而形成的众多市镇。

抗日战争爆发前,宁波城厢商业街区集中,大致有东大路、江厦、江北岸、江东新河路百丈路以及西门外航船埠头等5个商业带。这五大商业带是宁波商业经营者最集中的区域。除旧市区的商业贸易异常繁荣外,市区之外各乡也有为数不少的商业点。如鄞县东乡的商业区域主要以梅墟、宝幢、五乡碶、莫枝堰等处较为集中;鄞县南乡商业区域主要集中于姜山和横溪两地;鄞县西乡商业中心主要在黄古林和凤岙市,前虞夅、集士港、横街头等处的商业也较为繁盛;而东南乡的韩岭、徐前、下应,西南乡的鄞江桥、栎社、石碶等处也是商业集中之地。

民国时期宁波其他县区也有各自的商业市镇。史载慈溪"商业以城市、骆驼桥、观海卫三处为最盛,城市因便于火车,商店约三百余家,骆驼桥地临镇海,水路交通便利,商店约百余家,观海卫地滨大海,商店约百余家";奉化"市镇以大桥、萧王庙、西坞三处为主,溪口、亭下、方桥、莼湖等镇次之,每年营业每镇与大桥相比成五与一之比例";镇海"本城与柴桥商业较盛,瀚浦、庄市、大碶头、团桥较次,然亦为镇海之大集镇";定海"沈家门系渔盐繁盛之区,冬季带鱼、春季小黄鱼等买卖颇盛,其时期每年自冬至至夏至止,盐亦随之销用";象山"商业以石浦为最繁盛,县城次之,墙头、泗洲头、昌国卫、爵溪等处又次之,陈晃、东溪、珠溪、西周等处更次之,惟在鱼汛期内,本县渔民及温台各邦渔民咸会集于爵溪,从事采捕,该时爵溪商业颇为繁盛";南田"浦鹤镇计商店六十五家,全年交易数约十一万四千七百元,樊岙镇计商店九家,全年交易数约一万二千五百元,龙泉镇计商店六家,全年交易数约一万八千一百元";余姚"城区为最繁盛,周行次之,马渚又次之";宁海"海游地处海滨,为本镇赴上海宁波等处之要道,故商业较县城为繁盛"。[①] 这些商业市镇的形成,除人口集中和交通要冲两因素促使形成外,有的商业市镇在形成过程中也与当地商品生产的季节性关系密切,如定海沈家门和象山爵溪商贸中心的形成就是如此。

抗战爆发后,宁波商业一度出现"繁荣"景象,这与宁波成为内地各省物资转运口岸直接相关。随着大量物资在宁波集散,江西、湖南、四川、广西等地商人云集宁波,行驶于沪甬线的轮船穿梭如织,仅在1938年宁波的进出口额就高达15484819元,其中出口13546330元,进口1938489元。宁波遂成为江西、湖南、湖北、广西、四川等内地各省物资的运转口岸,宁波商业呈现出一种畸形的繁荣。当时,每天从上海进口的棉布、百货、五金、日用品在10000吨以上,出口运往上海的物资也在5000吨以上,办理托运手续的报关行,就骤然增设了100多家,各行各业的批发字号约有三四百家,新药业上升了五六倍,百货业增加到100多家,许多零售商店也兼营批发。旅店业、茶馆、酒菜业和运输业也是生意陡然兴盛。但是,这种畸形的繁荣随着1941年宁波被日军占领便消失殆尽。

1941年日军占领宁波后,宁波商业遭受极大摧残,商界中的上层人物纷纷携资出走,内地客商也不再来宁波办货。所以宁波市面顿形萧条,许多商店还惨遭敲诈洗劫,各行业皆元气大损,萎缩衰竭。直到

[①] 《中国实业志(浙江省)》乙编,第75~76页,1933年实业部国际贸易局发行。

1945年8月日本投降,宁波工商业才开始复苏,凡经营进口商品的商店,如呢绒、火油、西药、棉布、五金、百货等行业,业务兴旺,抗战时期以批发业务为主的一些商店,这时大都转向以门售为主,出现了一批新的较大型的门售商店,如绸布业中的中华、纶华、九龙、美乐,百货业中的华泰昌等。水产业由于海运畅通,也开始好转。著名的宁波草席,因传统市场恢复,大有发展。但这时的商业带有很大的投机性,所谓"工不如商,商不如囤,囤不如投机",便是商业极度畸形发展的反映。

(二)商业概况

民国时期宁波地区因商业的发达也使得商业行业快速增加,形成了以钱业、典当业、粮食业、鱼行业、药业、酱业、南北货业等为主的与民生息息相关的商业行业。

钱庄业是宁波地区最具特色的行业组织之一,既是金融业的重要组织之一,也是商业组织之一。1931年宁波城区共有钱庄160户(包括大同行、小同行、现兑庄),资金约386万元。1934年减至93户,资金约350万元。其中钱业大同行30余户,存款额约5000万到8000万元。宁波钱业在省内的杭州、温州、绍兴、金华,省外的上海、武汉、天津、营口等城市都有放款。仅上海一地就放款两三千万元,其经济实力凌驾于沪、汉各埠钱业界之上。1935年,由于世界性经济危机的影响,发生了金融风潮,大小钱庄倒闭30余家,占总数的40%,从而使宁波的钱业一蹶不振。① 宁波钱业组织所实施的"过账制度"则说明宁波的商业贸易较浙江其他地区更为先进发达。

宁波地区经营药材的历史悠久。"五口通商"之后,宁波成为东南各省主要的药材散集地,陕西、甘肃、四川、河南、河北、山东、广东、广西等地药材商帮,纷纷云集宁波贩卖药材,形成了川西、洋广、津北、山浙、禹亳等药材帮。加上宁波本身就是贝母、元胡、白术、麦冬等浙药

---

① 李政《解放前宁波市商业概况》,《宁波文史资料》(内),第2辑。

的产地,在货款汇兑上又占有优势,即使边远地区,亦可与宁波展开通汇,因此,全国各地药材商帮云集宁波,形成全国最大的药材交易市场,药行药号林立,资金总额在500万两以上。宁波的药材商人,以慈溪帮居多。1927年宁波城区共有药行、药店64家,从业人员1400人,其中37家分别在川、鄂、陕、港、粤、京、津、赣、皖、滇、黔等地设庄办货。1932年增至92家,其中31家设在药行街。最著名的是寿全斋、香山堂、冯存仁、赵翰香居等四大家。当时宁波药材业因货源广,选料精,在经营方式上又采用长期放账的手段,因此宁波的药材能远销各省。药业中全国闻名的"南庆余"、"北同仁",也都向宁波采购,最高营业额全年达到银元950万元之多。1935年受金融风潮影响,城区药店倒闭40家,药材市场上的地位渐为上海取代。

药行街旧称砌街,东至平桥,西至新排桥。1928年改建灵桥门至万泰弄一段为沥青路。因该路在清代咸丰、同治至民国时为药材业集中之地,大小中药材铺多达50余家,故名药行街。图为20世纪40年代的药行街。(选自哲夫主编《宁波旧影》,宁波出版社2004年版)

宁属舟山群岛,为世界著名的渔场之一,渔产十分丰富。最早鲜鱼不能直接运销各地,多就地加工腌制,然后运甬销售。1911年以后,因渔场逐渐扩大,货源增多,宁波各渔行的营业逐步上升,1933年营业额达到银元 700 余万元，较 1916 年增加一倍。各渔行均采取向渔船放款的形式，约束渔民必须向放款行号投售鱼货，这对于渔业生产起到了很大促进作用，但风险亦大。

南北货号属于近代宁波颇为重要的行业之一，南号是以经营木材为主的行业，从福建、温州等地装运木材来甬销售；北号是经营北货的副食品行业，从东北、华北、山东等地贩运粉干、花生、植物油、红黑枣等物品来甬销售。南北号都各自置有轮船，往返行驶。输入的是南北货，运出的是宁波土特产及由宁波转口的省内外物资。民国时期，南北货号输入宁波的货物品种与以前相比有了较大改变，糖类输入取代传统木材、粉干而成为输入物品的大宗。1927 年以后，洋糖进口增多，1931 年洋糖进口金额达 228 万两关银，由南洋、吕宋等地直接装船运入。此外从福建、广东等地也有红白糖运入。其时有糖行四五家，兴化帮桂圆行 10 多家，居间批发的糖北货行 30 多家，南北茶食零售店约 90 家，年销白糖 600 余万斤，青糖 800 余万斤。糖北货行还通过水客帮运销绍兴、杭州、温州和皖、赣等地。

1925 至 1933 年，是宁波棉布业历史上最旺盛时期，同业有 70 余户，全年营业额 250 万银元，月销棉布高达 18 万匹。其时最畅销的为"花旗布"，加工染制成毛蓝布，大都为城乡劳动人民和下海渔民所爱穿。

1927 年以后，宁波有米栈、米厂、米行、米店等米行业 40 余户。大的米行每户年销食米 20 余万石。除向本地米厂进货外，还向国内外采购。宁波虽然地处宁绍平原的粮食产地，但由于人口稠密，粮食自给不足，故有"宁波熟，一餐粥"的俗谚。在 1930 年，因国内水涝成灾，米价从平常年份的 7 元一石涨到 18 元一石。这年进口的洋米最多，达到 236 万担，比 1923 年宁波洋米进口的最高纪录 150 万担还多。米行还经营豆类等杂粮，以销向舟山为主。

此外，民国时期宁波还有百货业 70 余户，全年营业额 250 万元；木行业 37 户，全年进口木材 30000 余吨，营业额 260 余万元；竹行业 18 户，年销毛竹、竹材近 1 亿斤；营造业因沿海兴建码头，业务也较盛。

在20世纪初期至30年代中期,宁波商业由于洋货倾销,售价较低,虽然农村自然经济进一步遭到破坏,但人民购买力并未衰退,商品经济又在逐步形成,所以除了南北货业外,出现了暂时的繁荣局面。据1931年工商登记统计,宁波有商业企业5331家,商业总资本额为9951368元,数量较为庞大。

表2—16　1931年宁波商业企业一览表①

行业类别	数量	资本数(元)	原统计分类项目
服饰类	1096	2082930	纺织工业品业、服用贩卖品业、金属制品业、整妆业
饮食类	1403	2689801	饮食品贩卖业、水产品贩卖业、饮食业、畜产品业、农产品业
住用类	336	1434195	土石制品业、木草藤竹业、旅馆业
燃料类	212	420005	林产品贩卖业
医药卫生类	11	35850	澡浣业
文化教育类	44	54053	教育用品业、娱乐场所业
日用杂物类	795	1781404	杂材制品业、杂货业、物货贷业
工业原料类	266	246682	化学工业品、矿产品
居间类	101	524660	运输业、交易所业
其他	1067	681788	废物业、广告业、其他各业
总计	5331	9951368	

在这5000余家商业企业中,有多家著名商业企业,如绸布业有源康、凤苞、云章、大纶;百货业有同福昌、大有丰、老慎记;南北货业有方

---

① 《中国实业志(浙江省)》丙编,第48页,1933年实业部国际贸易局发行。

怡和、董生阳、大同、大有；国药业有寿全斋、冯存仁、香山堂、赵翰香居；海味业有永泰丰；糖行有德和、益和；油行有恒康成、成泰隆；钱庄有天益、元益；酱业中有楼茂记、张信茂等。1935年金融风潮以后，宁波工商业普遍出现衰退景象，药行业几乎全部搁浅，倒闭了2/3。其他各业也都缩小经营范围。棉布业批发业务大为缩小，棉布月销量锐减至90000匹。① 到20世纪30年代末期，因受日本侵华战争影响，宁

老慎记是旧日宁波有名的百货店，由宁波人叶德政和绍兴人胡、周两姓合伙开设于东门口。原名"慎记"，因分设新慎记，故老店名前加一老字，招牌即为老慎记。（选自哲夫主编《宁波旧影》，宁波出版社2004年版）

波工商业受到较为严重打击，但全市仍有公司商号5600余家②，这也说明宁波商业一直处于快速增长之中。

（三）对外贸易

由于拥有优越的自然地理位置，特别是近代以来宁波通商口岸的开辟，使得进出口贸易成为宁波经济的重要组成部分。民国时期宁波出口货物主要以水产为大宗，每年从宁波装运到外地的水产约值500多万元，其次是草席的出口，每年也达200万到300万元之巨，草席主

---

① 李政《解放前宁波市商业概况》，《宁波文史资料》（内），第2辑。该部分相关行业内容主要参考李政之论而作。

② 李能为《宁波大观》，第11页，1940年印行。

要出口到日本。其他的如余姚的棉花,绍兴的丝茶黄酒等也多经由宁波出口,价值在一两千万元以上,可以说宁波为浙江一大出入口商埠一点也不为过。

水产贸易在宁波地区的商业经营中占有重要地位。鄞县、象山、定海、南田等地的水产品主要销往上海,或通过宁波中转销售。因此许多专营水产品的渔行崛起。在宁波地区,渔行最多的就是鄞县,有30多家,资本总数近10万元。每年装运到外埠的渔产品约值500余万元。而水产品交易的旺盛也带动了当地相关产业的发展,如制冰产业的所谓"冰鲜商"、贮藏防腐的"咸鲜商"、装储水产品的"桶头商"以及杂鱼商的出现就是典型事例。

余姚位于沪杭甬铁路甬曹段中心位置,以生产棉花闻名于世。每年农历八月棉花开始采摘,由专事棉花贸易的棉商收购,在宁波或杭州中转运往上海销售。余姚除棉产量较大外,盐的生产也占重要地位。民国时期,余姚有东西两个盐厂,每年的产值约300万元,运销苏州、松江、太仓等地。而输入余姚的货物以洋布、纸、烟为主,除此之外,煤油、大豆等日用品的输入量也很大。

民国时期宁波属于浙江省三大茶叶输出地之一,茶叶出口也成为宁波最为重要的贸易之一。1922年至1931年,从宁波输出的茶叶总量达1146326担,价值36887951关两。到20世纪30年代末期,宁波茶叶出口继续保持上升态势,仅1938年6月至11月的5个月时间内,宁波茶叶出口就达293791箱。①

近代以来宁波生产的棉布一直属于出口贸易的大宗,如我国台湾居民大量的棉布消费,主要来自宁波等地,"其布为宁波、福州、泉州所出。商船贸易,此为大宗"。清道光以来,台湾"沿山之园始种麻苎,安、嘉为多,新竹次之。配至汕头、宁波,用以织布,乃再配入,而台人不能自绩(织)也"②。台湾"海通以后,洋布大消。呢羽之类,其来无

---

① 李能为《宁波大观》,第8页,1940年印行。
② 连横《台湾通史》卷26,《工艺志》,广西人民出版社2005年版。

穷;而花布尤盛,色样翻新,妇女多喜用之。若泉州之白布、福州之绿布、宁波之紫花布,尚消行于乡村也"①。1921年通过宁波口岸出口的棉布由1912年的82000匹激增至255000匹②;到1922年虽然出口棉布数量略有下降,但也有198700匹之多,到1931年时又增加至424400匹。③ 棉布生产与出口成为民国时期宁波重要行业之一。

从表2—17中1933年国民政府实业部国际贸易局调查宁波地区各县出口贸易情况所得数据可以看出:宁波地区出口物品主要以地产农业产品和渔业产品为主,工业产品无一出口;出口量、出口商品价值与进口商品相较,远远居于弱势地位。④ 这从1931年宁波口岸进出口统计中也能明确看出。如1931年宁波口岸的进口总值为4700万元,出口总值为2100万元。

表2—17 1912—1932年宁波进出口贸易情况一览表⑤

（单位:关两）

年份	土货出口	洋货进口	进出口总额
1912	1181	6562473	6563654
1913	690	9622298	9622988
1914	1824	9813633	9815457
1915	3065	8672989	8676054
1916	2918	10590405	10593323
1917	1704	9388309	9390013
1918	7137	9901828	9908965
1919	3670	9280864	9284534
1920	2018	9509952	9511970
1921	21278	13591958	13613236

---

① 连横《台湾通史》卷23,《风俗志》,广西人民出版社2005年。
② 徐蔚葳《近代浙江通商口岸经济社会概况》,第73页,浙江人民出版社2002年版。
③ 徐蔚葳《近代浙江通商口岸经济社会概况》,第82页。
④ 数据见《中国实业志(浙江省)》乙编,第98~105页,1933年实业部国际贸易局发行。
⑤ 《中国实业志(浙江省)》乙编,第80、81页。

续上表

年份	土货出口	洋货进口	进出口总额
1922	4995	16273189	16278184
1923	8851	15275194	15284045
1924	6619	13546199	13552818
1925	47882	15400867	15448749
1926	25434	20270580	20296014
1927	24314	19065246	19089560
1928	29985	14976691	15006676
1929	26177	15737351	15763528
1930	1932	22728184	22730116
1931	155651	10950688	11106339
1932	212810	7294126	7506936

表2—18　1926—1931年宁波进出口贸易情况列表①

（单位:关两）

年份	洋货入口	土货入口	进口共计	土货出口	进出口贸易总额	出超(+)或入超(-)
1926	20270580	14090331	34360911	16205494	50566405	(-)18155417
1927	19065246	14720209	23785455	18513011	42298466	(-)5272444
1928	14976691	20923571	35900262	16397990	52298252	(-)19502272

---

① 《中国实业志(浙江省)》乙编,第83、84页,1933年实业部国际贸易局发行。

续上表

年份	洋货入口	土货入口	进口共计	土货出口	进出口贸易总额	出超(+)或入超(-)
1929	15737351	15528166	31265517	16913688	48179205	(-)14351829
1930	22761184	13756264	36484448	16735755	53202203	(-)19748693
1931	10950688	19417497	30368185	13800526	44168711	(-)16567659

从表 2—18 可以看出，在整个浙江省中，宁波的进出口贸易首屈一指，每年达四五千万海关两白银，其中进口贸易额远远超过出口贸易额，而进口贸易中又以洋货为主。但到 1931 年，洋货进口额减少明显，国内货物进入宁波的数量激增，而从宁波出口的土货，则以输往通商口岸的数量居多，直接输出到国外的较少，至于海关进口的机制货物，以纸烟及市布、粗布为最多，各值数百万关两。例如 1931 年，卷烟进口成为鄞县进口的大宗商品，该年鄞县进口的卷烟价值竟高达 420 万关两之多。而出口机制洋式货物，则以宁波本地产面纱为主要物品，值百余万关两。此外花边草帽，出口额也达 10 多万两乃至数十万关两。

民国时期宁波较为发达的对外贸易带来了数额较大的关税收入，1912 年浙海关征收关税 449993 两关银，1922 年为 400863 两关银，1933 年为 1663044 两关银，1940 年为 5661674 元（法币），1948 年为 2577313068 元（金圆券）。由于宁波海关主要被西方列强控制，畸形的进出口贸易和巨额的关税收入并不能给中国乃至宁波经济带来多少利益，反而进一步加速和强化了帝国主义对华的经济侵略。

（四）民国时期宁波商业的特色

由于地处沿海和工商业的快速发展，民国时期宁波地区呈现出了与浙江其他地区迥然不同的商业特色。

较为完整的商业网络体系的形成是民国时期宁波商业发展中的重要特色之一。在近代宁波商业发展进程中,形成了航运、金融、民信和百货营销为主的四大主干商业,这四种商业企业相互渗透又相互促进。航运业提供货物运输的便利,钱庄业提供融通资金的方便,民信业提供信息的沟通,其他各业则展开长短途购销。[1] 这种商业行业之间的相互联系为宁波商业进一步扩大提供了经济上的内在联系力量,也使得经营中的产购销各部分有效联系,完整的商业网络体系由此得以形成。

由于商业门类众多,该时期宁波地区的商业组织较为发达,形成了以钱庄业、典当业、粮食业、鱼行业、药业、南北货业为中心的商业组织,同业公会也很发达,据《民国鄞县通志》记载,1935年宁波市有织造业、西药业、海味业、竹骨业、钱业、草帽业、机器碾米业、煤炭业等同业公会65家[2],涵盖了宁波地区的各种行业。同业公会的广泛设立,在规范商业行为、完善市场经营等方面作用明显。这也是民国时期宁波地区商业发展的另一地方特色。

商业的集约式经营也是民国时期宁波商业的特色之一。除鄞县、慈溪、镇海外,奉化的商业习惯几乎也已成集约式的经营。例如奉化地区竹笋的买卖,就是由农夫直接把竹笋运到笋行销售,并当场兑付现金。在兑付现金时,需要缴纳8%的佣金(值百抽八)。竹笋收购到笋行后,再由笋行运往宁波、上海出售。当然也有一部分当地竹笋直接销往笋厂进行加工,这种方式从清代一直沿袭到民国时期。[3] 竹子的买卖交易则主要在当地进行,卖方把竹子运到竹场,买方到竹场选

---

[1] 张守广《超越传统——宁波帮的近代化历程》,见唐力行为该书所作"序",西南师范大学出版社2000年版。
[2] (民国)《鄞县通志·政教志·党部团体》,宁波出版社2006年版。
[3] 关于清代以来宁波笋厂设置史实,在新近发现的宁波市档案馆馆藏清代宁波土地买卖契约文书中多有记载,可参见王万盈《清代宁波契约文书辑校》,天津古籍出版社2008年版。

购,一旦双方交易成功,卖方须出8%的佣金。如果需要把竹子直接运往宁波销售,则由竹贩直接向山户采购,然后扎成竹排先运到奉化的大桥市场,然后再从大桥市场装船运往宁波。至于茶叶买卖,则由农户先出售给当地茶行,再由茶行运往外埠销售。桃的买卖则是在每年桃熟时节由桃贩或上海客商直接到奉化收购,并直接装船运走。这种方式也是最快捷的方式,有利于防止桃子的腐烂。

民国时期宁波地区商业交易中的"过账制度"也是宁波重要商业特色之一。过账制度对于缓解现金困难和促进宁波本地的商业流通起到了重要作用。

二、金融业

民国时期的宁波为浙江省金融中心之一,金融业的发达,与省会城市杭州相比,毫不逊色,尤其是钱庄业中的过账制度历史悠久,钱庄在宁波及其周边的慈溪、奉化、镇海、余姚等地也有很大势力。民国时期宁波的金融机构主要有银行、钱庄、当铺三类。

(一)银行业

宁波属于国内较早设立银行机构的沿海城市之一,早在20世纪60年代,英国汇丰银行就在宁波设立分号,1909年四明商业储蓄银行宁波分行成立,1911年大清银行在宁波设立分号,1914年浙江银行宁波分行成立,这些都是在宁波地区较早成立的银行金融机构。到20世纪30年代浙江全省有银行约59家,其中分行占38家,总行有21家,杭州市拥有银行最多,计有16家;其次为宁波,有银行14家,其中官办4家,商办10家。直至1949年宁波解放前夕,宁波地区各银行机构兴衰频仍,中国银行、交通银行、中央银行、中国农民银行、浙江省银行、四明商业储蓄银行、中国通商银行、中国垦业银行、浙东商业银行、惇叙商业储蓄银行以及设立于各县的17家银行和24家分支机构是民国时期宁波银行业的主要骨架。

1909年7月,四明商业储蓄银行宁波分行开业,这是国人在宁波设立的首家银行,行址在鼓楼前,后迁至外马路。由于四明商业储蓄银行宁波分行开业之际,宁波金融市场主要控制在钱庄手中,因此"四明银行"必须通过与钱庄合作,方能求生存,图发展。"四明银行"主要办理汇兑、存款、放款以及储蓄等业务,通过钱庄过账,委托钱庄发行钞票。随着影响和业务的扩大,"四明银行"在1936年、1937年又在宁波分设灵桥、鼓楼办事处。宁波沦陷前四明银行撤迁到上海,抗战胜利后的1946年3月,"四明银行"在宁波复业,直至1951年11月撤销为止。

1914年5月11日,中国银行宁波分行在宁波下白沙设立,后又迁到江北岸外马路41号。1916年11月,中国银行又在余姚设立中国银行办事处,主营汇款、存款和货币兑换业务。到了1935年7月,中国银行又在城区设立东门办事处。抗战爆发后,中国银行在宁波所设办事处以及分行相继迁出宁波,前往内地。抗战胜利后,中国银行在余姚设立庵东(今属慈溪)办事处,同时在1946年11月26日恢复了在宁波的中国银行分行的主要职能,这种情况一直持续到1949年宁波解放。

民国时期宁波地区另一影响较大的银行就是中央银行宁波分行。中央银行成立于1927年,1933年4月开始在宁波设立办事处,后又将办事处改为分行,外马路为其银行所在地。中央银行宁波分行主要业务就是发行货币,办理汇兑,征收报解关税、盐税以及经理国库收支。[①]从1935年开始,中央银行宁波分行的业务经营范围进一步扩大,增加了储蓄、保险、信托、保管等业务。宁波沦陷前,中央银行宁波分行撤迁内地。抗战结束后,中央银行宁波分行于1946年11月26日复业,并着手建立各银行、钱庄存款统一准备金制度,同时于1947年3月设

---

① 俞福海《宁波市志》,第1605页,中华书局1995年版。

图中高层建筑为竣工于 1930 年的中国通商银行大楼(选自哲夫主编《宁波旧影》,宁波出版社 2004 年版)

立票据交换所,为抗战胜利后宁波金融秩序的恢复做出了一定贡献。1949 年宁波解放前夕,中央银行宁波分行迁往定海,后又迁往台湾。

中国通商银行宁波分行于 1919 年在鄞县成立,中国通商银行是最先在宁波设立分行的私营银行,行址在外马路。首任通商银行宁波分行行长是余润泉(兼任永耀电力公司和宁绍轮船公司经理),副行长为徐瑞章。后任行长周大烈(任期两年半),副行长为张慷观,襄理陈薪儒。通商银行宁波分行主要办理货币发行、汇兑、存款、放款以及储蓄等业务。法币政策实施后,汇款和储蓄成为中国通商银行宁波分行的主要业务。抗战爆发后,中国通商银行宁波分行停止在宁波的业务活动。抗战胜利后,中国通商银行宁波分行恢复在宁波的业务工作,但一直营业不振。宁波解放后,该行被裁撤。

交通银行成立于 1908 年,总行设在北京,资本 2000 万元,后因增加官股,资本总额达到 6000 万元。1928 年改组后由北京迁往上海,总经理由宁波人胡孟嘉担任。1930 年,交通银行宁波分行在鄞县设立,行址在中山路 11 号,有职工 30 余人。主要经营存款、放款以及汇兑等储蓄业务,并发放部分平民贷款和农业贷款。宁波沦陷前撤迁到内地,抗战胜利后于 1945 年 12 月复业,并一直持续到宁波解放后。

1936年8月,中国农民银行宁波支行成立,行址在东渡路23号。宁波支行行长为毛懋卿,经理邬显章,后任副经理周时錞。1939年1月,中国农民银行又在奉化溪口设立办事处。宁波沦陷前撤迁至内地。抗战胜利后复业,在余姚、象山又分设办事处、农贷处,经营存、放款以及汇款、贷款业务。1949年宁波解放后,中国农民银行宁波支行由中国人民银行接管。

20世纪30年代初期是宁波银行业的快速发展时期,这一时期在宁波成立的规模较大的银行及其办事机构除上述几家外,还有中国垦业银行宁波分行及其余姚办事处,中国实业银行宁波分行,余姚县农民银行,浙江省银行宁波分行以及东门办事处、余姚办事处、慈溪办事处、镇海办事处、奉化办事处、奉化西坞办事处、宁海办事处、象山办事处、石浦办事处、余姚周巷分理处、余姚泗门分理处,浙东商业银行总行,惇叙商业银行总行,厦门商业银行宁波办事处等数十处金融机构。

20世纪40年代,宁波地区银行业虽有衰微,但银行机构仍在继续设立,该时期宁波地区银行业的显著特点之一就是由以前将银行设立于宁波市区为主开始向周边各县扩散。主要有浙江省银行宁波分行的鄞县凤岙分理处、江西裕民银行、楚华商业银行、宁海县银行、鄞县银行、慈溪县银行、镇海县银行、奉化县银行、余姚县银行、象山县银行以及所属各办事处等等,总计有10余家。①

抗战爆发,宁波沦陷后,在宁波境内的银行有的内迁,有的则并轨于上海总行,有的干脆停业。1942年5月,汪伪政权在宁波成立"中央储备银行宁波支行","总经理"唐寿民,主要职能为统一发行"中央储备券",经理金库,承销内外债券等事宜,其开业后并无贷放及存款业务,仅以伪储备券兑换市上所流通的各银行钞票,强行规定以一换二。此外,日本横滨正金银行也在宁波开设办事机构,强化对宁波地区的财政搜刮。1943年1月11日,伪浙江省银行成立,并在宁波设立

---

① 俞福海《宁波市志》,第1606~1608页,中华书局1995年版。

"支行"及"办事处",其主要业务是代理伪省金库,调剂沦陷区金融。①1945年日本投降后,汪伪中央储备银行宁波支行由民国政府财政部京沪区财政金融特派员办公处派员接收。中央银行宁波分行则从1946年5月开始兑换"中储券",数量达19.1吨,并将其售与宁波华伦造纸厂作原料,总计销毁的伪储备券达1924.56亿元。②

由于民国时期宁波各银行主要属于总行或省行,其资本额主要由总行调拨,因此绝大多数银行的资本无法统计,而且由于受到钱庄业的竞争,各家银行虽均有盈利,但盈利状况不佳,一般盈利均为万余元或数万元,尚不及一家大同行钱庄的收入,③并且银行存款的数额也不大。民初宁波13家主要银行的年营业总额在160万元左右,④直至1933年,宁波地区各家银行存款总额尚不超过450万元,仅为钱庄业的10%～15%。1935年宁波遭遇钱业风潮后,宁波钱庄业受到沉重打击,各银行乘机内辟储蓄部,外立办事处、分理处,以优厚利息吸纳储户存款,使得银行存款数额激增,旬月之间,就超过钱庄存款。在此期间,仅中国银行和交通银行两家的存款余额就各超过800万元。到1946年末,宁波银行吸纳的存款已经占全市金融业存款总额67.41亿元中的2/3,贷款也占贷款总额74.29亿元中的2/3强,远远超过宁波市钱庄的存贷款数额。但由于国民党政权的日渐腐败,通货恶性膨胀,银行业遭受到沉重打击。1948年8月金圆券发行后,宁波市各银行的存放款基本停顿,银行金融业也开始脱离工商企业而转向市场投机,银行直接参与棉纱、黄金的投机卖空活动,或与工商业投机经营相勾结,高利率以获取暴利。这种饮鸩止渴的做法最终使得宁波银行业失去依托,并陷于瘫痪,这种状况一直延续到宁波解放。

江北是宁波金融业的中心,据《宁波市志》记载统计,1909年至

---

① 金普森等《浙江通史》第12卷,第265页,浙江人民出版社2005年版。
② 俞福海《宁波市志》上卷卷首,第93页,中华书局1995年版。
③ 俞福海《宁波市志》,第1604页。
④ 《中国实业志(浙江省)》丙编,第46页,1933年实业部国际贸易局发行。

1949年宁波所设立的银行机构总计有53家之多,其中14家就设立在江北一带。① 江北作为宁波金融中心的地位一直持续到1949年解放。

(二) 钱庄业

宁波的钱庄肇始于明末清初。在宁波地区的金融行业中,钱庄对经济的影响远远超过银行,而宁波商人和商业机构在巨额商业交易中所需的大量资金亦多仰仗钱庄进行调剂。据统计,20世纪30年代浙江全省计有钱庄632家,而宁波地区就多达225家(其中鄞县115家,慈溪11家,奉化27家,镇海11家,定海32家,象山6家,余姚23家),占全省钱庄数的35.6%,拥有资本4280240银元,占浙江全省钱庄业资本总数的45%,营业额8073400元,占浙江全省钱庄业营业总额的15.2%,各项指标均高居浙江全省第一位。② 1935年因受世界性金融危机的影响,宁波钱庄业遭遇挤兑风潮,存款纷纷被提取和转存至银行,许多钱庄纷纷倒闭。到1936年,宁波城区仅存大、小同行24家,比1931年时减少了36家,现兑钱庄也零落无几。抗日战争爆发后,随着上海、杭州的相继沦陷,内地各省商人和军需采购人员云集宁波,沪甬间水运货物流转、资金汇拨频繁,宁波钱庄业一度出现畸形繁荣。但这种现象毕竟昙花一现,1941年宁波沦陷后,银行内迁,大同行钱庄纷纷停业,个别上市钱庄也是在苦苦支撑。抗战胜利后,国民政府规定,凡沦陷时营业的银行、钱庄不准开业,因此宁波沦陷期间上市的31家钱庄的牌号和经理人都作了更换。到1947年,宁波城区的钱庄虽有复苏之势,但已经大不如前,仅剩元康、元亨等较大钱庄31家,有职员416人,资本13亿法币。③ 1949年宁波解放前夕,宁波钱庄数量仍保持在32家左右,但已经是惨淡经营,处于歇业倒闭的状态。

宁波钱庄的资本除正本之外,还有所谓"附本"资金。所谓"附

---

① 俞福海《宁波市志》,第1606~1608页,中华书局1995年版。
② 据《中国实业志(浙江省)》壬编第14~17页图表统计。
③ 俞福海《宁波市志》,第1595~1598页。

本"，就是由钱庄股东在钱庄储存一定数额的款项，长期不动用，以便在钱庄资金周转不灵之时使用，钱庄的"附本"有时甚至比正本还多。这种预防金融风险的做法也成为现代银行业的通用行法之一。

宁波钱庄分为大同行、小同行及现兑庄三种。大同行的资本雄厚，各项业务运转比较正规，在宁波地区所谓大同行就是资本金在6万元以上，其牌号有代表过账的效能；小同行资本金在6万元以下，不能直接过账，如果要过账必须经过大同行转接办理；现兑庄比小同行更小。

宁波钱庄的组织与杭州有较大差别。杭州钱庄主要由经理具体负责钱庄事务，宁波钱庄中的职员由太上皇、三肩、经手和副手、外账房、内账房、信房、银房、放账和跑街、长头、学徒、栈司等几类人员组成。"太上皇"名义上为职员，但并没有实际职务，主要由曾在该钱庄任职多年并且有功绩的职员担任；"三肩"虽然也是名义上的钱庄职员，但其要么由大股东的亲戚担任，要么由那些对钱庄创立有贡献的成员担任，或者由股东推选担任。"经手"实际上是执行钱庄业务的最高管理者，副手就是经手的助手。外账房就是营业部，专司存款、汇兑、贴现、同行汇划等事务；内账房就是钱庄的会计部，职责比外账房重要。信房就是钱庄的文书部门，专门办理文件、信汇以及电汇等事务。银房就是出纳部，专司钱款收支以及现金保管。放账和跑街就是钱庄中每天专门赴钱庄公会抵划账款、买卖角子铜元等的人员。长头属于钱庄中重要的成员之一，专门办理汇兑事宜，工作比较烦琐。

钱庄的主要业务有存款、贷款、汇兑、过账等四种。

吸纳存款是钱庄资金的主要来源之一，主要由活期存款、定期存款和同业存款三种方式组成。宁波地区的存款主要是活期存款，储户可以凭存折随意支取。贷款是钱庄获利的重要手段之一，宁波钱庄短期贷款利息每日0.12‰。同时在短期贷款中还有所谓"进笼鸡"的放款制度，即一些客户每当临近年关资金紧张时而经常采取的一种向钱庄借贷的方法。钱庄规定凡是在十二月二十日以后所借，到来年一月二十日至三十日十天时间内就应归还的款项，其利率与其他贷款利率相比较高。长期贷款一般以3~6个月为限,也有时间为一年者。

汇兑也是钱庄的重要业务之一,主要由大同行经营,小同行经营的很少。就汇款方式而言,分为票汇、信汇、电汇三种,汇费根据汇款地点远近以及是否方便而定。在宁波与上海、杭州、温州、绍兴等地的汇兑业务中,均采用直接通汇的方式,并以过账洋为计算单位;在余姚的钱庄中,余姚与宁波、上海、杭州、海门的汇兑则直接采用通汇方式进行。

过账制度是宁波钱庄业的一大特色,宁波之所以又俗称"过账码头",就是因此而起。宁波钱庄的过账制度起源于清代咸丰年间。太平天国运动爆发后,宁波通往云南的采铜之路隔绝,制作铜钱的原料缺乏,宁波市场出现钱荒。在这种情况下,为使商业有效运转,过账制度便应运而生。由于这个时期钱庄已经成为宁波金融的主体,加之社会信用较高,并与各商业单位以及经营者个人往来频繁,于是各种款项的转移,不再一定通过现币交易。经营者委托钱庄在自己的账面上划转资金,这样既不影响商品交易,又解决了钱荒影响,一举两得。太平天国运动失败和钱荒缓解后,这种便利的"过账制度"相沿成习,成为宁波商品贸易中的一项重要制度。到民国时期,这种"过账制度"已经在宁波推行80余年,直到1941年宁波沦陷才告停止,先后延续了100年之久,由此可见这一制度在我国近代金融史上确实值得一提。

过账制度其实就是一种划汇制度,即在两个钱庄之间的账簿上记录收付款数,并以此来结算两个钱庄之间的借贷款项。如果经营者想通过过账制度进行资金结算,首先就要选定一个钱庄作为自己进行交易的代理者,不论是选择大同行还是选择小同行均可。但大同行往往比小同行具有优势,因其可以直接过账,而小同行必须经过大同行转手才能过账。宁波钱庄的过账方式主要有账簿过账法、经折过账法、信札过账法和庄票过账法四种。除此四种主要方式外,还有盖印过账、远期过账、规银过账、查下家账等方式。[1]

---

[1] (民国)《鄞县通志·食货志·金融》,宁波出版社2006年版。

过账制度的出现,降低了资金运转过程中的风险,保障了经营者的资金安全,而且也使经营者发生经济纠纷时有据可查,同时又起到增加市场货币流通量的功效,其意义十分明显。但值得注意的是,过账制度也有较大缺陷,因过账制度中有过账洋和现洋之别,当过账洋兑换现洋时,钱庄常常附加升水,尤其在银根紧缩时,过账洋与现洋兑换差距甚大,许多用户因此经济受损,甚至影响物价,扰乱金融秩序。

民国时期宁波地区通用的货币有过账洋、现洋、纸币、银角、铜元等等。

表2—19　民国中期前宁波地区通用货币一览表①

地区	本位	银元	辅币	钞票	备考
鄞县	以过账洋为本位	国币最多,湖北、江南、广东鹰洋,北洋则较国币略低	湖北江南广东双毫、铜元、单角、一角二角之角票	中国、交通、中央、通商、四明、垦业、实业、中南等银行	广东双毫、十一年之新毫及福建之旗角较之老双角每千角约低二十五元之谱
慈溪	以过账洋为本位	袁头、孙头、鹰洋	双银角、单银角、铜元	中央、交通、四明、中国、通商、兴业、实业等银行	
奉化	以过账洋为本位	孙头、袁头、鹰洋	双银角、单银角、铜元	中国、实业、中央、交通、四明、通商等银行	汇兑则用庄票

---

① 《中国实业志(浙江省)》乙编,第125~126页,1933年实业部国际贸易局发行。

续上表

地区	本位	银元	辅币	钞票	备考
镇海	以过账洋为本位	孙头、袁头、鹰洋	银角、角票、铜元	中央、中国、交通、垦业银行	镇海大宗款项之流通以汇票过账为主体，现币钞票及辅币不过小宗用途上应用之
定海	以过账洋为本位	孙头、袁头、鹰洋	一角、二角、五角之角票、双毫、单毫、铜元	中央、中国、交通等银行	该县又用期单
象山	以过账洋为本位	国币等银元	银角、铜元	中国、交通、四明、中央等银行	
南田	以过账洋为本位	孙头、袁头、大清龙洋、墨西哥洋	双角、单角、铜元	中国、中央、交通、四明、垦业、实业等银行	
余姚	以过账洋为汇划之主位	孙洋占百分之八十，袁洋、英洋占百分之十五，龙洋仅百分之五，市价以宁波为准	角票、银角、铜元	中国、交通、四明、通商等银行	

续上表

地区	本位	银元	辅币	钞票	备考
宁海	以银元为本位	国币、鹰洋	银角、双毫、铜元	中国、交通、中央、实业、四明、中南、垦业等银行	

值得注意的是,在宁波地区流行的通用货币中,有所谓"甬洋"或"过账洋"这种信用虚拟货币。"甬洋"或"过账洋"通行于宁波奉化、慈溪、镇海、象山、南田、定海以及余姚等地,属于经营者通过钱庄进行金融划转的制度之一。

(三)典当业与保险业

典当行属于传统的金融机构之一,有着悠久历史,开设也远比其他金融机构普遍。据调查,20世纪30年代浙江共有典当行三百余家,其中绍兴、鄞县、黄岩、杭州、余姚等地的典当行最多。该时期宁波地区的典当行共有64家之多,占浙江全省典当行的20%,其中鄞县有25家,资本额644000元,慈溪5家,资本额146000元,奉化4家,资本89000元,镇海9家,资本274000元,定海2家,资本额不详,象山1家,有资本60000元,余姚16家,有资本245000元,宁海2家,资本额200000元,总计资本额达1658000元,平均每家典当行的资本不到3万元。

1932年后,由于市场疲软,典当行收当的物品满期时价值落差变大,许多当品出售时不能保本,这对典当行冲击不小。1935年钱业风潮后更是当多赎少,使得典当业损失惨重,惠安、乾泰等6家典当行被迫停业。日军占领宁波后,宁波典当行为免遭亏损,规定只取不当,加之日军和汪伪政权的掠夺,宁波四郊典当行全部闭门歇业,城区也有2家歇业,9家改组。抗战胜利后,宁波典当业虽有恢复,但颓势难挽。

延至1948年,宁波典当行仅存10家,不久又全部停业。

由于典当行的资本规模小,资金流通容易发生困难,因此,宁波地区乃至整个浙江省内典当业在资金上主要依赖银行或钱庄周转,宁波典当行甚至通过经营存款业务来吸引资金。

宁波典当业的组织机制与浙江省其他地区相比区别明显,典当行由"总上"全权负责当铺一切事务,"总上"由股东担任。"总上"下面的职员则可分为内部职员和外部职员两类。外部职员有正看、副看、并看、账房、票房、取房、牌房、衣房以及学徒等,内部职员有搂头、楼二、楼三、银房及学徒等。正看副看主要负责评估抵押品的价值,决定是否进行典当;账房主要记录抵押品的进出以及保管各种账簿;取房为顾客赎当之时将抵押品交付给顾客的专职人员;票房主要受理顾客的当票和金钱;牌房专门负责在抵押品上拴附牌号,防止抵押品混淆;衣房专司当入服装的整理,并将整理好的服装收藏进库房;搂头、楼二、楼三为仓库管理人员,其中搂头管理库房内的一切事务,楼二、楼三属于搂头的助手;银房一般由搂头或楼二兼任,管理银钱的出入。这些当铺职员虽然食宿由当铺提供,但报酬低微,经理一般月薪不过十元,店员则数元至十元不等。

图为昔日宁波市区当铺一角(选自哲夫主编《宁波旧影》,宁波出版社2004年版)

但当铺的职员还有两种额外收入,一种是"存箱费",另一种是"没货余金"。所谓存箱费就是顾客所抵押的物品由当铺进行包装保存,因此顾客在典押货物时须交一定的存箱费,这种收入并非少数,一律归职员所有。"没货余金"指的是典当行将质押期满而未赎回的物品拍卖处理,拍卖后扣除原有押金和利息所产生的余额。这种余额也归职员所有。这两种额外收入,在当铺内的职员之间进行重新分配,一般都是按照职位高低和薪金大小进行分配,数额往往比原来的薪水高出数倍,成为典当行职员的主要收入来源。

近代以来宁波的保险业较为发达。早在1914年就有扬子保险公司和先施保险公司在宁波设立分公司和代理处。1916年长利保险公司又在宁波成立。据统计,从1921年到1926年的5年间,宁波地区成立的保险公司有6家,1927年到1933年成立的保险公司有4家,未知成立时间的有4家。到1933年,宁波已经拥有保险公司54家,营业额达544000元,主要从事水火保险和人寿保险。但由于保险公司有着较高的经营风险,因此短期内又有一批保险公司相继倒闭。据统计,在1934年时宁波地区共有保险公司42家,拥有资本不详。[1] 至抗战爆发前夕,宁波商人所开设的保险公司居于优势地位,总计达18家,保险业务占到整个宁波市保险行业的三分之二强。[2] 抗战爆发后,面对日寇的侵略与破坏,宁波保险行业纷纷闭门歇业,从此一蹶不振。这种现象一直持续到宁波解放。

第四节　港口经济与交通建设

交通是经济发展的基础之一,完整的交通网络不仅有利于本地经济的整合,也有利于对外经济交往。近代以来宁波通商口岸的设立,使得民国时期宁波地方政府和士绅一直比较重视港口与交通道路的

---

[1] (民国)《鄞县通志·食货志·金融》,宁波出版社,2006年版。
[2]《宁波金融志》第260页,中华书局1996年版。

建设,开辟新航路,疏浚河道,改善码头运输条件和兴建公路、铁路等,为民国时期宁波港口经济与交通建设的重要内容。

一、航运业的发展

民国时期,宁波航运业非常发达,浙江沿海的诸多通航港口"而以宁波为最著"。20世纪30年代初期,宁波与上海等地的水上交通联系进一步紧密,"专门驶行上海宁波之轮船十余艘,逐日开班,极为便利";"而普陀上海之间,每年香期,亦有直达之轮船。此外以宁波为中心航行沿海之小轮,有至龙山、海门、金靖港、台州、温州、瑞安等六线;举凡定海、沈家门、普陀、岱山、沥港、象山、石浦、穿山、金塘、宁海等埠,无不遍及"。[①] 便捷的航运业为民国时期宁波经济和商品贸易的发展提供了强大的支持力量。

(一)民国时期宁波的远洋与沿海运输业

宁波远洋运输发端于唐宋时期,运输对象主要为日本、朝鲜半岛、东南亚一带的诸多国家和地区。在明代,宁波港被指定为接待日本贡使贸易船只的唯一港口,而宁波驶往日本的船只越东海到日本濑户内海,最终到达兵库或者越东海经日本四国岛南部到达日本堺港。这两条来往宁波、日本之间的航线一直持续到1937年抗日战争爆发。鸦片战争后,宁波港的南洋航线有暹罗、锡兰、苏门答腊、菲律宾和柬埔寨5条主要航线,1941年日军占领宁波后,南洋航线中断。

在沿海运输方面,宁波到上海、永嘉、海门、象山、定海等地都有海轮来往。大的海轮载重达3000吨,小的海轮载重也有1000余吨。就宁波海上交通而言,各轮船公司主要集中于江北外滩、外濠河、新河头、大河头一带。据统计,在1933年,宁波就有轮船公司45家,航线

---

① 《中国实业志(浙江省)》甲编,第28页,1933年实业部国际贸易局发行。

有宁波至上海、海宁、永嘉、瑞安、台州、海门、黄岩和岱山、定海、镇海、奉化、余姚等本地区各处。

20世纪30年代人流穿梭的江北岸轮船码头(选自哲夫主编《宁波旧影》,宁波出版社2004年版)

宁波的水运船只主要分为海轮、洋式帆船与民船三类。海轮数量从1922年以来每年都有增加。如在1931年,往来宁波的海轮数量就有1800艘,载重总量达2911981吨;洋式帆船在1931年时为61艘,载重总量9198吨。但民船的往来数量,却呈现逐渐减少之势。如1931年1月到5月,往来宁波的民船数为2713艘,载重1889777担。到1936年,进出宁波港船只有2068艘,1937年,因受抗战爆发的影响,许多船只停止航运,该年进出宁波港的船只总计1502艘,运输货物合计2989436吨;1938年又锐减到597艘,运输货物591377吨。虽然在1939年出入宁波港船只数量上升到624艘,但货物运输总吨位继续下降,为537893吨,1940年随着日军对宁波港口的封锁,沿海航运交通"悉告断绝,各项贸易咸遭塞滞"①。

---

① 徐蔚葳《近代浙江通商口岸社会经济概况》,第404页,浙江人民出版社2002年版。

在1936年,由宁波港驶往外海的海运轮船有24艘,其中行驶在沪甬线上的5艘,甬温线上的5艘,五山头线(台州、黄岩、舟山等)上的14艘。外海运输的轮船总吨位达2万吨,其中甬沪线为1.2万吨,甬温线为3300多吨,五山头线约5000吨。客位总数超过2万个,其中甬沪线客位数为12813个,甬温线为2000多个,五山头线有5000多个。船舶数、总吨位和客位数都比以前增长一倍以上。[1]

(二)主要航线

民国时期宁波沿海航运业中的客运航线达20余条,其中从宁波港出发的航线有16条,即甬沪(上海)、甬温(温州)、甬定(海)、甬椒(海门)、甬镇(海)、甬象(山)、甬宁(海)、甬岱(山)、甬沈(家门)、甬穿(山)、甬普(陀)、甬黄(岩)、甬嵊(泗)、甬石(石浦)、甬沥(港)、甬衢(山)。从石浦港出发的航线有4条,即石椒(海门)、石温(州)、石黄(岩)、石甬(宁波)。由穿山港出发的航线为5条,即穿定(海)、穿甬(宁波)、穿沈(家门)、穿定(海)申(上海)、穿定(海)椒(海门)温(州)申(上海)。以镇海港为出发点的航线有2条,即镇甬(宁波)、镇金(塘)线。[2]

甬沪航线最早由美籍旗昌轮船公司在清同治三年(1864年)开通,此后在较长一段时期内,该条航线的运输主要由英籍轮船公司控制,中国轮船招商局也在积极参与甬沪航线的运营。1911年5月,在该条航线运营的主要公司仅剩轮船招商局、英国太古轮船公司、宁绍轮船公司等3家公司。

抗战爆发前夕的1936年,往来于甬沪线的航运公司又增为5家,分别是轮船招商局、宁绍轮船公司、达兴轮船公司、三北轮埠公司和英国太古轮船公司,参与运输的轮船有新江天轮、新宁绍轮、新鸿兴轮、宁兴轮和新北京轮5艘。抗日战争爆发后,甬沪航线尤为繁忙,而外

---

[1] 郑绍昌《宁波港史》,第294页,人民交通出版社1989年版。
[2] 《宁波市交通志》,第163页,海洋出版社1996年版。

籍货轮几乎完全控制了甬沪航线的运输。1941年4月宁波沦陷后,甬沪航线被日军和汪伪政权控制,该时期的甬沪航线由日本东亚海运株式会社的"鸣门丸"号、"唐山丸"号、"宁波丸"号,汪伪中华轮船公司的"万吉"轮、"华霖"轮和浙江轮船公司的"海通"轮、"大华"轮等进行营运。1945年抗战胜利后,甬沪航线才正式由国人完全营运。到1948年,营运甬沪线的有轮船招商局的"江亚"、"江静"、"江宁"、"江平"轮,华商轮船公司的"江运"、"海星"轮,宝华商轮公司的"大华"轮以及穿山商轮公司的"穿山"轮,泰昌祥轮船行的"江苏"轮等9艘轮船。1949年5月,宁波解放,但浙江沿海、舟山等地岛屿仍被国民党军队占领,港口被封,甬沪线停航。①

甬温线最早开通于清光绪三年(1877年),到宣统三年(1911年)时共计有中国商轮公司、永川商轮公司和定海商轮公司等4家公司的5艘轮船往来其间,沿线经过镇海、定海、沈家门、岱山、石浦等地。1936年,营运甬温线的轮船公司达到6家,共8艘轮船,其中有1艘为外国公司所有。1941年宁波沦陷后,甬温线停航。1946年,原来营运甬温线的穿山商轮公司的"穿山"轮停靠宁波港,重新开通了宁波到温州的海上航线。

甬定线属于宁波至定海的海上航线,最早开通于宋宁宗嘉定十六年(1223年)。民国时期经营甬定线的轮船公司颇多,1913年有永川、永宁、宝华、三北商轮公司的7艘轮船往来经过定海;1929年有6家商轮公司的10艘轮船停靠定海;1936年营运甬定客运航线的有13家商轮公司的13艘轮船,该时期是甬定航线的繁荣时期。1941年宁波沦陷后,甬定线停航。抗战胜利后,甬定线客运业务逐渐恢复,先后有"岱山"等6艘轮船营运。1949年5月宁波解放前夕,甬定客运航线停航。②

早在清康熙五十年(1711年)甬岱线就已开通。1911年,岱山商

---

① 《宁波市交通志》,第164~165页,海洋出版社1996年版。
② 《宁波市交通志》,第168~171页。

轮公司有"岱山"轮专门营运甬岱定期客运航线。1936年,除"岱山"轮外,还有5艘轮船行驶在甬岱航线上。抗战期间,该航线一度停运。抗战胜利后,先后有"小岱山"、"宁余镇"等客轮营运在宁波—镇海—定海—沈家门—岱山航线上,鱼汛时兼弯东沙角、衢山。此外还有"克乐明"机动船行驶于东沙角——宁波航线,三天一班。解放前夕,甬岱线基本停航。①

宁波到沈家门之间在清代还没有专门航线,光绪二十九年(1903年)营运宁波至温州航线的商轮中途在沈家门弯泊。1913年,三北轮埠公司的"慈北"和"姚北"两轮首开宁波至沈家门的定期航线,甬沈线正式开通。到1936年,在甬沈线营运的共有7艘船舶。1941年宁波沦陷后,甬沈线停航。1945年11月,营运甬定线的"新永安"轮弯泊沈家门。②

甬普线属于宁波至普陀山的航线,主要为方便每年赴普陀山的香客而开设。1923年,轮船招商局的"广济"轮营运于宁波至普陀山之间的航线上。到1936年,营运该线的定期航班有普兴商轮公司的"普兴"轮和定海商轮公司的"定海"轮。在此期间,先后营运过普陀线的还有"慈航"等4艘客轮,但时间都比较短。宁波沦陷后,甬普线停航。③

甬镇线正式开通于清光绪二十三年(1897年)。到1936年,宁波营运和弯泊镇海的商轮公司、汽船公司共有15家之多,参与运营的轮船、汽油船18艘。1938年4月,甬镇线进入最为繁忙的时期,主要原因在于镇海口外封港,旅客均需要在镇海口内转驳,客运流量激增。抗战胜利后,一度停航的甬镇线率先由公记轮船局的"江利"轮复航,不久该局的"梅浦"轮也投入运营。④

---

① 《宁波市交通志》,第171页,海洋出版社1996年版。
② 《宁波市交通志》,第172页。
③ 《宁波市交通志》,第173页。
④ 《宁波市交通志》,第175~176页。

甬椒线首开于清光绪二十二年(1896年),民国时期该航线颇为繁忙。1936年专营和兼营该航线的共有6艘船舶。日军占领宁波后,该航线被迫停运。1945年9月,鄞余镇轮船局的"鄞余镇"轮和"镇余"轮复开甬椒线。①

甬台线于清光绪二十二年由外海商轮公司首开。1913年,永宁商轮公司的"永宁"轮、甬利汽船局的"甬利"轮等也投入该线运营。1926年前后,上述3艘轮船相继停航。1929年,永川公司的"湖广"轮重新开通该航线,直到1936年停航。

甬石线于清光绪二十二年由外海商轮公司开通,但这时的航线尚不属于直开,而是由宁波至海门的航线中途弯泊定海、石浦。1936年,参与营运甬石线的有8家公司的8艘轮船,1941年前后又相继停航。1945年,鄞余镇轮船局的"鄞余镇"轮等先后开辟甬石客运航线,1949年5月该线停运。②

甬象线开通于清光绪三十年,属于鄞县到象山的航线,刚开始参与营运的有宁象、朝阳、象宁3轮,每3天往返一次,来去均经过定海。1936年,甬象客运航线勃兴,营运该航线的有5家客运公司的5艘商轮。到1949年初,营运甬象航线的尚有3艘船舶,同年5月该线停航。③

宁波与外埠的联系除上述诸条主要航线外,还有甬穿(山)线、甬宁(海)线、甬榕线、甬厦(门)线、甬泉(州)线、甬嵊(泗)线、甬黄(岩)线和甬衢(山)线等8条海上运输航线,详情不再赘述。

定海地处外海,岛屿众多,不论本埠之间还是与外埠交通,主要依靠海上运输。主要交通运输航线有申台、申温、甬台、宁温、宁象、宁岱、宁定各线。其中除宁定线属于直航线路外,其余航线均为中途经过定海。此外,定海尚有连接区内各地的航线。由此可见定海在沿海

---

① 《宁波市交通志》,第176~177页,海洋出版社1996年版。
② 《宁波市交通志》,第177页。
③ 《宁波市交通志》,第178页。

交通运输方面的重要地位。

象山的主要沿海航线有象宁线和象石线。象宁线为象山通往定海、镇海、宁波的主要航线,中间经过西周、下沈、墙头、白墩、横溪、珠溪等地,有宁象、朝阳、象宁3艘轮船往来期间,每3天往返一次,主要载客和装运货物,货物运输以洋货、布绸、牲畜、鸡鸭鱼鹅以及米谷为主。象石线是由象山通往石浦以及南田的主要航线,中途经过鹤浦、星塘、大树墩、浮桥渡、中义等市镇。主要通行小汽船,每日1班,时速14公里,除载客外,运输货物以鱼和牲畜为主。

(三)内河运输

宁波地处江南水乡,主要河流有甬江、姚江、奉化江,通称甬江水系,与鄞东、鄞西塘河以及姚北、慈北、镇北内河形成纵横交错、四通八达的水路交通网络。清末开始使用汽油船,民国时期开始出现汽轮拖驳[1],内河运输十分发达。其中甬江航运最为繁忙,"甬江自奉化以下,即有小轮往来宁波。自宁波西行,溯姚江小轮通至余姚,民船可直达百官,接于运河,四时通行"[2]。

1. 鄞县境内的内河运输

鄞江由奉化流入鄞县境内,在鄞县境内的长度为38公里,沿岸经过三江口、石碶等地,属于鄞县与奉化、慈溪、镇海的主要交通航道。鄞江水势平缓,非常适合船只航行,在民国时期主要通行汽船和帆船。

鄞县境内内河运输除鄞江外,重要内河还有前塘河、后塘河、东中塘河、南塘河等,众多的内河河流构成了鄞县境内繁密的水上交通网络,往来船只很多,仅往来东西两乡的汽船、帆船等船只就有数百艘之多。到1927年前后,鄞县东西两乡船只基本上改用汽油船。经营这些航线的轮船主要是甬昌、鄞南、永年、宁湖、钱湖、鄞溪、浚波、鄞山、宁安、鄞甬等10多家公司的"大通"、"大利"、"家宁"、"宁安"等20余

---

[1] 《宁波市交通志》,第200页,海洋出版社1996年版。
[2] 《中国实业志(浙江省)》甲编,第28页。

艘轮船①，大大便利了当地居民的出行与生活。

2. 慈溪、奉化、镇海境内的内河运输

慈溪境内重要河流有章桥河、官河、前江、后江、大津浦、剡渚浦、鸡鸣浦等河流；奉化境内重要河流有县溪及剡溪；镇海地处临海，境内河流纵横，主要河流有大浃江、小浃江、璎珞河、庐江、中大河、前大河、西大河等。这些河流普遍水流平缓，有些内河运输可以直通宁波市区的河流。如从宁波至奉化的内河运输就十分便利，轮船可以由鄞江直达奉化或者由鄞西的南塘河行驶到奉化。民国时期主要有鄞奉轮船公司的"鄞奉"号、鸿庆公司的"新鸿庆"号、奉川公司的"顺安"号和公益公司的"奉顺"号4艘轮船参与该航线的运营。② 镇海自古就是浙东海防要塞，从鄞县到镇海的航线开通要早于宁波至余姚和宁波至奉化的航线。镇海境内的大浃江运输线又称为甬镇线，属于镇海通往宁波的重要河流，沿岸经过梅墟、清水浦等处。大浃江除在交通运输上有重要作用外，又因连接出海口，战略地位十分重要。大浃江日常水深11.54米，涨潮时可达14米，水流平缓，可以通行大小轮船和帆船。1931年前后，有招商局、利涉公司、联益公司等经营航运，各个公司在镇海均设有码头，除周日外，每天都有大小轮船往来于各码头。③

3. 南田、余姚境内的内河运输

南田境内的重要河流樊鹤河，由樊岙镇通向鹤浦镇，长约7.41公里，宽6.6米，水深约5.28米，水流平缓，主要以小船载运货物和旅客，所运货物以煤油、酒类、柴草为主。

余姚境内重要河流有姚江、马渚横河、长冷港、大塘港、兰野港、东横河等。姚江在余姚境内长33.06公里，宽60余米，涨潮时水深6.08米，落潮时水深3.64米，一般水深4.56米，是余姚境内最重要的河流，东向通宁波为甬余线，西向通上虞为余上线。甬余线通行汽船、快

---

① （民国）民国《鄞县通志·政教志·交通》，宁波出版社2006年版。
② （民国）《鄞县通志·政教志·交通》
③ （民国）《鄞县通志·政教志·交通》

船、航船,汽船每小时行驶11公里,每日往来各一次;快船每小时行驶8.5公里,每日往来各3班次;航船每小时可以行驶5~6公里,终日往来不绝,运输的货物以棉花、蚕丝、盐、木材、洋纱为主。余上线通行汽船、快船,运输货物与甬余线相同。民国时期经营宁波至余姚航线的主要是甬利公司的"新宁余"号、甬余公司的"镇新"号、南海公司的"宁姚"号和明舜公司的"新同兴"号等轮船。①

二、码头航道状况的改善

(一)宁波港码头航道的改善

宁波由于有优越的水运条件,因此港口码头建设起步较早。到民国时期,宁波港的轮船码头、轮船和帆船的埠头,也较以前有所增加。截至1936年,整个宁波港大约有24个轮船码头(其中镇海7个),30个泊位(其中镇海8个),100多个小轮船和帆船的道头、埠头。其中自江北岸至白沙段有新鸿兴、利涉、新宁海、宝华、宁兴、宁绍、北京、新江天、美孚、亚细亚等16个码头,在镇海有正大、税关、江天等7个码头。② 其中除平安轮船公司的宝华码头和甬利、同益轮船公司的永宁码头为1917年和1920年分别重修的木质码头外,其余大多为1908年至1935年间所建的西式铁制码头,年通过能力都在10万吨以上,其中江天码头在1935年的通过能力达到约38万吨,码头状况在民国时期有了显著改善。

宁波港航道整治工作除了疏浚河道外,最重要的举措就是增添导航设施。在近代灯塔航标出现之前,航行中的船舶多以山脉岛屿作为识别海区的标志。在沿岸航行中,以显著的标志,诸如宝塔、瞭望台、守望楼、土丘、石堆山、石桩等等建筑物作为识别航线、水道和港口的标志。宁波港内外航道上的灯塔和航标,在民国时期也有了新的增添

---

① (民国)《鄞县通志·政教志·交通》,宁波出版社2006年版。
② 郑绍昌《宁波港史》,第317页,人民交通出版社1989年版。

和改善。1912年,下三星灯塔建成;1915年又建成莱花山灯塔,同时又在甬江最窄处的镇海大道头设置灯桩一座;1925年,宁波地方政府对位于甬江口外沪甬航线上的七里屿和虎蹲山两座灯塔进行了较大规模翻修,"工料费用,计达规元24000两"①,保证了沪甬航线的安全。1936年又在张家碶、梅墟、游山设置灯塔2座、浮标一座。同时也对部分灯塔航标进行技术改造。其中唐脑山灯塔在1915年配备了3.5秒自动闪光的乙炔灯,代替了原来的单芯喷灯,灯塔的灯光强度提高了7倍。1916年又增添了新的设备,使光度进一步提高到2500烛光。鱼腥脑灯塔的原先光强度为3000烛光,1926年加以改进后,光强度提高了一倍,达到6000烛光;1930年,又更新了全部老式挂灯和其他仪器,装置了新的水银浮标,使光强度提高到5.5万烛光。白节山灯塔在1915年也将所有管理人员全部换上中国人。甬江口外的七里屿灯塔,在1920年时添置了雾枪,1932年装上了乙炔喷灯,每隔5秒钟闪光一次,光强度由原来的200烛光提高到600烛光。虎蹲山灯塔于1930年6月换上乙炔白炽灯,每1.5秒自动闪光一次,光强从原来的60烛光提高到250烛光。到1925年,岛上灯塔站的房屋全部重建,灯标高148英尺。此外,在虎蹲山以东的游山江礁也设有灯塔。1915年6月,甬江口江南石勘码头灯标建成。甬江内还有朱家河头灯标及上白沙灯标。整个宁波港区,以沪甬航线为主干,在其通道上的灯塔、灯标构成了一组独立的导航设施群,对于保障宁波港与上海之间的航行安全起了重要作用。② 近代以来宁波港码头航道状况的改善,有利于宁波港作为地区海洋运输中心地位的进一步提高。

  甬江是宁波境内主要内河航道之一,往来船只数量庞大,为确保镇海至宁波甬江段的航运安全,1921年由中国海军与海关海务科合作,对甬江段水道进行了一次较为全面的测绘,这是自1893年测绘后

---

① 徐蔚葳《近代浙江通商口岸经济社会概况》,第88页,浙江人民出版社2002年版。
② 郑绍昌《宁波港史》,第315页,人民交通出版社1989年版。

的又一次甬江水道测绘,这次测绘的结果据说"对航运有很大价值"①。

(二)其他港口码头航道的改善

石浦港位于宁波最南端的象山石浦镇,早在清光绪年间就建有永川、永利等趸船码头。1927年,达兴码头建成,1929年又建成鹤浦码头。日军占领石浦港后,达兴码头更名为华中码头;鹤浦码头则被日本"华中矿业公司"在1942年拖至十三宫,做砩石专用码头,1943年夏与砩石堆场一并沉没。

穿山港位于浙江东部沿海的穿山半岛东岸,以穿山古碶得名。②早期的穿山港以渔业为主,民国以后,穿山港进入发展的鼎盛期,甬穿、平安、大华等轮船公司相继在穿山港建筑码头。

龙山码头是民国时期宁波地区所建的一所较为重要的码头,1912年由三北轮船公司的虞洽卿投资60万元兴建,1914年建成投入运营。龙山码头位于镇海龙山北麓,由一条石堤和一个泊位组成,石堤长约1000米,通行小火车,码头长20米,南宽12米,北宽5米,可停泊100吨级的船舶。现已废弃。③

三、港口的兴衰

(一)宁波港口的转型

鸦片战争以后,宁波作为五口通商口岸之一,港口运输贸易开始带有浓厚的殖民地半殖民地色彩,同时宁波港也开始从一个半封闭的帆船港口逐渐变成一个开放的轮船港口,进出口商品的种类也发生了重大变化。1912年民国成立后,政府颁布了一系列鼓励发展工商经济

---

① 徐蔚葳《近代浙江通商口岸经济社会概况》,第74页,浙江人民出版社2002年版。
② 《宁波市交通志》,第131页,海洋出版社1996年版。
③ 《宁波市交通志》,第136页。

的举措,加上本地工商业经营方式的转变,宁波港又开始由农副产品转运港向工商贸易港转变,并逐步形成以港口机制为核心的外向型经济格局,与国际市场的联系日益密切。①

一战爆发后,西方国家因忙于战争,对华商品输出的数量明显减少,民族工业发展所受束缚大大减少,从1914年到1920年的7年时间内,宁波境内一大批民族工业得以建立,宁波地方工业的发展超过以往任何一个历史阶段。民族工业的发展和对原料需求的增加,又进一步促进了宁波港完成由农副产品转运港向工商贸易港的转型。在这一时期宁波港口也由以前以洋货进口为主而转变为以土货出口为主,出口贸易激增。

随着一战的结束和西方列强对华资本输出的扩大,20世纪20年代到30年代,从宁波港进口的洋货数额急剧增加。如1921年的洋货进口额比1920年增加了43%,1922年又比1921年增加了20%。1928年至1931年,全国洋货输入额增长20%,而宁波从1928年到1930年增长达52%左右,远远超过全国的平均水平。1930年是宁波港近代史上洋货进口额最高的一年,总价值超过2000万两关银。②

抗日战争爆发后,随着上海、杭州等重要港口的沦陷,宁波港的重要地位再次凸显出来。在上海沦陷,杭州失守,沪宁线、沪杭线、浙赣线等重要陆上交通相继中断的情况下,后方与外部的物资交流,只能依靠宁波与上海租界间的轮船交通完成,因此宁波港的地位急速飙升,成为中日双方进行经济战的前哨阵地。在贸易和航运方面,宁波港的转运贸易获得畸形发展,"沪甬线轮船往来频繁,大小轮船共有二十余艘。每天从上海进口的货物在10000吨以上,出口运往上海的货物也在5000吨以上,也有直接运往香港等地的"③。正是由于战时宁波港成为大后方与外部物资交流的重要通道,后方各省以及军队前来

---

① 郑绍昌《宁波港史》,第262页,人民交通出版社1989年版。
② 郑绍昌《宁波港史》,第266页。
③ 李政《宁波杂谈》,《宁波工商史料》(内),第1辑。

采购军用和民用物资的人员云集宁波,使得宁波港货运量大增,航运和贸易都超过了历史上最高水平,战争使宁波港畸形繁荣起来。从1936年到1941年4月,宁波港的贸易增长极快,1940年的贸易额达到20861万元,税额达到566万元,分别为1936年的6倍和3倍。[①]

随着日军逐渐向宁波逼近,为防止日军舰只由海上进攻宁波,1939年国民党政府下令在镇海口封港,"新江天"、"茂利"等大小10多艘轮船在镇海口被勒令凿沉,因此沪甬间的直接航路被阻绝,客货运输一律停顿。但是商人们为了赚钱牟利,千方百计沟通沪甬之间的航路,走私贸易成为主要方式之一。当时的走私路线,主要有以下几条:一条是从上海至乍浦,过钱塘江口到三北的庵东或澥浦,再转驳内河船到宁波。另一条是从上海到石浦,挑运到象山西周或泗洲头,过象山港,挑运到鄞县横溪,然后过驳内河船运到宁波。再一条,是从沈家门到镇海的新碶或郭巨,转运宁波。还有一条,就是沪轮在镇海口封锁处外侧停泊,由小轮过驳运入宁波。同时在封港时期,宁波还是一大走私口岸。国民政府的一些军需物资,包括重要的化工原料、机械设备,也通过宁波港的走私活动大量运入内地。这是宁波港历史上一段畸形繁荣时期。

1941年日军占领宁波后,宁波港整个码头、港口、航道统统被控制在日军手中。在日军蹂躏侵略宁波港的4年多时间里,宁波港不仅谈不上有什么建设,相反,原来各轮船公司建造的码头、仓库等设施,由于日军的一味破坏,到抗战胜利时,整个港口已找不到一座完整的码头和仓库,呈现一副破败残落的景象,宁波港口完全失去了昔日的经济功能。

抗战胜利后,宁波港的港口运输与港口贸易的恢复十分缓慢。1946年9月,宁波招商局修复江天码头,码头长46米,铁壳木面。但宁波港的货运能力仍远远没有恢复到战前水平,如1946年,进出宁波

[①] 郑绍昌《宁波港史》,第348页,人民交通出版社1989年版。

港的船只总吨位只有 90 万吨,与战前 300 万吨相差甚远。国共内战爆发后,面临失败的国民党军队在 1949 年 5 月撤退前夕,对宁波港的码头、船舶以及设施等进行了全面破坏和劫掠。

(二)宁波港进出口货物的变化

1914 年第一次世界大战的爆发,直接影响到西方列强对华商品的输出,西方商品输入宁波港的数量出现锐减的态势,尤其是事关战争的许多战略物资如煤、铁、煤油等进口数量锐减。因此在 1914 年到 1920 年间,宁波港口贸易的最大特点是输入洋货额的停滞不前。[①] 据统计,在这段时间内,各种进口洋货锐减,如棉匹头货进口从 1914 年的 754628 匹减少到 1920 年的 419171 匹,棉纱从 1914 年的 125557 担减少到 1920 年的 2201 担,毛匹从 1914 年的 35101 匹减少到 1920 年的 240 匹,火柴从 1914 年的 117725 箩减少到 1920 年的 500 箩。

从 1937 年抗战爆发至 1941 年 4 月宁波沦陷之前的几年中,宁波又成了内地各省货物和战区军用物资的转运口岸,大量物资通过宁波港集散。宁波的工农业产品也畅销内地各省,安徽、江西、湖南、湖北、四川等省客商纷至沓来,促进了宁波工商业的发展。宁波港顿时呈现一种短暂而又畸形的繁荣景象。

上海沦陷初期,宁波港成了上海物资运往内地的主要通道,因此沪甬线仍有华商船只往来。但这些船只均改挂与日本有同盟关系的国家,如德、意、葡等国旗帜,以避免使货物受日军查扣。例如宁绍轮船公司的"新宁绍"改名为德商礼和洋行经营的"谋福"号(Molenhorff),三北轮埠公司的"宁兴"轮改为"中意轮船公司"的"德平"号(Tembien)等等。再有如"恩德"(Enderta)、"棠贝"(Donpedro)、"棠赛"(Donjose)等轮,也航行于宁波、温州、海门间,满装内运货物。此时,沪甬间轮船往来频繁,大大小小共有 20 余艘。此外尚有远东轮船

---

① 郑绍昌《宁波港史》,第 263 页,人民交通出版社 1989 年版。

公司的"常德"轮(600总吨)、"江定"轮(500总吨)以及民生公司的"凯司登"轮(1500总吨)、"瑞泰"轮(1600总吨)和"万吉"轮(约1100总吨)。英商太古轮船公司的"新北京"轮,开始因英日之间尚未宣战,尚能维持沪甬线,随着英日间关系日趋紧张,不久即告停航。这时从宁波港进出的各条航线每天进出口货物约在几千吨之数,多时一天甚至达万吨以上。本来宁波直接航行外洋的船只已经不多,这时却有不少船只往来香港和各国港口。1937年宁波进出口轮船(包括内港)达1502艘,计220万总吨,占同年全国各口岸进出口船只总数的2.44%(如果仅以往来国内各港口的轮船统计,这个比例达到2.99%)。另有近29000多只沙船从宁波港进出。虽然轮船进出口数比1936年的2068艘近300万总吨少,但1936年在全国比例只有2.06%。可见抗战爆发后,进出宁波港的船只相对增加了很多。

  到1940年前后,日军势力逐渐南侵,国民政府执行消极抗日政策,宁波实行封港,大小20余艘船只沉于甬江航道,使原来进出宁波港十分频繁的船只无法开进港内,只能停泊于镇海口外装卸和上下客,进出客货都得用小轮船或驳船往来驳运,迫使有些轮船转泊象山石浦等地再转运宁波。随着日军加强对宁波口外洋面的封锁,除了挂外国旗的部分船只仍往来沪甬外,许多商船只得偷运于上海和宁波沿海小港之间。这些偷运航线主要有以下几条。第一条航线是上海至石浦。如"高登"轮、"谋福"轮于1940年9月前后在这条航线开过几个航次。进口货主要是供军用的布匹,旅客约二三百人,出口货更少。客货从石浦由陆路运到宁波。第二条航线是上海至定海岑港,有"汉平"轮等三艘小轮往来,进口货甚缺,只有零星小件,乘客百余人,出口货基本没有。客货由岑港用帆船在夜间偷运至镇海大榭,再经宝幢抵宁波。第三条是上海至岱山岛秀山的航线,有"海宜"轮等船只,主要搭载旅客,每次二百人左右,运送货物甚少,出口货不详。航抵秀山后搭帆船至大榭,再转宝幢到宁波。第四条航线是上海经乍浦至余姚庵东(今属慈溪县)。每次载客十余人,货物不多。乍浦至上海陆路须经沦陷区,水路时有帆船直达上海。庵东至余姚70里左右,陆路或内河水路均通,由余姚再转宁波。除以上这几条航线外,尚有上海—乍浦—绍兴新埠头—宁波线;上海—沥港—宁波线,多数是小轮船或沙帆船。

总之,在宁波港沦陷前,尽管宁波实行封港,宁波口外日军时而封锁,时而半封锁,但毕竟还未沦于敌手,故成了上海物资运往内地和战区的主要通道,各种船只云集镇海口外和沿海小港。从海关贸易统计数字中也可窥见一斑。以1937年为例,这一年"八一三"日军进攻上海,宁波工商界见战事发生,一面拼命将手中货物、产品尽量脱售,免因战事影响而积存下来;另一面又大量进口工业原料或日用品以事囤积,准备在战时牟利。与上年相比,糖从37105公担增加到49750公担;煤油从549103公升猛增到6446236公升,增加10倍还多;汽油也从454570公升增至1550478公升,前后相差将近4倍。其他各种货物均有不同程度的增加。这一年的进出口贸易值从上年的3480万元增至4143万元。这就可以看出,抗战爆发与上海沦陷,不仅没有影响宁波港的进出口贸易,反而使宁波港成为内地和战区物资的主要通道,进出口贸易有了大幅增加。即使到1941年4月宁波港沦陷前夕,沪甬间贸易依然可观。当时进口货物以化工染料、药品、橡胶和汽油、煤油为主;出口货物则以茶、丝、桐油、纸、瓷器等为主。直到宁波为日军占领前,宁波港一片繁荣景象。从1937年到1941年4月,宁波港的进出口贸易与海关税收均逐年增加。[①]

四、陆上交通运输的发展

民国时期,宁波陆路交通颇为便利。据《中国实业志(浙江省)》在1933年的调查,民国时期宁波陆路交通有杭甬铁路之甬曹段,由宁

---

① 陈德义《"五口通商"后的旧宁波港》,《宁波文史资料》(内),第2辑。该段内容主要根据陈德义先生所述而成。

波可以直达绍兴的曹娥江。公路交通有鄞奉公路连通奉化,鄞镇慈公路贯通镇海、慈溪两地。鄞县的陆路交通比较发达,虽不及杭州、永嘉、嘉兴,但在当时浙江省内来说,已属于交通中等发达水平。民国时期宁波陆路交通最主要成就之一就是沪杭甬铁路的开通,到1923年,"沪杭及宁波百官之间,亦已通车"①。

(一)铁路交通

近代宁波铁路主要是沪杭甬铁路,这是浙江省第一条官督商办的陆上交通路线。清光绪三十一年(1905年)浙江铁路公司创建,第二年就开始了苏杭甬铁路的筹建工作,1908年改为以上海为起点,于是苏杭甬铁路更名为沪杭甬铁路。1910年(清宣统二年)6月15日,商办浙江省铁路有限公司筹措股款,兴建沪杭甬铁路宁波至曹娥段,1912年9月1日宁波站开始正式铺轨,到1912年12月,宁波至慈溪(今慈城)段铺成试运行,1913年12月宁波至曹娥段全线完工,1914年6月11日正式通车。该段铁路东起江北槐树路(今江北公园),西至余姚马渚,沿途设庄桥、洪塘、慈溪(今慈城)、叶家、丈亭、蜀山、余姚、马渚、五夫、驿亭、百官、曹娥等站,全长77.9公里。② 1936年10月,萧山至曹娥段铁路开始建设,1937年11月铺通。由于曹娥江的阻隔,萧山至宁波全线铁路仍不能贯通。1938年为防止日军进犯,沪杭甬铁路管理局奉命将萧甬线的轨道和枕木逐段拆除。1941年宁波沦陷后,铁路拆毁,运输中断。③ 到1942年,宁绍商车联营处将宁波至曹娥段路基逐段改为汽车公路。抗战胜利后,1946年国民政府拟筹划修复甬曹段铁路,但因内战又起,经济萧条,修复铁路事宜遂告搁浅。

民国时期的杭甬铁路主要以客运为主,货运次之。1920年宁波到曹娥铁路输送旅客人数达1299672人次,运送货物75868吨;1934年

---

① 《中国实业志(浙江省)》甲编,第29页,1933年实业部国际贸易局发行。
② (民国)《鄞县通志·政教志·交通》,宁波出版社2006年版。
③ 《宁波市交通志》,第345页,海洋出版社1996年版。

客运量为1456007人次,1935年为1275079人次,1936年为2000000人次,年平均营业额为600000元。① 杭甬铁路在加强宁波与外界的经济交流方面发挥了巨大的作用。

民国时期宁波铁路除沪杭甬铁路外,还建有铁路专用线,即孔浦支线,龙山铁路和育王轻便铁道。孔浦支线铁路自宁波江北槐树路(今江北公园附近)至孔浦,属于沪杭甬铁路甬曹段支线,主要为便于机车出入而建。1919年由沪杭甬铁路管理局承建,全长3.92公里,有桥3座,日开行客车4对。1938年为防日军进攻,孔浦支线被奉命拆毁。龙山铁路自镇海龙山镇伏龙山到三北轮埠码头之间,由虞洽卿在1916年出资修建,全长4公里,主要行驶小火车。1941年宁波沦陷后,龙山铁路被日军拆毁。育王铁路起自鄞县宝幢,终端到璎珞河头,1931年开始建立,1933年建成通车,全长3公里。育王铁路全线有桥3座,主要行驶小火车,客货兼营。到1934年7月由于宁穿公路建成,铁路运输业务不断萧条,于是改为人力推车运行,1941年宁波沦陷后,铁道和小火车均被日军拆毁。②

(二)公路交通

浙江省公路交通建设发端较早,1920年浙江省省道局成立,主要负责交通道路建设事宜。到1931年,浙江全省的通车公路已达950公里,1933年则达到1085.48公里。而宁波在民国初期的近20年间"道路建设进展极少,可说毫无进展"③。直到20世纪30年代初,宁波才迎来公路建设的高潮。

民国时期宁波境内公路交通规划甚为详细,1930年当地政府曾规划以宁波城区为中心修建五大干线公路,辐射东南西三乡。这五大公路干线为宁穿线、宁象线、宁道线、横皎线和宁凤线,五条干线之间以

---

① (民国)《鄞县通志·舆地志·海洋》,宁波出版社2006年版。
② 《宁波市交通志》,第353页,海洋出版社1996年版。
③ 徐蔚葳《近代浙江通商口岸经济社会概况》,第78页,浙江人民出版社2002年版。

支线公路相互贯通成一扇形公路网。但由于种种原因,除宁穿、宁横线在1934年前后建成外,其余宁道、横皎和宁凤三线迟迟未能动工。①

1934年建于江东大河路的宁穿汽车站(选自哲夫主编《宁波旧影》,宁波出版社2004年版)

鄞慈镇公路从鄞县起,迄于慈溪观海卫,是连接鄞县、镇海、慈溪三地往来的交通要道。鄞慈镇公路由宁波旅沪同乡会于1929年倡议修筑,并为此专门成立了公债劝募委员会,推销公债50万元,1933年9月鄞慈镇公路建成通车。鄞慈镇公路所经过的重要地点有鄞县县治、白沙市、贵驷桥、骆驼桥市、澥浦镇、松浦市等,全长44公里,黄土路基,路面铺砌碎石,宽6.6米,可以通行汽车。鄞镇慈公里还有支线,就是由镇海招商局开始到澥浦,全长16.67公里,途经石塘下、俞范村、前后施、甜桥市、沙河头、白门头、十七房等地,路基以黄土建筑,路面用碎石铺砌,路面宽6.6米。

鄞奉公路是鄞县通往奉化的交通要道,也是奉化至鄞县与杭甬铁

---

① (民国)《鄞县通志·政教志·交通》,宁波出版社2006年版。

路的关键连接点。早在1923年,宁波商人孙梅堂等人就倡议修筑鄞奉公路,但不久就因受时局影响而搁置。1927年6月,旅沪浙江商人重新倡议修筑鄞奉公路之事,得到鄞县、奉化旅沪商人积极响应,旋即筹款50余万元开工修建,并于1930年5月竣工通车。鄞奉公路是宁波境内的第一条公路,全长51公里,路宽7.5米,沿途经过段塘、石碶、栎社、横涨、江口等处,路面以碎石筑成,通行汽车。鄞奉路的江溪支线由江口到溪口,长29公里,宽7.5米,经过大埠、畸山、溪口等处,通行汽车。江溪支线路面用石子铺成,全线路面较为平坦。1930年通过江溪支线往来的旅客达到35万人之多。[①]

除鄞镇慈公路和鄞奉公路这两条省道外,宁波还有宁童路和宁横路两条县道公路。这两条公路均由鄞县县政府修筑完成。

宁童路起自宁波古阳桥,途经七里垫、福明桥、盛垫桥、天童庄、五乡碶、宝幢、育王寺等地,进入镇海境内。宁童路是连接鄞县与镇海的重要通道。该路全长19公里,宽6.5公尺,以沙石筑成,沿途地势平坦,无山陵阻隔。

宁横路起自邱蹈,经莫枝堰、观音庄、大嵩等地,最后达到横山埠,战略地位十分重要。宁横路全长43公里,宽6.5公尺,以沙石筑成,沿途间有山坡。

慈溪境内重要公路除1933年修筑成的鄞慈镇公路外,还有慈鸣公路。慈鸣公路始修于1947年5月,从慈溪县城开始到鸣鹤镇,主要由慈溪县政府发动有关各乡镇义务劳动修筑而成,其中的路面和桥梁工程,由慈北长途汽车公司承包完成。[②]而在奉化境内,奉化至新昌的公路奉新路也于1947年8月通车。[③]

镇海境内的重要县道为镇穿路和穿育路。镇穿路自镇海县城江南市开始到穿山止,全线长约45公里,经过小港、清峙、石高塘、大碶

---

① 徐蔚葳《近代浙江通商口岸经济社会概况》,第87页,浙江人民出版社2002年版。
② 《宁波旅沪同乡会会刊》(复刊)第14期,1947年5月刊。
③ 《宁波旅沪同乡会会刊》(复刊)第16期,1947年7月刊。

头、清水桥、霞浦张、柴桥等处,路宽5米,黄土路基,路面用碎石沙子铺成,全路基本平坦。

穿育路起自穿山,止于育王岭连接鄞县的县道,全长21公里,路面宽5米,沿途经过柴桥、霞浦、朱家村、清水桥、石湫、璎洛河等地。路面主要以碎石和沙子铺砌。

象山重要县道也有两条,即象石路和象墩路。象石路从象山县城开始到石浦止,经过东溪、昌国卫两镇,全长68公里,宽2.64米,系旧有的石子路,沿途山坡很多。象墩路起于象山县城,止于海墩,路长25.65公里,宽2.64米,系象山旧有的石子路,来往的货物以鱼类谷类以及洋货等为最多。象山境内的这两条县道由于道路崎岖,行车颇为困难。

南田的重要公路就是由樊岙通鹤浦的樊鹤路,全长8公里,宽4米,以沙石筑成,沿线地势平坦,可以通行人力车。

宁海境内有4条重要公路,即北路、南路、西路、东路4条县级公路。北路是宁海通往奉化的交通要道,全长68.4公里,其中在宁海境内的为34.2公里,宽2.31米,路基用片石筑成;南路由宁海城关通往临海,全线长80公里,其中宁海境内为45.6公里,路宽2米,路基用片石构筑,沿路山坡较多,所以运输货物主要依靠挑夫肩挑。宁海西路是由宁海城关通往天台的公路,全长68.4公里,其中在宁海境内有34.2公里,路宽2米,用片石建筑路基,沿途多为崇山峻岭,通行十分困难,运输货物完全依靠挑夫;宁海东路是宁海连接象山的交通要道,全路长68.4公里,在宁海境内有34.2公里,路宽2米,路基用片石建筑而成,沿途要经过22.8公里的山地。运输的货物以南货、纸张、鱼、木材等为多,货物主要由挑夫挑运。

1933年浙江全省投入公路运输的汽车共有345辆,宁波地区共有大客车16辆,小包车6辆,货车9辆,平车2辆,共计33辆,由于汽车数量很少,所以人力车就成为交通代步的主要工具。据1933年调查,在宁波市内共有人力车行16家,总计有人力车1677辆。在旧市区内行驶的人力车有 1590 辆,行驶在四乡的有 87 辆。[①]

(三)机场的建立

民国时期宁波先后兴建了段塘水上机场、南泓机场、庄桥机场和栎社机场等 4 座机场,而 1932 年建成于鄞县段塘镇东的段塘水上机场属于宁波建设机场的开始。段塘水上机场由鄞县政府建设科设计监造,1932 年 1 月 31 日开工建设,同年 5 月 18 日建成,耗费法币 4730 元,经国民党军政部航空学校验收投入使用。该机场占地面积仅有 3600 平方米,可供小型飞机起降,但建成不久就被废弃。南泓机场位于镇海南泓,距城关镇以北约 10 公里,占地面积 49 万平方米。1935 年 6 月由镇海县政府建设科监造,1936 年 6 月 19 日竣工,专供国民政府军政要员座机起降,1938 年废弃。庄桥机场位于慈溪庄桥镇东(今属宁波江北区),为驻甬日军在 1944 年修建。1944 年 9 月,日军强抓民夫修建庄桥机场,占田 3600 亩,拆屋 3000 余间,殃及 15 个村庄,数百户农民流离失所,建成后的庄桥机场占地 240 万平方米。1945 年 4 月,庄桥机场遭到盟军飞机轰炸,击毁日军飞机 2 架,汽油库 1 座。1945 年 8 月,庄桥机场由国民政府空军接管,1947 年 3 月,庄桥机场被废弃。

栎社机场位于鄞县栎社汽车站西侧,兴建于 1936 年,由鄞县政府建设科施求臧等设计建造,占地面积 1000 亩,66.6 万平方米,为国民政府军用机场,亦供蒋介石座机起降。栎社机场的设施比较简陋,机场跑道呈"T"字形,一为南北走向,长 1000 米,宽 25 米,一为南北跑道终点向西延伸,四周有河道相隔。1937 年 8 月至 1941 年 4 月,栎社机场先后遭日军飞机轰炸达 430 架次,掷弹 3600 多颗。栎社机场遭到严重破坏,但是经过抢修,飞机仍然可以起降。1938 年 5 月 19 日,中国空军两架双翼重型轰炸机从栎社机场加油起飞,飞抵日本长崎、佐

[①] 《中国实业志(浙江省)》癸编,1933 年实业部国际贸易局发行。此系根据第 47~50 页表格整理而成。

世保上空,散发反战传单,曾轰动一时。1941年宁波沦陷前夕,为防止机场被日军利用,国民政府将栎社机场毁坏。日军占领宁波后,于1942年抓民夫将毁坏的机场修复。1945年日本投降时,栎社机场已经荒芜。1948年春,鄞县政府根据宁波空军站的请求,动员唐碶、栎社、布政、和益五乡年龄在18岁至45岁的壮丁义务赶修栎社机场。1949年宁波解放后,栎社机场由解放军东海舰队航空兵部队接管。①

第五节 赋税与财政

财政是支撑公共权力机构的根本之一,是"权力维持或发展的财力界限"②,而赋税又是财政的基础与来源。民国时期宁波赋税主要由田赋、盐课、厘金与营业税、杂税、杂收入、契税以及各种捐税构成,其中田赋、营业税和杂税成为赋税收入的大宗。在20世纪20年代初期,宁波财政税收状况处于良性循环状态,收支相抵尚能基本保持平衡。但从20年代末期到30年代初期,财政状况开始恶化,入不敷出的现象日益严重。随着抗战的爆发和日军的占领,宁波财政遭到毁灭性打击。在共产党领导的浙东抗日根据地,新的赋税制度和财政政策为抗击日寇提供了强有力的物质保障。抗战胜利后,国民政府的腐朽统治最终导致整个财政体系的崩溃。

一、赋税

(一)田赋

宁波从1912年开始编制财政预算,史言"自民国元年县议会成立

---

① 《宁波市交通志》,第386~387页,海洋出版社1996年版。
② 赵学增《〈资本论〉中的财经理论》,第152页,山东人民出版社1994年版。

后始有岁出入预算案"①。田赋及其附加是民国初年宁波财政的主要收入来源,田赋主要由地丁银、盐课以及抵补金三部分构成。田赋征纳的时间从当年6月开始一直持续到第二年8月,这种漫长的征缴方式往往导致旧赋未清而新赋又开始征收,前后交错,因而也使得田赋征收常常陷入混乱之中,对每年田赋的具体征收数额更是难以厘清。

1913年,鄞县财政收入为13.57万元(银元,下同),其中田赋等附加62525元,田赋及其附加占当年财政收入的46%,几乎达到一半。1927年7月至1931年1月,宁波设市,财政收入入不敷出,累计负债银元187770元,赖息借商款垫补。1930年鄞县政府征纳田赋即地丁银和盐课总数为74100银元,1931年鄞县财政收入中的田赋收入为70999元。田赋盐课占预算收入52.97万元的13.4%。1935年确立中央、省、县三级财政体制后,宁波与其他地方一样,建立了岁入岁出预算,岁入仍以田赋附加及地方捐税为主。如鄞县1936年岁入岁出预算为法币326.56万元,田赋附加及地方捐税占预算总数的79%,1937年占76%,1938年占65%,1939年占54%,1940年占60%。1945年8月抗战胜利后,地方政府强行摊派地方性捐输及赠予,田赋附加以及地方捐税占财政收入比重下降,但仍占到近50%。1946年国共内战爆发后,通货膨胀严重,该年宁波地区各县预算收入总计法币25.21亿元,比1940年增加572倍,②田赋仍是预算收入的主要来源之一,亦成为当地百姓的沉重负担。

(二)盐课

整个民国时期宁波盐产量始终占据浙江全省一半以上,因此盐课(盐税)也就成为宁波财政收入重要来源之一。由于民国时期宁波地区盐课征收数目缺乏记载,在此仅能对大嵩盐场盐课征纳情况作一统计。1924年至1934年11年间,盐课税额不断抬升,从1924年每担原

---

① (民国)《鄞县通志·政教志·财政》,宁波出版社2006年版。
② 俞福海《宁波市志》,第1669~1670页,中华书局1995年版。

盐0.5元（银元，下同）的税额提高到1934年每担原盐1元。1924年鄞县财政从大嵩盐场征纳盐课1440元，1925年为1121.5元，1926年为1518.6元，1927年为1040.4元，1928年为1554元，1929年为1770.6元，1930年为2086.2元，1931年为2176.2元，1932年为4822.6元，1933年为5800元，到1934年时则猛增到8505元。[1] 增加的幅度在各项财政税收中是属于比较高的。

（三）厘金与营业税

1931年前，民国政府对营业税的征收主要以厘金为主，1931年1月1日开始在全国范围内裁减厘金，开始征收营业税。根据营业类别的不同，营业税的税率在2‰～10‰之间。据统计，1931年宁波所属诸县有经营户3159户，共计征纳营业税82674元（银元，下同）；1932年经营户增加到3854户，征纳营业税193093元；1933年有营业户4160户，征缴营业税227744元，征缴牙行营业税34720元，征收典当营业税4130元、屠宰营业税27931元。1933年总计征缴营业税高达294526元。[2] 营业税成为民国中后期宁波财政收入的重要来源之一。

（四）杂税

杂税主要包括杂捐税和杂收入两大类，杂捐税主要由牙当捐税（牙税、当税）、屠宰税、屠宰附加税、牌照税、迷信捐、广告捐、车捐、白水使用费、公地使用费等十多大类数十小类组成，名目繁多，成为民国时期宁波百姓的沉重负担。杂捐税中的牙税、烟草税、官营产业租金等属于地方代征的国税或者省税，需要上缴上级财政，其余属于地方财政的收入。

1930年，宁波市政府总计收取牙当捐税5870元（银元，下同），屠宰税17629元，屠宰附捐1421元，牌照税12678元，各项医捐4641元，

---

[1] （民国）《鄞县通志·政教志·财政》，宁波出版社2006年版。

[2] （民国）《鄞县通志·政教志·财政》。

广告捐税469元等,总计杂捐达到43132元。到1931年,杂捐征收数量激增至244546元,杂捐占了当年宁波预算收入的46%强。① 此后,杂捐与田赋一起,成为民国时期宁波财政收入的主要来源。1945年抗战胜利后,地方政府强行摊派地方性捐献及赠与,所得杂税占财政预算收入的33%,②该情况一直持续到1949年宁波解放为止。

(五)契税、房捐

民国成立后,对契税的征收日渐重视,尤其对典卖契税的征收更是大幅度增加。清代末期,对买卖契税的征收税率为3%,对典当契税则不征收。而民国时期,宁波同其他地区一样,将买卖契税的征收税率由3%提高到6%,对典当契税则按照3%的税率征收契税。如果再加上置产捐10‰以及契纸费等,契税税率几乎达到10%,"契税亦今重于昔也"③。如1930年宁波实征契税83790元(银元,下同),1931年达到126469元。④ 契税由此也成为中央与地方教育支出的重要来源。

民初宁波主要对商铺征收房捐。从1927年开始,房捐征收范围扩大到居民住宅,由此房捐便成为宁波财政收入的大宗之一,史言房捐属于宁波"税入之大宗也"就是明证。⑤ 据(民国)《鄞县通志·政教志》记载,1930年,宁波市政府实际征收房捐税7683元,1931年则达到205212元,约占当年宁波财政预算收入的38%。

(六)杂收入

虽然民国时期宁波对杂收入没有具体规定,但一直在征收之中。

---

① (民国)《鄞县通志·政教志·财政》,宁波出版社2006年版。
② 俞福海《宁波市志》,第1670页,中华书局1995年版。
③ (民国)《鄞县通志·政教志·财政》
④ (民国)《鄞县通志·政教志·财政》
⑤ (民国)《鄞县通志·政教志·财政》

杂收入名目繁多,诸如公营业收入、查验费、规费、各项补助收入、土地登记收入、工商登记收入、公产变价、车辆罚金等等都在杂收入之列。虽然有些收入数额不大,如认销垃圾规费每年收入有30元(银元,下同),但由于项目多样,每年杂收入总数为之不少,仅1931年,宁波财政杂收入的数额就高达131088元,超过契税的收入,占当年宁波财政预算收入的近25%。

以上是民国时期宁波财政收入的主要来源。除此之外,诸如公款公产经营收入、公债借款收入、烟酒税、印花税、沙田清理费等也是财政收入的来源。需要指出的是,宁波财政收入中不包括关税,虽然民国时期浙海关关税收入每年数额颇巨,但并不能由宁波财政支配,因此不计在宁波财政收入之内。

二、财政

(一)财政管理体制

民国时期,宁波财政管理机构时有变化。1912年,鄞县县公署设第二科主管财政。1927年7月,宁波市政府设财政局,县设财政科。1929年6月,县财政科改财政局。1931年1月,宁波撤市,并入鄞县,5月更名财政局,掌管租税征收、钱粮出纳及地方公产,1935年撤局改科至解放。[①]

宁波市的财政体制在民国时期变化明显,1912年至1927年的十多年间,民国政府规定将财政划分为中央财政与地方财政两级,地方财政仅局限于省一级,因此宁波尚无地方财政存在。鄞县政府的财政收入除少量省上拨款外,主要依靠地方杂税。1927年7月至1931年1月宁波设市期间,依据国民政府规定,市政经费主要源自土地税、土地增加税、房捐、营业税以及牌照税等。但土地税一直未开征,营业税

---

① 俞福海《宁波市志》,第1666页,中华书局1995年版。

则由省局征收,市无分成。因此,宁波市财政收入主要依赖省款补助和地方捐税,同时也依靠商业借贷弥补绌支。1935年7月,国民政府公布《财政收支系统法》,确立了中央、省、县(市)三级财政体制,宁波财政收入除省上拨款之外,主要依靠地方捐税收入。抗日战争爆发后,为适应战时经济需要,宁波在财政体制与财政政策方面作了调整,主要体现在两个方面,第一,采用量出为入原则,适应战时对物资的需要;第二,治理原有税收,保证各项税收及时征缴。[1]

1941年为适应抗战需要,又改行中央、县两级财政体制,宁波财政收入包括田赋一部分(中央划拨)、营业税、印花税分成各30%,遗产税分成25%,另加使用牌照税、营业牌照税、屠宰税、房捐、宴席娱乐税(捐)等5种地方税及浙江省单行的警捐。抗战胜利后,1946年7月,国民政府公布《修正财政收支系统法》,恢复了中央、省、县三级财政体制,除县财政保持原地方性收入外,国税、省税分成变动较大,田赋改为正税的50%,营业税由30%改为50%,遗产税由25%改为30%,印花税不再分成,契税归县。但由于国民政府后期管治的腐败,通货膨胀愈加严重,这些收入仅能勉强维持公教人员的生活费用,其他收入仍依靠苛捐杂税弥补。

(二)财政支出概况

民国时期宁波财政支出主要包括行政支出、工务事业费支出、中山公园经费、党务费、区公所经费、公益费支出、卫生事业费以及杂项经费支出等项目。

1913年,鄞县财政收入13.57万元(银元,下同),支出13.36万元,收支相抵略有结余。在1913年的财政支出中,其中政府行政支出和警用事业支出占全部财政支出的71%,教育文化卫生经费占14%。1927年7月至1931年1月,宁波设市,该时期财政收入入不敷出,负

---

[1] 李能为《宁波大观》,第6页,1940年印行。

债 187770 元(银元,下同),赖息借商款垫补。1931 年,宁波财政预算收入 52.97 万元,实际支出 56.3 万元,其中行政经费支出 25776 元,公用事业费 25872 元,中山公园经费 1224 元,党务费 10646 元,五个区公所经费支出 7440 元,公益费支出 12170 元,卫生事业费支出 46024 元,教育费支出 190472 元,公安费支出 212966 元,杂项费支出 30419 元,收不抵支,财政赤字 3.33 万元。

1935 年开始,全国范围内确立起中央、省、县三级财政体制,各县普遍建立起岁入岁出预算制度,岁入以田赋附加及地方捐税为主,岁出则以行政经费和公安经费为主。1936 年,在所有财政支出中,行政经费和公安经费占财政支出的 67%,1937 年为 69%,1938 年略有降低,为 59%,1939 年又增加到 66%,1940 年为 63%。

1945 年抗战胜利后,宁波财政支出结构有了一定变化,除行政经费外,大幅度增加了保安经费,保安经费占财政支出的 29%,实际支出比例更大。1946 年国共内战爆发,宁波陷于通货膨胀之中,1946 年当年预算收入为法币(下同)25.21 亿元,而财政支出则以公教人员生活补助为主,计 14.32 亿元,为预算收入的 57%,而鄞县则高达 82%,象山为 62%,宁海占 74%。1949 年,宁波财政预算收入为 3.312 亿元,实际收入 2.17 亿元,支出 1.25 亿元,其中行政经费支出 4300 万元,文教卫生支出 4800 万元,城建和其他支出 3400 万元。①

三、浙东敌后抗日根据地的赋税制度

(一)浙东敌后抗日根据地财政机构的演变

1941 年 5 月,浦东部分武装南渡浙东,开辟三北敌后抗日根据地。因供给发生困难,7 月,第三战区淞沪游击队第五支队第四大队(简称"五支四大")经过与国民党慈溪国民兵团交涉,在慈北古窑浦建立了

---

① 俞福海《宁波市志》,第 1673 页,中华书局 1995 年版。

第一个办事处,征收进出港口货物税。这是浙东抗日根据地最初的临时财政机构。后又陆续在海甸戎家、丘王(后移至龙头场)、澥浦、沈师桥、逍路头等地建立办事处。苏鲁战区淞沪游击队暂编第三纵队(暂三纵)也在长河市、临山等地建立办事处。8月,在慈北成立总办事处,以加强对根据地财政税收工作的领导力度。9月,这些办事处在港口以及交通要道设立税卡,通过征收过境货物税保障抗日部队的供给。因此,办事处的设立,是浙东抗日根据地最早财政机构的雏形。

  1942年7月,在浙东敌后第一次干部扩大会议上,决定改革原有财政机构,通过建立过渡性的军民联合办事处,以便向正规的财经机构转化。并决定实行统一的经济制度,做到统收统支,实施预决算制度。① 在此情况下,"五支四大"总办事处改组为三北总办事处,11月又扩大为三、四、五支队总办事处,下设2个县级办事处和12个区级办事处,为扩大税收征缴范围创造了条件。

  1942年12月,浙东抗日根据地在三北取得反顽自卫战争胜利后,成立了三北游击司令部财政经济委员会("三北经委会"),具体负责根据地的经济政策,编制预决算,组织财政收入,规范各项经济制度,实施对根据地财经工作的统一领导。"三北经委会"下设粮秣、税务、稽征科,先后在慈镇、慈姚、余上三县设置东区、中区、西区三个经委会分会,分会以下设立11个征收处。② "三北经济委员会"成立之初,由连柏生任主任,陆慕云任副主任。

  1943年浙东抗日根据地着手调整税收机构,撤销分会,成立税务分局,分局下设税务派出所,派出所下设若干税卡。1944年1月浙东临时行政委员会成立后,"三北经委会"随之改组为敌后临时行政委员会财经处。"三北经委会"分会及征收处的工作分别改由县办事处财

---

① 谭启龙《目前国内外形势与我党发展浙江敌后游击战争建立根据地的方针》,《浙东抗日根据地》,第42页,中共党史出版社1987年版。
② 范子芳《三北抗日根据地财经工作的发展演变》,《浙东抗战与敌后抗日根据地史料丛书》第6卷,第98页,中共党史出版社2001年版。

经科和区署财经指导员管理,形成了敌后临时行政委员会财经处——县办财经科——区署财经指导员的财经管理体制。

为强化税收征稽,1944年在征收处撤销后,三北东部地区成立了三北税务所,西部地区建立了沿海税务所。1945年初又建立了江防处,主要管理海上通道,开辟贸易。不久,三北工商管理局成立,两个税务所划归三北工商管理局管理。①

早在浙东敌后临时行政委员会成立之前,为保证军政费用,三北游击司令部建立了总金库,1944年1月敌后临时行政委员会成立后,总金库制进一步完善,在三北的余上、慈姚县也相应成立了分金库。在此基础上,1945年4月,浙东银行成立,下属有三北分行和余姚支行等,并开始发行抗币,开展信贷业务。1945年抗战胜利后,浙东行政公署新建浙东工商管理局,将原由行署财经处负责的稽征工作划归工商管理局管理。其主要任务为发展贸易、调节物价、稳定金融,管理和发展公营、民办工业,健全税收机关,接收管理敌伪物资等。② 1945年9月,新四军浙东游击纵队及地方党政干部奉命北撤,浙东抗日根据地财政机构的使命宣告结束。

(二)浙东敌后抗日根据地的赋税制度

浙东抗日根据地正式成立前,为解决军队给养需求,"五支四大"和"暂三纵"各自在三北沿海一带设立若干办事处,各办事处又在一些水陆交通要道和重要出海口设置税卡,向过往商人征收过境货物税,作为部队经费的主要来源。1942年7月在浙东敌后第一次干部扩大会议上,谭启龙提出了"一切抗日经费的来源,应由全体人民合理负

---

① 范子芳《三北抗日根据地财经工作的发展演变》,《浙东抗战与敌后抗日根据地史料丛书》第6卷,第99页,中共党史出版社2001年版。
② 范子芳《三北抗日根据地财经工作的发展演变》,《浙东抗战与敌后抗日根据地史料丛书》第6卷,第100页。

担"的原则①,开始统一根据地的财经制度,这是浙东根据地财经政策的一个重大变化,开始改变以前单纯依靠征收货物税作为根据地财政来源的做法,根据地财税来源开始由田赋公粮和税收两大部分组成。田赋公粮主要由县区办事处根据"三北经委会"制定的合理负担政策和规定,通过乡保机构征收;税收则直接由"三北经委会"管理,制定了进出根据地货物一物一税制度,规定了各种商品的税率,把根据地的税收工作统一起来。

田赋公粮主要用于根据地的军粮和经费支出。1943年8月"三北游击司令部"颁布了《抗日军粮、抗卫经费并征暂行征收条例》,规定了公粮、田赋的具体征缴办法:田,每亩征谷13市斤;旱地,甲等地每亩征谷6.5市斤,乙等地每亩征谷5市斤,山地每亩征谷8市斤。不种稻谷的地区可以用现金代缴(简称代金)。代金计算方法以当时当地市面的谷价为标准。田赋分担率按照自耕农、业主和佃农三种情况征收。自有田地自行耕种的自耕农,独自负担全部应缴的田赋。佃农、半自耕农和地主应该缴纳的办法为:租佃之田及山田,由业主及佃户各自负担一半;甲等租佃之地业主负担2斤,佃户负担4.5斤;乙等地由业主负担1.5斤,佃户负担3.5斤。这样既照顾了各方利益,又有利于建立广泛的抗日民族统一战线。

货物税是对购运应税货物的纳税人所课征之税。从浙东抗日根据地创立伊始货物税就开始征收。1943年3月,"三北经委会"副主任陆慕云经过调查,草拟了一份《战时进出口货物税征收暂行办法》,经过一年多时间的实践与完善,1945年正式公布,并附有详细的税率表、税目税率及计税方法。具体规定是:对一般生活必需品,如棉花、桐油、竹木、土布等,征收5%的轻税。对非生活必需的奢侈品,如卷烟、白蜡、香粉,征收15%的重税,对黄糖则征收高达30%的税。同时对军需物资如药品、白布、纸张文具则免征货物税。

---

① 谭启龙《目前国内外形势与我党发展浙江敌后游击战争建立根据地的方针》,《浙东抗日根据地》,第41页,中共党史出版社1987年版。

盐是生活中不可或缺的重要生活用品,由于盐课负担面广,且税源集中,容易控制,所以与货物税一起成为浙东根据地最早开征的税种之一。1943年1月,三四五支队总办事处在姚北盐区成立姚海办事处,并在崇寿、东三等地设置税卡,对出口食盐开征盐课。如1943年夏,南山征收处西区分会,通过私盐贩子将盐从庵东盐场运出,各征收处对每担盐征盐课2元(银元,下同)。估计每天有几百担盐出口,每月可征收税款一万多元。由于浙东多数盐区控制在日伪手中,根据地政权鞭长莫及,因此1943年浙东根据地政府对多数盐场采取包税办法,责成盐区保长承包,限期完成盐税缴纳任务。1945年浙东行署颁发《浙东行政区工商管理局实验暂行章程》,设立了浙东盐务局,下设食盐运销处。并命令所有牙行性质的盐行一律停止食盐运销,属于商贩性质的一律进行登记,核发统一许可证。对盐贩的盐价,暂定每担抗币(下同)5元,税率30%,每担征盐税1.5元,同时征收业务费20%,每担1元,合计每担7.5元。对过境的食盐,则以货物税形式征收。

由于根据地不断发展壮大,财政支出也在持续增加,导致收支失衡。因此1944年5月"临委会"决定开征若干地方税,主要有牙税、营业税、油坊税、屠宰税和酒捐等。

牙税是对介绍交易行为所获得收入课征的一种税,1944年5月临委会对牙行的佣金按收入额分为五个等级,按季征收,但由于税率较轻,1944年11月重新作了修订,相应提高了税率,一般每月税率在3%~5%之间。

营业税征税对象主要是集镇上的商店,根据商店自报营业额核实征收,税率为3%。油坊税是对榨油作坊榨油收入课征的一种税,按车征收,每车油征收200元(抗币,下同)。屠宰税是对猪羊牛等牲畜进行屠宰时征收的税,实行按头或按率征收,一般猪每头征收600元,羊每只征收60元,菜牛每头按10%的税率征收。

1944年5月临委会规定酒捐按缸征收,不分家酿和坊酿,每缸征收600元。同年12月临委会驻四明地区特办发布第139号训令,规定酒捐每缸征米40斤(按市斤折收现金),半缸起征,不足半缸按半缸计税。过境酒按货物税征收。

(三)浙东敌后抗日根据地的财政收支
1.浙东敌后抗日根据地的财政收入
(1)货物税:货物税是根据地财政收入的主要来源之一。从根据地创建开始,货物税就成为根据地军政费用的重要来源,而税卡的设立对货物税的及时有效征缴提供了强有力的保证。征收货物税的重要原则之一就是"量出为入",根据形势发展需要和军政费用开支情况适时调整收入。如根据1944年三四月需求军费计算,每月根据地军费开支约为3500万元(抗币),估计货物税的征纳也就在这个数量上下变动。

(2)田赋、军粮收入:浙东根据地初期经费开支主要依靠货物税和抗卫捐收入,所需粮食从市场购买。随着军队人数的增加和采购粮食的困难增多,从1942年开始就改为向产粮区征购粮食。1943年改征购为征收,决定直接向农村征收稻谷,简称公粮,对不产粮的经济作物区以及运输和存贮粮食不便的地区,则征收代金(即现款)。如1944年五六月间,浙东行委会财经处要求浒山区署征收实谷30万斤,代金300万元(抗币,下同);丈亭区署补征实谷10万斤,田赋200万元,代金100万元;观城区署补征实谷10万斤,征收田赋300万元;龙山区署补征实谷8万斤,田赋80万元;庄市区署和庄桥区署征收实谷30万斤,代金600万元,并开征田赋;余上县办征收实谷12万斤,代金500万元,并开征田赋;四明山地区征收实谷和代金,但数字不详。从已有数字统计可以看出,1944年根据地征收的稻谷最少有100万斤,代金和田赋2000多万元。[①]

---

① 《浙东行委会财经处关于财政开源问题的指示》,《浙东抗日根据地》,第102~104页,中共党史出版社1987年版。

（3）地方税收收入：根据地的地方税开征于1944年5月，主要由牙行税、营业税、油坊税、屠宰税和酒捐五部分组成，具体收入情况不详。但作为浙东根据地弥补财政收支失衡的重要手段，估计数目不小。

（4）抗卫捐收入：浙东抗日根据地除在农村征收公粮外，还向集镇的殷商富户征收抗卫捐，并印发《三、四、五支队为征收抗卫经费告民众书》，得到了爱国人士的积极响应，仅姚南县在1944年就征收了价值500万担粮食的抗卫捐。① 抗卫捐的征收，大力支持了根据地的抗日工作，意义重大。

2. 浙东敌后抗日根据地的财政支出

关于浙东抗日根据地财政支出详情，目前已经无法统计，只能在此简要述之。根据连柏生1945年1月在浙东敌后临时各界代表大会上所做施政报告记载，财政支出主要由军费、行政费、辅助费（文化经费、民运经费、工商借贷及救济）三部分构成，其中军费占财政总支出的76%，行政费占14.3%，辅助费占9.7%。但从总的情况看，财政收支不平衡的现象始终没有得到很好的解决。如在1944年，根据地库存现金很少，而"3月份应付出的各项经费为数甚巨，很多单位（行署在内）3月份津贴还没有发"，3月下旬更需各种经费支出3500万元（抗币，下同），4月份需要支出34200万元，5月份需要支出52700万元。②

虽然浙东根据地财政收支失衡的状况一直没有得到彻底改变，但由于民众的支持和财经工作者的努力，从总的方面看，尚能基本保证根据地各项开支所需，这从1945年9月浙东纵队北撤之际以抗币兑换粮食和部队到达苏北后上缴的金银、货币以及其他物资这两件事上

---

① 薛诚《姚南县办的财经工作》，《浙东抗战与敌后抗日根据地史料丛书》第6卷，第133页，中共党史出版社2001年版。
② 陆慕云《浙东抗日根据地的财经工作》，《浙东抗战与敌后抗日根据地史料丛书》第6卷，第88页，中共党史出版社2001年版。

就能看出。尤其是用抗币兑换粮食一事,由于部分群众未能及时兑换,浙东根据地政府就将余留下来的稻谷委托保管,以方便百姓兑换。

第六节　宁波帮的发展变迁

宁波帮是在中国近代逐渐形成的一个特殊商帮群体。到民国时期,其在中国社会经济中的地位和作用愈加重要,宁波帮不仅成为江浙资本集团的基础和核心,而且在求生存、图发展中不断转换经营理念,拓宽经营渠道,开始从国内走向世界,并在建设家乡的活动中善举频仍,为促进宁波的发展作出了贡献。

一、宁波帮在江浙资本集团中的地位

江浙资本集团是对近代中国以上海为中心的浙江、江苏籍大资本集团的概称。江浙资本集团不仅包括金融资本集团,还包括工商资本集团。它不只是单纯的银行资本,还是银行资本、钱庄资本、商业资本、工业资本相互结合、相互渗透、相互融合的资本集团。江浙资本集团主要以上海为基地,支配着上海钱庄业、商业银行和各大商号、多数纺织企业、重要航运公司及各种商业团体与各类经纪人,成为影响上海政治、经济生活的重要因素,其经济实力执全国之牛耳,对近代中国社会经济变迁有举足轻重的影响。

在江浙资本集团的形成过程中,宁波帮是江浙资本集团毋庸置疑的重要基础,所谓江浙财团不外就是"大宁波帮"而已。[①] 日本学者根岸佶的观点说明,近代以来所产生的江浙资本集团就是以宁波帮为核心而形成的。有学者曾言:"以宁波帮为中心的江浙乡帮的同乡集团,

---

① (日)根岸佶《上海的行会》,第53页,日本太空社1998年版。

形成了上海资产阶级,形成了浙江财阀"①,宁波帮就是"江浙财团的支柱"②。

宁波帮不仅支配着上海的金融业、纺织业、航运业,而且还支配着上海的大多数行业组织,如上海总商会、上海银行业同业工会、上海钱庄业工会等。③

众所周知,上海总商会由上海商会发展而来,而上海商会的实际创办者就是近代宁波帮的代表人物之一严信厚。宁波帮不仅创立了上海商会,而且也长期掌握着上海商会的领导权。从1902年上海商会成立到1929年商会被改组的28年间,商会换届18次,有11人先后担任总理或会长。在这11人当中,宁波籍的就有严信厚、李厚佑、周金箴、朱葆三、宋汉章、虞洽卿、傅筱庵等7人,占总数的64%,而在28年的商会运转期间,宁波帮控制商会的时间长达24年。在上海总商会担任副职(协理)的人员中,宁波帮同样占据绝对优势,周金箴、朱葆三、李厚佑、严子均、秦润卿、方椒伯、袁履登等7人也曾先后出任副职。在商会会董中,宁波帮同样占据会董的绝大多数,据统计,1922年上海商会的33名会董中,宁波帮有15人,占会董总数的45.6%,在1924年则占到60.6%。④ 在上海商会中,宁波帮会董和会员的意志直接影响着商会的各种决策,如曾少卿任商会总理,"曾少卿如果不以宁波帮势力的意志为意志,就必然孤掌难鸣,离开了江浙籍商帮特别是宁波帮的支持,他在上海商务总会总理任内是难以有所作为的"⑤。

同样在上海钱业公会中,宁波帮的代表人物秦润卿先后6次出任

---

① 陈真等《中国近代工业史资料》第1辑,第308页,上海三联书店1957年版。
② 《江浙财团的支柱——宁波帮》,《经济导报》(香港)第67期,1948年4月20日。
③ 小科布尔(Parks M. Coble, Jr.)著,杨希孟、武连珍译《上海资本家与国民政府(1927—1937年)》,第25页,中国社会科学院出版社1988年版。
④ 陶水木《浙江商帮与上海经济近代化研究(1840—1936年)》,第236页,上海三联书店2000年版。
⑤ 徐鼎新等《上海总商会史》,第89页,上海社会科学院出版社1991年版。转引自陶水木著《浙江商帮与上海经济近代化研究(1840—1936年)》,第236~237页。

该会会长。上海银行公会从1918年第一届到1931年第八届的6名会长中,宁波籍的就占了4名,而上海银行公会的发起人和创立者就是余姚人宋汉章。宁波帮绝对控制着上海金融业的发展方向。

又如1912年底,上海南北钱庄虽然处于低迷状态,钱庄仅存28家,资本110.8万银两,但在这仅存的28家钱庄中,就有甬籍钱庄11家,资本51.4万银两,所占比重分别为39.2%和46.4%,几乎占到上海钱庄业家数和资本之半。① 毫不夸张地说,宁波人撑起了上海钱业的半壁江山。据统计,1934年上海的银行资本为24210万元(银元,以下同),与宁波人有关的银行资本为19680万元,占80%以上。② 1941年,宁波人在上海拥有钱庄11家,银行17家,银号5家以及为数不少的证券公司和保险公司。③ 宁波帮在上海金融业中的地位举足轻重。

综上所述,江浙财团也可以说是"以宁波帮为中心的江浙乡帮的同乡集团"④。

二、宁波帮在家乡的投资和建设

宁波帮在家乡的建设和投资是宁波帮在民国时期的重要举措之一,这不仅增强了宁波地区的经济力量,而且进一步推动了宁波民族工商业和教育业的发展,加速了宁波地区近代化的进程。

投资家乡交通建设是近代宁波帮的一项重要经济活动。早在甲午战争后,就有一批宁波商人相继创办外海商轮局、永安商轮局和志澄商轮局等小型轮船航运企业,使宁波内外交通条件有了一定改善。

虞洽卿在担任宁绍轮船公司总经理期间,投入200万元(银元,下同)在镇海龙山设轮埠,筑海堤,铺设电报线,修筑轻便铁道和鄞镇慈

---

① 《宁波金融志》第1卷,第81页,中华书局1996年版。
② 朱裕湘《宁波人与旧时银行业》,《宁波文史资料》(内),第4辑。
③ 范学文《四十年代前在上海的宁波帮》,《宁波文史资料》(内),第5辑。
④ (日)山上金男《江浙财阀为基础的考察》,第65页,日本中央公论社出版。

公路等。① 1913年虞洽卿创办三北轮船公司，购买了"慈北"、"姚北"、"镇北"三艘轮船，往来于宁波地区各埠之间。同时又经虞洽卿申请获准，镇海、龙山的棉花和棉织品出口，可以免交转口税，但他"事前与棉商约定，货运须装三北公司轮船，以谋专利"②。

进入20世纪20年代以后，旅外宁波商人掀起了在家乡投资交通建设的热潮。③ 1923年，宁波商人孙梅堂等人倡议修筑鄞奉公路，因受时局影响而搁置。1927年6月，旅沪浙江商人重新倡议修筑鄞奉公路之事，鄞县、奉化旅沪商人积极响应，旋即筹款50余万元开工修建。1930年5月，鄞奉公路（宁波境内的第一条公路）竣工通车。鄞慈镇公路也由宁波旅沪同乡会于1929年倡议修筑，并为此筹募款项而于1933年9月建成通车。1933年，宁波旅沪同乡会又集资兴建鄞县至镇海穿山的宁穿公路，并于次年5月竣工。在旅外宁波商人的大力支持和参与下，到1934年，宁波境内公路通车里程达386公里之多，初步形成了以鄞县为中心的公路交通网络。1935年后，身在上海的宁波商人张申之和黄延芳等人发起成立"鄞奉"、"通运"、"宁穿"、"观曹"、"利行"等5家民营汽车运输公司，从事客货运输业务，大大改善了宁波地区的陆上交通。

投资家乡公用事业也是宁波帮的主要活动之一。如在1911年，宁波商人王匡伯、王仰之等集资20万元，创办宁波电话股份有限公司，并于1913年5月开通电话业务，这也是宁波地区使用电话的开始。到1920年，宁波电话股份有限公司改组为四明电话股份有限公司，1934年电话交换机的容量已经达到2400门，用户有2000多户，大大便利了宁波城乡的通讯联系。1914年，虞洽卿集资13万元，筹组宁波永耀电力公司。永耀电力公司成立后，业务迅速发展，到20世纪30

---

① （日）根岸佶《中国社会的领导层》，第158页，日本平和书房1947年版。
② 中国科学院近代史研究所中华民国史组《中华民国史料丛稿·人物传记》，第107~112页，中华书局1984年版。
③ 孙善根《鄞县籍宁波帮人士》，第42页，中国文史出版社2006年版。

年代初永耀电力公司的资本总额已经高达120万元,成为仅次于杭州电力公司的浙江第二大电力企业。1915年裘天宝银楼业主在鄞县城区独资开办通泉源自来水公司,以深井为水源,铺设管道至东门口一带,使得宁波市民首次用上了自来水。①

近代以来宁波在中国金融史上的地位引人注目。在宁波地区的众多钱庄中,相当一部分都由旅外宁波商人投资设立。银行业也是如此。1909年,由旅沪鄞县商人开设的四明银行宁波分行是宁波民族资本银行的发端。1933年,由旅沪宁波商人在沪开办的宁波实业银行也在宁波设立分行,该行以面向实业,支援工商,帮助农渔,服务平民为宗旨。1934年,旅沪鄞籍商人金廷荪等在宁波成立实力雄厚的浙东商业银行。而潘火桥蔡氏家族创办的惇叙商业储蓄银行也于1936年在宁波设立分行。与此同时,宁波地区的钱庄业在旅外宁波帮的投资推动下也得到快速发展。如上海九大金融集团之一的鄞县腰带河头秦氏,从1905年到1933年的近30年时间里,在宁波先后设立了晋恒、鼎恒、复恒、秦源等8家钱庄,资本总额达到40多万两(元)。② 在上海创业成就非凡的宁波籍颜料大王周宗良于1917年在宁波设立恒孚钱庄,1918年又在宁波创办同益银公司。恒孚钱庄由于资金注入充足而成为宁波地区实力最大的钱庄之一,1928年国民政府也指定其为中央银行在宁波的代兑行。

近代宁波制造业的兴起与宁波帮的投资也密不可分。从20世纪初开始,旅外宁波商人开始在故乡投资制造业,如近代宁波工业的"三只半烟囱"就主要是由旅外宁波商人创建的。其中和丰纱厂由戴瑞卿、顾元琛等21人于1905年集资60万元创建。到1920年前后,该厂纱锭总量已经达到26000枚,成为浙江省第一大纱厂。1931年戴瑞卿又集资30万元创办立丰面粉厂。1934年金廷荪、徐懋堂、洪宸笙等在改组"立丰"面粉厂的基础上再集资30万元创办太丰面粉厂。太丰面

---

① 孙善根《鄞县籍宁波帮人士》,第43页,中国文史出版社2006年版。
② 贺师三《宁波金融志》第1卷,第278页,中华书局1996年版。

粉厂是宁波近代重要的企业之一,也是浙江省面粉企业中资本最多、规模最大的厂家。1913年,旅日宁波籍商人徐蕙生筹集股金15万元,与天主堂订立合约,将正大火柴厂租下,改称"正大新公司",并从日本购置设备、原料,聘请技师指导,从而发展成颇具规模的正大火柴厂。

积极参与宁波经济建设是民国时期旅外宁波帮的另一重要举措。如民国《鄞县通志》所言:"吾宁属各县经济事业之发展,固由留居桑梓者热心公益,竭力建设,而侨寓异地者之眷怀故乡,凡遇天灾人事,莫不捐资输力以为协助响应,其要不在留居桑梓者下"①。旅外宁波帮在家乡投资建设的项目有修建桥梁、道路、水利工程和医院、学校等等,这些举措为民国时期宁波经济发展和社会和谐做出了令人瞩目的贡献。

民国时期旅外宁波帮高度重视投资家乡的桥梁工程建设。民国《鄞县通志》记载:"鄞人好建桥,其性习然也。有一人独建一桥者,有数人合建一桥者,亦有鸠集微资而成一桥者,如一元桥等是。甚有一人独建数桥,如陈庆裁、姜忠汾等所建是。民国以来,新建改建者大小不下数十百桥"②。在民国时期旅外宁波帮助建的众多桥梁中,首推老江桥(今灵桥)工程最为典型。老江桥横跨奉化江,是宁波老城区连接其他地区的交通要道,每日过往行人流量很大。但由于老江桥原为浮桥,就如《重建灵桥纪念册》所记:"一遇风潮,动辄偾事,辛酉壬戌间,连年水浸,遭灭顶者,更时有所闻。"③因此民众对改建老江桥呼声颇高。1922年,宁波旅沪同乡与老江桥董事会的董事们提出改建老江桥的倡议,"方拟举办,因军事未果";1926年冬,"同乡诸君继续进行,于沪甬分设筹备处,……后以南北战争中止";1931年,宁波商会的一些成员"又创改建之议"④。但鄞县政府无力承担这一重大工程,于是宁

---

① (民国)《鄞县通志·政教志·党部团体》,宁波出版社2006年版。
② (民国)《鄞县通志·工程志·水利工程·桥梁》
③ 《重建灵桥纪念册》,"建桥劳绩者之姓名及事实",改建老江桥筹备委员会1936年铅印本。
④ 《重建灵桥纪念册》,"建桥劳绩者之姓名及事实",改建老江桥筹备委员会1936年铅印本。

波商人就义无反顾地承担起这一重任。宁波商会改建老江桥的动议迅速得到乐振葆、张继光、张申之等旅沪宁波人的响应,并随即在沪甬两地成立"改建老江桥筹备委员会",具体负责工程勘测和筹款事宜。在所募集的 70 多万元建桥款中,仅上海一地就募得 50 万元。沪地筹备委员会主任乐振葆出力尤多,在沪筹款及个人出资共达 40 万元,[①]保证了改建工程的顺利进行。

宁波帮历来有捐资兴学的传统,1898 年至 1911 年十余年间在宁波创办的近百所学堂中,多数由旅外鄞县商人所办。[②] 民国时期,宁波帮在家乡捐资建校的事迹更多。如乐振葆于 1916 年在家乡宝幢独资创建宝林小学。宝林小学校舍全部为西洋式结构,有图书馆、浴室、食堂、学生宿舍等 30 多间用房,并修建了新运动场地。对学校的教职员工,乐振葆专门建造了"十间楼",提供给有家眷的教师居住。由于乐振葆的鼎力支持,宝林小学成为闻名遐迩的名校。1927 年鄞籍人士陈纪林捐田 30 亩,在姜山定桥村创办培本小学;侨居新加坡的胡嘉烈也资助胡家坟村文山小学,并举办商业补习班,供小学毕业后失学的同乡子弟就读。旅居日本的镇海(现为慈溪)籍商人吴锦堂在积极支持孙中山革命事业的同时,1905 年在其故乡镇海龙山(现属慈溪)投资 20 万元创办锦堂学校。1926 年,锦堂学校改为浙江省立慈溪锦堂乡村师范学堂,成为浙江省著名的师范学校之一。1943 年,旅沪宁波籍商人黄声远携款回镇海筹办学校,先以价款 5000 元购宅改建校舍,至抗战胜利即聘请饱学之士担任校长,独资创办声远小学。学校规定入学儿童免缴学费,对家境特别贫困者还给以生活补助。1947 年,黄声远又创办私立辛成初级中学,并变卖房产倾囊资助教育事业。

---

① 孙善根《鄞县籍宁波帮人士》,第 49 页,中国文史出版社 2006 年版。
② 孙善根《鄞县籍宁波帮人士》,第 49 页。

三、宁波帮的变迁

由于有着襟山控海的地理环境，宁波商人长期以来从事对外贸易和沿海贸易而著称于世。明末清初，宁波商人在直隶（现为北京）先后成立了属于自己的地域性行业会馆——鄞县会馆和浙慈会馆。[①] 鄞县会馆的成立标志着宁波帮的正式形成。到了近代，宁波商人更是"四出营生，商旅遍天下，如杭州、苏州、上海、吴县、汉口、牛庄、胶州、闽广诸路，贸易綦多，岁或一归，或数岁一归"。甚至在日本和东南亚一带经营商业贸易的宁波商人也为数不少，就如光绪《鄞县志》所记："甚至东洋日本、南洋吕宋、新加坡、苏门答腊、锡兰诸国，亦借资结队而往，开设厘肆。"[②]

民国初年，宁波帮的发展步入鼎盛期，并成功实现了从传统商帮向近代工商企业家的群体性转型，从而成为推动中国社会经济形态近代化的一支重要力量。而与宁波隔海相望的上海的快速崛起，更为宁波帮的发展提供了历史契机。在清末，宁波商人"挈子携妻游申者"已难"悉数"[③]。到民国初期，旅居上海的宁波商人数量更多，数十万甬商不仅在上海的航运业、钱庄业持续扩大影响，而且更多的宁波商人还涉足进出口贸易、新式商业和机器制造业。活跃在上海滩的宁波商帮，其势力之大，影响之广，在当时的中国商界无出其右。此后，宁波商人的活动领域更加广泛。他们把更多的目光投向现代金融保险业、木器及家具制造业、服装业以及建筑房地产领域等。宁波商人的活动区域也开始从上海走向各地，南京、汉口、苏州、常熟、无锡、扬州、徐州、怀宁、芜湖、南昌、沙市、长沙、重庆、厦门、汕头、青岛、烟台、郑州、大连、沈阳等许多地方都有宁波帮活动的足迹。

[①] 李华《明清以来北京工商会馆碑刻选编》，第4页，文物出版社1980年版。
[②] （清）光绪《鄞县志》卷二《风俗》，光绪三年刊本。
[③] 上海市博物馆图书资料室《上海碑刻资料选辑》，第273页，上海人民出版社1980年版。

宁波帮的演化发展与国内时局的发展密不可分。1843年上海开埠后,为一海之隔的宁波商人去上海发展提供了极大的便利条件。而1853年太平天国运动的爆发,更使宁波地区的大批工商业经营者为躲避战乱而移居上海,"上至缙绅硕贤,下至负贩杂技,曹进曹退,纷若归市"①。到20世纪20年代至30年代,旅居上海的宁波帮人数已经高达五六十万人,他们控制着上海的金融、制糖、海产、棉纱棉布、煤炭、颜料、航运等经济命脉。经济地位的上升为宁波帮政治地位的提高提供了基础。从清末以来,一些宁波籍商人通过捐纳等形式获取功名职衔,使宁波帮开始出现绅商化的明显趋势。② 南京国民政府时期这种现象尤为明显。

　　日本侵华战争爆发后,宁波帮经营的企业与其他民族企业一样遭受惨重损失,在上海的部分宁波籍商人建立的企业毁于兵燹。如项松茂在1932年上海"一·二八"事变中惨遭日军杀害,孙梅堂在闸北兴建的厂房和美华利钟厂、首饰厂毁于战火。相当一部分宁波商人为躲避战火,更为不做亡国奴,因此把企业迁移到大后方或香港等地。如商务印书馆部分迁往重庆,信谊药厂在香港设立分厂和办事处,五洲大药房在香港设立办事处及工厂,继续生产人造自来血等产品,销往东南亚一带的市场。③ 抗战胜利后,宁波帮在经营上有所起色,但随之而来的内战所导致的政治经济的急剧变化,使得许多宁波帮企业家将资本和企业向港澳台和北美地区转移,还有一部分宁波帮人士移资南美、西欧、日本、东南亚等地。移居香港的宁波帮人士以香港这个国际自由贸易港为中心继续发展,成为一个现代化的商帮。④

　　民国时期宁波帮也经历了经营方式和经营理念的重大转型,许多宁波帮商人不再局限于充当外国商行买办的角色,也不再局限于经营

---

① 《宁波旅沪同乡会月刊》第145期,1935年8月。
② 张守广《超越传统——宁波帮的近代化历程》,第176页,西南师范大学出版社2000年版。
③ 张晓辉《抗战初期迁港的上海工商企业》,《档案与史料》1995年第4期。
④ 张守广《超越传统——宁波帮的近代化历程》,第233页。

传统钱庄业和营销业,而是将商业利润投资到船舶航运业、银行业、近代制造业等新兴行业和金融机构,形成实力雄厚的宁波帮金融资本和工商资本,成为江浙财团的支柱和核心,同时,宁波帮也以上海为中心,成为中国第一大商帮。①

---

① 张守广《超越传统——宁波帮的近代化历程》,第232页,西南师范大学出版社2000年版。

第三章
民国时期的宁波市政建设

- 民国时期的宁波人口
- 城市的改造
- 市政公用事业的发展

所谓市政业,即城市管理事业,它是衡量一个城市近代化的标志之一。城市管理事业主要包括两个部分:一是城市建设及公共设施的管理,二是城市的社会、行政管理,两者相辅相成,不可或缺。宁波虽是近代中国最早开辟的五个通商口岸之一,但因上海开埠后宁波港对外贸易地位的急剧衰退,加之宁波未设租界,只在甬江北岸开辟了一块"外人居留地",近代宁波未能如设有租界的上海、广州、厦门等城市得风气之先,在开埠伊始率先引入西方的市政制度和城市管理方法,使城市建设得到较早的启动。而清末兴起的地方自治,在宁波城厢虽有自治公所之类的机构成立,但于市政建设毫无建树。故宁波近代市政,实始自于1920年宁波市政筹备处的成立,而大规模的城市建设则是从1927年宁波设市开始。

第一节　民国时期的宁波人口

自民国初年到抗战爆发前,宁波人口除个别县外,大体保持稳定。抗战爆发后,人口猛增,1941年达到高峰。1942年4月,宁波沦陷,人口呈大幅度的下滑趋势。抗战胜利后,避乱他乡者陆续回归,旋因内战爆发,农村经济凋敝,居民外出谋生者日渐增多,人口数始终在低位徘徊。民国宁波城厢人口的职业构成以从事工商者最多,但广大的乡村仍以农业为主,所以就整个宁波地区而言,仍以从事农业者居多。

一、人口的分布与迁徙

民国时期,今宁波境内人口,1920年为2712304人;1929年为2893437人;1935年为2827149人;1946、1947、1948、1949年分别为2259562、2512544、2519901、2520400人。

表3—1　民国宁波各县历年人口统计一览表①

人数\属县\年份	鄞县	镇海	余姚	慈溪	奉化	象山	宁海
1912	666312	—	610822	242719	236967	—	—
1913	666806	—	—	—	—	—	—
1914	667303	360872	—	—	—	—	—
1915	667800	—	—	—	—	—	—
1916	668264	—	—	—	—	—	—
1917	668757	—	—	—	—	—	—
1918	669233	374192	—	—	—	—	—
1919	669729	—	—	—	337909	—	—
1920	670220	—	—	—	—	—	—

---

① 资料来源根据俞福海《宁波市志》(中华书局1995年版)、周时奋《鄞县志》(中华书局1996年版)、民国《鄞县通志》(《中国地方志集成·浙江府县志辑(16)》,上海书店1993年版)、《镇海县志》(中国大百科全书出版社1994年版)、《余姚市志》(浙江人民出版社1993年版)、《慈溪县志》(浙江人民出版社1992年版)、《奉化市志》(中华书局1994年版)、《象山县志》(浙江人民出版社1988年版)、《宁海县志》(浙江人民出版社1993年版)统计所得。

续上表

人数\属县\年份	鄞县	镇海	余姚	慈溪	奉化	象山	宁海
1921	670700	-	-	-	-	-	-
1922	671189	-	-	-	-	-	178163
1923	671670	378279	-	-	-	-	-
1924	672157	-	-	-	-	-	-
1925	672810	-	-	-	-	-	-
1926	673410	-	-	-	-	-	-
1927	673630	-	-	-	-	-	-
1928	730353	381127	640561	309269	258758	-	-
1929	674599	381127	640561	309269	258981	212902	360898
1930	675929	-	-	-	222553	-	-
1931	699446	-	-	-	235721	-	321732
1932	685930	370887	-	-	251102	225726	-
1933	700481	-	637700	-	255190	-	-
1934	676566	-	-	-	256180	-	-
1935	677738	-	622256	266590	252585	213498	-
1936	677550	-	-	-	246395	-	-
1937	678034	-	-	-	-	-	-
1938	768497	-	662322	-	268320	-	-
1939	768983	-	-	-	291513	-	-

续上表

人数\属县\年份	鄞县	镇海	余姚	慈溪	奉化	象山	宁海
1940	780630	-	-	-	296477	-	-
1941	792281	360872	703759	-	293112	-	261185
1942	680500	-	-	-	293112	-	243189
1943	681000	-	-	-	293114	-	-
1944	681486	293516	-	-	175960	-	-
1945	666292	-	-	-	234187	-	230081
1946	602494	-	672177	-	236328	-	-
1947	636433	292218	-	261493	231716	203271	221226
1948	621686	292991	667020	-	231061	208360	-
1949	339680	-	-	-	-	-	-

其中，宁波（鄞县）城区人口，各个时期虽具体境域有所变化，但总的范围大体稳定。1912年宁波城厢总人口141617人。1928年宁波设市时，城区人口44607户，212397人。1931年48134户，244151人。1934年56917户，300995人。1942年沦陷时51724户，215815人。1946年188234人。1947年50896户，220012人。

中国近代社会的一个很大的特点是，传统社会那种自给自足、安土重迁的状况被打破，人口呈现出频繁流动的趋势，这在沿海地区表现得尤为突出，宁波便是其中的一个典型。宁波地处东海之滨、长江三角洲东南翼、宁绍平原东端，甬江流域是它的直接腹地，主要水系为姚江、奉化江、甬江，由西至之姚江和南来之奉化江在三江口汇合成甬江，东流至镇海招宝山入海，与近代中国最大的通商口岸、全国性的经济中心上海隔海相望,水陆交通十分便捷。宁波人到外地经商、务工、创办实业者甚多,外乡人士也不乏来甬从业,故近代宁波人口流动的频繁程度是相当惊人的,"中国各口进出旅客之多,除上海一埠之外,无有能出其(指宁波——笔者注)右者"①。这种迅猛的人口流动态势主要体现在宁波和上海间进行的钟摆式流动。民国时期,宁波人口迁出目的地以上海为主,上海开埠后,宁波各色人等,尤其是宁波商人,纷纷前往上海开辟他们的新市场,就如时人所言:"自上海发达,交通日便,外人云集,宁波之商业,遂移至上海,故向以宁波为根据地以从事外国贸易之宁波商,亦渐次移至上海"②。而迁入者,除赴上海等商埠的本籍人士回流外,以本省人口为主。1935年鄞县城厢人口为226012人,其中鄞县籍189690人,占总人口的83.9%,外籍迁入36322人,占总人口的16.1%,迁入者中3/4为本省人口。

由表3—1可以看出,除慈溪县人口呈逐年下降,宁海县因原属该县的海游等17个乡划归新建的三门县,人口由1931年的321732人下降至1941年的261185人外,宁邑其他各县人口,大体上从民国初年到抗战爆发前基本保持稳定,之后人口猛增,到1941年达到高峰,宁波沦陷后,人口则呈大幅度的下滑趋势。鄞县1937年以前(含1937年),除个别年份因各商埠不景气、旅居外乡的本籍人士迁回故里导致人口数偏高外,一般总人数在67万人左右。抗战爆发后,在外的鄞县人返乡避乱,人口猛增,到1941年,全县人口增至792281人,达到历史最高点。1942年4月,宁波沦陷,部分人口内迁,外来谋生者也多避乱他乡,是年,人口数即减至680500人。1946年后,抗战胜利,原迁入、迁出者多返回原籍,人口流动量大增,但总的趋势是迁出大于迁入,鄞县人口数再次明显下降,徘徊在62万人左右。奉化县人口从

---

① 《海关关册》(中文本),宁波,1920年,第12页。
② 杨荫杭《上海商帮贸易之大势》,《商务官报》1906年第12期。

1928年起相对稳定,抗战爆发后,因大量难民涌入,1940年达到最高峰,有296477人。但随着县城的沦陷,居民被迫流徙异乡,人口锐减,1944年即降至历史最低点,仅175960人。抗战胜利后,居民陆续回归,旋因内战爆发,农村经济衰落,居民外出谋生者日渐增多,人口始终徘徊在23万人左右。

二、人口的结构与变化

民国时期宁波人口的性别构成,总的来说,男性多于女性,性别比(以女性为100,男性对女性比例)偏高。1929年,宁波男性居民有158.8万人,占总人口的54.9%,女性居民有130.55万人,占总人口的45.1%,人口性别比为121.6,男比女多28.25万人。其中宁波(鄞县)城厢人口性别比最高,为140.94,其次是象山、宁海,分别为129.1和126.7。1935年人口性别比仍为120.02;1949年性别比为106,其中城厢性别比为100.48。[①]

民国时期,宁波早婚现象严重,到1947年,在全市15岁及15岁以上总人口中,未婚人口仅占12.42%;丧偶率较高,为17.44%,其中女性丧偶比例(22.11%)又高于男性(12.54%);离婚率极低,只有0.32%。但城厢的婚姻状况有所差别,据统计,1940年宁波(鄞县)城厢的未婚率、丧偶率、离婚率分别占34.48%、6.36%、0.034%。城厢人口未婚率较高,与城市中伙计、商贩、工人、苦力阶层大多娶不起妻室有关,当然,城市居民受教育程度较高,青年人崇尚婚姻自由,即使殷实人家也有晚婚的,这也是造成宁波(鄞县)城厢未婚率较高的原因。丧偶率女性比例(10.1%)远高于男性(3.7%)[②],说明女子的守

---

① 俞福海《宁波市志》,第300页,中华书局1995年版。
② (民国)《鄞县通志·政教志·社会现象,社会动态统计》,宁波出版社2006年版。

节观念在民国时期还很流行,寡妇再嫁往往受人歧视,故男子丧妻大多续娶,而女子丧夫则大多选择终身守寡。而离婚率低,则显示即使到了民国,即使在城市,离婚在宁波人看来仍是一件十分可耻的事情。

自古以来,我国劳动力的行业、职业构成均以农业人口占绝对比重,但近代以后的城厢则不然。宁波(鄞县)城区既是以上海为中心的近代长江下游城市等级网络体系中的二级城市,也是近代宁波经济区域的中心、宁波地区等级城镇网络体系中的首位城市。近代工业和新式商业率先在这里起步,风气也较宁波其他地区开化。据民国《鄞县通志》称:"城厢居民风气较乡间为先,……自科举废后,商多士少,世家子弟至有毕业学校仍往上海而为商者,良以地当商埠,习于纷华,故皆锓本业而重末利也,今有上海为宁波第二故乡之谚焉。其次则工,又其次则小贩,而充兵役者则寥寥无闻。"①故民国时期宁波(鄞县)城厢人口的职业构成以工商最多。1935年,城厢居民在业人口149512人,占城厢总人口的48.3%,其中工商业为84979人,占在业人口的56.8%,其他各业人口占43.2%,另有无业、失业者91404人,占城厢总人口的29.5%。

表3—2 1935年鄞县城厢居民职业分类表②

类别	人数			在业人口%
	小计	男	女	
党务	96	95	1	0.06
政界	1452	1446	6	0.97
军界	731	731		0.49
警界	1897	1896	1	1.27
法界	151	151		0.10

---

① (民国)《鄞县通志·文献志·礼俗》,宁波出版社2006年版。
② 周时奋《鄞县志》(上),第263~264页,中华书局1996年版。

续上表

类别	人数			在业人口%
	小计	男	女	
农界	6693	6693		4.48
工界	35847	30306	5541	23.98
商界	49132	48848	284	32.86
学界	16300	11455	4845	10.9
教育界	2070	1269	801	1.38
新闻界	134	132	2	0.09
医师	743	675	68	0.5
工程师	94	94		0.06
畜牧业	142	141	1	0.09
渔业	305	269	36	0.20
小贩	6045	5727	318	4.04
苦力	8114	8088	26	5.43
伶界	497	370	127	0.33
佣人	8477	4130	4347	5.67
稳婆	38		38	0.03
娼妓	20		20	0.01
僧侣、教徒	1858	1195	663	1.24
卜巫星相	142	136	6	0.09
巫、堪舆	42	41	1	0.03
其他	8492	7731	761	5.68
合计	149512	131619	17893	

宁邑近代工厂大多集中于城区,宁波经济区域的其他城镇及乡村近代工厂更是稀少,因而在广大的乡村仍以农业为主。以1947年至1948年的鄞县为例,城乡在业人口分别为254697人和228476人,均占鄞县总人口的52%强,其中以农业人口最多,其次为商业,再次为工业。

表3—3　1947至1948年鄞县人口职业分类表①

职业\人数\年份	1947年				1948年			
	合计	男	女	占在业人口%	合计	男	女	占在业人口%
合计	254697	213601	41096	100	228476	195003	33473	100
农业	99463	98721	742	39.35	92510	91616	894	40.49
矿业	165	162	3	0.06	213	213		0.09
工业	52340	28699	23641	20.55	39936	24166	15770	17.48
商业	60955	57283	3672	23.93	53280	52178	1102	23.32
交通运输	10983	10877	106	4.31	8053	7875	178	3.53
公务	5958	5462	496	2.34	4243	3850	393	1.86
自由职业	6918	4796	2122	2.72	6675	4993	1682	2.92
人事服务	12618	3926	8692	4.95	14310	5635	8675	6.26
其他	5297	3675	1622	2.08	9256	4477	4779	4.05

民国时期，宁波人口的总体文化程度偏低。到1947年，宁波具有小学及小学以上文化程度的人数仅占6岁及以上年龄人口的22.27%。② 1948年，鄞县具有小学及小学以上文化程度的有214374人，占全县6岁及以上年龄人口的34%，其中88.35%为小学（含私塾、初小）程度，11.65%为初中及初中以上，文盲和半文盲则有415480人，占6岁及以上年龄人口的66%。③ 而象山县，是年全县曾受各类教育人数为33120人，仅占总人口的15.9%，其中曾受高等教育者296

---

① 周时奋《鄞县志》（上），第264～265页，中华书局1996年版。
② 俞福海《宁波市志》（上），第315页，中华书局1995年版。
③ 周时奋《鄞县志》（上），第258页。

人,占 0.14%①。由于地域发展的不平衡性,城乡各地的教育普及程度差异很大。无论从宁波地区教育普及的广度还是深度来看,大体上说,处于宁波地区等级城镇网络体系较高层次的经济流通中心,其教育普及的程度要远远高于等级构次较低的城镇及乡村。

表3—4 1948年鄞县部分地区现住人口教育程度状况统计一览表②

区域	合计	受高等教育者		受中等教育者		受初等教育者		私塾		不识字者	
		人数	%	人数	%	人数	%	人数	%	人数	%
海曙镇	28340	515	1.82	5079	17.92	9993	35.26	1688	5.96	11065	39.04
灵塔镇	35968	54	0.15	2377	6.61	18633	51.8	2585	7.19	12319	34.25
镇明镇	23689	87	0.37	1735	7.32	7884	33.28	1478	6.24	12505	52.79
长春镇	15511	285	1.84	1532	9.88	5452	35.15	272	1.75	7970	51.38
江东镇	40321	145	0.36	3474	8.62	17631	43.73	1337	3.32	18734	46.46
江北镇	24326	192	0.79	2855	11.74	6484	26.65	753	3.1	14042	57.72
西郊镇	13421	33	0.25	1119	8.34	6844	50.99	392	2.92	5033	37.5
北郊镇	5100	14	0.27	217	4.25	1956	38.35	213	4.18	2700	52.94
桃江乡	5035	0	0	70	1.39	1587	31.52	409	8.12	2969	58.97
永和乡	9431	31	0.33	345	3.66	1776	18.83	1947	20.64	5332	56.54
梅墟乡	5229	1	0.02	78	1.49	1862	35.61	275	5.26	3013	57.62
同保乡	5812	9	0.15	173	2.98	2969	51.08	50	0.86	2611	44.92
高嘉乡	5663	0	0	45	0.79	1504	26.56	298	5.26	3816	67.38

---

① 王庆祥《象山县志》,第67页,浙江人民出版社1988年版。
② 《鄞县、鄞西区各乡镇1948年人口统计报表等》,《鄞县县政府民政科,1941—1949年》,宁波市档案馆,卷宗号旧5—1—27、旧5—1—29、旧5—1—30、旧5—1—31、旧5—1—32、旧5—1—35、旧5—1—36、旧5—1—39。

续上表

区域	合计	受高等教育者		受中等教育者		受初等教育者		私塾		不识字者	
		人数	%	人数	%	人数	%	人数	%	人数	%
丰南乡	5304	14	0.26	55	1.04	834	15.72	322	6.07	4079	76.9
鸣凤乡	7782	3	0.04	95	1.22	1696	21.79	264	3.39	5724	73.55
清道乡	5552	0	0	19	0.34	1134	20.43	346	6.23	4053	73
布政乡	5392	0	0	29	0.54	1759	32.62	199	3.69	3405	63.15
栎社乡	8096	7	0.08	87	1.07	1542	19.05	1669	20.62	4791	59.18
章蜜乡	9422	1	0.01	76	0.8	2143	22.74	1136	12.06	6066	64.38
杖锡乡	4038	7	0.17	32	0.79	470	11.64	169	4.19	3360	83.21

第二节 城市的改造

民国时期宁波城市的建设经历了宁波设市和鄞县建设第一个五年计划两个阶段。经过对宁波旧城的开发、建设和改造,初步建立了近代市政制度,城市面貌发生了前所未有的变化。尽管这种变化不及上海、广州、厦门等沿海开埠城市,但对宁波城市本身及其所影响的腹地来讲,却十分重要并颇有意义。

一、1925年《宁波市工程计划书》及实施

1925年,宁波市政筹备处公布了《宁波市工程计划书》,是为宁波近代城市建设有规划的开始。其内容分建设、拆除、收支三章,计划要

点为：①

第一，拆除城墙。拆城分两段入手，第一段拆东半城，自南门经灵桥门、东门至和义门；第二段拆西半城，自南门经西门、北门至和义门。在拆城之前，先行拆去瓮城，以瓮城城基建设公用场所，其余土地变卖得款，充作城市建设经费。

第二，规划城区4大干路、2条支路，并以城墙拆除后的城基为路面，建设环城马路。城区4大干路中，东西干路1条，今为中山东路、中山西路（江厦桥西堍至西门口段）。南北干路3条，东条北自后市，南至三角地，西折与中条合，今为开明街；中条北自高远桥，南至三角地，西折至日湖桥止（时南端尚未与环城马路接通），今为解放北路、解放南路；西条北自旧道署（今中山公园），南至仓桥，西折至长春门与环城马路连接，今为公园路、镇明路。两条支路均为东西向，一条东起灵桥门，西至三法卿，接南北干路，今为药行街；另一条起自紫薇街，经赵天德弄、范祠，直达水仙庙，今相当于自镇明路天德巷，穿过儿童公园，过桥跨月湖，通偃月街连共青路（后由镇明路中段西折，经柳汀街连接共青路）。

第三，修筑桥梁。拟改建者：老江桥，新江桥，惠政桥，醋务桥等。拟新建者：和义渡口至对江，拗花河头，水仙庙左首，赵天德弄，东门水喉上，南门水门上，西门水门上，通利门外，马眼漕城跟。

第四，建立近代公用设施。市区拟建小菜场11处；停车场24处；消防局4处；开凿自流井44处；在环城马路及四大干路上，每隔5丈装置电灯1盏，其余街巷，设灯距离以光线相接为度；全市各区相距半里设置公厕1处；每一街巷设垃圾柜2只；此外，还拟建公共运动场、市政办公处所、公共会集厅、图书馆、通俗书报社（城内各区及江东、江

---

① （民国）《鄞县通志·工程志·全县建设计划·宁波市政筹备处工程计划书》，宁波出版社2006年版。

北各设1所),并设商品陈列馆于江厦区滨江庙。

第五,拟设屠宰场于江东道士堰,设洗染场于教场底、北门外、南门外、江东三官堂等处,保证市区环境不受污染。

第六,拟于市区选一合适位置,兴建模范公园1处,为普通市民闲暇休憩、游乐场所。

1927年7月1日,宁波正式设市,大规模的城市建设拉开帷幕,《宁波市工程计划书》中关于城市道路干线、跨江桥梁、市政设施等多项规划被采纳,拆城,筑路,填河,筑坝,整理沟渠,添筑菜场、码头、公园,取缔建筑物,以及整理路灯、车辆,试凿自流井等公用事业次第举行。

城墙除盐仓门一段外,均被拆除。城市道路方面,民国时期宁波市政府筑成的马路有东渡路、江东灰街、府前街、公园路、药行街、江北中街、江北后街、滨江路、糖行街、南昌弄、灵桥门至永宁桥环城路(路面仅一半完工,人行道未做)、大沙泥街、玛瑙路、宫前路、宫后路、后马路、洋船弄、缸鏊弄等;废市并县后,鄞县县政府继续展筑马路,先后修成南昌弄接东门环城马路、皂荚庙马路、怡园弄马路、香客弄马路,众人瞩目的环城马路,除东门绕盐仓门至西门、永宁桥至南门段外,也告筑成。

桥梁方面,跨奉化江的老江桥(即今天的灵桥)的改建因时局多变、经费短缺而被迫停顿。跨姚江的新江桥,原是由船架设的浮桥,宁波市政府成立后,工务局曾对桥面进行改造。此外,自和义渡口至对江,新建姚江浮桥(即今解放桥,比《宁波市工程计划书》所定桥址稍西)。

市政公用设施方面,宁波设市后,邮电通讯、电灯照明、城市排水、公共卫生、图书馆、体育场、公园、大型菜市场和屠宰场等近代公用事业发展迅速。如宁波市政府时期扩建了江北岸李家后门菜市场,新建小校场、灵桥门菜市场,鄞县县政府又续建了咸宁桥、西门、新河头、旧提署前4处菜市场。屠宰场凡2所,第一屠宰场专宰菜牛,在江北岸西河塘(刘家边);第二屠宰场专宰猪羊,在旧盐仓门外,[①]均设于宁波市政府时期。一些容易引起污染的企业如染坊、制革场等,被限令迁徙至离城区较远、河道宽广的地方,原在城区的宝大等11家硝皮店均被迁至城郊道士堰等地。此外,由市政府卫生科设立污物扫除机构,动员拆除市内各处私人露天粪池,设立公厕,大大改善了宁波城市的卫生条件。公共图书馆、通俗阅报社、公共体育场和以孙中山先生之名命名的"中山公园"也于1929年次第兴建。

二、1932 年《鄞县建设五年计划》及实施

1931年1月,宁波撤市并县,鄞县县政府继续对宁波旧城进行开发、建设和改造。1929年出任鄞县县长的陈宝麟提出了建设大宁波口岸的设想,1932年7月,他主持起草的《鄞县建设五年计划》(1932—1936年)及分年实施计划经省府核准实施,分市政工程、交通、水利、农矿、工商5部分,其中市政建设占主要篇幅。计划要点为:[②]

第一,首次提出姚江阻咸蓄淡工程,解决城区自来水水源和鄞、镇、慈、姚四县部分农田灌溉。利用太平天国时期开挖的江北泗洲塘(相当于今东草马路地段)旧港遗址,开浚新港,接通甬江与姚江,并建水闸,阻咸蓄淡。同时,填平自新江桥至北郭堰的原有江道,得地600余亩,中贯大马路,辟置新市场,其余土地除建筑公共场所外,一律出卖,充作开江、筑闸及装设自来水的经费。

第二,城区道路建设。继续修筑环城马路。筑南北干路2条,一

---

① (民国)《鄞县通志·政教志·公共卫生》,宁波出版社2006年版。
② (民国)《鄞县通志·工程志·全县建设计划·鄞县建设事业五年计划》

条北自和义渡经贯桥头、千岁坊、三角地至南门接环城马路,过永宁桥与鄞奉路相接,即今解放北路、解放南路;另一条北自中山公园,经鼓楼、紫薇街至南门接环城路(即今公园路、镇明路)、鄞奉路,直通段塘。筑南北支路2条,一条南自三角地,往北经开明桥通后市,接环城马路,即今开明街、北环城马路、和义路;另一条北自廿条桥,经万泰弄接大沙泥街,即今碶闸街。筑东西干路1条,即东大街、西大街。东大街时为条石路面,宽仅7米,计划拓宽至16米,西大街拓宽至13米,两段全长1980米,拟改建柏油路,即今中山东路、中山西路(江厦桥西塇至西门口段)。筑东西支路2条,一条东自怡园弄、经海神庙至开明桥,即今咸塘街;另一条自江北后街洋船弄至老青年会,即今扬善路。筑成新江桥至老江桥的滨江路,江东新建百丈街、后塘街、新河头马路,江北新建外滩马路(新江桥——洋船弄——海关)、竹行弄马路

20世纪30年代的外马路,路面已拓宽为19.2米,长1200米。(选自哲夫主编《宁波旧影》,宁波出版社2004年版)

(新江桥至当时火车站,即今车站路至新江桥的桃源路段)、海关弄至英领事馆门前马路(即今中马路)、咸宁桥至何家弄马路(即今咸宁

路)、洋船弄经玛瑙路达火车站马路。这一城区道路规划大体形成了后来宁波城市的道路网。

第三,改建老江桥为钢骨水泥大桥。

第四,续建近代公用设施。增设西门外航船埠头菜市场;筹设自来水;整理路灯(随街道的扩展改装街心灯并增加支光(功率)数,改装螺丝灯头及耐震灯泡以减少损耗,添装路灯并规定支光(功率)数、等级等);改善市内电话路线;继续编订路名牌;设立广告场;设立交通标志;设置电气标准钟;筹设国货商品陈列馆等。

第五,增设公园。拟仿照美国郊外公园的式样,在湖西月湖一带开辟湖西公园;并拟在江北、江东、西郊等地选择合适地点开辟公园,以期普及。

陈宝麟建设大宁波口岸的思想,反映了当时宁波的民族资本家和旅居外埠的甬籍资本家要求改变宁波落后现状,建设一个不受帝国主义控制、独立自主的现代化的港口城市。因此第一个五年建设计划的实施较为顺利,除姚江阻咸蓄淡工程作罢导致城区自来水工程延后、大嵩铁闸未动工外,其余计划均按期顺利完成。

道路建设方面,5年内拓展了城市东西与南北干线、支线;完成了江北岸外滩马路,自太古码头起,经同兴街、一横街、二横街,柏油路面连成一片,使这一地区旧貌换新颜;新筑滨江路、江厦街、江北竹行弄马路、中马路、江东新河路、大河路、百丈街;改建公园路、东渡路、大沙泥街等为柏油路面;旷日持久的环城马路也宣告竣工,路面宽15米,自南门(内长春门)经灵桥门、东门(东渡门)、和义路(和义门)、北门(盐仓门)到达西门(望京门),全长7668.1米,全市道路网(连同下水道)粗具规模,市内交通大为改善。

桥梁方面,几上几下的老江桥改建计划终于由地方绅商集资付诸实施,1934年5月动工兴建,1936年5月建成;[1]其他新建桥梁有新马

---

[1] 周克任《宁波灵桥史话》,《宁波文史资料》(内),第4辑,第123页。

路的菜市场桥,环城路的惠安桥、一元桥、一二八桥、新闸桥,江东的延芳桥,西门外的大卿桥,南门的南社坛桥、长春桥、澄浪堰桥等,所需经费除菜市场桥外,其余均由地方政府拨款与民间募捐而得。

公用事业方面,增设了开明桥、西门外航船埠头2处菜市场(抗战胜利后,又续建后塘街、卖盐桥、镇明路3处菜市场)。在一些主要商业街如江厦街等,安装了一批钢骨水泥电杆。据统计,1934年宁波城区已有2276盏街灯,且规定:路宽者用对绷街心灯或3米、2米长臂灯架,100支光灯泡;路狭者用50支光灯泡;鼓楼标准钟装300支光回光灯4盏;警察岗亭设50支光灯泡2盏,外加白磁罩。[①] 市内电话线路得到了极大的改善,还新装了宁江(鄞江桥)、宁陶(陶公山)、宁梅(梅墟)、宁横(横溪)等13条乡村电话线路,计207公里,方便了城乡联系。其他如编订路名牌、设置电气标准钟、设立交通标志、车辆的管理、国货商品陈列馆的筹设等等,也都一一落实。

此外,鄞县政府还新辟湖西公园,修葺开放位于西城的庆云楼(俗称"八角楼")。在南门至八角楼一带环城路两旁种植桃柳;八角楼至西门一带环城路两旁种植黄金树;濠河头环城路一带沿河隙地种植梧桐,并筑凉亭数座,安置石凳,以憩行旅;西门外航船埠头至望春桥沿河一带种植行道树。

鄞县建设第一个五年计划实施之后,正值抗日战争爆发,县政府的主要工作转入动员、组织民众反对日本帝国主义的侵略战争,市政建设陷于停顿,陈宝麟建设大宁波口岸的理想难以实现。

三、民国时期宁波城市建设的得失

综上所述,民国时期宁波的城市建设,历经宁波市府、鄞县县府的持续努力,取得了一定的成效,初步形成了近代市政管理制度。对宁

---

① (民国)《鄞县通志·工程志·全县建设计划》,宁波出版社2006年版。

波旧城展开的前所未有的开发、建设和改造,使城市面貌大有改观,交通设施和卫生条件比以前有较大改善,城市建筑得到更新,公共设施日益增加和完善,城市环境明显改良。"民国以前,本邑有恶习为随地设厕与厝棺,外来旅客至有'五步一厕、十步一棺'之讥,其妨碍卫生与观瞻殊甚,迨设宁波市后,私厕已撤毁殆尽,浮厝之棺自民国十八年至二十三年六载之中,凡拆迁万有余穴,城厢一带已非如曩昔冢总墓累累矣"①。宁波城市由此焕发出近代的新气象,"甬上市容顿改故观"②。但是也应该看到,二三十年代的宁波市政建设仍存在着不少因陋就简、迁就敷衍的现象,有些市政设施雷声大、雨点小,或见其首、不见其尾,延缓了宁波城市近代化的步伐,城市的近代化程度赶不上同期的上海、广州、厦门。诚如时评所言:"反观吾甬,……内地市政虽年来始具规模,而囿于经费,不能创造新式之都市,而为人所笑者。故论者曰,'宁波不能与第一流商港者,乃甬人不自努力所致,彼天然环境之待开发,社会之待改善者,来日方长,大有可图也'。"③

究其原因,地方势力的牵制是一个主要因素。如姚江阻咸蓄淡工程,本为解决城区自来水供水,怎奈慈溪、余姚两县士绅害怕江口筑闸,如遇大水恐宣泄不及,又怕因此导致两县水源不足,故拼命反对,致使这一计划延宕久远,后不了了之,严重影响了宁波城区自来水工程的建设。再如拆私厕、建公厕,粪便由市政府统一招商承办,影响到私厕主的利益,故遭到他们或明或暗的抵抗。据《宁波市政月刊》载,"洗马桥下饼店屋侧有坑厕一所,秽臭异常,地当交通要道,行人众多,对于公共卫生实大有妨碍,经敝科派卫生警勒令拆除在案,当敝科限期取消该坑厕时,该坑主多方违抗,近复新筑围墙,之内暗置粪缸,深夜倾粪便于河中,藉口该坑厕取消,邻近住户无处倒便桶,以冀该坑厕

---

① (民国)《鄞县通志·政教志·社会现象》,宁波出版社2006年版。
② (民国)《鄞县通志·舆地志·营建》
③ 《宁波历史之受地理的支配》,《宁波旅沪同乡会月刊》第108期,第4页,民国21年版。

重行恢复"①。专宰猪羊的第二屠宰场的设立,使大肉商不能像从前那样偷漏税捐、宰卖病猪,于是大肉商洪子芳等多方拖延、阻止第二屠宰场的建立,并于1930年6月煽动全市肉商罢市,造成市区肉食供应一度发生问题。② 城区通行公共汽车,则遭到黄包车同业公会的抵制而取消。至于市民拒绝缩让街道、阻碍马路建设所引起的纠纷更是屡见不鲜。据当时宁波市长罗惠侨回忆,市政府原计划填平濠河自汤令公庙至永宁桥段,以开筑马路,但因鄞县西南乡豪绅冯炳然等反对,仅填塞了灵桥小菜场一小段,增加了运泥的困难和经费的支出,并影响到道路的拓宽和交通的畅达。③ 此外,宁波设市前,地方各事大都由当地士绅包办,所收税款均系私人包干,设市后由市政府统一征收,使当地士绅失去了中饱私囊的机会,而房捐的扩征和土地丈量后可预期的土地税增收,也势必会同占有大量房地产的豪绅发生利益冲突,故在宁波设市之初,即有废市之议,市政建设的开展不时受到地方势力的牵制。

  传统习俗的干扰是市政建设难以顺利开展的另一个因素。民国《鄞县通志》载:"鄞之有公共卫生设备始自宁波市政府……至消极方面亦牵于风俗习惯,取缔固非易易,此等事业在在与人民智识程度有连属关系,则民众教育不可或缓也。"④拆私厕、建公厕,本为清洁城市卫生,但市民往往因循旧日陋习,使城市卫生环境难以得到根本改变。如市内丝行弄坑厕,秽臭异常,对于公众卫生大有妨碍,卫生科将其拆除并用瓦砾填满。不料该处住户积习难改,"复在夜间倾倒粪便于瓦砾之上"⑤。市政府禁止随地便溺的布告贴出后,市民随处便溺仍时有发生。墓葬改革也是如此,1928年颁布公墓规程,其后迭经限令筹设

---

① 《宁波市政月刊》第1卷第5号,第19页。
② 《宁波市政月刊》第3卷第5、6号,第57~58页,1930年9月30日版。
③ 罗惠侨《我当宁波市市长旧事》,《宁波文史资料》(内),第3辑,第53~54页。
④ (民国)《鄞县通志·政教志·公共卫生》,宁波出版社2006年版。
⑤ 《宁波市政月刊》第1卷第5号,第19页。

并指示建筑办法,但"人民狃于积习,办理殊鲜成效"①,致"浮厝虽拆迁而公葬场地未经指定,不过由城郭移诸乡村"②。市民的迷信习俗也断非一纸法令可以铲除。据罗惠侨回忆,市政府为破除迷信,曾捣毁市区城隍庙、东岳宫、都神殿内的菩萨,竟引起市民群情激奋,声言为菩萨报仇,以至有一段时间,他出门要带警察保护。③

宁波开埠以后,江北岸一带被辟为外人居留地,不少外国居留者仗势逾界扩张,干涉地方行政,对宁波的市政建设也带来了一定影响。如法国天主堂以所谓的"白水权"向沿岸建造码头及使用水面的商家征收租税。美孚洋行、逊昌洋行等外国商行也长期抗缴店屋捐,以致妨公益。④ 非法特权的攫取也影响到江北岸马路的兴建。江北外滩一带,商店栉比,轮埠林立,是全市最繁盛的地区,但该处的路面却还是一条狭窄的旧式石板路,轮船到埠时拥挤不堪,交通为之阻塞,为此,市政府拟修建江北岸外马路。法国天主堂以所谓"白水权"为由,拒绝缩让街面,不明事理之少数商店因有所凭借,也复"呈请县府免于拆让,一若此事与便利交通、发展商业无关",⑤致该路第一段自新江桥至扬善弄,延至1934年始告筑成。⑥

此外,财政筹措的捉襟见肘,也是造成许多市政设施未能按原计划进行,市政建设缩手缩脚、迁就敷衍的原因之一。宁波设市期间,市财政收入列有下述数项:土地税及土地增加税,房捐,营业税,牌照费,码头税,广告税,公产收入,公营业收入,其他法令特许征收之税捐。⑦但土地税从未实行,营业税则由省局征收,市无分成。市财政只能仰仗省款补助、地方捐税,并息借商款弥补,以致经费窘绌,入不敷出,影

---

① (民国)《鄞县通志·政教志·公共卫生》,宁波出版社2006年版。
② (民国)《鄞县通志·政教志·社会现象》。
③ 罗惠侨《我当宁波市市长旧事》,《宁波文史资料》(内),第3辑,第59页。
④ 《宁波市政月刊》第1卷第5号,第11、27页,1928年3月30日版。
⑤ 《宁波旅沪同乡会月刊》第111期,"七邑近闻",第3~4页,民国21年版。
⑥ (民国)《鄞县通志·工程志·道路工程》。
⑦ 《宁波市政月刊》第3卷第5、6号,第2页,1930年9月30日版。

响了市政建设的实施。如宁波市政府即因"经费难以维持",不得不缩小机构,这就使市政管理的范围产生了很大差异,从而对城市发展造成了不良影响。

第三节 市政公用事业的发展

随着大规模城市建设的展开,宁波近代各项市政公用事业次第举行,道路、桥梁、公共交通、邮政、电讯、供水、电力、园林、环境卫生等等,与旧日相比有了较大的发展,城市面貌大有改观。

一、路桥建设

宁波是浙东沿海巨埠,民国初年,沪杭甬铁路杭甬段东起宁波江北,西迄曹娥,与杭绍、绍曹嵊等公路相连。1927年,建鄞奉公路,自宁波南门达奉化,与奉海(宁海)、奉新(新昌)公路相接,全长49公里,1929年5月19日通车。后又修筑鄞镇慈公路,自江北岸经镇海龙山直达慈溪观海卫。到1934年为止,以宁波城区为中心,筑成通向东、南、西三乡的宁穿(由宁波江东起,经七里垫、盛垫桥、五乡碶、宝幢、育王岭、大碶头直达穿山)、宁横(由宁波江东起,经邱隘、莫枝堰、韩岭市、管江、咸祥,直达象山横山埠)、宁道(由宁波江东起,经姜山、甲村、横溪,直达与奉化毗连的道成岭)、横皎(由省公路鄞奉线横涨站起,经洞桥头、鄞江桥、樟村至大皎)、宁凤(由宁波西门外起,经卖面桥、集士港、横街头至凤岙市)等公路14条,全长447公里。1949年,全市公路通车里程达到242公里。

旧街的拆宽和马路的开辟是城市建设的中心内容。宁波虽然开埠较早,但马路却迟迟未建,"宁波城厢内外的道路,素不广阔,又不平直,不特僻街冷巷,交通不便,即通衢大道,亦复崎岖不平……窃谓路政之良与否,实关系于文明之程度,宁波所以屈守故步而不能与各商埠一律比美者,即是之故"①。清末民初,市区仅草马路、新马路及沿江一带铺设石板路。1925年起开始拆城筑路。1927年7月,宁波正式设市,市政府开始统一限让街面、拓展原有街道,逐步扩展柏油马路,先后筑成一批城市干道。1931年废市并县后,鄞县县政府继续拓宽或开辟一系列干路、支路,大体形成了日后宁波城市的道路网络,市内交通大为改善。截至1949年,宁波城区共有道路469条,其

1935年镇明路改建马路时场景(选自哲夫主编《宁波旧影》,宁波出版社2004年版)

中路41条、街91条、巷弄333条,总长146.8公里。其中水泥、沥青路面占10.8%,石质路面占51.6%,泥结、土质、煤砖路面占37.6%。市区道路网被三江隔成三片,各自形成相对独立的路网,海曙区呈网状式,江东区为方格式,江北区呈倒三角式。

在展拓马路的过程中,宁波商人积极参与其中,厥功甚伟。不但许多在外埠谋生的宁波帮人士呼吁"顾目今中国凡属通商巨埠、名城大镇已莫不有马路矣,而我宁波实不能再作延挨之计,以贻笑他人耳"②,本埠商人也不让人后。据报载,和丰纱厂经理顾钊,看到江东道路年久失修,特别是树行街一带崎岖不平,便商同南北号募款修路,其中自和丰纱厂起的一段,不足款项由该厂捐助,后因南北号集款困难,

---

① 《时事公报》,1922年1月21日。
② 爱楼《论宁波开筑马路之必要(上)》,《宁波周报》1924年第2号,第1页。

事遂中止;和丰纱厂继任经理卢某前赴后继,由该厂出资 6 千元,修筑自厂跟到三官堂广润木行的道路,大大改善了该路段的交通,行人、车辆皆受益匪浅。① 又有泰丰号、源通号等商号"向在市内新桥头一带开设商铺历有年所,目睹道路崎岖,水沟淤塞,车骑、行人时感不便,经商等邀集本街各铺,筹备修筑,拟自新桥头起,迄寿昌寺弄口止,……其经费由本街各铺户量力分,并不在外捐募"②。可以毫不夸张地说,如果没有宁波商人的努力,宁波城市道路建设必然会重蹈民国 5 年"徒托空言,惟经费过巨措办不易"的覆辙。

至于乡村道路的建设,民国初年时,仅有若干狭窄、弯曲的非车辆行驶干道和古巷曲弄。1929 年起,鄞奉、宁穿、盛莫等三条公路相继建成,邱隘、宝幢、五乡、莫枝、鄞江等 13 个乡镇始有过境公路。加之宁波外出经商的人日益增多,经济赖以周转,兼之热心公益事业,输财输力,也较他处踊跃,故筑路之风遂延及乡村。其中修筑规模最大的是姜家陇村道,分陇北、陇南、陇庵、陇洞、陇怀、陇金、陇漕诸路,中铺石板,两旁为钢骨水泥,宽约 2 米半,长 6 公里强;其次,是西中塘河的塘路,自集土港至望春桥,长约 8 公里,利用挖河的泥土,加阔路基,铺筑石板;再次,是宝幢镇沿河水泥路、兢新乡水泥街道、民益乡村道、两湖乡村道、环村槎湖四桥。此外,宝幢至镇海璎珞河头间,还筑有轻便铁道,长 3 公里。

宁波城厢地处奉化江、姚江、甬江交汇之地,原有跨江桥梁的改建和修筑新的桥梁,也是城市建设的重要内容。截至 1949 年,宁波城区共有桥梁 134 座,总长度 1283 米,钢筋混凝土结构 25 座。其中值得记述的是老江桥(即今天的灵桥)和新江桥的改建。

老江桥始建于唐长庆三年(823 年),又称"东津浮渡",因相传建桥时有云霓映其上,故名"灵现桥",简称"灵桥"。跨奉化江下游,距三江口 400 余米,西塊达老城区药行街,跨接灵桥路,东塊达江东百丈

---

① 《时事公报》,1922 年 5 月 15 日。
② 《时事公报》,1927 年 11 月 3 日。

路,跨接江东南路和江东北路,地处商业闹市区,半边街江岸桅樯林立,桥上"人驰车马过,彻夜有人行",经年盛况不衰。该桥原是由船排连锁而成的浮桥,经不起风雨,千年以来,屡修屡圮,险情时有发生,故屡有改建钢桥之议。宁波市政府成立后,改建老江桥的呼声又起,但政府没有财力,于是担子就落到了工商界的身上。沪、甬两地的宁波商人乐振葆、孙衡甫、徐庆云等发起成立了"改建老江桥筹备委员会",耗银70余万元,"不费公帑,悉输于民"。该桥由德国西门子承建。至1936年5月,始改建成"三联钢骨独孔下承式公路桥",长96米,宽19.8米,其中两侧人行道宽4.5米,车马道宽0.8米,[①]能承载200吨卡车,成为连接海曙、江东两区和宁波到东南方向的要道,至今仍是宁波城市的地标之一。时任鄞县县长的陈宝麟亲撰《重修灵桥碑记》,由书法家赵时㭎、沙孟海分别题篆与书,立碑于桥堍,纪念这一壮举,可惜此碑现已被毁。

旧时行人通过灵桥场景(选自哲夫主编《宁波旧影》,宁波出版社2004年版)

新江桥始建于清同治元年(1862年),初为木结构建筑。跨姚江

---

① (民国)《鄞县通志·工程志·水利工程·桥梁》,宁波出版社2006年版。

末端,濒三江口,是连接海曙、江北两区和通向镇海、慈溪、余姚的要道。1927年市工务局曾对桥面进行技术改造。1936年灵桥建成后,地方人士及旅沪绅商曾计划一鼓作气,将新江桥也改建为新式桥梁,"无使灵桥专美于前",旋因抗日战争爆发,被迫停顿。延至1947年,新江桥木质桥身已严重损坏,若不加以大规模的修葺,随时都有可能发生危险。宁波各界遂又发起改建新江桥的倡议,所需经费拟取自加征沪甬航线各轮客货运10%附捐和募捐所得,[1]并拜访前来家乡扫墓的蒋经国,希望得到支持,可惜后来也不了了之。

至于乡村桥梁,则多系旧式石桥,桥身既高,车辆难通,桥门又狭,舟楫常阻。其间或有改建或新造的桥梁,大多系钢骨水泥建筑,皆减低桥身,加阔桥门,如东后塘河的福明桥、新莘桥、鄮山桥、姜皇后桥,东中塘河的延芳桥(旧名嘉庆桥)、宋诏桥,前塘河的虹桥,南塘河的七乡桥,卧虹村的曲树桥,布政市的郡马桥,文山里的文德桥、金家桥,明德村的润德桥,姜家陇的陇东桥、陇西桥、积善桥、汾阳桥、怀安桥,陈婆渡的复古桥,鄞奉交界的徐家渡桥,鄞余交界的永春桥等。钢桥则有洞桥乡与石碶镇交界处横跨鄞江的元贞桥。

二、城市公共交通

民国时期,宁波市区的主要交通工具为人力车,俗称"东洋车"或"黄包车",其他还有人力三轮车、自行车等。

清末民初以来,轿运渐趋衰落,人力车渐趋盛行。1915年,商人唐翼参在江北岸开办利捷车行(后移设火车站附近),股本1.6万元,人力车200辆,为宁波有营业人力车的开始。之后,人力车渐渐扩展到城区的大街小巷及繁盛市镇。到1934年,宁波城区共有利捷、如云、协记、龙飞、聿迅、鹏飞、公益、交通、民利、云飞、通利、大达等人力车公

---

[1] 《时事公报》,1948年5月7日。

司 12 家,拥有人力车 1590 辆,另有自用人力车约 300 辆。鄞县乡村有人力车公司 6 家,其中鄞江 3 家,有车 65 辆,裘村、韩岭、横溪各 1 家,有车 62 辆。① 镇海、慈溪、定海、余姚等地也有人力车公司兴起,如镇海的镇捷、合兴,慈溪的捷成等。截至 1947 年,宁波城乡仍有黄包车 1860 辆。所有营业人力车均按期发照,随时检验取缔。车身一律漆成黑色,各公司牌号(规定颜色,每公司一式)钉于车身右翼挡泥板上,政府编定的号牌(黑底白字搪瓷牌)钉于车身左翼挡泥板上。捐照为纸质,标明月份,钉于车后,每月一换。为解决因车价争执引起的纠纷,1925 年 3 月,宁波地方当局限令人力车夫营业时一律佩带赁金表(相当于今天出租车的计价表),以便随时对照,决定车价,从而减少了乘客、车夫间的争执。

抗战胜利后,南京国民政府曾以人力车不人道为由,计划分期取缔,浙江省政府曾拟定分地分期淘汰办法。② 旋因战后失业问题严重,社会矛盾层出不穷,不得已又通令各地,凡是不重要的社会改革,暂缓进行,以维持社会稳定。

鄞县本地商人朱赓年、叶慎齐,前宁穿长途汽车公司经理王文翰、沪商王华隆等闻风而动,发起组织宁波公共汽车有限股份公司,拟在市区行驶公共汽车。消息甫一传出,便掀起了轩然大波。人力车夫因生计被夺,群情激愤,连日组织请愿团,向六区专署、县党部、县政府、参议会请愿,恳求予以制止,说:"宁波市区日常交通,向赖我车夫维持,已有数十年之历史,而赖以生活者不下万余人。抗战胜利,失土光复,政府以人力车缺乏人道观念,命令限期废止,此种顺应时代适于时势之改革,车夫等虽愚笨无智,亦能深知此举意义之伟大,但反观现实,自胜利以还,经济基础未立,失业者与日俱增,若于此时取消人力车,代以比较科学之交通工具,无异增加社会间失业人数,驱我车夫于饥饿线上……商人王文翰等欲在甬行驶公共汽车,虽其行驶范围仅及

---

① (民国)《鄞县通志·政教志·交通·路政》,宁波出版社 2006 年版。
② 《时事公报》,1946 年 12 月 16 日。

江东至西郊路,而车夫营业因此而遭打击者,将占三分之一以上,车夫等为维护公同利益,顾及日后之求生计,谨此吁请制止,使穷无所依之民众,得有职业以糊口,以免饥寒逼迫。"①

社会舆论也倾向于暂缓在市区行驶公共汽车。《时事公报》曾刊发短评说:"吾人以为凡事两利相权应取其重,两害相权应就其轻,行驶汽车,本属便利交通,在时局平靖民心安定之时,地方人士协助政府从事建设,吾人当欢迎之不暇,敢有异议? 惟方今生活高压,失业增多,人心浮动,民怨沸腾,一旦汽车行驶,数千车夫,顿受影响,试问如何安插? 地方治安,试问谁敢保证? ……安定社会,必须大家有饭吃。'朱门酒肉臭,路有冻死骨',岂尚适合于今日之时代环境耶? 故吾人对于行驶公共汽车,未敢赞同。"②宁波地方当局终以时局未靖、民生凋敝、不宜多事更张为由,批示暂缓办理市区行驶公共汽车一事。直到1956年2月,宁波市区始有公共汽车行驶。

战后,通运、民华长途汽车公司在江北岸外马路宁绍太古码头(江北岸大同旅社后面)设立分站,鄞奉长途汽车公司在大道头设立分站,越站营业,也影响到人力车夫在码头兜揽生意,迭遭人力车夫抗议、请愿,并向通运公司分站职员挑衅,双方多次发生殴斗。③ 民华、鄞奉分站因此被迫停办。

1947年6月,又有宁波本地商人陈富康鉴于市区交通工具仅有人力车,未臻理想,购置三轮车60辆,拟组织迅安三轮车行,行驶于市区及四郊。人力车商工会及车夫工会闻讯,又起反对,后经县府居中斡旋,双方商定:先行开放60辆,人力车行与迅安车行各投放30辆,所有三轮车车夫应由人力车工会会员承租,不得雇用非会员,以维持原

---

① 《谨呈鄞县县政府为叩请制止市区行驶公共汽车以维会员生活而安社会》,《鄞县县政府建设科,1936—1949年》,宁波市档案馆,卷宗号旧2-1-74。
② 《大家有饭吃》,《时事公报》1947年2月19日。
③ 《时事公报》,1947年5月15日。

有人力车夫的生计。① 是年 6 月,人力三轮车开始投入城区客运。随着三轮车客运的兴起,黄包车日趋衰落,1950 年,城区近 1600 辆人力车、2000 余工人中,已有 1500 人失业、半失业。1953 年,人力车减至 260 辆。人力车工人自筹资金相继购置三轮车,至 1954 年 4 月,人力车遂全部为三轮车所取代,宁波城区交通主要依靠人力车的时代一去不复返了。

自行车代步行驶则始于民国初年,至 1934 年,宁波城区有自行车行 16 家,鄞县建设科登记发照的自行车 330 余辆,其中营业自行车 130 辆,自用自行车约 200 辆。1947 年,发展到 2300 辆,②自行车也成为宁波人日常出行的交通工具之一。

三、邮电通讯

近代邮政兴起之前,宁波地区的书信传递,衙署由驿站传递,民间由信局、信客代递。

信局(官办邮局成立后,为示区别,称之为"民信局")始于明永乐年间(1403—1424 年),宁波帮在全国信局业中的实力首屈一指,仅清光绪年间(1875—1908 年)宁波一地就有全盛、协兴、福润、永和、正大、和泰、仁昌正、裕兴昌、氰顺、永利、永义昶、正和等信局 125 家。宁波帮以其敏锐的目光,适应商业的需要,扩大其组织,遍设分局及代办处于各埠,星罗棋布,互相联络,形成以上海为中枢的松散的民间通信网,商民无不称便。其他各帮虽也发达,但终究不及宁波帮,如湖州的协兴信局就是由宁波人华正福经营的,故时人戏称信局为宁波人所独占。③

---

① 《据该民呈请行驶三轮车一案业经会议决定通知知照由》,《鄞县县政府建设科,1936—1949 年》,宁波市档案馆,卷宗号旧 2 - 1 - 75。
② 《鄞县县政》第 1 卷第 12 期,民国 36 年 12 月 31 日。
③ (民国)《鄞县通志·政教志·交通·邮政》,宁波出版社 2006 年版。

信客业兴起于五口通商以后,其时,四明七邑旅沪谋生经商者不下数十万人,递信运物终岁不绝,于是信局之外,又有信客业的组织。起初,信客附搭招商、太古公司轮船往返沪甬之间,捎带信件、银钱、包裹和时鲜特产,或为旅客照料行李、扶老携幼、搬运家具等,服务项目无所不包,且亲投到户,周到稳妥,百姓信任称便。1908年,宁波人自办宁绍轮船公司,为招揽生意,给信客免费搭乘尾舱的优惠,一时信客人数激增,服务对象也由邻里亲朋扩展到码头兜揽。民国初年,信客业组织"宁波七邑信客

1907年12月30日自宁波寄往南非约翰内斯堡的风景明信片,画面为宁波外滩。(选自哲夫主编《宁波旧影》,宁波出版社2004年版)

联合会",至1923年1月,有信客142人,已俨然具备行业规模。

1878年12月,浙海关(设宁波)设立海关书信馆,是为宁波邮政的开始。1897年1月,清政府创办大清邮政,初委托海关兼理,后属邮传部,海关总税务司赫德为邮政总管理者,全国以海关辖区划分邮政区域。12月,浙海关成立宁波邮政局,由浙海关署税务司安文兼管。民国以后,改以行政区划分邮界,遂改称鄞县一等甲级邮局,直属浙江省邮务管理局(前身为"杭州邮政总局"),下辖邮局14处,邮政代办所131处。

近代邮政兴起后,信局、信客业即行衰落。邮政成立之初,因邮局网点稀少,仅设于通都大邑,无力实现邮政专营,故对民信局采取利用、限制、待机取缔的政策。起初,规定凡有邮局的地方,民信局须在

指定期限内,向当地邮局登记,领取执照,权且作为邮局的代办机构。同时,在各地广设邮政代办所和村镇信柜,着力改善服务,降低邮资,用经济手段与民信局争夺用户。民信局处境日趋艰难,但并不甘心失败,屡有抗争。民国建立后,民信局借口应享受"共和"、"自由",要求"寄递自由,不受邮局干涉",组织"驻沪信业联合会"以图抵制,宁波民信局受上海民信总局指示,联合起来不再将总包交邮局寄递,而是自己组织力量进行疏运。其时,如期向宁波邮局登记领照的民信局,只有全盛、协兴等12家。1921年11月,国民政府颁布《邮政条例》,规定自公布之日起3个月内,民信局必须向邮局登记,经邮局许可后方能作为邮局的代理机构,经营寄递信函等邮政业务,但邮局认为必要时,可以停止其营业。1928年,全国交通会议决定,所有民信局应于次年底一律取消,后经驻沪信业联合会和宁波总商会迭次声请而获准暂缓取缔,但各信局必须一律照章登记。1933年,交通部又指令邮政管理局,限于次年底一律取缔民信局,但宁波民信局仍顽强支撑。直到1935年,由于全国范围内早已裁撤民信局,宁波民信局也已超越停业时限,活动区域越来越狭小,残存的几家民信局感到大势已去,遂被迫停业,民信局在宁波的历史也终于画上了句号。

而信客业于1930年以后,随着宁绍轮营运局面逐步打开,取消了对信客的优惠待遇,加之时有轮船仆役插手为商旅递信送物,腹背受敌,渐趋衰落,操此业者锐减为98人。1935年,邮政管理局饬令其停止活动。后因抗战爆发,沪甬间交通阻隔,信客业曾一度复起。抗战胜利后,邮件走私之风复炽,屡禁不止,[①]直到解放后才被取缔。

随着信局、信客业的衰落,邮政渐趋专营。时宁波邮政局(鄞县一等甲级邮局)设总局于江北岸屠家巷(今中马路172号),城区有邮政支局两处,一在日新街,一在鼓楼前,城乡共有邮政代办所42处,临时邮件收发处1处,邮票代售处26处,城市信柜21处,村镇信柜35处,

---

① 《邮件走私复炽,各地严密取缔》,《时事公报》1948年6月24日。

邮筒21支。① 1935年,开办村镇投递及揽收邮件事务,分两条邮路。一条是鄞西村镇邮路,由鄞江桥出发,计邵陈家、港岸、桓村、后衕、蜜岩、长沙潭、大皎、小皎、樟村、郑家岭下、天打岩、溪东、钟家潭、於菟门等14个村镇;另一条为鄞东村镇邮路,由鄞县出发,计林家四柱、励家、余徐隘、朱桑、老庙跟前后陆、新盐场四都、邵家、宝桥金、姜家陇、滕家园、五都王、盛垫桥、福明桥、柳隘树、松下漕、王家衕、七里垫、张隘桥、周家、外河沿柳家、矮柳、陈家桥罗家、天官第戎家等22个村镇。信差到达各村镇时,摇铃通知农户,除保险信件及包裹外,收送各项信件,并发售邮票、明信片,如交寄挂号或快递邮件,则须向信差索取收据为凭,但汇票及领款事务不得托由信差代办。②

1927年迁至中马路屠家巷的宁波一等邮局(选自哲夫主编《宁波旧影》,宁波出版社2004年版)

需要指出的是,民国时期各地邮政代办所、邮票代售处多由当地商号兼理,时有代办不得人而耽误邮递之事,招致民怨。如定海岱山东沙角邮寄代办所,"向系王炳瑞经理,历有年所,成绩甚佳,每逢邮件

---

① (民国)《鄞县通志·政教志·交通·邮政》,宁波出版社2006年版。
② (民国)《鄞县通志·政教志·交通·邮政》

到时,随到随检,派人分送,并不停留。……王君辞职,六月起改归应顺和米店张小生接办,旋又移至益兴号,视邮政如同儿戏,且主任与信差均非熟手,邮递是以迟迟";①城区莲桥街代售邮票处曾因浮收邮资被人告发,代办易人。②

除近代邮政外,宁波的电报、电话等近代公用事业在民国时期也得到了迅速发展。

电报分有线电报和无线电台两种。清光绪九年(1883年)6月24日,官督商办宁波电报分局首设战船街29号,隶属于上海电报局,委任贡生华忠青、兵部侍郎蔡鸿仪办理。民国2年(1913年),核定宁波电报局为二等甲级局,后改称交通部宁波(鄞县)电报局,隶属杭州电报总局(一等甲级局),下辖绍兴、萧山、嵊县、诸暨、余姚、曹娥、台州、海门、镇海、舟山、宁海、黄岩电报局及奉化、温岭报房。1928年12月及次年5月,又分别在新丰里3号和小开明桥开设无线电台,隶属交通部。1935年4月,并入交通部鄞县电报局,迁址西方寺(今高塘路9号)。1944年起,官办电报、电话局(隶属于鄞县县政府的鄞县乡村电话局除外)合并为电信局。1945年9月,交通部鄞县电信局在宁波正式办公,迁址永丰路4号(后又迁址战船街23号),徐苣任局长。1946年12月,交通部将电信局等级由原来的"五等制"改为"三等甲乙级制",鄞县电信局被定为二等甲级局,受鄞县电信局业务管理的有绍兴三等局,余姚四等局,天台、定海、奉化五等局等10余个电信局。

电话分商营与官营。民国以前,宁波仅和丰纱厂一家自办电话,在战船街设立小型发电厂,装设10门电话交换机(属对讲机性质)1座,通达江东总厂,城区基本无电话。1911年,王匡伯、王仰之及本地绅商李徽五、朱葆三等集资20万元,发起筹建宁波电话股份有限公司,设机房于江心寺跟(今战船街53号),王仰之任董事长,蔡珪爵任经理,至1913年5月5日建成通话,从此宁波开始了有电话的历史。

---

① 《时事公报》,1925年11月28日。
② 《时事公报》,1947年1月21日。

到 1921 年，宁波电话公司因连年亏损，经股东大会决议解散。是年，由原公司债权人注册，新建四明电话股份有限公司，继续实行股份制，董事长刘翰怡（不久由励树雄兼），总经理励树雄，经理蔡珪爵，添资扩充设备，将磁石式交换总机改为共电式，总容量猛增至 2500 门，并在和义桥（今和义路 96 号）建筑钢骨混凝土新机房，1935 年 6 月竣工。新大厦落成后，内外机线焕然一新，声音清晰，信号准确，接线迅速，障碍减少，与前迥然不同，不久用户即达 2000 余户，一直到抗战开始，用户逐步上升。① 虞洽卿独资在镇海龙山创办的三北电话公司也较为有名，该公司成立于民国 3 年（1914 年），架设三北轮埠公司至宁波、镇海、龙山话线，原订有不准收费通话的合同，但该公司阳奉阴违，而且收费也较官营长途电话公司为廉，故导致镇海长途电话公司的业务"大为减色"②。1931 年 8 月，交通部鉴于三北电话公司接通宁波、镇海、龙山 3 处话线属长途性质，与国有电信事业大有妨碍，批示即刻拆除，遂停办。

官营电话则有交通部宁波（鄞县）长途电话分局（附设于交通部宁波电报局内）、隶属于省建设厅的浙江省长途电话局宁波（鄞县）分局、隶属于鄞县县政府的鄞县乡村电话局。1934 年 6 月，交通部与浙江省订定协议，省内电话统一由省办电话局代办，省际电话由交通部办理，自 7 月起实施，交通部随之撤销浙江长途电话管理处，改在浙江省电政管理局内设立长途电话管理员，起监督、联络职责。抗战胜利后，交通部鄞县长途电话分局、浙江省长途电话局鄞县分局并入鄞县电信局。

宁波有乡村电话，略迟于城区三四年。早在 1917 年宁波电话公司时期，就有少数线路敷设至鄞县、镇海、慈溪三县的乡村，最早装设的有西乡的白龙王庙、石塘翁家，继而装通镇海、慈溪、洪塘、骆驼桥、庄桥、庄市、三跳童等，后又装通姜山、蔡郎桥、五乡碶、邱隘、黄古林、

---

① （民国）《鄞县通志·工程志·公用工程·电话》，宁波出版社 2006 年版。
② 《时事公报》，1926 年 3 月 1 日。

石马塘、高桥、石碶等处,其余各重要乡镇,均付阙如。1930年以后,乡村筹款请装电话者日多,鄞县政府也感到有扩充乡村电话的必要,遂与四明电话公司商榷接装,但四明电话公司竟以交通部核准的营业范围是宁波城区为由,拒绝乡话用户请装(原有乡线仍作保留,但不再扩充)。究其实际原因,则是乡村电话线路过长,维护不易,对公司来说无利可图。在此情况下,宁波的乡村电话遂由官营。1931年,鄞县县政府自办乡村电话,购置20门交换机1座,建立鄞县乡村电话交换所,自成体系,隶属于鄞县县政府建设科,后改称鄞县电

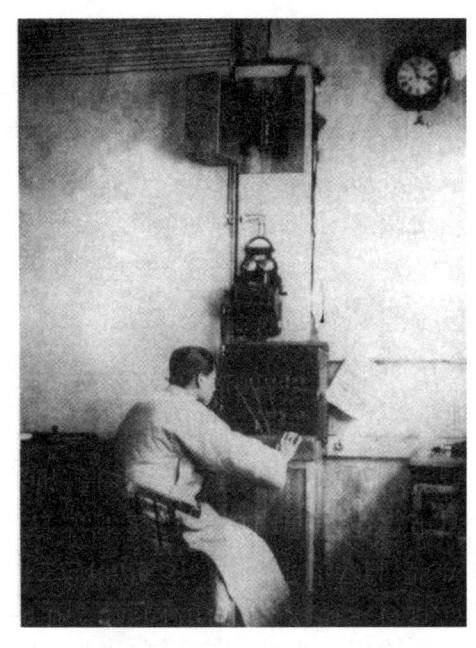

1931年,鄞县乡村电话所有了20门交换机,图为工作场景一角。(选自哲夫主编《宁波旧影》,宁波出版社2004年版)

话局,直属县政府,由鄞县建设科科长倪维熊兼任局长。起初,仅装设了至胡家坟、凤岙市、唇蛟陇、宝幢、姜家陇、梅墟、育王、潘火桥、下应、叶山村、徐东埭、卖面桥、集士港、布政市、鄞江桥等线,架设了从宁波到横涨桥的南总线;1932到1934年,扩装了方桥、陈鉴桥、张华山、梅墟(增2处)、柏墅方、长石桥、韩岭市、陶公山、新桥、祇园寺、甲村等处,架设了从宁波到观音庄的东南总线;1935年至1937年,又陆续扩展了至咸祥、塘头街、横山埠、盛垫桥、五乡碶、姜山、蔡郎桥、骆驼桥(以上4处都是在公司线以外加装的)、缪家村、樟村、大皎、蜜岩、后隆、百梁桥等线,先后完成至五乡碶、白龙王庙的东、西总线,由此形成了以总线为骨架、支线分布全县的乡村电话网。此外,还受慈溪县府的委托,代装、代管该县东乡的洪塘、裘墅、费市、留村(现均属宁波市

郊)4处乡村电话和"宁横"、"宁穿"两公路的站用电话。抗战胜利后，鄞县电话局改称鄞县县政府乡村电话局，设于鄞县县政府大院内，县建设科科长汪殿章兼任局长。1946年1月，又改称鄞县县政府乡村电话管理所。时乡村电话网已遭到严重破坏，虽陆续有所修复，但终因经费匮乏，只能勉强维持。

四、自来水的供给

　　城市自来水工程关乎千家万户的日常生活，历来为市政公用事业建设第一要务。宁波城区人烟稠密，工商业繁荣，对饮用水的需求量很大。但是，民国时期城厢河道日渐淤塞，各乡塘河及东钱湖的水又仅资灌溉，故城区居民饮水，大多以水缸预储"天落水"，遇到天旱，则通宵吊掏井水，多半取给于浅井，色既浑浊，味也带涩，需加明矾澄清方能饮用。少数富户则向进城的运水船买水喝，因价格昂贵，一般贫民是买不起的。而洗涤用水，则一般用河道的污水。工厂用水，除个别开凿自流井外，大多也靠河水，如遇久旱，即被迫停工。清洁水(自来水)设施业已成为制约宁波经济发展和居民生活水平提高的一个瓶颈，亟待解决。

　　城区开凿自流井，是解决自来水问题的办法之一。经政府提倡，民国时期城区开凿自流井者渐多，如江东百丈街一带，地方人士卓葆亭等开掘自流井两口，方便居民饮水；[1]"镇海巨绅李小宝近鉴于南门外人烟稠密，日用之水，一遇天旱，即无法可想，……特出巨金在天后宫前雇工浚筑极大之自来井一口以利居民"。[2]截至1934年，城区共开凿自流井59口，[3]然深度均在300尺以内，水质很差，且相邻较近之井，出水量互相减杀，因此未能从根本上解决城区自来水的水源问题。

---

[1] 《时事公报》，1922年12月2日。
[2] 《时事公报》，1925年7月28日。
[3] 俞福海《宁波市志》(上)，第614页，中华书局1995年版。

宁波自来水公司的组织始于民国15年(1926年),裘天宝银楼业主在东后街64号(今交通银行址)独资开办通泉源自来水公司。其所恃水源,取自深约280尺的地层,且只一井,水量不多,仅供给东门口一带店铺,故营业不振。1931年7月,因水质差、装用者日少而停办。1934年9月,又有本埠绅商、和丰纱厂董事长俞佐宸等集资银元10万元,于通泉源自来水厂旧址发起创办宁波自来水股份有限公司,开掘自来水井以解决水源问题。新井比以前的自流井深近一倍,又新建50立方米铁制水箱水塔、6立方米过滤池,并建电机间1所,防止细菌侵入。1936年1月1日起向市民供水,用户221户,管道长3.5公里,日出水2234吨,水味淡且无盐质,较之普通水井有天壤之别,后供应范围遂扩大至东大街、东渡路、大道路、灵桥路、滨江路、碶闸街、江左街、江厦街、方井街、崔衙街、日新街、望江街、药行街、车轿街、东后街、悦来巷、护城巷等地段。[①] 1943年,因物价飞涨,每吨水的价格竟高达1.24元,约值20斤大米,旋即倒闭。

　　1929年,罗惠侨任宁波市市长期间,参事陈萱君曾提出筑坝蓄姚江水以为水源,解决宁波城区自来水的供应问题,因耗费巨大,计划未能付诸实施。其后计划试验开凿自流井9口(拟定凿穿石层深约500尺,水质始合标准),为全市自来水水源,且与汉中公司订约。由于该计划未获省厅批准,加之市财政捉襟见肘,罗惠侨市长又卸任,事遂半途而废。杨子毅接任宁波市市长以后,将开凿自流井计划搁置,另聘专家唐宝桐来宁波勘察水源及设计解决方案,草有《宁波市自来水初步计划》,拟在大隐或东钱湖筑堤引水,可惜尚未定议,市府即奉令撤废。鄞县县政府接办后,再三筹划,将原有市政有关自来水计划一一加以审查,认为原市府参事陈萱君所拟取姚江水的方案最为适宜。1932年7月,鄞县县府颁布的《鄞县建设五年计划》体现了这一构想,提出修建姚江阻咸蓄淡工程,以解决城区自来水水源和鄞、镇、慈、姚

---

① (民国)《鄞县通志·工程志·卫生工程》,宁波出版社2006年版。

四县部分农田的灌溉。即在太平天国时期开挖的江北泗洲塘旧港遗址上,开浚新港,接通甬江与姚江,并建水闸,阻咸蓄淡。由于这一宏大工程涉及慈溪、余姚等县的利益,两县士绅既怕江口筑闸,如遇大水恐宣泄不及,又怕因此造成两县水源不足,故极力反对,而省厅也批复"候水利局会同各该关系县计划办理",致使这一计划延宕久远,后不了了之,严重延滞了宁波城区自来水工程的建设。许多年过后,当时担任鄞县县长的陈宝麟还在为宁波自来水终因水源吸取困难而未能实现而抱憾不已,感慨"仅凭历来因袭之观念,尚不足为今日水利工程实施之根据"[①]。

五、电力供应

宁波电力工业始于清光绪二十三年(1897年),本地商人孙衡甫投资银元1.4万元,在海曙战船街创办宁波电灯厂,1901年因亏赔殆尽停业。宣统元年(1909年)10月,顾元琛、戴瑞卿、王荫亭等集资银元8.28万元,就宁波电灯厂旧址创办和丰电灯股份有限公司,也未获成功。直到民国3年(1914年)4月,商办宁波永耀电力股份有限公司创立,才站住了脚,并逐渐有所发展。

该公司设于宁波北门外北斗河畔,最初资金为银元13万元,其中3万元是和丰纱厂附设的战船街电厂全部财产作价投资的,10万元是永耀创办人筹集的。企业性质是股份制有限公司,采用董事集权制,董事长为虞洽卿,董事有周仰山、孙衡甫、刘鸿生、戴瑞卿等,聘请周仰山为经理、张鸿卿为工程师。永耀电力公司建成发电时,装机容量为50千瓦,仅供城区江厦街、东大街等主要商业区及少数居民照明用电。后经4次增股,5次更新设备,机组单容量从25千瓦到120千瓦,再扩大到1600千瓦,1936年又从上海禅臣洋行购进德国生产的3300千瓦

---

① 戴怀萱《陈宝麟主政鄞县》,《鄞县文史资料》(内),第4辑,第78页。

1935年,永耀电力公司向瑞士代理商"新通贸易公司"定购的3200千瓦气轮发电机组。(选自哲夫主编《宁波旧影》,宁波出版社2004年版)

发电机组及瑞士生产的3200千瓦发电机组各1台,总装机容量达到9570千瓦,是年发电量767.7万千瓦时,用户9000余户、灯头10万盏,供电范围扩大到慈城、镇海和慈溪,盈利法币19.55万元。[1] 需要指出的是,1936年前后宁波最高的用电负荷也只有2400千瓦上下,永耀电力公司的发电设备并没有得到完全使用。

宁波属县的电力工业则始于1915年,虞洽卿在其家乡镇海龙山(现为慈溪)开办装机容量10千瓦的发电厂。之后,各地先后兴办装机容量数十至数百千瓦不等的发电厂,到1936年计有14家,总装机容量686千瓦,供应城关县署、学校、部分商店和居民照明。

截至1949年,宁波仍有发电厂7家,总装机容量8699千瓦,其中永耀电力公司有发电机组4台,装机容量8220千瓦,最大单机容量3300千瓦;属县发电厂6家,装机容量479千瓦。当年宁波全市发电量985万千瓦时。值得一提的是,民国时期宁波的偷电行为较为严重,据统计,因偷电而造成的电力损耗竟高达用电总量的50%。[2]

---

[1] 《宁波市电力工业志(1897—1990年)》,第1页,水利电力出版社1995年版。
[2] 周信涛《宁波电业简史》,《宁波文史资料》(内),第5辑,第101页。

表3—5　1914—1949年宁波地方小型发电厂一览表①

县名	名称	创办年月	资金（银圆）	装机容量（千瓦）	关转年月	备注
鄞县	和丰纱厂自备发电厂	1905.11		746		自给自余，供附近商店、居民用电
	永耀电力股份有限公司	1914.12	13万	50	1984.7	
	陶公山电灯厂	1934		15		
慈溪县	慈明鸿记电灯公司	1926	3万	24	1935.1	被永耀电力股份有限公司兼并
	周巷正大电灯公司	1930	4万	45	1941.7	
镇海县	华明电灯公司	1917	8万	62	1921.2	因亏损停办
	明明电灯公司	1922.11	6万	30	1938.8	因日本侵华、煤价高涨等原因停办
	骆驼敦丰电灯厂	1934.10	1.87万	27.2	1936.12	被永耀电力股份有限公司兼并

① 《宁波市电力工业志(1897—1990年)》，第18~19页，水利电力出版社1995年版。

续上表

县名	名称	创办年月	资金（银圆）	装机容量（千瓦）	关转年月	备注
镇海县	昭明电气公司	1928	4万	40	1939	因日本侵华、资金困难停办
	明远电灯厂		1万	15		
余姚县	余耀电灯公司	1917.10	1.3万	30	1927	转让给余耀电力股份有限公司
	余耀电力股份有限公司	1927	5万	90	1932	被余姚电气股份有限公司盘顶
	余姚电气股份有限公司	1932	10万	272	1966.5	因余姚改由电网供电停发
	马渚瑞和电灯公司	1926		10	1936	
象山县	石浦明星电气公司	1923	3万	25	1952	
	耀华电气公司	1923	2万	41	1945	发电机绕组烧毁
	象山电气公司	1947		30	1951	人民政府接管
奉化县	永明电灯公司	1926	1万	20	1929	被奉化电气公司盘顶

续上表

县名	名称	创办年月	资金（银圆）	装机容量（千瓦）	关转年月	备注
奉化县	奉化电气公司	1929	2.5万	37.6	1941	机器被日军劫走
	武岭电灯厂	1930		42	1970.12	改由电网供电
	方桥公益电灯厂	1932		10	1941.4	被汪伪第10师37团接管
宁海县	永明电灯厂	1936	2万法币	25	1956.2	改名为公私合营宁海电厂

六、园林名胜

民国以前，宁波城区向无公园，唯月湖景观盛于南宋，后逐渐衰落。而历代官府内园、豪绅庭园，构筑假山水池、水榭亭阁等园林小品，藏而不露。

宁波有公园的历史，始于1927年6月，宁波各界发起筹建"中山公园"，成立了建设中山公园筹备委员会，时任宁波警备司令的王俊为筹备委员长，地方士绅金臻庠为副委员长，下设总务科、财务科和工务科，分别由陈如馨、陈南琴、王玉川任科长，1929年秋落成。其址包括旧道署、后乐园、府后山等，占地60余亩，新建各式房屋21宅、亭台4座、牌坊2座、过廊3处、桥梁5座以及围墙、花圃、假山等，所需款项皆由募捐所得，耗银11万元。[①]

中山公园内三山鼎立，一水环绕。府山东卧，府后山北踞，独秀山（假山）中矗。进园主轴线，首立孙中山总理遗嘱碑亭，内有碑一块，正

---

① （民国）《鄞县通志·工程志·公用工程·公园》，宁波出版社2006年版。

面是总理遗嘱,背面是宁波中山公园碑记,为沙孟海所题。过小桥,有景行牌楼,建于清道光十七年(1837年),石柱楹联由张元炜题:"远瞩林园胜妙殊绝,越诸尘累身心了然。"往前是八角铁亭,称"闲乐亭"。西侧池旁有藏书楼,楼下有阅报室。再往前,则为茶室。跨河有新桥(石桥)通后园。途经府后山山脚十字厅,南向过桥,为独秀山,山上有螺髻亭,山下有清凉洞,九曲回廊连方亭。中山公园初建时,文人雅兴,集为"八景",时称"薛楼烛影"、"螺髻看云"、"春亭饮绿"、"剡曲舻声"、"梅坞鹤巢"、"柳移燕语"、"秋水濯缨"、"渔庄玩月",现在大多已经不存在了。公园内植树99种、3200余株(丛),内有百年古树银杏、沙朴等。春天桃樱齐放,盛夏绿荫盖地,入秋金桂香飘,隆冬腊梅幽溢,是民国时期宁波市民文化娱乐的主要场所。美中不足的是,公园内人工建筑物太多,缺乏天然风景。

1931年宁波废市并县后,鄞县县政府仿照美国郊外公园的式样,在月湖一带开辟湖西公园,修葺开放位于西城的庆云楼,俗称"八角楼"。1948年,又由旅沪宁波商人捐资,在姚江南岸永丰路段新辟江滨公园,呈带状,长650米,并于双池巷口(今大桥街)对面构筑木制牌楼1座,题"江滨公园",种植法国冬青树500株,安置简易水泥椅。此外,还有月湖碧沚(芳草洲)的私营茂盛花园等等。

众多公园和景区的开辟,为宁波人茶余饭后、假日休闲提供了理想的休憩与游乐场所,使处于都市喧嚣中的宁波人得以流连忘返于幽美的景致之中,暂时忘却都市的烦嚣。

七、环境卫生

城市环境卫生状况是一个城市形象的真实写照,优美、清新、整洁、舒适的市容是城市居民日常生活和工作的基本需求。搞好城市环境卫生工作,也是城市建设和管理的重要任务。

宁波公共卫生始于1927—1931年宁波设市期间。虽然在此之前,有地方绅商筹设的公共卫生处及清道局之类的组织,但大多流于形式,经办人员尸位素餐,于公共卫生毫无建树;或仅为夏令时节疫病爆发时临时抱佛脚的应急举措。诚如《时事公报》所言:"今日地方上之官厅与自治机关,彼等之所谓注重卫生、促进卫生,乃竟如是如是,似乎所谓卫生者,惟夏秋之间乃始为一种重要问题,而在余时可以置之不问,似乎彼等徒见五六月之间蚊子、苍蝇满街乱飞,因而闹出虎列拉,于是始大喊大嚷'公共卫生,公共卫生'……河道之污秽,不论城内、城外,几乎无一非粪缸之变相;野蛮之露天坑厕,遍地陈列;自治机关所设立尿坑,既无遮拦,而又永古千秋不知一浇臭药水,不顾公德之人,深夜之时,往往就而大便,久而久之,尿水为塞,于是黄水横流,成为奇观;其他如垃圾桶之如同虚设,或设而不周,如死鼠、死猫之任意抛之此桶,无一不为制造苍蝇、蚊子之举动,无一不努力为虎列拉之媒介。平日之情形如是,而徒于夏秋之间,由官厅出几张应景之文告,自治机关及服务团体为几种点缀时节之举动,便能令苍蝇、蚊子望而却步乎?"①

1927年7月1日,宁波正式设市,由政府倡导的公共卫生事业发展迅速,城市环境卫生状况始有所改观。宁波市政府设有卫生科,1929年又组建市卫生委员会(撤市并县后改为鄞县卫生委员会)为全市卫生行政的总机关,市长罗惠侨兼任主任委员。除将鄞县公立医院改为市立医院外(第一医院设城内,其他分设五乡碶、甲村、鄞江桥、凤岙),还成立了市卫生试验所及性病检验所,并在中山公园内设立卫生陈列所,向市民普及卫生常识。1930年起,市政府兴起清洁运动,规定每年5月15日及12月15日为夏、冬季大扫除日。② 是年,又开展灭蝇运动,组织捕蝇队,制定收买苍蝇办法八条,激发市民灭蝇热忱,"收买办法以六月为第一期,七月为第二期,八月为第三期,九月为第四

---

① 一蝶《临时之公共卫生》,《时事公报》,1926年6月9日。
② (民国)《鄞县通志·政教志·公共卫生》,宁波出版社2006年版。

期,第一期价最贵,第二期次之,第三、第四两期又次之"①,"第一第二期每贮蝇满一大袋给予铜圆四十枚,贮蝇满一小袋给予铜圆二十枚;第三第四期每贮蝇满一大袋给予铜圆三十枚,贮蝇满一小袋给予铜圆十五枚"②。以后又陆续制定《设立公坑取缔私坑规则》、《掩埋孩尸及死狗死猫简章》、《清洁道路规则》、《清洁饮料水规则》等环境卫生法规,限在城区执行。

垃圾和粪便是影响市民健康、危害城市生态环境的因素之一。一般市民缺乏环境意识,随意倾倒垃圾,常使所设垃圾箱没有发挥应有作用,往往箱中空空,而箱外则满地狼藉,甚至有向河里倾倒垃圾,致使水流淤塞,"各区河道浮面垃圾成堆,且有无知居民日以污秽之水倾入河内,间有以死猪死鼠掷入其中"③。设市前,市民户外的"方便之处"主要是私人安设的"私厕",这些私厕系露天粪缸,管理不力,一到夏天便臭气四溢。设市后,市政府对此极为重视,先由卫生科设立污物扫除机构,办理市区清除垃圾事宜,至1936年,城区共设垃圾箱595只。一面动员拆除了市内的各处私人露天粪池,继及屋内的私厕。又招商承办粪溺的清除工作,1928年10月,成立鄞县农人肥料合作社及民生肥料公司分别负责城区东南部和城区西北部、江北岸的粪溺清除工作;至1929年初又招商成立民丰肥料公司负责江东区清除粪溺工作。到1933年,民生、民丰、农人肥料合作社契约期满,鄞县县政府又重新招商承办粪溺清除工作,第1区和第2区由三星公司承揽,第3区和第4区由厚生公司负责,第5区由仁康铭记承办。政府与这些肥料商人所签契约中附有承办商须在负责区内添建公坑、尿漕,添设粪夫等附加条件,例如三星公司与政府的契约中就明确规定其必须在第1区内添设公坑15所、尿漕50处、粪夫320名。④ 至1936年,宁波城

---

① 《宁波市政月刊》第2卷第10号,第17页,1929年8月30日。
② (民国)《鄞县通志·政教志·公共卫生》,宁波出版社2006年版。
③ 《四明日报》,1930年2月7日。
④ (民国)《鄞县通志·政教志·公共卫生》

厢共设立公坑24所、临时公坑37所、尿漕84处,①且规定其设置地点"须距离街衢市尺一百二十尺以外,迁移之私坑亦同"②,大大改善了城市的卫生条件。

但是,宁波城市环境卫生状况的改变难以一蹴而就,老百姓不讲卫生的习惯也断非旦夕之间可以矫正,而利益的牵制则成为另一个因素。因此直到抗战胜利后,宁波城区卫生脏、乱、臭的局面仍未得到质的改观,"宁波自光复以来,市区有二多,即便溺和垃圾是也。便溺横流,垃圾高积,不仅是损市容、害卫生,并且丢尽了宁波人和政警当局的脸"③。据统计,1948年,城区公坑、便池总计有100所,其中清洁22所,不洁75所,损坏3所;未除垃圾总计1129担。④另据报载,光1948年4月10日一天,宁波警察局便在城区抓获随地便溺者145人。⑤

道旁放养畜禽、沿街售卖不洁食品也是影响市民健康、继及严重妨碍城市环境卫生建设的因素之一。设市前,城区道路两旁和桥上摊贩林立,果皮遍地,其间多有无照经营、售卖不洁冷饮或食品,甚至任意在公共场所放养畜禽,遗矢污秽不堪。宁波市政府成立后,陆续颁布《取缔有害卫生饮食物品规则》、《取缔夏秋两季店摊不洁饮食物品规则》、《取缔熟食摊贩规则》、《管理菜市场规则》、《菜馆饭店业卫生检查组织服务规则》等食品卫生法规,限在城区饮食服务业中实施,对病死、腐烂、隔夜、变质的鱼肉、菜蔬、瓜果、熟食,及其他不合卫生要求、无证经营的各种冷饮或食品,一律严禁出售。同时加强对道旁摊贩的管理,禁止在桥梁、马路人行道上摆列摊担;⑥禁止街道堆物、工作及跨街悬晒衣裤;禁止在公共场所放养家畜、家禽;市区范围内所有浮厝及坟墓迁葬等等。但遗憾的是,在执行过程中常常虎头蛇尾,或有

---

① (民国)《鄞县通志·政教志·公共卫生》,宁波出版社2006年版。
② (民国)《鄞县通志·政教志·公共卫生》
③ 《时事公报》,1947年9月7日。
④ 《时事公报》,1948年4月16日。
⑤ 《时事公报》,1948年4月11日。
⑥ 《宁波市政月刊》第3卷第5、6号,第18页,1930年9月30日。

名无实,或有令不行,抗战爆发后,更是不了了之。1946年6月7日《时事公报》曾经报道:"上海真性霍乱,近日有增无减,而据沪报载称染疫原因,大半均系无知市民购食冷饮物品所致,本埠警察当局亦已从严查禁冷饮食摊及土制汽水,实为切要之图。惟据记者调查所得,市区内石花、地力糕、刨冰、酸梅汤等小摊贩仍有发现,而以灵桥两旁行人道为多,即土制汽水厂虽已勒令停业,而该项汽水,市上亦仍有出售,如此阳奉阴违,只知图利,不顾公共卫生"①。

近代工业排放的废气、废水、废渣也是影响城市生态环境的因素之一。民国时,环境保护最早见于记载的是1925年宁波市政筹备处的《宁波市工程计划书》,该计划书提出设屠宰场于江东道士堰,洗染场于校场底、北门外、南门外、江东三官堂等处,即将污染水源的工厂搬出城外,这说明宁波市政当局对城市的生态问题,已有所意识。宁波设市后,所建第一、第二屠宰场均在离市中心较远的地方,"屠宰各项及叫嚣之声气,外决不至有所闻见",且地濒姚江,"吸水极易,逐日洗濯,亦不至有臭气透达情事"②。同时,规定凡染坊、制革场等污染严重的企业不准在城区设立,其已设者限令迁移至距城较远、河道宽广的地方。原在城区的宝大等11家硝皮店被迫迁至城郊的道士堰,月湖西的公大、源茂等染坊也被限令迁移,"并传知各染坊,嗣后须将污水备船装出外江倾倒,免再流入河中,以清水源而维卫生"③。时有邑人王图南欲在江东潜龙漕地方创设恒丰机器染织厂,绘具图说请准注册。结果市政府将其驳回,并明确批示:"查设置于城市殷阗之地各染坊,迭奉省令转饬迁移等因奉经严令遵照在案,里潜龙漕地方系江东市集繁盛之区,旧有染坊尚须克速迁移,岂容再行新设,……就道士堰、红门、大碶、北斗河尽头处附近各地觅定相当地点,再行绘图呈核

---

① 《时事公报》,1946年6月7日。
② 《宁波市政月刊》第2卷第7号,第53页,1929年5月30日。
③ 《时事公报》,1932年4月7日。

可也。"①1932年7月,鄞县县政府公布《鄞县建设五年计划》,将解决城区自来水水源、填没污染严重的河道、开挖自流井等列入计划,城区填河、挖井续有实施。但就整个民国时期而言,宁波城区的污染仍相当严重。

在民国宁波城市环境卫生的整治过程中,城区粪便的处理一直是令市政当局比较头疼的一个问题,鄞县参议会也多次以其为议题,付诸讨论。究其原因,皆在于县政府、县党部、农会三者之间的权利之争。宁波设市以后,由于财政经费短缺,城区粪便的清理不得不转由商人承办,由此便带来不少弊病。抗战胜利后,鄞县卫生委员会始将粪便清理由商营改为公营。1947年1月成立鄞县城区粪便管理处,下设7个分处,统筹办理城区粪便事宜。但粪便售价过高、缺斤少两和掺水等现象仍时有发生,农民屡有怨言。于是,粪便清理遂又改为农营,1947年9月,成立鄞县人粪肥料供给合作社,接办城区粪便。但该合作社成立后,粪价太高、粪质太劣的流弊仍未能杜绝。而且合作社还规定肥料配给仅以社员为对象,致使许多因家境贫寒而无力入社的农户,断绝了肥料供给的渠道。诚如时论所言:"如此垄断,逼使贫农窒息,实有碍农民生计。"②于是,宁波市政当局又将粪便清理改回公营,并于1948年11月成立城区环境卫生管理处。至此,宁波城区的粪便处理,自设市以来,迭经商营、公营、农营,绕了一个大圈子,到头来又转回公营。城区公共卫生非但没有相应得到改进,反而生出许多流弊和纠纷。

---

① 《宁波市政月刊》第2卷第11号,第45~46页,1929年9月30日。
② 《时事公报》,1947年9月27日。

第四章

民国时期的宁波文化

- 教育
- 史学
- 文学与艺术
- 藏书与新闻出版
- 医疗卫生

宁波素有"文物之邦"的美誉,浙东文化彪炳于世。鸦片战争后,西学东渐,宁波因开埠而得风气之先。由于紧密的商务联系,宁波越来越受到上海"海派文化"的影响,各类人才频繁往返于沪甬之间,形成了沪甬文化精神的共通,并早于邻近地区出现报馆、图书馆、通讯社、广播电台等与商业相结合的文化设施和组织。民国时期的宁波文化主要包括教育、史学、文学、艺术、藏书、新闻出版、医药卫生等若干方面。

第一节 教育

鸦片战争引起了中国社会的急剧变动,随着清末废科举、兴学堂的教育变革,传统儒学教育被以传授西学为主的近代教育所取代,宁波的教育也由传统向近代化迈进。民国的建立,最终确立了宁波新式教育的方向。在这一过程中,涌现了一大批闻名全国的教育家,陈训正、蒋梦麟、张雪门、杨贤江就是其中的佼佼者。

一、教育基本状况

清末民初,是中国历史上翻天覆地的年代,也是教育史上大改革的时代。清末新政以来,清政府在全国陆续兴办大、中、小学堂,宁波也不例外。当时宁波地区陆续创办的学堂都冠以"新学"的名号,在教学内容上也部分冲破传统经学的局限,开设了反映近代科学成果的新课程。但是,经学传授仍有相当地位,陈旧、落后的传统教育观尚未得到清除。因此,宁波教育的近代化,还有待于更强大的动力来进一步推动。

1911年10月,辛亥革命结束了中国两千多年的封建帝制。1912年1月,中华民国临时政府成立。根据1912年南京临时政府颁布的教育宗旨和学制体系,宁波的学堂一律改称学校,中、小学废止读经,初等小学实行男女同校。是年,宁波进步士绅集资创办私立效实中学,接着又创办了宁波公立中等工业学校和宁属县立女子师范学校。1914年,宁波公立甲种商业学校成立。1918年,宁波人自办的第一所幼儿园——蔡氏星荫蒙养园建立。1920年,宁波学联发动各中学兴办平民义务学校10所。宁波的各类新式公、私学校如雨后春笋般地涌现出来。

民初宁波的教育废除了清末"忠君、尊孔、尚公、尚武、尚贤"的封建主义教育指导思想,取而代之的是资产阶级的"自由、平等、博爱"思想。在教学内容上不再单纯地学习四书五经、帖括制义等课,还要学习自然科学、社会科学和西方先进技术以及与职业有关的其他课程。在教学方法上,不再单纯地要求学生死记硬背,反对体罚,要求教育联系学生实际,顺应学生身心发展,尤其是注重把教学内容与地方实际联系起来,强调教育为地方建设服务。至此,宁波的教育才真正具有"近代化"的气息。

根据1922年教育部颁布的"壬戌学制",宁波也开始实行小学教育六年制,分初、高两级,前四年为初级,得单设之;中学修业年限六年,也分初、高两级,每级3年,初级中学可单设之。

1923年,近代著名教育家、"五四"时期浙江新文化运动的风云人物经亨颐出任"省立四中"(即原宁波府中学堂)校长,为宁波教育界注入了一股新鲜的活力。他一到任,便进行了大刀阔斧的改革:人事安排上破除门户之见、地方观念,所聘请的教师多为思想进步、学有专长者;将中学学制由原来的三三制改为二二二制,即初中二年,公共高中二年,分科高中二年,高中开始文理分科;提倡新学,聘请名人到校讲学,开阔师生的眼界,激发学生的求知欲;改善学校设施,重视德、智、体、美的全面教育;尊重学生人格,提倡"自动、自由、自治、自律",积极支持学生的进步活动,允许党团组织在校内公开活动。四中的面貌由此焕然一新,也为宁波新式教育的确立和发展开了先河。

1923年,甬江女中学生在上体育课。(选自哲夫主编《宁波旧影》,宁波出版社2004年版)

1927年3月,北伐军进驻宁波。在北伐革命胜利展开的影响下,宁波各界掀起了收回由基督教会所控制的甬江女子中学、三一中学、斐迪中学的斗争,甬江女中、三一中学先后收回自办。自此至1937年抗战爆发,宁波教育处于相对稳定的局面,宁波市和各县教育经费投入增多,教育事业发展较快。1929年,宁波市负担每一小学生教育经费15元,居全省第1位,慈溪11元、鄞县10元、镇海8元,分别为全省的第3、4、5位。是年1月,市及各县成立识字运动宣传委员会。翌年,推行义务教育,对6~12岁儿童实行强制教育,初等教育有了较大发展。1935年,鄞县小学在校生5.1万余人,名列全省首位。民众教育（特指在学校教育以外对一切未受过教育的成年失学民众的补充教育）也有所发展。

抗战爆发后,鄞县城区中小学大多内迁。1938年起,宁波各县实施《战时流动教育大纲》和《战时民众教育大纲》,开办了一批战时流动学校和战时民众夜校。1941年4月,镇海、鄞县、慈溪、奉化、余姚等地先后沦陷,退居敌后的鄞县县政府,在宁海创立鄞县县立临时联合中学,招收浙东失学青年入学。

与此同时,在四明山抗日根据地和中国共产党控制的游击区,本着"社会教育重于学校教育"、"成人教育重于儿童教育"、"干部教育重于群众教育"的文教方针,以农民为主要对象的社会教育工作开展得有声有色。在学校教育方面,首先对旧的学校体制进行改革,所有公私学校向"民办公助"的方向发展;其次是进行学制改革,采用多种学制,即有全日制、半日制、识字班、二部轮流制、旁听制、间日制、雨天读书和夜校等,推动普及教育的开展;再次是废除旧教材、旧课程,各地民主政府编撰了许多内容新颖、思想健康、题材丰富的临时性教材,同时,在旧教科书中增加抗日战争知识、生产知识的内容,启发民主精神,培养爱国观念、劳动观念、集体观念。1944年9月创办的浙东鲁迅学院是浙东抗日根据地的"最高学府"。

抗战胜利后,内迁学校相继返回宁波,宁波的教育事业一度复苏。为适应小学教育的恢复、发展,这一时期,宁波的师范教育发展较快,1947年宁波有普通师范3所,简易师范5所。是年,鄞县济暗聋哑学校创办,宁波始有特殊教育。随着国民党政权发动内战,社会混乱,物价飞涨,教师生活难以为继,失学青少年激增,教育事业趋于萎缩。1949年,宁波有小学1873所,学生122942人;中学21所,学生6542人。其中老市区有小学108所,学生15408人;中学9所,学生3716人;有中等职业技术学校5所,学生747人;幼儿园1所,幼儿120人。学校分布很不平衡,广大农村,特别是山区、海岛,教育极为落后,工农子女很少有入学机会,文盲占农村人口的80%以上。

二、名校

（一）宁波中学

宁波中学的前身是储才学堂，1898年由宁波知府程云俶与商人严信厚等创办，校址设在湖西崇效寺（今偃月街小学址）。聘请慈溪名儒杨敏曾为监堂兼总教习，提倡新学，设算学、舆地、译学等课程。1904年，改名宁波府中学堂，迁至南门外新校舍。1911年，各州府中学堂归属省辖，宁波府中学堂改名浙江省立第四中学堂。1912年，改称浙江省立第四中学。1923年9月11日，宁波府师范学堂并入四中，师范迁入本部，湖西的师范校舍作为四中分部，初中部设在分部，学校举行并校庆祝大会，把9月11日作为宁波中学的校庆纪念日。自府中学堂至1923年中、师合并的近20个年头，宁波中学的学生数总体上来说逐年增加，最多时接近500人，最少时也有50多人。

1923年8月，经亨颐来宁波担任四中校长。他一到任，就进行大刀阔斧的改革，提倡科学、民主和学术自由，四中的面貌焕然一新，进步思潮蓬勃发展，学校成了宁波革命的摇篮。继经亨颐之后到抗战前夕，任四中、宁中（1933年四中改称浙江省立宁波中学）校长的有范承祜、陈世觉、刘祖徽、励乃骥、沈其达。他们在任内于教育、设施、修缮等方面做了许多工作，尤其教学上成绩卓著，历届学生赴杭参加会考往往名列前茅，获得各方好评。

抗战全面爆发后，宁波中学搬迁至鄞县胡家坟，艰苦地度过了两个年头。1939年夏，赵仲苏接替沈其达为宁中校长。他不顾绅商的激烈反对，决定将学校迁至嵊县太平镇。在此期间，赵仲苏试办六年一贯制，学校规模反而扩大，最多时有近30个班级，学生1500人左右。1942年后，又内迁至东阳和磐安大皿镇等地。在抗战艰苦的环境中，宁波中学的教学一直抓得很紧，许多毕业生赶往内地报考中央大学、西南联大、浙大、武大，虽然各地去报考的几万人中只能录取1000多人,但宁中学生的录取率很高,始终是浙江几个突出的中学之一。

(二)效实中学

效实中学,1912年2月由宁波进步士绅钱保杭(吟苇)、陈训正(屺怀)、陈谦夫(夏常)等创办,系私立中学,奉行"以施实学为主旨,作鼎革之先声"的办学宗旨。"效实"的名字,出自严复所译《天演论》中"物竞天择,效实储能"一句,取"责效于实,期在可行"之意,从此,"热爱学校,勤奋教学,注重实学,讲求实效"成为效实中学的校训。效实中学草创之初,颇为艰难,以西门育德农工小学旧址为校舍,仅两间楼房,学生62人,分三个年级。由于学生人数少,学费收入有限,教职员都过着艰苦的生活。但他们安于清贫,爱校如家,诲人不倦,通过不懈努力,终使学校不断得到发展。

效实中学各科皆用外语讲授,程度较部定中学课程略高,教学质量一直保持较高水平。学校成立的第二年,就有4名学生跳级考入北京大学等著名高校。1917年,上海复旦大学、圣约翰大学等先后同学校签订永久性协议,凡效实毕业生,全部可以免试入学。1933年和1934年,浙江省举行全省毕业生会考,效实中学的高、初中毕业生连续两届双双名列第一。1937年,抗战爆发,学校迁至鄞西高桥,以庙宇作校舍,设备简陋,生活艰苦,但教学质量仍能保持较高水平。1941年宁波沦陷后,学校停办,图书仪器横遭破坏。其时,部分教师和学生在上海创立效实分校(后改名储能中学)。1945年10月25日,效实中学正式复校。复校仅一年,浙江大学就主动与学校签订协议,每年高中毕业成绩在前6名者,允许保送3名免试入学。长期以来,北京大学、清华大学、交通大学、浙江大学等著名高校一向把效实中学的毕业生作为重点录取的对象。

(三)甬江女子中学

甬江女子中学,可追溯到创办于清道光年间的崇德女校,它不但是宁波最早的女校,也是中国最早的女校。1923年,在宁波的美国长老会、浸礼会两教会集议,将长老会创办的崇德女校中学部和浸礼会创办的圣模女校中学部合并,定名为甬江女子中学,仍由两教会主持,美籍教士徐美珍任校长,学制四年。1924年改新学制为六年,分设高中、初中各三年,全校有学生66人,教职工12人。

1927年3月北伐军进驻后,宁波各界掀起向基督教会收回教育权的斗争。是年秋,甬江女中移交国人办理,沈贻芗任校长,课程编制悉遵部颁标准,但基督教会仍保有很大影响,校董和教职人员中大多系教籍人士,学校的教会色彩仍很浓厚。

1935年夏,校长沈贻芗请假游学美国,经校董会通过,张莲英、毕镐英先后代理校长。1935年秋,英国循道公会设立的斐迪中学女子部并入甬江女中,学生人数达200余人,教职员20余人。1937年抗战爆发,刚刚回国的沈贻芗复任校长,内迁学校至奉化亭下镇,借沈氏、单氏宗祠办学,并设分部于鄞西接待寺。1941年4月,宁波、奉化沦陷,甬江女中被迫再次内迁至岩坑龙华寺、董村竺氏宗祠,师生不到100人。次年,部分学生经四明山游击区送上海教会中学借读,其余并入鄞县县立临时联合中学。

1945年抗战胜利,甬江女中还甬复校,但五载沦夷,校舍已遭火毁,余屋虽存,而校具损失殆尽。经3年左右惨淡经营,设备渐复十之七八,学生6级9班,计500余人,教职员工30余人。校舍不敷,暂借圣模小学余屋及裴氏旷宅,设分部两所。①

三、著名教育家

(一)陈训正

陈训正(1872—1943年),字屺怀,浙江慈溪人。1901年赴日留

---

① 1952年易名为宁波女中,1958年改为宁波第六中学。

学。1903年中举人,1908年任浙江高等学堂国文教习。次年回宁波,担任宁波教育会副会长,积极兴办地方教育。1910年,当选浙江省咨议局议员,同年入同盟会。1911年辛亥革命宁波光复,陈训正与赵家声、范贤方等组织宁波军政分府,主管财政。1912年赴上海与赵家艺等创设平民共济会,主办《生活杂志》,宣传民主主义,传播科学知识。不久重返宁波,经营教育事业达10年。北伐革命后,陈训正先后出任浙江省政府委员、杭州市市长、省民政厅代理厅长、国民政府参事、浙江省临时参议会副议长、议长等职。

陈训正兴办宁波地方教育,成绩斐然,具体可概括为三个方面:

第一,积极兴办普通教育。陈训正早年就抱定兴学匡时的志向,认为小学是基础,兴办学校应以小学为先。1905年宁波教育会成立,陈训正被推为副会长。陈训正等将城乡书院、蒙塾改为新式小学,宁属六邑闻风而起,到民国初年宁波即有中小学400余所。随着小学的增多,培养小学师资成为当务之急。在陈训正等的倡议下,以城区月湖书院旧址,创办了宁波府师范学堂,1907年4月建成开学,开设国文、数学、教育学、心理学、学校管理、历史、地理、博物、伦理学、文学史、文学源流、英文、唱歌、图画等课程,为宁波地区培养了大量合格的小学教师。其时,女子入学的风气初开,但只能进小学,没有女中。陈训正与六县人士共商,将湖西竹洲已停办的崇正小学改建为宁属县立女子师范学校,1912年春开始延师招生。1912年2月,陈训正又与钱保杭等商议创办私立效实中学。陈训正与族弟陈布雷先后担任过该校校董会主任。

第二,首创职业教育。19世纪末20世纪初,"实业救国"的思潮在中国兴起。宁波地处东海之滨,久为中外贸易的重要商港,但自清季开埠以后,地方风气除务农外,多以经商为主业,工业却不发达。有识之士认为这是因为宁波的青年不懂工艺技术、不能为工业提供先进劳动力的缘故,因而,把创办技术学校提上了议事日程。辛亥革命后,陈训正联络地方人士集议,以宁属六邑公会公款创办公立中等工业学校,自任校长。初办时,仅设一机械科(后改金工科),附设实习工厂,并招收艺徒班,培养贫寒子弟。后又增聘教师,设土木及汽车道路科,培养了不少工程技术人才。1914年,鄞县开办甲种商业学校,陈训正也予以赞助,还一度在该校银行科任教国文。

宁波佛教孤儿院的孤儿在实习石印手艺(选自哲夫主编《宁波旧影》,宁波出版社2004年版)

第三,提倡"特种"教育。陈训正的"特种"教育思想主要体现在两个方面:一是地方上的"堕民"脱籍入学;二是僧尼教育。旧属宁、绍各县城乡聚居着一些被称为"堕民"的人,他们处于社会的最底层,不入士、农、工、商四民之列,世代从事被社会看不起的"贱业",并不得与平民通婚,不得应科举,凡城乡学堂、私塾,历来都不招收"堕民"子弟。陈训正早就认为,这是一种不平等、不人道的社会陋习,应予革除。1904年,陈训正与卢洪昶等创办私立育德农工小学,亲任校长,专门招收"堕民"子弟,教他们识字,并掌握一二门技能,以便今后能在社会上立足。这一举措,比1912年3月孙中山颁布开放"堕民"令早了7年。1909年,陈训正在僧教育会成立大会上着重论述了教育对僧众、佛教的重要性,提出"将寺产用于兴办学校、教育僧众,是保护佛教的正途"。他与宁波佛教界的一些有识之士创设若干佛教小学,有计划地教育寺院僧徒。1918年4月,又与地方佛教界人士在僧立普益小学旧址创设宁波佛教孤儿院。该院收容7岁以上、12岁以下确无亲属抚养的孤儿,名额初定60名,后增至268名。为使孤儿长大后能自谋职业,在小学以外,又设工场、商店与农场,这就使原来旨在救恤的孤儿教育,办成了一种颇具特色的新型职业教育。

(二)蒋梦麟

蒋梦麟(1886—1964年),原名梦熊,字兆贤,别号孟邻,浙江余姚人,前清秀才,现代著名教育家。1908年赴美求学,入加州大学农学院,曾参加同盟会在旧金山所设《大同日报》的工作。1912年入哥伦比亚大学研究院,师从杜威,攻读哲学和教育学。1917年6月获哲学博士学位。归国后,进入商务印书馆担任编辑。1919年初,出任《新教育》主编。同年7月,受北京大学校长蔡元培的委托,到北大主持校务。1927年,被任命为浙江省政府委员兼教育厅长。次年,出任南京政府教育部长,兼任浙江大学校长。1930年12月,正式出任北京大学校长。1937年卢沟桥事变后,北大南迁,与清华、南开合组长沙临时大学,蒋梦麟与梅贻琦、张伯苓组成筹委会共同主持校务。南京沦陷后,临时大学迁往昆明,易名为国立西南联合大学,仍由蒋梦麟、梅贻琦、张伯苓共同负责。1945年抗战胜利后,蒋梦麟出任南京国民政府行政院秘书长。1948年8月起,被任命为中国农村复兴委员会主任委员,从此结束了30余年的教育生涯,转入农村工作。

蒋梦麟著有《中国教育原理之研究》、《过渡时代之思想与教育》等教育著作,其主要教育思想:

第一,提倡科学教育与人文教育并重。蒋梦麟兼通中西之学,由此领略到东西方文化的巨大差异。在他看来,中国古代思想始终局限于道德范畴,而希腊哲学则有敏锐深刻的理智;科学之果只能在理智之园成长,在基督教教条或中国的道德观念之下,不可能产生任何科学。① 基于这样的理念,他认为,要使中国富强,就必须发展科学技术;而要发展科学技术,就要使国人认识到发展理智的重要性。他虽然热情讴歌科学,却并没有因此滑向科学主义的极端,而是主张科学与艺术并重即科学与人文的交融,认为"科学是心智探究自然法则的表现,艺术则是心灵对自然实体所感所触的表现。艺术是人生的一种表现,它使人生更丰富,更美满;科学是心智活动的产物,旨在满足知识上的欲望,结果就创造物质文明。在现代文明里,艺术与科学必须携手合作,才能使人生圆满无缺"②。这一认识在大力推行科学教育和人文素质教育,强调科学文化与人文文化融合的今天,尤显珍贵。

第二,实用主义教育思想的中国化探索。蒋梦麟是实用主义教育思想在中国的热烈传播者之一。在他看来,中国传统的人生哲学和道德教育"是从心理一方面着想,社会一方面是很少注意"③。因此他认为,学校生活必须"代表一种社会共同生活的精神,学校训练、管理、秩序等,要和这精神相合"④。不仅如此,他还十分注意用杜威"生活教育"的理论去观察和分析中国教育的现实问题。以历史教学为例,蒋梦麟认为,教授历史就应当以学生生活需要为主体,以平民生活为中心,注重历史与生活的有机结合,以解决当前问题为宗旨。如若不然,"则历史与生活离,失其本意矣"⑤;又如"学生自治",在蒋梦麟看来,这就是杜威"教育即生活"的体现。

第三,个性自由的现代教育理念。蒋梦麟十分赞赏杜威的个人主

---

① 蒋梦麟《西潮·新潮》,第252页,岳麓书社2000年版。
② 蒋梦麟《西潮·新潮》,第178页。
③ 蒋梦麟《杜威之人生哲学》,曲士培《蒋梦麟教育论著选》,第88~89页,人民教育出版社1995年版。
④ 蒋梦麟《杜威之道德教育》,曲士培《蒋梦麟教育论著选》,第92页。
⑤ 蒋梦麟《历史教授革新之研究》,曲士培《蒋梦麟教育论著选》,第17页。

义理念——"智慧的个性",以此反思和批判中国传统的家庭主义教育思想。在他看来,个人主义新道德代替家族主义旧道德,是近代社会发展进化的必然结果,个性独立和个人价值的提高实为社会进步的标志。"个人之天性愈发展,则其价值愈高。一社会之中,各个人之价值愈高,则文明之进步愈速。"①蒋梦麟指出,个性主义教育是近代教育家所公认的教育根本方法之一,其根本精神在于个人有个人的价值,不可戕贼之。个人对于国家社会,有维持的责任;国家社会对于个人,有保障的义务,这实际上是一种个人与国家社会之间的互助主义。②

第四,新颖独特的职业教育思想。蒋梦麟认为,就当时的中国而言,实施职业教育是大势所趋;职业教育应把知识与技能二者结合起来教授,"知识以科学为主,技能以系统的实习为主",实习的时间至少应占学校课程的一半以上。在他看来,"若无科学的知识,又无系统的实习,则实业学校之不能应用,与普通学校等耳,或且更不如也。"他还主张职业教育与实业界应加强沟通,"职业教育与社会实业界沟通,则为不移之论。善沟通后而职业上种种问题始得以教育而解决,否则,教育自教育,而职业自职业,决无解决问题之日"③。

(三)张雪门

张雪门(1891—1973年),原名显烈,字承哉,浙江鄞县人,我国现代教育史上著名的幼儿教育家。省立第四中学(即宁波中学)毕业后,立志投身幼儿教育。1918年被宁波第一所由中国人自己开办的幼稚园——蔡氏星荫幼稚园聘为园长。1920年4月,他与杨菊庭等鄞县教育界人士在宁波城区创办两年制的湖西幼稚师范学校,并被推为校长。这是国人创办的全国最早的幼儿师范学校之一。1924年,张雪门

---

① 蒋梦麟《个人之价值与教育之关系》,曲士培《蒋梦麟教育论著选》,第39页,人民教育出版社1995年版。
② 蒋梦麟《北京大学开学演说词》,曲士培《蒋梦麟教育论著选》,第203页。
③ 蒋梦麟《蒋梦麟先生演讲职业教育之原理》,《教育与职业》第2期,1917年12月。

入北京大学研究幼儿教育。1928年起,主持北平孔德学校幼稚师范科。不久,又创办孔德、艺文幼稚园,并组织成立北平幼稚教育研究会。1930年他应北平香山慈幼院院长熊希龄的聘请,编辑幼儿师范丛书,并在香山见心斋开办北平幼稚师范学校,任校长。抗战全面爆发后,张雪门负责北平幼师内迁广西、重庆,前后招生6班,为西南幼教事业的发展作出了突出贡献。抗战胜利后,张雪门于1946年1月返回北平,7月应台湾省民政厅邀请,赴台创设儿童保育院,著有《幼稚教育》、《幼稚园课程活动中心》、《幼稚园行为课程》等专著及译著《福禄培尔母亲游戏辑要》、《蒙台梭利及其教育》。

张雪门的主要教育思想:

第一,呼吁改造民族的幼稚教育。张雪门首先批判以培植士大夫为目标的封建幼稚教育,同时也批判以培养宗教信徒为目的的教会幼稚教育。他呼吁"改造民族的幼稚教育",并拟定了四项目标:第一,"铲除我民族的劣根性";第二,"唤起我民族的自信心";第三,"养成劳动与客观的习惯态度";第四,"锻炼我民族为争中华之自由平等而向帝国主义作奋斗之决心与实力"[1]。目的在于培养有健康的体魄、有劳动的习惯、有自治的能力、有不畏强暴抵御外来侵略的民族自信心而又能适应新生活的新国民。

第二,生活即教育,行为即课程。幼稚园行为课程理论是张雪门教育思想的主体部分。张雪门对行为课程的定义是:"课程是经验,是人类的经验。用最经济的手段,按有组织的调制,用各种的方法,以引起孩子的反应和活动。"[2]对幼稚园行为课程的组织,他认为应与小学、中学和大学的课程不同,而要有自己的特点与要求,主要在三个方面:第一,"幼稚生对于自然界和人事界没有分明的界限,"所以编制课程时如果分得太清楚太有系统了,反不能引起儿童的反应;第二,编制课程时,应兼顾社会和个体两方面的需求;第三,"幼稚园的课程,须根据

---

[1] 唐淑等《中国学前教育史》,第230页,人民教育出版社1993年版。
[2] 唐淑等《中国学前教育史》,第232页。

于儿童自己直接的经验"①。后来他在总结 40 多年研究经验的基础上,进一步提出组织幼稚园课程的标准和要求,从而形成了其行为课程的组织体系。在幼稚园行为课程的教学方法上,他一贯主张"只有一条路子,就是和他的生活发生关系",且明确提出"做学教合一"的方法。

由上可见,张雪门的幼稚园行为课程理论的基本出发点就是"生活即教育"、"行为即课程",强调通过儿童的实际行为,使儿童获得直接经验;同时要求根据儿童的能力、兴趣和需要组织教学,采取单元设计的方法,打破各种学科的界限。这种课程理论,虽然从学校教学的一般规律看来,不是完全无可非议,但对学前儿童的教育来说,则有着比较明显的积极意义。

第三,"半日授课半日实习"的幼稚师范教育理念。张雪门认为,见习和实习在幼稚师范教育中应放到突出的地位,提出了"半日授课半日实习"的教育理念,即把"实习"穿插于三年的学习之中,这与传统师范学校的实习有明显的不同。三年中,第一学年每周实习为 9 学时,分 3 次进行。先参观本校中心园的园址、园舍、设备、教具、教学设计、各科教学、游戏,教师的态度、技能、兴趣、习惯、仪表,及教师对幼儿发生问题的处理等,使幼师学生对幼稚园有个基本的概念。然后参观各种类型的幼稚园,开阔学生的眼界,扩充知识,研究、比较、探讨适合我国国情的幼稚教育。最后是参与实习,每周有 3 个上午到中心园实习,培养幼师学生的基本观念和教学能力。第 2 学年的实习时间则主要由学生自己支配。从平民幼稚园的建园到管理,都让幼师学生独立参与。第 3 学年的第 1 学期,一半时间在婴儿园实习,另一半时间到小学实习,使幼师学生对幼稚园的两端都有所了解,知道如何使各阶段教育相互衔接;第 2 学期则全班下乡,开办农村幼稚园,确立为城乡幼稚教育献身的志向。

---

① 张雪门《幼稚园教育概论》,第 26、27 页,商务印书馆 1931 年版。

(四)杨贤江

杨贤江(1895—1931年),字英甫,笔名李浩吾等,浙江余姚人,中国最早的马克思主义教育理论家,杰出的青年运动领导人。1917年浙江省立第一师范学校毕业后,由校长推荐去南京高等师范学校,先后任学监处事务员、教育科助理员等职,同时入商务印书馆附设函授部英文科学习,开始翻译国外教育论著。1920年9月,应邀到广东高要县任县国民师范补习所教务主任。1921年春担任商务印书馆《学生杂志》编辑。这一时期,他发表了大量短评和教育论文,开始研究青年教育问题,并逐渐接受了马克思列宁主义。1923年加入中国共产党,协助恽代英编辑《中国青年》。1927年国民革命失败后,根据中共中央指示东渡日本。留日期间,仍积极从事教育理论研究和翻译工作。1928年写成《教育史ABC》一书,1930年完成《新教育大纲》,这是我国最早的以马克思主义观点编写的两本教育学专著,对传播马克思主义教育思想,在中国创立无产阶级教育理论体系,有前驱之功。1929年5月回上海,参加中共中央文委的领导工作。1931年8月病逝于日本长崎,年仅36岁。

杨贤江的主要教育思想:

第一,教育本质观。

什么是教育的本质?针对当时社会上流行的种种曲解教育本质的观点,杨贤江在《新教育大纲》的第一章开门见山地指出:教育是"观念形态的劳动领域之一",即社会的上层建筑之一。同时,教育"不像别的精神生产各有各的内容,而是以其他的各项精神生产的内容为内容的"[①],教育的内容和方法,要受其他各种精神生产的制约,这是教育与其他上层建筑的另一个区别。

教育本质的另一个重要问题,是教育与经济、政治的相互关系。杨贤江根据马克思主义关于经济基础与上层建筑辩证关系的原理,对

---

① 杨贤江《新教育大纲》,《杨贤江教育文集》,第412、413、417、418页,教育科学出版社1983年版。

此作了系统阐述。他认为,"教育这种上层建筑是依据经济结构以形成,且跟随经济发展以变迁的"。在以小农经济为基础的封建社会,生产技术落后,即使农民没有文化,也能从事农业生产,所以教育注重礼仪的训练,使人人安分守己;进入大工业的资本主义社会,教育就注重知识和技能的传授,并且出现了班级授课制。反过来,教育对经济发展有着极其重要的促进作用。教育的发达,能够"支配生产的行为,改进技术的效用"①,从而达到促进社会生产发展的目的。

杨贤江认为,在阶级社会中,教育是阶级的与对立的,"在原始社会,教育是全人类、统一的;然而自社会分成阶级以后,教育就变成阶级的、对立的。只有阶级的教育,没有全人类的教育;只有对立的教育,没有统一的教育"②。阶级社会的教育特征是:教育与劳动分家;教育权跟所有权走;专为支配阶级的利益;男女教育的不平等。

第二,"青年的全人生指导"。

杨贤江强调对青年进行以正确人生观为核心的德、智、体、美、劳、群全方位教育。它涉及青年生活中的理想、修养、健康、求学、择业、社交、恋爱、婚姻等各个方面,以发展青年的知、情、意、行,使之成为一个"完成的人",这种全方位的教育,称为"全人生指导"。"全人生指导"思想的核心是教育青年树立正确的人生观。20年代,杨贤江在《学生杂志》等刊物上,倡导了一场"怎样对待人生"这个青年们最乐于探讨的热门话题。他分析批判了当时围绕人生目的的种种流行错误观点如"自我求快乐"、"做官论"、"发财论"等,宣传"人生的目的,在对于全体人类有贡献,来促进人生的幸福"③。

杨贤江认为,青年要成为"完成的人",首重道德修养。道德修养的方法不是"读格言"等偏重文字的方法,而是注重实际行动。其次,必须有读书研究的工夫。读书求知,既要重视学校教育,也要注重社

---

① 杨贤江《新教育大纲》,《杨贤江教育文集》,第534~539页,教育科学出版社1983年版。
② 杨贤江《新教育大纲》,《杨贤江教育文集》,第552页。
③ 杨贤江《论个人改造》,《学生杂志》第7卷第5号,1920年5月。

会实践,因此,青年的前途,既在大学中,又在大学外。在方法上则应力求"善学"、"勤学"、"致用"。再次,磨砺强健的体魄。杨贤江提出"健康第一"的思想,认为身体是人的工作、学习和从事一切活动的物质基础,还时时影响着人的精神状态。他还认为,青年要陶冶艺术的修养,尝试过多趣的生活,只有物质满足的人并不是世界上最幸福的人,文艺和科学对于人生都是需要的。

第二节 史学

浙东史学,源远流长。民国时期,宁波史家继往开来,发扬浙东学派遗风,涌现了张寿镛、陈汉章、马衡等享誉海内外的经史学家。这一时期史学方面的主要著述有张寿镛的《四明丛书》、《史学大纲》、《清史初稿》,陈汉章的《缀学堂初稿》、《缀学堂丛稿初集》,李国磐的《新译西洋历史》、《欧罗巴洲通史》,张之铭的《历代帝王纪元汇考》、《历代帝王纪元表》、《读史鉴简表》,施襄孟的《中外疆域沿革志》、《历史地图》,马衡的《凡将斋金石丛稿》,马廉的《千晋斋砖录》,陈训正的民国《鄞县通志》等。而其中最负盛名的当数《四明丛书》和民国《鄞县通志》。

一、《四明丛书》和民国《鄞县通志》的编纂

(一)《四明丛书》

《四明丛书》系鄞县人张寿镛所编,是宁波历史上第一部大型的地方性文献丛书,也是我国现存规模最大的地方性丛书之一。凡8集,

共计收录文献179种、1179卷,①遂使浙东之学"彪炳于瀛寰,矜式于全国",扩大了浙东学术在全国乃至世界的影响。原计划编刻10集,但从1931年到1945年7月张寿镛去世,只编刻了8集(其中第8集由其子星联、芝联续成,第9、10集仅有目录),解放后由江苏扬州广陵书社结集出版。

《四明丛书》不同于一般地方丛刻的最大特点是规模宏大、体例完备。《四明丛书·凡例》云:"每种卷首或题以序,简末或附以跋,或既序又跋,以阐作者立论之大凡。"②作者每刻一集必冠以总序,继而又为每一种书作序、立传,书(篇)末为之序、跋,间有附录。《四库全书总目提要》有评语者,也冠于序首。序言一般先"集古语",证实史料的来源,再论其指归,撮其指要。

《四明丛书》的另一大特点是,注重宣扬乡邦文献中的经世致用和爱国主义思想。张寿镛明确指出,他编丛书的目的不仅仅是为了搜辑前贤遗文,"区区微意,尤冀者会之"。所谓"区区微意",指的就是爱国主义精神。故张寿镛甄选各书,"先品其人,后评其学,审其所作,确乎可传,方为付刻",务必"刊落奸佞,表章忠义,实有裨于世道人心,不独保存乡邦遗书也"③。在山河破碎、国势累卵的危难之秋,《四明丛书》起到了弘扬爱国主义、民族主义思想,教育、引导民众投身抗战的作用。

《四明丛书》的史料价值主要表现在以下几个方面:

第一,保存了大量"濒危"史料,使众多"绝版之书、失迹之稿"得以重传人间。

编入《四明丛书》的乡土文献多是稿本、抄本、稀罕之本、辑佚本,有些甚至是当时人们普遍认为的"绝版之书、失迹之稿"。诚如张寿镛

---

① 关于《四明丛书》的书目著录,诸家略有差异,现据俞信芳所著《张寿镛先生传》,第240、252页,北京图书馆出版社2003年版。
② 张寿镛《四明丛书·凡例》,《四明丛书》第1集(1),第7页,台湾新文丰出版公司1988年版。
③ 冯贞群《编辑四明丛书记闻》,选自张芝联《约园著作选辑》,第425页,中华书局1995年版。

所说:"若再十年无人收拾,将蠹鱼食料矣。"①"余既幸而得此,若不为阐扬幽渺,苟一零落,后人安知有此书存者乎?"②如丰稷等16人的文集,王梓材、冯云濠合编的《宋元学案补遗》,蒋学镛的《鄞志稿》,陈康祺的《乡谚证实》,要不是编入《四明丛书》,恐早已失传。

第二,使很多"名不见经传"的四明志士仁人的著作得以保存、流传,其中有一部分是别处难以见到的,这无疑给后人研究四明人物提供了极大帮助。

张寿镛编辑《四明丛书》的宗旨在《凡例》中写得清清楚楚,"先取有关乡邦利弊,足资身心学问,而坊肆无传本或传而未广者,若屡经刻印之书或卷过繁者,则皆从缓"③。这就是说,首先着重保存那些对家乡有所贡献,但又未广泛流传的乡坊贤士的文章。《四明丛书》所收汉、晋、陈、唐、宋、元、明、清、民国9朝162种著作中,作者110人,其中知名度较高,如见诸《〈二十四史〉纪传人名索引》、《清代七百名人传》及《辞海》者,只有46人,仅占42%,而其他58%的人士只是散见于各地方志之中,抑或无记载。如第1集首篇《任子》,虽按时代先后为序排列在前,但其作者的名望只见诸于《中国人名大辞典》中的31个字,"后汉句章人……著有《任子》。"④《四明丛书》的出版,使这些"名不见经传"的四明乡贤的事迹和著作得以流传,避免了他们被历史和后人遗忘,无疑为后人研究四明人物提供了极珍贵的史料。

第三,丛书中的一部力作——《宋元学案补遗》,与《宋元学案》相呼应,从时间上补足了一代学术思想,从地域上成全了甬上先遗的学术源流,成为研究浙东学术思想史不可或缺的重要史料。

学案是叙述学派源流、内容、师徒传授、学说发展并略加论断、专

---

① 张寿镛《校刊宋元学案补遗识略》,《四明丛书》第5集(15),第34页,台湾新文丰出版公司1988年版。
② 张寿镛《约园杂著三编自序》,选自张芝联《约园著作选辑》,第383页,中华书局1995年版。
③ 张寿镛《四明丛书·凡例》,《四明丛书》第1集(1),第6页。
④ 瞿家福《张寿镛及其〈四明丛书〉》,《东南文化》1992年第1期,第244页。

言学术的著作,较之一般传记更注重于学派师承关系的延伸,有特殊的学术价值,一直被学界所推重。学案成书始于明末清初的黄宗羲,其所著《宋元学案》100 卷是对宋元两代学术思想的系统总结。王梓材与慈溪人冯云濠补订《宋元学案》时,又别成《宋元学案补遗》42 卷,旋增补成 100 卷,经张寿镛校订,编入《四明丛书》。《宋元学案补遗》与《宋元学案》一起,总结了宋元学术思想的发展脉络,有助于了解浙东学术思想的滥觞、发展规律及各学派的宗世及支系,成为研究浙东学术思想史不可或缺的重要史料。

(二)民国《鄞县通志》

民国《鄞县通志》由陈训正、马瀛等人所纂,创修于 1933 年,至 1937 年大体完成,1951 年出版。该志不分卷,计 36 册,纲目体结构,分舆地、政教、博物、文献、食货、工程 6 志 51 编,每编之下又分目及子目若干。所拟体例颇有创新,编纂方法也较为科学,已粗具当代方志的雏形,学术界称赞其"资料完备,内容新颖,称得上地方志步入现代科学的嚆矢,非特流馨国内,抑且蜚声海外……"①

民国时期的志书,多受章学诚传统方志观的影响,志书除序、跋外,按文章体裁分类,每个门类有相应的文章体裁格式如纪、图、表、考、略、传等,志目之下,往往横加"表、考、略、传"等名。民国《鄞县通志》虽也由多种体裁构成,但却打破了志书以文章体裁分类的习惯,"类不关文","文不拘体",除序、跋外,全书通称志,各门类但标名目,建置沿革、山林、农林、职官、人物等等,诸体并用,不再有"表、考、略、传"等字样。

在志目设置上,民国《鄞县通志》已开始摆脱旧志的束缚,而接近于当代方志的分类方法。该志按照现代知识体系划分为地理(舆地)、政治、文化、经济(食货)、工程等若干大类,人物、职官等已不作为主要

---

① 陈桥驿《序》,俞福海《宁波市志》,卷首第 7 页,中华书局 1995 年版。

门类。在每一大类下细目的划分上，也强调采用现代自然科学、社会科学的分类方法，如《食货志》分为农业、森林、渔业、盐业、工业、商业、产销、金融、生计等部分，其中产销又分为生产、输入、输出、运输统计等，生计分为物价、工资、职业统计、劳资纠纷、合作事业等，完全按现代经济学的观点加以设置，其他舆地、政教、博物、文献、工程各志的内容设置与食货志相似。

民国《鄞县通志》在篇目设计上删削了旧志体现皇权色彩的帝纪和荒谬的分野说。同时，在民为邦本、修志应详于民事的思想指导下，创设了许多反映人民群众日常生活状况和经济状况的新篇目。如在《食货志》设农林、渔盐、工业、商业等编，记载了大量反映劳动人民生产斗争经验的内容，对渔港、鱼获时令及产销、与灾害天气及病虫害的斗争、工商业活动等情况都有详细记载，并附有食米价格升降表、主要食用品价格比较表、各业厂工工资统计表等反映居民经济生活的图表。再如有关工程的内容，旧志仅记水利，而民国《鄞县通志》则专设《工程志》，广载各种工程建设。《政教志》则新设了《社会现象》的篇目，列有《社会动态统计》、《民刑诉讼统计》、《罪犯状况统计》、《治安妨害统计》、《社会救济统计》等66表，由统计数字反映人事演变消长的情况，为"讲贯治理者所欲取"。而与此相对应的是，人物传记在志书中的地位降低了。

民国《鄞县通志》对传统志书的超越不仅体现在志目设置上，也表现在志书的编撰手法上。

首先是大量使用图表。陈训正认为表可化繁就简，便于查阅，"盖县志之为用，本为一邑建设改革之参考……况社会演变愈速，人事亦日孽繁，当施政措事之际，谁耐详索细阅哉！故各列为表，俾循其大书之目而即观其下载之事，一索即得，一阅即了，不必自始至终读毕方知"[①]。同时，也采用图来说明情况，除有各种地图外，还有气候、潮汐、

---

① （民国）《鄞县通志·例言》，宁波出版社2006年版。

金融、运输、物产等统计图,各类工程图样和历代著名人物图,且大多精制实测,大致可信。

其次,民国《鄞县通志》在每志及以下各编各目之前设置了概述,全志编有索引,这是传统志书向现当代志书过渡最鲜明的特征之一。如果说概述的设置是借鉴了黄炎培《川沙县志》的做法,那么编制索引则完全是陈训正的创举。这种编制索引的做法,为读者查阅相关资料提供了方便。当代著名方志学者陈桥驿先生曾大力提倡方志要编制索引,然而当代方志却鲜有此举,陈训正在20世纪30年代就提倡并采用这一作法,足以显示了他的远见卓识,即使对今天的修志也颇具借鉴意义。

再次,民国《鄞县通志》注意运用和吸收现代自然科学和社会科学的理论和方法,其中包括地理学、经济学、社会学、测绘学、人口学等各个学科的积极成果,以充实方志的时代内容,增强志书的科学性。如传统志书记载有关植物多用习惯性名称,而以习惯性名称记载并不科学,受地域、时间的限制;而民国《鄞县通志·博物志》对当地植物的记载则按植物学知识加以分类,标注国际上通用的学名,还对各类植物的形态等加以详细描写,使人们可以根据其所载的植物形态等,判别其分类的正误,并有否发生变异等。

此外,民国《鄞县通志》在笔法上也颇具史识,继承了我国古代史家据事直书、寓褒贬于叙事之中的优良传统。陈训正批评前志报喜不报忧,无端夸耀本地,"所记载不过少数贤哲嘉言懿行……古训良风,虽非本邑所习,亦必牵率附会;若鄙俚陋劣者,恐为乡邦羞,则掩饰不遑"[①]。他在纂修民国《鄞县通志》时,能实事求是地对各种人、事、物进行考证,决不人云亦云、无中生有、文过饰非。民国《鄞县通志》选举表、职官表全面搜罗人物,不使漏缺,而人物类表则根据其人的仕绩、武功、忠烈、儒行等实际表现决定是否入表。将职官表、选举表与人物

---

① (民国)《鄞县通志·政教志·社会现象》,宁波出版社2006年版。

类表两相比照,褒贬抑扬一目了然。

当然,民国《鄞县通志》也存在着诸多不足之处,某些志目的设置有待改进,如将大事记改为"故实",纳入《文献志》中,起不到与志的其他部分呈经纬之势,发挥"全书之经"的作用;又如人物全以表格形式罗列,废置人物传,有矫枉过正之嫌,尤其是单列"列女表",重男轻女,方技(能工巧匠)、仙释(即道佛)也单独列表,编为"方外"等,打上了旧时代封建糟粕的烙印,与民国时代潮流背道而驰。此外,将"学位"置于选举,也不符合时代特点,因民国已非封建时代"学而优则仕",此门究与选举无关。但不管怎么说,民国《鄞县通志》以其对旧志继承中的删削增补和反映时代气息的新篇目的设立、新编纂方法的运用,体现了与时俱进的鲜明时代特色,开创了民国时期别开生面的编纂体例,堪称"当代方志的雏形之作"。

二、著名史学家

(一)张寿镛

张寿镛(1876—1945年),字咏霓、伯颂,号约园,浙江鄞县人,清末民初著名历史学家、理财家、教育家。清光绪二十九年(1903年)中举,历任宁波法政学堂监督、浙鄂苏鲁四省财政厅长、南京政府财政部次长等职,以善于理财著称。1930年辞归,主持光华大学,筚路蓝缕,苦心经营。1952年光华大学与其他高校合并组建了华东师范大学。

作为著名历史学家,张寿镛长期从事古籍的搜辑和著述工作,对宁波的乡邦文献用力尤勤。他一生对家乡最大的贡献是编纂刻印了《四明丛书》,扩大了浙东学术的影响。此外,尚有遗著《读史识略》、《史学大纲》、《诸子大纲》、《清史初稿》、《约园杂著》、《约园演讲集》、《游蜀草》等。

张寿镛的史学思想概括起来,主要有以下几点:

第一,"经世致用"。张寿镛的史学思想承继了王应麟、王阳明、黄宗羲、万斯同、全祖望等诸位前辈先贤包括他父亲张嘉禄的思想，即"学贵致用，吾乡之懿"①。他为学最讲求经世致用，尝谓"藏书不能读，读而不能用，何必藏书？"②张寿镛编辑、刊刻《四明丛书》不仅是为了保存乡邦文献，在国难当头、烽火狼烟的岁月，他更注重的是丛书的"经世致用"。为了激励广大民众的抗日意志，张寿镛甄选各书时，往往"先品其人，后品其学，审其所作，确乎可传，方为付刻"，务必"刊落奸佞，表章忠义，实有裨于世道人心，不独保存乡邦遗书也"③。他常常说，学问并不是高高在上供人瞻仰的，做学问的目的是为了经世致用，史学必须与社会发展联系起来，"读而不知用，不如不读"④，"约文而备义，务适于用"⑤，"善读史者不必沾沾求其事迹，而宜孜孜考其时势"⑥，"研究过去之言论必当适应今日之需要与挽救未来之狂流，乃为有益"⑦。

第二，坚持"与其赝而多，毋宁真而少"，提倡辨章学术、考镜源流的治学态度。张寿镛编辑、刊刻乡邦文献，"每刻一书，必取诸善本参校互异之处，择善而从"⑧。以收入《四明丛书》第2集中的《张苍水集》为例，张寿镛先后搜集到8种不同版本，经反复比较辨析，才"择善而从"，采用张氏族孙张世伦所藏海滨老高允权本，参校永历黄氏藏本、顺德邓氏活字版本，足见其校勘的审慎。

第三，提倡读书而不尽信书，"师古"而非"复古"，要"知变"。张寿镛常引孟子的话说："尽信书则不如无书"，"书岂可尽信哉"。⑨他

---

① 张寿镛《四明丛书第三集后序》，《四明丛书》第3集（9），第704页，台湾新文丰出版公司1988年版。
② 张寿镛《约园杂著自序》，张芝联《约园著作选辑》，第382页，中华书局1995年版。
③ 冯贞群《编辑四明丛书记闻》，张芝联《约园著作选辑》，第425页。
④ 张寿镛《乐天录》，张芝联《约园著作选辑》，第392页。
⑤ 张寿镛《四明丛书第一集后序》，《四明丛书》第1集（3），第606页。
⑥ 张寿镛《读史识略》，张芝联《约园著作选辑》，第163页。
⑦ 张寿镛《约园著作选辑·前言》，张芝联《约园著作选辑》，第4页。
⑧ 张寿镛《四明丛书·凡例》，《四明丛书》第1集（1），第6页。
⑨ 张寿镛《读史识略》，张芝联《约园著作选辑》，第163页。

在《读史识略》中写道:"中国开关之时与世界交通之会断然不同于今,俗士不明时势,往往不知通变。向使道光庚子以后,均能如近十年开通知识,何至积弱如此!"①他读书颇能"与时俱进",且尤其注重把对历史的认识转化为现实的思考,"余谓读史须具只眼且须由我观史,不以史拘我,我既就当日之时势而断其是非,更宜就今日之时势而观察其孰是孰非"②。

(二)陈汉章

陈汉章(1864—1938年),谱名得闻,早年又名焯,字云从,《诗经》有云"倬彼云汉,为章于天",遂改名汉章,号倬云,晚号伯弢,浙江象山人。光绪十四年(1888年)举人,是继乾嘉以后崛起的一代史学、经学、训诂学家。早年与章太炎等同受业于著名经学大师俞樾门下,专攻经史之学,太炎赞其学问:"浙中朋辈,博学精思,无出伯弢右者。"③至清末,已名驰海内外。1909年,京师大学堂慕其名,聘其赴京任教。岂知他到校后,为了得到翰林头衔,竟然愿意当学生,进入经科肄业,后改入史学门。辛亥革命后,京师大学堂改为国立北京大学,陈汉章以文科毕业生的身份,留校任国文、哲学、史学等系教授。其为学生讲学,手书口授,随所论述,加以疏记,皆斐然成文;遇到学生有疑问,引原书证之,略无讹误;甚至于教育部接待外国汉学家,也多请其列席,每有问答,随问即答,不假思索,故得到了"两脚书橱"的雅号。1926年,陈汉章辞归故里,住缀学堂,闭门著述。1928年,他应聘任南京中央大学史学系教授兼系主任,并应江苏通志局的聘请,撰《方物》、《金石》二考。三年后请辞,终老故里。

陈汉章所处的时代正值清王朝覆灭,旧学沉沦,新学渐兴,故其生

---

① 张寿镛《读史识略》,张芝联《约园著作选辑》,第172页,中华书局1995年版。
② 张寿镛《读史识略》,张芝联《约园著作选辑》,第163页。
③ 樊家桢《〈缀学堂丛稿初集〉叙》,转引自象山县政协文史委《经学史家陈汉章》,第142页,黄山书社1997年版。

平治学也经历了三个阶段:起初注重经学考据,宋学义理,两所不弃;中年逢西学东渐,转攻算术、格致、农学、兵学、外交诸译著,希望对国富民强有所贡献;旋又感到异说并兴、人心不正,遂返求于经学,深信只有经学才是正民兴国之义,故穷年兀兀,虽老耄而不少懈。陈汉章著述虽丰,但刊行问世者甚少。30岁时曾编辑刻印《缀学堂初稿》,共108篇,其余文稿"或为屋漏所沾湿,或为士友所夹持,或鼠啮烟熏"。后经亲友一再劝告,才于72岁时编著《缀学堂丛稿目录》1卷,收其经、史、子、集著作100种,计经部26种、史部31种、子部19种、集部24种,由其子陈庆麟校印其中10种,初名《见山楼丛书》,后改名《缀学堂丛稿初集》。未刊的90种,加上未列入丛稿目录的10余种,向未刊行的总数仍当在百种以上。

从《缀学堂丛稿初集》及缀学堂遗著来看,陈汉章的学问确乎博大精深,旧学根底十分深厚。仅《中国丛书综录》著录其著述分类,即有"三礼总义类"、"四书类"、"群经总义类"、"正史类"、"别史类"、"史表类"、"传记类"、"地理类"、"目录类"、"金石类"、"兵书类"、"别集类"。张舜徽读其《论语征知录》、《礼书通故识语》、《周书后案》诸种,叹其"经学湛深,确有神悟";又读《缀学堂丛稿初集》,"服其早岁涉览,博及四部。殆欲度越其乡先辈俞、黄诸家之轸域,而自辟门庭矣"①。学者柳诒徵、黄侃分别在《史通补释·序》中称:"伯弢先生治经,兼用古今文二家家法,以之治史,亦洪纤毕举。是编钩稽事实,疏通证明,古文家治经之法也。以唐事证疑古篇之说,使子玄文外微旨昭然若揭,此今文家治经之法也","先生之学,深于礼与史,为当今之魁儒。即征事数典,必穷其朔"②。桐城姚永朴在《论语征知录·序》中也说:"宣统中,重游京师,乃复遇象山陈君伯弢,按其貌温然而恭,与之语渊博无涯矣","今年夏,予读《论语》,君出所撰《征知录》见示,其精当处不减刘端临,而措词笃雅,无毛大可、戴东原辈门户之习,则

---

① 张舜徽《清人文集别录》卷24,中华书局1963年版。
② 柳诒徵等《史通补释·序》,浦起龙《史通通释》,上海古籍出版社1978年版。

且过之。"①其同乡张寿镛先生说:"缀学堂巨著风行天下,其学传而其人不朽",一点也不为过。

(三)马衡

马衡(1881—1955年),字叔平,别署无咎,号凡将斋主人,浙江鄞县人。民国时期著名的历史学家、金石学家,中国近代考古学的前驱。早年就读于南洋公学,后迁居北京,应北京大学的聘请,担任新设的金石学讲师,开我国大学设立金石学课程的先河。1923年任北京大学史学系教授,兼任研究所国学门考古研究室主任兼导师。1924年11月受聘于"清室善后委员会",参加清点清宫物品的工作。1925年10月故宫博物院成立,兼任临时理事会理事、古物馆副馆长等职。1929年3月起,又兼任北京大学图书馆主任。1933年7月,出任故宫博物院代理院长,1934年4月任故宫博物院院长。抗战期间,主持故宫博物院文物南迁,继而西迁,由此开始了举世闻名的"文物万里大迁徙",历时11年,行程万余里,一迁上海、二迁南京、三迁西南大后方,有效地保护了国宝,创造了世界文物史上的一个奇迹。抗战胜利后,主持故宫博物院接收与西迁文物东归南京的工作,还兼任清损会(清理战时文物损失委员会)平津区代表,参与战后文物的清理工作和赴日追索被日寇掳去的文物。北平解放前夕,马衡托词婉拒国民政府动员他"应变南迁",并设法迟滞国民政府空运故宫珍宝去台湾,使大批珍贵文物得以留在大陆。解放后留任故宫博物院院长。1952年,调任北京文物整理委员会主任委员。

马衡在学术上的主要贡献体现在文物考古方面。他是我国传统金石学的集大成者,又是近代考古学的开拓者,中国的考古发掘工作,发端于马衡。1923年,马衡出版了他的专著《中国金石学概要》。该书在全面总结一千年来旧金石学的基础上,系统地论述了这门学科的

---

① 姚永朴《〈论语征知录〉序》,象山县政协文史委《经史学家陈汉章》,第144页,黄山书社1997年版。

定义、研究对象、范围和方法,以及它与史学的关系等,扩大了金石学的研究范围,并对中国旧金石学向近代考古学过渡,起到了承先启后的作用。其遗著手稿后由弟子傅振伦等人整理编辑成《凡将斋金石丛稿》一书,汇集了马衡在金石学上的主要成果:第一,对我国青铜器的断代研究有开创之功,断定商周两代是我国的铜器时代,而"始入于铜器时代之时,至迟亦当在商初"①;第二,对汉魏石经的研究,涉及《熹平石经》、石经的起源及发展状况、历代立石的概况、原石的存佚、覆刻本及传拓本的流传、石经与教育的关系等许多方面,被公认为近现代对汉魏石经研究最全面、最深的金石学家;第三,对石鼓文的研究。肯定唐初出土于陕西天兴县(今陕西凤翔)的石鼓为东周时秦国古物,郭沫若说:"石鼓之年代,近人马衡著《石鼓为秦刻石考》论之甚详细。石刻于秦,已成不刊之论"②;第四,对历代度量衡制度的研究,其最重要的成果是界定了古今度量衡的比例,以今制与改创以前之制相较,古一斗相当于今一升又十分之九三七,古一斤相当于今十分斤之三八,古一尺相当于今七寸二分,③使今人体格、食量、膂力不如古人的真相大白于天下;第五,对我国书籍制度的系统研究,侧重于书籍的材质与形式,而对材质与形式的研究,又兼采古今学者的研究方法,并结合近代出土的文物资料,互相佐证,去伪存真,提出了不少精到的见解。

  在研究方法上,马衡既继承了清代考据学的一些宝贵经验,又不因循守旧,倡导用西方近代考古学发掘和研究方法丰富中国的金石学,主张到野外实地勘察,突破了旧金石学家足不出户的书斋式研究。马衡在他早年发表的《新郑古物出土调查记》、《考古与迷信》等文章中就阐述了考古发掘的重要性,号召重要古迹当由学术界开展"有计划、有组织的大规模发掘",以打开"更精确、更复杂的地下二十四

---

① 马衡《中国之铜器时代》,《凡将斋金石丛稿》,第120页,中华书局1977年版。
② 郭沫若《石鼓文研究》,转引自《凡将斋金石丛稿》,第172页。
③ 马衡《历代度量衡之制》,《凡将斋金石丛稿》,第138页。

史"。① 马衡自己更是身体力行,曾先后多次主持或参加野外考古和调查,如1923年9月受北京大学研究所国学门的委托前往河南新郑调查,撰写《新郑古物出土调查记》;1924年赴河南洛阳朱屹档村汉魏石经出土的太学遗址调查;1927年参加了辽东半岛"貔子窝"的发掘工作;1928年参加了"居延汉简"的整理、考释工作;1930年主持调查河北易县燕下都古城遗址,发掘了古城北郊的老姆台遗址,这次发掘所用的方法完全符合现代考古学的要求,因而是一次与殷墟、城子崖发掘同样重要的考古活动。

马衡对传统金石学的总结研究,以及对田野考古发掘的重视与参与,展现了一位传统金石学家向近代考古学家的转变。与同时期李济、苏秉琦、黄文弼等在山西夏县西阴村、陕西宝鸡斗鸡台、新疆吐鲁番的发掘一起,不仅开辟了中国人自己的田野考古工作,培养了一批中国学者,更从实践上在中国确立了地层学和类型学这些近代考古学的基础原则,向世人展示了考古学在社会历史研究中的作用和意义,为中国考古学的奠基作出了重要贡献,诚如郭沫若在《凡将斋金石丛稿》的序言中所说:"马衡先生是中国近代考古学的前驱。他继承了清代乾嘉学派的朴学传统,而又锐意采用科学方法,使中国金石博古之学趋于近代化。"②

第三节　文学与艺术

"五四"文学革命开创了中国文学史的新时代。宁波虽局处浙东一隅,但五四运动巨大的影响,仍使这一时期的宁波文学,与整体的中国文学应时而生,相偕而进,滋生出旷古未有的全新文学现象,涌现了

---

① 马衡《编辑后记》,《凡将斋金石丛稿》,第385页,中华书局1977年版。
② 郭沫若《序》,马衡《凡将斋金石丛稿》。

柔石、殷夫、巴人、王鲁彦、应修人、楼适夷、朱镜我、邵荃麟、唐弢等享誉全国的著名作家、新文学运动的先驱。他们创作出了大量脍炙人口的描写人民苦难生活、反映人民革命要求和斗争精神的小说、杂文、诗歌，充分显示了宁波在中国新文学史上的独特地位。其时，宁波源远流长的书画、戏剧、曲艺艺术也绽放新枝，涌现了一批名重一时的书法家、画家和戏剧、曲艺名角，如沙孟海、潘天寿、筱丹桂。

一、文学

五四运动后，随着新文化运动的发展，新的文学团体和文艺刊物在宁波不断涌现。宁波城区及下属各县先后成立了雪花社、春风周报社、日月文学社、曦社、飞蛾社等新文学社团，创办了《春风》、《日月旬刊》、《曦社》、《飞蛾》、《火花》、《天鸣》、《新奉化》等文艺刊物，倡导新文学。其中影响最大的新文学社团当属文学研究会宁波分会，这是一个较为松散的文学团体，其成员主要包括省立四中、上虞春晖中学等校师生及部分文学爱好者，还包括学会团体组织"雪花社"等。1923年秋，经亨颐任省立四中校长，朱自清、夏丏尊、丰子恺、刘延陵、许杰等文学研究会骨干来宁波任教或讲学，加入了分会的活动，遂使这个分会一度十分红火。分会为活跃创作，主办了《我们》、《四中之半月》、《春晖》、《大风》、《山雨》等刊物，还由巴人、张孟闻任编辑，借宁波《四明日报》的版面创办了《文学》副刊，与文学研究会在上海出刊的《文学周报》相呼应，显示了这个分会的勃勃雄心。在诸多刊物中，以《我们》的文学品位最高，该刊由朱自清、俞平伯主编，刘延陵、丰子恺助编，叶绍钧参与其事，是个文学年刊，曾于1924年出版《我们的七月》，1925年出版《我们的六月》，刊物所载诗文，大多出自宁波分会作家群之手。这个社团对于中国新文学最突出的成就在于造就了"白马湖"诗文创作流派，其创作题材大多取材于身边琐事，语言朴素，格调清新，形成了清新、淡雅、淳朴、别具一格的散文流派。

1923年前后受鲁迅作品乡土味影响而出现的乡土写实小说流派，是五四新文学中与人生派、浪漫抒情派并立文坛的三大小说流派之一，是现实主义传统在乡土题材中的延续与深化，它以浓郁的地方色彩、深刻的现实立意，拓展了中国现代小说的艺术空间，对推动中国现代小说建立民族气派与民族风格，有着积极的意义。这个流派的许多青年作家来自浙东宁波，他们成为这一时期"乡土写实小说"的创作中坚。王鲁彦的《许是不至于罢》、《黄金》等，写出了滨海农村的悲苦情调；巴人的小说《破屋》等也带有浓重的乡土风俗画意味，这些作家的作品都以农村生活为题材，展现了宁波农村的风土人情和地方色彩，具有民俗价值。

其时，一些宁波籍文学青年也在上海、北京等地投身革命文学运动，崔真吾、柔石与鲁迅等人组建朝花社，执编《朝花》等周刊，出版诗集《忘川之水》；朱镜我加入创造社，参与出版《创造月刊》、《文化批判》等；1930年3月，宁波籍的朱镜我、柔石、殷夫、巴人、楼适夷、应修人等在上海参与发起成立左翼作家联盟，即人们通常所说的"左联"，掀起声势浩大的左翼文艺运动，柔石、殷夫、应修人等人更是为此献出了年轻的生命。受上海左翼文学的影响，宁波、宁海等地一度也兴起革命文学，巴人、柔石、殷夫、林淡秋等在故乡的时候就开始创作，后主要在上海，并常往返于沪、浙之间，对两地的左翼文艺都有所推动。

抗日战争爆发后，宁波籍作家纷纷投入抗日救亡斗争，用小说、杂文、诗歌等文学形式为民族解放战争呐喊。抗战初期，宁波的抗日团体——飞鹰团推出《野战》周刊（后为国民党接收，易名《迅雷》），发表抗日文学作品。1941年4月宁波沦陷后，又先后涌现了鄞东的《枕戈》、鄞南的《新潮》、鄞西的《鄞西青年》等油印刊物，登载抗日文学作品。陈明章、张潮、应悱村、黄石村等人的小说、散文、杂文也在报刊上发表或结集出版。当时移居上海的鄞县女作家苏青（冯和仪）相继发表《结婚十年》、《续结婚十年》等著作，成为与张爱玲、关霞齐名的有影响的女作家。以中篇小说《鬼恋》成名的"鬼才"作家徐訏，"孤岛时期"滞留上海,完成了《吉布赛的诱惑》、《荒谬的英法海峡》、《精神病口才的悲歌》、《一家》等4部长篇小说,成为当时上海最多产的畅销作家,1943年他的作品居大后方畅销书的榜首,因而被出版界誉为"徐訏年"。1944年,他又发表了长篇小说《风萧萧》,成为"海派文学"的代表性作家。巴人、唐弢等人则在上海孤岛文学和提倡"鲁迅风"杂文中起着骨干作用。宁波沦陷期间,浙东抗日根据地也创作了一大批反映抗战生活的文艺作品。浙东抗日根据地《新浙东报》辟有整版《新地》副刊,刊登各类文艺作品,其中纪实性报告文学、散文占了显著地位,《大渔山战斗》、《鲜血染红了机关枪》、《周巷第一战》、《银戒子的故事》等较有特色;诗也占有相当的数量,李铁民填词的《浙东反内战五更调》等流传较广。

抗战胜利后,进步文艺工作者利用当时合法出版的刊物发表文学作品,一边进行创作,一边从事民主运动,在文艺思想领域开展积极的斗争,揭露和讽刺国民政府的统治,呼唤新中国的诞生。1946年由春风文艺社创办的《春风文艺》受到著名文学家郭沫若、茅盾、胡风等人的关注,此外宁波《民国日报》副刊《七日文艺》、《甬潮》、《四明周报》、《行知》等文学期刊也相继问世,宁波中学、鄞县中等学校的师生还油印了《曙光》、《时代青年》等文艺刊物。庄禹梅出版了他的专集《甬江潮》、长篇小说《铁血男儿行——孙中山演义》;陈冠周编印了儿童文学刊物《孩子们》;应悱村把自己发表于《文汇报》、《申报》等报刊的文学作品结集出版,取名为《灯下草》,等等。

二、艺术

(一)书画

宁波的书法艺术源远流长,冯开、赵时㭎、钱罕、高振霄、周埏、吴泽、陆宝慈、厉国香、沙孟海、张琴等皆为民国时期名重一时的书法大师,而其中造诣最深的当属沙孟海。

钱罕早年善书,于书无所不学,后师承慈溪书法家梅调鼎,擅长魏体,精于行书,大到榜书,小至如蚁细书,情趣别具,《浙江近代书画选集》选刊其书法,称"所书碑记墓志数十种,不名一体,尤为世重"。高振霄的书法师承二王,参以南帖北碑精旨而别具风格。吴泽著有书学、篆刻论著多种。厉国香兼工楷、行、隶书。张琴善写隶书,兼擅篆刻。一代书法大师沙孟海更是一生亲历民国以来现代书法的发展,作字雄浑刚劲,气势磅礴,凝重质朴,卓然成家,被誉为"书坛泰斗"。

绘画方面,清末民初,西洋画传入,国画开始吸收西洋画的技法,融会于国画。学校普遍开设美术课,社会上也成立美术研究辅导机构。民国时期在宁波活动的著名画家有董渊,在上海活动的画家则有潘天寿、陈之佛、陈秋草、汪日章、高振霄、朱复戡、陈莲涛、厉国香、赵时枫等人。

潘天寿擅长花鸟画,又善指画,对画史、画论卓有研究。陈之佛擅长工笔花鸟,名重一时,传世作品有《红梅鹦鹉》、《樱花小鸟》、《芙蓉幽禽》、《鸣喜图》、《好鸟悦春花》、《松龄鹤寿图》等。陈秋草早年在上海创立"白鹅画会",原以西画为主,后改绘国画,出版有《秋草画集》、《陈秋草花卉小品选》等。汪日章晚年兼作中国画,有作品《水蜜桃》。其他的如高振霄善画梅;朱复戡精通金石书画,张大千评"能超越时流,开一代宗风者,惟朱君一人而已",刘海粟也盛赞其"笔墨之间,渊然有思,醰然有味,神游三代,冥心于造化";陈莲涛善画动物,尤精于画猫;厉国香于山水、花鸟均有成就,是民国时期著名的女画家;赵时枫擅长画马,兼工花卉虫草。此外,鄞县籍油画家沙耆,20世纪30年代留学比利时皇家美术学院,连续两年获得该院优秀美术金质奖章,其作品曾在英国、法国、比利时等国展览,引起轰动。

(二)戏剧

民国时期,宁波传统地方剧种有甬剧、姚剧、平调、甬昆等,外来剧种则有越剧、京剧、话剧、杭剧等。早期均为流动戏班,有京班、的笃班、宁波滩簧等，规模小，组班、解散视营业情况而定，能长期坚持下来的不多，且无固定演出场所，大多在庙宇、祠堂、茶亭等处流动演出。20世纪初，开始进入舞台、戏园，但仍以流动为主，后因专业演出场所增多，有的戏班逐渐成为具有剧团规模的专业艺术表演团体，在相对固定的场所演出。

甬剧俗称"宁波滩簧"，是一个历史悠久的地方剧种，当时常演的剧目共有72出，故"七十二小戏"习惯上被看成甬剧传统剧目的早期代表。1915年后，改称"四明文戏"。20世纪20年代初，始由女子扮演旦角，男女合演。1924年遭禁，改称"甬江古曲"。因缺乏新剧目，无法与其他剧种竞争，加上时局动荡，日渐些微。为挽救危局，宁波甬剧界于1939年集合在沪各班主要演员组成剧团，在中南戏院上演由京剧《清风亭》改编的《天打张继宝》，一炮打响，甬剧开始出现转机。接着学习文明戏，排演分幕时装大戏（即西装旗袍戏）如《少奶奶的扇子》等，采用灯光、布景、道具，扩大乐队，改革唱腔，甬剧开始进入"改良甬剧时期"。以后10余年间，甬剧上演清装戏、西装旗袍戏几百本，并首次走出宁波，到汉口、天津、南京、福建等地演出。1943年至1949年，宁波彩霞甬剧团在宁波大世界戏院演出，除传统的72出小戏外，还演出《一本万利》、《二百十天》、《万里长城》等剧目142出。改良甬剧的成功演出，从内容到形式使"宁波滩簧"焕然一新，逐步走上了现代剧种的轨道。

姚剧主要流行于余姚、慈溪及上虞、绍兴一带，前身为"余姚滩簧"，系由余姚、慈溪一带的民间歌舞、说唱发展而成的民间小戏。清末民初，进入兴盛时期，有近50个班社，其中进上海献艺的就有杨春风、德胜春台、久道班、七六班、八勿拆等13个。后因长期战乱，加之当局限制，解放前夕，宁波仅有的姚剧班社寥寥无几，而余姚已无姚剧专业班社。

京剧为最早传入宁波的外来剧种之一。清末，京班"大四喜"自天津来宁波献艺，武生王桂卿等在郡庙戏台演出，引起轰动。随后，京剧团体接踵而来。民国初年,宁波城区有京班10余家,其中著名的有老大鸿寿、宋翔记、老翔记等,京剧一时取代甬昆成为宁波最大的戏剧剧种,许多著名京剧艺术家如小达子、盖叫天、芙蓉草、金少山、林树森、周信芳、李万春等都先后来宁波献艺。抗战期间,京剧逐渐衰落,京班大多自行解散,仅剩下韩记大连升、老大鸿寿、合记大连升3家。

越剧也是民国时期在宁波颇为流行的外来剧种之一。民国初年越剧由嵊县(今嵊州市)流入宁波,1915年,首次在宁波城区演出。1927年,以施银花、屠杏花、赵瑞花为首的越剧科班首次在城区国货商场演出,随后,姚水娟、筱丹桂、王杏花相继率班来宁波,竞芳于甬城舞台。其后,袁雪芬、尹桂芳、马樟花、范瑞娟、傅全香、竺水娟、徐玉兰、毛佩卿等著名演员也先后来宁波演出。一时,宁波城区兰江、中南大戏院、大光明戏院、天然舞台连续演出《少女出世》、《双山救驾》、《丁郎认母》等连台布景戏,卖座率很高。抗战全面爆发后,宁波人的戏曲欣赏习惯发生了很大转变,由原先爱好京剧转向越剧,京剧观众逐年减少,而越剧则得到越来越多的宁波人的爱好和拥护。1938年初,女子越剧开始在宁波盛行。不过,当时女子越剧的演出形式由于受京剧影响较大,不论日戏或夜戏,演《昭君和番》、《华丽缘》等本戏或连台本戏前,一般都要加演一出京剧武打戏,如《朝金顶》、《一枝桃》、《界牌关》等。从1943年起,浙东抗日根据地还对越剧实施了创新改革。

民国时期,西方的戏剧形式如话剧等也开始传入中国,当时被称为"新剧"。新剧因适应时代需要,尤为年青一代所喜爱、模仿。五四运动时,城区爱国学生组织剧团在街头、农村化妆演出《痛打卖国贼》、《亡国痛史》、《巴黎和会》及《父与子》、《夫妻之争》、《苦况》等剧目,是为话剧在宁波的开始。1930年2月,"南国戏剧社"社员田汉来宁波讲学,随后袁牧之在青年会上演《醉后》、《压迫》等话剧。1936年,上海狮吼剧社来宁波上演《雷雨》、《名优之死》,轰动一时。抗战爆发后,宁波青年组织抗日救亡宣传队,排演《三江好》、《木兰从军》、《放下你的鞭子》、《怒吼吧,中国》等救亡小话剧,在城乡各地巡回演出。

1945年至1948年,宁波城区先后出现十多个话剧团,公演《升官图》、《裙带风》、《夜店》、《魔窟》、《原野》、《梁上君子》、《家》、《雷雨》等大型进步话剧。演出《家》时,《宁波日报》连续三天编发演出特刊,两家民营电台播送演出情况、剧情、演员介绍、精彩对白等,盛况空前。这些新剧都以爱国、救亡、进步为题材,起到了团结军民、打击敌人的作用,客观上也推动了话剧运动在宁波的普及和发展。

(三)曲艺

民国时期的宁波曲艺承袭了清代的传统曲种,主要有:四明南词、四明宣卷、宁波走书、宁波评话等。其中四明南词、走书、评话为民国时期宁波曲艺的三种主要形式,其听众也各有侧重,曲艺界流行着三句话:"南词唱华堂(指堂会之类),走书下农庄,评书进茶坊",即是非常形象的说明。

四明南词又称四明文书,是流传在宁波、上海一带的艺术性较强的民间曲艺。清末民国初,宁波南词界涌现出五位艺术精湛的艺人,被尊称为"五公座",他们是陈金恩、陈梅卿、虞锡堂、戴善宝和滕咏清;后来虞锡堂去世,以何桂章补入。四明南词的曲调丰富多彩,全部曲调有一百多种,常用三十多种,其中最基本的有平湖调、赋调、词调、紧赋调、紧平湖调五种,被称为"五柱头"。南词可概括为一个"文"字。它的唱词典雅,当是经过文人再创作而成,有些言情的内容,也写得词藻雅丽、含蓄,内容多为宫廷或官宦家庭故事。从伴奏的乐器来看,也都是用音色柔和的"文乐器",最常用的为三弦、扬琴、琵琶。南词是唱、奏、念、白相间的表演艺术,主唱人要有"一白二唱三弦子"的功夫,既要自己操弦,又要把生、旦、净、丑各类角色的声调、性格、表情刻画出来。一个主唱,旁有人和唱,大多为三人一档。20世纪40年代起,四明南词渐趋衰落,主要原因是南词的词句不够通俗,书目不能推陈出新,老成凋谢,后继乏人。一般认为,甬剧就是在吸收四明南词精华的基础上形成的,南词中的优美曲调、丰富书目,多被甬剧所吸收,南词的"五柱头"也成为甬剧的基本曲调。

四明宣卷又称四明宝卷。宝卷由唐代变文、俗讲和宋代说经演变而来,是一种说唱的艺术形式。演唱内容多为因果报应式的佛教故事和民间故事,故又称"讲善书"。讲经时,置一案子,讲经者居中,两旁为合唱者,说唱用宁波方言,早期没有音乐伴奏,仅有"帮腔"(和声),后发展到三弦、胡琴等简单的音乐伴奏,一唱众和,颇似梵音。据李世瑜《宝卷综录》记载,解放前宁波刻印宝卷的有三宝经房、三余堂书庄、百岁坊书局等13家书坊,余姚也有聚文炳记书局1家,可见当时四明宣卷是很盛行的。20世纪40年代后,江河日下,走向衰落。

宁波走书由四明南词演变而来,原名莲花文书,在镇海的一支叫蛟川走书。初为坐唱,讲唱结合。清末民初,艺人谢宝初将坐唱发展成为边走、边演、边唱,且根据不同角色,创造了诸如赶路、摇船、梳头、开打等形象化的动作,遂成走书,后又衍生出分口饰角演唱。常用曲调有四平调、赋调、词调、马头调、三顿(合称走书的"五柱头"),乐器伴奏以四弦琴为主。走书唱词通俗,经过各代口耳相传,逐渐形成一套程式,编成一整套可以适用于描述不同场景、人物、服饰、动态、心态等的现成唱段,又各分不同韵脚,以备选用,艺人称之"科书",灵活选用科书唱段,称"插科"。20世纪40年代后成为宁波最有影响的曲种。

宁波评话为南方说书的一种,主要流传于城区茶楼及慈溪等地。清道光年间,城区有评话艺人演唱的茶楼数十处,民国后兴盛如前。当时的知名评话艺人有张少策、楼世杰、郭鹏飞等,他们都以嗓音厚实、口齿清楚、感情丰富、刻画人物形象生动细腻而受到听众赞许。说书时,一个人扮演几个至十余个角色,口吻个性惟妙惟肖,所说故事由说书人加以渲染,制造悬念,引人入胜,一部书可连续说十余日乃至数月。所用道具仅惊木一块、折扇一把,不衬音乐,不带伴奏。

纵观宁波民间曲艺,以四明宣卷为最早,又以四明南词的影响最为广泛深远。有人说,四明南词是宁波曲艺的源头,是有一定道理的。

三、著名文学家、艺术家

王鲁彦(1901—1944年),原名王锡成,笔名鲁彦,镇海大碶王隘人,著名作家、翻译家,20世纪20年代乡土写实小说流派的领衔人物。1922年加入文学研究会,1923年开始小说创作,在《东方杂志》11号发表处女作《秋夜》。1926年出版了第一个短篇小说集《柚子》,此后又有《黄金》、《童年的悲哀及其他》、《小小的心》、《雀鼠集》、《屋顶下》、《河边》、《伤兵旅馆》、《我们的喇叭》等8部短篇小说集络绎问世,另有中篇小说《乡下》,长篇小说《野火》(后改名《愤怒的乡村》)、《婴儿日记》(与夫人覃谷兰合著),散文集《驴子和骡子》、《旅人的心》等,成为20世纪20年代乡土写实派小说家中成就最大的作家之一。如果说鲁迅的乡土小说常常表现乡村本土封建势力强大的因袭力量对人性与人生的扼杀,对历史进步的无形牵制,那么王鲁彦的乡土小说则还表现了外来文明对宗法制乡村经济形态与文化心理的侵扰与破坏,并带有浓郁的浙东风情。茅盾对王鲁彦在乡土写实道路上的探索与追求给予了充分肯定和高度赞赏,认为"《黄金》思想技术都好","在现文坛上,似乎尚不多见"。[①] 抗战爆发后,他举家内迁,先后到长沙、武汉、桂林等地从事文化工作,在桂林创办并主编《文艺杂志》,该杂志成为抗战后期大后方最有影响的文学期刊之一。

巴人(1901—1972年),原名王任叔,奉化大堰乡大堰村人,著名作家、翻译家、文艺理论家,新中国成立后曾担任中国首任驻印度尼西亚大使、人民文学出版社社长兼总编等职。1922年开始文学创作,1923年经郑振铎介绍加入文学研究会宁波分会,同年开始在《小说月报》上发表小说。1924年10月任《四明日报》编辑,主编《文学》副刊。巴人早期的小说大致可归入乡土写实小说流派,但在乡土题材小说的

---

① 茅盾《王鲁彦论》,《茅盾全集》第19卷,第173~175页,人民文学出版社1991年版。

成就上稍逊于王鲁彦、许杰等人;进入20世纪30年代,他的小说在更为坚实的生活基础上,以更为开阔的视野和沉稳老辣的技巧而引人注目,在继续乡土题材描写的同时,又开拓了都市生活题材的描写,并在求深求实的道路上努力迈进。自1922年起,巴人先后出版了《监狱》、《破屋》、《乡长先生》、《流沙》等十余部短篇小说集,以及《莽秀才造反记》、《某夫人》、《证章》等多部中长篇小说,题材内容十分广阔,可谓是"反映近代中国人民革命斗争和社会生活的长卷"。1935年起写作重点从小说、诗歌转向杂文、评论。抗日战争爆发后,他领导"孤岛"上海的文艺工作,主编《译报·大家谈》、《申报·自由谈》、《公论丛书》等,并参与编辑《鲁迅全集》,开始用"巴人"为笔名发表文艺理论文章、杂文,身体力行地倡导"鲁迅风"杂文,由于其杂文富有战斗力,被时人誉为"打鬼的钟进士"、"活鲁迅"。1940年出版的《文学读本》,是我国现代文学史上最早的文艺理论专著,后修改充实,更名《文学论稿》再版。巴人还是公认的国内鲁迅研究的奠基人之一,其《论鲁迅的杂文》被公认为是继瞿秋白《鲁迅杂感选集·序言》之后研究鲁迅杂文的又一部重要专著。

  柔石(1902—1931年),原名赵平复,宁海人,"左联五烈士"之一,是左翼文学中较早创作小说且很有成就的青年作家。1921年秋在杭州就读省立第一师范学校时,他发起组织了晨光文学社,开始走上新文学的道路。1925年自费在宁波印行了短篇小说集《疯人》。1928年夏,他只身赴上海从事文学活动,是年,第一次以"柔石"为笔名在《奔流》月刊上发表小说《人鬼与他的妻的故事》,立即引起了文坛的瞩目。到1931年2月7日被捕牺牲前,他出版有长篇小说《旧时代之死》(1929年)、中篇《二月》(1929年)、《三姊妹》(1929年)、短篇小说《为奴隶的母亲》、《希望》等。中篇小说《二月》是柔石的代表作,小说借主人公萧涧秋描写了20世纪二三十年代青年知识分子的苦闷和彷徨,情节曲折而文笔流畅。而短篇小说《为奴隶的母亲》则以家乡典妻陋俗为题材,描写了一个生活在神权、政权、族权、夫权欺压下的农村劳动妇女的悲惨遭遇,是一篇以文学形式向旧社会宣战的檄文,表现出作者现实主义写作手法的成熟。此外,他还在上海与鲁迅、崔真吾、王方仁一起创建文学社团——朝花社,编辑出版了《朝花周刊》(20期)、《朝花旬刊》(12期)、《语丝》(26期)等刊物及专门介绍外国版画的画集《艺苑朝华》(共5辑)。1930年"左联"成立时被选为执行委员,负责编辑"左联"机关刊物《萌芽》,对繁荣我国的革命文艺创作,推进新文化运动和扶植新生的木刻艺术作出了不朽的贡献。

殷夫(1909—1931年),原名徐祖华,笔名殷夫、白莽等,象山东山大徐人,现实主义诗人,左翼诗人的代表,"左联五烈士"之一。1926年在上海浦东中学读书时参加旅沪象山青年的进步文艺团体——新蚶社,走上了革命道路。殷夫的诗歌创作,可以1929年为界分为前后两个时期。前期作品大都收在他的自选诗集《孩儿塔》,共65首,内容多为对爱情和故乡的歌唱,也有对光明未来的呼唤。而1929年以后,殷夫则更多地投入到政治抒情诗(也被称为红色鼓动诗)的创作,他比较出色地将无产阶级革命斗争的内容引入了诗的王国,使那些具有明确功利目的的政治抒情诗,不仅有了极强的宣传鼓动作用,而且还给人以情感的陶冶与审美的愉悦,提升了政治抒情诗的艺术品位。其后期的代表作有《血字》、《别了,哥哥》、《1929年的5月1日》、《我们是青年布尔什维克》,正面歌颂工人阶级的斗争事业,成为很有影响的无产阶级革命诗人。鲁迅称赞殷夫的诗是"属于别一世界"的,"是对于前驱者的爱的大纛,也是对于摧残者的憎的丰碑"。①

应修人(1900—1933年),原名应麟德,字修士,后更名修人,慈溪县慈城镇(今属宁波市江北区)人,左翼诗人。早年以新诗走上文学道路,1922年4月,他与潘谟华、冯雪峰、汪静之结成湖畔诗社,这是继"中国新诗社"后的第二个诗歌社团,诗社推出的"湖畔四诗人"以描写爱情诗而闻名诗坛,形成中国新诗史上的一个重要诗歌流派——湖

---

① 鲁迅《白莽作〈孩儿塔〉序》,《鲁迅全集》第6卷,第494页,人民文学出版社1987年版。

畔诗派。他们自费出版了《湖畔》和《春的歌集》两本诗集,创办《支那二月》诗刊,发表了许多新诗,均以赞美自然、爱情、母爱为主题,得到郭沫若、郁达夫、叶圣陶、朱自清的好评。1924年以后,应修人在中国共产党人的直接影响下,思想发生了突变,自觉地加入了红色革命诗歌的方阵,写下了《雪夜》、《黄浦江边》等抒发反帝爱国之情的政治抒情诗,这些诗富有形象性与艺术美,几乎可以与殷夫的红色鼓动诗媲美。1930年参加"左联",以革命根据地的故事为题材,创作了思想性、艺术性都很高的儿童文学作品《旗子的故事》、《金宝塔和银宝塔》等,表现了苏区人民对革命政权的无比热爱和信任。

楼适夷(1905—2001年),原名楼锡椿,又名建南,字文彬,号荫庭,笔名适夷,浙江余姚人,著名作家、翻译家、编辑出版家,新中国成立后担任人民文学出版社副社长兼副总编辑、中国作家协会名誉副主席等职。早年在上海钱庄当学徒,但酷爱文学,并尝试向《申报·自由谈》、《礼拜六》等报刊投稿。1928年,加入太阳社,从1928年至1932年共出版过三个短篇小说集《挣扎》、《病与梦》、《第三时期》,其中《烟》、《盐场》是早期左翼小说的代表作品。1929年留学日本,修俄罗斯文学。1931年回国,加入"左联",在冯雪峰领导下参与"左联"的党团工作并编辑"左联"机关刊物《前哨》、《文学导报》和《文艺新闻》。1933年被捕,在狱中翻译了高尔基的《在人间》等作品,以后成为著名的俄国文学翻译家,也介绍日本作家的作品。1937年出狱,到武汉任《新华日报》副刊编辑和中华全国文艺界抗敌协会理事,还参加了《抗战文艺》初期的编辑工作,并与叶圣陶、宋云彬、傅彬然合编《少年先锋》月刊。后至广州、香港协助茅盾编辑《文艺阵地》,并继茅盾之后代理主编工作,使《文艺阵地》成为抗战文艺事业一个坚实的堡垒。上海"孤岛"时期,与王元化、许广平等共同主办《奔流新集》月刊。1944年冬,赴四明山新四军浙东抗日根据地,任文教处副处长。1946年回上海,任《时代日报》副刊编辑,并同靳以合编中华全国文艺协会的机关刊物《中国作家》。1947年去香港,与茅盾、周而复等人创办了《小说》月刊。到 1949 年春为止,他又先后创作了一些短篇小说,出版了散文特写集《四明山杂记》。

沙孟海(1900—1992 年),原名文若,字孟海,鄞县大咸乡沙村人,饮誉海内外的一代书法大师,著名篆刻家。早年师从冯君木学习古典文学,又从吴昌硕学习书法篆刻,书法由篆隶入手,下逮汉魏碑版,恣意摹习,领略其体势。40 岁以后,在经过"彷徨求索"与"转益多师"时期后,博采众长,融会贯通,行以己意,开始了对自身书法风格的追求,且不断强化。这一时期,沙孟海的书法由继承期入规入矩的"平整"走向了表现自我的"险绝",其雄强、豪放的风格开始成形,而最能体现这一风格的当数沙孟海最负盛名的擘窠大字。篆刻则不多作,主张朴拙一路,也不专师一家。著有《近三百年的书学》、《印学概论》、《沙孟海论书丛稿》、《兰沙馆印式》、《沙孟海写书谱》、《印学史》、《沙孟海书法集》、《沙孟海真行草书集》、《中国书法史图录》等。

潘天寿(1897—1971 年),原名天谨,学名天授,后改名天寿,字大颐,宁海回浦乡冠庄村人,20 世纪的中国国画艺术大师。擅工花鸟画,又善指画,早年得陈子渊、李叔同等人指导,将画、诗、书法、金石熔于一炉,充分发挥中国画以线为主的表现特点,汲取书法"屋漏痕"、"折钗股"的手法入画,运笔苍劲泼辣,用墨注重黑白对照,构图豪放奇崛、疏密相适。代表作有《松鹰》、《读经僧》、《秋夜》、《和平鸽图》、《睡猫》、《铁石帆运图》、《露气》、《欲雪》、《纪写百丈岩古松》、《小篷船》、《雁荡山花》、《雄视》、《苍茫暮色》、《映日荷花别样红》、《雨霁》、《泰山图》等,著有《中国绘画史》、《无谓斋谈屑》、《听天阁画谈随笔》、《中国画院考》等绘画理论专著,并有《潘天寿书画集》流传于世。他的绘画艺术、绘画理论和绘画教育,影响深远而广泛,受到书画界、教育界和文化界的高度评价,甚至认为"像潘天寿先生这样言行一致、理想与成就无间的艺术家,可说是三五百年出几个中的一个"[1]。

---

[1] 童中超《超逸高雄 警奇古厚》,《潘天寿研究二集》,中国美术学院出版社 1997 年版。

不仅如此,潘天寿还是一个伟大的爱国者,中国画传统的坚强捍卫者和开拓者,一个真正坚守民族文化阵地同时又具有开放心态的艺术家,他的绘画,既是诗书画印交融的传统中国画的一个总结,又是对旧时代传统中国画的一种超越,是传统的,又是现代的。20世纪30年代,中国美术界充斥着"全盘西化"的思潮,潘天寿既不是死守"国粹"的保守论者,也不是国画"西化"论者。他认为中国画西化的道路是危险的,在对西方艺术风格和理念无条件的学习和照搬中,刻意地忽略甚至诋毁自身的文化传统和民族精神,最后的结局只能是取消了中国画的民族性,取消了文化个性,以至于消解了自身的传统。在当时民族虚无主义和反传统思潮充斥的背景之下,潘天寿对中国画传统的捍卫和发展,有着历史性的贡献。

筱丹桂(1920—1947年),女,本名钱春韵、钱春风,"筱丹桂"是她的艺名,浙江嵊县长乐人,著名越剧表演艺术家,"越剧十姐妹"之一。筱丹桂在越剧舞台上的成名始于宁波,是甬江之畔升起的一颗璀璨明星。从1931年春起,筱丹桂随高升舞台8次来宁波,在兰江戏院、大光明戏院、天然舞台演出《玉蜻蜓》、《泗州城》、《盗仙草》、《后朱砂》、《沉香扇》、《新梁山伯》、《昭君和番》、《华丽缘》、《三看御妹》、《孟姜女》、《马寡妇开店》、《武松与潘金莲》等剧目,塑造了华彩各具的舞台艺术形象,轰动甬城。筱丹桂扮相俊美,能文能武。她以扎实的武打技巧塑造了文武双全的侯月英(《文武香球》)、勇敢坚强的白素贞(《盗仙草》)、豪爽泼辣的徐凤珠(《白水滩》)、神通广大的张四姐(《摇钱树》)等武旦角色,还另辟蹊径,以演《武松与潘金莲》中举止轻浮的潘金莲、《香蝴蝶》中姿态婀娜的徐夫人、《果报录》中美艳多情的刁刘氏等"艳旦"著称。她的唱,被当时观众誉为"珠喉玉音"。她虽然学习和继承了越剧名宿施银花的唱腔,但能根据自己的嗓音条件,既有吸收,又有创造,逐渐形成她轻松活泼、优美流畅、感情丰富、韵味深浓的演唱特色。1938年起,筱丹桂到上海演出,很快从宁波红到上海,驰誉春申,曾有"三花"(施银花、赵瑞花、王杏花)不如"一娟"(姚水娟),"一娟"不如"一桂"(筱丹桂)的说法。① 1947年10月13日,因为不堪忍受戏霸张春帆的凌辱,服来沙尔药水自尽。

第四节 藏书与新闻出版

宁波自古就有私人藏书的风气,历代涌现过不少著名的藏书中心,目前国内留存最早、最著名的私人藏书楼——天一阁藏书楼就坐落在宁波。公共图书馆在民国时期也开始出现,薛楼是宁波公共图书馆的发端。民国时期宁波较有影响的报纸,除了国民党机关报《宁波民国日报》外,要数民营的《四明日报》和《时事公报》。

一、藏书楼和图书馆

(一)藏书楼

宁波私人藏书的风气始于两宋。南宋建都临安后,随着刻书印刷业的发展,私人藏书蔚然成风。宁波望族较多,又是浙东学派的发源地,藏书风气盛行。宋以后近千年中,宁波较著名的藏书家近八十人,藏书楼有名可查者四十余处。

民国时期宁波主要的私人藏书楼有:

天一阁藏书楼 明代兵部右侍郎范钦藏书处,为国内现存最早的私人藏书楼,在今城区月湖畔。原藏图书7万余卷,以明代地方志和登科录为其特藏。民国初年,大盗薛继渭勾结不法书商,潜入藏书楼,盗得藏书一千余部,其中登科录、地方志一百余部。由于连遭浩劫,加上零星散佚、保管不善,至解放前夕,天一阁藏书楼除《古今图书集成》

---

① 孙世基《从甬城升起的越剧明星——筱丹桂》,《宁波文史资料》(内),第8辑,第130页,1990年版。

8300余卷外,尚剩下1.3万余卷,仅为原藏书的1/5左右。

墨海楼 清末民初鄞县人蔡鸿鉴的藏书楼,在今蔡家巷。"墨海"是古砚名,借用于藏书楼,意喻其藏书之富。其藏书近10万卷,大多来自镇海大梅山馆,也有一部分来自天一阁、抱经楼藏书,善本颇多。1921年,蔡鸿鉴在上海经商失败,因无力偿还债务,以藏书作抵,遂归李氏萱荫楼。

萱荫楼 民国李氏藏书楼,在今毛衙巷。主人李庆城,幼年丧母,出继叔母方氏夫人。1921年墨海楼藏书归李氏后,由方氏夫人管理,辟毛衙巷住屋东首明轩楼房三栋作藏书处。1930年,聘请蔡和铿任家庭塾师,兼理藏书,分类编目,计2879种、30431册,辑成书目12卷。蔡和铿起名"萱荫楼",意为书籍为方氏夫人所置,传于继子庆城及其后世。1950年,李庆城将全部藏书捐献给国家,分藏于国家图书馆、浙江图书馆。

抹云楼 民国秦润卿的藏书楼,在今慈城镇。1931年,秦润卿在家乡慈城筑楼,购得冯氏醉经阁藏书约5万卷,收藏于此。后又多方收集古今中外图书,藏书增至六七万卷。宁波沦陷后,天一阁部分藏书被盗卖到上海,秦润卿多方收购,归藏于抹云楼。1947年,抹云楼开放供人阅览。1952年,秦润卿将全部藏书捐献给国家,现藏于浙江图书馆。

别宥斋 民国萧山人朱鼎煦(赞卿)的藏书楼,在今孝闻街。朱鼎煦爱好藏书,每遇珍本不惜出重金购置,汲古阁、知不足斋、抱经楼、天一阁等流散的藏书,皆加以收集,累计有10余万卷,分藏城区府侧街寓所和萧山故居。除经史子集四部外,兼收说部传奇、科场用书、百家杂说、残稿剩牍,其中不乏善本、孤本。1940年冬,萧山沦陷,藏书全部被毁,幸亏宁波所藏经辗转迁移,得以保全。1979年9月,朱鼎煦的家属将所存藏书捐献给国家,现藏于天一阁文物保管所。

伏跗室 民国慈溪人冯孟颛的藏书楼,在今孝闻街。藏书约10万卷,碑石拓本400余种。抗战爆发后,冯孟颛在室内天井修筑防空洞,藏书于防空洞中以躲避日机空袭,伏跗室藏书因此得以保全。1962年4月,冯孟颛病逝,遗嘱将藏书全部捐献给国家,现藏于伏跗室文物保管所。

蜗寄庐 民国鄞县人孙家溎的藏书处,在今塔影巷。孙家溎讲究版刻,凡有精本、善本,不惜重金购藏,出售古籍者大多先往求售,故其藏书虽少却精。

(二)图书馆

民国时期的宁波,除了私人藏书盛行以外,公共图书馆也开始出现。1913年,宁波六邑公会在后乐园西北部(今中山公园西侧)建造西式楼房,为纪念薛福成(曾任宁绍台兵备道),命名为"薛楼",将薛氏及以后购赠的图书,全部藏于该楼,向社会开放,这是宁波有公共图书馆的发端。1925—1926年,四明学会等募集经费,拟将薛楼改为公共图书馆,后因政局吃紧而作罢。嗣后,薛楼为军政机关占用,藏书受到了很大损失。

1927年宁波市政府成立,遂将薛楼改为宁波市立图书馆,张汝钊任馆长。当时楼中尚有藏书八九万卷,而虫蚀十有其三,断简残篇将近半数。经整理后,计有图书1万4千余册,遂加以分类编目,装订加固,并将一部分较为珍贵的图书,移至公共图书库收藏。1930年,市政府秘书长杨铁夫兼任馆长。9月,因薛楼发现白蚁,遂迁至公共图书库开放。是年冬,编订《宁波市立图书馆图书目录》1册,但藏书无明确统计。1931年1月,宁波废市并县,2月图书馆由鄞县县政府接管,改为鄞县县立图书馆。1932年,移至中山公园东南的宁波市商品陈列处原址。1936年,时任馆长的凌仁榆重编《鄞县县立图书馆图书目录》(铅印本)1册,计图书8530种、10314部、27061册,加上未编入的丛书、流通文库及儿童图书6000余册,总计藏书当在33000册以上;期刊53种,日报15种。图书馆全年经费3060元,包括购书经费在内的设备费约占1/3。

1937年抗战全面爆发后,县立图书馆将馆藏珍本385种移至鄞县姜山镇中心小学。宁波沦陷后,县立图书馆撤至宁海前童,先期移藏姜山的珍本也移至宁海,没有搬走的藏书及设备被抢掠大半。抗战胜利后,鄞县县立图书馆迁回宁波,恢复开放,但藏书在抗战时期遭受很大损失,除古籍珍本外,平装新书"散失残毁十丧三四,博识之士,几不屑一顾……"

宁波解放后,市人民政府文教局组织专人清理古籍,移藏于古物陈列所,1957年移回市图书馆,即今古籍部。

二、报刊

宁波最早的报刊始于1854年创刊的《中外新报》,由美国基督教浸礼会传教士玛高温创办,1861年停刊。民国前,宁波城区较为著名的综合性报纸是《甬报》和《德商甬报》,系外国传教士或商人与中国官吏、文人结合所办,外国人出面、中国人秉笔,无独立机构,依附于教会、洋行。

民国以后,办报风气渐开,可分为三个阶段:从1912年至1919年五四运动为第一阶段;从五四运动至1927年国民革命结束为第二阶段;从1927年至1949年宁波解放为第三阶段。到1949年5月为止,宁波先后出现的综合性报刊有328种(其中城区173种、革命根据地19种、各县123种、在上海办的宁波报刊13种),各类专业性报刊72种。

1919年以前的宁波,在文化界中活动的,大多数为思想陈旧的封建文人,不论在学校、在报社,都是一片死气沉沉的景象。当时宁波比较有影响的综合性报纸是《德商甬报》和民国前后创办的《四明日报》。《四明日报》由宁波绅商创办,与后来的《时事公报》同为宁波近现代史上最具影响的新闻报刊之一,可惜主持人思想陈旧,排斥进步舆论,故把报纸办得死气沉沉。1925年5月后,被国家主义派所控制。

1927年3月,北伐军进驻宁波时被查封。

　　五四运动以后,局面发生了变化。学生们轰轰烈烈的行动,感染了一部分知识分子,与学生们采取一致的行动,创办报刊作为宣传救国的利器。《时事公报》就是在这样的形势下出现的。1920年6月,金臻庠集资创办《时事公报》,自任经理,主笔乌一蝶,地址设在江北同兴街(今中马路),意欲与《四明日报》抗衡。《时事公报》的地方新闻材料丰富,在内政外交方面都有重要消息的报道,不像《四明日报》仅仅登载一些水、火、盗、贼的消息。还辟有副刊,不时刊载指斥时政的文章。由于《时事公报》迎合时代潮流,满足读者的爱国愿望,销量不断增长,创刊两年后,销数已逾4000份,且上海、汉口同乡订阅的也达四五百份之多,而上海报纸在宁波的发行数则因此锐减,《申报》减少百分之六七,《新闻报》减少百分之四五,至于《四明日报》则从1000份以外减少到1000份以内。这一阶段,宁波还出版过其他两种报纸。一是《宁波新报》,创刊于1922年,叶莞为经理兼主编,因销量不大,不到一年就停刊。二是《宁波商报》,创刊于1925年,发起人为律师袁世霖,社长厉渭吟,主编方佩刚,也因销量不大,不到一年就停刊了。

　　从1927国民革命失败到1949年宁波解放,宁波报刊进入了一个新的阶段。这个时期的特点是报纸言论,完全在政府的控制之下,不但不能涉及马列主义,连孙中山先生提出的"联俄、联共、扶助农工"的三大政策都不能讲。当时,宁波的官方报纸是《宁波民国日报》,系国民党机关报,系由《四明日报》原址改组而成。宁波沦陷后移至天台,改名为《宁波日报》。而与《宁波民国日报》竞争的最大民营报纸还属《时事公报》。该报在形式上和前一阶段已大不相同:篇幅由对开一张扩充为两张,印刷已改由宁波印刷公司(《时事公报》印刷部)承印,排印5号字以外又有6号字。广播已改为短波,另辟有电讯室。电讯除中央社以外,无论什么通讯社的稿子都不能用,新闻里充斥"共匪"字样,只有桃色或黄色新闻不在禁止之列。宁波沦陷后,报纸停刊,日伪盗用《时事公报》名义,继续在宁波发行。抗战胜利后,《时事公报》复刊,但被迫加上"宁波"两字,易名为《宁波时事公报》,1948年10月24日被当局勒令停刊。此外,这一时期宁波的民营报纸还有《宁波商报》和《宁波晨报》。《宁波商报》创办于1936年,创办人朱酒仙、俞佐宸,主编朱大公,社址设在崔衙前咸堂街,是为后期《宁波商报》,1941年宁波沦陷时停刊。《宁波晨报》创办于1949年2月26日,应斐章任社长兼主编,日出对开一张,宁波解放后停刊。《时事简讯》是这一时期浙东抗日根据地创办的第一份正式报纸,1942年8月在慈北洞山寺创刊,先由陈静之、后由于岩任社长,每周三、六出版,1944年4月改名为《新浙东报》,翌年8月14日起改为日报,内容主要刊载新华社电讯、延安《解放日报》的抗战消息和评论、浙东要闻,还辟有"新地"、"文艺周刊"等副刊,1945年10月因浙东游击纵队奉命北撤而停刊。

民国时期,宁波还出版了一些定期刊物,主要有:《宁波评论》,由周天僇等根据青年团组织的指示于1924年5月创办,25开本,每周出1册,宣传新三民主义,对宁波地方政治作讽刺式批评,11月因经费困难停刊。《火曜》,周刊,1925年3月由青年团宁波地委创办,宣传马列主义和国民革命,出版15期后被查禁。《甬江潮》,1926年7月创刊,为国民党宁波市党部机关刊物,不久即被查封。《出路》,创刊于1931年,主编乌一蝶,撰稿有庄禹梅、邬光汉等,每半月出25开本1册,内容几乎完全为小品文。乌一蝶虽是一个"纯文艺主义"者,然而其中文字,百分之七八十却是讽刺"不抵抗主义",出至第12期停刊。《宁波青年》,系宁波中华民族解放先锋队的刊物,创刊于1938年9月,主编陆企人,不定期出版,1939年1月根据中共宁绍特委指示停刊。《野战》,系宁波青年抗日团体——飞鹰团的刊物,主编朱镜我,由团员分担撰稿,每半月出25开本1册,只出两期,后为国民党接收,易名《迅雷》,由庄季融主编,不久停刊。

三、书店、书社

旧时的书坊往往兼营刻书业务,即书店兼有出版社的性质。到了民国,铅印和石印逐渐风行,雕版印刷退居次要位置。当时宁波城内较具规模的书店,大多集中在长约百米的日新街,日新街成了宁波的一条文化街,犹如北京的琉璃厂、上海的福州路。

民国时候,日新街上有6家书店,即号称"五大书店"的汲绠斋书坊、新学会社、竞新书社、文明书局、明星书局及文星书局。汲绠斋书坊,创办于清道光年间,是一家有百年以上历史的"老字号"书店,该店有一架石印机,自己刻书、印书,经营以古籍为主,后期与上海商务印书馆、中华书局建立了特约经销关系,《四部丛刊》、《四部备要》、《古今图书集成》等丛书一类的书籍在该店可以预约或代购。新学会社,由清末奉化籍留日学生孙振麒、江起鲲集资创建,旨在引进西学,传播新文化、新知识,推进新兴的教育事业。早期经营的书籍有严复翻译的《赫胥黎天演论》,林纾翻译的《黑奴吁天录》、《巴黎茶花女遗事》,以及格致(物理)、数学等方面的教材;以后渐渐侧重于桑园、农艺、畜牧方面的农技书籍,还出版过彩印的《二十世纪世界大地图》,风靡一时。该社在上海设有分社,但不久在上海的分社营业额超过了宁波的总社,因此就以上海为总社,在宁波的新学会社反而降为分社了。竞新书社和文明书局,分别由奉化人王荫亭和镇海人王蕉化创办,专门供应商务版教科书及笔墨纸砚、簿册抄本、钢笔墨水、仪器等各类文具。明星书局创设于"五四"运动之后,经营各种新版书籍,其中包括《向导》、《新青年》、《中国青年》等进步书刊,也经售一些右翼刊物,如《醒狮》、《爱国青年》等。至于文星书局,规模较小。此外,开设在中山东路西马弄口的振新书店,系原汲绠斋书坊业务主任钱君培筹设,也是当时宁波城内较具规模的书店之一。店内还附设了一个"国光集邮社",这是宁波最早的一家集邮社。

这些书店在经营上有着共同的特点:一是经营的多样性;二是营业的淡旺具有明显的季节性;三是开架陈列,书刊任读者自由取阅,不论买与不买,店员都毫无怨言。

当时,宁波各大书店以中小学课本为营业大宗,每届开学临近,竞争非常激烈。1938年夏,汲绠斋、新学、竞新、文明、明星、振新等6家书店采取联进联销的办法,组成教科书联合供应机构,形成了垄断格局,使别的书店无法与之抗衡。经营方法,从过去的有折扣优待,改为照码实价出售;从过去可以赊销拖欠,改为现金交易,决不赊欠。某些学校,如在6家书店中尚有旧欠的,应先向该店偿清欠款,方能向公栈购买新书。各校为买教科书,别无他途,只得"照章办事"。教学参考书、簿册抄本及其他文具用品,仍由各家独自经营。

民国时期,宁波开设的书店还有开明书店、大酉山房、文献书店、四明书局、林赓记书店、通雅书局、三余堂等,但影响较小,其中有的开设时间不长,有的直至解放。1928年至1930年期间,上海世界书局曾在崔衙街开设过上海世界书局宁波分局;20世纪40年代,上海大众书局也曾来宁波开设分局,但不久即闭歇。

除了上述私人创办的书店外,1942年夏,中共浙东区委还创设了新浙东书店,1944年为纪念邹韬奋逝世,易名为浙东韬奋书店。书店总发行部设在四明山区杜徐岙泥镬里(今余姚南山乡),以后逐步在章家埠、梁弄开设韬奋书店门市部,并在"三北"和鄞、奉、新等地区设立发行分部。当时发行的书籍主要有《新民主主义论》、《论联合政府》、《论持久战》等毛泽东著作及《整风文献》、《大众哲学》等政治、哲学读物;文艺作品则有《王贵与李香香》、《兄妹开荒》等,此外还有一部分教科书与扫盲读物。1945年9月,浙东游击纵队奉命北撤,书店也随军转移。

四、通讯社与广播电台

(一)通讯社

1925年1月,宁波开始有新闻通讯社。20世纪30年代初,始有无线广播电台。到1949年5月止,宁波先后兴办新闻通讯社46家(其中各县31家),无线广播电台8家。

民国时期,宁波城区主要的新闻通讯社有:宁波新闻社,1925年1月1日成立,是宁波最早的通讯社,社址设在江北岸马栏桥东首。宁波通讯社,创建于1933年9月,社址设在县学街,国民党鄞县县党部委员陈伯昂、左洄、郑宗贤等先后担任社长,1941年宁波沦陷后停止发稿,抗战胜利后恢复。大通新闻社,成立于1935年4月,由翁农如、李敬梁发起组建,附设在公园路青春书店内,以"敏捷、确实、忍耐、诚恳"为宗旨,编发宁属各县地方消息。次年,青春书店停业,该社也随之结束活动。新潮通讯社,它是宁波各通讯社中历时最长、影响较广的通讯社。该通讯社成立于抗战期间,先设在宁海,战后迁入宁波。发起人王伯川、胡为盛等系时任鄞县县长兼宁波警察局长俞济民的得意部下,故有官方背景,俞济民兼任第六区行政督察专员兼保安司令后,该社便在六区所属各县设置分社,《宁波日报》的地方新闻多由该社供给。抗战胜利后,该社迁回宁波,社址设在南大路聚奎巷。新华社浙东分社,1943年1月建立,采访浙东抗日根据地地方新闻,向延安新华社发稿,为《时事简讯》、《浙东报》、《战斗报》、《新浙东报》等报刊提供新闻稿,接收新华社、新华社华中分社新闻电讯,1945年9月浙东游击纵队北撤时停办。正义通讯社,成立于抗战胜利后,由三青团鄞县分团书记周正祥创办,社址设在三青团鄞县分团部附近的蔡家巷。正风通讯社宁波分社,由葛堂槐于1947年秋创立,社址设在宁波大来街渔业小学内。葛系中共党员,常利用该社作掩护,接触国民党党政军警要员获取情报,开展统战工作,1948年6月中共宁波地下党组织遭到严重破坏,分社内的中共党员陆续撤离城区,遂停办。东南通讯社,由鄞县西乡人薛鹤声发起组织,虽然拉了时任国民党鄞县县党部书记长汪焕章等为董事,但实际上是薛鹤声在唱独角戏,新闻稿发得很少。四明通讯社,1947年4月创办,社长马天放,原址设在慈溪聪马桥民教馆内,后迁至宁波城区呼童街,解放前夕停办。民声通讯社,1947年7月创办,创办人郑熙,社址设在小沙泥街。

除城区外,奉化、象山、宁海等地也成立过了数量不等的新闻通讯社:奉化春秋通讯社,1944年10月成立,社长毛觉吾,俞济民为名誉董事长,县长朱炳熙为董事长,采编的稿件向《东南日报》、《浙江日报》、《宁波日报》等报纸寄发,奉化沦陷期间,对反映奉化沦陷区情况及奉化县的工作,起过一定作用。奉化通讯社,1934至1935年间成立,抗战爆发后停止发稿,1947年11月恢复,沈式玉、王鲁戈任正副社长。溪口的大中通讯社、三青团办的黑白通讯社和革新通讯社均成立于1947年,至解放前夕停办。象山通讯社,创立于1935年8月,每日发送油印8开新闻稿,但存在时间很短。三门湾通讯社,成立于1936年3月1日,每日油印16开新闻稿,寄发上海、宁波和金华等地报社,抗战时曾一度迁往宁海桥头胡、三门海游镇。抗战期间,象山还有海光、海啸等通讯社,战后又有象联、大众、迅雷、今天、正气及新潮社象山分社等,但不久均即告停办。宁海六区通讯社、亚细亚新闻社,成立于1944年1月,一年后停止发稿。民力通讯社,创办于1946年,正风通讯社,创办于1947年,也都在一年后停办。

(二)广播电台

宁波历史上最早的无线广播电台始于1932年,宁波和义路上的"上海电料行"老板袁士川为扩大电器生意的影响,自己动手装了一台功率为5瓦的广播发射机,在商店楼上办起了一座试验性的广播电台,取名为"黄金广播电台",频率为1320千周,波长227米。鉴于当时技术、经济条件及其他方面原因的限制,这座电台只存在了两三年便停办了。1935年,林岗堂又创办了"四明广播电台",发射功率为25瓦,频率770千周,波长324.8米,以播送广告和文艺节目为主,由于当时设备和技术条件较差,电台经常因为机器零件损坏而停播,到抗战爆发前,电台停办。

1937年7月抗战爆发,全国掀起了抗日救国的热潮。宁波地方政府为顺应人民抗日救亡的潮流,1938年在"四明广播电台"原址办起了"鄞县县府广播电台",播音时间一般安排在17点到22点。电台以播送新闻为主,常报道一些有关抗日前线的新闻,它的新闻稿源主要取之于当时的《宁波民国日报》和《时事公报》。此外,还播放和教唱《义勇军进行曲》《大刀进行曲》等一些抗日救亡歌曲,并通过电台开展募捐活动,支援前线。这座电台在当时为唤起宁波民众参加抗日救亡运动起到了积极作用。1941年4月宁波沦陷前夕,被迫停播关闭。

抗战胜利后的1946年到1948年是民国宁波广播业发展的鼎盛时期。1945年时,宁波市内收音机拥有量已经达到近1万架。1946年4、5、6三个月间,相继出现宁声、宁钟、宁波三家民营广播电台。1947年,又出现了泰山广播电台。

宁声广播电台,由全永钊创办于1946年4月1日。起初台名为"宁波广播电台",后因重名而改为"宁声广播电台",台址最先设在树巷14号,解放后迁至公园路29号。该台的发射功率最小,仅15瓦,频率1500千周,波长200米,因没有经过当局正式注册批准,因此无呼号。宁声广播电台政治上倾向进步,1949年初,这个电台播送了不少从新华广播电台抄收来的新闻内容。4月底,由于不愿执行当局指令的反共宣传,借口机器损坏而停播。5月25日,宁波解放,当天,宁声广播电台就恢复了播音,并且开始转播北京新华广播电台的节目。宁声广播电台全盛时期的播音时间从8点到22点,约为十五六个小时,解放前后一段时间因商业萧条、广告甚少,播出时间仅有五六个小时,播音时间一般在18点到22点之间。1951年自行停办。

宁钟广播电台,由赵宁钟于1946年5月创办,台址设在县学街仁和巷1号。宁钟广播电台是当时宁波几家电台中发射功率最大的一家,开办时的发射功率为50瓦,后来发展到200瓦,频率890千周,波长337米。由于赵的一位亲戚时任国民党行政院的秘书长,后台很硬,所以该台是当时宁波唯一得到交通部注册批准的电台。宁钟台开办以后的最兴旺时期,每天播音时间在十六七个小时左右。1949年以后由于战争局势的动荡,经济日趋萧条,电台主要经济来源的广告越来越少,加上物价飞涨,开支增大,播音时间一度降到一天只播一个小时。1952年9月15日,由宁波市军管会予以接管。

宁波广播电台,由徐正大、王之祥、罗四维筹设于1940年春,抗战胜利后于1946年6月3日复业,台址设在费家巷9号。发射功率为25瓦,频率610千周,波长492米,无正式呼号。播音时间原来在7点30分至22点之间,以后改到19点至21点。1954年后,自行停播解散。

泰山广播电台,由宁波江北岸泰山报关行老板邱慈卿于1947年底创办,台址就设在泰山报关行的楼上,称"泰山广播电台",发射功率为200瓦。因为没有得到当时交通部的批准,电台试播不久,便被鄞县电信局查封。

宁钟、宁声、宁波3家广播电台解放前的节目内容主要分为广告、新闻、文艺三大类。广告节目也叫经济商情节目,这是当时听众最关心的一个节目。1948年起,社会经济混乱,物价飞涨,无论是工商业者还是一般市民都十分关心与他们切身利益休戚相关的经济的变化,都希望每天能从广播中及时了解到市场商业行情、物价、经济变化情况,所以,商情广告节目是当时人们每天必听的节目。随着人民解放战争的节节胜利,国统区政局越来越不稳定,人们对时局的关心程度持续升温,所以新闻节目也逐渐为人们所关注。3家电台的新闻来源除部分是自己采访的地方新闻外,还采用宁波当地的"新潮通讯社"及《时事公报》、《宁波日报》等的新闻稿源。文艺节目中听众普遍欢迎的是四明南词、四明宣卷、越剧和甬剧等。过去电台还没有录音设备,只好请当地民间艺人来台演出,每天对着话筒或喇叭直接播出,当时宁波颇有名气的宣卷、南词艺人柴彬章、徐莲卿经常在各个电台之间轮流作连续播唱。

第五节　医疗卫生

清道光年间西医随开埠由传教士传入宁波,至清末邑人渐有习业西医,民国后中西医并行,私营药业也有了较大发展,寿全斋、冯存仁等著名中药房仍享有很高声誉,四明药房则成为西药房中的佼佼者。

一、医院、诊所

鸦片战争后,西学东渐,宁波医药界便形成中西并行的局面。民国时期,政府崇尚西医,排斥中医,中央和宁波地方当局两次企图取缔、废止中医。1920年,会稽道尹黄庆澜公开倡言取缔中医,并试图以"命题考试"难住中医,即由宁波警察厅召集中医集中"考试",依成绩决定去留,以达到逐步消灭中医的目的。消息传出,群情哗然,宁波著名中医范文甫拍案而起,率中医界代表与之抗争,终迫使"考试"作罢。其后即成立宁波中医学研究会,由范文甫任会长,以"加强团结,反抗当局非难,激励同仁,研究学术,以求发展"为宗旨,编印《中医新刊》10余期。1929年2月,国民政府中央卫生委员会又通过所谓"废止旧医,以扫除医药卫生之障碍"的提案,声称"中医一日不除,民族思想一日不变,新医事业一日不能向上,卫生行政一日不能进展",并提出一系列消灭中医的具体措施。宁波中医协会同全国中医界一道奋起抗争,并发表题为《根本推翻"中卫会"议决规定旧医登记原则,及力图发展中医中药案》的万言书,针对否定中医药的谬论逐条予以驳斥,同时派王宇高、吴涵秋、董廷瑶等赴上海出席全国中医药团体代表大会。会后又组成代表团赴南京请愿,国内外公众也纷纷表示声援,国民政府被迫撤销原案。据统计,民国时期宁波民间治病,信中医者仍多,特别在农村仍以中医为主,城区则中、西医平分秋色。以鄞县为例,1931年中医人数为230人,1936年为412人,1946年为273人,1947年则达284人。宁波中医在曲折中前进。

1937年秋,宁波著名中医王宇高、吴涵秋、庄云庐、钟一桂等发起创办宁波国医专门学校,吴涵秋任校长,除聘请名中医授课外,还邀请华美医院院长丁立成医师教授西医内科,并设英语课,附设中医门诊部作为临床实习基地。学生以本地中医所带徒弟为主,共招收六十余人,学制五年。可惜开学后未到半年,因日机轰炸市区而被迫停办。

西医传入宁波始于1843年,美国基督教浸礼会传教士玛高温在佑圣观厢房开设小诊所,兼售西药。后来诊所渐次扩大,成为大美浸会医院,1915年改名华美医院,宁波解放后,更名为宁波市第二医院。始设手术室和住院部,1923年11月启用X光机,医院附设高级护士学校。1930年,任莘耕出任该院第一任华人院长。在玛高温之后,美国、英国传教士纷沓而来,传教施医,开设医院,出售西药,有的还以办训练班和带徒方式培训西医药人员。继而,又有地方士绅开办的私立医院和政府开办的公立医院出现。

1915年由大美浸会医院改名为华美医院时院景(选自哲夫主编《宁波旧影》,宁波出版社2004年版)

民国时期,由地方绅商创办的私立医院有:普仁医院,1911年由江东士绅严康懋、余保三、旅沪商人徐庆云等集资创办于江东缸甏弄水仙宫原址,解放后改为宁波市江东区卫生所;天生医院,1923年由吴莲艇医师在原英国循道公会所办体生医院的旧址创办,经苦心经营,诊务蒸蒸日上,其理疗设备在 20 世纪 20 年代末为全省之冠,宁波解放后改为机关干部疗养院;仁济医院,1932 年 6 月由旅沪宁波巨商金廷荪等集资兴建,院址设在江北岸新马路,并设有时疫门诊部,宁波沦陷时内迁;镇海同义医院,建于 1919 年;保真医院,建于 1922 年;鼓楼医院,建于 1923 年;光华医院,建于 1925 年;慧庆医院,建于 1927 年;金鈤医院,建于 1941 年。

而 1913 年和 1947 年创建的鄞县县立中心医院、宁波传染病院,则为县办公立医院。鄞县县立中心医院,创建于 1913 年 6 月,院址在县学街,原名鄞县公立医院,不少医师曾留学日本,成为宁波医务界中的德日派,与华美医院为首的英美派相抗衡。1927 年至 1931 年宁波设市期间,一度改名为市立医院,1931 年 1 月撤市复入鄞县,更名县立中心医院。宁波沦陷时停办,抗战胜利后恢复。1946 年夏季霍乱流行,该院附设临时时疫医院,1947 年又附设高级护士学校。1950 年更名为省立宁波医院,1951 年再改名为宁波市第一医院。宁波传染病院,1947 年 2 月在原时疫医院的基础上筹建而成,院址设在孝闻街,以孝闻街育婴堂的房子为院舍,设普通病房、隔离病房,有病床 50 张,霍乱流行时大量加床增收病人,设备比较简陋。宁波解放后,由市军管会接管,改为宁波市传染病院。

上述公私医院除个别外,规模小,条件差,大批西医则自设诊所开业行医。按 1929 年 4 月国民政府卫生部《管理医院规则》规定,凡有合格医师 2 名和药剂生 1 名的可称医院。据统计,1931 年鄞县有医院(含中医)48 所,西医 105 人;至 1948 年,医院、诊所(含中医)、助产所达到 96 所(其中医院 10 所),西医 204 人。

二、药铺、药房

清代中后期,宁波一跃成为当时南北重要中药材的集散地,私营药业随之鼎盛。1870 年,广东籍天主教徒在鄞县城区创办"屈臣氏药房",是为宁波首家西药房。其后,又有"天一信孚堂"、"积善堂"等西药房开办,到1934年,宁波已有四明药房等西药业15家,年进西药60余万元。是年,宁波中药业、参燕业也发展到197家,遍及城乡各地,"寿全斋"、"冯存仁"等均为当时著名的中药号。20世纪40年代起,宁波城区的中药店渐渐减少,1941年为49家,从业人员340人,1946年降至42家,从业人员315人。

位于中山东路的寿全斋国药号,由王姓、孙姓两家始建于1760年,后孙姓拆股,药房归王姓独家经营,是一家闻名遐迩的200余年中药老店。该店始终遵循"货真价实"、"尊古炮制"的传统经营方针,可用"正"、"证"、"精"、"真"四个字来概括,即进料做到药源路正,储运做到质量和品种两个保证(保证药物不霉、不烂、不受潮,品种齐全不缺),加工做到道道精粹,撮药做到味味认真。除了接方配药外,还自制膏、丹、丸、散。由于招牌老、信誉好,该店营业广、销路远,在竞争中一直处于不败之地。

冯存仁中药店,始建于清康熙初年,创办人冯映斋,原址设在灵桥门又新街,也是一家百年老店,不仅在宁波被誉为药店四大家,而且它的上海分店也是沪上四大药店(胡庆余、童涵春、冯存仁、蔡同德)之一。该店创业以来,进货药物必求道地,配制成药用料上品,修合炮制严遵规范,百年如一日,一丝不苟。由于产品优良,药效显著,品种齐全,不仅在沪甬两地信誉极好,而且还远播海外。冯存仁中药店有几种药品,解放前远销港、台、南洋一带,如人参再造丸、人参大活络丹,畅销新加坡、香港等地;驴皮胶、太乙紫金锭、消痞狗皮膏药、万应宝珍膏药畅销台湾。

西药房方面,民国时期随着西医诊所的次第开设,西药业渐次繁荣,相继有中日、华英、华通、华明、欧亚、五洲、四明等西药房涌现。但在残酷的商业竞争中,优则胜,劣则败,中日、欧亚、华明等相继衰落,只有四明药房成为西药房中的佼佼者。

四明药房,其前身为四明药局,20世纪30年代由孙义端、范文蔚创建,邀请当时宁波很有权势的王文翰兼任董事长一职。范文蔚以学者经商,其经营管理比较健全而且新颖,更以其资历学历、社会地位和社会关系拓展营业空间,使四明药房生意日隆,居民国宁波西药业之首。四明药房不仅先后取得了德国先灵洋行、瑞士哈夫门、罗氏洋行、上海信谊药厂、杭州民生药厂、宁波家庭制药社药品的经理权,还自己研制开发了老少牌麦精鱼肝油、胃圣、四明头痛粉、洛阳膏、狐臭水、避蚊水、婴儿宝塔糖等成药及十滴水、哥罗颠、果子露、花露水、雪花膏等夏冬令护肤品,声名远播。宁波沦陷前夕,范文蔚把四明药房的绝大部分资金内迁至金华四牌楼开设金华四明药房。抗战胜利后,金华四明药房的规模逐步缩小,直至收束,四明药房的经营重点重又移回宁波。

第五章

民国时期的宁波社会生活与风俗

- 生活时尚
- 礼仪习俗
- 岁时节令
- 宗教信仰
- 社会救济

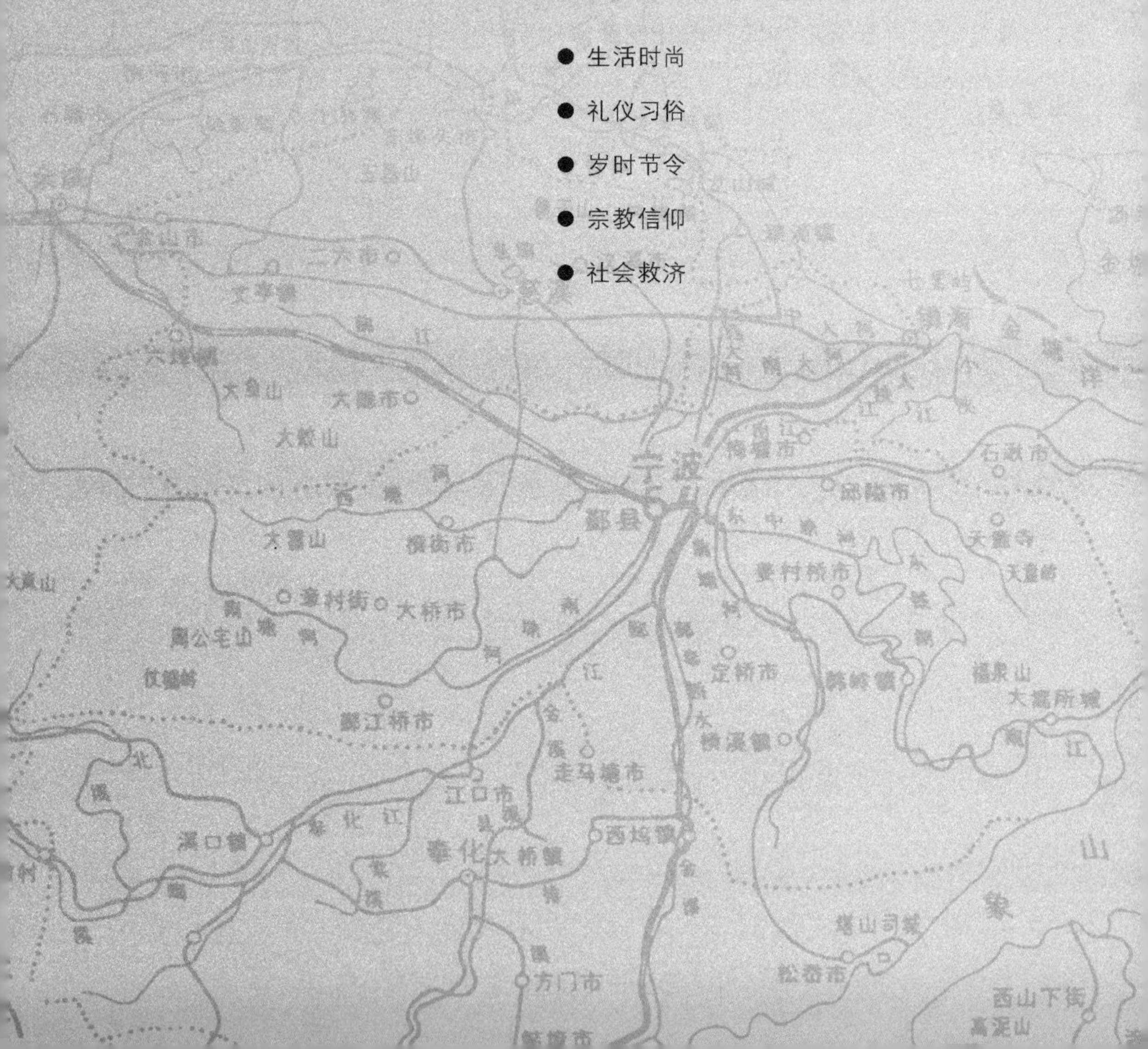

社会生活方式和风俗是一种传统的社会文化现象,它的形成基于经济、政治、社会、宗教、心理、地域和语言等因素的综合影响。社会的进步、城市的发展,必然要求人们的风尚发生与时俱进的变化。民国宁波的社会生活和风俗既包括生活时尚、礼仪习俗、岁时节令,也包括宗教信仰、民间慈善和社会救济等各项内容,而吸毒、赌博、妓女等社会问题的存在,则反映了城市近代化过程中所存在的负面因素。

第一节 生活时尚

民国时期宁波人的生活时尚体现在衣、食、住、行、娱乐、休闲等几个方面,而吸毒、赌博、妓女、迷信的存在,则揭示了近代宁波人生活的另一侧面。

一、衣、食、住、行

(一)衣

服饰方面,宁波人早先崇尚质朴,虽殷实之家,穿衣也不很讲究。近代开埠以后,因为客居上海经商的人渐渐多了起来,乡风为之大变,

"往往时式服装甫流行于沪上,不数日乡里之人即仿效之,有莫之能御矣"[1]。民国时期,宁波男性商人、士绅、知识阶层盛行穿长衫马褂,俗称"长衫马褂先生",此外西装革履也渐见流行;做工、务农的则穿直径胡桃纽扣衫居多,裤子为中式白腰头大裆裤。城市妇女流行旗袍,农村妇女则习惯穿中式对襟衫,腰间围着蓝布兜。富家衣料大多用绸缎、呢绒和机制棉布,普通市民穿洋布居多,贫民则以土布为主。衣服的式样,民国以来经历了三个阶段的变化,"凡衣襟、袖袂、袴踦、裙幅,其初皆小而长,三十年来渐变为大而长;二十年来再变为小而短;八年以前更变为大而短。今则妇女之袖袂、袴踦大几盈尺而上则见肘、下则露膝矣。衣领亦经数变,其初妇女皆不施领,后施低领,渐次以高至于没颊,迩年则不特去领并袒胸矣"[2]。

在民国宁波的服装史上,最值得大书一笔的是以鄞县、奉化籍为主的"红帮裁缝"的崛起和发展。宁波人以前称西方人为"红毛人",因而把专门做"红毛人"服装(西服)的裁缝也称为"红帮裁缝",以区别于制作中国传统服饰为主的"本帮裁缝"。宁波"红帮裁缝"是我国第一个西式服装业流派,它崛起于上海,辐射于天津、烟台、沈阳、长春、哈尔滨、佳木斯、海参崴等地,成为中国近现代服装业的开拓者和生力军。

宁波人到上海做成衣可追溯到清嘉庆年间,但民国时期无疑是宁波"红帮裁缝"的大发展时期,鄞县人、奉化人在同乡成功榜样的影响下,纷纷到上海开设西服店。据不完全统计,20世纪40年代末,上海共有西服店701家,其中宁波人开设的就有420多家,占总数的60%以上,从业人员5300人,年产西服10万多套。从店号的分布区域、生产设备、技术力量、资金实力、营销策略和名牌特色、智力投资、辐射范

---

[1] (民国)《鄞县通志·文献志·礼俗·服饰》,宁波出版社2006年版。
[2] (民国)《鄞县通志·文献志·礼俗·服饰》。

围等方面来看,红帮裁缝远远走在了前头,引导着中国服装业的新潮流。他们博采众长、兼收并蓄,独创了堪与罗宋派、欧美派、日本派、犹太派媲美的肩薄、腰宽、轻松、挺拔、英俊的"海派"西服,培育出了"荣昌祥"、"培罗蒙"、"雷蒙"等一批深受顾客青睐的名牌、名品和"王兴昌"、"王荣泰"、"王顺泰"、"裕昌祥"、"汇利"、"宏泰"等驰名海内外的名店,使中国服饰走向国际化、近代化。他们还筹建了我国第一所西服工艺职业学校——"上海市私立西服业工艺职业学校"。祖籍鄞县下应的红帮裁缝顾天云还自费编著出版了我国第一部西服理论专著——《西服裁剪指南》。

宁波"红帮裁缝"还缝制和推广了20世纪中国最具代表性的服装——中山装。中山装的造型,遵循中国民主主义革命的先行者孙中山先生的意愿,寓予了深刻的含义,依据国之四维而确定前襟四个口袋,依据五权分立而确定

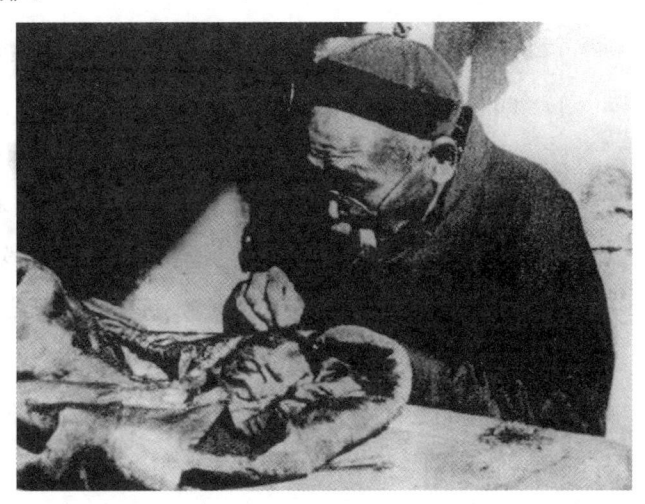

红帮老裁缝(选自哲夫主编《宁波旧影》,宁波出版社2004年版)

前襟五个扣子,依据三民主义而确定袖口必须为三个扣子,笔架形的两个胸袋,表示革命要依靠知识分子。同时,它又吸收了现代服装的特点,强调腰、肩、胸、颈部和线条的整体设计,完全不同于传统的平面自然连袖剪裁,在立领上加了一条反领,相当于西服衬衣的硬领,这样,就兼容了西服上衣、衬衣和硬领的长处,穿在身上,精神抖擞,英姿

勃勃，又不失民族风韵。与西服相比，价格适中，又实用方便，因此很快风靡全国。中国自袍服诞生以来，最具意义的服装变革只有两次，一次是战国时期赵国赵武灵王的"胡服骑射"，另一次即是作为革命宣言的中山装。中山装的普及流行，冲破了封建腐朽服饰观念的羁绊，结束了我国几千年来袍服一统天下的局面，堪称近现代中国服装发展史上一场具有震撼性的革命。从这个意义上来说，宁波红帮裁缝居功至伟。

（二）食

饮食文化发达，也是宁波的一大特色。在浙东宁、绍、台、舟地区，因其特有的气候地理条件、经济发展特点和政治文化传统，生成了有沿海水乡特征的浙东食俗，甬菜即是其中的精华之一。宁波人在长期的生活中，形成了以大米为主食、米麦制品为点心、陆海动植物为菜肴的主副食品结构及一日三餐、二干一稀的日常饮食习惯。因为地处雨水充足、气候温暖湿润的水网地带，不便采用我国北方的那种窖藏办法，便应运而生了腌、腊、霉、晒、风等多种食品加工技术，每一种都形成种类繁多的食品系列。宁波人普遍嗜食腌制、腊制、风干、霉制食品，咸菜、腊肉、阴干菜蕻、苋菜梗、臭冬瓜、家制米酒等成为宁波人日常家居的必备食品，至今仍风行不衰。著名的宁波十大传统名点有：龙凤金团、豆沙八宝饭、猪油洋酥脍、鲜肉小笼包子、水晶油包、猪油汤团、三丝宴面、鲜肉蒸馄饨、豆沙合子、虾肉烧卖（用糯米粉或麦粉为皮，内嵌腿肉馅，形如稞菜，洁白美观，皮薄馅满，味鲜可口）。富有地方风味的宁波十大传统名菜有：冰糖甲鱼、苔菜拖黄鱼、剔骨锅烧河鳗、咸菜大汤黄鱼、荷叶粉蒸肉、黄鱼海参羹、网油包鹅肝、火踵全鸡、彩熘全黄鱼、苔菜小方烤；其他还有宁波摇蚶、油爆大虾、三丝拌海蜇、剥皮大烤、青鱼划水、青豆虾仁、蛎黄泡蛋、苔菜花生米、蛤蜊鲫鱼、鳝鱼糊辣、竹笋弹涂片、芋艿全鸭、鸡白鲞汤、虾子炒冬笋、咸菜大黄鱼、丝瓜卤蒸黄鱼、菜蕻炒鲨鱼、咸菜卤蒸蛏子等等,都是宁波家喻户晓、脍炙人口的菜肴。

此外,民国时期,西菜随侨民传入宁波,在江北岸外滩有蓬莱春、渡江春两家番菜馆,吃西餐也逐渐成为宁波市民的一种时髦。

(三)住

民国时期宁波城乡的住宅,除了江北岸外滩马路一带系"外人居留地",都是仿欧式风格、水泥建筑的房屋外,少有近代西式"小洋房",大多为一至两层的传统砖木建筑。大商铺的门面较为壮丽,外形采用水泥建筑式样,实际上多为木料壳子;普通商铺则用木板装钉门面。大型民居院宅由若干进穿堂及两边对称的廊屋组成,清代留下的多为"前厅后堂、四明两廊"式,清末民初后建的则多为"单向两弄双明轩"式。官宦宅第,多为粗柱雕梁,方砖青壁,装饰考究,门庭配置石鼓、石狮等雕饰;富商、地主宅院大多独户封闭式,普遍一进两厢,中设天井,前置照壁,建有封火马头墙;普通民宅则为连户拼建排房,采取前后隔弄布局。

近代宁波开埠以后,商务繁盛,户口稠密,城厢居民的居住空间极为紧张,住房不敷供给,房租奇高,这不仅成为穷人的苦叹,即使中产阶级、自由职业者也常常叫苦不迭。民国时期,宁波市民的减租呼声一刻也没有停息过。由于居室过于狭小,每逢夏季,一般下层贫民不堪炎暑的熏蒸,每于夜间携带枕席,露宿于新老江桥两旁、河边沿途、码头乃至街头巷尾,纵横栉比,触目皆是,既有碍个人及公共卫生,又伤社会风化。官厅虽三令五申禁止,却没有办法改变这种状况,诚如时论评说:"夫苦力社会虽愚,亦宁不知露宿受寒之足以致疾而危及其生命,亦宁不知警厅之曾出有取缔之告示,所以明知而故犯者,则因居室湫隘、热不可耐,不得已而出此耳。故吾友虬公曾著一论于新月栏中,谓因房金过贵,而贫民之聚居者,往往一宅而容十数人,平日之间,空气不敷,已足致病;一至夏间,则尤不能一刻居,而露宿之风乃终不得而禁绝。"①

(四)行

民国时期,宁波与外埠的交通,陆路有沪杭甬铁路发轫于北,鄞奉公路纵贯于南,鄞镇慈、宁穿(山)、宁横(山)等14条公路,也逐一筑成;水路则有海轮直达沿海各埠,内河汽轮往来临近各县;加上轿子、人力车、三轮车、自行车等代步工具,宁波人出行非常方便。

沪杭甬铁路甬曹段(宁波—曹娥江)1914年6月建成,正式投入客运。境内段西起马渚,东至老宁波站(今江北槐树路江北公园),沿途设余姚、蜀山、丈亭、叶家、慈城、洪塘、庄桥7站,1928年客运量为99万人次,1929年为102万人次,1934年则达到了创纪录的145万人次,后因公路运输分流,年客运量降为127万人次。抗战爆发后,铁路运输中断。

1929年5月,鄞奉公路筑成,开通宁波至奉化大桥镇、江口至溪口入山亭班车。1933年,开通宁波至观城线。次年,宁波至穿山线、观城至百官线开通,鄞奉、宁穿、通运、观曹、利行、镇大6家商营长途汽车股份有限公司,各自租营,分段承运,行车班次稠密,形成以宁波为中心、发至四周邻县的客运骨架。其中鄞奉线班次最多,宁波站平均每14分钟发车一辆。次为鄞镇慈、甬百、宁穿线,6家商营公司日发客车266班次。抗战胜利后,鄞奉、通运公司首先复业,日行客车分别为46和22班次。接着,宁穿、余观、姚江诸公司也相继复业,合计日行30班次。1947年,鄞奉路客运量3.2万人次,鄞镇慈路1.7万人次,甬百

---

① 一蝶《露宿之怪象》,《时事公报》,1922年7月18日。

(官)路6.3万人次,到1949年,宁波市、县客运量达142万人次。

水路客运原以脚划船载客,每船载客2~3人,城乡富人以拥有私人脚划船为阔,至1934年尚有850条,后逐渐被木帆航船和汽轮所取代。木帆航船客运始于清末民国初,以人摇兼拉纤、张帆为动力,多于夜间行驶,故称"夜航船"。最多时达5400余艘,名目繁多,小者称"快马",载客5~6人,大者称"红头船",载客40余人。汽轮客运则始于民国初年,因其航速较快,载客量大,船身稳,又不费人力,遂逐渐成为内河客运的主要工具。此后,因公路交通开辟,内河客运略显衰微。抗战胜利后,汽轮客运略有恢复,1948年,有客运汽轮18艘,合计434吨位,年客运量27.74万人次,比1937年增加2千人次。

除了铁路、公路、水运以外,宁波人出行的主要代步工具还有轿子、人力车、三轮车、自行车等。

轿子是最早的陆路代步工具,有官轿、花轿、小轿、略轿、"爬山虎"等,其中小轿、略轿、"爬山虎"载运一般乘客。小轿多在城镇车站、码头兜揽生意,两人扛抬;略轿与"爬山虎"较简陋,多在山区使用。轿运在清末民国初达到鼎盛,民国中期后,因人力车和汽车客运的兴起,渐趋衰落。

载客人力车俗称"东洋车"或"黄包车",始于清同治年间,至民国,方才遍及城区巷街。到1934年,宁波城区有人力车公司12家,拥有人力车1590辆;乡间有6家,其中鄞江3家,有车65辆,裘村、韩岭、横溪各1家,有车62辆,①均为私营,客货兼营。1947年,宁波城乡仍有黄包车1860辆。是年6月,商人陈富康在城区创办迅安三轮车行,购置人力三轮车22辆,投入客运。到1949年,城区三轮车达36辆,三轮车客运渐兴,黄包车则因汽车、三轮车客运的发展日益凋敝。

城区始有自行车代步行驶,起于民国初年,到1934年,宁波有自

---

① (民国)《鄞县通志·政教志·交通·路政》,宁波出版社2006年版。

行车车行16家,(鄞)县建设科登记发照的自行车330余辆。1947年,发展到2300辆,[①]自行车也已经成为宁波人日常出行的主要代步工具之一。

二、娱乐与休闲

衡量一个城市居民的生活水准,不仅要看最基本的衣、食、住、行消费,也要顾及娱乐和休闲方面的支出。因为人一旦满足了温饱之后,必然会产生发展个性、完善自我、丰富审美情感、加强社会交往等种种愿望。而作息有序的闲暇时间,较为齐全的娱乐设施和场所,使娱乐消费成为展示人们生活方式的又一重要舞台。

看戏赏曲,是民国时期宁波人最喜闻乐见的娱乐、休闲方式。民国初年,城区始设戏院。乡村则仍为流动戏班,有昆班、徽班、绍兴班、台州班、傀儡戏、串客(滩簧)、的笃班等,规模小,无固定演出场所,大多在庙宇、祠堂巡回演出。其时,地方士绅对筹建戏院屡有非议,官厅也曾颁布禁戏令,尤其严禁串客、的笃戏班在乡间演出。但是,世俗例习所趋,禁令视同具文,据报载:"余姚陈知事恐地方演戏,宵小易于混迹,致妨地方治安,曾于前星期重申禁戏令,不料此项禁令发布之后,乡民仍置之不理,演戏如故,如云和乡之普觉庵、柯东乡之弄日庵、云潭乡之芦城庙、柯义乡之广墅庙,前日均演庙会戏,有几乡自治委员,不但不去查禁,且从而征收戏捐,是不啻已允许彼等演戏。"[②]正如时评所说:"戏馆何国没有?何地没有?人不能有劳而无逸,八小时工作之外,不能不有短时间之娱乐。戏馆者则娱乐之地也,戏馆之宜开设与否,当以其戏剧之有否价值为标准,谈神说鬼,海盗海淫,而徒以布景

---

① (民国)《鄞县县政》第1卷第12期,民国36年12月31日版。
② 《时事公报》,1925年3月17日。

擅长者,是乃障碍文化之戏剧,虽永远禁止之可也;若夫其义取惩恶劝善,其意在表现真美,非特茶楼酒肆藏垢纳污,即使因此而产生盗贼匪类,亦断断乎不能因噎而废食也。"①

民国时候,地方有识之士把戏剧看成是一种行之有效的社会教育的工具,"剧院之中,则集形形色色之人于一堂,使之各了解于剧中之意义,而起相当之反应,则无形之中,所转移造就者固什百倍于学校"②,由学界人士自编自演的一些改良新剧,的确起到了劝善惩恶、涤荡人心、转移风俗的作用,成为民国宁波戏剧舞台上的一抹亮色。谨举两例:"庄市创化演剧团……其所编之剧,皆能迎合社会之心理,而微寓劝导之意,深得引人入胜之法,老幼妇孺,观者云集,而且大率俱能了解于编斯剧之用意,豆棚瓜架,三五聚谈,资为谈助者,无非台上之衣冠与其因而发生之感想,唾液横飞,津津不倦,如是者,日积月久,耳濡目染,移风易俗,端在于此……"③"定海衢山僻处海外,人民希知世界大势,警佐姚龙健君特编成忠诚爱国及正心修身之戏剧,使人串演,以资感化,地址即在岛斗岙财神殿内,无论何人,均可入内观看,不取戏资。……惟以该处人民智识浅陋,若恃演讲之力,难于动人观听,故寓治化于剧情之中,亦是因材而教之意也。"④不过平心而论,民国时期,宁波戏台上更多地还是充斥着所谓的淫戏(大多无非是"小姐赠银后花园,公子落难中状元"之类的爱情故事)、迷信戏及不合现代社会情形而障碍进化的戏,⑤不但妇人孺子不以为怪,即老师宿儒也习以为常,这让有识之士扼腕叹息:"戏剧,社会教育之一,吾人已熟闻之矣;戏剧应改良,吾人亦熟闻之矣。顾今世之人,明知其为社会教育,明知

---

① 病骸《城中开戏馆问题》,《时事公报》,1922年6月3日。
② 一蝶《戏剧效力实胜于教育》,《时事公报》,1922年8月23日。
③ 一蝶《戏剧效力实胜于教育》,《时事公报》,1922年8月23日。
④ 《时事公报》,1922年2月14日。
⑤ 酉生《对于限制戏剧之我见》,《时事公报》,1925年1月11日。

其应改良,仍复淡然视之,并不加以研究,一任一般无知无识之伶人,将陈腐剧本任意排演,于是奸淫诈伪之剧遂时现于舞台之上,纵美其名为劝善惩恶,而演者穷形极相,丑态百出,卒至社会未得其益,人心反受其惑,此诚言之可痛者也。"①

看电影这种娱乐方式,虽始于清宣统二年(1910年),但主要兴起于民国时期。电影是一种熔戏剧、文学、音乐、绘画于一炉的新型艺术形式,最大的特点是以视觉形象演绎故事,男女老少、文人雅士、文盲伧夫都能理解和欣赏。电影传入宁波之始,有江东影戏院、张公祠影戏院等,但因经营不善,亏损严重,不久即告倒闭。但社会的心理,已渐渐有此一种改革的趋向,更有人试图以电影替代不良戏剧:"若何而改良之,则惟提倡影戏是已。影戏之精神之性质之种种成分,若何充足,若何高贵,若何复杂,若何有益于人群之智识于社会之文明,……吾人俱宜尽量信之而不以为疑。苟影戏逐渐发达,则现时不良之剧必呈二种之现象:一则演者自己觉悟起而改良;一则仍懵然而不觉而不久即归于消灭。盖当此之时,人人对于娱乐二字之观念,既已分明,而其目光与心理,自亦必随之而改易,且影戏之为物,亦实足以有引人入胜之能力"②。经过近三十多年的发展,电影逐步成为最受宁波人欢迎的娱乐消费品,较为著名的电影院有江北岸新江桥堍的甬江电影院和灵桥菜市场侧的世界大戏院,电影明星的社会影响也渐渐超过了戏剧明星,一些大牌明星如胡蝶、阮玲玉等成为影迷追捧的新一代偶像。

阅报,也成为宁波人休闲和了解社会的重要方式。民国之际,宁波城乡广设阅报所,最多时达到130多处。③ 鄞县士绅包杏邦、毛子振感于"际此时代革新,人民非具有世界眼光不可,阅报所为社会教育关

---

① 悼秋《改良戏剧之蠡见》,《时事公报》,1925年6月1日。
② 笃公《提倡影戏之必要》,《时事公报》,1922年10月11日。
③ 浙江鄞县县政府统计委员会《鄞县县政统计特刊第二集(民国20年)》,第15页,1931年编印。

键,文纪灌输之利器"①,于张斌桥成立江东第一阅报处。余姚北乡黄沙湖地方人烟稠密,商业繁盛,但风气尚未开通,各店铺阅报者寥寥无几,当地民人杨芝瑞为启迪民智起见,特邀集同志张藩辅等于该地设立阅报社一所,常年订购沪杭甬各报,一任观览,报费概由发起人负担。② 镇海北乡骆驼桥一带居民,风气闭塞,智识浅陋,当地民人盛在遒、盛沛宁等联合同志设立阅报社一所,订购沪甬各报,分头悬挂,以供众览。③ 象山、慈溪、奉化等地也都有类似的阅报所。阅报所的设立,对启迪民智、转变社会风气起到了积极的作用。

此外,游园、体育健身也成为娱乐和调节身心的一种方式。1929年秋落成的中山公园是民国宁波一处风景优美、足资游客休憩观赏的好去所,其他还有湖西公园、庆云楼(俗称"八角楼")、江滨公园、镇海梓山公园、龙山公园(今属慈溪市)等等。体育场的修建则始于1929年3月,宁波市政府在原府学旧址建立大型公共体育场,占地约13亩。1931年扩建,改称鄞县体育场,跑道内圈为360米,内设篮球、足球、网球、排球、单双杠及儿童运动部等活动场所。随着西方运动项目的引入,体育场所的不断设立,体育团体的涌现,市民对体育锻炼的兴趣日益提高并广泛参与,体育在民国宁波人的闲暇生活中也占有了一席之地。

三、城乡社会问题

吸毒、赌博、妓女、迷信是民国时期宁波的严重社会问题,有关这方面的报道在《时事公报》之类的地方报纸上俯拾皆是。

---

① 《时事公报》,1920年10月12日。
② 《时事公报》,1922年1月20日。
③ 《时事公报》,1926年3月6日。

近代宁波是一个深受鸦片和其他毒品危害的城市,售吸人数之众,持续不衰、屡禁不绝。民国后,政府虽一再查禁烟毒,但督办不力,走私贩卖及吸食人群庞大,沦陷时期更是泛滥成灾。吸毒者中以城区居多,据《民国鄞县通志》统计,1930、1931年分别只查获烟犯43和66人(未计城区),而1934年仅城区即查获鸦片、红丸两项烟犯1019人。[1] 1927年7月,城区有专供吸食鸦片的"燕子窝"50多家,宁波沦陷后竟增至100余家,吸毒者逾5000人。乡村受其影响,吸毒者当也不在少数。

表5—1　1932—1935年鄞县破获案件统计[2]

案情别	1932年		1933年		1934年		1935年	
	件数	百分比	件数	百分比	件数	百分比	件数	百分比
鸦片	552	65.25%	562	60.17%	651	58.49%	505	35.54%
强盗	18	2.13%	22	2.35%	16	1.44%	19	1.34%
窃盗	135	15.96%	202	21.63%	247	22.19%	550	38.7%
杀伤	15	1.77%	17	1.82%	19	1.71%	54	3.8%
拐卖	42	4.96%	17	1.82%	24	2.15%	10	0.7%
伪造货币	6	0.71%	11	1.18%	22	1.98%	15	1.06%
掳人勒赎					3	0.27%	1	0.07%
其他刑事案	78	9.22%	103	11.03%	131	11.77%	267	18.79%
合计	846	100%	934	100%	1113	100%	1421	100%

民国宁波社会赌博成风,嗜赌已成为一部分市民生活中一个非常

---

[1] (民国)《鄞县通志·政教志·社会现象·社会动态统计》,宁波出版社2006年版。
[2] (民国)《鄞县通志·政教志·社会现象·治安妨害统计》

突出的问题。"慈溪县赌风素著,而每届新正,尤称鼎盛一时"①;"镇地积习,每逢阴历岁首,各界停业,以资休假,而一般人民往往于此休假之时,肆行赌博"②。赌博的方式多种多样,有抽签、掷骰、搓麻将、推牌九、花会、摇宝、彩票等,其中尤以彩票危害甚大,"本埠迩年来彩票盛行,彩票店充斥街衢,即各现兑庄、油烛号、纸烟店等亦多兼售彩票。兹据确切调查,城厢各彩票店每月总数计有12万元之巨,一般平民均以此为发财之捷径,趋之若鹜,今天某券开彩,明天某券开彩,无日间断,各贩夫、工人及商店伙友将汗血所得之工资,以为孤注一掷,甚有尽一月之所入,均归此途,贻害地方,实非浅鲜"③。

赌博的危害是众所周知的。有的赌徒因输得精光,卖妻鬻子,家破人亡;有的为债所逼,悬梁吞烟,甚至铤而走险,走上抢劫犯罪的道路。在嗜赌的人中,命运最为悲惨的是那些以牛马之劳挣来不多血汗钱的苦力、贫民,他们渴望摆脱贫困,希图财神光顾自己,结果往往事与愿违,弄得雪上加霜。

妓女问题也是社会公害之一。宁波的娼妓分为两种,一是公娼,在警察局领照挂捐,政府特许营业者;二是私娼,即秘密卖淫者,其数无法统计,据较可靠的判断应是公娼的数倍,"如丝行弄、土地弄、大来弄、黑风弄一带,台基林立,其门外皆有墨书之暗记,如奉化王寓及某某金宝等字样,不一而足"④。

民国时期,历届宁波地方当局都高喊过废娼,也采取了一些具体措施,但由于社会动荡,民生问题不能得到很好的解决,废娼自然也不能收到良好的效果。1925年,宁波江北公会曾在江北范围内采取抽签办法取缔三等妓女。以娼户为单位,每次抽总数的1/8;被抽中的妓

---

① 《时事公报》,1922年2月4日。
② 《时事公报》,1922年1月22日。
③ 《时事公报》,1922年4月19日。
④ 《时事公报》,1922年10月23日。

院,3个月后停止营业,妓女如有梅毒者,送入医院医治,治愈后资遣回籍;每娼户以妓女4人为限,不得逾额;限民国16年(1927年)阴历九月底一律肃清。① 是年7月底8月初,首次抽签取缔三等娼3名;同年11月,再次抽签取缔,在城区引起很大反响。但是,因为缺乏取缔后的善后手段,维持歇业妓女的生活,废娼收效不大,被逐妓女不过是另觅去处罢了。诚如时评所说:"(废娼)所难者,在于取缔之后,如何安置,大抵为三等娼妓者,其始也,皆由于环境之逼迫,迎新送旧,本非所愿,及其既久,亦复安之若素,且视此为最安闲快乐之职业,一旦迫令闭歇,而使其改操他业,必觉大大不惯,至或谨言取缔,而不为筹善后之方,则其危险,更属不堪设想,故三等娼问题,其独不在于取缔,而在于若何取缔,与夫取缔以后之若何安置。惟是之故,废娼问题虽为人人心目中所认为当务之急,而迄不能实行焉"②。

1927年宁波市政府成立后,发起废娼运动,同年12月制定《取缔公娼规则》,设立娼妓检查所,严禁私娼,对公娼寓禁于征(花捐),希望藉此能够逐步减少。1929年3月,又颁布《废娼办法》,决定自次月起停发新开妓院执照,原有妓院迁移或歇业后,注销执照,不准承顶,迫令妓女入市立特种妇女补习半日学校(位于后市大树庙旧址),传授国语常识及缝纫等手工技艺,以备妓女歇业或从良后能够谋生自立。7月,自愿歇业或从良的公娼计有69名。后因花捐削跌,地方收入减少,禁娼运动遂半途而废。

鄞县县政府也于1932和1935年先后颁布《宁波公安局检验妓女规则》和《鄞县县政府、宁波公安局取缔娼妓规则》,内容包括:(一)登记注册,发给营业执照。(二)按妓院等级纳捐。牌照捐:一等妓院每月4元,二等妓院每月3元,三等妓院每月2元。营业执照捐:一等妓

---

① 《时事公报》,1925年6月30日。
② 记者《取缔三等娼之办法》,《时事公报》,1925年5月29日。

院每人每月12元,二等妓院每人每月8元,三等妓院每人每月4元。(三)妓院、妓女必须遵守的事项。如开设妓院者不准虐待娼妓,不准阻止妓女从良,不准容留15岁以下雏妓等;娼妓不准入茶馆、酒店及结队游行街市,不准接学生或未满20岁的游客等。(四)性病检查。规定一等娼每月一次,二等娼每月两次,三等娼每月三次。凡查明妓女中带有传染性性病的,立即停止营业,非经治愈不得复业。该条例名为寓禁于征,但实际上却是名禁实纵,为此广受社会各界的批评。1936年7月,鄞县妇女会向省二届代表会提出《废除娼妓制度以免贻毒社会》的提案,把矛头直指政府。其后,虽经鄞县政府一再限制公娼人数,①1948年7月又规定苍水街、东西北太平巷、玛瑙路等10处为妓区,其他各地段的妓院一律限令迁入规定妓区,但结果依然如旧,且有愈演愈烈之势。公娼有恃无恐,挂牌营业,且暗中供给鸦片,聚赌抽头;私娼不仅没有绝迹,且有日益增多的趋势,甚至出现了珊瑚宫等30家妓院(公娼)联名请求警察局取缔私娼以挽营业的五十步笑百步的荒唐事。② 妓女问题成为民国宁波难以遏制的一个毒瘤。

此外,迷信也是民国宁波严重的社会问题之一。民国时期的宁波虽受欧风美雨的侵蚀,但沿袭数千年的迷信习俗仍旧根深蒂固,扶觇、风水、迎神、赛会仍为相当一大部分宁波人所信崇。

民国时期宁波的迷信习俗,既有全国各地雷同的,如求签问卜、算命测字、求神许愿、建醮禁屠等,也有颇具本地特色的,如遇大旱请龙神,农民到龙潭祷求,偶见水中有蛇、鳗或蛙鱼等动物浮出即视为龙,请之而归,跪拜供奉,或演戏酬神,保佑风调雨顺;遇日月蚀,民间放爆竹、敲锣或击钵盆以惊天狗,谓"护日护月";每届夏秋时疫流行,迎五都神出巡驱疫;等等。宁波《时事公报》对此屡有报道:"宁波各界以

---

① 如1946年限定市区公娼300人,《时事公报》,1946年7月4日。
② 《时事公报》,1948年7月1日。

昨夜发见月蚀,迷信旧时谬说,牢守相沿习俗,纷纷燃放火炮,谓为救护月神,一时炮声大作,历半点钟始已,识者谓不特无益耗费为可惜,抑且炮火肇灾亦意中事……"①"镇海北乡蟹浦(澥浦)地方……时疫流行,日盛一日,自入秋至今因疫而死者几达五六十人,其症均为霍乱、吐泻、吊脚等痧,其速不及一日半周,随即毙命,救治无法。乡民以迷信除疫之法,于昨日鸣锣告众,自后家家净灶斋戒,市上不许售卖荤物,预备拜梁皇忏三日三夜,纸扎大船两艘,锡箔无数,且闻阴历七月初五日尚要迎赛五都太平会,愚民之驱疫甚为可哂也。"②最为荒唐的是1922年夏,奉化久旱无雨,县知事袁某竟为农人所请,亲往八乡岩龙潭请龙求雨,③有时评曰:"不谓奉化之知事,竟有迎龙祷雨之陋举,夫迎龙祷雨之为迷信而无益,即从前捐班军功出身之州县官亦知之而不肯为,奉化县之知事,固俨然民国时代之知事也,而其见识,乃竟不如胸无点墨、目不识丁之老式官僚,此真吾所不解者也"④。

　　1927年至1931年宁波设市期间,曾发起成立市破除迷信委员会,冲击旧的陋习,移风易俗。如打倒菩萨,捣毁市区城隍庙、东岳宫、都神殿及其他各庙的神像;婚丧庆吊一概不许沿用前清造型仪仗;撤去宁波市娱乐场头门旧有郡庙匾额,更改迷信的封建主义街巷名称;禁止纸扎店发售鬼王纸衣旗幡等件,禁止寺庙或个人设签问卜以及暗中售卖神药、香灰等。对市境内星相、卜筮、堪舆等迷信行业登记造册,并拟定分期收容废除办法,规定"卜筮、星相、堪舆经此次呈报后,不得再有增加及收授生徒情事,其有托名卜筮、星相等业而营谋不正当之行为者,并应随时勒停惩办"⑤。在一段时间内,确也收到了一定的效果。

---

① 《时事公报》,1922年10月7日。
② 《时事公报》,1922年8月25日。
③ 《时事公报》,1922年8月6日。
④ 一蝶《迎龙求雨之县知事》,《时事公报》,1922年8月7日。
⑤ 《宁波市政月刊》第2卷第6号,第35页,1929年4月30日版。

但无论如何,迷信习俗终究非一纸法令可以铲除。据罗惠侨回忆,他在担任宁波市长期间,因带人捣毁市区城隍庙、东岳宫、都神殿内的菩萨,竟引起市民群情激愤,声言为菩萨报仇,以致有一段时间,他出门要带警察保护。① 1930年至1934年鄞县各类违警案件中,也以风俗肇事事件最多,且有上升之势,最多时竟达到5301件,14709人,远远超过其他各类违警案件的总和。有的则阳奉阴违,如"象山石浦城隍庙本塑有城隍土偶、戚少保(即戚继光)、招宝财神三尊,向例每年一到正月十三日至十八日,东南西北四境柱首依次轮流到庙陈设祭礼,高悬灯彩,以资庆赏元宵,无如今岁,阴历业已废除,而各柱首尤执迷不悟,依旧办理灯祭,但恐城隍尊神被人毁废,即戚少保移奉中堂,与城隍尊神互易位置,且将城隍庙改称戚公祠,以资保存,而该地一般香客登庙焚香诵经,不知底蕴,莫不称奇不置云"②。可见移风易俗,绝非易事。直到民国末年,像迎龙求雨、拜神许愿、建醮、禁屠、扶乩、风水等陋俗依然盛行,"鄞县旧东钱区各山乡,旱魃肆虐,中心稻、晚稻等晒成一片焦草,灾害遍及全区。咸祥、赤堇、亭溪、韩水等地方人士,普遍发起禁屠,乡民犯于积习,纷纷迎龙求雨"③;"奉化延年乡龙潭马地方,近因久晴,曾雇班演龙王戏求雨,然仍未得甘霖,乃于昨日复请道士打醮,一面并又雇班,预备重演龙王戏";"镇海庄市镇暨汉塘乡一部分农民,鉴于天时久旱不雨,晚禾行将枯萎,……开会议定二十日起,禁屠三天,鲜咸鱼荤亦一律禁售,农民各虔心戒斋三日,廿三日会集全体农民,赴龙山求雨云"④;"象山城乡近已一月不雨,早稻虽登场,收获量仅五六成,目下田土龟裂,河水干涸,饮料发生恐慌,城区自前(六

---

① 罗惠侨《我当宁波市市长旧事》,《宁波文史资料》(内),第3辑,第59页。
② 《时事公报》,1930年2月17日。
③ 《时事公报》1947年8月18日。
④ 《时事公报》,1948年8月21日。

日)起连续禁屠三天,北门民众昨已举行迎龙求雨"①。

第二节　礼仪习俗

礼仪习俗包括交际、称谓、婚嫁、生育、做寿、丧葬、喜庆等。这里我们主要谈谈宁波的婚俗、丧葬、寿庆。

一、婚俗

民国时期,宁波人的婚姻除了少数由自由恋爱结合外,大多仍系父母之命、媒妁之言,以旧式结婚为主。结婚礼仪从古代"六礼"(一纳采、二问名、三纳吉、四纳征、五请期、六迎亲)演变而来,一般分提亲、定亲、成亲、婚后四个阶段。

男女婚姻大事,依父母之命,经媒人撮合,认为门当户对,始互换"庚帖"(上写年龄、生辰八字),并请算命先生"排八字",看看年庚是否相配、生肖有无相克,待认为周全后方才议亲。

定亲前先要议亲,议亲始议"小礼",包括聘金、绸缎衣料(俗称"样红")、金戒指、金耳环、食品、老酒等。定亲后,男方将上述聘礼送到女方家;女方回礼,多为金团、油包及闺女自做的绣品。定亲凭证,男方送"过书",俗称"红绿书纸",女方送"回帖"认可,俗称"文定",之后就是择吉日迎娶了。

到了成亲的日子,花轿由男家出发,新郎一般不迎亲,由堕民手捧名帖引导,轿前有仪仗队,平常人家雇吹手一班,"罗帽"(中式吹鼓

---

① 《时事公报》,1947年8月10日。

手)一堂,富家添西乐一队,龙凤吹手一队,沿途吹奏,陪轿者燃放爆竹。花轿到女方家,新娘戴凤冠、穿霞帔,盖大红方巾,由兄弟抱上花轿。花轿返至男家,鞭炮齐鸣,锣鼓喧天。新娘出轿,先跨过一只朱红漆的木制"马鞍子",步红毡,进入喜堂。接着是拜堂,主婚人赞礼司仪,新人拜堂,当时宁波西、南两乡的风俗是先拜天地、后拜家堂,而城区和东乡的风俗则相反。① 拜堂后,新郎手执彩球绸带引新娘进入洞房,新人须在麻袋上行走,每走过一只,送嫂即递传于前接铺于道,意喻"传宗接代"。入洞房后,新人并坐床沿,由一名福寿双全的妇人用秤杆微叩一下新娘头部,而后挑去"盖头篷",意喻"称心如意";接着饮红糖圆子汤,以示团团圆圆。然后,新人依次向父母和长辈跪拜,不论老幼,都得三跪九叩首,并逐桌逐位为长辈和客人斟酒。喜宴当晚,宁波有吵新房的习俗,俗称"三日无大小",不分男女老幼,吵房百无禁忌,常常闹得新郎新娘通宵不得安宁。

成亲次日,男方发轿请妻父、妻舅过门,吃"会亲酒"。宴后,新人坐轿回娘家,称"回门",随轿送"望娘盘"一担。晚上,岳父宴请女婿,宴毕返回。婚后第三天,新娘下厨,煮糖面分赠四邻。

五四运动后,宁波的开明人士开始倡导改革旧式婚礼,提倡西式文明结婚。青年男女借用公共场所为礼堂,举行公证结婚。行礼时,新人各穿礼服,站在下位,证婚人站在上位,媒人和男女双方的主婚人站在旁边,亲戚、宾客则分坐左右两旁。先由证婚人致贺词,而后新人交换饰物,在婚书上盖章,再由主婚人、介绍人、证婚人依次盖章。然后新人行相见礼,并向执事人、亲属、宾客行致谢礼,即告完成,行礼时或佐以乐歌。如《时事公报》报载:"高鄞分院刑庭书记官黄绍襄,与鄞地法院民庭书记官杨佩兰女士,兹经高院刑庭推事赵毓麟、地院检察官何士骈之介绍,昨假地方法院大礼堂举行公证结婚。两院同人,

---

① (民国)《鄞县通志·文献志·礼俗·婚嫁》,宁波出版社 2006 年版。

男左女右,排列观礼,由公证推事印运焕作公证后,在简便隆重中,宣告礼成。"①

20世纪30年代,国民政府倡导"新生活运动"。鄞县县政府于1936年颁布《鄞县新生活集团结婚规则》,对结婚办法、结婚须知及礼堂规则作了具体规定。如:本县民众举行结婚得申请参加集团结婚典礼;举行集团结婚日期、礼堂由县政府于申请登记前公告之,每届以20对为限,由县长、党部常务委员证婚;参加者应先向县政府函索申请书,依照规定用墨笔正楷填写一式三份,不得折叠;未满20岁的男女申请结婚,须有法定代理人或监护人于申请书内签字、盖章以资证明;经县政府审核公布的参加者,应于结婚前7日内依照布告上规定时间由男女主婚人带同结婚人亲来县政府,在结婚证书上盖印;结婚时,除新郎新娘和双方主婚人、证婚人、介绍人外,均须凭观礼券进入礼堂观礼;新郎新娘须穿规定的礼服、鞋袜;新娘不得散发,不得用傧相及提纱儿童;参加者不得再行铺张办喜事及分发喜帖等等。② 此举为知识界、商界部分开明人士所接受,城区、集镇偶有尝试,而农村则仍从俗如旧。

除了普通婚俗外,民国时期的宁波仍延续着纳妾、典妻、租妻、童养媳、换亲、再醮等封建婚俗陋习。纳妾,俗称"娶小老婆"。开明人士屡有反对之议,1947年2月鄞县参议会召开期间,曾有参议员陈隆镒等提议,应取缔纳妾,凡纳妾者不得充任各级议员及官吏,并课以纳妾税,每纳妾1人年输纳妾税500万元。③ 男子因妻子亡故无力续娶或妻子不生育的,可在外别谋一妻,订立契约,限以岁月,时间长的谓之"典妻",时间短的谓之"租妻",期至各离,所生子女则归男子。被典、

---

① 《时事公报》,1948年5月13日。
② (民国)《鄞县通志·文献志·礼俗·婚嫁》,宁波出版社2006年版。
③ 《时事公报》,1947年2月27日。

被租的妇女往往是寡妇,但也有因家贫而出典、出租者。乡村男子也有因家境贫寒,抱养幼女待长大后成婚的,谓之"养生媳"或"童养媳";或者家境贫寒人家,双方父母为节省彩礼,各以女儿嫁对方儿子,俗称"换亲"。丈夫死后妻子再嫁,称"再醮"。寡妇再嫁,前夫家属可向续夫索取"身价钱",再嫁妇女通常被贬称为"二婚头",如有子女同往,需向续夫立一文书,一律称"有病子女",今后生死,与续夫无关,俗称"拖有病",谐音贬称为"拖油瓶"。

在旧式婚姻制度下,男女不平等,男子有"出妻"的自由,女子则抱着嫁鸡随鸡、嫁狗随狗的思想,如婚姻不幸,唯有自叹命不好,含辛茹苦以终其身,没有离婚的权利。五四运动后,离婚渐多,起初大多由男子提出,从20世纪30年代开始,女子不再以离婚为耻,据统计,1933年提出离婚的48人中,竟有39人为女性。[1]

二、丧葬

宁波丧葬,礼仪繁琐,迷信甚浓,许多习俗延续至民国。

人死后,一般都要设灵堂。尸床前悬挂巨幅孝幔,摆放祭桌、灵位,上供糕点,中间供牲醴,下摆香炉、烛台,焚香燃烛,昼夜不灭。富家还伴有尼姑诵经、念伴打醮。孝子寝卧尸侧的草席上,谓之"陪尸",到"大殓",再轮流守灵,直到"出丧"。死者眷属皆穿孝服,谓之"破孝"。

灵堂停尸3至5天,择吉时(一般拣单日潮涨时辰)大殓,称"入木"或"落材"。入殓后,将死者生前喜爱的物件放入棺中,然后依次叠盖亲友所送"重被",最后一条为孝子孝孙所送,俗称"子孙被"。接着大声报随葬清单,称"报衣单",然后合棺。大殓后,丧家廊柱遍贴素

---

[1] 周时奋《鄞县志》,第1941页,中华书局1996年版。

对,门窗贴斗方,大门外贴孝榜讣告。

殓毕,贫家即日或次日出殡,富家则择日出殡。灵柩出门,富家多以"方相"即"开路神"为前导,敲9下匀锣后加4下紧锣合称"十三记锣",轮番击打,放爆竹,称"引路炮",散纸钱,称"买路钱"。随后,童子执"引路幡",有纸扎仆婢状的童男、童女及其他冥器;次为"魂轿",女婿手捧神主牌位于内;再是"像亭",亭内悬挂遗像,案陈果品香烛;后为挽轴队;其后为灵柩,孝子、孝孙、孝侄等披麻戴孝,扶两尺"丧仗棒",扶棺躬行,其余亲友随后。灵柩过桥,孝子俯身从棺下过,然后跪迎,待灵柩过后再起行。途中遇到亲友祭奠,则歇柩受祭,孝子叩谢。灵柩至墓域,先祭拜山神、土地,祈神庇佑。孝子率送葬者先左后右绕墓域3圈,而后启墓门,将棺材推入墓穴,封墓门,立墓碑,铺铭志,复土墓顶。然后,脱丧服,焚草冠、草带及随带的冥钱、冥器,祭拜于墓前。旧时宁波富家的大出殡煞是热闹,据1922年10月10日的《时事公报》报道:"鄞县西门外圣百亭跟已故富商俞安德昨日为大出丧期,其仪仗之盛,罕与其匹,绵亘至二三里之遥。本城官绅商学各界前往祭奠执绋者实繁有徒,陆军警察巡防勇均亦武装随行,所经之处,交通为阻。"①故有时评说:"'大出丧'这三个字,在中国里头几乎可成一种专门名词,可以刊在字汇上去,差不多和外国什么博览会、陈列所一样的有价值……"②"宁波地方的出丧,也可算是一件热闹的事,一般孝子孝孙,出了几百几千的余钱,雇来了几百个叫化子,赍来了几百件的花花色色的旌帜冥牌,又加上了甚么西乐和中乐、甚么巡防勇等等,真是光怪陆离,眩人耳目。一般老弱男女的观者,人山人海,塞满了全城街巷,这般光景,真是同赛会一般,也是扰乱地方秩序的,而且也是耗

---

① 《时事公报》,1922年10月10日。
② 《出丧是什么一回事》,《时事公报》,1922年10月6日。

失巨大的精神的财力的。"①

家贫无力营葬的,则把灵柩置放于荒野空地(也有存放于寄柩所),上覆以瓦,下搁以石,旁砌以砖,谓之"殡坟";贫者以禾藁蔽之,谓之"草夹坟"。

葬毕,按宁波的风俗,从死者亡日算起,丧家每隔7天要做祭奠羹饭,称"做七",其中以头七、五七、七七(断七)为大七,也有逢单作大七的。在"七七"四十九天中,如遇到初七、十七、二十七相重,称"重七",须补做一次,延续至百日。亡后3年内,每逢死者忌日,丧家也要办羹饭祭奠亡灵,富家则还请僧道念经、诵佛、超度。

1927年宁波市政府成立,市政建设依次展开,墓葬改革也是其中之一。市政府限期迁葬市区范围内所有浮厝及坟墓,1928年又颁布了公墓规程,但实行起来却是举步维艰,"人民狃于积习,办理殊鲜成效。至二十三年旧盐梅乡及塘南乡、石碶乡等始先后成立建筑公墓委员会"②,致使"浮厝虽拆迁而公葬场地未经指定,不过由城郭移诸乡村"③。迟至抗战胜利后,浙江省政府发起推行公墓运动,宁波各乡镇方才全面组织拆迁浮厝委员会,负责办理拆迁浮厝及筹建公墓事宜,各地公墓渐次举办,对赤贫者予以免费。公墓一般营造在山丘,平地、田亩绝对禁止营葬。民国后期,宁波也有提倡火葬,移风易俗。据报载,鄞县士绅陈如馨、张于相等为提倡死后火葬,集合西郊镇暨旧6区11个乡镇筹建化身塔,筹措经费2亿元,地点暂定鄞西望春桥洪家庄。④

---

① 《出丧与赛会》,《时事公报》,1922年11月29日。
② (民国)《鄞县通志·政教志·公共卫生》,宁波出版社2006年版。
③ (民国)《鄞县通志·政教志·社会现象》
④ 《时事公报》,1947年6月27日。

三、寿庆

旧时宁波,富家30岁即做生,含"三十而立"之意,有"三十不做,四十不富"的说法。鄞县、宁海等地还有"做九不做十"的习俗,据传起因于四十岁,因"四"与"死"谐音,故提早一年做生,以后推而广之。做生排场较小,只是邀请亲友赴宴,受请者送些生日礼品而已。

1929年,宁波一户人家在奉化岳林寺为其长辈85岁寿诞做水陆道场。(选自哲夫主编《宁波旧影》,宁波出版社2004年版)

从50岁开始,富家每逢十做寿,称几十大寿。做寿讲排场、比阔气。送礼的寿烛必须"足斤",上书"福如东海,寿比南山"等金字。有的在礼物上置金色"寿"字。寿筵食品有玉(猪肉)堂(白糖)富(麸)

贵(桂圆)和寿桃(又称双寿馒头),须向有名气的南货店定购,置于5只大镴盘中,叠成5层宝塔状,称"五代富"。寿堂挂灯结彩,摆设香案,燃点寿烛。中悬金色大"寿"字或寿星图,旁挂寿联、寿屏,诸如"福如东海长流水,寿比南山不老松"等;亦有供"福禄寿"三星,敬"屋业地主",祀祖宗。寿公、寿婆称寿星,分坐两把大椅,受晚辈跪拜。如遇同辈拜寿,则由儿孙代为还礼。拜毕,寿星分银钱给孙子、外甥等小辈,以"五代见面"、子孙兴旺为荣。寿宴上,老酒饮花雕,点心用"寿桃",菜肴大多为全鸡、全鱼等。宴散后,向四邻分送馒头、金团,称"结缘馒头"。个别寿星也有把所收的寿礼钱,免办寿宴,再凑些积蓄,用于办学校和修桥、铺路、造凉亭等。至于贫苦人家,饭也吃不饱,当然也就谈不上做寿了,所谓"穷人无生日"。

第三节　岁时节令

宁波的岁时习俗,既有春节、元宵、端午、七夕、中元、中秋、重阳、除夕等时令八节,立春、清明、立夏、立秋、冬至等四时节气,又有花朝节、浴佛日、葛仙翁生日、关帝生日、吕祖下丹日、狗浴日、彭祖诞、观音成道日、火神诞、雷尊诞、灶神诞、社火、十月醮、十月庙会、祭灶、谢年等民间信仰乃至迷信节日。这里主要讲的是遍及宁波城乡,影响最大的庙祀和赛会。

一、庙祀

庙祀,据民国《鄞县通志》记载:"今之庙,即古之社也。古者,人民聚落所在必奉一神以为社,凡期会要约,必于社申信誓焉。故村社之多寡,即可觇其时民户之疏密,此讲地方史者所当注意也。兹编所载,虽不尽如上所谓,然神庙多处,其民居亦盛,村落凋亡地,其神庙亦多废圮,于此亦可考见地方今昔兴衰之故。"①宁波在逐渐开拓中不断形成的新的居民聚落,一般均有一个或数个氏族,氏族之间或一族中的各大宗房之间商议共奉一神作为保护神,建立祀庙,费用由各族按人口或经济状况公摊,聚落中的居民成为庙籍人口,俗称"庙下"或"庙脚"。庙脚人口多少不等,据记载,城内祀庙中以江东汤君庙、栎木庙、白马庙为最大,均有2000多户,小的仅数十户。农村则以天王庙、佽飞庙、寿春岩官庙、咸祥庙、杨公祠等为最大,各有5000户左右;小庙则仅几户或几十户,湖亭庙(莫枝镇隐学岭南)和夏君庙(横溪镇西呑口)分别为14户和15户,羊府庙(古林镇石马塘)仅有8户。庙脚有供奉香火的义务,一旦履行义务,则被视为已受到神祇的庇护。贫困的氏族大多没有祀庙,因而社会地位低微,堕民没有庙籍,在农村不入庙籍的流民,被称为外乡人,备受歧视。祀庙的另一功能是协调庙下各氏族的关系,相当于乡社组织,"凡期会要,约必于社",故有乡谚"动六堡讲过",意为开庙门评理。庙社下设堡、柱和各种会。堡以族为单位,柱由族(祠堂)下属的数个"房"联合组成。会是庙社的具体活动单位,各堡、柱根据需要与可能自行设立,如座堂会、水社会、旱社会、龙舟会等。每庙设正、副总干首,柱设柱首和干首,受庙社总干首的领导,负责贯彻决议事项。柱首由联合组成的各房内辈分最大的人充任,干首则由庙脚下、堡下、柱内选举有德有能有声望的人担任。庙事待决,由总干首决定日期,庙祝通知各柱首、干首来庙堂议事,一成决议,必须贯彻。凡在神前确定的与各氏族共同利益有关的重大事宜,必须共同遵守。氏族建造的祀庙虽然允许其他聚落居民供奉,但实际上除娱神演戏外,居民一般不去他族祀庙祈拜,故大多数祀庙实为聚落的私庙和公共娱乐场所。祀庙建立后,都要规定娱神的报赛,只有在居民迁散或资金缺乏时才停止祀神。此外,还有一种公庙,如政府建造的孔庙、城隍庙、社稷坛和乡间集资的土谷祠等。以鄞县为

---

① (民国)《鄞县通志·舆地志·庙社》,宁波出版社2006年版。

例,1933年城乡共有庙祀517处,其中城区159处,乡间358处,这是宁波民间崇神、信鬼、好祀习俗的绝好体现。

宁波的民间崇拜为泛神崇拜,多为由人转化成的神,从秦始皇、陈胜、关羽,直至地方的孝子烈女,五花八门。鄞县城乡517处主要祀庙,崇拜对象共212个,其中城区87个,乡间125个,城乡间崇拜对象的差别很大,属城乡共同崇拜的仅19个。其中供奉最多的神是鲍盖,他是当地传说中的医神,据说能起死回生,城乡共计65处;其次是裴肃,本是唐末浙东观察使,平定过地方的叛乱,又传说能驱赶蝗虫,计36处。城区崇拜的对象多属与行业相关的财神、保护神,于城市建设和开拓有功的地方官员及道德文章堪为人表的忠臣硕儒。乡间崇拜对象则多为对农业生产、水利建设有过贡献的地方官员,具有魔力传说的历代著名人物和神仙,有功于地方的壮士、名医和乡贤,其行谊为乡里称道的孝子、烈女,等等。两者崇拜对象的差异,反映了宁波城乡不同的经济文化结构在人们社会心理和价值取向上的重要影响。

二、赛会

每逢祀庙供奉的庙神诞辰、忌日或春秋之时,庙社多组织"庙会"或称"迎神赛会",如春季三月"高桥会",端午、中秋龙舟赛会,六月"稻花会",庆丰"龙王会",元宵"灯会",四时不绝。赛会既有酬神保平安的信仰动因,也有消灾纳福的心理需要。敬神和演戏是赛会的基本内容,但赛会也会吸引附近各地的商贩前来销售各种应时物品,融崇拜、娱乐、交易于一体,实为娱神与自娱相结合的民间吉庆。像鄞江桥"十月十"庙会,开始是它山庙神主王元暐的寿诞纪念,会间庆祝丰收,祈祷来年风调雨顺,后来演变为沟通山区和平原土特产物资交流的庙会,又和群众喜爱的文娱活动自然结合,"十月十"前后,赶庙会的人流每年不下10万。

民国时期宁波流行的主要赛会,城区有二月赛会、四月半会、九月半会、城隍会、十月朝会等;乡村有礼拜会、青苗会、稻花会、台阁会、高桥会、纸会、梁山伯庙坐夜会及瞻岐迎龙赛会等。其中鄞西三月"高桥会"是宁波最大的迎神赛会,以范围广、会期长、会器精而名震浙东。

二月赛会,迎江东栎木庙的菩萨出殿,庙里挂灯结彩,说书、演戏,保佑农人一年生产风调雨顺,有"栎木庙菩萨催种田,太保庙菩萨催送年"的说法。

四月半会,鄞县城区最大的庙会,祭祀五都神,以农历四月十三为会期。赛会伊始,迎五都神出殿至营教坊,江厦文英社、药行彤云社、湖西老文华社、南路协兴社、西路风云社等迎赛吹打班在此聚集,上街游行,俗称"行会"。表演在前,神轿在后,接受沿街爵献。街坊、行业和富家争相爵献,新安全馆、半边街、新街、大庙前、廿条桥等爵献处均扎彩牌楼,入夜放烟火,尤以仙鹤生蛋、老龙化水、轮船开炮等烟火最为奇妙。庙会期间城区商贩云集,各商店、茶楼、酒馆趁机揽客,临时摊贩多设于君子庙、营教场一带,生意十分兴隆。

城隍会,每年活动3次,分别在清明、七月半和十月举行。届时,城隍庙设醮诵经,一大早迎城隍老爷到北门外厉坛,恤醮孤魂,祭毕回殿。其中,十月举行的城隍会又叫"十月朝会"。

礼拜会,每年2月至5月间举行。鄞县南乡姜山镇礼拜会,每逢闰年举行,每次赛会三四天,分东、西、南、北4路,日间巡村,夜间巡镇,常常因迎神争先后而酿成械斗。镇海柴桥镇礼拜会,由芦江庙柱主办,神轿内供奉芦江庙神像,半月内依次巡行各村,夜入街市,称为"排街"。

青苗会,每年四五月稻苗转青时举行,祈求风调雨顺、大熟年成。镇海柴桥镇青苗会以大溟村为集会地,会期3天,白天巡村,夜间巡柴桥街。

稻花会,每年早稻朗花季节(6月间)举行,祈求丰收,无固定神祇和会期。一般先祭祀当地的庙神,旋以仪仗、头牌、彩亭为前导,高抬木牌神位,放铳、放炮仗,敲锣击鼓,庙下子民列成长龙殿后,巡行于田头村道。旧时鄞县西乡鄞江桥、东乡邹溪、南乡茅山和镇海大碶、昆亭等地均有此习俗。

台阁会,三北地区的迎神赛会,以台阁特高而著名,故称"台阁会",说是在台阁上献艺给神灵观赏。慈溪沈师桥的台阁尤为著称,俗称"三北高台阁"。1932年赛会时,台阁高约5丈,有10座左右,台阁上有少女或小孩串扮戏剧人物造型,每座台阁有抬扛及守护人员百余人。

纸会,又称提灯会。鄞县黄古林、布政市、清道乡一带,正月元宵流行纸会。旧例正月灯祭,夜间提灯赛会,火球旋甩,灯彩纷呈,鸣炮放铳,间杂扮作无常、判官、小鬼者穿插表演,吸引不少人乘船来看,河面为之船塞。

梁山伯庙的祀主是梁山伯和祝英台,为爱情神,民谚有"若要夫妻同到老,梁山伯庙到一到"的说法。梁山伯庙坐夜会,在庙会前八月初七夜举行,坐夜者多为女性,她们身背黄色朝香袋,手擎香烛、夜宵,聚坐在庙堂,念经、许愿、烧香跪拜,至次日拂晓各自散去。梁山伯庙的庙会,则每逢农历三月初一和八月十七举行,会期4天,庙神出殿,从邵家渡出发,经高桥、新桥、下林、前钟等地,聚会众近万人,行程26里,夜宿甲畈漕、下林、下庄施家等地,白天赛会,夜晚供献、看戏。庙脚18堡,堡堡行纸会迎赛,有纱船、抬阁、女报马、高跷等等。至民国29年(1940年)因鄞县沦陷,庙会中止。

瞻岐迎龙赛会,由谢姓大族组织,他姓参与。每当大旱,由族长召集迎龙请圣。迎龙之日,谢姓青壮男丁一律出动,外姓男丁间杂,参加者常有二三千人,队伍首尾长达三四里。族长、圣头、柱头、念伴与主队"龙亭队"在前,各房组织的"迎龙队"在后。供祭于镇海三山宕头龙潭,龙亭队合十跪地,念伴诵经,青年数人执撩海(捞具)环潭侍候,有鱼、蛙等上浮即网住,称"龙圣上轿"。迎来的"龙圣"供在中保庙中,由圣头等昼夜值班,直至下雨,即举行还龙赛会。赛会自上半夜中保庙演戏结束后开始,会器多为竹木彩纸糊成的鼓阁(纱船)、彩灯,鼓阁扎成全堂唐僧取经、八仙过海、水漫金山等神话故事,间以彩布制成的狮子,能口喷焰火,并沿途表演高跷,伴以丝竹。各房准备火把照明,街灯户盏彻夜长明,整村犹如白昼。族内6个会社集中在鄞东桥头大晒场出发游行,邻近乡民汇集者常常超过4万人,直到天明方才散会。瞻岐迎龙赛会自1942年后衰落,唯灯会时有举行。

当然,民国宁波赛会中影响最大的还数鄞西三月"高桥会"。高桥会始于南宋,据传,宋高宗赵构为庆祝高桥大捷,纪念阵亡将士,降旨建庙立祠,当地民众遂发起迎神赛会,以高桥的"宁德观"为中心,成立高桥会。历经宋、元、明、清、民国,代代相传。高桥会以宁德观的菩萨为出殿神,每逢3月,巡展于宁波西郊、集士港、凤岙、白岳、歧阳、高桥6乡,参会的村都要抬菩萨出节目,形成迎神祈丰与文化逗技相融合的习俗。赛会时,除本地观众外,慈溪、余姚、镇海、奉化、象山各县及上海、杭州等地的观众也跑来观看,常达几十万人。1946年高桥会时,在宁波的外国人和华侨拍摄了现场照片,书写了报道,并动用飞机在空中观看全景,美国人还高价收买了高桥会的船鼓运到国外,使高桥会名扬海外。

国民政府建立后,高桥会曾被取缔。1946年鄞西群众为庆祝抗日战争胜利,要求重开高桥会。经县政府同意,特许迎赛4天,这也是宁波历史上最后一次大型的酬神赛会。是年3月29日,迎赛仪式在西门外隆重举行,盛况空前。第二天到集士港、横街,第三天到白岳、歧阳,4月1日各路队伍会齐高桥,赛会达到高潮,场面也最壮观。长龙式的队伍浩浩荡荡,按指定的路线到宁德观还神。剽悍威武的铜铳队、龙刀队开道,龙腾虎跃,为队伍前进扫清障碍,接着白底黑字的三角形大令旗扬幡而来,高如航海风帆;九连、十八连、廿四连灯各呈异彩,多的有4层楼之高,每格有豪华宫灯,或方或圆,底盘要用8个强劳力扛抬,四面绳索拉牵,蔚为壮观。又有黄杨木雕的纱船10只,白骨镶雕,周围有成套数以百计用黄杨木雕成的戏曲人物;有抬阁20只,物色秀美少年装扮成《三国演义》、《岳飞》、《杨家将》、《闹天宫》

中的人物,令人目不暇接。此外,还有高跷竞技、元宝马、舞龙队等。老人回忆中还有24节大老龙,能舞出成套节目,每座抬阁和纱船都有一支民乐队,吹拉弹敲,演奏出一曲曲充满江南风格的民间音乐,既有婉约缠绵的《梅花三弄》《万花筒》,更有气势磅礴的《将军令》《得胜令》。观众不时地为表演者助阵叫好,而参赛者也好胜地拿出看家本领为大家尽情表演。

迎神赛会,"造端于迷信神权",①民国以来屡有废禁迎赛的呼吁,再加上聚众易于滋事,故宁波官府也曾下令禁止。但酬神迎赛是宁波民间流传数千年的习俗,早已根深蒂固。所以历届地方政府虽有废禁之令,但也害怕操之过急,引起乡民激变。一般而言,只要迎赛期间没有扰乱秩序寻衅闹事,也就睁一只眼闭一只眼了,因此禁令虽悬,却等同具文,数千年相沿的习俗,仍不绝于道。不过,科学昌明的时代潮流毕竟浩浩荡荡,1927年至1931年宁波设市期间,市政府发起移风易俗、破除迷信运动,大部分赛会活动被取缔,酬神赛会逐渐衰落。解放后,酬神赛会已废止不行,庙会市集则仍有举办。

第四节 宗教信仰

民国时期,宁波流行的宗教有佛教、道教、回教和基督教等。其中佛教的影响最大,不断有饮誉海内的高僧住持各宝刹,使宁波的数所名寺成为当时国内备受推崇的佛教圣地。基督教中新教的发展比天主教快速得多。1927年开始的破除迷信运动,冲击了传统的信仰基础;而历次爱国政治运动的蓬勃开展,直接推动了中国基督教徒的自立运动和基督教的本色教会运动,国民革命时期国人向基督教会收回教育权的斗争,更在宁波现代史上写下了光辉的一页。

---

① 《时事公报》,1921年4月26日。

一、佛教

佛教传入宁波始于晋武帝太康二年（281年），至清末已经衰微。民国建立后，佛教由政府统管统护演变为"信仰自由"、"自组自理"，政府不再加以保护，军队、地方新派人士及各级行政机构又多有侵夺寺产的举动，佛教的生存环境变得更为窘迫。佛教界中的一批有识之士继承清末以来的佛教复兴思想，致力改革，积极奔走，力图振兴佛教。

宁波为历代佛教圣地，在宁波流传的佛教各宗派有禅宗、天台宗、律宗、净土宗等，民国时期复有一大批高僧住持名刹，敬安、圆瑛先后住持天童寺，谛闲住持延庆、观宗讲寺，源龙住持阿育王寺，智源住持七塔寺，太虚住持雪窦寺，雪尘住持安山寺。他们积极奔走，弘法说教，如"湘僧敬安南北奔走以卫道，台僧谛闲焦敝唇舌以宣教"[①]，承担起重振佛教的重任。最终虽"难挽象教之颓运"，但在近代佛教复兴运动中却影响甚大。

敬安（1851—1912年），字寄禅，号八指头陀，湖南湘潭人，著名诗僧，著有《八指头陀诗文集》等。1902年应天童寺首座幻人等礼请，从长沙赴宁波住持天童，直至圆寂。前后11年，选贤任能，百废俱举，使天童宗风大振。

时值清末民初，社会动荡，政治混乱，军阀、政客侵夺寺产的举动时有发生，而中国佛教界仍教派林立，维护佛教界的团结和利益至为迫切。1912年，敬安发起创立中华佛教总会（1912—1918年），提出"保护寺产，振兴佛教"的口号。这是中国佛教界的第一个联合组织，总会本部设于上海静安寺，机关设在北京法源寺，下设20个省支部和400多个县支部，敬安被公推为第一任会长。是年10月中旬，敬安因湖南发生侵夺寺产、损毁佛像的事情，受众僧委托赴京请愿，结果非但

---

① （民国）《鄞县通志·政教志·宗教·佛教》，宁波出版社2006年版。

未受获准,反而受辱。敬安愤而辞出,归即示寂。他的以身殉教,引起社会各界的强烈反响。后经熊希龄出面调停,以大总统令的形式公布了《中华佛教总会章程》,使总会地位得以确立。1913年6月,北洋政府颁布《寺产管理暂行规定》,使寺院经济得到一定的保护。

其后,敬安的弟子圆瑛(1878—1953年)住持天童寺,继承其师遗志,致力于佛教界的团结。1927年4月,发起组织宁波七邑佛化同志会(后改组为宁波佛教会,1931年1月撤市并县后又改称鄞县佛教会),任会长;1928年5月,发起组织江浙佛教联合会,被选为会长;1929年6月,与太虚共同发起成立中国佛教会,连任七届理事长(或会长);同年9月,代表中国佛教会出席在朝鲜汉城召开的东亚各国佛教联合会议。在他的影响下,全国各地大多建立了佛教协会等现代团体,佛教界开始走向组织化以求存图兴。

太虚(1889—1947年),浙江桐乡人,早年师从敬安,后又跟随杨仁山研究佛学,并从苏曼殊学习英文。后投身佛教复兴运动。1918年,在上海发起创立佛学团体觉社,出版季刊(后改为《海潮音》月刊)。1925年,率中国佛教代表团出席在日本东京召开的"东亚佛教大会"。1928年起游历英、法、德、荷、比、美等国,宣讲佛教,并在巴黎筹组"世界佛学苑"。1932年,应蒋介石的邀请,住持雪窦寺,在该寺设立世界佛学苑禅林观。抗战时期,他又率领中国佛教代表团前往缅甸、印度、斯里兰卡、新加坡等国访问,争取国际佛教徒对中国抗战的同情。抗战胜利后,任中国佛教会整理委员会常务委员。1947年病逝于上海,归葬雪窦寺。

太虚所主张的佛教改革,主要体现在佛制、佛事、佛徒方面,其核心是"整理僧伽制度"。按他的话说:"辛亥革命成功,中国既成立了共和立宪的国家,僧伽制度也不得不依据佛制加以适时的改变,使成为今此中国社会需要的佛教僧寺"[①],意即要促进佛制、佛事、佛徒的现代化。

---

① 转引自黄兴涛《中国文化通史·民国卷》,第257页,中共中央党校出版社2001年版。

"整理僧伽制度",就是改革佛教丛林制度。首先是建立新式佛法僧团,作为全国各地佛教丛林的模范和全国僧徒的"纲纪",从而改善整个佛教丛林,提高全体僧徒的素质。其次是把中国所有的佛寺归入天台、华严、净土、禅等8宗,再把8宗的最高管理机构"持教院"联合起来,建立一个全国性的佛教最高管理机构"佛法僧团",把居士团体也吸收进来,使佛教成为一个有系统、有组织的现代宗教派别。

整理僧伽制度的做法,明显地是在仿效天主教的组织形式(也参考了一些日本寺院的组织形式),但在中国佛教教派林立、互不统属且互相攻击,教徒质量又普遍低下的情况下,实行起来难度极大。太虚自己也很快认识到,没有政府的强有力支持,对僧伽制度的整理工作难有大的进展。时任国民政府主席的蒋介石虽与太虚私交甚笃,却无暇顾及。抗战胜利后,在太虚的敦促下,国民政府终于成立了全国佛教会整理委员会,制定并公布了整理全国佛教的计划和章程,由太虚主持实行。但不久,内战爆发,太虚又于1947年病逝,整理工作宣告停顿。但是,实践上的艰难,并不意味着太虚整理僧伽制度的完全失败,在某种程度上它又是成功的,其力图使佛教组织、佛教事务、佛教徒适应时代、趋向现代化的精神,在当时获得了佛教界和社会各界的普遍赞同。

谛闲(1858—1932年),浙江黄岩人,早年受戒于天台国清寺,后得上海龙华寺住持迹瑞授记付法,成为天台教观第四十三世继承人,讲经、参禅,足迹遍布大江南北。1912年,谛闲住持宁波延庆寺,后将其一部分从延庆寺分离出来,更名为观宗讲寺。1915年,应北洋政府的邀请北上,任北京大乘讲习会主讲。1932年圆寂于观宗讲寺。在他的主持下,观宗讲寺成为宁波著名的古刹。

民国时期,佛教界受西方、日本新式教育的影响,开始对佛教徒进行现代学院式的教育,谛闲在宁波创办弘法研究学社便是其中较有影响的一例。谛闲一生讲经无数,著述极丰,而他对近代佛教最大的贡献,却是创办了弘法研究学社,以新的教学形式维系和发展天台宗教义,培养了一大批佛学人才。谛闲住持观宗讲寺后,在寺内开设弘法研究学社,亲任主讲。学社对外招生,广罗天下僧众。第一期有学员40多人,分为正、预两科,讲授科目以天台宗经典为主,如《十不二门》、《教观纲宗》、《法华经》、《法华玄义》等,对培养僧界人才贡献甚大,倓虚、常惺、戒莲、禅定、根慧、妙真、授松等著名宁波高僧都曾是该社的学员。当时社会上,对弘法研究学社的评价也很高,称它为"培养领袖人才的学校"①。在谛闲的带动下,1919年圆瑛在鄞县接待寺内创办"佛教讲习所",1931年6月弘一在慈溪五垒寺创设"南山律学院",1934年七塔寺住持溥常创办"华严佛学院"。它们后来都成为民国时期宁波境内著名的现代性质的佛学院校。

民国时期,宁波佛教界的社会事业也极为活跃。

学堂。宁波佛教界兴办学堂始于1908年,敬安发起成立宁波僧教育会,率先创办僧众小学和民众小学,分别招收年轻僧人和贫寒家庭子弟入学,为我国佛教办学的开始。民国以后续有发展,1932年兴办永明小学,1933年开设民众补习夜校,1934年又创办觉民小学。

出版事业。民国时期,宁波佛教界办有新佛教出版社,发行《新佛教》月刊,这在当时被认为是和谛闲在杭州创办的《海潮音》月刊同为很有影响的佛学刊物。但《新佛教》月刊过于激进,"不为那些保守派佛教领袖所欢迎,他们反对该月刊的极端立场,新佛教只有大约二百个订户,编者经常使用不同的笔名,使人觉得它有很多撰稿人"②。其他还有谛闲编印的《弘法月刊》,以宣扬天台宗教义为宗旨,谛闲圆寂后,其弟子宝静继续发行,在当时影响也很大。

医疗机构。鄞县佛教会1934年创办国医施诊所,由王蕴璞任主任,设有男科、妇科、小儿科。就诊者以妇孺为主,年就诊在8000至10000人次。同年2月又创办西医施诊所,由陈惠庆任主任,设有内科、外科、牙科、眼科、花柳病科,春季免费施种牛痘,夏季免费注射防

---

① 《中华归主》,第79页,中国社会科学出版社1987年版。
② 《中华归主》,第78页。

疫针。西医施诊所专为救济贫病交加无力就诊者而设,只对价格较昂贵的注射药品及内服药剂酌量收费,年就诊数超1万人次。

慈善事业。较著名的有宁波佛教孤儿院。1918年5月,歧昌、圆瑛、智圆、寂定、宗亮等宁波大刹住持与陈训正等地方名流发起组建宁波佛教孤儿院,地址设在宁波白衣寺,经费来源为宁波各寺院常捐及募捐所得。孤儿院最初收孤儿60人,1926年冬增至268人,并于鄞县梅园乡宝岩寺设立分院。孤儿院所收孤儿既学文化,又学竹木等手工艺,长大后广有出路,深得社会舆论的好评。此外,还有白衣寺住持寂定(安心头陀)1932年创设于鄞县五乡镇的佛化惠儿院(后并入宁波佛教孤儿院)。

民国时期,宁波佛教界的对外交流活动也较为活跃,在对外佛教交往中承担着重要的角色。比较重要的交流活动有:1912年,日本曹洞宗的来马琢道巡礼天童、阿育王等江南古刹,著有《江浙游学记》;1922年,日本曹洞宗的秋野孝道和高桥竹迷朝拜天童、阿育王等佛教圣地,著有《朝拜中国祖迹行》;1926年,日本佛教代表团答谢访华,由普陀赴阿育王寺,拜天童寺,参观孤儿院,朝拜观宗讲寺;1923年,日本关东发生大地震,谛闲等发起"中国佛教救济会",向日本佛教界赠送大梵钟,阿育王、天童、七塔、观宗等寺僧人还特地赴日本做祈祷法会。太虚还代表中国佛教界多次出访海外,1925年参加在日本举行的"东亚佛教大会";1928年游历欧美,筹组"世界佛学苑";抗战期间又率中国佛教代表团出访南亚等地,争取国际佛教界对中国抗战的支持。其他如圆瑛赴印度迎请佛舍利、玉佛、贝叶(经书),出任南洋槟城极乐寺住持;显荫等游学日本等等,不一一赘述。

二、道教

道教在宁波流传始于何时,其确切年代已无从稽考。明清后道教由盛转衰,一般道士除斋醮以外,唯恃坛基靠卖符箓以资糊口(旧时道观各分坛基,凡遇时节馈赠符箓给坛基下的居民,索取小费)。进入民国,在浩浩荡荡的时代潮流冲击下,道教处境更显窘迫,时有学者指出:"民国的宫观与逐食道士亦不过为营业之一,绝无宗教意义……""最近且并张真人的封号亦取消,道教已无形消灭了"①。

宁波原非道教名山胜迹,其发达程度远不及佛教,就如楼钥所言:"吾乡……僧籍至八千,而道流不能以百,其居才十数,而佛庐至不可数"②。入民国以后,道教生存艰难,衰落更甚,"益不能振"③。清光绪年间,宁波尚存道教宫观50余处,民国以后,渐遭毁圮。民国以来的每一次思想解放运动和社会变故,无论是新文化运动、非宗教运动,还是国民革命、抗日战争、解放战争,无不给予道教以巨大的打击。1927年,国民党鄞县县党部破除迷信,将县城内各祠庙的偶像迁至佑圣观和报德观,使道观(宫)变得不伦不类,很多道观停止活动。宁波沦陷时,慈溪阳觉殿遭到日军蹂躏,道士10人被杀,观院被焚毁。据统计,鄞县城乡1933年尚有道观18所,道士236人(男140人,女96人),延至解放前夕仅剩下佑圣观、报德观等道观7所,道士约50人;镇海1930年尚有道士39人(男35人,女4人),到1949年5月仅存3人。其间,宁波的道教宫观虽然也有修葺重建,如1914年道士许至山叩募重建荧镇观,1926年重建东胜观,1930年重建报德观,1931年重修惠水观,但总的来说,失修废圮的更多,道众也星散流落,整个宁波道教界呈现沉暮、衰败的迹象。

民国时期,宁波道教界为了谋求生存发展,也在一定程度上吸收了一些现代气息。1936年,鄞县道教徒发起组织鄞县道教会,呈请县党部立案,但未获批准。1941年9月1日,宁波道教会成立,林诚俊任理事长,不料林与荧镇观住持谢崇如为私人纠葛因讼罢法,会务一时无人主持。道教会于9月14日召开临时理事会议,撤销林诚俊的理

---

① 王治心《中国宗教思想史大纲》,第192页,东方出版社1996年版。
② 楼钥《蓬莱观记》,转引自民国《鄞县通志·政教志·宗教·道教》,宁波出版社2006年版。
③ (民国)《鄞县通志·政教志·宗教·道教》

事长职务,推选报德观住持林理梅为理事长。鄞县道教会则迟至1947年12月成立,会址设在镇明路净土庵,时有会员109人,选举华信黻、张信才、王小毛为常务理事,华信黻任理事长。其时,中国的道教虽然纷纷成立组织,但全真、正一、天师等派别仍然分裂,宗派林立,各自为政,绝少联络,而组织又不得法,客观条件也差,整个道教界依然是一盘散沙。宁波道教会、鄞县道教会在此大气候下,自然也难以振作。

道教在宁波的主要派别是全真道的龙门派。道教的派别,在金代正式分为全真、正一两派。全真派主张道、释、儒三教合一,在修持方面主张"全神炼气、出家修真",凡是全真派道士必须出家,不得结婚,不得食荤腥;而正一派道士则可以结婚,只要不在斋期内也可食酒肉。因而全真派的主张,迎合了佛教盛行的江南群众的宗教信仰,"甬上道观,什九隶之"[①]。民国时期宁波较著名的道观佑圣观、报德观、吕祖殿、冲虚观均属全真道的龙门派。

道观的组织形式有十方丛林和子孙丛林两种。十方丛林可以接纳朝山云游的道士,但必须挂单食宿,住持由道众公推贤能充任,只是不能招接徒孙;子孙丛林除挂单接众外,可以招接徒孙,住持由子孙传袭,外人不得与闻。佑圣观住持原为子孙继承,1914年改为选贤继承制度,1934年10月,道士蔡理问会集鄞、镇两县道众,选举金至铨为监院,三年一选,遂成为十方丛林。冲虚观、荧镇观也是十方丛林,其余则多为子孙丛林。

宁波道教界举办社会事业极少耳闻。只有1935年鄞县报德观内曾设立过报德施医所。所谓施医所,也只不过是仅在观中东厢房聘请中西医士两人,施诊给药,影响微乎其微。

三、回教

伊斯兰教在唐代由波斯传入中国,因中国的回民百分之百都信奉

[①] (民国)《鄞县通志·政教志·宗教·道教》,宁波出版社2006年版。

伊斯兰教,故在中国又被称为"回教"或"回回教",其场所被称作"清真寺"或"回回堂"。宁波开始有清真寺,是在北宋咸平年间(998—1003年),位于鄞县东南狮子桥畔。

民国时期,宁波的清真寺坐落在今月湖西侧的后营巷,系清康熙年间所建,同治年间山东人白玉清阿訇募资重修。整修后的清真寺面貌一新,大殿及两庑经舍楹联、经对皆全,长方形布局,有头门、二门,占地700平方米,奠定了现存寺舍的规模。由二门通向大殿的直廊,高悬"守真"隶书匾额及"清妙元真"匾额,两头对称。大殿两侧植有枇杷树及金桂各一株,二门映墙处有香泡树一株,高丈余,二门左侧植有无花果一株。大殿(讲堂)左侧有两间小屋,为教徒"大净"、"小净"的地方;进大门两侧有门房,右为明拜楼,左为停放"经槺"(即教徒葬礼置尸用的经盒子)的地方。大殿内正中为朝天房礼拜处,正面板壁刻有贴金经文,雕刻细致,极见功底。

其时,在宁波的回民说话、写字早已汉化,其职业也大多是肩挑贩夫之类,少有回教学者。回教经典《古兰经》为阿拉伯文,近代始有汉译本。[①] 故当时要聘请有学识的阿訇掌教,讲习经籍,定期礼拜,以维系回教。但是,民国时期时局动荡,阿訇往来无定,聘请不易。抗战初期,曾从上海礼拜寺聘来何友仁阿訇为宁波清真寺的掌教。何阿訇接掌以后,邀集众乡老出资在寺内装修电灯,大殿内悬挂巨型鹿头吊灯,每当节日晚上,回民上大殿礼拜,灯火辉煌,照耀通明,从此结束了煤油灯照明的时代。这段时期,清真寺虽没有大修,但也未见破坏,加上何阿訇善与人交往,深得乡老爱戴,凡有公益之事,一呼百应。回民节日到清真寺参加大典的人,要比任何时候都多。宁波沦陷后,何友仁离去。因为时局维艰,宁波回民为生计所迫,再没有余力聘请阿訇,从这时起直至解放,宁波清真寺无人掌教,从此寺门紧闭,鼠穴蚁居,风化剥落,不成样子,这无疑大大影响了回教在宁波的发展。

---

① (民国)《鄞县通志·政教志·宗教·回教》,宁波出版社2006年版。

据民国《鄞县通志》统计,1933 年宁波信仰伊斯兰教的仅 32 人,其中男 21 人,女 11 人。另据当时人回忆,1936 年前后,宁波信教的回民 20 余户,节日到清真寺礼拜的,最多不会满四五十人。① 可见,民国时回教在宁波的影响不大。回民住在月湖西畔,围绕清真寺附近居多。抗战前,庄桥、洪塘也有回民居住,抗战时期,这些回民因故迁到别处去了。在市内,江东、江北没有回民定居,这大概是距离清真寺太远的缘故吧。说来也巧,如果以清真寺为圆心,距离这个圆心一华里为半径的扇形地区有回民居住,过了一华里以外,就很少闻见了。

宁波回教徒长期杂居于汉人中间,共同生活,互相通婚,彼此耳濡目染,日渐融合,这使得回教较多地受汉文化的影响,从而带有明显的当地文化色彩。这在相应教律上可以看出端倪。据民国《鄞县通志》记载,宁波回教教律大端凡三,分别是"朝拜真主,报答原造之恩"、"孝顺父母,报答养育之恩"、"遵守国法,报答水土之恩"②,显然这是中国学者"以儒诠经"的结果,是"回、儒两教,道本同源,初无二理"③的文化融合。另外,回教重视服从中国的行政,也是其融入中国文化的一大表现。

宁波的回教徒同各地穆斯林一样,每周五都要举行一次集体礼拜,称为"主麻聚礼日"。是日,教徒齐集于清真寺,听阿訇讲经,举行参拜仪式。另有五时祈祷之礼,即晨礼、晌礼、晡礼、昏礼、宵礼,是教徒每天必修的功课,即伊斯兰教"五功"中的"礼功"。

宁波的回教徒每年还在回历九月过斋月,即"封斋"或"把斋"。是月称作"莱麦丹","为一岁中最尊严之月"。封斋时,每天天将破晓至日落时,"粒米滴水不能进"④。在斋月的最后 10 日,也有教徒日夜住寺以行静功(即"坐静")。封斋是伊斯兰教"五功"中的"斋功"。

---

① 张念祖《宁波市回民概况》,《宁波文史资料》(内)第 2 辑,第 212 页。
② (民国)《鄞县通志·政教志·宗教·回教》,宁波出版社 2006 年版。
③ 马启成等《中国伊斯兰教文化类型与民族特色》,第 87 页,中央民族大学出版社 1998 年版。
④ (民国)《鄞县通志·政教志·宗教·回教》。

伊斯兰教的"五功"是念功、礼功、斋功、课功、朝功。

回教的许多宗教戒律和民族习俗,在民国时期宁波的回教徒中还色彩颇浓。在婚姻上,教徒严守教规,回民只许同回民结婚,与汉人通婚,则须严守"只准娶进来、不许嫁出去"的做法,即"女不适非教徒,但得娶非教徒为妻",否则就是"反教","一人反教,全家丢脸"①,可见教律之严和约束之强。丧葬方面,回教徒认为人死了,是向"真主"复命,称"归真"或"无常",所以"禁哭泣"。回族人遇到一家死了人,别家都会走去帮助,所谓"千里回回是一家",但不喜欢汉人来看,辞其"唁仪"。又主张土葬,其棺木称为"经盒子"(因盒子的一头,刻有回族经文,在讣告上称作"经椟"),亡人在出殡前,由亲人用汤瓶壶浇水洗净遗体,然后裹以白布,移到经盒子里,下土安葬后,经盒子仍旧抬回洗净,放还清真寺。②饮食上,回教徒禁食猪肉,严禁烟酒,凡是有蹄无角、有鳍无鳃、有翼无肫、横行不羁(蟹)、形状怪异(鳖)的动物,一概不吃。③

四、基督教

基督教有广义和狭义之分,其广义包括天主教、东正教、新教和其他一些较小的教派,在中国,基督教通常专指新教,也称耶稣教。本目所称的基督教即单指新教。

宁波是基督教传入最早的地方之一。1843年,美国浸礼会传教士玛高温来宁波,租赁佑圣观厢屋施医、传教,为基督教传入宁波的开始。民国建立后,中国政府一再表示对各宗教一视同仁,而基督教与民国政府的关系尤为密切,"1912年广东省官员中基督徒竟占

---

① (民国)《鄞县通志·政教志·宗教·回教》,宁波出版社2006年版。
② 张念祖《宁波市回民概况》,《宁波文史资料》(内),第2辑,第216~217页。
③ 张念祖《宁波市回民概况》,《宁波文史资料》(内),第2辑,第216页。

65%"①,更由于孙中山、蒋介石等民国要人都信仰基督教,对基督教的支持是不言而喻的,这使得基督教取得了在华诸宗教中最为得天独厚的优越地位,发展十分迅速。宁波也不例外。据1950年的调查,传入宁波的基督教教派共14个,而其中在民国时期传入的就达8个之多。

表5—2 宁波基督教各教派传入一览表

教派名称	传入年月	传入者	下属堂所数	教派名称	传入年月	传入者	下属堂所数
美国浸礼会	1843.11	玛高温	12	中华基督教自立会	1919	孙怀珍	15
美国长老会	1844.6	麦嘉缔	38	美国安息日会	1922.7	邬天恩	4
英国圣公会	1848.5	禄赐、戈柏	28	基督徒聚会处	1930前后	华世宾	41
英国内地会	1854	戴德生	18	美国远东圣洁会	1913	韩文琦	2
英国循道公会	1864	傅氏、梅氏	48	加拿大五旬节圣洁会	1932	陈月林	3
英国基督徒公会	1893	华以利沙伯	13	真耶稣教会	1947	房迦勒	1
伯特利	1912.6	倪歌胜	34	中华传道会	1948	袁文	1

在宁波的基督教各派为扩展传教势力,创办了多所神学院,专门招收教徒及其子女入学,培养本土传教士,以利于基督教的中国化或称"本色化"。著名的有三一神道院、仁爱女子圣经学院、妇女圣经学校(美国浸礼会于1912年创办)、伯特利圣经学校(1931年由伯特利

---

① 《中华归主》,第87页,中国社会科学出版社1987年版。

派美籍女教士倪歌胜创办)、华东圣经学校(灵粮世界布道会创办,1948年3月由苏州迁宁波)等。教徒人数骤增,据统计,1925年鄞县、慈溪、镇海、奉化、象山5县,有教堂82座,布道所(聚会点)78处,牧师、长老、传道112人,教徒7320人;到1950年,全市有教堂194座,布道所(聚会点)64处,牧师39人,长老、传道230人,教徒28400人,短短20余年间,教徒骤增近4倍。

除积极传教外,在宁波的基督教各派还致力于各项社会事业,借以扩大其影响,相继兴办了学校、出版、医院、慈善等社会事业,客观上给宁波带来了西方文化和近代文明。

教会学校。基督教会在宁波所办学校以中学、小学为主,间有幼稚园(如美国长老会的崇德蒙养园)和大学预科班(如斐迪学校大学部)。

表5—3 民国基督教会在宁波办学情况一览表

名称	所属教派	地址	创办年份	定名年份	停办年月	备注
甬江女子中学	美国浸礼会 美国长老会 英国循道公会	战船街	1844	1923	1951.5	今市六中前身
浸会中学	美国浸礼会	北郊路	1855	1912	1923	并入四明中学
斐迪中学	英国循道公会	泗洲塘	1867		1935	并入浙东中学
三一中学	英国圣公会	高中广仁街 初中双池巷	1868	1912	1951.12	今市三中前身
崇信中学	美国长老会	槐树路	1881	1912	1923	并入四明中学
华英学校	英国基督徒公会	东郊路	1894		1927	今东郊路小学址
四明中学	美国浸礼会 美国长老会	北郊路	1923	1923	1935	并入浙东中学

续上表

名称	所属教派	地址	创办年份	定名年份	停办年月	备注
浙东中学	英国循道公会 美国浸礼会 美国长老会	新马路	1935	1935	1951.12	今市四中前身
青年会补习中学	宁波中华基督教青年会	人民路	1946	1946	1951.1	
四明小学	美国浸礼会	中山西路	1855	1923	1951.9	
圣模小学	美国浸礼会	永丰路	1860	1923	1951.9	
斐迪小学	英国循道公会	开明街	1867	1912	1951	
斐德小学	英国循道公会	白沙路		约1920	1951	
三一小学	英国圣公会	孝闻巷	1868	1935	1951	
崇信小学	美国长老会	槐树路	1881	1923	1951.12	
崇德小学	美国长老会	槐树路	1844	1923	1951.12	
慕义妇女补习学校	美国浸礼会	永丰路	1883	1919	1945	
伯特利小学	宁波伯特利	草马路	1912	1931前	1951.9	

出版事业。宁波三一学校印书局（Trintity College Press）是民国时期著名的教会出版社之一，它从英国圣公会接受年金，"使用官话和罗马拼音文字出版书籍，包括祈祷书、赞美诗、《圣经》注释、神学著作、教会史和学校教科书等"①。1947年出版了宁波伯特利圣经学校校长彭善彰所编的《旧约纲目》。

教会医院。宁波的西医医院是由美、英基督教会于清末首先开始创办的。此外，为培养护士，美国浸礼会还于1925年在城区永丰路创办了华美高级护士职业学校。

表5—4　民国宁波基督教会医院一览表

名称	归属教派	地址	创办年份	定名年份	停办年月	备注
华美医院	美国浸礼会	永丰路	1843	1926	1951.10	今市二院前身
仁泽医院	英国圣公会	孝闻巷	约1870		1934	并入杭州广济医院
体生医院	英国循道公会	白沙路	约1850		1922	后售与天生医院
惠爱医局	美国长老会	槐树路	1846		1914	并入余姚惠爱医院

慈善事业。民国时期，基督教各派在市区及鄞县近郊办有恤孤院、孤儿院、难童福利所多处。高桥基督教恤孤院，1910年由在宁波基督教各派联合创办，男院设在鄞县高桥周家花园，女院设在余姚。该院不单单收容无依孤儿，且"授以相当学识及工艺，俾他日得以自立。"②，1951年停办。伯特利孤儿院，由伯特利派美籍女教士倪歌胜创办于1912年，设在草马路总堂，1955年停办。伯特利妇女爱养所，由伯特利派创办，专门收容老弱残废及无家可归的贫困妇女。基督徒安乐家，由基督徒公会创办于1913年，地址设在东郊下茅塘，收容女性

---

① 《中华归主》，第1033页，中国社会科学出版社1987年版。
② （民国）《鄞县通志·政教志·救济事业》，宁波出版社2006年版。

孤儿,1930年停办。1946年8月,在宁波创设的6个难童福利所中,其中第一(江北玛瑙路)、第二(江东张斌桥)、第四(小校场)、第五(府桥街)、第六(北门外)难童福利所均为基督教各派所办,1951年前后停办。

其他方面。如宁波中华基督教青年会,简称宁波青年会,隶属于中华基督教青年会全国协会(在上海市虎丘路),1919年成立。该会是中国基督教界主办的青年活动和社会服务团体,不属于基督教任何公会或教派,其宗旨是"以德智体群四育事业,诱导青年使有健全人格,本耶稣的牺牲博爱精神,服务社会",活动内容主要也不是宗教性的,参加者也多非基督徒,主要面向社会为男女青年和成人开展文教、娱乐、体育和交谊活动。下属有基督教友谊社、联青社、青年服务团、农村服务处等团体。

20世纪上半叶是一个风云变幻的时代。在新文化运动、非基督教运动和国民革命等历史潮流的荡涤之下,基督教顺应时代潮流,被迫进行了变革。其间,最轰动的是中国教徒的自立运动和基督教推行的"本色教会运动",而国民革命前后国人向基督教会收回教育权的斗争,更为宁波现代史增添了亮丽的色彩。

中国教徒的自立运动始于鄞县人俞国桢,他时任上海沪北浸会堂牧师,1906年创立了中国耶稣教自立会,主张"有志信徒,图谋自立、自养、自传……绝对不受西方教会管辖"[①]。俞国桢的举动影响了全国,各地自立教会纷纷建立,推出了"中国教会自立、自养、自传"的口号。受其影响,1919年,鄞县南郊路耶稣堂的中国牧师孙怀珍与美国浸礼会脱离,购得平屋5间作为教堂与住宅,创建中华基督教自立会。同年,英国圣公会在孝闻街的基督堂宣布与西差会脱离,全由华人教徒自主。1923年4月,楼四海、任莘耕、袁九皋、严芝青、赵奎章、胡咏骐等57人声明与美国浸礼会脱离,次年5月,新堂落成,成立中华基

---

① 陈定尊《鄞县宗教志》,第271页,团结出版社1993年版。

督教自立公会,"经济完全自立,会长、协理均义务职,不支俸给,每年支出数额不逾百金,悉由教徒捐纳"①。1928年,孙国富等又发起成立了中华基督教自立会浙东区中国基督教自立联会,总办事处设在南郊鄞奉路90号,推选仇孝章为会长,管辖范围广及绍兴、宁波两区及舟山巨山岛等地。

"本色教会运动"则直接来自"非教运动"的推动。宁波的新佛教社在1920年10月出版了一期《基督教批评号》,从佛学的眼光去批评基督教,开启了儒佛非基督教思潮的发端。1922年爆发的"非基督教同盟运动"更在全国范围内掀起了一场轰轰烈烈的"非教运动"。在"非教运动"的冲击下,基督教内部被迫进行了调整,开展了洗涤西洋色彩、消除洋教名号的"本色教会运动"。在宁波,主要表现为西教士的退出及教会联合和"农村重建运动"。

西教士的退出。教会本色运动,首要的是实现教会组织上的管理人员中国化。宁波西教士的退出情况,可以市区(包括今天的海曙、江东、江北三区)为例。市区的西教士人数,1894年最多,1950年最少,到是年9月,皆离开宁波回国。

表5—5 宁波市区各年份西教士人数一览表

教派名称	1850年	1894年	1922年	1945年9月	1949年	1950年8月
美国浸礼会	6	8	7	2	2	
美国长老会	16	17	8	8	2	2
美国神召会			1	3	2	
美国安息日会			1			
英国圣公会	5	6	3	8	3	1
英国循道公会		7	9	6	2	2
英国基督徒公会		6	8	1		
合计	27	44	37	28	11	5

① 民国《鄞县通志·政教志·宗教·耶稣教》,宁波出版社2006年版。

教会联合。1922年在上海召开的"中国基督教全国代表大会"号召"本色运动"，指出"合一、本色、成圣三端是教会的前途"①，于是在全国范围内开展了各差会间的联合运动。宁波的教会联合也闻风而动。1925年，宁波中国内地会并入长老会（即中华基督教会宁绍区）。1928年2月，浙沪浸礼议会成立，宁波成为其六区会之一。1933年，全国循道宗各派在鄞县举行会议，商定圣道公会与循道公会合并，循道公会宁波教区随即成立。抗战前夕，倪歌胜将伯特利教产转交给美国神召会管理，遂并入美国神召会。

发起"农村重建运动"。20世纪30年代前后，中国政坛上涌动着一股重新认识农村、重新估价农民的社会潜流，各个政治派别不约而同地对农村表现出特殊的关怀。是时，在宁波的基督教会也将其"本色运动"的重心向农村转移，发起所谓"农村重建运动"。宁波中华基督教青年会于1929年在高桥基督教恤孤院毗邻的郭家庵等地创办了宁波青年农村服务处，内设游艺室、阅览室、医疗室、儿童游戏场、浴室等，帮助组织农民合作社，出面作保向银行贷款购买骨粉、豆饼等肥料，扩大组织合作社的影响。不到1年，先后组织成立了10余个合作社，到第3年又增至20多个。它还深入农村生活的各个方面，如为农民治疗红眼、疮毒、感冒等疾病；请华美医院每月派护士到服务处施诊，遇有重病号由服务处介绍到华美医院减费医治；春节期间组织农民观光队，到宁波市区观光住宿膳食由宁波青年会承办，到上海观光由上海青年会招待。建立农村服务处，发起"农村重建运动"，是基督教为融入中国农村社会，以图重新振兴的一项重要举措。宁波中华基督教青年会的农村服务处在这方面成绩很大，一定程度上改良了宁波农村社会，赢得了农民的信任。

民国时期值得大书一笔的还有国民革命前后宁波各界向基督教会收回教育权的斗争。随着北伐革命的胜利展开，国人自五四以来的

---

① 《中土基督》，第332页，云南人民出版社2001年版。

民族意识空前高涨,宁波各界掀起了收回由基督教会所办学校的斗争。宁波市政府成立后,经政府和社会各界共同努力,由美国浸礼会控制的甬江女中于1927年秋移交国人办理;英国圣公会所办的三一中学于1928年6月将校务移交给中华圣公会浙江教区接办;英国循道公会所办的斐迪中学也于1929年5月由国人重新开办。

五、天主教

天主教又称罗马公教,统属于梵蒂冈罗马教廷。明天启七年(1627年),葡萄牙耶稣会传教士费乐德率先来宁波传教,发展教徒80人,是为天主教传入宁波的开始。① 民国时期,相对于基督教新教的快速发展,宁波天主教的发展就逊色得多了。

自1847年天主教在宁波设立浙江代牧区,到1912年,天主教在宁波有本堂3座,公所30个,教徒2505人;到1940年有本堂5座,公所41个,神父35人,教徒8950人;10年之后的1951年,则有本堂7座,公所66个,神父28人,修生17人,修女36人,教徒11869人,虽说能够一直稳步发展,但已渐呈衰颓之势。据统计,民国时期鄞县城乡天主教徒人数,1931年为2643人,1940年为2999人,1945年为3215人,1950年为2560人,后期衰退势头不小。

1910年,天主教浙江代牧区分为浙东教区和浙西教区,原浙江教区代牧主教、法国传教士赵保禄担任浙东教区代牧主教。1913年,赵保禄获中华民国政府四等嘉禾勋章;1919年,又获二等嘉禾勋章,以表彰他为赈济顺直水灾而向在华各外籍主教劝募4万余元救灾款的功绩。1926年,浙东教区又分为宁波教区和台州教区,赵保禄任宁波教区代牧主教。1927年,赵保禄死于法国巴黎,遗柩归葬宁波,罗马教皇庇护十一世发唁电吊丧。同年12月,由在宁波的法国传教士、保禄大

---

① 〔法〕费赖之《在华耶稣会士列传及书目》,第164页,中华书局1995年版。

修道院院长戴安德接任宁波教区代牧主教。1931年,处州与宁波教区分离,成立丽水教区。1935年,罗马教廷驻华公使蔡宁总主教莅临宁波,视察教务。抗战胜利后,罗马教皇为促进中国天主教教务的发展,改中国天主教的宗座代牧制为正常圣统制,各代牧区俱升格为正式主教区,各代牧主教也随之成为正式主教。1947年6月24日,罗马教廷驻华公使黎培理总主教来宁波,主持宁波主教区成立暨宁波主教戴安德就职大典,自此,戴安德已不再是代摄宁波教务的齐伯主教,而是罗马教廷亲授的宁波主教。1949年2月,温州与宁波教区分离,另立教区,时称永嘉教区。自此以后,宁波教区只管辖宁波、绍兴15个县的天主教教务,直至解放。

天主教在宁波所办事业不多,以教会学校、修道院和慈善机构为主。

教会学校。法国人在宁波办学远较英美等国逊色,这可能是因为天主教影响的主要对象是以农民为主体的社会下层,不像试图在士大夫阶层和知识分子中扩大影响的基督教新教那样热衷于办学、办报等文化事业。

天主教在宁波办有毓才中学、毓才小学、培德小学、进行小学、懿德女子小学(后并入培德小学)等。其中,毓才中学原由赵保禄于1903年创办,1927年停办,抗战胜利后复校,易名为益三中学。1949年10月,该校并入浙东中学,1954年改为宁波第四中学。天主教所办的学校有一个特点,其前身大多为经言班。而另一个特点则是男女分开,如原培德小学只招收男生,益三中学则分成男子部与女子部,分别授课。

修道院。保禄大修道院,1916年由赵保禄创办并自任院长,是天主教神职班受高等宗教教育的总汇院,地址在江北岸草马路。招收具有高中文化程度、通拉丁文的修生入院,学制6年,其中2年哲学,4年神学,毕业后可担任司铎职务。1948年9月,江西、浙江两省大修道院并入嘉兴文生总修道院,保禄大修道院遂停办。增爵小修道院,原建于1851年,1917年1月由赵保禄迁至江北岸草马路新院舍,自任院长,1931年起由中国神父赵世光继任。小修道院分上、下两级(高、初中),授以宗教教义和中等教育,并设有拉丁文、法文等外文科目,备研究哲学、神学之用,学制6年。学生毕业后入大修道院。宁波沦陷时停办,抗战后复校。小修道院还附设备修院,招收高小文化程度的学生,学制3年,期满考试及格者方可进入小修道院。拯灵会,天主教宁波教区的女子修会,创建于1892年,1916年由赵保禄迁至草马路新会舍。其宗旨为培植教中有志修道的女子,授以宗教道德及中等教育,兼设卫生、缝纫、家事、保姆等科,以造就女子小学师资和能办理慈善事业的人才,修业年限5年,期满后愿意专心服务于传教者,由主教或会长派遣赴各分会服务。

慈善机构。普济院,1910年由赵保禄创建于江北岸草马路。院内分设安老院、残废院、疯人院、育婴院、孤儿院、工业场、施医院等7部,分别收容男性老、残、疯、孤等。其中,育婴院长大的儿童"入孤儿院,教以识字读书及手艺工业,俟习艺即成,能自谋生,乃择男女年相若者为之婚配",历年成家自立、出外经营者60余人。[①] 仁慈堂,由法国味增爵会所属仁爱女修会创建,设在药行街教堂内。堂内设有育婴、幼稚、儿童、成人、老人和病房、残疗、厨房、洗衣各部,专收孤女,办法同普济院。

民国时期,与宁波天主教有关的最轰动的事件莫过于宁波市政当局收回天主堂"白水权"的斗争。白水权问题由来已久,宁波开埠后,天主教势力乘机逾界侵占大量土地,并无理宣称对江北岸自新江桥堍至宁绍码头一带的水岸线及水面拥有主权。1927年宁波市政府成立后,即开始着手交涉收回。1931年市县合并,由鄞县县府继续交涉,至1933年始告成功。而天主堂在此过程中"仍取数十年前之故态",屡屡"来函声明否认",并"向政府提出抗议"[②],其顽固保守,不识时务,终使天主教在宁波老朽衰颓之势不可挽回。

---

① (民国)《鄞县通志·政教志·宗教·天主教》,宁波出版社2006年版。
② (民国)《鄞县通志·工程志·道路工程》

第五节 社会救济

民国时期,宁波的社会慈善事业已走出传统慈善业的狭窄范围,向涉及领域更为广泛的近代慈善事业过渡,呈现出多元化的态势。各种新兴的民间慈善团体(包括教会办的慈善事业)如雨后春笋般应运而生,与传统的善堂、义庄、义田、义学错落相间,涉及领域包括:对死者施舍棺材、提供墓地并予以掩埋;救济贫民,包括施衣、施米、施粥等;施舍药品,给予免费诊疗、施种牛痘;育婴;收养丧失劳动能力的人;收容和教化贫民、游民、娼妓、孤儿;举办义校,教育贫民子弟;放生、救灾等等。1929年,宁波市政府设立市救济院(后改称鄞县救济院),下设养老所、育幼所、施医所、施棺掩埋所、贷款所、残废所、教养所和保良所,时称"1院8所",还特设游民、乞丐收容所1所。是年,宁波境内有各类慈善团体50个,其中城区9个,各县41个,共收养孤老、残疾、游民1408人。①

表5—6　民国时期宁波城区部分慈善救济机构一览表②

类型	机构名称	创办年份	创办者	地址	附记
育婴	育婴堂	1736	县衙	西北街佑圣观	收养弃婴,1928年并入救济院
	仁慈堂	1853	天主教会	药行街	收养弃婴,1951年并入福利院
	普济院	1857	天主教会	草马路	收养男婴,1951年并入福利院
	伯特利孤儿院	1912	基督教会	草马路	收养孤儿、老妇人

---

① 俞福海《宁波市志》,第1826页,中华书局1995年版。
② 根据《宁波市志》、《宁波市民政志》等相关资料编制。

续上表

类型	机构名称	创办年份	创办者	地址	附记
	佛教孤儿院	1917	僧寄禅	白衣寺	收养孤儿,1955年并入福利院
	四明孤儿院	1918	柳贤栎	惠安桥	收养孤儿,1955年并入福利院
	四明贫儿院	1925	董惟扬	江东泥堰头	收养孤儿,1955年并入福利院
	难童福利所	1947	救济总署	城区设6处	免费供读书、午餐,1948年解散
施医	仁安公所	1900		丝户巷	免费诊断,1929年并入救济院
施医	体善局			郡庙后	外科施医
施医	送诊所	1920	医学公会	萧家巷	内科施医,后改为聚奎镇施诊所
掩埋	体仁局	1834	官绅合办	县庙后进	施棺、掩埋露尸,后改为施棺掩埋所
掩埋	同善会	1861	严子春	新江桥	棺殓无主溺尸
掩埋	施棺掩埋所	1929	市政府	惠安桥	掩埋孩尸、畜尸,1950年撤销
养老	永济堂	1808	张煊	开明街	接济寡妇,1952年撤销
养老	同仁堂	1831		君子营	救济寡妇
养老	感存公所	1868	郭氏兄弟	念书巷	救济寡妇,1922年撤销

续上表

类型	机构名称	创办年份	创办者	地址	附记
	仁济堂	1875	施远芳	七塔寺	救济寡妇
	安养堂	1879	姜荣	庄家巷	收养老人，1928年并入救济院
	益善迈妇堂	1904	黄地坤	北福兴巷	收养老年寡妇，1955年并入福利院
	永安迈妇堂	1920		攫厂跟	收养老年寡妇，1955年并入福利院
教养	七邑游民教养所	1925	虞洽卿等	湖西八角楼	收容游民、乞丐，1929年交官办
	教养所	1929	市政府	湖西八角楼	收容游民、乞丐
	残废所	1929	市政府	湖西八角楼	收养残疾人
	保良所	1929	市政府	新桥头	收容妓女、逃妾、逃婢，1950年撤销
综合	养济院	1713	县衙	江东	救济入院孤贫之口粮钱
	寿义善会	1921	金善镖	开明街	安老、助产、施棺，后入福利协会
	救济院	1929	市政府	县庙后	管理下属七所，1950年接管
	贷款所	1928	市政府	县庙后	无利小本贷款，1950年撤销

续上表

类型	机构名称	创办年份	创办者	地址	附记
	四明红十字会	1931	秋栋臣	鼎新街	施粥、施药、施棺,1951年解散
	玉枢慈善会	1933	长沙总会	东马巷	收养儿童、施粥、施棺
	四明灵柩慈善会	1941	张兆昌	南大路	施米,1954年取缔
	中教道义慈善会	1944	陈身耀	药行街	施粥、施衣、施棺,1954年取缔
	协仁义会	1945	郁元良	老龙湾	施药、收养老妇,后并入福利院
	辅善会	1946	金臻庠	后江沿	
义庄	吴氏义庄	1838	吴楠	张斌桥	赡养本族贫穷者,民国后改槐里初小
	西城义庄	1867	杨保镛	西成桥	赡养本族孤寡
	屠氏乔荫堂义庄	1868	屠继立	竹林巷	赡养本族贫穷者,民国后改竞进小学
	孙氏义庄	1921	孙瑞甫	浮石亭	赡养本族孤寡

一、义庄、义田、义学

义庄、义田、义学,始于宋代,是我国特有的传统宗族型慈善事业。近代以来,尤其在一些受近代化冲击较小的农村,宗族仍然是一股重要的势力,除了设有祠堂、家谱、族规外,还拥有一定的经济基础,即以义田、祭田(祠堂田)、学田为主要形式的族产。义田的一部分实际上是学田,但有些宗族在义田之外还有学田,以示对办学的特别重视。据不完全统计,1931年前后,鄞县有记载的义庄共有义田2741亩。1949年,鄞县全县田亩总数为723396.11亩,其中学田38867.45亩,占田亩总数的5.37%;义田3946.48亩,占田亩总数的0.55%。[①]族产所带来的收益除了供祭祖、修谱等开销外,主要用来救济族人。宗族设有专门管理族产收支、救助族人的机构——义庄,其功能与其他的民间慈善机构并无区别,只是它所施惠的对象仅限于同姓宗族成员罢了,义学便是其中的内容之一。

宁波的义庄制度,始于宋代史浩、沈焕、汪思温、汪大猷父子等创设于城区望京门,"是田之设,非止济人之急,而以崇廉耻之风,将使从官者清白自持,为士者专意学业"[②]。史浩建于会稽的义庄也有所置义田"附于学",积余可用来"增置教授学职"的规定,可见义庄一开始就与义学有着密不可分的关系。

建于民国之前,而民国后仍旧存在的规模较大、资产较丰的义庄有:楼氏义庄、庄氏义庄、徐氏固本义庄、朱氏义庄、冯氏敦本义庄、吴氏义庄、蔡氏树德堂义庄、西城杨氏义庄、郑氏思本堂义庄、屠氏乔荫堂义庄、李氏义庄、石氏余庆义庄等。

民国后创办的义庄则有:蔡氏存志义庄,1918年由蔡和源仿其祖蔡筠乐善好施,捐献房产收益建立,1930年又购得鄞南芳田畈田260

[①] 《宁波市土地志》,第68页,上海辞书出版社1999年版。
[②] 楼钥《汪氏报本庵记》,转引自《鄞县教育志》,第56页,海河出版社1993年版。

余亩,按季赡给族中孤寡;孙氏义庄,1921年由孙瑞甫捐资在江北岸浮石亭创办,有田300亩,四季赡给族内鳏寡孤独及各项善举;严氏义庄,1921年由严英在维勤乡严家汇头创建,庄内附设康懋完全小学;姜氏义庄,1922年由姜忠汾出资在姜陇乡姜家陇创建,有田千亩,储款12万元(银元),办有风育完全学校。

义庄对族人的救济主要体现在两个方面:生活救济和教育救助。生活救济的对象主要是族中鳏寡孤独、贫苦无依者,而教育救助则往往面对族中所有的子弟。鉴于族中子弟成材与否,关系到整个宗族的将来,宗族对此格外重视,且教育耗资过大,即中产之家也未必承担得起,故救助并不限于贫者。教育救助包括:设立义学,义庄往往附设义学(义塾),对族中子弟进行免费或半免费教育;补贴学费,一些没有设立义学的义庄,往往对族中子弟予以学费补贴,如果材质过人,还会得到额外的奖励津贴;提供资助,科举时代学子参加各级考试,路途遥远,路上花销是一笔很大的开支,义庄给予补贴,如果考中,义庄还会进行奖励,科举废除后,义庄对考取新式学堂的族中子弟也给予一定的奖励和补助,甚至还资助其出国游学。

二、育婴所、恤孤院

宁波早在宋代就有了专门收养孤老残幼的院、坊、堂、庄,以田地、房产等不动产的租金和募捐收入作为常年经费,供收养对象作生活开支,间有传授技能使之自立的,但大多数情况是抚养终生,直至死后安葬。元、明、清以来,官办的居多,间有私人创办。民国时期,宁波各县普遍建立救济院,下设养老、育幼所,虽时有兼并,但各教会及私人新创的育婴所、恤孤院仍络绎不绝。

民国时期宁波著名的育婴所、恤孤院有:育婴堂、奉化育婴堂、慈溪云华堂、仁慈堂(由教会办)、普济院(由教会办)、宁海育婴堂、象山育婴堂、镇海育婴堂、余姚育婴堂、高桥恤孤院(由教会办)、宁波伯特利孤儿院(由教会办)、宁波佛教孤儿院、宁波四明孤儿院、镇海孤儿院、四明贫儿院、鄞县惠儿院、奉化孤儿院、余姚育才孤儿院、象山佛教孤儿院、宁海屠氏孤儿院、国际灾难儿童教养院、难童教养所、镇海同仁难童教养所、鄞县宏慈教养所、宁波难童福利所等。其中国际灾难儿童教养院系1938年9月由宁波旅沪同乡会董事竺梅先筹款25万元(银元),于奉化后琅乡楼隘村泰清寺旧址创办。该院主要收容从沦陷区逃出来的无依无靠的难童,设小学、初中9个班级,办院5年中,共收养难童600余人。①

民国时期的育婴所、恤孤院,不同于古代的院、坊、堂、庄,一般情况下教、养兼施,既给衣食,又传工艺,使之有一技之长,自立于社会。譬如基督教在宁波鄞县高桥创办的高桥恤孤院,除向国内外各教会和个人劝募捐款、维持衣食外,更授以相当的普通教育,予以生活上的技能,兼办各种工艺如印刷、织布、制造藤器、木工、种植等。对天资较聪颖的人,继续资助其升学,有升中学或大学,甚至留学东西洋的。②

三、施医、助葬

施医、助葬也是宁波近代慈善业的主要内容之一。

民国时期,宁波商人、地方士绅创设的一些私人医院或诊所,常常免费为贫民医治。如今宁波曙光医院的前身四明医院,1921年由四明公所董事会创办。初办时不设病房,医院设内科、伤外科、妇产科、小儿科,有中医医生约10人、西医医生4人,并邀请教会、私人开业医生来院义诊。医院门诊挂号每人仅收铜圆4枚,对贫困的免收挂号费,并免费给药。富商杜金二1929年在宁波江北岸新马路开办仁济医院,每当夏秋时疫流行时,一律免费诊治;次年又在附近购进价值4万

---

① 《宁波民政志》,第247页,1996年3月内部发行。
② 《中信月刊》2001年11月号,中国信徒布道会中信月刊社。

元的洋房,在空地上建筑新屋,扩大医院规模,"加惠吾甬病家,实非浅鲜"。① 镇海城区南门外的公善医院自1922年2月添设西医部以来,完全义务,不取医费,公举浙江药医专门学校校长兼浙江病院院长、宁波人盛佩葱为名誉院长,延请药校毕业生戎鹤龄、姚梦涛、刘肇康、周用康为医士,分任内、外、药剂各科,均能本其所学,热心诊治病人。②

尤其是每当夏秋时节,瘟疫流行,凡是上了年纪的宁波人都知道过去在民间流行的一句俚语:"一到农历七月半,疟疾痢疾又霍乱。"这个时候,宁波绅商还会在城厢内外临时筹设一些治疫所或称时疫医院,为染疫的贫民免费施医、施药。如商人严芸青1930年夏召集同志在城内太和桥水陆财神殿添设时疫医院,凡贫民患时疫者,就诊一律免费。③ 奉化萧王庙镇仁济医院院董孙表卿、孙益甫各捐资向宁波药房购得注射针药,凡往注射防疫者,分文不取。④ 旅沪巨商虞洽卿每到夏季,也总在家乡镇海龙山创办时疫医院。⑤ 鄞县南乡士绅李莲生,存心慈善,每逢夏令时节便向上海购得十滴药水分赠乡人,以济急症。⑥

施棺代葬机构始于宋代的漏泽园。至20世纪20年代,宁波城乡各市镇都设有施棺代葬类机构,其普及程度超过了育婴所、恤孤院。助葬机构的广泛设立,主要原因是出于社会现实的需要。民国时期社会动荡,战乱不断,贫民和流民数量多,死亡率高,暴尸于野,给地方的卫生和安定带来了严重危害,尤其是灾荒年份,情形更为严重。因此,尸骨掩埋理所当然地得到了宁波地方政府和士绅的高度重视。

民国时期,宁波市救济院下设施棺掩埋所(由清代体仁局演变而来),负责收集城乡无主暴露的棺木和遗弃的尸骸,拆除市区内无主浮厝,施舍棺枢,并总理殡葬事宜。1928年,市政府令其限期迁葬市区范

---

① 《时事公报》,1930年7月8日。
② 《时事公报》,1922年6月10日。
③ 《时事公报》,1930年7月8日。
④ 《时事公报》,1922年9月9日。
⑤ 《时事公报》,1927年7月12日。
⑥ 《时事公报》,1922年8月11日。

围内所有浮厝及坟墓。因一时迁葬困难,施棺掩埋所便在北门、南门、西门建立殡舍3处,用以寄存棺木,留待迁葬,此外还在老龙湾设立孩骸掩埋所。

其他主要的民间助葬机构还有:怀仁局、恒德堂、四明公所、施仁公所、鄞江四明公所、泽仁公会、寿义善会、永安社寄棺所、永德施材公所、协仁义会、长生互助会、福长互助会等,共置义冢、义地302处,义山52处,义塔4座,殡舍6所,公墓8处,专司或兼司施棺掩埋、收殓义葬、寄棺运柩等事宜。①

---

① 《宁波民政志》,第377页,1996年3月内部发行。

主要参考文献

一、文献、档案、报刊、文集

(宋)胡榘修,方万里、罗濬纂:《宝庆四明志》,《宋元方志丛刊》本,中华书局1990年版

(清)董沛等编:光绪《鄞县志》,光绪三年刊本

(民国)董祖义编:民国《镇海县新志备稿》,民国20年铅印本

(民国)干人俊编:民国《慈溪县新志稿》,慈溪县志办公室1987年铅印本

(民国)洪锡范等编:民国《镇海县志》,民国20年铅印本

(民国)奉化县政府编:民国《奉化新志》,民国28年影印本

(民国)陈汉章等编:民国《象山县志》,民国16年铅印本

(民国)陈训正等编:民国《定海县志》,民国13年铅印本

(民国)杨积芳等编:民国《余姚六仓志》,民国9年铅印本

(民国)吕耀钤等编:民国《南田县志》,民国19年铅印本

(民国)张传保、赵家荪修,陈训正、马瀛纂:民国《鄞县通志》,宁波出版社2006年版

俞福海主编:《宁波市志》,中华书局1995年版

周时奋主编:《鄞县志》,中华书局1996年版

陈兵主编:《镇海县志》,中国大百科全书出版社1994年版

徐长源主编:《慈溪县志》,浙江人民出版社1992年版

章亦平主编:《余姚市志》,浙江人民出版社1993年版

胡元福主编:《奉化市志》,中华书局1994年版

王庆祥主编:《象山县志》,浙江人民出版社1988年版

苏其德主编:《宁海县志》,浙江人民出版社1993年版

《宁波市交通志》编审委员会编:《宁波市交通志》,海洋出版社1996年版

《宁波金融志》编撰委员会编:《宁波金融志》,中华书局1996年版

《宁波市电力工业志》编纂委员会编:《宁波市电力工业志(1897—1990)》,水利电力出版社1995年版

《宁波市土地志》编纂委员会编:《宁波市土地志》,上海辞书出版社1999年版

宁波市民政局编:《宁波民政志》,1996年3月内部发行

陈定尊编纂:《鄞县宗教志》,团结出版社1993年版

本书编辑委员会编:《宁波教育志》,浙江教育出版社1996年版

董绍德主编:《鄞县教育志》,海河出版社1993年版

陈真、姚洛编:《中国近代工业史资料》第1辑,上海三联书店1957年版

冯和法编:《中国农村经济资料》续编,上海黎明书局1935年版

上海市博物馆图书资料室编:《上海碑刻资料选辑》,上海人民出版社1980年版。

《嘉兴县农村调查》,国立浙江大学及嘉兴县政府1936年印行

《中国实业志(浙江省)》,实业部国际贸易局1933年印行

《海关关册》(中文本),宁波,1920年

《鄞县县政府组织办事处暂行规程》等抗战时期有关档案,宁波市档案馆

《鄞县、鄞西区各乡镇1948年人口统计表等》,宁波市档案馆

《鄞县县政府建设科,1936—1949年》,宁波市档案馆

《鄞县县政府民政科,1941—1949年》,宁波市档案馆

《宁波工商史料》第1辑

浙江鄞县县政府统计委员会编:《鄞县县政统计特刊第二集(民国20年)》,1931年编印。

《浙东抗日根据地》,中共党史资料出版社1987年版

《浙东抗战与敌后抗日根据地史料丛书》第1～9卷,中共党史出版社2001年版。

华东军政委员会土地改革委员会编:《浙江省农村调查(1949—1950)》,见陈翰笙编《解放前的中国农村》第3卷。

李华编:《明清以来北京工商会馆碑刻选编》,文物出版社1980年版

《中国学前教育史资料选》,人民教育出版社1989年6月版

《宁波旅沪同乡会月刊》

《宁波旅沪同乡会会刊》（复刊）第 14～16 期，1947 年刊
《商务官报》、《宁波市政月刊》、《鄞县县政》、《申报》、《四明日报》、《时事公报》、《新浙东报》、《宁波周报》、《新奉化》年刊、《火曜》等，宁波市档案馆
《重建灵桥纪念册》
李能为编：《宁波大观》，1940 年印行
《中华基督教会年鉴》
《中信月刊》
《盛鸿焘杂稿》，手抄本
曲士培：《蒋梦麟教育论著选》，人民教育出版社 1995 年 1 月版
张雪门：《幼稚园教育概论》，商务印书馆 1931 年师范小丛书之一
杨贤江：《杨贤江教育文集》，教育科学出版社 1983 年 11 月版
《四明丛书》，台湾新文丰出版公司 1988 年版
张芝联：《约园著作选辑》，中华书局 1995 年版
梁启超：《饮冰室合集》，中华书局 1996 年版
吴宗慈：《修志丛论》，1941 年刊本
章学诚著、仓修良编：《文史通义新编》，上海古籍出版社 1993 年 7 月版
马衡：《凡将斋金石丛稿》，中华书局 1977 年版

二、文史资料、回忆录

浙江省政协文史资料委员会编：《浙江文史集粹》第 1～8 卷，浙江人民出版社 1996 年版
宁波市政协文史资料委员会编：《宁波文史资料》，第 1～23 辑，内部印行
鄞县政协文史资料委员会编：《鄞县文史资料》，内部印行
镇海区政协文史资料委员会编：《镇海文史资料》，内部印行
奉化县政协文史资料委员会编：《奉化文史资料》，内部印行
象山县政协文史资料委员会编：《经史学家陈汉章》，黄山书社 1997 年 11 月版。
黄绍竑：《黄绍竑回忆录》，广西人民出版社 1991 年版
谭启龙：《谭启龙回忆录》，山东人民出版社 1995 年版
毛翼虎：《梦幻尘影录》，宁波出版社 1997 年版

宁波市新四军研究会等编:《宁波抗战八年》,宁波出版社 2006 年版
政协浙江省委文史资料委员会编:《孙中山与浙江》,浙江人民出版社 1986
　　年版
浙江省总工会编《浙江工人运动史》,浙江人民出版社 1988 年版
《五四运动回忆录》,中国社会科学出版社 1979 年版
《五四运动在浙江》,浙江人民出版社 1979 年版
中共宁波市委党史研究室编:《中共宁波党史大事记》,内部印行
中共宁波市委党史研究室编:《中共宁波党史》第 1 卷,中共党史出版社 2001
　　年版。

三、论著

《陈谦夫先生纪念册》,1947 年印行
俞信芳:《张寿镛先生传》,北京图书馆出版社 2003 年版
乐承耀:《宁波近代史纲》,宁波出版社 1999 年版
哲夫主编:《宁波旧影》,宁波出版社 2004 年版
刘光磊等:《宁波近代报刊史论》,当代中国出版社 2001 年版
金普森主编:《虞洽卿研究》,宁波出版社 1997 年版
袁成毅:《浙江抗战损失初步研究》,陕西人民出版社 2003 年版
蒋经国:《风雨中的宁静》,台北正中书局 1978 年版
蒋梦麟:《西潮·新潮》,岳麓书社 2000 年 9 月版
张守广:《超越传统——宁波帮的近代化历程》,西南师范大学出版社 2000
　　年版。
[日]根岸佶:《中国社会的领导层》,日本平和书房 1947 年版
[日]根岸佶:《上海的行会》,日本太空社 1998 年版
孙善根:《民国时期宁波慈善事业研究》,人民出版社 2007 年版
金普森、孙善根主编:《宁波帮大辞典》,宁波出版社 2001 年版
张嘉梁主编:《宁波词典》,复旦大学出版社 1992 年版
小科布尔著、杨希孟等译:《上海资本家与国民政府(1927—1937)》,中国社
　　会科学院出版社 1988 年版
陶水木:《浙江商帮与上海经济近代化研究(1840—1936)》,上海三联书店

2000年版

徐鼎新、钱小明:《上海总商会史》,上海社会科学院出版社1991年版

陈淑铦:《浙江省土地问题与二五减租》,"台湾国史馆"1996年版

唐仁粤主编:《中国盐业史·地方编》,人民出版社1997年版

郑绍昌:《宁波港史》,人民交通出版社1989年版

郭德宏:《中国近现代农民土地问题研究》,青岛出版社1993年版

国民政府主计处统计局编:《中国租佃制度之统计分析》,正中书局1941年版

连横:《台湾通史》,广西人民出版社2005年版

金普森、陈剩勇主编:《浙江通史》第1~12卷,浙江人民出版社2005年版

徐蔚葳编:《近代浙江通商口岸经济社会概况》,浙江人民出版社2002年版

郭剑林主编:《北洋政府简史》,天津古籍出版社2000年版

中国社会科学院近代史研究所中华民国史研究室编:《中华民国史料丛稿·人物传记》,中华书局1984年版

赵学增:《〈资本论〉中的财经理论》,山东人民出版社1994年版

唐淑、钟昭华:《中国学前教育史》,人民教育出版社1993年版

《潘天寿研究二集》,中国美术学院出版社1997年版

黄兴涛:《中国文化通史》(民国卷),中共中央党校出版社2001年版

中国社会科学院世界宗教研究所编:《中华归主》,中国社会科学出版社1987年版

王治心:《中国宗教思想史大纲》,东方出版社1996年版

马启成、丁宏:《中国伊斯兰教文化类型与民族特色》,中央民族大学出版社1998年版

郭卫东:《中土基督》,云南人民出版社2001年版

胡审严:《张雪门与近代中国的幼儿教育》,《浙江万里学院学报》2001年第3期

瞿家福:《张寿镛及其〈四明丛书〉》,《东南文化》1992年第1期

李国祁:《辛亥革命后浙江民主政治的推行及转变》,《民国史论集》,台北南天书局公司1990年版

张其昀:《论宁波建设省会之希望》,《史地学报》第3卷第7期

后　　记

　　从接受《宁波通史》民国卷撰写任务至今已有4年多时间了。当全书定稿之际,著者并无释负轻松之感。由于民国宁波史文献档案资料的保存整理和研究基础相当薄弱,本卷撰写的难度远远超出著者的预想。虽经努力,但仍难以感到满意,缺漏和错误更是在所难免,因此衷心希望专家、读者予以批评指正。略感欣慰的是它毕竟为后人进一步深入研究民国宁波史提供了基础。

　　《宁波通史》民国卷由本人拟定写作大纲后,导论和第一章由本人撰写,第二章由王万盈教授撰写,第三、四、五章由沈松平副教授撰写,最后全书由本人修改定稿。

　　本书得以定稿出版,凝聚了编纂指导委员会和众多专家学者及同志朋友的心血。其中编纂指导委员会及其办公室始终关心着本书的撰写,并提供了必要条件。浙江大学金普森先生审阅了本书写作大纲,高瞻远瞩地提出了修改意见。复旦大学余子道先生、宁波大学徐季子先生、宁波市委党史研究室姚志浩先生、宁波市新四军研究会,以及通史主编傅璇琮先生、宁波出版社马玉娟、叶贤权副社长,都仔细审读了本书初稿,并提出了宝贵的修改意见。此外,宁波市委党史研究室和宁波市政协文史委为本书提供了重要的前期研究成果和资料成果,宁波大学孙善根先生则为本书慷慨提供了议会和经济方面的资料。宁波市档案馆、宁波市图书馆、宁波大学图书馆为查阅资料提供了诸多方便和支持。本书所用图片,多来自于宁波市新四军研究会、宁波市档案馆等单位的资料,在此表示感谢。宁波出版社文印室诸位同志和我的研究生白斌、吕莹也为本书承担了文字录入工作。为此,特向他们表示诚挚的谢意。同时,我还要衷心感谢我的妻子王亚素,如果没有她始终如一地倾力支持,我将难以摆脱繁杂的家务,潜心完成这一任务。

王慕民

2009年3月于宁波在水一方寓所

宁波通史（共五卷）

傅璇琮　主编

总 策 划	马玉娟
装帧设计	张玉洁
责任印刷	陈　钰
出版发行	宁波出版社
社址邮编	宁波市苍水街79号　315000
联系电话	0574-87289976　0574-87242865
印　　刷	浙江印刷集团有限公司
地　　址	杭州市环城北路177号　310004
开　　本	700毫米×1000毫米　1/16
总 印 张	155
总 字 数	2100千
印　　数	1～5000
版　　次	2009年8月第1版第1次印刷
书　　号	ISBN 978-7-80743-403-0
总 定 价	980.00元

如有印装质量问题，影响阅读，请与印刷厂联系调换。